阅读成就思想……

Read to Achieve

MIT高效创新实验法

[美] 迈克尔·施拉格（Michael Schrage）◎ 著
刘振利 ◎ 译

THE INNOVATOR'S HYPOTHESIS

How Cheap Experiments
Are Worth More Than Good Ideas

中国人民大学出版社
· 北京 ·

图书在版编目（CIP）数据

MIT 高效创新实验法 /（美）迈克尔·施拉格（Michael Schrage）著；刘振利译 . -- 北京：中国人民大学出版社，2019.1

ISBN 978-7-300-25413-5

Ⅰ . ① M… Ⅱ . ①迈… ②刘… Ⅲ . ①创新管理—研究 Ⅳ . ① F273.1

中国版本图书馆 CIP 数据核字（2018）第 006330 号

MIT 高效创新实验法

[美] 迈克尔·施拉格 著

刘振利 译

MIT Gaoxiao Chuangxin Shiyanfa

出版发行	中国人民大学出版社		
社　　址	北京中关村大街 31 号	**邮政编码**	100080
电　　话	010–62511242（总编室）		010–62511770（质管部）
	010–82501766（邮购部）		010–62514148（门市部）
	010–62515195（发行公司）		010–62515275（盗版举报）
网　　址	http://www.crup.com.cn		
	http://www.ttrnet.com（人大教研网）		
经　　销	新华书店		
印　　刷	天津中印联印务有限公司		
规　　格	170mm × 230mm　16 开本	**版　次**	2019 年 1 月第 1 版
印　　张	13.25　插页 1	**印　次**	2019 年 1 月第 1 次印刷
字　　数	197 000	**定　价**	69.00 元

序

这本书很普通，但是书中所论述的内容却不简单：严格约束下的创新性实验能够让高影响力的创新实践变成更安全、更明智、更简单、更成功的投资。这一观点并非最初就有，而是历经反复实验证明如此。

1999 年，哈佛商学院出版社出版了我的著作《认真玩创新》（*Serious Play:How the World's Best Companies Simulate to Innovate*）。这本书主要探索了如何利用模型、样品以及模拟实验来构建企业创新文化。该书的出版具有出乎意料的影响力，世界各地的公司纷纷邀请我帮助它们进行创新实践。同时，麻省理工学院也频频邀请我参与高管教育课程和研讨会。对于我和我的著作而言，这些机会都非常难得，而且意义深远。

但我很快发现了一些问题。尽管企业都喜欢利用模型、样品以及模拟实验来进行大胆创新，但是它们中的大多数却似乎对细致而深入的探索缺乏兴趣。科技公司想要更具协作性的原型，而专业服务公司寻求的却是更有活力的动态可视化仿真实验。大多数企业希望获得与众不同的创新实践，想要让员工们以一种更快、更好、更廉价的方式开展创新活动，还希望企业里最优秀、最有才能的人参与其中。对于企业而言，人力资本与创造新产品、新服务一样重要。它们渴望有效的改变而不是颠覆性的革命，希望获得一种简单、快速同时又节约成本的创新能力。

对于这一问题和需求，我最初的反应是重新构建我的专业知识和资料，按照企业的需求裁剪与定制"快速模型化"和"快速模拟实验"研讨会。但是坦白地讲，这种做法收效甚微。虽然对于工程师、开发者以及从事科技工作的人员来说，利用模型和模拟实验进行创新是个好主意，但是这种方法对企业而言，却不具有更广泛的吸引力。在我仔细倾听了人们关于创新的抱负、恐惧以及局限性后，我才意识到，必须打造全新的而不是重新改造过的创新途径与方法。

为了创造或发现崭新的创新洞见，商业人士能够合作开发什么呢？实验，以及商业实验。企业可以建立小型创新团队，构思并设计让企业高管们惊喜不已的优秀商业实验。企业需要做的就是，鼓励小型创新团队通力合作，获得能够激发紧迫感和好奇心的商业假说。

但是企业需要的并非“蓝天研究项目”实验。企业对创新团队提交的实验都会有严格的限制：没有空白支票，没有无限制的预算，也没有创新假期供团队成员冥想和沉思。小型创新团队之间可以进行友好的竞争。创新实验设计通常会有明确的期限。团队要向企业最高管理层提交可交付的成果。团队提交的大胆创新实验方法为企业发展提供机遇，唤起企业的战略关注和尊重。这些都是改变企业创新文化、提高市场影响力的新鲜元素，它们最终演化成了本书所论述的 5 × 5 创新法框架。

我最初的客户和课堂非常地开放，客户乐于接受新思想、新建议，有才华、有抱负的人们喜欢在这里展现他们的合作方法和创新理念。我获得的最好的赞美来自一位起初对 5 × 5 创新法充满怀疑的创新者，他说：“刚开始时，我觉得我们团队进行的创新实验设计练习特别荒谬，但现在看起来真的是再合适不过了。”

当然，这其中也有失望和彻底的失败。有些团队一直没有抓住实验的真谛或只会用超越设计的陈词滥调（即降低价格、大量的广告宣传等）。但是即便如此，由于 5 × 5 创新法要求实验快速、节约，所以其失败的成本很低，而企业学习的机会却很多。

5 × 5 创新法在世界各地企业的持续成功反映了自《认真玩创新》一书出版以来，两个使我的管理教学与咨询工作发生的根本转变：其一，从提供解决方案的实践过渡到提供有效解决方法的承诺；其二，从“专业知识传播”转向“创新能力培养”。

上述认识使我不得不密切关注人们是如何学习的，而不是我应该教些什么。本书正是基于对促使 5 × 5 创新法发挥有效作用的事物的认真观察而写成的。

提供“答案”并不能满足企业的真正需求。太多“解决方案”要么无法解决问题，要么不能长久攻克难关。这些所谓的解决方案常常会因为过于脆弱、复杂，或者因为过度针对具体的客户而定制，所以无法在兼顾成本效益的情况下适应不断变化的环境。我更喜欢为客户和学生们提供解决问题的“途径”，也就是赋予他们力量的方法、工具和框架。这才是一种可持续发展策略。

于是，我着手帮助企业设计快速、节约而且影响力大的实验，这些实验使创新变得更简单、更快速，也更灵活。这既是我的工作宗旨，也是这本书的写作目标和意图。“快速”“节约”以及“影响力大”的可操作性定义一直处于不断变化当中。同样，简单、安全又灵活的科学技术的可操作性定义也在一直变化。因此可以说，历史上从来没有一个比探索和利用创造性商业实验更好的机遇。

2009 年，我与别人合作组织了一场麻省理工学院数字化实验研讨会。与会人员都很明白，实验的真正经济潜力还尚未被触及。我很激动，我已经着手写作一本书，就是你现在看到的这本关于创新实验这个主题的书。阅读这本书似乎就像踏上了一次有关实验的未来的盛大旅行。开始时，我信心百倍，但不久就偃旗息鼓了。我经历了一次严重的自信心危机，我怀疑自己以及正在做的一切事情，我感觉自己好像在给一个错误的问题寻找优秀的答案。更快、更好、更廉价以及更简单的实验并不是我探索的目标，它们仅仅是实现最终目标的手段。

但是，那个终极目标又是什么呢？这个问题一直在困扰着我。对于物理学、化学以及生物学而言，这个问题的解答很清楚；但对于工业、公司以及商业而言，解答这个问题就不是一件容易的事情。我协助进行的 5 × 5 创新实践越多，我帮助企业机构开展更快、更好、更廉价的实验就越多，而我却变得越来越不舒服。是的，我们收获了很多出色的商业假说和实验，我们也改变了创新对话，但我还是感觉到比预期消耗了更多的实验战略和技术。于是，我不再写了，放弃这本书而开始写另一本书。

哈佛商业评论出版社 2012 年出版了《你想让你的客户成为怎样的人》(*Who Do you Want Your Customers to Become?*)。这本书的写作和出版为我这本《MIT 高效创新实验法》的完成奠定了基础，其核心观点是：创新就是在客户人力资本及能力方面的一种投资。

商业历史反复证明了这种人力资本创新模式。例如，乔治·伊士曼（George Eastman）不仅发明了廉价照相机和胶卷，他还创造了摄影师这一职业。史蒂夫·乔布斯（Steve Jobs）不仅仅“重塑”了个人计算和移动通信，他还彻底改变了人们使用新技术的用户体验。成功的创新者具有“顾客未来的发展视野”，这一远见与其产品和服务一样重要。企业一旦把创新看作在顾客未来发展方面的一种投资，那它们就可以使顾客更有价值。换句话说，“让客户更好地创造更好的客户”。

这正是我完成这本看似普通、实则不简单的书需要突破的障碍。实验提供给我们的不仅是创新投资经济高效的最佳途径，还包括探索如何就企业客户的人力资本与能力进行投资的最具创新性的办法。组织机构应该开展更快、更廉价、更简单的实验，对其客户的未来发展进行更明智、更优秀同时也更安全的创新投资。如果你知道“你想让你的客户成为怎样的人”，那么 5 × 5 创新法就是你识别高影响力的创新投资机遇的最好办法；如果你尚不清楚问题的答案，5 × 5 创新法将会成为你需要寻求的实验与发现的理想工具。5 × 5 创新法赋予企业进行实验的力量。

本书探讨的是如何改变你与客户的人力资本及能力。你开展的实验越简单、越富有创造性，你学会的为客户增加价值的办法就越简单、越富有创造性；客户与你一起开展实验的方法越简单、越富有创造性，对他们而言，你就变得越有价值。正如一位 5 × 5 创新团队成员所说的：“底线在于，这是一个学习的过程。”的确如此。希望这本书可以帮助你开启创新实验的大门。

目录

第四部分　创新者文化

第一部分

创新者假说

THE INNOVATOR’S HYPOTHESIS

HOW CHEAP EXPERIMENTS
ARE WORTH MORE
THAN GOOD IDEAS

第 1 章　创新者的视野

《MIT 高效创新实验法》一书推崇的是简单、快捷、低成本的实验，它们可以成为严肃创新者最明智的投资。本书所描述的是一种轻量级、高效率的方法，该方法明确并重塑了创新的关注点，促进自上而下的战略思想和自下而上的创新者授权之间的平衡，倡导一种“行动胜于空谈”的创新文化。这种方法效果显著。

这本书既是一种指导，又是一份宣言。它向读者阐释了为什么好的思想却经常沦为糟糕投资的缘由。新型的实验经济学正在全世界范围内转变创新投资的机遇。简单、快捷、低成本的实验能够激发创新、提升能力，这一点再好的分析与计划也无法企及。在互联网行业和全球市场的环境下，实验已经成为一种资产类别，同时又是一种核心竞争力，因此需要相应地调整管理的方法。本书意在激发创新者的潜能，使他们成为实验经济学领域巴菲特式的基本价值投资者。哪些实验能使我们仅需花费 50 美分、20 美分甚至更少的钱就可以获得价值一美元的创新远见呢？

本书基于来自现实世界的广泛例证得出这样的结论：简单的实验组合能够孕育更有价值的视野和创新思想，它们远远胜过大量复杂的分析。小实验使得“大数据”更有用，也更便于使用。伏尔泰（Voltaire）曾经说过：“上帝并非站在最强大的部队一边，而是更垂青于最优秀的射手。”这是一本关于如何营造实验文化的书，创新者们可以借此获得成功。

本书写给那些追求从所在组织的创新投入中取得更大收益的人们；写给那些努力工作，希望大幅度提高、加速并简化企业内部人员创新能力的领导；写给那些需要优化创新风险管理的企业；也是写给那些已经清醒地意识到在更短的时间框架内，快捷、简单的实验比复杂的综合性分析更有价值的经理人们。

换句话说，本书是写给那些在组织结构上不尽如人意的人们——那些需要用较少的资源赢得更多回报的人们。任何有创新精神或承担企业创新大任的人都会从本书中寻找到新颖的价值理念。本书就是奉献给那些知道自己需要更快捷、更卓越、更简单的投资工具的人们，他们可以利用这些工具重新思考和架构至关重要的商业基础。

公司的 CEO 总是渴望能更深入地了解顶尖人才的聪明才智，而公司高管们则充满信心地希望他们的合作伙伴拥有超出其组织机构所允许的更大范围的创新能力。领导疲于应付程序烦琐、代价高昂却往往进展迟缓的创新项目，而首席财务官则在苦苦寻求更明智的评估与管理创新风险的途径。内部企业家找不到便捷、廉价地检测他们最好的创新思想的方法，而企业家则处于“只有偏执狂才能生存”①的焦躁恐惧之中。还有那些痴迷苹果平板电脑和安卓操作系统的人面对数字化平台和设备的组合所爆发出的潜能时发出的惊叹：“哇！我们为什么不利用这些开发出更多的产品呢？”

本书就是为所有这些人而写的，明确地帮助他们解决其挫败，更好地把握机遇。本书所讲的“5 × 5 创新法”对于那些致力于以有限的预算创造巨大的影响力的创新者而言，绝对是一种理想的方法。建设性地影响创新文化并非易事，而本书正是写给那些已经意识到创新实验可以积极地改变创新文化的变革推动者，并教会他们如何付诸实践。

5 × 5 创新法

5×5 创新法是一种强调运用轻量级、高效率的实验的快速创新法。其做法大致如下：给一个由五人组成的多元化团队不超过五天的时间构思五项商业组合实验，每项实验费用不得超过 5000 美元，实验周期不得超过五周时间。提出简单问题的意愿是最基本的要求，简单问题能激发出强大的创造力。5×5 创新法为创新者们提供了一个安全地回顾和测试商业基础的方法。有关顾客细分、产品销售、商品定价、产品性能以及语言使用等简单问题能够激发成功的、具有巨大影响力的商业假说。

---

① 这句话出自英特尔公司联合创始人、前 CEO 安迪·格鲁夫（Andrew S. Grove）所著的《只有偏执狂才能生存：特种经理人培训手册》一书。——译者注

为什么要写这本书呢？企业的创新过程通常都太迟缓、代价高昂、程序烦琐、风险巨大，另外，还存在创新思路僵化、缺乏生气、创新力度太小、跟不上时代发展等多种弊病。从创新角度来看，目前企业的现状不足以推动创新的快速发展。组织机构在错误的方向上过度投资，而在他们有可能以最快速度取得最好效果方面却投资甚少。他们需要成为更睿智、更优秀的创新投资者，他们需要以更快捷、更低廉、更简单的方式进行更明智、更有效的创新投资。

本书把那些被人们低估了的投资机会重新拉回到人们的视野中。这些机会能够促使组织机构重新思考想要成为怎样的创新投资者，鼓励投资者重新考虑如何创造新的价值。实验作为资产的一部分，其组合也可以变成让企业快速而低成本地探索现实世界中创新风险与创新回报之间平衡的投资平台。

根据设想，5 × 5 创新法能使与传统的投资成本和时间相关的指标失去意义。这种方法简单、快速，有效地降低了人们对项目的时间进度与财务等遗留问题的顾虑，目标就是让人们将其与通过实验组合所生成的创新洞见紧密联系起来。

我们可以把 5 × 5 创新法的基本框架看作维弗雷多 • 帕累托[①]著名的“二八法则”实验的延伸。“二八法则”是指在通常情况下，80% 的产出源于大概 20% 的投入（也就是说，20% 的员工做了 80% 的工作，或者 20% 的消费者创造了 80% 的收益）。而 5 × 5 创新法正是在帕累托所描述的“二八法则”效益分布规律中寻求一种“二二八”式的创新实验原则。也就是说，要想利用我们通常投入的 20% 的时间和 20% 的资源，获得我们做出重要商业决定所需的 80% 的有用信息，我们可以测试哪些假说？进行哪些实验？

这种“二二八”式创新实验原则为“5 × 5 创新法”的实验设计确定了概念范畴。5 × 5 创新法的实验目的并非是获得最好的方法、最佳的答案或者“我们需要了解的 95% 的信息”，而是为了让我们在极少的时间内，以我们通常投资的 15% 的资金，获得我们需要掌握的重要信息的 75% 甚至更多。“二二八”式创新实验原则描述了基于 5 × 5 创新法投入的超高回报的组合参数。

市面上有很多关于创新与创新文化的优秀书籍，还有很多介绍创新实验及其方法的优秀书籍，但本书与众不同的地方在于对高效创新实验投资的强调。5 × 5

① 维弗雷多 • 帕累托（Vilfredo Pareto，1848—1923）是意大利洛桑学派的经济学家。——译者注

创新法与“二二八”式创新实验原则的融合，展现给读者的不仅是一种创新理念，还是一种最基本的价值投资理念，即以低投入获得有价值的创新洞见。创造尊重并拥抱新型实验经济学的创新文化，无疑是一件至关重要的事情。

为了实验而做实验是一种低效的放纵，简直无异于为了管理而管理，为了削减成本而削减成本。实验理应是一种达成目标的方法，而实验组合应该与可行的洞见和重要的理念紧密相关。我之所以要写这本书，是因为截至目前，实验的创新投资潜力还没有被挖掘出来。

本书并非号召人们进行创新革命，也不是对实验方法的历史与认识论进行无聊的冥想、解释抑或研究。本书既不是一本讨论罗纳德·费雪[①]的实验设计法、析因设计或拉丁超立方体抽样的书，也不是一本讨论技术细节或描述实验进程的书。

为什么这样呢？因为我与众多公司机构的合作已经很明显地表明，创新革命引发的怒火与苦难远远大于其创造的价值。大部分公司没有时间和条件去欣赏（更不用说研究）科学或商业领域的实验设计的历史渊源。而且坦率地说，绝大多数总经理不擅长数量或统计计算，无法有效地利用计算工具去区分亚马逊、奈飞公司（Netflix）、谷歌以及 Capital One 这些公司的差异。在商业环境中，实验是企业创始人所推动和需要的文化规范。事实上，文化偏差与异类并不是实验的对象。

我提供过咨询服务的公司（那些参加过我主持的高管教育研讨会的企业）并非对创新革命如饥似渴。相反，它们在寻找既不会威胁企业管理又能适当增加价值的框架体制和工具。它们小心翼翼，而不仅是谨慎。它们希望对企业文化变革的投入能进一步提升其协作能力，但不会引发矛盾冲突。它们希望通过培训员工，可以花费更少的资金和时间来取得更大的回报。

相应地，它们历经艰辛，好不容易才明白技术实验与商业实验是大相径庭的。它们还发现，在实验设计中的统计效度不同于以寻找和探索新价值为目标的

① 罗纳德·费雪（Ronald Fisher, 1890—1962）是现代统计学与现代演化论的奠基者之一。——译者注

简单假说测试。正如伟大的实验物理学家、诺贝尔奖获得者欧内斯特·卢瑟福[①]所说："如果你的实验需要统计学，那你就应该做一个更好的实验。"本书强调的正是如何做更好的实验。

不错，专业技术对于创新实验来说越来越重要。未来以创造新价值为目的的实验将需要极为丰富的知识和技能。但是倘若不能遵循本书中提出的原则的话，那这些知识与技能肯定会被低估或无法得到充分利用。

本书的使命就是要说服各个企业进行"5×5 创新法"实验。其目的就是让每一个 5×5 创新法实验团队在设计简单的实验组合时，充分领会"二二八"式创新实验原则的重要性。希望各公司都能及时发现，基本的实验组合管理能够以最小的投入创造更灵活、更富有创造性也更成功的创新文化。

① 欧内斯特·卢瑟福（Ernest Rutherford，1871—1937），英国人，是 20 世纪最伟大的实验物理学家。——译者注

第 2 章　商业假说与商业实验

商业假说

在 5 × 5 创新法中，一项商业假说可以被定义为一个有关未来价值创造的可供测试的信念。商业假说并非为了寻求事实或者基本的理解，而是在行动提议与令人满意的经济成果之间提出了一种可能的、可信的因果关系。

新的价值创造如果没有一个明确的、易理解的测量，那就算不上是一项商业假说。商业价值评估必须有一整套度量标准，如收益、毛利、利用率、客户满意度、客户参与度等。那么，商业假说努力提升的是什么样的价值度量标准呢？

从整体框架而言，一项运用 5 × 5 创新法的商业假说会按照以下形式进行：

- 商业实验团队相信探索这个（行动或具备这种能力）；
- 有可能取得这种（令人满意的提升或结果）；
- 我们之所以知道这些是因为（我们有明确的或可以理解的价值度量标准）；
- （已经发生了重大改变）。

如果一项商业假说没有通过书面记录下来，没有得到认同，也无法随时与人共享，它就算不上商业假说。

一项运用 5 × 5 创新法的商业假说不能只停留在脑海里。如果其核心内容不能通过 Twitter 广泛传播，那它就有可能没有经过大脑精确而明晰的思考。一项表述清楚的商业假说能够使简单、低成本又可扩缩的商业实验的设计与测试变得更容易。

商业实验

基于本书及其所述的 5 × 5 创新法的目的，一项商业实验就是一个易于复制的商业假说测试，通过它，人们能获得对商业假说富有意义的理解和可估量的结果。商业实验并非是对商业假说的确认或证明，它并不能解决某个商业问题，它只是提供了（如果可能的话）对行动与结果之间关系的富有意义、可估量的见解，而这种见解的意义大小及其重要程度完全取决于对该次简单实验的设计、实施以及阐释。

上文提到的“易于复制”指的是，商业组织中的任一团体，只要它们与一个“5 × 5 创新法”实验团队有着相似的背景和经验，就可以经过简单的培训迅速掌握并成功复制该商业实验，其过程并没有多大难度，也没有什么神奇、玄妙或细微的要求。商业实验的目的、设计和实施都十分清晰。

而上文中的“富有意义的理解”是指，5 × 5 创新法实验团队及其同事们——无论个体还是集体，都认可他们通过悉心探索可以获得关于“价值创造”更好的见解和认识。也就是说，他们获得了关于创造有价值的信息的重要信息。

“可估量的结果”是指商业实验严格遵循广泛认可的、用以评估实验效果的“价值度量标准”。商业实验不是探寻某个想法是否可以“运作”，而是探求如何使商业假说与受到广泛尊重的价值度量标准匹配起来。

构思商业假说

一位零售商想要把‘利用顾客触点”作为其商业假说和实验的设计主题。该企业寻求如何利用顾客触点来增值，或者说如何为每家商店与顾客互动的已知接触点增加价值。从更广的角度来说，基于此商业假说，零售店可以通过在关键的顾客触点“提供附加内容”，以改善顾客体验，了解更多的信息，或许还能提高销售额。

> 实验团队认为"收据"是一个特别重要的顾客触点。该团队对顾客在购物之后选择把"电子 / 在线收据"寄给他们这种附加服务非常感兴趣。他们认为，"收据"不应该仅仅被视为一项交易的确认或者终结，还应该是商店欢迎客户继续与其互动的一种邀约。换句话说，电子收据可以成为一种商业"推广平台"。但是到底该怎样做呢?
>
> 实验团队对其商业假说大致构想如下："我们相信，尝试在电子收据中嵌入优惠券、折扣券、促销信息以及其他福利待遇的超链接，可能会促使顾客点击超链接，以获得各种优惠。我们可以通过记录超链接的点击次数来了解确切的信息。"
>
> 当然，该实验团队还讨论了嵌入超链接的类型（例如，可视化型、文本型、凸现度以及颜色等问题）和提供优惠的类型（如在下一次购物享受折扣、电子优惠券还是特别促销活动等）。他们的商业假说构想很快就转化成了具体的实验。但是后来他们又很快达成共识，零售商应该重新思考和设计作为顾客触点的"电子收据"。

5 × 5 创新法实验所使用的媒介无关紧要——Facebook、网站（websites）、便利贴（Post-it notes）、二维条形码（QR codes）、纸制原型（paper prototype）、乐高积木（Lego）或者应用软件（Apps），这些都是不错的媒介。最关键的是，实验设计和使用的媒介能否在协助测试商业假说方面发挥重要作用：

- 实验的设计能引出、阐明商业假说提出的核心价值关系吗?
- 商业实验选择的媒介加强还是限制了对商业假说的可能了解?
- 商业实验媒介与价值度量标准的兼容程度有多大?

例如，无论是数字化的还是实体形式的商业实验都能提高人们对一项影响深远的商业假说的了解和价值评估吗?

这些问题要求的是商业判断，而不仅仅是技术手段；还需要进行互动协作，而不仅仅是专家建议。把商业假说转化为商业实验，重新审视和修订至关重要的价值度量标准，致力于迅速地迭代学习，这些都是有益于营造创新文化的行动改变和重要的投资，因为行动胜于空谈。

从商业假说到实验

一家化工设备供应商把“提高现场维修效率和效能”作为其商业假说和实验的创新主旨。该企业通过计算发现，现场维护、置换和修理产生的费用是其最重要、最耗时的运营费用之一。对机器故障的错误判断并不少见，而且，维修人员手头经常没有合适的设备对机器进行必要的修理。这些问题常常引起连锁反应和级联延迟。这种情况导致的低效不仅给公司造成高昂开销，还常常会惹怒客户；另外，这还会让公司信誉受损，预防性维护销售及其他方面服务的机会也就随之减少。这家公司希望能大幅度减少现场机器故障误判的概率和时间。

这个商业假说围绕服务人员到达故障现场前获得更多的信息展开。实验团队大致的构想为：“如果客户能迅速、便捷地让我们了解到关于问题的更多信息，那我们就会提前获知我们即将修理的机器的故障情况，从而带上合适的维修设备抵达现场。因此，实验团队可以提前了解哪些现场信息对解决问题是至关重要的。”

实验团队应考虑客户是否能用移动电话拍摄现场相关故障点或问题（如管道、刻度盘或裂缝等问题）的照片，在打维修电话或发送电子邮件时将其一同发送给服务人员。

实验团队相信，探索如何让客户在维修人员到达现场之前发送相关故障照片的方法，这样可能会使维修人员对问题的技术细节了解得更全面，从而使企业的服务得到改善。因为服务人员将花费更少的时间进行现场维修，而向企业要求追加其他维修设备的报告也会大幅减少。

这个商业假说引起了公司维修服务人员就何种故障照片最有实用价值的深入讨论。实验团队还讨论了何种应用软件可以下载到客户的手机或平板电脑上，用以提高维修人员视觉或听觉诊断的准确率。最后，实验团队还确定了利用客户及其移动设备作为“维修前技术服务”的部分思路。

这项简单的商业实验是从了解客户能否发送有特别要求的现场故障照片开始的。

创新者的焦点

THE INNOVATOR’ S HYPOTHESIS

HOW CHEAP EXPERIMENTS
ARE WORTH MORE
THAN GOOD IDEAS

第3章　好创意反而是敌人

好创意通常都会沦为糟糕的投资。它们不值得企业投入时间、金钱与精力，使其看似前景充满希望，实则结局潦倒。它们诱人上当，骗人投资，一切只因为——唉，谁不喜欢好创意呢？

按理说，好创意当然不错，绝妙的创意自然更棒，而最好的创意就是完美至极了。各派经济学家都认为，成功的商业需要"好创意"才能发展壮大起来。管理学方面的代表人物，从管理大师彼得·德鲁克到通用电气前董事长兼执行总裁杰克·韦尔奇（Jack Welch）都认为，伟大的企业领袖必须具有识别与回报好创意的智慧和勇气。

这听起来合理又理智，不是吗？但那只是传统的智慧。在当今的现实社会中，这种说法已然成为有害的谬论。好创意实际上是阻碍生产力发展的敌人。无论是在操作层面还是情感层面，专注于寻找好创意都会给优秀的经理人和企业造成可怕的伤害。对好的商业思想走火入魔的人并不像吸毒上瘾的瘾君子那样，总是盼望着下一次的刺激。他们渴望获得为管理主流注入好创意带来的陶醉、激动与快感。这种"好创意"也许可以被更生动地描述为企业创新中的空卡[①]：易得，美味，并且让人暂时满意。但这种"好创意"不仅对你并无益处，还会使你患病。

大部分好创意看起来并不违反直觉，但结果往往证明事实并非如此。当企业组织评估这些所谓的好创意带来的经济效益时，它们总是发现，其累计费用很少超过预期收益。获得诺贝尔奖的经济研究证实，专家们总是倾向于对成功的预期

① 空卡（empty calories）是指没有营养价值的热量或食品。——译者注

过分自负。

即便是最富有创新精神的企业也会发现，它们珍视的好创意中有很大一部分实际上消耗了企业大量的价值。杜邦（DuPont）、施乐、通用电气、索尼、花旗集团以及通用汽车等企业只是众多企业中的一小部分代表，它们经过严密的回顾分析发现，代价高昂的好创意终究收益惨淡。身为亿万富翁的超级投资人沃伦·巴菲特是一位对商业思想的潜在价值特别敏感的企业家，他也曾对这种令人厌恶的管理病理进行过大篇幅的评论。

更糟糕的是，那些被企业高层管理者忽视的“丑小鸭”式的主意也许最终被证明是美丽的，是能够给企业带来丰厚利润的“天鹅”。是不是这些看似平庸的创意仅仅是运气好而已，或者还是说，不管什么缘由，它们只是没有得到恰当的分析，被企业高层管理者误解了？

那些努力创新的企业总是发现自身处于令人尴尬的夹缝中：所谓的好创意的价值总是被高估，而那些最终可能成为赢家的创意的潜在价值总是被低估。商业发展的历史表明，通常，大部分行业中的大多数企业在将好创意转化为丰厚利润收益方面都没有过出色的表现。无论是对于硅谷的软件行业，还是对于汽车和飞机制造行业，皆是如此。好创意的经济收益表现令人惨不忍睹。

当然，也有出色的创意（甚至一般的好创意）帮助企业扭转乾坤的案例存在。但是诚实使得严肃的管理者或投资者不得不思考：这些成功到底代表着普遍规律，还是仅仅只是个别例外。如果好创意获得了好的结果却并非投资常态，那么这些好创意到底如何呢？对于那些对创新如饥似渴的企业来说，该如何衡量那些常常不能产生优质回报的好创意呢？也许，这些所谓的创新资产被描述为创新负债更贴切。

当今的企业管理者都曾听过或说过：“哦，这看起来是个好创意。”但紧随而来的却是代价高昂的失败或令人悲叹的结果。好创意的命运的确如此。这也解释了为什么好创意反而更危险的原因。看起来很好的投资实际上只是镜中花、水中月，其表象充满了欺骗性。

但这并非企业管理者的错。他们并非是天生糟糕的分析家，也不是痴心妄想的人或者易上当的蠢材（尽管不可否认的是有些管理者的确很蠢）。这种伴随好创意的问题是具有普遍性和系统性的。这种破坏性的创意的迷人表象与错误的全球化文化的核心一致，也就是说，好的思想和智慧是财富创造的主要来源和驱动力，目前的商业组织正处于把这种观念曲解为在超越了理性界限、幻想的全球创新经济的环境下。正如地球不是平的、月亮也不是由新鲜乳酪构成的一样，商业创新的未来也并非依赖于好创意，而且从来都不是。

盛行的凯恩斯理论

很多商业人士都被威吓、洗脑和蛊惑，相信经济价值的创造必然深深依赖于智力方面的突破。他们都被众所周知的约翰·梅纳德·凯恩斯（John Maynard Keynes）的陈词滥调所说服（或者说被吓住）："经济学家和政治哲学家的主张不论是对还是错，都要比人们一般理解的更强大。事实上，整个世界是由极少数人所掌控的（附加强调）。那些相信自己不受智力影响的实干家们，通常都是某些早已离开人世的经济学家思想的奴隶。"

这些话听起来的确有些大胆，但是又充满崇敬之情。人们还能期望这个以摆知识分子臭架子而臭名昭著的剑桥大学优秀教员说些什么呢？英国工业革命真的需要像詹姆斯·瓦特（James Watt）这样认真的修理工和像其合作伙伴马修·博尔顿（Matthew Boulton）这样的创业机会主义者的精诚合作吗？还是像伊桑巴德·布鲁内尔（Isambard Brunel）、理查德·特里维西克（Richard Trevithick）以及查尔斯·帕森斯（Charles Parsons）这些人杰出的工程造诣改变了全世界的铁路、海运和能源生产？是约翰·戴维森·洛克菲勒（John D. Rockefeller）在美孚石油公司所实施的近乎冷酷的商业举措让雄心勃勃的创新者们改变了对规模经济和范围经济的认识吗？是亨利·福特对简洁设计与生产效率的不懈追求重新定义了制造业的含义吗？还是说像比尔·盖茨、史蒂夫·乔布斯、迈克尔·戴尔和马克·扎克伯格这样的大学辍学生也许有一天会成为在全世界范围内将个人电脑转化成大众传媒并拥有数十亿资产的企业领导者呢？

当然不是。凯恩斯及其高智商信徒们所信奉的理论超越了所有这些实例。没错，这些创新者们也许开创了新的工业领域，打破了既有的局面，也大大改善了数百万人的生活品质。但是在凯恩斯看来，他们都是受已故经济学家和哲学家强大、超凡的影响力控制的企业家傀儡。对凯恩斯而言，是经济学家和经济学界的思想（而不是科学家、工程师及企业家的工具或技术）真正推动着整个世界发展的。

我们在欺骗谁？凯恩斯所持的观点傲慢自大，历史一再证明其偏颇之处。凯恩斯在阐述自己的观点时，除了运用专业天赋大肆宣传之外，几乎没有给出任何解释。他的说法浮夸自大，还引用乔治·奥威尔（George Orwell）尖酸刻薄的话来掩饰自己的说辞："有些观念是如此地荒诞，以至于只有某个知识分子才会相信它们。"的确，这种特别荒谬的观念使得知识分子们兴奋异常，原因只有一个：依照这种说法，知识分子才是创新的英雄和贵族。

理解这种狂妄自大的观念很重要，其知识分子的优越感足以解释众多理想主义者和思想狂人在后工业创新时代所表现出来的傲慢态度。当代凯恩斯主义者不是哈佛出身的、辩论政府该印刷多少钞票来刺激需求的经济学家，而是一群痴迷于智力资本的知识分子，他们大肆鼓吹好创意比硬通货更有价值。

在这个经济世界中，创意正处于创新与价值创造的炽热中心。无论是在描述当前经济世界的运行模式方面，还是在预测未来世界的经济走向方面，这些知识分子都继续秉承凯恩斯的理论衣钵。

这正描述了创新者在世界各地所遭遇的权力斗争。无论是学者、知识分子，还是好创意的鼓吹者们，都宣扬思想和智慧是创新的核心。那些不懂得欣赏好创意的力量与潜能的人，要么是蠢材，要么是离经叛道者。无论他们让人深感遗憾还是应受谴责，他们都注定要失败，务必要躲避他们。

在后工业信息时代和全球数字化经济背景下，对知识从业者而言，到处都充斥着激烈的竞争，他们以更快的速度获得更好的创意，也许这些就是他们取得成功最后也是最好的机会了。那么，如何才能做到这一点呢？创意就是后工业时代商业战场上制胜的精密武器、军火和物资。创意的匮乏如同智慧攻击力下降一样，意味着软弱，并最终导致失败。

同样，事实并非如此。这种立场仍旧是凯恩斯理论在互联网、数字化时代的反映，换汤不换药罢了。企业及其领导者都过分沉溺于追求好创意的谬论中。要进行明智的投资与创新，获得可持续性的经济发展，我们就有必要重新审视所谓"好创意"的错误观念。

追求迅速、富有创造性且节约成本地进行创新的企业，必须要有勇气超越“好创意”观念的束缚。全球市场的成功需要企业及其管理人员从这种毁灭价值的思想教条中自我解脱出来。好创意反而是敌人，不是因为其本质上就很糟糕或愚蠢，而是因为这就像摆在孩童面前闪闪发光的玩具一样，它们分散了创新者的注意力，使其无法关注最重要的挑战。

减肥谬论

你不会通过气味来判断一盏灯的亮度，你也不会通过一台电子显微镜来评估一座音乐厅的音响效果，你更不会通过称重来衡量一张电子照片的分辨率。但是，聪明的企业管理人员却坚信，企业可以通过分析一项商业创新投资的潜在“好创意”来有效评估其优势。最具智慧的企业管理者大多都对自己判断创新主张的价值潜力的能力很自信。

但事实却是，他们并不能做到这一点。对于被提议的创新的价值评估而言，“好创意”是毫无用处、极其危险的分析单元。大部分围绕着“好创意”的管理辩论就好比争辩一头雪豹的颜色一样毫无意义。这就像提出“什么时候音乐听起来很不错”这类问题一样，问题与实质根本就是脱节的。

有缺陷的测量指标会破坏有用的信息。高效的创新需要能够将好创意摆放到合适位置的测量指标。这些测量指标必须能让企业组织更易于看到价值是如何创造出来的。企业对获得“好创意”或“更好的创意”的过分关注会削弱取得成功的机会。

以减肥为例。许多人都过度肥胖，并因此有许多健康隐患。肥胖症已经成为全球公共健康问题，由此孕育而生价值数十亿美元规模的产业，以帮助人们应对这一健康挑战。来自医药和营养方面的企业家在激烈竞争中，并为他们的解决方法成功地获得了风险投资。

然而，很不幸的是，医学专家们给出了一种简单又实用的好创意，它能大幅度减肥，对大部分超重人士都很管用，那就是“少吃多运动”。

“少吃多运动”是好创意的典型代表。廉价、简单、相对安全，并且毫无疑问是有效的。大量的实证调查研究证实了其益处。这个理念易于每个人理解，实践起来灵活简单，可以根据个人的实际情况改变调整。运用“少吃多运动”这种减肥方法时，可以采取不同的运动方式，摄入不同的食品。只要坚持少吃多运动，你在数周之内就可以观察到，几乎每个超重个体都会取得可喜的减肥效果。

最诱人的一点是，“少吃多运动”这个方法在强度和效果上都可以很好地调整。如果有人大幅度减少进餐量，大量增加运动强度，那么他就有可能减掉更多的体重，而且作为额外的回报，他可能会看起来更健康，自我感觉也更棒，简直妙不可言。

但尽管如此，跟所有“好创意”一样，如果运用过度，“少吃多运动”减肥法也会给人造成伤害。吃得太少，运动强度太大，即便是最健康的身体也会有所损伤。虽然不能保证成功，但是“少吃多运动”减肥法仍然拥有傲人的纪录，几乎没有什么办法可以像“少吃多运动”减肥法一样以更少的成本创造更多的价值。的确，饥饿感的痛苦和肌肉酸痛会随之突然出现，但一般都是暂时的。关键在于，人们真的吃得更少，运动量更大了。

当然，此减肥范例完全就是一个愚蠢的臆断。每个人（特别是超重人士）都知道“少吃多运动”减肥法是个好创意。但这又如何呢？好创意并不意味着一定会有好的执行力。

人们都一致认可“少吃多运动”减肥法。但是大多数人都知道，在那些超重的人中，只有少数人在生活中认真实践这一方法，而且，不得不承认，能够坚持三个月以上的人的比例更低。

这正是致命的问题所在。如果大家都明白好创意，而它却不能真正影响那些最认可且最需要它的人的行为的话，它还算得上是一个好创意吗？最好的解释就是，“少吃多运动”减肥法看上去、听起来和感觉起来都像是一个好创意，但事实上并非如此。它只是披着真理伪装的好创意。因为不管何种缘由，对于世界上大多数超重的人来说，“少吃多运动”减肥法不具有可行性。因此，它不算是一个好创意，充其量只算得上是很诱人的说辞罢了。

有志者，能创新

这种让人烦恼的事实让我们想起了经济学家约瑟夫·熊彼特（Joseph

Schumpeter）的理论。作为一名优秀的经济学家，其观点与凯恩斯针锋相对。他不认可所谓的好创意在创新开展过程中的重要性。他在 1928 年写道："成功的创新是坚强意志的壮举，不是智慧的结晶。创新的困难在于克服阻力，坚持做那些前人从未做过的事情，承受难以确定的结果。"

在熊彼特看来，致力于克服阻力和不确定性（而非培养智慧才能）才会赢得创新的胜利。好创意并非毫无意义，在这一点上，熊彼特与凯恩斯这类知识精英的观点是一致的。但熊彼特意识到相对行动而言，好创意在涉及商业市场方面的确存在固有的不足。雄心勃勃的企业家们不应该在这些所谓的好创意上投入过多。真正的创新者和真正的领导者知道行动胜于空谈，而且也会付诸实践。

这正是为什么前面提到的减肥好创意却沦为谬论的原因所在。在减肥价值产业链中，这种创意可以说是最不重要的一环。理论上说，数个好创意中的任何一个都可以带来可喜的结果。但在现实中，"少吃多运动"或者就这方面来说，"吃减肥药""抽脂手术""胃分流手术"等创新减肥方法都不及克服个体阻力和控制不确定性更重要。

衡量这些减肥创新办法的实用价值没有意义，而使用者们如何在现实生活中实践好创意才是重点，结果才是关键。商业创新来自实际使用而非潜在价值的虚幻承诺。

创新的经济价值取决于创意实现可能性的质量，而不是创新主张的质量。用英国军史学家迈克尔・霍华德（Michael Howard）的话来说："战略提出后，后勤管理才是最终决定效果的关键。"把创新战略思想头脑风暴从后勤管理的实现可能性中分离出来，这并非跳出固有的思维模式，而是自欺欺人。即便设计出了世界上最富创新性的饮食和锻炼方法，也不可能仅仅因为其存在而消耗任何人的热量。

换句话说，你不能付诸实践的主张算不上一个好创意，而你不能做好的主张也算不上一个好创意；你不能承诺去做的点子算不上好创意，而你能承诺做好的点子也算不上好创意。不仅如此，遭人拒绝的主意也绝不会是好创意。即便某个创意对别人而言很好，对你却不尽然。

创意的执行到位（并非创意本身）才是价值创造评估分析的重要部分。企业如何实现创意（并非创意本身）才是创新的灵魂与本质。通常，创意的实现过程会重新定义原始创意的界限与核心内容，这一点在上述减肥案例中也得以反映出来。我们可以郑重地指出，在残酷的现实面前，“少吃多运动”这样的创意主张对人们生活方式的影响力远大于其在减肥方面的作用。

创新者在克服阻力以及控制不确定性方面的不懈努力往往反映了其对创意更深刻的理解。实现创意的过程就是发现的过程。企业家与软件开发工程师就是依赖这类日常生活中的真理来做出决策的。品尝菜肴与烹饪截然不同，而管理企业与制定规则更是两码事。

无论人们如何定义，好创意的潜力主要取决于其实现的可能性。创新者努力提高创意实现的可能性，他们所做的任何事情又总是会改善其从创意中获得价值的能力。迅速尝试和迅速测试，其结果会大有不同。

在实践中升华

法律条文把发明创造描述为“付诸实施”，这是律师们强加于创新者的最令人厌恶的用语。创意“付诸实施”的概念体现了凯恩斯主义者的傲慢。很明显，更好、更确切的用语应该是“在实践中升华”。人们通过使创意更具操作性、更实用，让创意源源不断。创意只会在实践中得以提高和加强。如果你不信，那就问问身边的任何一个客户。

但这些法律用语颠倒了价值观念。围绕发明和创新的辞藻被新凯恩斯主义学者和律师们肆意歪曲，以至于抽象的创意反而被认为比创意的具体实现更重要。对于大学和立法机构来讲可能的确如此，但对于互联网和诸如沃尔玛之类的企业而言，显然是错误的。

山姆・沃尔顿的误导

即便是世界上最富有创业才干的创新者们也曾被“好创意”的错觉所迷惑。沃尔玛的创始人山姆・沃尔顿（Sam Walton）在其 1992 年出版的自传中写道：“我可能比美国国内任何人去过的商店都多。在此过程中，我不断寻找灵感，寻找任何有助于我们公司成长发展的创意。我们中的多数人无法发明创意，但我们从他人那里获得最佳创意。”

这并非虚伪的谦逊，而是完全错误的叙述。沃尔顿并没有为他的公司发展带来最佳创意，而是带来了他亲眼所见的最实用的做法。沃尔顿的智慧不在于识别竞争对手的最佳创意，而在于模仿、复制他所观察到的最佳实施办法，并进行拓展大型超市网络的实践。正因为沃尔顿有迅速模仿与实施自己所观察到的实用方法的能力，才使得他不断探访各种商店的行程变得意义非凡，而创意在其中只能退居其次。

检验这一论点的方法很简单：如果沃尔玛公司不能把那些好创意转化成实际经营中的“天天低价”这一商业运作招牌的话，那它们又有多大价值呢？到山姆·沃尔顿的超市购物的人不是去购买他的创意，而是去收获其创意在店内实践成功所带来的好处。

让我们再进一步深究：沃尔玛超市的大多数高效业绩皆来自其在计算机和物流资源方面的卓越管理。随着公司的不断成长壮大，沃尔玛不仅成为世界上最大的零售商，也在全球信息与处理技术方面成为最富有创新精神的践行者之一。

两位沃尔玛公司的前任首席信息官（CIOs，他们分别在公司成功发展的不同时期担任首席信息官）都特别强调了雄心勃勃绝非成功的秘诀。沃尔玛公司从业者的创新主张几乎与其超市中销售的产品一样多，但企业管理者所面临的挑战与创意的质量和数量并没有关系，其主要关注的是如何更快、更好、更低成本地进行产品销售测试与实施，也就是每天开展的低价测试与流程执行到位。

一位前首席信息官回忆说，沃尔玛公司最大的合作伙伴（从宝洁公司到高露洁再到联合利华）也都在追求优秀创意，但令人不安的问题仍然存在：这些合作伙伴能否将沃尔玛公司持续不断交付的系统与业务流程执行到位？这位前首席信息官说：“我们一直在寻找更好的做事方法，但是发现一种更好的做事方法，并不等同于在一年中的每一天都能持之以恒地贯彻执行。”

这家总部位于本顿维尔（Bentonville）的美国零售业巨头公司沃尔玛不只希望其合作伙伴拥有好创意，还坚持认为要不断发掘新的能力。发掘新的工作能力会使下一轮创意的实现更节约、更轻松，从而实现良性循环发展。

值得赞赏的是，沃尔玛公司的领导们大多明白，有效执行并非仅仅意味着详细的规划、良好的沟通以及全面综合的培训。早在沃尔玛公司的技术专家为促进业务流程编写更高效的软件程序之前，就已经让其程序员从事那些公司力求自动化的工作了。

沃尔玛公司的突破性表现就在于把创意的实现能力与其内部的创新流程整合在一起。

正如沃尔玛公司前首席信息官、微软公司首席运营官凯文·特纳（Kevin Turner）所说，坚持让软件开发者为其从事的工作编写代码，会有效提高软件的质量和实用性。他们会被不断地推动着去解决内部阻力和不确定性等问题，这远远超出了业务流程创新者所预期的技术挑战。

特纳说："我们发现，要求我们的程序员做这些工作会给我们带来很好的回报。"建立在现实世界实践而不是报告需求基础上的软件会有效地降低执行成本和风险。

尽管沃尔玛公司的创始人迷恋好创意，但是沃尔玛公司的创新文化强调的是创意实现的优势与价值。沃尔玛公司在创意执行层面的技术和组织投入，使得好创意具有经济上的可行性。

沃尔玛公司取得的成功得益于其对 ROI 的密切关注。这里的 ROI 指的是"执行回报率"（return on implementation），而不仅仅是"投资回报率"（return on investment）。正是企业的日常执行到位（并非最好的创意）成就了现在的沃尔玛。

从口头到行动

沃尔玛公司的实践经验与我的理念一致。我从未见过哪家企业只要给它一点刺激，就能想出许多远远超出自身能力的好创意来。我也从未见过哪些企业或组织能够简单直接地实现这些好创意。创意实施过程中所产生的冲突自然会消耗并影响创意灵感的产生。面对、诱导和克服创意实施过程中的冲突因素，会产生真正的创新者窘境。

创意与实现创意的功能障碍性分离，正在全世界范围内消磨着创新者的积极性。许多企业都在积极展开活动，征询商业创新与改善的点子与建议，以争取更大的开放度与参与度。它们想赋权员工们，也希望看到企业管理层因多种多样的创意而更富激情。

但是结果证明这毫无用处。这种策略所导致的失望与沮丧，会给企业造成深深的伤害，管理层对这种漫无目的的建议或创意极为不满。员工们也变得玩世不恭，因为数月过去，他们所提供的创意没有多少被企业认真地测试过（如果真有这样的事情发生过）。于是，企业召集组织以外的顾问来弥补企业内部的低效（我知道这样的情况，因为我就是这些顾问当中的一员）。这种做法既不公正，也不合理，更没有效果。

这种模式是不正常的。管理层并没有立即测试或执行这些建议，而先想到的是研究和分析，然后再开始执行前回顾分析。

从文化角度上来说，对分析的重视甚于行动。企业总是在挖掘创意上耗费更多时间有很多充分的理由，这对于那些不是为了进行简单、快捷、低成本的实验测试而设计的创意而言的确如此。当分析得出结论后，企业还会对创意再次进行分析，这就是所谓的“品质保证”。

这种做法恰恰揭露出了某种偏见。大部分企业都在积极鼓励人们提供创意和改进公司业务的点子与建议，但这些创意却很少会被清晰或直接构架进入下一阶段。本来寄予激活创造与创新精神的努力却只能以失败告终，甚至产生相反的影响，它仿佛在提醒人们：创新是一件多么困难的事情！

我们应该怎么做

当拥有好创意的创新者说“我们应该做X”的时候，这句话中最重要的词不是这个“X”，而是“做”。这到底是什么意思呢？人们需要采取什么样的具体行动？必须做出何种选择？这些不是策略问题，而是如何使“X”从概念变成现实的问题。

当一家公司的创新领导宣布“我们需要探索Y”的时候，最重要的词语是“探索”。而在讨论随后的创新步骤时，动词也总是比名词更重要。动词决定如何或者是否解决矛盾冲突。

成功的创新者都会在行动上加大投入，在概念性创意与实际执行之间的鸿沟上架起一座建设性的桥梁。就如同沃尔玛公司的领导层一样，他们总是在寻找方法，把好创意迅速而又低成本地转化为实际的形式和形态，然后同样以一种迅速而节约的方式进行检测，识别这些行动并选择那些形式是如何从创意转化为实践的。

当詹姆斯·瓦特（James Watt）想到了一个创新想法——一个独立的冷凝器可能会大大改善纽科门（Newcomen）发明的蒸汽机的效率时，他立即将其付诸行动。结果证明，他的行动远比他的想法和远见更能解决问题。这位科学设备的制造者迅速在自己的构思下制作了机器原型——这台快速制成的机器原型使用一个黄铜外科注射器作活塞泵。而在瓦特把其创意制成真实的机器原型之前，他的创新想法几乎没有多大意义。他并没有在独立的冷凝器这个创新概念上浪费过多的时间，而是用实际的原型做实验，去检验和完善他关于动力机的假设。

与之相似，20 世纪 80 年代，苹果公司创始人史蒂夫·乔布斯在施乐公司帕洛阿尔托研究中心（Xerox's Palo Alto Research Center）第一次看到阿尔托工作站原型时，在他的心中已经产生了强烈的个人电脑应该意味着什么的想法。他与山姆·沃尔顿一样有天赋。他本能地意识到计算机界面以及硬件 / 软件集成速度更快，制作更加精良，而且价格更便宜，而这些都是施乐公司万万没有想到的。事实证明，他是对的。

苹果公司后来推出了一代、二代麦塔金电脑（Macintosh）。它将技术创新思想迅速转化为优秀的商业实践的做法，重新定义了人们对这个新兴产业的创新能力的期待。苹果公司在产品原型设计方面的出众能力，让其将创新概念突破与技术实践紧紧联系在一起。

原型即假说

传统的观点认为，原型就是模型，是对可能现实的精心打造。科技史学家托马斯·休斯（Thomas Hughes）曾经把它们描绘成固有文化的碎片。这些都没错。

但是，每一个原型也是一个假说。也就是说，原型就是一个明确设计出来的命题，用以解释一个人们能够察觉得到的现象；或者说原型就是对某一现象进行有根有据的猜测。

词典对假说这个单词的解释如下。

1. 一个（组）命题，用以解释所出现的某些具体现象。这个（组）命题或者被认为是引导调查研究（工作假说）的临时猜想，或者既有事实被看作完全有可能发生的事情。

2. 一个被假定为一场辩论中的前提的命题。

3. 一个条件命题的先例。

4. 只是一种假设或猜测。

这里所说的"原型即假说"是指原型是对未来前景有根据的推测，而未来前景指的就是：原型如何被演绎，潜在使用者对此如何反应，该产品如何被制造和生产，人们如何销售或进行市场推广，研究人员如何进一步探索、检测其技术特征及功能，以及设计者如何设计完善其产品外观，等等。原型描绘了值得人们测试的未来前景。

原型设计假说就是一份关于设计选择如何创造价值的声明。例如，"你更喜欢哪种设计？""怎样才能设计得更好？"等类似的问题。原型体现了有待检测的设计假说。

苹果平板电脑原型就是一个制作精良的、关于未来数码媒体消费的假说。一款安卓手机的原型则是对未来移动通信非常有见地的推测。毫无疑问，丰田普锐斯（Toyota Prius）轿车的未来原型会提出关于未来汽车行业碳平衡运输的重要命题。

换句话说，原型自然代表了确定一个假说的命题、先例、假设以及推测。精心制作一个原型（无论是数码的、实体的还是虚拟的）都意味着在创作一个假说。倘若没有假说，也就没有原型。假说越是精妙，其产品的原型就越精妙；假说越是思虑周全，其产品的原型就越是思虑周全。

> 但是，假说是为谁提出来的？假说本身或基于假说制成的原型是否把用户放在了首位？或者是否是为生产团队、界面设计师、会计师以及销售员提出的？还是说所有这些都应纳入假说的考虑范围？
>
> 假说是由谁构想出来的？谁拥有假说的所有权？假说如何被检测？这些简单、直接的问题很快就会浮现出来，成为摆在所有设计团队面前的文化及组织层面的难题。除此以外，还有很多其他问题，例如，这些假说都植根于市场、技术或者审美考虑吗？这些假说是对各种推测的整合吗？或者，每一个假说都等同于一项要求或对规范要求的确认和遵从吗？
>
> 但是原型就像任何其他物理、化学或生物学实验一样，其目的远远不只清楚地阐述和检验假说，还要借此让人们相信假说实现的可能性。一个成功的原型就像一个成功的实验假说一样，可以充分向人们证明其价值和正确性。而反之，一个不能使人们信服的原型如同一个不能证明假说的实验一样，只能被看作一次失败。成功的原型会在创意市场获得胜利。

对亚马逊公司而言，只要几十行代码就可以在可操作的创意与现实世界之间建立起创新链接，其最终结果就是导致这家互联网巨头公司价值数十亿美元的业务模式的转换。格雷格·林登（Greg Linden）是亚马逊公司内部的创业者之一，他相信，如果公司软件可以为顾客提供智能推荐商品服务，那么顾客就可以获得更好的购物体验。

林登说："我在测试网站设计了一个原型，修改了 Amazon.com 的购物车网页，使其能够向顾客智能推荐可能想要添加进自己购物车的产品。"

林登的小实验很快获得了巨大成功。无论是在亚马逊虚拟的围墙内部还是外部，正是他设计制作的程序赋予了智能商品推荐引擎以力量与影响。该原型的测试结果引人注目，因为毫无疑问，人们不仅会点击网站智能推荐的商品，还会把它们放入自己的购物车中。原型使创意发挥效力，而实验使潜力变为现实。

所有这些案例的共同点就是：除了成功外，还要意识到其经济价值不仅来自创意，而且还来自它们相互影响的表达。语言不是图片也不是原型。创意最初的表达方式会在很大程度上影响其最终的实现。

詹姆斯·瓦特的黄铜注射器冷凝器和林登的智能商品推荐程序被人们误解为创意或灵感，但实际上并非如此，它们是极具表现力的实验。言语表达赋予创意形式和背景，而实验检验创意形式和背景是否能满足人的期待。

对于瓦特而言，他期待的（即他的假说）是创造出高效的动力引擎；对于亚马逊公司而言，它希望获得的是能够激发顾客参与度和购买力的创新智能商品推荐程序。将极具表现力的实验和人们的期待或者假说结合起来是众多成功创新者的举措。不能取得巨大成功的创新者们并没有强大表现力的实验来支撑他们的创意，他们往往过于钟情于创意本身。

回顾诸多技术、企业家或者商业创新的历史，我们就会发现，有一种创新模式一直都存在。成功的创新者们虽然经常提到创意，但他们会将更多的时间、金钱以及智慧投入到富有表现力的实验上。

他们富有竞争性的成功来自以更快的速度从更具表现力的实验中获得更大的价值，而这种实验的经济性在识别与影响执行过程中的经济性方面扮演着重要角色。

对于渴望创新的企业组织来说，道理是如此简单、明显：如果创意的表现力不佳，再好的创意也毫无意义。表现力，即表达的形式与灵活性，是创新成功的“秘密武器”。

然而，想从创意的表现力上获得巨大回报却取决于富有表现力的实验对创意实现的帮助程度。因此，企业需要迅速制定富有表现力的创新实验组合，从而提供在可控的管理风险范畴内最好的创新洞见。

关于大的委婉说法是什么

这涉及修辞问题，但是行动仍旧胜于雄辩。我听过的最不健康的创新对话就是围绕着这样一个问题——“大创意是什么”展开的。

企业文化和领导之所以强调大创意是因为想要进行商业改革。他们投入时间与精力去审查、分析这些大创意，这是为了未来了解这些大创意是否值得进一步研究和投资。但是，正如前文关于山姆·沃尔顿的简介中所揭示的那样，这种关注是徒劳无益的。“创意”一词已经退化成了一种偷懒的、便捷速记方式的代名词，它模糊了意义，而不能增进理解。

当一个企业的高级管理人员向人们抛出“大观念是什么？”“大直觉是什么？”或者“大信仰是什么？”这些问题时，只会招来人们的白眼与窃笑。但由于创意被认为是与企业存亡息息相关的重要问题，人们又不得不严肃对待这样的问题。

而实际上，他们大可不必。本书的第 4 章将探讨和界定什么才算是在富有表现力的实验方面的好投资。

第 4 章　创新实验的特征

成功的创新者都知道，在全球市场上参与盈利性竞争最重要的六个要素分别是：简单、快捷、节约、智慧、精益和重要。谷歌、Facebook 和亚马逊等公司都明白这一点，麦当劳、乐购（Tesco）以及沃尔玛也不例外。它们知道如何将这些要素巧妙地组合，从而赢得市场竞争的胜利。

本书讲述的是如何让成功的实验推动创新的成功。但取得成功并不意味着一定要付出昂贵的代价、经历复杂的过程，而是恰恰相反。

简单、快捷、节约、智慧、精益并且重要的实验可以为任何严肃的创新过程增加动力。本书为读者提供的方法历经市场检验，能够促进快捷、节约而又精益的商业实验，以达到价值创造的目的。更快捷、节约和精益的实验意味着更快捷、节约而精益的创新。更好的实验带来更好的创新，更好的创新缔造更大的成功。这就是创新实验带给企业家的希望与承诺。

这种方法强大而实用，并且其效果已经得到证实。你的企业可以把它当作正式的关键创新的步骤之一。你自己也可以在与同事合作创新时尝试使用。这种方法富有灵活性、可伸缩性并且强健有力，既不需要进行革命性的全面改变，也无需数学、科学或统计专业知识，但其结果不仅仅是口头说说就可以得到的。

最好的创新者总是在进行最好的实验。最好的实验能够在最短的时间里为企业创造最具远见的机会。例如，亚马逊公司成功推出的卓越的智能商品推荐程序就不是该公司战略计划的产物。它们源自一项未经官方授权的实验，该实验意在了解网络购物者对页面上未经请求弹出的购物推荐会如何反应。这项简单的技术测试最终衍生成了一个利润丰厚、高达数十亿美元的商业平台。

最好的商业创新者总是在进行最好的商业实验，其实验旨在为客户和他们自己创造新的价值。商业实验就是要识别其中的经济价值，而快速的商业实验就是要迅速识别可以培育壮大的经济价值。

这一点无论是在工业革命初期，还是在汽车和航空工业起步阶段都是如此。人们也许已经忘了或者并未意识到，詹姆斯·瓦特发明的蒸汽发动机其实是他为格拉斯哥大学（Glasgow University）维修科学模型时的产物；莱特兄弟（the Wright brothers）为其飞机设计制造开发了风洞实验；亨利·福特的工厂既是流程效益研究室，也是汽车批量生产车间。由此可见，的确是实验推动了创新的发展。

这种价值实验的特质对于半导体与软件革命同样有效。反复的实验推动了网络 2.0 后工业化革命的互动与协作创新的浪潮。

以商业创新为目标的快速实验对于全世界市场竞争中的龙头企业来说一直都是企业文化的核心，谷歌、沃尔玛、苹果、亚马逊、乐购和丰田等众多企业都明白这一点。它们依赖创新实验，使之内化为企业文化的一部分；它们聘请人力进行创新实验，为之投入大笔的资金。它们最忠实的客户也期望看到这些企业的点滴创新成果。毫无疑问，这些企业都拥有自己的创新文化和实验风格。但是这又能如何呢？这些企业间的重要相似点早已超越了诸多的差异。迄今为止，这些企业最重要的文化与组织共同点仍旧是行动胜于空谈。

这就是充满活力的、健康的创新文化的秘密。创新不是一场管理层的峰会或分析演练。创新者需要行动、实践和测试。他们尊重实验的结果，而不仅仅是把一个样品原型抛向墙壁看看能否粘住这么简单。

成功的创新者不仅欢庆他们取得的创新成就，还会发自肺腑地把这些成就归功于那些使这些创新成为可能的实验。他们由衷地认可那些引人关注、值得尊重并且促使人们付诸实践的重要实验。谷歌公司创始人拉里·佩奇（Larry Page）与谢尔盖·布林（Sergey Brin）都把该公司基于数据技术驱动的实验看作其创新力量的核心。

从这一方面来讲，谷歌公司的创新要旨与沃尔玛、丰田或者麦当劳等公司的创新诀窍并无二致。创新者所做的远比他们所说的重要。换句话说，他们并非“举止聪慧”，而是他们会采取明智的行动。这二者之间的差异很大：“举止聪慧”

仅仅是一种表现，而明智的行动则推动表现的发展。严肃的创新者们努力使优异的表现迅速得以展现，并且快速实验促进快捷行动。

实验是超越言语的行动。一个商业创意说得再好，也远远不如一项优秀的商业实验更具有说服力。优秀的商业实验用处更大，更有价值，也能更好地满足人们的期待。

经验丰富的创新者深谙此道。他们知道，只有好创意变成了好实验才能算是好创意，否则一文不值。实验结果不会通过说说话、聊聊天或甜言蜜语就可以得到。你必须要行动起来。实验需要付诸行动。尝试新创意和进行快速实验变得越来越相似，而“实验先导”变成了实现榜样引导的途径。

为什么那么多的商业组织在进行快速、简单而又低成本的实验时会困难重重？答案与一个好假说一样刺激你的神经。不管在哪里，只要语言被看得比实际行动更重要，那实验就会被低估。以微软演示文件为展示形式的语言陈述的数量变化与商业实验的发展趋向刚好成反比。

我们不擅长于估量创意的价值

创新团队之所以设计开发某些新功能，是因为它们相信这些功能都会发挥作用。但遗憾的是，在许多领域，大部分创意都没能展现出其关键优势。在经微软公司测试的创意中，只有三分之一达到了创新者设计时的初衷。在像微软公司的搜索引擎必应（Bing）这样的优化领域里，成功更是鲜见。应用预测技术公司的领导吉姆·曼齐（Jim Manzi）曾写道：“在谷歌，只有约 10% 的控制实验最终促使商务改革的发生。”谷歌前执行官阿维纳什·考希克（Avinash Kaushik）在其所著的实验与测试入门书中写道：“你们或我们对客户需求的 80% 的猜测都是错的。”迈克·莫兰（Mike Moran）也写道，奈飞公司（Netflix）认为它们试图做的 90% 的事情都是错的。快速贷款公司的瑞吉斯·哈迪阿里斯（Regis Hadiaris）写道：“过去五年来，我一直在进行实验测试，但是对实验结果所做的猜测的正确率如同棒球大联盟球员击中球的概率一样。没错，尽管我已经干这行五年了，但我也只能‘猜测’测试结果，正确率约为 33% 。”Esty 网站的丹·麦金利（Dan McKinley）说：“一切事情几乎都可能会失败。令人难以置信的是，初次尝试、实验测试的成功率简直屈指可数。

> 我坚信这种经历是普遍性的，尽管这种说法并没有得到全球认可和进一步论证。”并非每一个领域的数据都如此糟糕，但大部分运营过控制性实验的人在处理面向客户的网站及应用的时候，都曾经历过这种令人难堪的现实：我们实在不擅长估量创意的价值。
>
> ★摘自罗恩·考汉维（Ron Kohavi）、阿里克斯·登（Alex Deng）、布赖恩·弗拉斯克（Brain Frasca）、托比·沃克（Toby Walker）、亚徐（Ya Xu）以及尼尔森·珀罕（Nel Pohlmann）等人所著的题为《在线控制实验的大型实验》的论文。

假如你的企业总是钟情于对简单实验进行复杂分析，那你就陷于创新的劣势之中；假如你的企业宁愿拖到下个月进行20项综合实验，也不愿意明天着手开展两项简单的实验，那你就注定难以逃脱创新障碍；假如你的企业相信其天赋卓越的战略思想家能够想出最令人振奋的实验，那么你在创新竞争中就完全失去获胜的希望了。这些创新缺陷大大影响了创新成果的产生，削弱了优秀的创新表现。

不用着急，再想一想，实验经济一定是你的好朋友。在简单、快捷的商业实验方面进行微小投资，可能就会让你收获意想不到的回报。你既不需要大刀阔斧的变革，也不需要经历多么困难的、耗费时间与金钱的过程。商业实验能够而且应该是节约而便捷的。

愿意提出简单问题并采取精细、快捷的步骤来解答，这一点很重要。即便对简单的提问和快捷的解答的投入只有一次，你也会在影响深远的创新之路上抢占先机。那些突破性的实验会有使你惊喜若狂、目瞪口呆的实验结果，其会在同事、客户中提出那些简单问题并采取相应步骤努力解答的过程中显现出来。

驾驭快速实验的学习曲线会让你感到精力充沛和异常兴奋。你做的快速实验越多，它就变得越简单；快速实验越简单，你做的实验就越多。这样的良性循环具有很重要的意义。如果快速实验不会因为你和同事们做得多而变得简单，那么你就做不好。只有你做好实验，才会产生显著的结果。没有别的捷径，你只有认真做实验。

你愿意以低成本的投入换取巨大的回报吗？你准备好利用小型实验获取卓越

的洞察力了吗？你是否很乐意采取简单、快捷的小步骤来“赢得创新”？

你相信“行动胜于空谈”吗？对此说法，你的企业认可吗？态度与才智一样重要。如果你更喜欢复杂的实验、大型的跳跃式发展以及巨额预算，那么这种方法就不适合你。小投入大回报的事情是完全可能的。突破性创新并非一定要建立在痛苦之上，只需抱有开放的心态即可。你不必改变初衷，但你的确需要调整心态。

想一想下面这个具有重大影响的案例。一家相当成功的商业模拟公司在很大程度上依赖其网站进行市场推广。尽管该网站使得商业模拟示例既简单又友好，但是其销售业绩却很低迷，让人十分失望，而且这一结果也让公司管理层十分震惊。客户对该商业模拟公司的网站评价甚高，花时间在该网站浏览其产品的潜在顾客都倾向于购买。因此，销售业绩和销售机会都应该很高才对。公司后来花重金对网站进行了重新设计，但结果却并未改善销售业绩。

一项简单的实验发现了一个严重问题：访问该公司网站并在线使用其模拟产品的客户都有意购买，但是更多的人却直接放弃浏览该网站，不愿意在尝试模拟产品前登记他们的电子邮箱地址。公司市场营销人员需要这些电子邮箱地址的原因是：其一，搜集数据；其二，阻止不合格的潜在客户。任何愿意登记邮箱地址的诚意客户都深受欢迎，而那些只想玩一玩该公司模拟产品的非目标访客都被拒之门外。

深受公司信任的市场营销团队进行了激烈的讨论，来确定市场调研的焦点小组或网络调查是否是最佳方法，能不能诊断出该公司网站表现欠佳的症结。但是这种犹豫不决的行为使得该公司的联合创始人难以容忍，他与公司的网络管理员选择了第三种方法。

他们设计了一种快捷的实验。实验基于什么假说呢？他们认为可能是市场营销中过分急切地要求潜在客户注册邮箱把他们吓走了。他们的实验是如何设计的呢？在实验过程中，只有一半的客户被随机要求立即登记他们的电子邮箱地址；其余的网站访客只有在尝试公司的模拟产品超过两分钟后才被邀约登记他们的邮箱地址。

这个实验准备了不到两天就实施了，但实验结果却产生了惊人的数据。实验数据表明，一周之内，在那些被要求立即登记邮箱地址的数百名访客中，有超过一半的人终止了进一步访问。而与之形成鲜明对比的是，在被请求注册邮箱时，那些体验公司产品超过两分钟的访客几乎都提供了他们的邮箱，而且，他们中有约 40% 的人正是市场营销人员所寻求的合格的潜在客户。

同样的道理，用户行为胜于空谈。这项实验表明，操之过急的要求会使公司最渴望的潜在客户中约三分之一的人望而却步。这些发现改变了该公司网站的市场定位及营销目标，通过使用创新性的方法观察用户比时常倾听用户的声音获取的信息更多、更准确。

该公司的联合创始人后来说："这个实验直接为公司赢得了大量的潜在客户、更多的收入以及更丰厚的利润。而且，其过程比以前我们做过的任何事都更快捷、成本更低，简直是轻轻松松就可以完成的事情。"

实验过程虽然轻松快捷，但成果却很诱人。该实验的影响远不只限于扩大生产力和增加利润方面，公司的创新文化也因此改变了。简单、成本低的实验成为该公司管理流程的一部分。如果一项快捷实验能够检测一个关键的商业假说，或者能够有效地促进 MBA 分析理论的应用，那么就立即去做。用"为什么不做实验"替代"为什么要做实验"，而这种逆转应该处于企业文化转型的核心位置。

要做到简单、快速而又明智，根本不需要新的技术或昂贵的设备就能够挑战假说，改变已有领域的格局。极为简单而又成本低的实验能够而且的确可以赢得诺贝尔奖。关键在于，我们要拥有谦卑之心，坚持全局思维务必从细微之处着手。大创意也并非天生要求进行大型实验；相反，小实验却可以承载全局思想，产生巨大的影响。

20 世纪 70 年代，心理学家丹尼尔·卡尼曼（Daniel Kahneman）和阿莫斯·特沃斯基（Amos Tversky）进行了开创性的研究，挑战基本的经济观念：人是理性的决策者。他们的研究表明，大部分人不能很好地评估有助于做出决定的信息。在实际生活中，大部分人都是糟糕的直观统计学家，常常错误判断概率，误解可能性，即便是专家（他们所在领域中的顶级人物）也会常常犯简单却重大的错误。

卡尼曼和特沃斯基观察了从医药学到军队等广泛领域深厚的决策机制。但是对他们而言，实证性的观察还不够，他们希望获得具有说服力的实验证明。于是，他们为数学心理学家（在心理学与统计学领域皆有建树的专家）设计了简单的书面问卷调查问题，并让他们在一次会议上进行答题。

其结果已经在全世界各种文化和学科领域被反复引用，这也许是有史以来最具有说服力的证据。在接受问卷调查的教授和博士中，有很大一部分人给出了完全错误的答案，这一结果让人困窘不已。专家与普通人一样也会犯相同的认知错误，出现同样的问题。人类的思维（即便是接受过最好教育的人）充满了漏洞和缺陷，总是会破坏其理性思维和计算的正确性。

行为经济学家丹·艾瑞里在其畅销书《怪诞行为学：决定背后的神秘力量》（*Predictably Irrational: The Hidden Forces That Shape Our Decision*）里描述了这种功能失调的动因。理性行为要比大部分古典经济学家所想的更复杂、更难捉摸。行为经济学的观点削弱和重新定义了大量的经济学理论。

这些简单实验直接帮助卡尼曼获得了 2002 年的诺贝尔经济学奖（特沃斯基于 1996 年去世，诺贝尔奖不授予死去的人）。但他们推出的一门新学科——行为经济学，不仅对公共政策研究产生了深远的影响，而且也凸现了经济学实验的认知重要性。

全世界在该领域的研究成就极为突出，越来越多的聪明投资者和精明的财务主管们在寻求利用行为经济学理论来指导他们的资本配置的方法。像艾瑞里以及芝加哥大学（University of Chicago）的理查德·塞勒（Richard Thaler）这样的行为经济学家，在卡尼曼和特沃斯基设计的快速、低成本的实验基础上继续构建和充实了该理论。

最初的实验本就是范围宽泛而又昂贵的吗？当然。实验通常都是复杂而又代价高昂的。但是，大多数获得诺贝尔奖的天才们都通过实践证明复杂而昂贵的实验并非必不可少。

简单、快捷、低成本的实验往往会激发企业采取模仿、竞争与复制等方法进行创新。行为经济学实验的低成本投入大大加速了其发展以及影响力的扩大。年复一年，简单的实验结出了丰硕的果实，产生了让人喜出望外的有用成果。你不需要价值数十亿美元的大型强子对撞机进行有效的科学革命，小实验可能会有大成果。

快速、简单的实验设计也可以帮助处理复杂的创新问题。20 世纪 70 年代晚期，世界 500 强企业通用磨坊公司（General Mills）研制出了一种新的休闲食品——水果卷，这种新产品拥有与众不同的口感和外形。成功的产品需要创新的机器设备和新的生产工艺，可糟糕的是，该公司投入的生产线不能顺利生产出这样的食品，产品质量和数量都不能满足市场需求。现场修复失败，调整机器设备只会使事情变得更糟糕。休闲食品的研发者搞不懂到底是哪里出了问题，而设备生产商也无能为力，从公司总部派来的拿着高薪的工程专家们更是束手无策。机器设备、生产工艺流程以及这款休闲食品本身都是全新的，传统的工艺改进分析和修理都无济于事。

公司的一些决策者认为，唯一的解决方法就是关闭该生产线，当然，要以损失数百万美元的前期投入为代价。该情形令人绝望，管理层决定放弃修理。于是，公司派了一位内部统计学家去分析这些失败的维修记录，希望能找到关键的问题。但是这位统计学专家并没有这样做，因为他知道自己无法从获得的数据中探寻到有意义的生产专业意见。

相反，他直接搭乘飞机来到生产车间，把食品工程师、生产工程师以及生产线的操作人员聚集到一间屋子里。他现场展示了活动挂图，向大家提出了一些非常简单的问题。机器应该怎样工作？生产流程中的问题该如何监控？哪些失败让你感到震惊？哪些数据能够有助于做出重新配置生产设备及流程的决策？人们是否认可对数据的解读？

两天后，经过这种强化的协商讨论，与会人员达成了初步共识。他们并没有去寻找问题到底出在哪里，而是围绕着最有可能影响产品生产过程的某些变量因素进行讨论并达成一致。在该统计专家的指导下，这个团队很快设计出了一个快捷实验来检测他们的假说。他们通过运用一些数学方法，计算出了进行实验并获得结果的最快时间。然后，他们又花了两天时间开展实验。

结果如何？该实验揭示出了隐蔽的、没有预测到的生产过程中的相互依赖性，证据确凿。从那时起，解决这些问题就变得简单直接。修理独立的机器或调整子生产流程肯定是没有用的。

接下来怎么样呢？不到一周时间，这套生产线就可以满负荷运行了。而且同样重要的一点是，全体生产人员到此时已经对整个水果卷的生产工艺流程了然于心。这组实验远远超过了识别并修补崩溃的生产流程的初衷，极大地提高了相关生产人员的现场技术能力。迅速设计并实施实验，可以使员工变得更聪明。同时，使员工变得更聪明、效率更高对公司来讲也是一件成功的事。

的确，这个团队成功解决了专家们都束手无策的难题。但在此过程中，懂得实验促成成功的自然本质是最关键的一步。

该案例所呈现的核心商业观点就是，这个临时组建的工厂团队并没有“解决问题”，而是设计出了使问题解决成为可能的实验。实验是取得最终建设性成果的重点途径，没有实验就不可能迅速找到解决问题的低成本方法。实验并没有解决问题，而是证明了最快捷、最简单且代价最低的解决问题的途径。

这是一个巨大的胜利。这位产业统计学专家并没有把自己的定量分析专业知识强加到一个全新的、自己也不了解的产品生产流程中而获得成功。他的成功在于，他把全体相关人员的集体智慧纳入到了协助进行有效实验设计的过程中。这种差异是非常显著的。通过关注基础原理进行迅速实验，群策群力的成功就有可能出现。

这个结论看起来有点违反人的直觉：投资商业实验不是为了解决问题或创造机遇，而是为了快速、低成本、轻松地获得解决问题或探索机遇的洞察力。最好的实验会以低廉的代价和最快的速度获得可付诸实践的洞察力，它们能以低投入获得更有价值的突破，使每一分钱花得物有所值。

这些简单的例子具有相似的主题。也许最重要的一点是，每一个实验都解决了大家一致认可的重要的基础问题。问题的答案没有模糊不清，没有含混迷惑，也没有任何怀疑。人们对这些基础问题提出的可实施的洞见非常关键。

同样重要的是，应该简单而清晰地设置这些基础问题，以便人人都能理解、明白进行实验的原因。而且，人人都可以理解实验的结果。简单而清晰的基础问题促使人们进行简单而基础的实验，而这些实验结果又会为人们接下来的步骤提出令人信服的、可实施的建议。

实验的成本是另一个人们关注的重要问题。上述实验没有一个是需要付出高昂的成本去设计、实施或评估的。相反，它们都属于低成本实验，而且相对于分析或咨询方案来讲，它们更具有节省资金的优势。

更准确地说，有些企业认为这些实验的花费实在太少，根本不值得一提。由于这些实验的成本效益比率是如此地出色，以至于进行这些实验远比放弃它们更有意义。一旦在金钱投入方面不成问题，实验人员和实验的潜在结果就更加不成问题了。

在实验的速度与即时性方面，其价值一点也不夸张。人们在设计这些实验时，就已经将情况的紧迫性考虑在内。快速与便捷使实验更简单、更节约，也更具有吸引力（简单、低成本但进展缓慢也很难让企业在竞争中赢得胜利）。实验速度越快越好，它既加速了价值创造，也促进了价值升值。快速就意味着在更少的时间内做更多的事情，创造更大的价值。

谷歌公司为我们提供了一个优秀的案例。当我问大家谷歌是一家什么样的公司时，绝大多数人的回答是：谷歌是一家搜索公司。我告诉他们搞错了。我可以提一个简单的问题来证明这一点：

> 如果谷歌公司可以按照重要性来进行搜索排序，从而将其搜索质量提高 10 倍（无论从你最看重的任何角度来讲都是如此），但你必须耐心等待 100 秒才能看到结果，你觉得谷歌是一家价值更高还是更低的公司呢？估计绝大多数人都会毫不犹豫地回答："价值更低，而且低得多。"

关键在于，谷歌不是一家搜索公司，而是一个即时搜索公司。谷歌的认知价值和实际价值与其搜索速度直接相关（实际上，谷歌公司一直通过用户搜索即时呈现屏幕桌面上的结果来含蓄地推广这一品牌理念）。相似地，麦当劳不仅是一家食品公司，它还是一家快餐食品公司。如果就餐等候的队列太长或餐点不能迅速被端上桌，那消费者就会变得不耐烦。服务速度是麦当劳公司核心价值主张的内核之一。

"实验速度"是构成这一方法最本质的元素，它可以使每一家企业都成为谷歌或麦当劳式的公司。这一方法正好回应了英国雷达先驱罗伯特·沃森–瓦特爵士（Sir Robert Watson-Watt）的"第三好定律"。20 世纪 30 年代，沃森–瓦特预计到第二次世界大战即将爆发，便带领英国开发了雷达系统。他的著名观点是：

"让人们选择第三种好方法进行尝试，因为第二种好方法来得太晚，而最好的方法似乎遥遥无期。"

沃森－瓦特强调速度更快比获得最佳选择更有用，其观念使他成为一位出类拔萃的实验主义者和创新者。沃森－瓦特是英国防御电子系统的领军人物，我们千万不要忽略或低估他的"第三好定律"，这个才华横溢的论断让简单的实验成为实现宏大愿望的阶梯。

谷歌公司有超乎寻常的雄心与视野。沃尔玛和麦当劳公司也是如此。卡尼曼和特沃斯基的研究颠覆了既有的学术领域的根基。通用磨坊公司开发新产品的愿望也许不算宏大，但是其在创新发展过程中绝地重生的经历有目共睹。

远见与雄心并不一定要依赖宏大的实验。相反，伟大的远见与雄心会引导企业在更快捷、更简单也更节约的实验方面进行快速投资。尽管这看起来有点矛盾，但企业的目标越远大，设计简单而基础的实验就越迅速和容易。这就是"5 × 5 创新法"的观点与组织原则。

具有危险性和颠覆性的企业发展信条就是实验应该与公司的远景一样宏大、全面而详尽。然而，这与事实相去甚远。要想进一步丰富、加强、推进强大的企业发展志向，最好的办法就是通过最简单、最迅速、最节约也最基础的实验。本书就是要告诉你如何做到这一点。

第 5 章　巴菲特式的基础价值创新

我在职业生涯中最难得的一次经历，是我年轻时还在《华盛顿邮报》（*Washington Post*）做记者并有机会去采访沃伦·巴菲特。这位“奥马哈圣人”早已被视为美国有史以来最富有经验的选股圣手，他拥有华盛顿邮报公司的大部分股权，并担任该公司的董事。抛开他拥有的巨大财富不说，沃伦·巴菲特其实是一位可爱的、富有智慧的同时也非常有趣的人。他就是人人都盼望拥有的有钱的叔叔。

我们就他的过往交易聊了很多。当时我并不知道，我们之间的那些对话具有同交易询价和世界上最好的投资者分析价值的学习教程一样重要的价值。巴菲特在现实世界中的选择总是与人们一直珍视的有关有效市场和创新的原则背道而驰。他的投资理念也与当时在哈佛大学、斯坦福大学以及麻省理工学院传授给学生的经济学公理迥异。当然，即便他的投资底线结果也往往比他的言辞更让人印象深刻。

从观念与影响力方面来说，拥有亿万身价的巴菲特已经可以与现代管理学之父彼得·德鲁克比肩。他提出的商业建议与彼得·德鲁克的商业观念一样精髓、深刻，他们拥有同样敏锐的战略意识。而且，他们的思想具有持久性。最简单的证据就是，数十年后读巴菲特与德鲁克的思想仍能让人受益良多。任何一个投资人或企业高管在读到巴菲特写的“致伯克希尔·哈撒韦保险公司（Berkshire Hathaway）股东的信”时，都会不自觉地对其投资和领导风格产生强烈的自我意识。

- 代价是你付出了什么；价值是你得到了什么。

- 我们之所以坚持投资某些企业，是因为我们相信自己理解它们。假如某一行业情况复杂或注定多变，我们的智慧就根本无法预测其未来资金流向。顺便说一句，这一缺陷并不会让我们遭受多少困扰。对于大部分投资人来讲，重要的不是他们知道多少，而是他们到底是如何定义自己不了解的东西的。一个投资人只要能避免大的失误，他或她就不需要做太多事情。
- 只有当相关的企业可以带来诱人的增值回报点投资时，企业发展才会给投资人带来利润。换句话说，只有当每一美元的投资创造出超过一美元的长期市场价值时，投资人才会获利。
- 我宁愿得到确定的、较好的结果，也不愿意怀揣缥缈的希望等待一个伟大的结果出现。
- 最让我惊讶的发现是：商业管理中的一种无形的力量——我们或许可以称之为“制度性强制力”是如此地强大和重要。例如：（1）企业组织好像被牛顿的运动第一定律（Newton's First Law of Motion）所控制一样，总是抵制对其现有的发展方向进行任何改变；（2）正如工作总是在不断地增加、占用人的可利用时间一样，企业项目或收购总是会出现，吸收更多的可利用资金；（3）任何商业领袖的追求无论多么愚蠢，都会迅速得到支持，其团队总是会准备详尽的收益率与战略研究报告；（4）同行公司的举动，无论是扩张、并购还是制定高管薪酬或其他别的事情，总会得到其他公司的盲目效仿。
- 你不必成为每一家公司的专家，也不必对很多公司都了解。你只需要能够在你的能力范围内评估公司就可以了。这个范围的大小并不重要，然而，知道其边界在何处更关键。
- 本·格雷厄姆（Ben Graham）在其著作《聪明的投资者》（*The Intelligent Investor*）的最后一章中写道：“当面对挑战，要求把合理投资的秘密提炼为三个词的时候，我们提出了‘安全边际’（Margin of Safety）这样的座右铭。（在 40 年后）重新审视，我仍然认为这三个词再恰当不过。”

巴菲特对价值的精准剖析与智慧改变了我的创新假说。复杂的技术分析往往会被人们过分追捧，但或许最好的创新观念应该来自提出的一些更简单的、巴菲特式的问题。巴菲特总是不断重新审视他的金融基础：或许创新基础也需要进行经常性的回顾与修正；也许关键并不在于复杂的细节，他可能一直游走在对基础价值的误解与争议当中。

巴菲特的投资理念对于重新评估战略创新而言似乎是种理想的方法。实际上，他在进行价值投资时运用的每一个原理、定律、分析、案例以及观点都可以在定义创新时被重新激活。创新能力的范畴指的是什么？什么样的安全边际对创新投资者最适用？什么样的机构强制力歪曲了创新投资？横亘在创新投入代价与获得的价值之间的鸿沟是什么？

如果沃伦·巴菲特像投资企业资产一样投资创新资产的话，那么他会怎么做（What Would Warren Buffet Do，WWWBD）？其商业挑战在于，为创新投资带来基础价值的敏锐度。

无论是私人谈话还是公开讲话，他时常提到的“巴菲特主义”最重要的就是顿悟。他喜欢用简练而幽默的话来诠释自己，也为自己的投资哲学找到了这么一句话：“价值投资的最简单的定义就是，教人如何用 50 美分买到 1 美元的价值。”

哇！你怎样才能用 50 美分买到 1 美元呢？这是一个多么有趣的问题。谁不想用 50 美分买到 1 美元呢？为什么聪明的投资者不寻求用 50 美分买到 1 美元的机会呢？这个投资概念很快风靡起来。从企业高管（C-suite）到中层管理人员，从生产线上的员工到客户联系中心的工作人员，每个人都领会了这一理念。

正如帕布罗·毕加索（Pablo Picasso）所说：“优秀的艺术家靠的是借鉴，伟大的艺术家靠的是‘窃取’。在这种精神的指引下，我厚着脸皮“窃取”了巴菲特的价值投资理念，把其改造为适用于我的创新研究的观点。”传统的金融投资者强调价值投资，而商业创新者应该探索价值创新。如何用 50 美分的代价获得价值 1 美元的创新成果呢？这正是基础价值创新者应该如何评估他们的创新投资机遇的核心观点。

对于个体和企业机构而言，1 美元的创新意味着什么呢？使用何种工具、方法和技术才能帮助企业家和经理人以 50 美分、25 美分、10 美分甚至更少的成本来获取价值 1 美元的创新机遇呢？仅仅有颠覆性或创新性的思路还不够，我们还需要一种可持续性的商业投资方法。如果我们信任巴菲特，那么对上述问题的最好解答就是最佳的创新投资理念。

人人都可以用 1 美元的成本获得 1 美元的创新。那不算投资，而是一种等价交易。用 85 美分或 90 美分获得一美元的创新稍好一些，但那其实违背了巴菲特与格雷厄姆“安全边际”的重要观点。基础价值投资者应避免高价购买债券，而基础价值创新者也不应该以高昂的成本进行创新。

然而，这正是投资者心理扭曲了基本价值观念的地方。许多企业坚信创新是如此重要，以至于愿意为了创新而支付大笔费用。尽管创新是企业发展和效益增长的公开途径，但是企业在进行项目决算和投资回报统计之后，通常会发现，它们投资二美元、三美元甚至四美元却只能得到一美元的创新成果。在这种情形下，与其说创新是一个经济价值创造的源泉，倒不如说它是企业亏损的罪魁祸首之一。它们的创新回报率（return on innovation，ROI）小于零。

这种不正常的情况让我们回想起在硅谷、风险资本领域以及哈佛商学院流传的一个残酷的商业笑话：

问：你如何看待一项花费两美元、获得一美元收益的投资？

答：这只不过是一种投资战略而已。

不管是冷嘲热讽还是愤世嫉俗，这种幽默只能让商业顾问和他们现在还不怎么富有的客户忍俊不禁，哈哈大笑，而他们以前的客户并不觉得有什么好笑的（巴菲特觉得挺有趣的）。

这则幽默笑话的重点在于，战略创新不应该成为企业亏损的罪魁祸首。战略创新应该创造经济财富，而不是毁灭它。正如巴菲特所说：“代价是你付出了什么，价值是你得到了什么。”价值创新就是为了轻松获得远远超过付出的代价的价值回报，破坏企业价值创造的创新本身就是一种失败。

史蒂夫·乔布斯是一位战略价值创新者。其曾领导的苹果公司的数据（不仅仅是公司产品）说明了这一切。苹果公司在其迅速发展的最近一个 10 年里，花在产品研发方面的钱比其竞争对手要少得多。尽管在竞争中投入到产品研发方面的钱占其基础销售额的比例越来越大，但苹果公司仍享有巨大的创新回报率。难道苹果公司没有经历过创新的失败吗？当然不是，只是其创新失败的成本都很低。乔布斯领导的苹果公司在其创新投资方面标出了显著的“安全边际”。

它们是如何做到的呢？专注。苹果公司专注于界面设计和外形尺寸等因素，同时注重简单、优雅的用户体验。更高的感知价值比一味地低价位更重要，它们深谙这一点，并积极拓展其创新能力领域。

卓越技术并不一定需要大笔的经济投入。无论是在技术还是在经济方面，苹果公司的创新回报率都远远高于其竞争对手如诺基亚、微软、帕姆公司（Palm）、黑莓手机制造商动态研究公司（Research in Motion）以及其他同行竞争者。

其他的创新领军企业（如乐购和亚马逊等公司）都采取了相似的投资行为。进行高额创新投资违背了它们的企业文化理念。这些企业的投资理念是：根据投资额所创造的价值回馈，而不是依赖颠覆、突破或者“蓝海”[①] 设置创新预期。

但事实上，它们的创新的确会推动相关领域发生颠覆式的变化和突破。例如，乐购公司的忠诚计划和亚马逊的智能商品推荐引擎（如同苹果公司的界面设计与应用软件服务一样）基本上重塑了行业的竞争格局。但首要同时也是最重要的一点是，它们向重要客户传达了其可测量的物有所值的理念。大胆创新随处可见，但都处于公司的预算范围内。

亚马逊的创始人兼董事长杰夫·贝索斯（Jeff Bezos）在一次采访中说道：“我认为是节俭驱动了创新，我们最初在争取客户时，并没有把钱花在广告预算上。因此，我们创造出了合作联盟项目，任何网站都可以申请成为我们的合作网站，我们与它们分享收入。这些事情不需要庞大的预算，只需要关注客户，考虑周全即可。”

在 2009 年的一次分析报告中，贝索斯进一步阐述了亚马逊的节俭创新的原则，他似乎刚刚读完巴菲特致股东的信：

> 在我们每次执行计划的过程中，我们都会为各种变量因素和固定的生产力设定自上而下的目标。我们努力实现这些目标，确保我们是节俭而高效的。这样一来，我们就可以建立起支持用户体验的成本结构。这也是我们一直追求并渴望拥有的，即付出最低的成本代价。

节俭高效不仅是一种深受欢迎的创新驱动力，也常常被看作一种典型的强制约束力。即便是在设计密集型的高科技行业，强有力的证据也一再说明投资的数

① “蓝海”（blue ocean）喻指未被开发，没有竞争的市场空间。——译者注

量多少并不能决定创新的质量。更多的金钱、更多的时间以及更丰富的资源并非意味着更多抑或更好的创新成果。成功的创新成果并不取决于财富的多寡，而是取决于企业的专注程度。这就是纯粹的巴菲特式的理念。

专注于基础价值会提高创新效率。像贝索斯和乔布斯这样的创新者对他们探索的创新价值都具有非同一般的清楚认识和理解，这种理解越清晰，他们就越能准确把握创新投资的焦点。

贝索斯和乔布斯就属于基础价值创新者，就如同沃伦・巴菲特是基础价值投资人一样。沃尔玛和乐购公司也是如此。它们对企业所属商业领域的基础创新控制折射出巴菲特对其金融基础的掌控，并且都已经有效地将创新投资和经济成果结合在一起。

2007 年，贝索斯在接受《哈佛商业评论》（*Harvard Business Review*）采访时说："在我们网站创建的初期（我要把你带回到 1995 年），我们开始在网上贴出客户对书籍的评论。有些消费者可能会给某本书差评，出版商当然不喜欢。那时我常常收到出版商发来的信函，内容不外乎质问我，'你为什么允许网站上贴出对图书的负面评价？你为什么不能只把积极的评价张贴出来？'有一封来信特别提醒我，'你也许根本不懂得做生意。只有销售出去，你才有钱赚'。但我知道，我们不是通过销售赚钱，我们是通过帮助客户做出正确的购买决定来获得利润的。"

的确如此。贝索斯一语道破生机勃勃的亚马逊商业模式的基础组织和创新原则。在 2007 年的那篇杂志报道中，亚马逊智能商品推荐引擎、亚马逊金牌服务以及巧妙地捆绑式网络推广的重要性都被提到了。"商品销售"与"帮助客户做购买决定"这两个企业宗旨，需要截然不同的价值评估以及创新手段和实验。

成功的创新实践能凸显这些差异。理解、欢迎以及针对这些差异进行的沟通，完美定义了亚马逊的节俭创新投资文化。节俭创新行动胜于空谈。

这样一来，不是成本缩减推动了基础价值创新投资，而是基础价值投资推动了成本缩减。成功的创新者们［像贝索斯、乔布斯以及特里・莱希爵士（Sir Terry Leahy）麾下的乐购］与其说是传统的成本缩减者，倒不如说是积极寻求被低估的创新机会的投资者。这些价值创新者们在进行投资时，时刻谨记着"安全边际"的理念。

成功并非源于比竞争对手更敢于下创新赌注，而是得益于构建更广泛的“安全边际”。这种观点看起来违反常理，但却是纯粹的巴菲特思想。价值创新者宁愿得到确定的较好的结果，也不愿意揣着缥缈的希望等待一个伟大的结果出现。当然，好的创新成果会很快发展成为伟大的创新成就。

巴菲特式创新实验

什么样的企业文化、组织和操作实践能为创新构建起“安全边际”呢？贝索斯说得很好：“实际上，最关键的一点就是减少实验成本。”

低成本实验是价值创新投资的“秘诀”。贝索斯及其领导的亚马逊公司在实施低成本实验方面得心应手，从而大大促进了公司的创新发展并取得了巨大的成功。亚马逊不仅是一家网上虚拟商店，也是一家世界数字实验室。而将实验和销售整合起来使贝索斯获益匪浅，他从中深悟“以一美元代价获得两美元创新”的价值理念。

事实上，亚马逊公司每天都在进行数百项甚至数千项实验，探索帮助顾客做出购买决定的不同方面。许多实验都很简单，仅仅是智能商品推荐或网页显示方面的微调；其他很多实验则测试新的互动类型。持续进行的实验已经深深融入了亚马逊的企业行为中，成为不可分割的一部分。实验是一个环环相扣的过程，不是分散独立的事件。这一实验过程体现出了巴菲特的投资理念。

我曾经在一次总裁大会上询问贝索斯，他认为自己公司的实验文化最重要的方面是什么。他注视我片刻，眼睛睁得圆圆的，回答道：“最重要的就是我们正在做的，也是我们已经做过的：我们一直都在不断做实验。”

但这绝非为了实验而实验。这些实验都是与可衡量的价值回报紧密结合的商业投资。企业使用实验检测商业假说，提高经营效率和客户购买体验。

节俭实验推动了亚马逊的节俭创新，使得日常实验经济学可行且变得有价值，同时又具有额外的“安全边际”。

速度与直接性还没被提到，但它们却是亚马逊的竞争对手们理解并认可的核心竞争力。低成本还远远不够，时间与速度也在价值创新中至关重要。速度与节俭一样重要，如果实验速度太慢，那就算不上是节俭的实验。实验速度与投入的成本一样重要。如果低成本实验需要花费数月时间才能完成，那它就不如那些在较短时间内完成的实验更有价值。

直觉公司创始人兼总裁斯科特·库克论实验

直觉公司（Intuit）创始人兼总裁斯科特·库克（Scott Cook）在谈论实验时说道：

我们公司的全球领导人让印度团队想办法提高当地人的金融生活。有一个工作团队想要专注于农民群体，这一群体占了印度总人口的一半。以前他们从未与农民合作过，其团队领导者对此也不感兴趣。于是，这个工作团队就走出公司进行调研，花费大量时间去田间地头、去农民家里与他们交流。后来，这个团队发现了一些他们认为可以解决的问题。当地农民在收获庄稼之后不知道要把粮食带到哪里去销售，到底应该把这些农产品带到北方、南方还是东方？哪个批发商会给他们最好的价格？于是，该团队就想：“我们为什么不搜集各地的价格信息，然后通过短信发给他们？这样他们就可以通过手机获取价格信息了。”

团队领导者有多种理由认为这种办法行不通。你要知道，这些农民一般都是文盲。他们能读手机短信吗？他们相信该团队发给他们的内容吗？这样做能改变农民的惯常做法吗？还有，我们有能力从农产品批发商那里获得价格信息吗？

受公司实验文化的传统影响，这个团队没有听从老板的意见。相反，他们进行了一项实验。在随后的 7 周时间里，他们以一种农产品为模型，走出去进行尝试。两周后，他们得到证明，这种方法是有效的。110 户农民报告他们的平均收入提高了 16%。14 个批发商中有 12 个表示，他们愿意继续为我们提供价格信息数据。工作团队进行了 13 项实验，现在印度已经有 40 多万农户可以通过手机获得农产品的价格信息了。

团队领导本来可能会否决这一创新做法，但是因为实验（低成本实验）的创新思想被证明是可行的，这是一种新型管理方法。在这种管理模式下，领导不再被看作公司里做决定的恺撒大帝，而是被置于一种新型公司的体系内，公司中职位较低的员工开展的快速、低成本的实验已被证明其有效性。

（资料来源：2011 年图森经济合作与成长论坛）

基础创新者需要超越巴菲特的思想。“如何更快地以 50 美分或者更少的钱获得一美元的创新成果？”这已成为价值创新投资的问题。正因为如此，创新实验不是一项科学，而是一种技巧。创新投资者务必在基础价值、速度以及“安全边际”之间权衡并做出合适的选择，他们需要从容地面对成本与快速实验，管理创新风险。

青年史蒂夫·乔布斯为我们提供了一个聪明的创新者如何从简单、快捷、廉价的实验中获取价值的经典范例。在苹果公司发展早期（远在 iPhone 和 iPad 闪现在他极具甄别力的脑海之前），乔布斯就已经意识到了可以商业化并在大众中普及的核心科技。他在这方面很擅长。

20 世纪 70 年代末，施乐公司帕洛阿尔托研究中心研发的阿尔托计算机体现了乔布斯渴望的个人电脑审美。他对用手持鼠标作为人机交互设备的构想特别感兴趣。鼠标成为他的第一款为大众设计的用户友好型人机交互设备。

但当时，这样的鼠标代价高昂，这是一个棘手的问题。20 世纪 80 年代，制作施乐公司这款鼠标的成本竟高达 400 美元，而乔布斯需要的是一款廉价的、可以大批量生产的鼠标。于是，他求助于斯坦福大学的一家小型的、名为霍维 - 克利（Hovey-Kelley）的工业设计 / 机械工程衍生产品公司。这个小小的团队后来变成了世界上最成功的工业设计公司——艾迪欧公司（IDEO）。

乔布斯对霍维—克利设计公司的设计要求很高：设计一款与施乐公司的鼠标相同的产品，但是商品成本要低于 25 美元。换句话说，乔布斯要求的是这样一款鼠标：它要具备施乐公司鼠标 80% 以上的使用体验、形状以及功能，但产品成本不到施乐公司鼠标的 10%。这就是乔布斯第一批订单所体现的对巴菲特基础价值的挑战。

霍维 - 克利设计公司迅速、积极地采用低成本实验来应对这样一个挑战。迪安·霍维（Dean Hovey）后来回忆道：“我首先去霍维 - 克利设计公司的合作伙伴之一——沃尔格林（Walgreen）公司，在那里买了货架上能找到的所有滚珠除味剂。这些产品都装有塑料珠子，使用时可以转动。我将特氟龙[①] 和珠子组合在一起，构成一个简单的空间原型。第一个鼠标模型上面安装了一个走珠除味剂的

① 特氟龙（Teflon）是一种防粘锅的塑料。——译者注

珠子。”

这个使用商店货架上买来的零部件组装而成的鼠标原型证实了这个重要的商业假说。这款鼠标可以大批量生产，具有良好耐用性，商品成本低廉。而且，这个原型很快就成为这款廉价、可靠的鼠标的设计模板，并最终配备了光学编码器轮子、一个可以自由移动的轨迹球，还有一个注射成型的框架壳。霍维 - 克利设计公司帮助乔布斯设计制作了苹果公司的鼠标，使其成为一个商业和技术成功的范例。

成功实验的外围环境也值得深入探究。从霍维收到设计简报到制作原型花费了不到一周的时间。乔布斯非常睿智，他意识到这个即兴设计的塑料原型解决了他关注的批量生产的问题。这个原型让他相信，模仿施乐公司的鼠标制作相似的产品，可以让苹果公司稳稳地赚钱。他雇用了霍维 - 克利设计公司来完成这份工作，这个实验原型就成功诞生了。

让我们记住这个价值实验的创新经济效益。这些数字虽然简单，但却不乏启发作用。乔布斯的思路与当时一些知名的科技公司的思路形成了鲜明的对比，如美国 IBM 公司、施乐以及美国 AT&T 公司，它们可能会以完全不同的方式来让鼠标盈利。

从收到设计简报到制作满足客户核心商业要求的原型，霍维 - 克利设计公司花费了五天时间。这款原型并没有解决问题，但它却向客户表明：只要有高度的自信心，问题就可以被解决。它帮助设计公司赢得了一位挑剔的客户的支持，而为这项快速实验投入的时间和材料成本不足 1000 美元。

相反，在 IBM 公司或施乐公司，创新场景可能会截然不同。设计简报很可能是一份详尽的征求建议书（request for proposal，RFP），要求设计和合同制造公司呈交方案及预算，并清楚地解释如何进行鼠标的批量生产。

客户要求供应商以一种可以检验的方式来解决 25 美元的鼠标问题。当然，那时候从未见过合同商，更不用说设计这样的设备了，他们只能进行商品成本分析，并比较生产方案。

无论是内部管理还是外包，这种采购流程都会耗费大量时间和金钱。准备征求建议书至少需要一周的时间，而在来回解答问题方面还要花上近一周的时间，然后再耗费一个月的时间处理、审议、比较各竞争对手的征求建议书。之后，最终选定的申请公司再花两周的时间呈交它们的建议书。

总之，从采购流程及其相应的时间投入到开始鼠标开发项目所需的时间大约有 100 天。即便以 20 世纪 80 年代的美元计，无论是硬钱还是软钱成本也会高达 10 万美元。

这种“大公司”式的分析方法显然会更彻底、更全面。让我们暂且假定客户希望在批量生产这种 25 美元的鼠标时拥有 90% 的信心，所以才在征求建议书及严格评估阶段投入了大量时间和资金。与之形成对比的是，那种更快速、更低成本但不甚全面的“假设原型 / 原型假设”方式会给客户 75% ~ 80% 的信心水平。

其结果就是：大公司花费了额外的 99 000 美元、95 天时间，赢得了对自己生产鼠标能力的额外 15% 的信心。这两种方法之间的差距实在太大。但是，这到底是不是好的投资？投入这么多时间和金钱值得吗？最诚恳的回答就是：“不知道。”也许，最重要的技术和商业挑战就在那 15% 的差异中。

但是，快速实验的方法仍然为这位志向远大的鼠标创新者节约了 99 000 美元和 95 天的时间。快速实验不能解决所有的问题，但它能推动企业去进一步探索，提高运作速度，而且还节省了资源。霍维 − 克利设计公司与苹果公司仍然有充裕的时间和资金去解决某些不确定的问题。

机会成本被最小化，不需要做出时间或资金上的重大牺牲。与更正式的采购流程相比，简单、快捷、低成本的模式能够更快地产生可行的洞见。也许，企业还有很长的路要走，但是多样化的选择仍然保持着开放的态度。企业被节省下来的时间、资金以及其他资源，就可以被投入到其他需要它们的地方。

的确，这种模式的信息商业价值取决于设计者的专业知识（例如能力范围）。但是，这就如同成功的投资取决于基础投资者的能力范围一样。实际上，这正是巴菲特说过的话。

相对而言，并非每位客户都能意识到原型的基础价值，事实的确如此。史蒂夫 • 乔布斯评估产品原型时，与沃伦 • 巴菲特评估资产负债表一样谨慎认真，眼光犀利。

这种观点进一步证实了巴菲特关于成功的基础价值投资具有高屋建瓴式的论断：人的因素很关键。成功的投资者和创新者有着诸多共同之处。他们都致力于围绕基础价值培养学科和专业知识。识别被低估的实验，并作为资产类别进行投资，这些都是聪明的基础价值创新者会采取的行动，他们能够预见一个被低估的原型可能会产生价值不菲的信息洞见。

无论怎么说，这个借用走珠除味剂的珠子组装而成的鼠标都是一个基础价值资产的典范，其“安全边际”很棒，创新投资回收率令人羡慕。苹果公司与霍维 - 克利设计公司以 50 美分的投入收获了远远超过 1 美元的创新价值。

更精确地讲，这种快速原型实验用远远低于 50 美分的代价获得了超过 1 美元价值的创新信息。这种对比差异很重要。创新信息和洞见构成了这个实验王国的财富。在苹果公司的内部投资市场，霍维 - 克利设计公司的快速实验帮助它节省了施乐公司 400 美元产品成本的 90%。使用简单的创新投资获得经济价值，这种原型远比其他方法更快、成本更低。

从巴菲特投资理论的角度来看，这既是基础价值工程又是基础价值投资。实验投资遵守并反映了能力范围与“安全边际”的理念。苹果公司通过遵守基础价值投资原则，管理创新风险，并收获了创新回报。

传统的知名公司也能像创业企业家那样，不断发掘实验的基础经济价值。例如，宝洁公司已经在公司文化、企业组织以及运营等方面重新定义了其概念测试的创新经济价值。

几十年来，美国伊利诺伊州的中部城市皮奥瑞亚（Peoria）自称为“全美城市”，它一直是美国新产品实验和探索的中心。当雄心勃勃的品牌经理们急切地推广他们的新商业创意的时候，“它在皮奥瑞亚表现如何？”这个问题总是主导着他们的市场营销辩论会。各家公司都投入了大量资源，以期促进皮奥瑞亚作为概念测试市场的价值最大化。宝洁公司一直是开发新产品的先驱，该公司干脆就在皮奥瑞亚设立了自己的子公司。

而真正的皮奥瑞亚实际上已经沦为了一个不合潮流的市场测试地。互联网已经变成了宝洁公司的虚拟皮奥瑞亚。作为世界最大的日用消费品公司，宝洁公司已经着手把互联网变成它的数码实验室以及价值创新的测试市场。

2003 年，宝洁公司首席信息官史蒂文·大卫（Steven David）宣称："现在，我们的产品概念的测试几乎 100% 在互联网上进行，而实际花费的时间和代价都只不过是以前的百分之一。"

这番话固然有些夸张，但是宝洁公司在快速、低成本的产品概念测试方面的能力已经转化了公司创新的经济模式。该公司能够以更低的代价、更快的方式做得更多、更好，自然会在激烈的市场竞争中脱颖而出。

理论上说，宝洁公司现在进行产品概念测试的能力比 10 年前提升了 10 000 倍。实际上，数字化实验和测试为它们的新产品概念测试及新商品类别测试创造了更优越的"安全边际"。这种模式彻底改变了公司内部的创新期望。反复实验的速度和代价（提炼、调整以及专注于基础创新的特征）激活了公司的创新能力。

宝洁公司一位长期担任营销高管的人说道："我们曾经要做大量的测试和实验来确认我们的价值分析，如今我们已经可以采用更加舒适的方式进行测试，了解到的结果常常会让我们自己也感到惊讶。而且，我们可以在更短的时间里获得更多的价值。"

在低成本、简单、迅速的实验方面的成功投资颠覆了现代资产组合理论中的一项重要基础原则。传统的资产组合观点认为，只有甘于承担巨大风险才能获得最大回报。这种观点简直是荒谬至极。苹果、亚马逊以及宝洁等公司的基础创新者都知道，这一观点的对立面才是正确的：那些能够通过节俭的方式识别实验和基础价值的创新者，才能以相对较小的风险收获巨大的回报。

这一原则非常重要：创新者不必付出高昂的代价或承担巨大风险就可以获得巨大的价值。投资被低估的实验与投资被低估的股票极其相似：上行潜力非凡，下行风险则相对较弱。寻求以不到 50 美分的代价获得价值 1 美元的创新信息并非幻想，而是完全可以实现的。

基础价值创新也许公然违背了财务部以及商学院深爱的"有效市场假说"。

但现实是，大部分企业组织都会渴望拥有潜在的实验利基市场。企业不缺“50 美分”的创新经费，但却苦于缺少拥有识别并投资实验的智慧和能力的个人和团队。本书第 6 章将探索如何摆脱这种困境。

第 6 章　投资实验

实验是最谦卑的获得知识的方法。实验者谦恭地询问一个大自然的问题。

艾萨克·阿西莫夫（Isaac Asimov）

历史表明，极其简单、成本低的实验却能推动科学发展，产生深远的影响，如伽利略的比萨斜塔实验 、牛顿的棱镜实验、孟德尔的豌豆实验、傅科的钟摆实验、巴斯德的烧瓶实验，以及威尔逊的云室实验等。本书想要告诉读者的是，非常简单、成本低的实验同样可以改变行业和新兴企业。好奇心与创造力远比预算更重要。

当然，科学不是商业，商业也算不上科学。但是，无论是在商业领域还是科学界，一项实验对于现有的存在根本分歧的认知和期望的潜在影响力是相同的，不论是对于物理学、分子生物学、金融服务业、零售业、化学工程抑或生物技术都一样。

进行有效实验所需的原材料和技术要素从来没有像现在这样容易得到，并且成本低廉，或者可以灵活扩展。实际上，关于这些实验的新经济非常奇妙。不同学科的科学家可以按照数量级，以更低的成本开展更多的实验，而且还能根据数量提速。例如，新技术已经把 DNA 测序的成本和时间从数千美元、数年时间，缩减到如样品制备的成本及时间般的水平。是否有一个可以用于探究具有可测试、颠覆性的商业假设呢？对于企业与创业家而言，那些可以把简单实验组和转化为具有改革能力、附加价值以及成本效益的创新机遇触手可及。

英国伟大的数学家、哲学家阿尔弗雷德·诺斯·怀特海德（Alfred North Whitehead）曾经说过："我们之所以处于更高的想象力水平，不是因为我们有更美好的想象力，而是因为我们有更好的仪器设备。在科学领域，过去 40 年里发生的最重要的事情就是科学仪器设备设计的进步。新仪器与海外旅游有着异曲同工之效，它们都是以非同寻常的组合形式呈现的，其收获不在于不断涌现的新仪器，而在于变革。"

这的确是一种变革。怀特海德的言论最突出之处在于，它是在 1925 年得出的。那时候，晶体管、微处理器以及互联网这些东西甚至都还没有在科幻小说作家的视野里闪现过。但是这位优秀的英国数学家与哲学家就已经清晰地道出了这个事实——那就是科技的力量，它不仅是智慧、才华，更是赋能洞察力的基础。

具有讽刺意味的是，怀特海德的言论作为先知，比历史回顾更有价值。现如今，大量工具与技术，甚至是最复杂的科学仪器，也都在朝着数字民主化方向发展。拥有 3D 打印机的创客工厂、生物黑客以及把平板电脑和智能手机变成复杂的传感器与扫描仪的廉价应用软件，让曾经的精英科学变成了社会主流重要的一部分。业余玩家和半专业人士的创新机遇已经在呈指数级增长。

"科学黑客"、《民主化的科学仪器》（*Democatized Science Instrumenttation*）2012 年版白皮书的作者阿里尔·沃德曼（Ariel Waldman）曾写道："当今许多信号都显示出未来几年科学界将会发生的潜在变化：科学发现将会从何而来，而谁又会为科学发展做出积极贡献？这种趋势的意义不仅仅是复制实验仪器，还在于给予普通人机会与能力去创造新仪器，并且探索经常被忽略、资金不足的科技边缘领域。"

谁会相信未来十年的科技仪器创新会不如过去 10 年的有趣或令人兴奋？相反，怀特海德有关"仪器设计的进步"的预言确保科学仪器创新革命会永远进行下去，创新者假说也会枝繁叶茂。小而有针对性的投资会在简单、快捷、低成本的实验方面发挥作用，并重新打造企业为自身和客户创造新价值的模式。

然而，科学界及科学家对待实验的态度会比商业界及商业人士更严肃。商业历史、文化、教育、培训、技术以及经济惯性的负担削弱了实验在人们内心以及企业预算方面的重要性，即使是最简单、成本最低廉的实验也会在企业中遭到条件反射性的怀疑和抵制。企业里没有设立首席实验官（Chief Experiment Officers）这样的职位。

超级发明家托马斯·阿尔瓦·爱迪生曾经说过："衡量成功的真正尺度是 24 小时内实验数量的多少。"天啊，这位加利福尼亚州门洛帕克市的发明巫师衡量创新的标准竟然带有工业怀旧的陈腐气息，而并非最好的商业实践的清爽凉风。的确，无论是作为资产还是作为投资机遇，商业实验一直以来都被人们所低估，不受赏识，也缺乏探索。这主要是因为大部分组织都不知道如何设计或管理商业实验组合，它们抓不住实验的新经济基础。而且，它们缺乏信心、能力以及相应的企业文化。

对实验潜在价值的误解和错误定价使得实验代价高昂，适得其反。这样一来，实验就变成了效率低下的模式，耗费企业及员工的时间、智慧与金钱。错失机会，挫伤斗志，于是实验便成了"高买低卖"的代名词，甚至体现为人们对最简单的实验的不作为、不情愿情绪，这与对客户投诉的不作为、不情愿进行积极回应并无区别，从根本上来说就是错的。

把企业经理都变成像伽利略、牛顿或爱迪生这样的科学家并不能解决问题。这种想法也极其荒谬不公且不现实。企业高管不是科学家，他们也不应该成为科学家。更具智慧、也更严谨的挑战要求商界人士重新审视基础，也就是说，他们需要变成更好的投资人。确切地说，企业需要成为更明智、更严谨的投资者，为那些简单、快捷、低成本的实验提供支持，从而测试那些具有高度影响力的商业假说。企业对待和管理实验要像对待和管理商业投资一样。

正如超级投资人沃伦·巴菲特曾经指出的那样："管理与投资有许多重叠之处，经理人的角色让我成为一名更优秀的投资人，而投资人的角色又使我成为一名优秀的经理人。"

本书把巴菲特的价值故事稍做变动，用"实验"替代"管理"。这一简单替换改变了围绕创新投资的组织、文化和操作期望。如果你把实验看作投资资产而不是研究实践，你衡量其价值的方式就会全然不同："实验与投资有许多重叠之处，实验者的角色使我成为一名更优秀的投资人，而投资人的角色又使我成为一名优秀的实验者。"

换句话说，如果你提议的实验是一项商业投资，那么它到底是不是一个好的商业投资项目？你如何知道？你对其潜在利润回报是激动万分、非常高兴，还是仅仅感到满意？这项商业投资失败的概率或者说风险有多少？“5×5 创新法”团队的每一位成员要能回答上述问题，这些问题是本书中基础价值创新和基础价值命题的核心。

科学实验探寻的是基础事实的洞见，而商业实验寻求的是基础价值创造的洞见。人们需要欣赏并理解这些基础，合适的实验会促进这种意识的萌发。在更卓越的商业洞察力的辅助下，商业基础投资能够创造出更高的回报。

我们应该把“5×5 创新法”看作一种金融理论、设计思想以及科学方法的跨界混搭。那些由获得诺贝尔奖的经济学家们［像哈利·马科维兹（Harry Markowitz）、比尔·夏普（Bill Sharpe）、尤金·法玛（Eugene Fama）、丹尼尔·卡内曼（Daniel Kahneman）和弗农·史密斯（Vernon Smith）］创立的金融理论，促使人们产生了对风险／回报比率、启发以及有关实验组合投资交易成本的技术认识。金融学为评估实验组合与管理提供了强大的概念框架和方法。

现代投资组合理论假设投资者能够构建证券组合资产，以便为与感知风险相关的投资带来最大化的投资回报；而“5×5 创新法”提议创新者们应建立实验组合，以使与管理和减弱创新风险有关的可操作的创新洞见最大化。创新者和投资者一样都需要认真思考：什么形式的多样组合最好，这些组合能够平衡他们的市场抱负和风险胃纳（risk appetites）。

尽管商业实验借喻于这种金融理论并不完美，也不精确。但是它可以有效地控制商业风险与回报环境下有关组合设计的讨论，这一点非常重要。在简单实验中，管理者应该是更聪明的投资者。金融理论的核心原则可以直接应用于实验设计。

设计思维基于实验设计构建最令人满意的洞察力和人们渴望获得的结果。从获得诺贝尔奖的经济学家赫伯·西蒙（Herb Simon）所著的《人工科学》（*Sciences of Artificial*）一书到艾迪欧公司（IDEO）首席执行官兼总裁蒂姆·布朗（Tim Brown）的“设计思维”，无论是在企业内部还是外部，设计理念已经变成一种使实验更易于使用、更诱人的途径。实验敏感度有助于确保个人实验与组合实验不会变成过分狭隘或简单的行为。在进行设计实验时，需要把更广泛的用户体验和企业组织影响力铭记在心。

美国加利福尼亚州的一家汽车咨询公司通过采用设计思维，使得其“5×5创新法”团队的关注点从解决问题转化为增强用户体验。该公司组合投资的主题以用户参与度为核心，通过企业如何重新思考、定义、构建与客户接触的方法途径，为客户提供更优秀的购车服务。

如今，焦点小组调研法已经过时，详尽的问卷调查也一样。设计思维要求人们搞清楚企业客户在交流、互动以及参与方面具有差异的行为表现。“5×5创新法”团队将围绕着有关探索客户参与度方面的建议来设计实验，而不仅仅是提供信息。

对其中一个团队而言，设计思维意味着实验公司是如何使用即时通信（instant messaging，IM）为购车者提供建议的。这种即时通信建议应该是提前组织好的，还是临时提供的？汽车销售顾问应该是一种即时资源，还是一个真实存在的伙伴？也就是说，如何让即时通信建议变成一种品牌体验？即时通信顾问和即时通信建议该怎样做，才不会冒犯汽车经销商？

由于即时通信提供了一个简单、成本低、可行的平台，在顾客购车时，它就能被用于实时的客户参与实验。于是，这个团队设计了一个组合实验，围绕建议的参与度而不是客户支持作为实验投资的主题。这个组合实验成功地激发了内容更宽泛的客户交流，使公司对客户的品牌承诺得以顺利地传递出去。设计思维与实验设计的结合使两者的质量都得到了提高。

正如杰出的平面设计师保罗·兰德（Paul Rand）所说：“设计远远超出了简单的排列组合或编辑。设计需要为之增添价值与意义，去繁就简，去阐释说明，去修饰美化，去提炼升华，去说服甚至去娱乐大众。设计就是将散文变成隽永优美的诗歌。”

本书也秉承这一实验设计理念。移情和创造力就像严谨与理性一样，是实验设计和测试假说不可或缺的部分。精心设计的实验组合就如同诗歌一般，能够激发出非凡的创新成果。深思熟虑的设计理念甚至能大大提高机缘巧合的概率。让我们不妨改写一下法国科学家巴斯德的名言：“机会总是垂青于有准备的实验组合。”

当然，科学方法使人们能够构建严谨、可靠并且可复制的商业假说，用于实验和测试。《牛津英语词典》（*Oxford English Dictionary*）将其解释为：“科学方法包括系统观察、测量和实验，以及对假说的构想、测试及修正。”

但是，法国生理学家克劳德·贝尔纳（Claude Bernard）的表述抓住了实验作为洞察力组织原则的精髓，他说：“观察法是一门被动科学，而实验法是一门积极科学。”

“5 × 5 创新法”的先进之处在于，它使实验成为金融理论、设计思维以及创新科学方法的互动整合。但是，在“5 × 5 创新法”实验设计与严肃科学家的实验方法之间有着一个至关重要的方法论的区别，那就是经济约束。

看一看诸如《自然》（*Nature*）、《细胞》（*Cell*）或《美国国家科学院院刊》（*Proceedings of the National Academy of Sciences*）之类的精英科学期刊；读一读那些世界级科学家们用第一人称撰写的获得诺贝尔奖的论文。例如，詹姆斯·沃森（James Watson）和弗朗西斯·克里克（Francis Crick）合著的具有开创性的论文《核酸分子结构：脱氧核糖核酸的结构》（*Molecular Structure of Nucleic Acids: A Structure for Deoxyribose Nucleic Acid*），或者激光发明人查尔斯·汤斯（Charles Townes）的论文《原子和分子相干辐射的产生》（*Production of Coherent Radiation by Atoms and Molecules*），再看看牛顿的《数学原理》（*Principia*），或者詹姆斯·克拉克·麦克斯韦（James Clerk Maxwell）、欧内斯特·卢瑟福等科学先驱们撰写的相关领域的文章或书籍。你很快就会发现，这些论文或书籍缺少了某种非常重要的东西。

实际上，没有一篇论文或书籍提到过科学家们进行实验的资金预算和费用开支，也没有任何有关他们突破性实验的经济价值的讨论。在他们的科学研究中，金钱似乎不存在。按照惯例，科学家们不会提交他们的数据表或计划表在正式出版前供同行评审。相应地，同行评审也不会在审阅论文时留意作者是否选择了更快、成本更低廉的方式来进行实验。对于学术成果已经被正式刊登的科学研究项目而言，其遇到的经济与后勤管理方面的挑战是次要问题，而非关注的重点。

正如麻省理工学院的一位分子生物学家所说："我当然也会关注实验的成本，但它们可能非常耗费时间和金钱，但这些都与我们发表的成果无关。当我考虑专利权或商业化问题的时候，我可能就会认真考虑如何才能采用不同的方式进行部分实验。"这种观点并非没有代表性。

"5 × 5 创新法"为从科学方法中获得经济价值提供了不同的现实场景。科学家们对于时间计划表和经济约束会感到很恼火，而"5 × 5 创新法"则把必要性当作一种美德，即时间与预算限制要求团队围绕迅速、低成本的实验设计进行协同创新。真正的挑战不是设计最佳的实验来测试一个商业假说，而是以最少的时间、最低的资金投入设计，并进行最好的简单实验。

用软件开发领域的术语来说就是："5 × 5 创新法"把看似变化无常的约束转化为简单、低成本、快速的实验组合的特征。这一点与设计思维直接相关。

设计在很大程度上取决于约束。解决设计问题的关键之一在于，设计者要具备尽可能多地识别约束的能力以及在这些约束下工作的意愿与热情。只有坚持在这些约束的制约下工作，"5 × 5 创新法"实验组合才能提高其基于低成本投入获得强大影响力和实现高价值回报的可能性。

结果就是，这三个要素的混合既不代表对问题简单而有效的解决方案，也不代表让相互不兼容的方面被迫结合在一起。相反，金融、设计以及科学的结合促进了创新信息与洞察力的良性循环。因此，读者们有必要知晓，本书并非仅仅（甚至说主要）讲述如何做实验或设计实验。实际上，这更是一本讲述如何进行实验投资的书，它就是实验投资的向导。企业不应该仅仅询问它们应该做何种实验，它们需要回答这样一个问题："我们到底想要成为什么样的投资者？"

做一个好的实验投资人与做一个好的实验管理者不是一回事，反之亦然。但是我们常常需要一并解决这两方面的问题。

企业需要快速学习什么？企业想要快速学习什么？企业到底如何看待与定义风险？企业准备承担何种风险，以便更好地理解风险？哪种商业假说最能激发人们的斗志？何种商业假说可以引起人们强烈的焦虑感？

你不妨这样问问，如果实验是股票，它会是一只什么样的股票？蓝筹股、动力股、价值股，还是成长股？当你评估机遇、风险和多样化的信息时，你的实验组合能揭示什么？你的实验组合是安全的，还是充满风险的？换个角度看，你是否把实验组合看作能够担当风险并构建新的创新未来的机遇？

有些企业常常会抱着一种“我也一样”的态度去“购买指数”，努力确保它们在竞争中不落伍。对于这些企业而言，“足够好”的实验就已经很好了。而另外一些企业则会有强烈的竞争紧迫感，它们努力比竞争对手做得更好，对风险更大的实验组合持开放的态度。还有一些企业关注客户与消费者的需求和体验，通过创造性的方式设计实验，测试新价值与新市场。可以确信，这些企业的商业假说绝不会与那些购买指数的企业有相似之处。

这种挑战源自企业诚实面对这些问题的勇气。而这些企业之所以拥有这种机遇，是因为它们意识到想要管理创新风险和探索新价值选择的媒介，没有比投资充满智慧的、简单的商业实验组合更好的方法了。

但在最终分析中，投资实验就像投资股票一样，它是押注在未来上。正如沃伦·巴菲特反复告诉投资者的：“价格是你付出了什么，而价值是你得到了什么。”本书将金融理论、设计思维以及基于约束的科学三者融合在一起，引导企业以更少的金钱、时间以及更小的风险获得更大的价值回报。这份赌注值得企业一搏。

第三部分

创新者组合

THE INNOVATOR’ S HYPOTHESIS

HOW CHEAP EXPERIMENTS
ARE WORTH MORE
THAN GOOD IDEAS

第 7 章　骗局：实验挫折和失败案例分析

“不要轻信别人的话。”

英国皇家学会（The Royal Society）的格言

简直不可思议。为什么一家聪明的公司——一个市场领导者会在没有尝试一个简单、安全、只需投资 10 000 美元的实验的情况下，花费数百万的资本去进行一项具有很大法律风险、对公司业务和品牌问题有害无益并富有争议的解决方案？

我实在搞不懂。这可是我在 20 世纪 90 年代末到 2000 年间为百世达（Blockbuster）公司工作时发现的奇怪现象。经历了多年的顾客投诉后，这家数十亿资产的录影带出租连锁店龙头企业最终不得不面对最痛苦的客户服务难题。我便是在这种情况下受邀前来进行援助的。

百世达公司的商业困境很清楚。一次次的市场调研证实，该公司客户最痛恨的是交滞纳金（百世达公司称其为“延时观看”费，这种委婉的说法并不能缓解客户的不满）。没有什么比交滞纳金更让顾客生气的了，即便他们必须要排长队，经常面对缺货的情况，公司员工板着脸，服务态度差强人意。因为健忘或计划性太差，顾客必须要为不能按时归还录影带支付额外的费用。他们支付的“延时观看”费越多（其实是罚款），他们就越生气。顾客是不会从自身找原因的，他们只会指责百世达公司。因此，百世达公司就拥有了一大批气恼的顾客。其中一位名叫里德 • 哈斯廷斯（Reed Hastings）的顾客是如此地气恼，以至于最终变成了一位创业复仇者。在他因延时归还电影《阿波罗十三号》（*Apollo* 13）的录影带而被罚款 40 美元之后，哈斯廷斯创建了奈飞公司（Netflix）。

我看到的数据表明，给百世达公司制造麻烦最多的往往是该公司最好的顾客，即那些在该公司租赁录影带最多也是频繁诋毁公司的人。这些重要客户绝非在沉默中隐忍之人。市场调查发现，这些客户经常在朋友和熟人面前说百世达公司的坏话（尽管他们自己还在百世达公司租赁录影带）。连锁店经理频繁报告，生气的顾客常常因要交纳滞纳金而冲着员工大喊大叫。百世达公司甚至因为滞纳金政策而遭到起诉。

但与这种沸沸扬扬的“顾客反抗现象”并存的是一个不争的商业事实：这笔滞纳金的收益很丰厚。百世达公司从未公布过确切数字，但据当时的分析师估计，该公司超过 20% 的税前利润源自其收取的“延时观看”费。毫不夸张地说，因为顾客的懒惰、健忘和疏忽，百世达公司从中赚取了数千万美元的利润。百世达公司什么都不做就可以得到一笔慷慨的补偿金。这的确是一桩不错的买卖。

自古不义之财总能激发人们采取更狡猾的手段。百世达公司管理层似乎更痴迷于“花一部电影的钱看两部电影”和“花两部电影的钱看三部电影”这样的营销方式。这种策略诱使更多的人一次租赁更多的录影带。百世达公司的如意算盘是，这些“免费”附赠的租金最终有很大一部分会收回来。的确如此，百世达公司下的赌注得到了加倍偿还，疏忽大意的顾客支付的“延时观看”费使该公司的收入大增。

这也不算什么秘密。百世达公司的员工都知道，顾客和竞争对手也知道。一家名叫“奈飞”的初创企业开始提供“视频租赁邮寄”服务，死死瞄准了百世达公司。该公司承诺“不向顾客收取滞纳金”。最终审判日到了。百世达公司这种赚取不义之财的方式变成了一个棘手难题。

百世达公司管理层知道公司的现状不容乐观：深陷法律诉讼、顾客不满以及激烈竞争的困境。高管们一致认为必须采取行动了，公司内外人士都被告知要想办法解决“延时观看”费的难题。

公司需要首先解决的问题很清楚，就是帮助百世达公司把滞纳金从公司与客户关注的主要痛点转变为边际问题。公司宣称要把一切问题都摆到桌面上讨论，要创新，要改革，要挑战自我。我们知道，必须改变（但不要把事情变得太复杂，使我们的租赁店无法操作）。

百世达公司告诉我几个大胆的滞纳金改革提案。按照我的衡量标准，这些提议看起来的确雄心勃勃、复杂而又代价高昂。例如，让顾客购买盖上邮戳、写好地址的信封，以便他们把过期的录影带寄回；或者允许他们拨打付费电话续借。这些提议看起来非常有吸引力，但是每一种提议测试起来都代价不菲。我认为，还可以有更好的创意。

我回顾了百世达公司以往的数据，在其连锁店里进行体验和观察了很长时间，并倾听了顾客和店员们谈论关于"延时观看"费的行为和不当行为。我没有做广泛调查，那不是我的任务；相反，我密切关注了百世达连锁店每天的运作。基于最终演化为"5×5 创新法"实验设计框架的"二二八"式创新实验原则，我给出的建议并不是全面的，但其优点就在于具有战略特性。

我的提议是：做一个潜在影响力大的、既简单又可灵活调整的实验。快捷、低成本以及简单可行是我的设计理念。基于我的研究与观察，百世达公司需要快速了解更多的消费者行为。

百世达公司对其习惯性的支付滞纳金的客户没有进行充分的了解，所以不能启动全面的、高成本的解决方案。这种做法过于鲁莽，风险太大，专注于以顾客为中心的实验才是最佳选择。开展一项迅速却又认真的实验能为百世达公司赢得时间和洞察力，使其找到更周全完美的解决方案。快速、安全的实验要比昂贵却效果令人遗憾的解决方案更好。

我的实验主要探究一个明显却尚未解答的问题：百世达公司的顾客想要得到按时归还录影带的提醒吗？他们愿意帮助百世达公司免于向顾客收取"延时观看"费吗？

答案也是一个问题：为什么不问问顾客呢？为什么不以一种尊重顾客的姿态邀请他们参与进来呢？真诚帮助顾客免交滞纳金的努力也许会让公司更受顾客的喜爱，或者至少能缓解顾客的厌恶情绪。无论结局如何，对百世达公司而言都是一件好事。更重要的一点是，百世达公司可以从中获得公司客户关系方面非常有价值的信息。

我们可以使用快速增长的电子邮件媒介作为客户提醒技术（customer reminder technology，CRT）。电子邮件具有廉价和普遍性的特征，其已经迅速成为客户生活的一部分，并且百世达公司已经开始探索电子邮件的营销方式（我想，这对施行我的提议来说是一个好消息）。

这一实验理念直接切入与客户互动的核心，这也是百世达公司的痛点。这种使用电子邮件的方法是否真的管用？试探性的假说是，如果客户得到提醒，他们会按时归还租借的录影带。但是有多少客户会这样做？哪些人会这样做呢？客户提醒会产生怎样的认知和现实的差别呢？

也许这种服务可以帮助公司重塑品牌，使公司在顾客心中树立起更友好、更关注客户需求的形象。或许那些行动迟缓的顾客在收到邮件提醒之后会为自己的疏忽大意生气，而不会因为滞纳金怪罪百世达。而且，随着店内因滞纳金而引起的争议逐渐减少，也许员工士气也会提高。百世达公司肯定会在意这些事情。

在我看来，对顾客来讲，这是一个稳赚不赔的命题。出于演讲目的，我将邮件提醒称为“电子提醒”（Eminders），并在公司最具争议的利润中心问题上给予百世达可行的见解。

实验构思很直接。设计一份电子邮件提醒方案，再挑选具有代表性的 10 个或 12 个租赁店。在顾客租赁录影带时，请他们在柜台留下他们的电子邮箱地址。店员连续两周这样做。写一份店员可以用来向顾客解释的说明，向顾客保证他们的电子邮箱地址仅仅用来在租赁到期的前一天晚上给他们发送提醒邮件，而绝对没有促销广告、没有电子求助信，也没有垃圾邮件。看看有多少顾客愿意留下他们的电子邮箱地址。把这些地址发给一个信息技术中心或客户服务团队，由他们负责发送“电子提醒”并追踪其效果，然后把这些店的录影带归还率和滞纳金收取情况与作为控制对比店的数据做比较（要知道，2000 年 ~2001 年，电子邮件的使用增长迅速，但还不是很普遍。百世达公司还没有把获取顾客的电子邮箱作为其常规商业实践的一部分，而且那时候互联网还只是百世达商业模式的一部分萌芽）。

这个实验非常廉价，仅仅需要不到 12 000 美元的投资。根据我对那种通过寄回信封归还录影带的创新提案的估算，我的这个实验成本只是其他提案的 1/10。

实验方法和成本估算很简单，不需要专业知识，也不需要培训或技术。百世达公司可以自行开展实验，也可以通过业务外包进行。也许，只要有一台联网的计算机就可以搞定一切。

“电子提醒”实验也为探索未来电子邮件与互联网客户关系管理的可能性搭建了平台。同时，还可以鼓励租赁店经理和店员提供进一步的修改和测试建议。低成本实验将会为百世达公司的现有数据增加价值。我（相当谦逊地）认为，这个实验方案将会成为一个富有战略性的协议，其收益将会是投入成本（包括我个人的服务费）的五倍。

我想，这个提案满足了百世达公司简报上提出的一切要求，而且有过之而无不及。其他解决“延时观看”费的提案的成本与复杂程度都太高，这更增加了我的信心，百世达公司肯定会认为这个提案物有所值。至少，我期望这个“电子提醒”的创新做法可以被一种审慎的热情态度所接受。我是不可能出错的。

会议室里的人都盯着我，似乎我在地毯上撒尿了一样。他们的眼睛眯着，一副既不喜形于色也毫无兴趣的样子。经过片刻让人生气的沉默之后，百世达公司的与会人员开始发言。没有一句评论涉及任何成本或技术设计方面的问题，也没有人对这个核心概念提出加强或改善的建议。我的实验提案也许满足了公司简报上的所有要求，但却没能说到这些听众的心坎上。他们厌恶这个提案，肯定也很厌恶我。

他们提出的问题充满了敌意和非难：“我们究竟为什么要在租赁到期前一天提醒顾客按时归还录影带？”“我们为什么要测试一个肯定会减少公司利润的创意？”“这个实验对于弥补我们的经济损失又有何帮助？”

我简直惊呆了。我的即时反应就是自我保护。这是一个简单实验，不是一个宏大的战略。我们并非要模拟一个全国性的百世达电子邮件提醒系统。我们只是在测试一个简单的技术创新，以便迅速获得商机或顾客的洞察力。实验聚焦于这样的目标：尽可能快速、低成本地了解有关客户租赁返还行为的重要信息。无论百世达公司最终选择什么办法，像这样的实验都会有助于企业减少实践风险。

除此之外，这个实验能有多大害处呢？如果顾客相信“电子提醒”会降低滞纳金风险，也许他们会租赁更多的录影带。简单的实验能帮助百世达公司围绕公司最具争议的事情重新定义顾客满意度。单独进行焦点小组调研绝不可能达到这样的效果，正可谓行动胜于空谈。

我后来说得更快了：尝试通过电子邮件与客户联系可以帮助公司发展。随着与奈飞公司的竞争日趋激烈，我们可以借此加强公司的网络营销战略。也许百世达公司还可以利用这个实验启动在线续借测试。请诸位把你们显而易见的不满情绪放在一边，考虑一下公司的简报和数据。公司不可能找到比这一提案更简单、更容易的方法，从而以更快的速度了解公司顾客的需求。

我说完了。会议室里死气沉沉，没人作声。这群人根本不在乎，他们对我的实验可以测试什么或者实验可能会促进何种洞察力这样的假说毫无兴趣。我说得越卖力，他们就越生气。

我火冒三丈地走出了会议室。无论是通过实体租赁店还是通过电子邮件调研，会议室里的这群人根本不想观察顾客行为，他们感觉没必要进行店内实验。使我既惊讶又生气的是，这一切都与代价没有关系。我本来还想提出自己掏钱支付整个实验的花费，看来他们肯定会拒绝。他们希望顾客不满这样的事情自动消失。在他们眼里，顾客不满是一个必须消除的障碍，而不是一个需要研究的商业事务。他们寻求的是抚慰和平定生气的顾客的解决方案，但是他们又真的喜欢那些滞纳金带来的丰厚利润。

我的低成本小提案揭露了该公司简报赤裸裸的无关紧要的本质。对我这样一个局外人来说，这些公司管理者从未认真思考过他们到底想要了解些什么或者需要完成什么，他们根本不从降低滞纳金的重要性的角度去定义业务流程或进行取舍权衡。他们竭尽全力抵制这项实验探索的每一样东西，而根本不想探索或了解什么。哇，我真的觉得不可思议。

该公司的做法让我晕头转向。很显然，会议审查的其他大胆改革提案中没有一项是建立在哪怕一点儿支持性数据或分析基础上的。它们全都是浮夸的“大理念 / 大预算”计划，需要大笔前期投入。分析或测试它们也必然需要投入数万美元，而且，其测试期可能会延续数月。这些创意计划与我的简单、低成本以及快捷的实验理念截然相反。百世达公司将不得不耗费大笔资金、大量时间测试这些成功希望渺茫的提案。

我一败涂地。当初邀请我来帮他们解决问题的高管后来告诉我，他的同事们想要的是宏大的创意。他们不喜欢用我提议的增量创新或渐进式的方法处理他们的战略难题，他们需要的是最终解决方案。于是，我向与会人员致歉浪费了他们的时间，并放弃了我的工作酬劳。

但我不得不问：他的团队为什么如此确定那些“大创意”战略计划是最好的？无论从文件还是电子表格显示的数据上来看，我的实验计划都比那些宏大的创意更节约、更迅速，也更具影响力。为什么一个简单、低成本的实验会激起管理团队如此强烈的消极反应呢？这样的计划到底触碰了他们哪个敏感的问题？

他的回答说明了一切。“我们认为我们对公司的问题了如指掌，”他说，“我们需要一个足够宏大的创新计划能解决这个问题，但同时不会影响我们公司的利润。你的实验计划不能帮助我们解决这些问题。”

我还能说什么呢？我能说从上述讨论来看，百世达公司根本没有诚实地面对自身的问题，也没有从顾客角度进行认真分析吗？我能说实际上，百世达公司对滞纳金的贪婪远比自己承认的要强烈吗？我能说针对这一问题设计的以客户为中心的实验激起的只有怨愤，没有兴趣吗？经历了这件事后，我对百世达公司创新文化的认识再清楚不过了。在这里，不行动反而胜于言语。

在百世达公司，我以失败而告终。百世达公司的人和百世达公司的文化显然对快速、简单、廉价的实验无动于衷。从最后的分析来看，我的建议根本不值得他们浪费时间，也不值得他们考虑。

百世达公司最终选择了一个具有创新精神的大预算方案，以期取消滞纳金的负面影响。公司发起一场大型的广告宣传活动以配合方案的实施，可是该创新计划却不受大众欢迎，而且最终证明是不合法的。百世达公司的顾客厌恶它，法律体系更讨厌它，至少有三位州检察长对该公司提起了共同诉讼。深陷负面宣传的漩涡中，百世达公司彻底放弃了该方案。据估计，这场因“延时观看”费问题引起的法律诉讼和商业改革惨败给该公司造成了数百万美元的损失。

而核心的滞纳金问题再度出现。但此时，该公司的市场份额已经很小，而且其企业声誉上的污点越来越大了。法律诉讼风波和商业改革的惨败使得百世达公司的惩罚性“延时观看”费的问题更加凸现了。而与之形成鲜明对比的是，奈飞、亚马逊以及其他竞争对手们则趁机加速发展，获得了更好的客户服务口碑。“不收滞纳金”的宣传口号每天都在给它们赢得更多的客户。

当百世达公司遭遇失败尴尬时，我是不是该幸灾乐祸、备感痛快呢？的确有这种感觉。据说，该公司在启动其宏大的创新改革项目之前只做了肤浅的测试，那得到这样的结果也就不足为奇了。

但在百世达公司破产时，我是否获得了某种职业满足感呢？没有。但是对其走上破产之路，我一点也不感到惊讶。

从中获得的教训

反思百世达公司这一案例，它的破产对我的研究与咨询工作产生了巨大的影响，它促使我从完全排斥的态度中学到了很多。虽然我的创新实验计划在该公司遭遇尴尬失败，但这件事情使我获得了三个重要的洞见，它们重新定义和构建了我在创新行为经济学方面的研究。

- 无论目的是快速诊断企业创新文化的问题，还是真正测试一个商业假说，简单、低成本的实验都是非常有价值的方法。
- 如果创新实验思想是企业自己的而非我的，那么它在企业的接受程度就会好很多。
- “聪明”的企业高管宁愿对宏大的计划和复杂的分析夸夸其谈，也不愿意支持开展简单实验。对于这些企业界人士而言，快速、低成本的实验只是边际策略，绝非企业创新战略的中心理念。

这三个洞见传递的信息现在看起来再明白不过了，但是让企业认真对待这些问题是迅速改善其创新能力的关键所在，而这些洞见根植于大部分企业如何误解创新投资的事实中。设计与实施迅速、低成本的实验会以显著的速度给企业带来显著的回报。实际上，实验变成了一种用以测试好创意的认知和“实际”价值的市场机制。

但看似矛盾的是，快速实验设计最初的、最重要的成果并非一个出色的或者突破性的实验。它的直接价值在于，创新者可以获得企业测试其自身组织、设想以及战略的意愿程度。这种意愿或者不情愿就能充分说明企业的创新文化。

观察人们对创新实验提案的反应可以获得非同寻常的洞察力。从诊断问题的角度来看，实验就像企业内部的石蕊试纸、X 射线或者核磁共振（MRI）扫描仪，因为它们能帮助企业评估内部的创新阻力。它们揭示了企业内部隐藏的、鲜为人知的问题。

合理定义的实验会立即把创新对话从思考转换为行动。那些不切实际的战略空想很快就会被现实世界所打败，而实验则可以促使企业采取行动。谁会接受实验，谁会拒绝实验？人们对待实验的态度也可以让实验设计者获得更多的信息。我能够从个人和企业对待创新实验的反应中迅速了解到与实验结果一样丰富的内容。

进行创新实验的确是一种诀窍，其在于把实验的成本、耗费的时间及其复杂性与企业衡量实验的标准分开。实验务必是简单、快速而又低成本的，这样一来，即便是遭遇反对意见也不会影响实验的开展。对实验的抵制源自人们对实验认知价值的理解，而非实验本身的机制或设计问题。刻意地让实验“低风险”化，会让企业聚焦于商业事务本身，而非经济预算或时间安排上。这样做就可以使快速、节约、简单的实验变成神奇的诊断工具，引导实验者发现隐藏在创新障碍背后的真正原因。

但是这种方法对颠覆创新文化管理的特殊习惯与陈旧原理收效甚微。一般来讲，创新企业欢迎好的创意，更欢迎突破性的创意。它们鼓励头脑风暴式的创新思维训练，也鼓励企业内部有天赋的创新员工打破陈规，勇于冒险，并快速失败。创新企业善于倾听客户建议，与客户合作。这样的方法有谁会不认可呢？

百世达公司对实验的见解却将这些创新原则本末倒置了。企业创新文化不是通过它们做了什么，而是通过它们不做什么来体现的。对于简单、快速、低成本的实验为何不值得实施，企业必须做出有效的解释。更直接、简单、快速和低成本的实验造就了另一种创新者的窘境，那就是要么行动，要么闭嘴。

对明智、快速并且节省成本的测试重要商业假说的实验，如果企业的态度是“我们不能做这种实验，是因为……”或者“我们不会做这种实验，是因为……”，那么不论“因为”后面都说了些什么，它们都显示了企业真实的创新文化。

我们不会做这种实验，因为……

- 代价太大；
- 律师不允许我们这么做；
- 我们最大的供应商会不高兴；
- 不会受市场欢迎；
- 那不是我们的商业优势。

来自企业的抵制为我们打开了一扇窗户，使我们能够清楚地看到企业内部文化及其创新文化的组织动力。而且，它还显示出了企业是如何拒绝在学习和风险管理方面投资的。是什么让企业管理者如此反对快速、节省成本的创新洞见的？其理由合理吗？有意义吗？或者，这些缘由是否反映了企业的症结所在和需要重点强调的组织功能障碍？其大部分回答都不是令人愉悦的。

在一家管理严格的金融服务公司，对于“法律”（其实就是法务部）一词反射性的恐惧毁掉了公司内部“5 × 5 创新法”团队提出的几乎每一项有趣的实验。有趣的是，公司法务部门的工作人员没有一人受邀参加过它们的创新活动。与之相对，在一家工业制造商的工厂里，研发部门则成了最执拗的创新实验抵制源。其实不用什么高深的学识就可以看出来，研发部门患有一种“非我发明”综合征（not invented here，NIH）。来自外部的创新提案被本能地看作威胁而不是机遇。对研发部门无情拒绝“5 × 5 创新法”团队提案的情况进行仔细分析后，该企业更换了其部门领导。

当然，拒绝快速、节省成本的创新实验的洞见本身并没有错，特别是假如还有更好选择的话。但是，如果是由于组织功能障碍而抵制创新实验，选择愚昧无知的话，那肯定就完全错了。通常，“我们不会做这种实验，是因为……”这类话与其说和企业的能力有关，倒不如说和企业的惰性、政治、自我认识或者三者的结合有关。

让我惊讶的是，从百世达公司的失败中，我获得的持续性洞见就是简单实验提供了规划组织持续创新最实际的途径。实验是我发现的最快捷、最节省成本并且最好的探索企业创新文化深层底蕴的方法。有趣的是，即便“5×5 创新法”实验组合未曾实施，其最终影响也是极具价值的。它们是镜子，让人们反思拒绝低成本创新思想背后的深层原因。

这些讨论“我们不会做这种实验”的会议非常值得关注，特别是当创新实验提案的目的是解决企业创新主题的关键任务时。通常在第一次会议时，企业会就想要完成的任务进行坦率的、开诚布公的讨论。那些默认的假设就会变得清晰可见。公司各部门的经理宣称，即便是快速、节省成本的实验也不值得实施，因为他们“知道”结局会怎样。每个人在会后离开时，都会对其中的原因有更清晰的认识：为什么人们相信有些投资比其他投资更有价值？为什么有些人相信某些部门比其他部门更能干？为什么有人相信某些机遇比其他机遇风险更大？

这些讨论对企业来说是很艰难的。因为当谈论企业经理或领导拒绝创新实验的原因或预计（不管对与错）创新阻力的来源时，他们必须更诚实，或者至少要显得老实些。这些讨论迫使企业不得不从令人不那么舒服的角度去反思自己。快速又节省成本的实验组合有效预防了诸如“想法很好，但执行代价太大”或“等我们完成实验结果分析时，已经太晚了”这样典型的、条件反射式的拒绝理由。企业不得不开始讨论拒绝创新实验投资的非经济障碍。

当然，我也见过很多企业，它们不能也不愿意进行诚恳严肃的讨论，不想坦陈它们拒绝使用快速、低成本的方法赢得创新洞见的理由。有效的诊断不能保证百分之百的疗效。自我认识并不能保证自我提升，但是在自我认识方面的快速、简单、低成本的投资却可以迅速发挥健康的价值意义。正如百世达公司的案例所揭示的，公司若不能对战略挑战进行坦诚的讨论，其结果注定会令人遗憾。

诚实是最好的策略，公开透明也同样重要。如果创新者和企业管理者能以开放的心态对待快速、节约的实验，那他们就可以从“5×5 创新法”实验组合中获得巨大的好处。例如，加利福尼亚的一家网络零售公司的高管提出了一项复杂的、综合性的企业重新定位的战略计划。该宏大计划设计得很详细，影响广泛，实施起来也很昂贵。但是根据“5×5 创新法”原则开展的讨论却发现了这项创新计划的风险及机遇。该公司高层领导并没有把创新实验看作分散注意力的东西而忽视或拒绝，相反，他们采纳了一些建议作为实践检测方法。全公司员工都看到了高管们对快速、节省成本的创新实验所持的开放式学习态度。宏大计划与简单实验的结合更好地定义了创新文化的改变。

但是，在探究企业内部对“5×5 创新法”持抵制态度的成因时，最让人心酸的一面是，有些企业最终拒绝了自己设计的创新实验组合。不管好坏，公司最有天分的人发现了企业绝对不能做的事情。这种事情令人惊讶万分，但是比起借鉴“5×5 创新法”的创新与合作精神，显然再没有比这种方法更好的培养快速、节省成本的实验精神的办法了。创新者也需要理解自己企业内部的抵制文化。

忽视与压制

我喜欢用危机重重的美国航空业来做案例，说明企业对于快速、节省成本的创新实验的抵触。20 世纪六七十年代，因为预订超过航班运输能力而迫使乘客延后飞行的事情时有发生，这种做法激起了民怨，很多航空公司遭到乘客起诉，废止这种做法的呼声很高。无论是航空公司、乘客还是监管机构，相关人员和机构都越来越不满意。

美国伊利诺伊州立大学（University of Illinois）经济学家朱利安・西蒙（Julian Simon）设计了一个简单、节省成本且快捷的实验，用以帮助解决航空业非自愿超额预订的经济难题：

> 第二天早上刮胡子时，我就在想肯定有更好的办法。实际上，市场可以通过寻找一些不介意等候下一航班的人来解决这个难题。航班工作人员仅仅需要询问每一位手持机票的旅客是否愿意等待乘坐下一班飞机，他或她能接收的最低补偿是多少，然后在那些竞价较低的旅客中挑选出必要的人数。我胡子还没刮完，就已经想好了实际操作的细节。这一计划其实就是一种逆向拍卖，请每一位持票人写下他们选择延后飞行愿意接受的最低补偿款。

1967 年~1968 年，西蒙几乎走访了所有的航空公司，建议它们开展他的逆向拍卖实验。现已不存在的泛美航空公司（Pan American Airline）机票预订部的总经理给他的回答是：“这个计划比其他提案更精彩，但却是非典型的。”

亲爱的西蒙先生：

我公司的生产运营高级副总裁香农先生请我向你转达感谢之情，谢谢你设计的最实用的超额预订问题解决方案。当然，我们立即制定了实施步骤，之前我们已经把拍卖说明翻译成了 18 种语言。目前我们尚不能告诉你预期的理想结果，因为尝试运用这一方案的第一架航班是在 3 月 17 日——圣帕特里克节（St. Patrick's Day）。因为乘客一直在改变他们的补偿竞价，所以截至我给你写这封信时（1967 年 3 月 22 日），这架航班仍没有出发。我们也深表歉意，第一次使用这种方法的是当天飞往爱尔兰的一架航班，部分乘客提出了非常特殊的条件。我们会继续跟你沟通的。

西蒙回忆说，他的创新实验被航空业内人士与经济学家同仁当作笑话。事实上，有两位备受尊敬的、后来都成为诺贝尔经济学奖获得者的反应，确实让西蒙感到极度惊讶和失望：

一位我认为是当时最伟大的、健在的经济学家（其精神也最伟大）和另一位我非常推崇的经济学家的反应极不寻常，因此也特别有趣。后者乔治·斯蒂格勒（George Stigler，1982 年获得诺贝尔经济学奖）曾写道："这项计划不会有效，因为乘客们会形成同盟，向航空公司索要高额赔偿。你的方案让我备感震惊，理论上让人很钦佩，而实际操作起来却毫无可行性。你应该先研究一下 40 名失业者勾结起来的可能性。"

米尔顿·弗里德曼（Milton Friedman，1976 年获得诺贝尔经济学奖）则写道："如果这个计划和你设想得一样好，我也深信如此。但让我感到困惑的是，为什么一家或多家航空公司不愿意尝试这一方案？我的结论是，我们肯定忽视了什么事情。我知道你曾经专门测试过这一方案，我没有理由质疑你的结论。但我觉得，获得大笔增量利润的机遇惨遭完全不理智的拒绝，这样的事情实在让人难以置信。"

所以，总共有两位后来的诺贝尔经济学奖获得者认为西蒙的简单提案是不可行、不实际的。当然，具有讽刺意味的是，西蒙没有要求进行逆向拍卖改革，而仅仅号召实施迅速、节省成本的实验测试。

他写道："在有关这个计划的所有讨论中，我一直坚持不应从抽象角度或以假说实验数据为基础来判断，而应进行实际的实验。即便是任何新活动，都不可避免失败的风险，我仍相信这个创新实验成功的把握非常大。但是我却无法说服任何一家航空公司哪怕在一条航线、一个机场、一个登机口开展一天实验。航空业内人士和官僚仅凭他们的‘逻辑’就认为这一计划难以实施。”情况的确如此。

直到 1978 年，监管机构要求所有航空公司尝试西蒙的提案。经过在全行业的实验，这些“志愿者”项目迅速成为行业规范。西蒙的计划积极改善了行业经济与客户体验。不到几年时间，非自愿延后飞行率从 1978 年的十万分之六点四下降到了 20 世纪 80 年代中期的十万分之一点一。

对于各行各业的专业人士和诸如诺贝尔经济学奖获得者这类人而言，这一案例的核心意义是明显而质朴的，那就是：如果你有疑虑，那就做简单、快速而低成本的实验，你会从中获得非常有价值的东西；如果你深信不疑，那还有什么能够证明你坚不可摧的信心绝非空穴来风呢？

西蒙十多年的传奇故事让我想起了有关两位芝加哥大学经济学家的笑话（碰巧，弗里德曼与斯蒂格勒也都是芝加哥大学的经济学家）：两个经济学家走在街道上，他们发现人行道上有一张 20 美元的纸币。一位俯下身去捡，另一位拦住了他并说道：“如果这真是一张钞票，肯定早有人捡走了。”

当然，正如西蒙的故事给我们的启示，现实就是我们周围到处都是 20 美元（以及 50 美元、100 美元甚至 1000 美元）的纸币，商业领域里到处都有这样的机会。想要捡起它们，你必须要愿意尝试一两个廉价的实验。

从百世达到奈飞公司

本章从百世达公司的案例开始，以奈飞公司的案例作为结束。奈飞公司于 1997 年创建，是百世达公司诸多竞争对手中最成功的一家。该公司“不收滞纳金”的定位无情地击中了百世达公司最大的弱点，这不仅赢得了市场份额，还获得了人们对其客户服务热情洋溢的赞美，客户都非常喜欢它。而且从创新角度看，奈飞公司比百世达公司更具优势。该公司培养了一种持续进行实验的改进式企业经营文化，正如公司首席产品官尼尔·亨特（Neil Hunt）所说：

> 我们测试了电影探索中大量的算法以及数据级别的变量，也探索了电影推荐系统中大大小小的变量，包括测试用户品味偏好的输入定位和工具、呈现推荐影片的方式，以及是否解释电影推荐引擎可信度等问题。

我们探索了诸如播放与添加到列队按钮、尺寸大小以及功能等基本要素的设计实验。去年，我们又测试了开关按钮，了解主页是否应该聚焦于 DVD 或流媒体。

我们对于自己的实证主义文化核心深感骄傲，因为这使我们变得更加谦逊：我们意识到，大部分时候，我们并不能预知顾客的需求。实验测试的反馈让我们能快速直接地面对问题，以确保我们的努力能真正聚焦于像优化客户体验这样的事情上。

如果必须要用三个词来总结我们获得的东西的话，那就是："简单胜过完整。"

但是当奈飞公司致力于其发展历史上最大的战略转型时，公司选择的改革方式显然有悖于其宣称的"一切创新皆需检测"的文化。2011 年，奈飞公司开始着手把在线流媒体服务与其提供的"视频租赁邮寄"服务分离。公司提出的改革方案让人困惑，代价又很大，而且还引发了公司客户的极度愤懑，其股票价格下降了 50%。公司创建人兼执行总裁里德・哈斯廷斯不得不就公司在战略转型时糟糕的管理向公众进行公开道歉。

正如实验经济学真正的先驱之一约翰・里斯特（John List），以及尤里・格尼兹（Uri Gneezy）在他们合著的书《Y 轴》（*The Y Axis*）中所讲述的，奈飞公司这种未经实验测试就实施战略转型的做法代价惨重。他们在书中写道："如果奈飞公司事先进行过简单的实验，它就完全可以避免数十亿美元的经济损失以及对其公司品牌的损害。奈飞公司不应该提出一项全国性的实施计划，并强加于公司客户。该公司只需要在美国的某个小区域（例如，圣地亚哥）进行其宏大计划的试点，并测试客户的反应。小范围的实验本可以替该公司节约大笔资金，而且不会有损于公司的品牌价值。"

"即便这种小范围的实验造成了某些负面影响，奈飞公司的管理层也可以将其解释为局部的小失误，其损失会小得多，而且该实验的价值也弥足珍贵。"

你有没有从中发现一种模式？里斯特与格尼兹认为："当我们与企业领导者讨论实验时，他们通常的回答是，'进行测试的代价也很大'。在我们指出事实并非如此，不进行实验反而会造成巨大损失后，人们对实验的认识马上转变。"

的确，我们需要从先前的百世达公司与如今的奈飞公司吸取的教训就是：不进行快速、低成本的实验反而比进行实验的代价更大。如果公司没有正常开展快速、低成本的实验，那董事会应该质疑公司高管，而公司高管就应该质疑他们直接管辖的员工。对公司而言，设计简单、快速、低成本的组合实验是一个富有创造性的执行力挑战。但是，商业世界中的现实一再证明，这种方法获得的好处远远大于其风险和代价。千万不要拒绝我们的建议，尝试用实验来验证它吧。

第 8 章　实验探索与应用：5×5×5 创新法

日益严峻的全球市场竞争使创新成为企业管理的头等大事。如果在削减成本方面的努力直接冲击着公司的投资回报，那企业就会认真考虑能够带来附加新价值的创新实验投资。咨询公司、顾问以及各类管理大师都会被召集来探索企业的创新远见。企业不仅会考虑使用新工具、新技术来更新和重新定义企业的创新过程，还会重新思考自身的创新文化与实践基础。

尽管公司高管们宣称愿意以更开放的心态进行创新，但他们对创新代价和风险的关注仍旧存在。对于那些有可能会破坏公司重点客户和合作伙伴关系的创新改革计划，他们仍心存戒备。对于承诺会带来新价值创造的创新渐进主义，他们持怀疑态度。越来越多的公司想要更富有创新精神，希望快速、低成本地激发公司员工的集体智慧，同时又能保持公司高层管理的战略创新特权。实际上，他们寻求的是一种自下而上的创新努力和自上而下的战略需求平衡。

5×5×5 快速创新法

这种渴望促使许多企业更易于接受新颖的创新方法。5×5×5 团队创新法是一种快速创新法，强调轻量级、高效率的商业实验。“轻量级”指的是在组织时间、投入资金以及资源方面的代价非常低；而“高效率”则意味着创新实验测试的商业假说正是企业管理层深切关注的内容。创新实验让轻量级与高效率从本质上结合，值得企业关注、探究和尊重。实验精益与敏捷的本质确保企业可以从中快速获得具有执行力的见解。与其说实验是概念的证明，不如说它们是引导企业快速进行创新的邀约。

这一方法已经被全世界的企业有效使用，从欧洲大企业集团到巴西媒体大亨，从澳洲金融服务公司再到美国消费品制造企业。这一方法最初只是针对学生和那些对好创意不那么痴迷的公司的一种准学术的噱头，如今发展成了一种出色的创新方法。其魅力不仅来自 5×5×5 快速创新法对速度与低成本投入的强调，也源于其为推动企业即兴发挥的智慧与高管们清晰的愿景相结合所做的努力。5×5×5 快速创新法的设计意图就是利用企业的文化与组织多样性来激发实验的独创性。

5×5×5 快速创新法的核心目的就是为企业营造一种充满生气的内部商业假说与实验组合的环境。竞争与对抗是对企业协同与合作的一种补充，其目标就是将精益与敏捷的实验和创新完美结合起来。简单的实验有助于企业激发战略积极性，并扩大其影响。组合实验则为企业高管们提供了良好的机遇，他们不仅可以探索颠覆性创新机会，而且还可以更好地管理创新风险。虽然被测试的实验与商业假说极具价值，但实验方法也是人力资本组成的来源。引用法国工业社会学先驱勒普莱（Le Play）的话就是："实验最重要的产物不是数据，而是做实验的人。"把实验与创新相结合很重要，但是，扩展人类创新与实验的能力和创造力的边界更重要。

5×5×5 快速创新法的设计与限制

5×5×5 快速创新法的设计简单而直接：为至少 5 个由 5 名成员组成的团队在不超过 5 天的时间内构思 5 项"商业组合实验"，每项实验的投资费用不得超过 5000 欧元，实验周期不得超过 5 周的时间。每项实验还应该附加一个商业案例，解释通过开展实验获得创新远见的可能性，为企业节约 500 万欧元或价值 500 万欧元的增长机会。

"5"这个数字并无神奇之处，关键在于坚持在确定的限制条件下开展实验。这些限制的目的很明显：个人和团队构想的实验要具备以高速度、低投入获得高效率的潜能。相对于实验所激发的智慧，这些限制条件就无关紧要了。问题不在于实验预算是否超过了 5000 欧元（或美元），或者实验是否可以在两周之内而非 35 天里完成，其重要意义在于促使创新团队成员在"框架内"进行思考。

而 5×5×5 快速创新法提供了一个非同寻常的、特殊的“框架”，这种“框架”是由各种创新材料组合构建而成的。在这个框架内，具有颠覆意义的创新才有可能发生。如果 5×5 团队能够在这个框架内开展创新思维，他们就会构想出具有潜能和力量改变企业创新文化的实验组合。当然，前提是企业有这样的意愿。

如果一家大型公司的高管层想要参与 X 创新团队实验，从全公司挑选出 25~35 名具有潜力的经理和员工，那么通常就可以分成 5~7 个 X 创新团队。公司通过提供包括案例、活动框架以及建议的流程选项等在内的简报，阐明它们希望最终达成的成果应该是什么样的。作为规则，参与者通常不会得到任何特别的补偿，但必须要给予团队成员差旅费、适当的时间以及其他福利，以确保团队成员间进行充分的协作。

最后，每个 X 创新团队将他们的组合实验提交给企业管理层。审核这些实验提案的企业管理层最好由执行总裁和一至三名高管组成，有时还可以包括一个非执行董事以及一个声望高的局外人士。这些 X 创新团队成员都知道，他们参与的是一场与同事的竞争，需要构想最好的组合实验提交给公司领导。实践证明，竞争是一种有效机制，可以使创新团队将注意力、精力和智慧集中在实验设计上，构想出足以让公司高层留下深刻印象的创新实验提案。有时候，创新团队需要在对各种业务部门损益负责的高管（企业的首席执行官）面前做陈述。只有团队成员确信他们的工作得到了公司掌权者的认真对待，即他们的实验得到公司投资或他们的个人发展得以推进，5×5×5 快速创新法才能真正发挥作用。

5×5×5 组合实验：了解企业文化的窗口

简单的统计数据证明，获得真正让人印象深刻的实验的可能性很大。5 个团队乘以每个团队提交的 5 个实验组合就是 25 个实验。同理，6 个团队乘以每个团队提交的 5 个实验组合就是 30 个实验，这些数字可以保证企业最终获得理想的结果。即便提交的实验中有一半因为冗余和重叠等原因低于“中等质量”标准，5×5×5 快速创新法的人力资本结构也能确保至少有 10% 到 20% 的实验提案和假说能够达到一流水准。实际上，这个比例通常都要高得多。

毫无例外，经常至少会有三或四个实验提案能让与会的高管们挺直腰板、睁大眼睛（或者眯上眼睛，这取决于个人习惯），并充满怀疑地问道：“我们能办到吗？”

的确没错，只需投入大约 5000 美元，花费 5 周时间，再加上实施创新实验的决心，就可以获得很高的回报。每家企业都希望或者以一种理智的心态期望，本公司内有最有天赋与才干的 25 人或更多的人经过协作创新，相互竞争，能够构想出至少三四个让人惊讶与振奋的创新概念来。倘若做不到这一点，对于企业来讲，这同样也是一个重要的信息。无论企业内部是创新乏力还是充满创新活力，这都是公司高管们迫切需要知道的真实情况。

在构想设计阶段，组合演示经常会产生世界级的实验。这些实验基于三四个商业假说，它们要么是创新团队成员喜欢并希望实现的，要么对某一特别的业务单位具有超过预期的魅力，以至于他们迫不及待地要付诸实践（或者在某些特别幸运的情况下，两者兼有）。不仅如此，偶尔还会有“丑小鸭”式的实验引起一两个有声望的企业家的关注。他们从创新实验提案中看到或者相信自己看到，某种可能会把实验成果从相当有趣的程度提升至“这有可能是一项宏伟大业的开端”的程度。

设计精巧的 5 × 5 × 5 快速创新法的魅力在于，企业总能从中学习到些什么。实验组合仿佛成了镜头、窗户和镜子，企业可以通过它们审视自身的文化与发展的重点。

既然 25 个实验中有 20 个（大约占 90% 的比例）都关注的是客户或消费者，那这些参与者为何不能与企业的重点供应商和合作伙伴共同来提出创新实验呢？如果一项组合实验重点强调多元化机遇，那么这个 5 × 5 × 5 快速创新法团队是否对现有顾客的有机增长给予了足够的关注呢？对于公司高管和 5 × 5 × 5 快速创新法团队而言，也许那些没有被提出的实验与那些设计好的实验同样重要、同样具有启发作用。

创新实验概念之所以如此重要，这是一个主要原因。设计出 5 个让人印象深刻的独立实验还不够，X 创新团队如何思考与阐述他们的实验焦点和思想也同样重要。为何要进行这些实验？就企业应该关注并探索的创新机会来讲，这个组合实验能说明什么？

让有才干、有抱负的人通过缜密有序的方法解决这些问题是一件非常有价值的事情。X 创新团队成员需要对实验的基本原理而不是商业计划或提案进行严谨而精确的思考，并能让企业将对风险与回报的盲目乐观真正转化为快速创新的通道。通过把快速实验假说当作创新设计的重点，企业就可以更好地平衡创新行动与分析。对创新者而言，这常常代表的是一种重要的文化价值。毕竟，没有人可以不经过大量的分析研究，就能从一所名校拿到工商管理硕士学位。但是，几乎没有哪一所世界级的商学院通过进行快速实验去检测学生对一门课程的需求。

这就是创新实验的核心概念、核心方法以及始终如一的核心成果。但有一个要点没有提及，那就是赋予个体实验体验的丰富性与趣味性的因素。例如，许多企业对创新团队提出的实验提案没有任何限制，任何实验都可以。对此，我们无言以对。而有些组织机构则有可能对实验强加上企业的偏好和隐性限制，它们希望一个实验组合可以解决某一方面的特殊问题，例如顾客、供应商、网络 2.0 或者新兴市场的问题。换句话说，企业高管们希望实验能够把创新与某一具体维度的内容结合起来。这种额外的要求有时会使创新参与者沮丧泄气（这本身就是一个有趣的发现）；而在其他时候，它可能会促使实验规格提高到一个更高的水平。观察创新团队如何遵照执行或颠覆企业高管层希望他们做的事情，这本身就具有启发意义。

创新挑战的试金石

尽管 5×5×5 快速创新法的专业开发价值也许会令人惊喜，但它也不应该掩盖了其他重要的方面。事实上，没有一个创新参与者（当然也没有一个企业高管）认为这种实践是对他们时间的浪费。相反，绝大多数参与者评论说，从创新实验中获得的回报远远超过了他们投入的时间。部分原因可以归结到专业发展方面，然而一个简单的事实就是：企业高管拥有了一种相对廉价的方法，借此可以了解企业员工在面对商业实验组合挑战时，其创新能力和创造能力到底如何。5×5×5 快速创新法不是一种智力或学术实践，它是供那些想要更富有创新精神的企业进行实际检测的工具。

成功的 5×5×5 快速创新法能够让人们成为更高效的创新者，更高效的创新者意味着更高效的创新实践——更快、更好、更节省成本。即使是不那么成功的

5×5×5 创新实践也可以引起更广泛的关注。5×5×5 快速创新法是一种富有感染力的创新方法。

愿意提简单的问题很重要。5×5×5 快速创新法为创新者们提供了快速、低成本、富有独创性的评估和检测商业基础的安全方法。有关顾客分类、产品销售、商品定价、产品设计、产品性能以及语言使用等方面的简单问题可以激发具有巨大影响力的商业假说。简单的问题激发了创新者强大的创造力与智慧。

无论是对那些喜欢自己玩创意的企业，还是那些宁愿从顾问那里获得创新灵感的企业，5×5×5 快速创新法都是一个成效显著的方法。协作型企业把 5×5×5 快速创新法看作一种与企业文化兼容的创新途径，而那些由企业领导自上而下、准独裁式管理的企业则小心翼翼地迎接 5×5×5 快速创新法，把它看作一种安全又节约企业创新预算的新方法。

第 9 章　5×5 创新实验组合实践

本章描述了三个 5×5 创新实验组合，这是由三个不同行业的公司的 X 创新团队提出的。但是，它们足以公正而准确地代表 X 创新团队探索商业假说和实验的有效广度和深度。这几家公司非常慷慨地允许我在书中运用它们的 X 创新团队实践与读者分享如何成功开展组合实验。

与其把这些实验组合看作理想的榜样，不如把它们当作模板参考，从中了解进行创新实验的背景与条件。毫无疑问，本节挑选的一些实验会让读者感到犹如打中牛顿的苹果一样落伍于时代，而其他实验则更具有时代感。总体而言，它们传达了积极创新的 X 团队应对挑战时的范围、广度与智慧。

当把这些商业假说和实验呈交给公司高管时，它们总会被看作令人兴奋的颠覆性创新。无论是公司高管还是 X 创新团队成员自己，都对他们构想出来的实验惊讶不已。X 创新团队不仅不会因为时间、预算以及资源方面的限制而感觉束手束脚，反而还会因目的明确而感受到专注的痛快。他们以前从未做过这种设计、分析或者陈述，其新颖之处更彰显魅力。

从我的记录和可获得的资料来看，在本章阐述的实验或假说中，没有一个是在 X 创新团队的第一次会议上就闪亮登场的。它们都是经过创新团队的反复辩论与交流才构想出来，是集体合作的产物。

坦诚地说，本章所选的案例都是“中等以上水平的”实验组合。也就是说，它们反映了成功的结果。凡是设计或表现糟糕的实验皆不在我们讨论的范围以内。

将平庸的实验纳入其中毫无意义。根据我的观察，真正平庸的实验和假说很快就会被识破和放弃（除非 X 创新团队成员本身都是平庸之辈，这当然是另一个问题）。严肃认真的创新实验讨论经常会产生“安全投资转移”[①]的现象。也就是说，几乎没有 5×5 创新团队愿意在无关紧要的商业假说和实验上浪费时间和精力。

另外，还需要坦诚说明的一点是，本章包括的这些模拟实验没有一个是企业使用过的最佳实验。出于竞争及所有权方面的考虑，没有一家公司愿意把最好的实验公之于众，但我确实被允许在本章中使用它们那些仅次于最好实验的案例。

结果呢，这里呈现给大家的既不是最差的，也不是最好的实验。但是这些实验组合显示了企业对创新实验的看法：何种实验算是相当不错。同样重要的一点是，它们为创新领袖和经理人提供了一个评估自己企业假说和实验的实用参考框架。创新者们当然不想做得比我们在此讨论的实验差，他们应该有信心做得更好。

实验组合一：信用卡公司

一家活跃的信用卡公司善于使用新技术，公司对此引以为豪。但是该公司意识到需要提高客户服务，而且，信用卡欺诈与安全问题是公司一直关注的问题。

公司 X 创新团队的实验组合聚焦于改善持卡人的使用体验，同时在现有信用卡功能的基础上增加新价值。为了使实验组合多样化，其中一个假说和实验致力于提高信用卡的安全。

实验一

商业案例：给公司打电话求助的客户希望获得客服中心员工更快、更好、更有帮助的服务。除了为客服代表增加更多查找信息的文件，为什么不能开展实验，通过即时通信和在线聊天的形式辅助信息分享呢？观察研究即时通信和在线

① 安全投资转移（Flight To Quality）是指投资者将其资本从风险较高的投资品转移到现有的最安全的投资工具。——译者注

聊天可以为员工培训以及更合理化的客户服务支持提供有用的数据。

商业假说：如果能够为我们的客户服务中心系统增加即时通信和在线聊天功能，那我们的代表就可以更快地分享问题与信息。这样一来，他们就会以更快和更准确的信息来回答客户的提问。

商业实验：为两个不同的客户服务中心的 40 名员工提供即时通信和在线聊天软件，然后对他们进行基础性的培训。对那些能创造性地、有效地使用聊天方式的客服人员，公司可以给予他们小金额奖励。经过为期四周的实验，把这两个客户服务中心的数据与没有使用即时通信和在线聊天软件的客服中心的数据进行比较，重点对客户响应时间、客户满意程度以及客服代表满意程度进行比较。观察是否会涌现出特别有效的即时通信和在线聊天形式。

实验二

商业案例：给客服中心致电的顾客会因认知误差和错误产生不悦，他们想要得到某种形式的解决或补偿方案。赋予客服中心代表可以临时取消有争议的收费或者免除费用的权力。但是令很多客户不愉快的是，所有这一切只是让他们维持现状。有没有一种合理的办法能让这些不满意的客户得到某种有价值的补偿，既能安抚他们，同时又能建立更高的可衡量的客户忠诚度？

商业假说：如果我们能够恰当地运用客户忠诚计划，给予不满意的客户合理的奖励积分，他们的满意度和忠诚度就会提高，其不满情绪自然就会下降。这种做法赋予客服代表权力，使他们能够向不满意的客户赠予奖励积分。我们能否使用企业的积分奖励方案来创新性地解决客户不满意的问题呢？

商业实验：快速进行一项内部网络调查，了解客户投诉与不满的根本问题。基于这些初步调查结果，与 50~60 名客服代表一起对客户和投诉进行细分。

- 给 20 名客服代表一定量的积分预算，让他们可以在上班期间自行决定赠予符合条件的客户。
- 要求这 20 名客服代表根据一个投诉比例公式来随机选定投诉者，并赠予奖励积分。
- 要求这 20 名客服代表询问符合条件的投诉者，积分回馈是否有助于安抚他们。如果答案是肯定的，那就赠予他们积分。

- 通过互联网随机选定投诉者，赠予他们一定量的补偿积分。
- 一周、两周或三周之后通过电子邮件、手机短信和海外客服中心 48 小时电话回访等方式评估客户的满意度水平。监控客户忠诚度计划账户，跟踪观察 90 天内客户行为是否在数据方面有大的变化。对客服代表进行调查，了解哪种方式赋予他们最大的自由度和权力，也是他们认为最有效的解决方案。

实验三

商业案例：无论是在超市、商店还是快餐店，到处都是可使用借记卡和信用卡的刷卡机。刷卡机的使用有效加快了人们的交易流程，同时也提供了一个信用卡公司可以为客户增加价值的“触点”。那么，这些机器设备能否被用来提升持卡客户的用户体验呢？

商业假说：如果在客户刷卡交易时，我们能够在刷卡机屏幕上投放相关信息和折扣优惠的宣传资料，那么我们既可以对商家和顾客的行为产生建设性影响，又可以使我们的信用卡成为顾客刷卡交易的首选。

商业实验：首先了解是否有销售点关系商户愿意合作开展一些小型实验。

设计一套用来测试的“刷卡机屏幕”信息提示资料。例如，当一笔交易额超过一定水平时（如 25 美元）时，屏幕上就会显示“你想要 5% 的折扣吗”的信息，其他提示信息可以是购物建议或促销广告，也可以用来向客户提供奖励积分，征询客户是否愿意收到即时电子邮件收据或者其他奖励措施等。

我们可以跟商家合作投放一些对双方都有利的提示信息吗？我们能否对未来的销售点刷卡设备的设计和配置产生积极的影响？

我们能不能根据借记卡或信用卡的类型设计并选择投放刷卡机屏幕上的提示信息呢？

实验四

商业案例：现在，越来越多的信用卡账单和收据是以电子邮件的形式发送给客户的。有没有一种理想的方法将这些电子文件转变成动态优惠券、促销信息以及宣传广告，使其能够服务于客户和商家呢？

商业假说：如果我们把广告和促销商品宣传整合进我们的账单与在线收据中，添加链接至合作商家，那我们就可以为客户青睐的商家带来访问量，在不干扰客户的情况下通过电子账单为他们提供优惠促销信息。也许合作商户会向我们支付利用账单进行促销宣传的酬劳；也许公司客户会很高兴或者至少不会不高兴，他们将收到并点开他们的信用卡账单。

假如在每个账单周期，公司 4000 万持卡人中有 2.5% 的客户点击并打开了嵌入式广告或促销链接，那么每个月就会有 10 万次点击率，一年下来就会超过 100 万次。

商业实验：如果我们在网络电子账单中嵌入各种类型的链接，点击打开这些链接的客户比例会有多少？我们应该区分测试对象，还是针对电子账单客户全面开展实验，随机发送 50 000 份嵌入合作商户链接的账单呢？

我们可以测试几条嵌入式广告链接，并对比其结果。我们还可以测试通过电子账单提供普通优惠券与提供“闪式优惠券”的效果差异（即客户必须在 10 分钟内点开优惠券，否则就会错失这种一次性优惠）。

我们是不是还应该测试到底是向合作商户直接收取投放电子宣传广告的费用，还是按照营销效果收取费用呢？我们是否应该通过不同的方式向客户发送电子账单和收据？另外，我们是否应该测试赞助式收据，也就是说，在电子邮件中向客户声明“本电子收据是由直觉公司的个人财物软件支持发送的”？

实验五

商业案例：信用卡诈骗与身份盗窃一直是我们面临的主要问题。我们只要在交易时能够采取措施快速验证客户身份，那么我们就能保护持卡人、商户和发卡公司的权益，提升用卡安全。从蜂窝电话到黑莓手机，再到苹果手机，移动设备的兴起与普及彻底改变了持卡人与信用卡公司的互动方式。这些移动通信设备能否既便捷可靠又成本低廉地与我们的用卡安全及身份验证的基础设备整合呢？即便只能阻止或减少目前 3% 的信用卡诈骗案，这种做法也会帮我们节省数百万美元的损失。

商业假说：如果我们邀请人们注册登记他们的移动设备，那么在出现“交易点”安全及身份识别问题时，我们就可以与他们取得实时联系。通过更好地利用客户的移动设备，我们就能更好地保护价值链上的每一个人。

商业实验：制作一份客服代表调查表，随机挑选一些来电者，询问他们是否携带并使用移动设备收发短信和电子邮件。如果回答是肯定的，询问他们是否愿意分享自己的移动设备号码，以便我们在出现安全问题时及时与他们联系。同时，保留客户接受和拒绝邀约的信息记录。

随机挑选一些来电者，在邀请他们分享移动设备号码的同时，为他们提供回馈积分或信用卡年费减免优惠等奖励措施。

为随机挑选的一部分在线支付客户提供一个选择按钮，使他们可以在线登记注册时提供自己的移动设备号码。

额外实验：我们应该询问客户他们的移动设备是否具有全球卫星定位系统功能吗？如果可以的话，我们能否获得客户的特别豁免权，以便在他们使用信用卡时，我们可以跟踪他们的实际位置？这将会是一种有效匹配持卡人与信用卡使用的途径，而且还不会影响人们的生活。

实验组合二：制药公司

这是一家相对年轻、富有创业精神的制药公司。该公司与多家大型制药企业建立了合作伙伴关系，它希望其 X 创新团队设计实验时谨记用户至上的原则。本章所选的组合实验聚焦于处方用户的遵医嘱性，探究其重要意义。无数调查证实，老年病人当中几乎有一半的人都没有按照医生所开处方的药量、频次或时间来服药。

有些病人不是一天用药三次而是两次，或者在前一次忘记吃药的情况下加倍服药。对于不得不同时接受几个处方用药不当的老年病人来说，遵医嘱是一个特别重要的问题。而且，这也是一个价值数十亿美元的商业和医疗问题。

实验一

商业案例：制药公司一般不太参与监控和协助病人遵从医嘱方面的事务。医生与药店给病人开处方，分发药物。但是，制药公司若能想办法提高病人与照顾者对遵从医嘱的认识，不仅会有助于改善药物疗效，同时有可能降低制药公司面临的法律风险。目前，制药公司担心美国和欧洲监管机构可能会出台与病人遵医依从性相关的规定，那样会大大增加制药公司的成本与责任。

对于制药公司而言，提高病人遵医依从性，协助降低与之相关的副作用并减少法律风险和义务，这些方法可能价值数千万美元。

商业假说：如果我们邀请处方用户致电，讨论如何遵医嘱服用我们公司的药物，那么就会有大量病人回应。如果病人不愿意参与讨论遵医嘱方面的问题，对于我们来说，这也是非常有用的信息。了解有多少病人以及哪些病人接受这种邀约，同样非常有用。

在教导病人以及协助提高病人遵医嘱方面，我们可以发挥建设性的作用。这种努力虽然成本较低，但却可以帮我们赢得医学界、保险公司以及监管机构的信任。

商业实验：如果我们特别想要了解服用某种药物的病人的遵医嘱性，那就挑选其作为实验对象，然后确定一些销售这种药物的药店。准备两种测试宣传册，邀请药物使用者拨打免费电话，讨论如何遵医嘱服用药物方面的事宜。一种宣传册可以着重强调获取用药的建议；另一种宣传册则强调提高遵医嘱性的重要性。药店在为期两到三周的实验时间里，将宣传册连同处方一起分发给病人。

跟踪记录拨打免费电话的病人数量、领取宣传册的药物使用者以及与其对应的回应比率。请客服中心的员工通过简单的问题确认致电者的身分，了解他们在遵医嘱方面关心的事情。询问他们更喜欢以膏药贴剂方式，还是通过药片或其他方式接受药物治疗。

实验二

商业案例：病人遵医嘱性涉及多方面的因素。出于价格和剂量方面的原因，切分药片服用的做法越来越流行，特别是在老年人群体中。对于大部分药片来说，普通片剂的生产流程及定价意味着，切分为二的服用方法具有医疗和经济的双重意义。这种服用药物的方式对药品生产、推销以及定价产生了巨大的影响。

病人切分药物服用的行为到底应该被忽略、被鼓励还是被劝阻呢？

商业假说：如果我们鼓励病人切分药片服用（假如从疗效上讲是可取的），我们就可以在消费者心中树立起负责任、利于配合医嘱、消费者友好型的制药企业品牌形象。而且，我们还有可能洞察客户细分群体在药物定制及个性化方面的作用。切分药服用背后的医疗和经济因素如何来协调以保持平衡呢？

商业实验：先要确认我们公司的哪些药物经常被切分服用，以及这样服用的原因。然后，确定具有代表性的药店和健康维护组织（Health Maintenance Organizations，HMOs），以开展实验。为本公司最适合切分服用的两种药品设计制作宣传海报和传单，并在海报和传单上面印制像这样醒目的问题："医生认为你应该切分服用药品吗？"另外，宣传资料上还应该配有高端药片切分器及切分得很整齐的药片图案。

邀请持有处方的病人拨打免费电话，他们购买高质量的药片切分器时可以获得 25%、50% 或者 75% 的优惠。同时，顾客在具有代表性的药店和健康维护组织办公室购买药片切分器时，同样可以享受大幅让利，对顾客的相关回应进行跟踪记录。请一些医生协助实验，电话联系其中一些处方医生，询问他们对病人切分服用药品的态度和意见。

可选择的后续问题：询问病人是如何使用药片切分器的，药片切分器的使用是否影响了人们购买药品的数量。

实验三

商业案例：本实验关注的依然是病人遵医嘱性。移动设备的兴起与普及为病人遵医嘱性的提高起到了积极的作用，并成为实时提醒病人及药物分配的媒介。我们能使用移动通信设备来辅助增强病人的遵医嘱性吗？

商业假说：如果我们把移动通信设备与药物分配器连接起来，我们就可以及时提醒客户服用药物。这有助于提高药效，并增加我们对人们遵守医生处方行为的认识。

商业实验：确认我们公司的药物中有哪些与病人遵医嘱性的关系最大。

寻找 100~200 名使用该药品并声称有遵医嘱性问题的志愿者。收集他们的移动电话号码，或者送给他们每人一个附带有无线智能药片盒的寻呼机。记录这些志愿者的医生处方，然后租用一个服务器给他们定时发送信息，或者直接拨打他们的移动电话，提醒这些病人按时服药。

对比这些实验参与者和其他随机抽取的非志愿者遵医嘱的情况，然后使用移动通信设备进行远程提醒，并就其效果征求实验参与者以及他们的医生的意见。

实验四

商业案例：年长的病人在遵医嘱方面面临的挑战较大。对于需要外部护理和监督的老年病人而言，确保与跟踪他们遵医嘱服药是一件特别困难的事情。替代性的给药方法（特别是皮肤药贴）也许是保证老年病人提高遵医嘱性及药效更好的媒介。

每两到三天换一次药贴，可能比每天两到三次在规定时间服药更舒服、更管用。因此，将服用药丸改为通过药贴给药可以显著改善老年人群的遵医嘱性，特别是那些依赖他人辅助或在社区服务生活的老年人。

考虑到发达国家的老龄人口正在急剧增加这一事实，老年病人通过皮肤药贴给药的方法意味着巨大的市场机遇。

商业假说：通过测试老龄病人皮肤药贴给药方式的整体过程和吸引力，我们可以更好地判断什么样的投资能够为不断增长的用户细分市场进行拓展。我们认为，测试该假说的最好方法不是直接以老年人为实验对象，而是通过与卫生保健人员合作完成。

商业实验：寻找一些具有代表性的养老院、老年医学病房以及老年人生活辅助服务机构作为实验合作伙伴，获得个人及这些公共机构的许可，进行安慰剂测试实验。另外，还需要找一些合适的控制组作为研究对比对象。研究这些老人及其护理员对每天、每两天或者每三天更换一次安慰剂药贴给药方式的反馈意见，然后再对比一下这种给药方式与传统的服药方式在遵医嘱性方面的差异。经过为期一至两周的实验，这些护理员和老人是更喜欢传统的服药方式，还是更钟情于药贴给药的方式呢？

实验五

商业案例：由于医药企业通常致力于药品开发、市场拓展以及药品配送之类的业务，对与病人遵医嘱性相关的药效问题重视不够。在目前这种不断发展的法律、监管以及技术环境下，促进企业更好地理解病人遵医嘱性方面的问题变得愈发重要。

我们认为，无论是从商业角度还是作为受监管的实体角度来看，病人遵医嘱性及其对该问题的认识正在转变成医药行业的主要挑战。我们需要采取快速、高效、低成本的方式促进企业对病人遵医嘱性与医疗功效的未来的更大关注，提高企业的应对能力。

商业假说：如果我们能够认识并回馈围绕病人遵医嘱性问题的创新实验，行业中的关键人物就会在做出市场推广、产品开发、企业监管以及渠道管理等决定时给予病人遵医嘱性更多的关注与考量。

商业实验：举办一场基于互联网、以提高病人遵医嘱性为宗旨的创新实验比赛，对最好的五个实验给予奖励。比赛对企业全体员工开放，但同时组织少数几个 5×5X 创新团队，让它们合作构想创新实验提案。最后，把创新团队提交的实验提案与开放式比赛获得的创新实验提案做比较，择优实施。

实验组合三：纸尿裤公司

一家纸尿裤生产销售公司意在重新激起企业员工的创新精神。一直以来，主要以日本企业为主的国际竞争者掌控着这个价值数十亿美元产业的创新节奏。该企业其实不缺乏好创意，但是公司的审批流程以及实验协议往往要耗费一年多的时间，之后企业内部的好创意才能获得高管层的支持。

企业利润不断下降的局面，加上企业品牌的创新形象所面临的风险，推动着该公司寻求改变的动力。尽管该公司一直尊重严谨的工作流程和步骤，但是企业宣称愿意加速创新实验测试。只要无需巨额投资，也没有明显风险，快速实验就是一个深受欢迎的推动力，它能够促使更多的员工以更快的速度取得创新成果。

考虑到该企业的品牌定位，一个 X 团队考虑的重点不是创新发明更好的纸尿裤，而是如何改善纸尿裤的用户体验。

实验一与实验二

商业案例：大量的研究表明，很多父母在晚上都是摸黑给婴儿更换纸尿裤。这些父母不想开灯惊醒熟睡的孩子。围绕纸尿裤的品牌属性——“让你的宝宝备感干爽，熟睡到天亮”进行创新，构成了产品设计的挑战。

如果父母或其他照顾婴儿的人可以更轻松地在黑暗中给孩子换纸尿裤的话，那他们肯定会选择这么做。将企业的创新挑战从制造用户友好型纸尿裤提升为如何在夜间轻松更换纸尿裤、免于打扰婴儿，这种改变无疑会促使企业更有意义地区分其品牌定位与创新价值信息。

商业假说：如果我们能够“超越纸尿裤”本身去思考，创新育儿房、婴儿床或两者共同的照明方式的话，我们就可以让夜间更换纸尿裤的过程更快、更轻松，也不会打扰到婴儿。

商业实验一：一个 X 创新团队成员偶然见到过一种“中国制造”的夜间照明灯，配有一个可遥控的可变电阻器（一个调光器开关）。该团队建议寻找一些最近刚为人父母的志愿者，通过实验测试他们对这种配有遥控调光器、能够设置灯光亮度、足以保证更换纸尿裤时不会惊扰婴儿的夜间照明灯的兴趣。

该团队建议在店内进行实验。夜间照明灯可以与纸尿裤捆绑销售，或者公司可以给顾客发放优惠券，补偿人们在商店里购买夜间照明灯的花费。再或者，还可以在商店里举行专家讲座，促进人们对这一理念的进一步理解。

这种方法能否影响到购买企业竞争对手产品的消费者呢？它是否能够提高消费者对本公司品牌领导力与创新驱动力的认识呢？

商业实验二：使用低亮度的“夜光”胶带制作纸尿裤上的粘合带，这样就可以使夜间更换纸尿裤更加便利。通过实验测试男性与女性使用这种重新设计的纸尿裤的体验，探索这种夜光粘合带的恰当结构、位置以及亮度。这种使用专有材料、经过特别设计与生产过程制作出来的纸尿裤可以申请专利吗？

实验三

商业案例：新生儿的父母常常被孩子的健康所困扰，他们对婴儿抽鼻涕、打喷嚏、打嗝以及其他种种表现出来的征兆忧心忡忡。他们经常会为是否应该立即给医生打电话，还是等到第二天早上而焦虑不安。他们准备好了一切能做的事情来获得对孩子健康与舒适更深入的了解。

频繁给婴儿更换纸尿裤的父母们也常常忧虑：孩子的排泄物是否显示了某种健康征兆；婴儿排泄物的黏稠度及颜色也许喻示着某种重要信息，或者什么也没有。

也许更换婴儿纸尿裤不应该只是一个清洁卫生的过程，还应该是一个对孩子进行简单诊断、确认婴儿是否健康的机会。纸尿裤能不能变成父母亲对孩子进行诊断的工具呢？有没有什么材料可以用到婴儿纸尿裤上，或者可以与纸尿裤共同使用，帮助父母亲诊断任何与婴儿相关的重要健康信息呢？如果能把纸尿裤变成简单的诊断工具，那么它将成为价值数十亿美元的企业创新制胜的法宝。

商业假说：如果我们能够随同婴儿纸尿裤提供成本低、质量优良的诊断工具（或方法）的话，肯定会有大量父母迫切并充满感恩之情地购买和使用我们的产品，以监测孩子的健康状况。如同家庭妊娠测试（早孕测试）笔（纸）成为家庭诊断类产品的市场先驱一样，具有简单疾病诊断功能的婴儿纸尿裤也可以为全世界父母创造一种引人关注的新价值命题。

作为 X 创新团队，我们相信以目前充分的新生儿护理专业知识和临床实验知识为基础，可以使用廉价、可大批量生产的材料来诊断某些胃肠道疾病和肾脏问题。那么，我们应该针对具体问题进行专门检测，还是针对多重健康问题进行综合诊断呢？

商业实验：寻找一些愿意与我们合作的婴儿父母做志愿者，请他们尝试使用配备有诊断工具的各种类型的纸尿裤。制作时，是否应该把“诊断条”与纸尿裤缝合在一起？或者，是否应该随同婴儿纸尿裤附赠诊断笔，给父母们提供有效的诊断评价标准体系？什么样的诊断显示方法更可取：颜色？加减符号？还是别的什么样式？对于诊断结果，父母需要最低达到何种水平的信心才不用给医生打电话？

与遥控夜间照明灯一样，如何通过店内价值展示来影响婴儿纸尿裤的实验设计与样品制造呢？

实验四

商业案例：从本质上来讲，婴儿纸尿裤的使用过程很难让人体验到舒心安逸、如沐春风的感觉。如果婴儿弄脏了自己，父母或看护者就得及时清理。很多人经常会携带着婴儿湿巾盒以及尿不湿收纳袋，以备日常清洁婴儿之需。但是这些东西可能会让人觉得笨重累赘，极其不便。带新生儿去公园或公共场所的人们需要的是方便，他们希望可以有轻便的方法解决更换纸尿裤、婴儿清洁以及尿不湿处理等问题。

商业假说：如果我们可以把婴儿湿巾与尿不湿收纳袋整合到一起，变成一种包含三至四片婴儿纸尿裤的轻便旅行包装，人们就会愿意多花钱购买这种轻便包装的产品。这也许会成为纸尿裤设计与包装的一个重要的类别。而且，这些轻便旅行包装还可以与常规的大容量包装捆绑销售。

商业实验：开发与测试这种将“一洗就干”的婴儿湿巾与“一拧就封紧”的尿不湿收纳袋结合在一起的婴儿纸尿裤。

邀请志愿者带婴儿出行时携带这种“轻便装”纸尿裤套装。请他们使用便携式摄像机和录音机，并记录他们自己使用这些材料的经历。

让志愿者再尝试使用另一种婴儿湿纸巾与尿不湿收纳袋结合的成品。有没有自带滑石粉、消毒剂或两者兼而有之的尿不湿收纳袋呢？婴儿湿巾应该被放置在袋子里吗？还是将其置于专门制作的纸尿裤口袋里呢？是否应该生产单个纸尿裤套装呢？更好的比例是 3∶1 还是 4∶1？

实验五

商业案例：母亲和其他婴儿看护者在照看婴儿与学步儿童时，经常还有别的任务要完成。她们经常忙忙碌碌，需要做各种琐碎的家务活，回必要的电话，同时还要处理其他事务，但她们的注意力仍然集中在孩子以及何时可能需要给孩子更换纸尿裤上。为了牢记每一项任务，婴儿看护者常常需要列出长长的单子，并在一天之内不断地完善与修改。也许看护者不得不频繁地给婴儿更换纸尿裤，其可以用作记录日常任务的平台。

商业假说：使用婴儿纸尿裤为便利贴、便条以及工作提醒提供了一个理想的平台。如果我们能开发出一种色彩亮丽的压敏纸，婴儿看护者也许会很开心地在上面记录他们当天要完成的事情。否则，他们可能会把便条放到一时记不起来的地方，抑或忘记该做的事情。所以，不妨给每一片婴儿纸尿裤附上两张这样的压敏纸，作为“妈妈助手”送给母亲或婴儿护理员。

这种压敏纸不一定非得贴到纸尿裤上，它们就像普通便利贴一样，可以被贴在任何方便的地方。婴儿纸尿裤不应该仅仅与婴儿护理有关，还可以与其他事务联系起来。婴儿看护者需要给婴儿频繁地更换纸尿裤，这样就能保证他们能频频看到这些工作提醒。

商业实验：给纸尿裤附上不同颜色、形状与大小的便利贴以及压敏纸。寻找志愿者母亲和其他婴儿看护者，请他们用手机拍照并语音记录下他们如何或者是否使用这些随纸尿裤附送的压敏纸（重点：出于安全、卫生等方面的考虑，母亲和其他婴儿看护者通常不喜欢把手机放在离婴儿太近的地方。一个值得测试的假说在于，在照看婴儿时，这种黏性压敏纸也许比其他任何电子设备都更受用户的青睐）。

在为期一周的实验过后，这种“以纸尿裤为平台的便利贴”是否变成用户为孩子更换纸尿裤时留意的一部分了呢？使用者是否认为这种做法给人们带来了便利？便利贴的内容一般都是什么？不同形状、大小、颜色的压敏纸对其使用是否有影响？这些压敏纸贴在纸尿裤的哪个位置最好？

第 10 章 5×5 创新实验的关键步骤

本章即将提到的 5×5 创新实验的十大步骤简单而直接，它向读者描绘了如何利用 5×5X 创新团队给自己的企业带来利益。该方法已经在全世界众多有声望的企业进行过测试，灵活、多样、强大等原则为企业的成功铺就了康庄大道。不论是从实验角度还是从企业管理的角度来看，其结果都给人留下了深刻印象。

这些指导原则的精神实质上远比文字本身更重要。以下五个方面就可以完美地呈现出这些指导原则的精神内核。

- 简化引人关注的商业假说，使简单的商业假说令人信服。商业假说的潜在意义应该易于理解。它们解决的是基础的商业问题和困惑。因此，需要清晰明确地强调这些商业假说的重要性，才能唤起并激发人们的好奇心。最理想的情况就是，它们能够激励人们进行受企业欢迎的创新交流。人们期待看到你会设计出怎样的实验，用以测试你的创意。
- 快速开展简单的实验。确保商业实验是可以解释并被人所理解的。实验者并不需要有工商管理硕士或博士学位，不甘于漫长等待才是关键。大部分 5×5 创新实验需要进行数周的时间，但有些实验只需要几天甚至几个小时就足矣。创新实验是否更复杂、更全面、更难以理解？有时的确如此，但一定要避免这一陷阱。5×5 创新实验的任务是设计简单的实验，以更迅速的方式获得显著的有用信息。速度与简单是该创新实验所强调的核心。
- 以低成本开展快速的实验。速度与简单是重点，成本同样如此。你的创新实验应该是精益、严苛、低成本的，甚至要对成本做到斤斤计较。实际上，其实验投入低得不能再低了。创新实验成本的低廉，也许会让那些看到它的人由衷地表达出欣赏与赞美之情。唯一能够让创新实验花费增多的理由是，为了让它更简单、更迅速。

• 追求不言自明的实验结果。简单快速的实验应该获得清晰而引人关注的结果。其宗旨在于减少混乱，避免微妙的差异以及模棱两可或晦暗不清的情况出现。创新实验结果能够让我们应该或不应该了解的事情都变得明朗化。无论结果如何，它们都再次向我们证明了创新假说的重要性。

请看以下这个案例：一家新闻网站迫使其访问者耐着性子看完一条时长 12 秒的广告后才可以浏览他们想要看的内容。调查与研究发现，这一操作模式使许多网站的访问者望而却步。于是，该网站就设计了一个简单、快速、目的明晰的广告实验。访问者登录网站后可以看到两则广告选项，他们在进一步浏览前可以自主选择看哪一条广告。该实验不仅为广告商提供了有用信息，而且还最终演化为一种新的广告形式。

• 简单、快速、低成本而又引人关注的实验往往会产生影响广泛、意义非凡的成果，但重点不是实验结果，而是做实验的人。培育富有远见的商业假说和创新实验是关键。然而，培养富有远见和创新精神的员工更重要。企业在 5 × 5 创新法上的投入与其说是开发企业的创新与实验能力，倒不如说是培养人力资本和能力。

成功的 5 × 5 创新法实践使企业员工成为更高效的创新者。更高效的创新者意味着更高效的创新实践，即更快、更好、更节省成本。即使是相对中庸的 5 × 5 创新法实践也能吸引更广泛的关注。5 × 5 创新法是一个富有感染力的创新方法，它能让创新理念迅速传播开来。

可靠的实验对获得关注与支持很重要。既不要过度承诺，也不要野心勃勃。焦点把控要更明确，重点强调创新机遇的即时性与多样性，强调其对人才与智慧的吸引力。你并非开发高端、高价、高成本的商业战略，你是在推进影响广泛、成本低廉的创新实验。只有遵循 5 × 5 创新法的指导原则，才能保证获得影响力巨大的实验成果。

从人们的实际情况而不是你设想的情况出发，情境意识很重要。提出“大家都知道”的很重要的企业问题与创新研究主题，但要设法避免对企业显而易见的问题抱有想当然的态度。这些显而易见的问题（即可以挑战的企业假设和惯例）

也许会成为创新实验机遇的有用资源和存储库。

例如，一家户外运动装备零售商把其销售培训的焦点放在了识别个人消费者而不是了解产品上，大家都认为培训很成功。但是一个 5×5 创新团队观察发现，夫妇与家庭团体顾客主导着周末的客流量。他们随即提出的商业假说对该零售店的销售惯例提出了挑战，即销售人员是否应该学习向夫妇客户和个体顾客进行推销的技巧呢？基于这个假说，他们提出了针对夫妇客户群的员工培训和促销实验提案，包括买一赠一的特价优惠。

5×5 创新法不应该让人畏惧，它就是一个商业实验的方法而已。这看起来也许有些矛盾，当创新实验参与者并不想摆脱、颠覆或者彻底改变现有局面的时候，这种实验方法反而效果最好。因此，颠覆性创新成果只是该方法的副产品，而非根本的目标。5×5 创新法实践使企业从简单平常的实验中获得举足轻重的创新远见。

愿意提简单的问题很重要。5×5 创新法为创新者们提供了快速、低成本、充满智慧的评估和检测商业基础的安全方法。有关顾客分类、产品销售、商品定价、产品设计与性能以及语言使用等方面的简单问题，可以成功激发具有巨大影响力的商业假说，并简单激发强大的创造力。

把简单而重要的问题转化成产生深刻见解的实验，正是 5×5 创新法强大力量的来源，行动胜于分析。不仅如此，通过实验，你还可以获得具有可行性的深刻见解，其过程比任何人想象的都要更快、更低廉，这正是衡量实验效率的第一标准。只有当商业机遇不被看作等待解决的好创意或问题，而是可以测试的假说时，你才能够确信自己赢得了企业内部的普遍认可，而这正是创新文化开始改变的时候。

知道为什么

第一步就是，知道你的企业为什么应该探索或欣然接受 5×5X 团队创新法。你的“为什么”是不是正确、富有说服力和吸引力，或者是不是最重要的原因？这个“为什么”是否会赢得企业高管、人力资源部门以及部门经理的信任与支持？你的“为什么”能否避免或最小化来自企业的阻力？无论你的答案如何，你是如何知道的?

如果有同事担心企业创新节奏缓慢，因为企业内部的资源限制以及那些要求耗时的详细分析使他们深受困扰，或者如果有才干的企业员工感觉他们的创新能力被低估，那么你的“为什么”的核心因素就在于此。

正确的“为什么”体现在当企业高管要求员工们以较少的投入赢得更多的回报时；体现在公司经理要求业务部门以更快的速度预测客户需求时；体现在公司领导层宣称他们会认真对待创新提案，只要风险与投入不是太大的时候。

大部分企业都有很多“为什么”。那么，有没有一个接受 5×5 创新法压倒性的理由？有没有几个好的理由？哪些理由让那些合适的人选兴奋不已？哪些理由有可能会让那些错误的人选感觉受到了伤害？挑出那些让企业同事们禁不住跃跃欲试的好理由。

如果你不能写出一份 200 字的创新声明书，向人们解释为什么你的企业在接下来的 100 天内必须启动 5×5 创新实验的话，那你就还没有为迎接它做好准备。真实的“为什么”会赢得真诚的支持。就像好的邀请函一样，你的创新说明书应该让人激动万分，禁不住想要与更多人一起参与其中。

确定你们要走多远

如果能够跟公司的首席执行官、首席财务官或其他高管直接联系，当然最好，哪怕能与公司高管间接联系，也会带来极大便利。但事实上，成功的 5×5 创新法并不取决于公司管理金字塔的顶端，更高的权力并不意味着更好的结果。只要得到某个区域的生产经理、一家企业职能部门的领导、一家企业的流程管理负责人的支持，或者得到他们对 5×5 创新法实践的默许，该方法就可以发挥作用。

挑选一个 5×5 创新法能够在最短时间内产生最大影响的领域，再选择一个能够给予 5×5 创新法最大支持的公司业务或职能部门。企业的市场营销或客户支持部门是否应该拥有自己的 5×5 创新团队呢？也许企业信息技术部门能够以互联网或内联网为基础，整合一种跨职能的 5×5 创新思路。

公司的人力资源部门也许会支持 5 × 5 团队进行有利于员工职业发展与培训方面的创新，而财务部门也许更倾向于支持有利于提高企业成本效益的新思想。谁对 5 × 5 创新法的支持力度最大？谁最善于接纳新思想？哪些企业领导德高望重，需要并渴望拥有成本低廉、影响卓著的创新机遇？谁最有动机进行快速、优质、低成本的创新实验？你是不是那个人呢？

公司首席执行官的支持对 5 × 5 创新实验的成功并非必不可少，但是，高层管理者对 5 × 5 创新提案的倾听与评论则必不可少。对于该方法而言，如果没有 X 团队对创新实验计划的陈述和公司领导的评价，没有诸如此类的沟通交流，就不可能激发整个企业的创新活力。最理想的情况是，公司首席执行官直接参与该企业的 5 × 5 创新实践。但如果企业中掌握最盈利业务部门的领导能够审查并支持创新实验，同样也有助于 X 团队取得成功。

例如，在中等规模的金融公司里，由首席财务官提拔上来的首席执行官也许对促进企业创新动力的计划不感兴趣。他更喜欢请教公司以外的战略顾问为公司发展目标出谋划策。因此，他可能会否定由人力资源部门的高级业务拓展人员提出的 5 × 5 创新法一类的提案。

但是，该公司两个最受重视的业务部门领导（这两个部门的利润占公司总额的 40% 以上）对他提出的创新实验青睐有加。这项 5 × 5 创新实验虽然不会在全公司施行，但是这两个重要的业务部门会积极响应并开展实验。其领导希望在企业内树立起思想开放的创新者形象。他们想通过 5 × 5 创新实践鼓励公司中那些富有潜力的员工，使他们从中获得力量。5 × 5 创新法为他们提供了一种快速而又节约资源的创新方式。

5 × 5 创新法的传播者不必始于企业高层、终于企业高层。我目睹过无数成功案例，小部门的卓越创新实践反而会赢得公司执行总裁的眷顾，那种只在企业内进行过一次的 5 × 5 创新实践被其他业务部门广泛宣传，竞相模仿。该创新方法灵活多变，能够随实际情况调整改动，而且，规模大小无关紧要。当你运用 5 × 5 创新法时，你需要在企业内有多远就走多远，但不论如何，其深远影响足以为企业创造不同的价值。

选择一个支持者

即便是公司首席执行官也需要支持者。同时，他们也会支持那些没有废话、不提交冗余文件的人。如果你尚未获得公司总裁的支持，必要的话，那你就需要一个能替你发邮件、打电话，并把合适人选召集起来帮你完成 5 × 5 创新实验的人。

你并不是向他索要时间或金钱，你需要的是信任与支持。这是一个伯乐似的人物，以善于识别贤才与机遇而著称，令人肃然起敬。因为忙碌，他或她曾寻求过你的帮助。

如果公司首席执行官支持你的创新实验，并且原因与组织政治没有什么关系，而是因为他真的对创新实验的结果感兴趣。他并不一定想过多参与该创新实验，而只是有选择性地进行干预。未来的创新实验支持者希望人们把自己看作一个可以利用其所处地位与影响力促进积极的事情发生的人。他提供好建议，推荐优秀参与者，助你避免愚蠢的错误，给你创造与商业资源不期而遇的珍贵机会（但是，无论如何不要向他要钱）。

你的创新实验支持者也许是人力资源部门的专业人员或者是一位已退休但每周仍然来办公室两次的公司高管，也许是一个公司高管的快速通道办公室主任或企业的法人代表，也有可能是一位与公司有影响力的人建立了良好关系的外部顾问。但是，促使他积极支持创新实验的根本动力不是所需投入资金的多少，也不是为了获得良好的信誉。他主要是希望自己能够以最小的努力获得最大的影响力，想要让自己参与到一项非同一般（而不仅仅是典型的）成功的创新实践中去。

找到这样的创新实验支持者，并且最好能找两位。当他们看到你的 5 × 5X 团队提出的创新实验组合时，他们会感谢你邀请他们参与进来。而你也会发现，如果没有他们的支持与帮助，你的创新实践将不可能完成。

值得反复强调的事情：千万别索要资金的支持

5 × 5 创新法的研究重点不是金融资本，而是人力资本。所以，不要向企业索取资金支持，而应寻求企业在人力、时间和技术方面的支持与配合。你可以向公司要会议室、要远程视频会议设备，也可以向人力资源部门要工作协助人员或者要任何有助于 5×5X 团队取得创新成功的东西，但千万别索要资金支持。

人人都在寻求资金支持。千万别像他人一样，要做一个与众不同的创新团队，设计一个无需经济预算就能成功的创新计划。对于一项价值高、投入低的 5×5 创新提案而言，没有什么比仅需极少的资源投入就可以获得成功更可靠、更真实的了。与之相似，对于协作企业和全身心投入的团队来说，没有什么比以小额投入赢取巨大价值更具有说服力的了。

投入资金低赋予 5×5X 团队更多的自由。团队可以专注于它们的创新假说、创新实验、提案陈述以及团队成员。5×5 创新法重在创造价值，企业认可与满意、资金投入紧随其后。

在此过程中，人们的时间与创造力是至关重要的因素。时间管理是 X 团队取得成功的关键推动因素，妥当的时间管理能够确保优秀的实验成果。如果 X 团队可以科学管理时间，那它们肯定就能取得卓越的成就。因此，我想再次重申：千万别索要资金的支持。

定义范围

创新实验的预期结果是可衡量并富有意义的，但结果究竟会怎样？任何结果都行吗？还是会取得卓越的成就？抑或介于二者之间？ 5×5 创新法对此并无要求，但创新实验研究者必须予以关注，并通过定义范围来管理人们对创新实验结果的预期。

回顾一下你的 5×5 创新实验的宗旨。有些企业希望 5×5 创新实验能够为它们提供宽广的创新视野和机遇。它们鼓励 X 创新团队不受约束地设计创新实验组合，也就是说，只要是能够解决他们认为重要的事情的任何假说和实验都行。不论是实验成本、新媒体、新材料、新客户、新技术还是新销售策略，没有什么被限制在范围以外，任何创新实验都可以。

其他企业则重视创新实验限制，其 X 创新团队具备清晰的实验宗旨和说明。它们的 5×5 创新实验组合聚焦于具体的创新挑战和主题，比如：

- 我们如何才能更好地利用新媒体?
- 我们如何才能更好地与重要的供应商合作?
- 我们应该针对最好的客户开展何种实验?
- 如何才能更好地细分我们的客户?
- 我们能否以产品为依托提供新服务?
- 我们如何把客户支持中心变成创新平台?

企业可以根据关键功能（如市场推广、营销、信息技术、员工培训等）或关键步骤调整 5×5 创新法实验。

成功的 X 创新团队提案都是按照以下三个类别组织的：

- 开放式；
- 主题式；
- 具体式。

开放式 5×5 创新模式常常被描绘成一种“任何创新实验都可以”的理念。企业及企业高层管理者对创新团队提出的任何商业假说和实验都持开放态度，开放性与多样性成为创新团队创造力和创新机遇的强大驱动力。X 创新团队根据企业发展设定它们的创新优先次序，这仿佛为企业及企业高层管理者打开了一扇窗户，让他们能够清晰地看到 X 创新团队中那些贤才们的信念：到底什么才是未来发展中最重要的东西。

主题式 5×5 创新模式要求 X 创新团队解决企业认为重要的具体创新主题。这些创新主题可以像“客户”及“客户服务”一样普通，也可以像“社交媒体”“搜索”和“云计算”一样充满科学技术含量。企业高层管理要求 5×5X 创新团队围绕这些主题设计商业假说和实验，寻求企业创新线路图。他们并不聘用企业以外的专家，而是组建跨职能的创新团队，通过这种方法为企业在知之甚少的领域提供战略指导。20 世纪 90 年代，通用电气公司（General Electric, 财富 500 强公司之一，总部位于美国）成功实施六西格玛（Six Sigma）质量管理计划，为我们提供了一个主题式创新与实验的范例。

具体式 5×5 创新模式是具有争议的，其受到很大限制并且很常见。在该模式下，5×5X 创新团队并非要挑战企业管理高层的思想，而是要解决具体的问题。实际上，X 创新团队变成了特种武器战略和特别行动小组，拥有明确的可交付成果。例如，我们如何从企业资源计划软件（Enterprise Resource Planning，ERP）中获得更大价值的回报？

为范围不断扩大和不断变化的任务做好准备。X 创新团队通常会发现，一项 5×5 创新实验的宗旨可能会形成某些影响销售业绩、信息技术权限或其他商业部分的商业假说，看似简单的市场推广假说和实验可能会影响到整个企业。当然，企业也有可能因此而获益。

相反，那种基于“任何创新实验都可以”理念的 5×5 创新模式有时会受到企业高层管理者的影响，催促创新团队解决目前的重要问题。他们希望 X 创新团队缩小关注焦点，为特别的细分市场或渠道合作伙伴关系设计假说和实验。或者，也许他们还希望创新团队设计的创新实验组合能够有助于振兴企业内部的某个业务单元。

管理 5×5 创新实验预期还意味着为应对意外情况做好准备。但是，创新团队首先应该获得企业对 5×5 创新实验范围的认同与支持，这样他们才可以更轻松地管理实验预期。

选择一个交付日期和截止日期

截止日期和终点线会使工作强度增加，专注程度提高。你们的创新实验是否基于真正的 5×5 创新法，X 创新团队只有五天时间设计开发它们的创新实验组合？或者它们只有两周时间？四周时间？五周时间（如果超过五周时间，就违背了该创新法强调速度与紧迫感的本质精神）？

时间限制不能太慷慨。实验参与者应该感受到压力，珍视每一次会议交流机会，使用电子邮件、Facebook 或其他便于使用的协作工具进行互相沟通，共同努力。他们需要时间预演、评论、审视和互相挑战。团队成员经过努力获得最佳成果的能力，与他们设计开发的创新假说和实验一样重要。

获得在管理层评审会议上演示创新实验提案的机会

落实公司管理层评审会议并使它为你所用，这是件非常重要的事情。企业管理层评审会议使 5×5 创新法的设想得以实现，这不仅是创新实验设计与开发的截止日期和终点线，也是全面展示创新实验提案的机会，更是提交可交付成果的平台。

在 5×5 创新法可交付成果（如商业假说、实验与实验组合等）方面，X 创新团队需要与公司高层管理人员密切配合。管理人员要创造机会召开评审会，审查 X 创新团队的提案，尊重创新团队付出的劳动。评审会表明，迅速的创新实验法值得公司管理层付出时间与关注。X 创新团队必须为演示做好充分准备，而管理层也必须准备好对创新提案做出反应并进行互动。

演示评审会一般会持续半天时间——从早上 8:30 到中午 12 点，或者从下午 1:30 到 5 点。五个创新团队一般都会使用 30 到 40 分钟时间来演示他们的创新实验提案。演示前进行的初步评审可以确认并处理过度烦琐或交叉重叠的假说和实验，为会议讨论节省更多的时间。创新实验演示可遂人愿，正式或非正式都行。评审会在形式上也没有什么要求，可以像随意的研讨会，也可以使用漂亮的演示文稿，通过投影仪直观地展示给与会人员。不管怎样，只要能产生好的结果，为创新实验的开展聚集人力能量，获得支持与热情关注就行。

演示评审会要确保 X 创新团队成员所付出的努力与劳动能得到严肃公正的对待，同时这也是公司创新机制的重要一环，使人们能够把时间与关注聚焦在创新实验提案上。它标志着 5×5 创新法开始阶段的结束。

选择合适的创新团队成员

理想的 5×5 创新法团队包括 25 名成员——五个团队、每个团队五名成员。然而，在实践中，“5×5”只是一个指导方针，绝非不能改变，四个五人团队或五个四人团队也都可以。

位于美国马萨诸塞州剑桥市的一家生物科技初创公司，由充满活力的 12 名创新团队成员——四个三人团队研究设计出了 20 个富有创新精神的实验提案。这些创新实验计划中有一半非常优秀，其中有五个提案让该公司的首席执行官（创始人）兴奋不已。的确，他们的创新实验计划让人印象深刻，但是公司的首席执行官告诉我，最让他骄傲的一点是，他的员工们远比他想象的更富有创新精神。

老话仍然有道理：没有富有创新精神的人，就没有 5×5 创新法。人才选择是孤注一掷的成功标准，没有什么人比公司的首席执行官或业务部门领导为 5×5 创新法团队挑选的 15 个、20 个或 25 个成员更能向人们清晰地传达其创新改革信号了。高层管理者的选择喻示了企业发展的动向。人才选择胜于言语。

当公司人力资源或其他具有强大影响力的执行官选择创新团队成员时，公司的其他人员仍旧在观望并质疑："为什么是他们呢？"好奇心是会蔓延的。企业应该知道，挑选 X 创新团队成员的行为其实是一种重要信息的宣示，表明了企业在创新文化上的改变。正因为如此，大部分时候，X 创新团队的成员是由企业管理层直接挑选的。当然，未经企业高层管理者认可的 X 创新团队也能取得很好的成果，不过他们无一例外会遭遇来自企业管理层面的阻力。大部分运用 5×5 创新法的企业都坚持挑选那些有助于构建企业未来的人参与到创新实践中来，他们挑选的是未来的赢家。

企业管理者倾向于挑选那些精力充沛、雄心勃勃、对成功志在必得的个人作为创新团队成员。创新团队成员必须具备管理能力和专业技术，同时也必须有参加创新实践的意愿。企业内部政治及组织动态总是会影响人才的遴选。大部分成功的 X 创新团队都代表着其具有企业跨职能挑选人才的标准。企业会为 X 创新团队挑选一些有建树的经理人，用以表现企业对创新实验的重视。同时，企业还会给 X 创新团队加入一些"百搭牌"。5×5 创新法成为团队成员协作质量与个人创新能力的一场测试。

一些企业会明确指派个体加入 X 创新团队，而其他企业则鼓励他们自行组织。一些企业会为创新团队挑选领导，而其他企业则赋权创新团队，由他们自行决定管理方式。这样会产生何种被低估的结果呢？5×5 创新法为企业提供了评估企业人才的领导能力、创新能力以及团队合作精神的重要机会。正因为如此，严谨的企业人力资源部门经理对 5×5 创新法青睐有加。5×5 创新法不仅拓宽了他们的视野，也增强了他们的影响力。

在大型企业里，挑选 25 名或更多合格的 X 创新团队参与者是一种直接、可行的方法（例如，我曾在一家跨国公司主持过一个 7×5X 创新团队项目。该公司希望有更多的人参与创新实践）。

但是在小型公司，创新团队成员数量一般在 12~25 人之间。大部分企业喜欢更多、更小的 X 创新团队。也就是说，大部分企业更钟情于支持五个三人团队胜于三个五人团队。高层管理者希望获得更多的创新提案、更多的商业假说和更多的实验，他们对企业内部竞争很重视。更多的团队就意味着更激烈的竞争，这种局面更有助于激发团队成员们的创造力与创新激情。

项目启动会

进行创新实践的邀约已经被接纳，创新简报也已经发布。电子邮件在创新团队成员之间交换传递，创新实验组合及其演示的参数也已经被确定。企业管理者们已经确立了创新团队的人选，其中可能包括公司的首席执行官、一个非执行董事，或许还有其他人。而且，交付日期已经确定。那么，现在就到了项目启动的时刻。

每个项目成员都要参加启动会。在跨国公司，X 团队成员可能会通过网络电话或数码网络会议的形式参加。但是，如果项目组全体成员能够在同一时间、同一地点参加项目启动会，那团队效率就会大大提高。所有 X 团队成员都会在会议室里评估他们的任务、同事、竞争对手。问题得到回答，含混不清的想法被消除。项目启动会的目的就是，让每一个成员离开的时候都能对参与的创新实践心知肚明、信心百倍，想法充满活力与创意，同时急切地想与团队队友们合作。

项目启动会一般持续半天时间。早餐与午餐时的谈话能更好地促进创新团队成员之间培养友谊与感情。每个人都想获得成功，而且所有参与者都知道，他们正在被公司高层管理评估。

这种会议对创新预期具有宣示和管理的双重作用。5×5 创新法经过充分讨论后被认可和采纳。项目启动会的组织者提供创新提案、假说以及实验范例，参与者们了解创新实验背景的基础和衡量的标准。人们还可以在会议上了解、讨论来自其他商业组织成功或失败的 5×5 创新实验项目，吸取经验与教训。公司管理者审视创新团队代表，确立创新实践的抱负与期望。

以下几个非金融资源问题在会上得以澄清：X 团队享有受限制地访问网站的机会；X 团队不能要求财务准备数据；X 团队可以采访客户呼叫中心经理；X 团队不能在演示前的夜晚的会议室里排练。

项目启动会一般会确定从当下到创新实验演示期间 5×5 创新法进展的路线图、检查点以及里程碑。X 创新团队工作的环境与即兴特征确保它们能够获得惊喜，但是，截止日期是神圣不可动摇的。项目启动会照亮了创新团队探索道路的同时，也开启了冲向终点的比赛。

时间窗口期越短，项目启动的强度越大。如果距离创新提案演示只有一周的时间，这些会议就应该更多地关注时间安排与具有广泛影响力的创新演示的策略。但是如果距离创新提案演示还有一个月时间，X 团队成员就应该加强对项目的深入了解，而不仅是强调项目的紧迫性。归根到底，项目启动会的宗旨就是让所有参会人员知晓在截止日期前需要完成什么任务，至于怎么完成则完全取决于他们自己。

项目展开

企业会指定一个 5×5 创新法指导人，由他来解答创新团队工作中出现的问题。这个人在创新提案演示前一周通常会非常忙碌。

问题清单

- 你们的创新计划是否有一个能为企业或集团带来利益的令人信服的理由？
- 你们是否写好了备忘录或声明，或者准备好了 PPT 演示文稿，用以清楚地阐释这个理由？
- 你们敬重的企业管理者是否认为这个理由很有说服力？
- 你们是否知道本企业 5×5 创新法的最佳支持者是谁？
- 你们是如何知道最佳支持者的？
- 你或你的同事们能否找到更好的支持者？为什么或为什么不行？

快速实验剥离了观察细微差别与微妙差异所需的资金投入和时间要求。复杂结果只不过是设计糟糕的实验的产物。你希望你的商业假说和实验能够获得像指南针的四个指针一样指向明确的结果，其能清楚地指引你们朝着正确的方向进发。你们为了更清晰、更明了的结果而努力。你们的实验应该使随后的行动步骤更加明朗。团队成员间的创新实验设计讨论与争议应该为工作增添活力，而不是止步不前。创新实验结果不仅仅是思想的养分，更是激励行动的燃料。

低成本实验要求简单、精益、充满智慧的思想。你不能把钱浪费在这些问题上。你要寻求以最低成本测试你们团队的商业假说。少就是（而且应该是）多。你知道你其实可以投入更多的钱，但是以更少投入赢得更大回报的创新实验原则，能够促使你与同事们尝试有没有使你们迅速走入死胡同或者获得莫大惊喜的捷径。你们的谈话取得了快速、迅捷且富有说服力的成果，这使每个人都对你们的商业假说和实验设计有了更深入的理解。

对 5×5 创新法而言，不完美的信息并非缺陷，而是特色。最完美的计划是好计划的敌人；相应地，非常好的计划则是足够好的计划的敌人。寻求 90% 的把握是蠢材的差事。创新者进行实验的目的正是为了减少进行重要的下一步骤的风险。创新实验就是有关如何把“足够好”变得足够好的艺术，但前提是你能够以更快的速度、更少的投入取得实验的成果。可行的商业见解只需一天而不是一周就可以获得，重要的成果只需一周而不是一个月就可以取得。本来需要整整半年的努力与研究分析才能取得的成就，在一个月内就可以基本完成。

快节奏的不完美实验胜于行动迟缓、思虑周全的创意。忘记《伊索寓言》上的故事，押注于兔子而不是乌龟。如果“取得发现成果的平均时间”无法压缩，那么你进行的实验就有问题。

以更快、成本更低廉的方式获得你认为自己应该了解的 75%~85% 的信息，这才是掌控不确定性与机遇的好办法。你仿佛正在踏上一段精彩旅程，说走就走，轻装上阵，探索远方。睁开双眼，敞开心扉，让实验数据带你自由徜徉。数据越是强大，你行动的速度就越快。

你开创的是一种轻便敏捷的局面，创新风险因此而降低。你不用背负沉重的预算和期待，所以如果你的创新实验数据要求你朝着崭新的方向发展，你就可以迅速掉头转向。但是，你一直在朝着富有价值意义的方向迈进。更重要的是，你在此过程中获得的信息，能够使你更轻松地与潜在合作伙伴分享你的假说、知识以及理想。你的创新实验如同鱼钩和诱饵，你可以借此建立创新同盟。

创新实验成果具有说服力吗？它们的影响力如何？它们能推动人们采取行动吗？成功的创新实验可以改变人们的思想和行动。

阻力最小的方式就是构想出五个独立的精彩实验。对一个创新团队而言，这是最容易的方法，因此也是最普通的方法。但是，遭遇阻力最小的创新方式很难给企业创造最大利益。X 创新团队应该思考如何向人们清楚阐释他们的实验原则？为什么要进行这些实验？为什么现在进行实验？如何通过某个创新实验组合，向人们说明创新团队在企业内部识别与探索创新机遇的方法？

推动企业员工以一种规范方式处理这些问题，具有超乎寻常的价值和意义。创新实验的可实现性迫使参与者把它们看作负责任的选择，而非投机取巧的办法。创新实验思维助力 X 团队获得让人信服的理由，用以解释如何迅速实施他们的创新实验计划，以及对于企业而言，为什么它们是最好的创新计划。不仅如此，创新实验思维也要求 X 团队成员在将会为他们带来成功的创新实验的相关事件上投入研究时间。

创新实验组合具有双重目的：一方面，坚持使 X 团队寻求构成它们的假说与实验的组织原则；另一方面，为企业高层管理者打开一扇窗户，使他们了解创新团队是如何协作构思连贯的投资方法的。这样就会提高 X 团队及其高管在互动中获得更多价值的概率。

但是，推动创新实验发展的行为动态是神秘而多样的。有趣的是，有些创新团队会围绕他们的创新实验原则关键词以及选择的商业假说争论不休。例如，他们会激烈地辩论，创新实验组合到底应该强调增长胜于收益，还是强调速度胜于影响力？他们敏锐地意识到，无论他们想出什么样的创新实验计划，都需要唤起企业高层管理者的兴趣。他们也明白，他们的创新假说与实验组合只是企业销售宣传的一部分以及组织原则的一部分。他们希望自己的实验组合具有足够的魅力，可以得到更多的关注，但又足够灵活，可以大大激发他们的热情。

相反，还有少数一些 X 团队几乎无法控制自己，仓促地跃入构建热门商业假说与精彩实验的洪流当中。他们充满热情与创意。他们选择的是自己最喜欢的创新实验组合，而不是连贯的实验组合原则。

但是我通过观察发现，当团队成员们看到那些集思广益获得的假说与实验的跨度和广度时，他们立即紧张起来。他们会迅速行动，着手寻找或者构建完全不同的假说之间的联系。这些团队成员回顾他们的实验组合，证明当初的选择与设计正确明智。他们团结协作，为团队的五个商业假说与实验构建连贯清晰的理由。

想确定哪种方法最终能获得优秀的商业假说和实验很难。如果企业高管与各业务部门经理对独立的创新实验感兴趣，他们也会认真对待组合的实验价值框架说明。作为企业监管者，他们会对创新团队如何演示他们的实验组合的商业价值非常敏感。

企业首席执行官和首席运营官经常会严厉批评那些关于创新实验组合方面的虚假理论和言辞。“与你们提交的创新计划相比，你们的实验看起来思虑更周全些。”对于设计优秀的创新实验提案，他们也会不吝溢美之词：“这种把实验结合在一起的方法非常聪明。”

最普通的创新计划组合格式仅仅就是把 X 团队的五个最佳实验集合在一起，就是这么简单。毫无疑问，许多给企业高管提交创新计划的 X 团队都有优秀的实验做基础。然而有时候，这些团队、他们的竞争对手以及他们的企业高管们（最重要的）都会对他们的创新计划深感沮丧。实验列表不是创新计划，没有真正主题或没有把关系阐释清楚的一堆优秀实验仅仅是毫无章法和联系的实验，它们毫无意义。

整体未必就比各个部分的总和更大。但是，从全盘考虑所做的努力和安排仍然至关重要。有趣的是，据我观察，企业创新计划评审者和创新团队成员都觉得，如果一些优秀的实验能够与一个阐释清楚的价值创新组合提案有机地结合在一起的话，它们看起来就更出色了。

对于那些有着敏感的销售和市场推广意识的 X 团队而言，从来都不缺聪明的创新组合理念和定位机遇。实际上，每个 5×5 创新法团队的努力与投入都会获得相应的创新计划组合，而每一个创新计划组合都值得企业关注与尊重。

我个人最喜欢的一个创新团队是这样做的：该团队通过谷歌搜索找到了公司执行总裁的讲话及其与分析师的电话会议的内容，然后围绕执行总裁的讲话设计了整个创新计划组合。团队制作的 PPT 演示文稿向人们展示了他们的创新假说和实验，但同时又向所有人表明：所有这些假说和实验都是基于执行总裁本人认可的公司面临的最重要的战略问题而构建和设计的。在创新计划演示会上，该团队每向与会人员呈现一则公司执行总裁的评论，就会在大屏幕上随之展示一个由此派生的相关商业假说。

这样做是否有阿谀奉承之嫌呢？那是当然。但是聆听演示的公司执行总裁以及非执行董事会成员都会格外用心。之后，就该团队构想的商业假说的战略意义，公司执行总裁给出了很高的评价。一位团队成员在其任务报告中这样写道："我从来没有见过公司执行总裁如此热情地表达他的看法。"

"被低估的机遇"是另一个吸引注意力的创新实验设计原则。每一个商业假说和实验都是围绕那些创新团队普遍认为被公司高管们低估的商业机遇而设计构想出来的。创新团队相信，这些机遇的潜力超出了公司高管们的想象。对于创新团队如何定义被低估的机遇，创新计划评审者会提出简短的质疑，这使得创新团队的演示更出色。公司高管与创新团队对什么机遇被低估这个问题会有截然不同的看法。正因为如此，人们才会对公司管理者如何通过沟通把控好公司应该优先处理的问题并给予更多的关注。

其他创新实验设计原则就更直接一些。例如，欧洲一家跨国企业集团的 X 创新团队选择了"新兴市场"以及"无边界协作"（经公司认可、专门针对竞争对手通用电气公司的）作为它们的创新实验主题。一家地区性的金融服务公司的创新团队选择在它们的创新实验设计中强调信用卡风险管理和客户细分。企业员工们对强调这些创新主题的理由说得头头是道，只要听听他们的话就可以了解这些企业领导者对企业发展轻重缓急的认识。

谁使用 5×5 创新法

坦率地说，无论是在那些喜欢进行创新改革的企业，还是在那些更愿意从企业外的业务顾问那里获得创新灵感的企业，5×5 创新法都有上佳的表现。协作型企业拥抱 5×5 创新法，把它作为一种与企业文化兼容的创新途径；而那些习惯自上而下、独裁式管理的企业领导也会谨慎地欢迎 5 × 5 创新法，因为它是一种安全、低成本、高效益的企业创新方式，企业可以丰富它们的创新方法，大大降低创新代价。

创新动机非常关键。创新团队要知道哪些动机最重要。而且，你要知道并诚恳地接受你的创新动机。

你是否希望所在企业能够创建 5 × 5X 创新团队，并将其作为对你与同事们现有的协作创新方式健康而自然的延伸？或者，你是否相信你所在的公司的集体智慧与创造力被低估，需要新的互动模式以推进企业创新？

也许你已经感觉到，5 × 5 创新法并非一种最理想的、甚至也算不上是优秀的加强企业创新文化或过程的方法。但是你最终会发现，它是对企业组织而言最可取的选择。5 × 5 创新法能确保为你提供一种快速、廉价、相对容易的方式，带领企业朝着你认为必要的方向发展。对你而言，这一点远远胜于其“精彩”程度对你的吸引力。

也许你看到了你们公司现有的创新预期，并已意识到，从商业竞争的角度来讲，目前的情况急需改变。对你而言，5 × 5 创新法可能不只是一种探索创新过程的新方法，更是一种建设性的创新激励，并为你们公司的创新机制带来了崭新的力量。

从我的经历来看，不论是企业高层管理者还是他们的直接下属们都不必邀请或授权 5 × 5 创新计划。当然，如果公司首席执行官、首席财务官或者其他高管决心要参与到一个 5 × 5 创新实践中去的话，那肯定是一件好事情。但是，最有效的 5 × 5X 团队拥护者是项目领导、高级经理和企业执行官，他们明白企业需要能够创造重量级成果的更快、更敏捷、轻量级的创新计划。他们对企业创新文化的组织及工作流程的弱点有着清醒的认识，实际工作中遇到的挫折使他们对 5 × 5 创新法持有一种不成比例的好奇与开放态度。

然而有趣的是，他们不会倾向于成为大预算的倡导者。他们对于商业问题和挑战的本能反应不是寻求更多的金钱投资。相反，他们追求富有创造性的捷径，这使企业的创新人才更有价值。他们在企业各个部门都有自己的朋友和熟人，这一点并非偶然。而且，他们通常都有一个身居公司高位的支持者或指导者，并深得其信任。

但是，他们拥有的最重要的品质是识别与沟通紧迫性与重要性的能力。他们具有说服力，不是因为他们擅长获得企业高管支持与资金投入，而是因为他们知道如何清楚地阐释公司不得不立即解决的问题或者抓住的机遇。

创新者文化

THE INNOVATOR'S HYPOTHESIS

HOW CHEAP EXPERIMENTS
ARE WORTH MORE
THAN GOOD IDEAS

第 11 章　设计出色的商业实验：三个主题

实验是探索价值创造的卓越媒介与机制。一盎司的简单实验等同于数磅的复杂分析。具有高度影响力的成功商业实验不需要天才，只需要创造力。那么，什么能够唤醒并激起创造力呢？

平庸之才难以创造伟大成就。缺乏想象力的战略视野只会获得了无生趣的假说。典型问题造就了典型实验；寻常争议只会构建出寻常的实验。这并非危言耸听，事实本就如此。对于大部分企业而言，快速实施的成功实验堪与企业战略上的重要问题媲美。

真正科学技术上的伟大实验源于爱因斯坦式的直觉或爱迪生式的洞察力，而伟大的商业实验需要强调的是截然不同的方面：对关乎经济价值创造的基础问题的问与答。伟大的科学实验并不一定要创造经济价值，但是所有伟大的商业实验都反映了科学价值。真正的冲突和合作的好奇心是构思可检测的商业假说与开展令人信服的实验的奇妙的存储库。这是创新性的科学与商业的文化共性。

优秀的 5 × 5 创新法实验不仅不会降低个人才干的重要性，而且还会围绕以下三个主题突出反映团队协作互动的重要意义：

- 远大的战略视野；
- 重大的问题；
- 巨大的意见分歧。

“远（重 / 巨）大”一词是我刻意选择的说法。这些视野、问题和意见分歧都不是边缘化的，它们对企业未来的挑战都是核心的、重要的。

不要把实验与企业研发搞混了。重大的挑战与机遇会激发企业人才的最大努力和创造力。不论是对于接受风险投资的企业创新者还是学术实验室而言，这一点不会改变。而且，伟大实验常常就是伟大环境的产物。5 × 5 创新法就是建立在这一基础之上。

远大的战略视野

谷歌公司公开声明，其使命就是“将全世界的信息组织起来”。亚马逊的企业宗旨是“成为世界上最以客户为中心的公司，构建一个人们可以寻找并发现他们想要在线购买的任何物品的地方”。美国国防部高级研究计划局（The Pentagon's Defense Advanced Research Projects Agency，DARPA）是这样说明它的使命的：“保持美国军队的技术优势，避免技术进步危及国家安全。”

这些战略视野都是经过对大胆假说、实验以及可评估的测试的热情投入之后才获得的，而且得到了企业领导与文化的认可和欣赏。成功不是通过对理性的分析、探究或钻研就可以获取的，这些远大的战略视野意味着普通平庸的实验无法带领人们走向成功。如果人们无法开展卓越的商业实验，企业自身是不可能发展壮大、成就辉煌的。

似乎正是出于对这种创新意识的强调，金融服务创新企业第一资本金融公司（Capital One）将其雇员明确纳入企业的使命当中：“我们鼓励员工在团体协作背景下独立思考，向企业提供富有创新性的想法。对此，我们感到很自豪。正是这种创新思想推动着我们的企业发展壮大，为第一资本金融公司的成功打下了坚实的基础。”

谷歌公司把“组织信息”作为其公司的战略使命，不仅赋予企业市场营销人才和工程师们推进创新、超越自我的权力，而且邀请他们重新思考“组织”和“信息”这两个词对于公司创新的含义。谷歌公司里那些希望把“搜索”作为他们企业核心竞争力的人，最初对公司涉入电子邮件和电子日历业务持抵触态度，但公司的这些创新业务延伸取得了成功，并获得原本非正式创新实验的令人欣喜的成果。

为了加强公司的战略思想，谷歌的技术架构从一开始就是为了支持公司的创新实验文化而设计的。当然，最初也许只有一小部分实验被视为具有重大意义，但是公司的总体战略为那些看似边缘性的实验转变成规模宏大的创新举措提供了大量的机遇。

谷歌公司的战略思想既没有排除，也没有减弱企业渐进的模式。实际上，渐进型战略管理作为通向成功的跳板，一直都被企业所推崇。谷歌公司对基于其云计算技术构架的“全球实验室”方法投入了极大的热情。谷歌公司的战略思想确定了需要迭代创造力的宏大挑战。这样的公司怎么可能不会开展重新定义行业的大型实验呢？公司环境与创新实验预期为其开展创造了合适的条件。

亚马逊公司也发出了类似的大型改革创新信号。其广受模仿的智能商品推荐引擎源于一个未经公司认可的实验，公司的好几位高管差点将其扼杀。该创新实验之所以被挽救下来，不仅因为实验本身非常出色，创新者一再坚持，还因为该实验的努力正是为了实现亚马逊公司的核心思想。而且，另一个富有说服力的论据是：它们的实验成本相对低廉，基本上没有风险，而且实验速度很快，这也是测试一个重要商业假说的经济价值的理想方法。正如亚马逊公司创建者杰夫·贝索斯经常说的：“节俭是推动我们公司大量创新的动力之源。”

高瞻远瞩的战略视野对于企业文化和组织而言都非常重要，这有助于企业获得更快、更好、更节约的创新实验。战略视野创造并确认创新预期，在这一创新预期的背景下，巨大的、变革性的想法并不等同于巨大的、变革性的预算。“节约”与“小气”的区别是什么呢？前者被定义为“谨慎地节省或保留，不浪费”；而后者被描述成“吝啬，贪财的”。这些差异并不微妙。

伟大的创造力并非必须以巨大的成本为代价，而远大的战略视野则可以造就卓越的创新实验。这些创新实验既不需要高额的预算，也不会违背企业领导的愿望。正好相反，真正远大的战略视野会为更快、更好、更节约的卓越实验的诞生创造机会，并赋予其力量。

重大的问题

优秀的商业实验的真正灵感其实是企业面临的重大问题。尽管战略机遇会吸引企业高管的注意力，但重大的问题却会引起企业高管更多的关注，促使其投入更多的时间，并给予更多的尊重。然而，这些重大问题面临的“重大”问题在于，企业高管一般会促使企业采取大的解决方案。也就是说，因为问题重大，企业经常会花巨资聘请业务顾问、创意大师以及咨询师来帮助企业解决问题。这些人通常会更钟情于开展综合性研究，构建整体创新计划。但是项目越大，越不可能有效控制成本。而事实上，重大问题并非天生需要“大”的解决方案。

以丰田公司为例，其创立的丰田生产体系（Toyota Production System，TPS）从根本上改变了汽车行业的经济效益，使企业转向解决问题。丰田公司的企业文化促使其在对生产流程的严格要求与生产线实验的不可避免性之间达成了有效的平衡。该公司坚持认为“以最短的时间把客户的订单转化成汽车并交付客户”是其生产体系的战略目标。

正如丰田公司为企业的业务流程成功引入“精益思维”的理念一样，它也为公司的生产问题引入了“精益实验”的意识。当该公司进行根本原因分析时，它并不希望经理和员工们条件反射似的给出问题的“解决方案”，以解决问题为导向的方法只会导致不正常的甚至破坏性的解决方案。相反，公司要求企业职工们提供“对策”。

为什么要这样呢？多样化的问题对策也许就值得开展实验并进行测试。“解决方案”这个词意味着问题在现实世界中得以解决。然而，它自身可能还会制造出问题。这种提供对策的概念有利于企业开展实验，提高对偶然性和实验背景的重视程度。解决方案给人造成假象，似乎问题能得以永久解决。而问题对策则需要时间来证明，通过持续改善以提高人们的实验预期。丰田公司的高质量生产文化总是在寻找优秀的问题对策。根据该公司的记录，重大的问题往往才会激发最富有创造力的问题对策实验。这一点也不足为奇。“重大问题”激发优秀对策，这些问题对策从根本上改变了丰田公司的企业行为与文化。

举例来说，经过开展根本原因分析，丰田生产体系的创新者新乡重夫（Shigeo Shingo）发明了“防错”（poka yoke）法，用以减少人为生产失误。重夫引入了简单的设备，使得不正确的零部件安装无法实现或缺少零部件的失误显而易见。这一举措从源头上防止了错误的出现，也是支撑丰田公司“零瑕疵”生产流程原则的关键所在。丰田公司及时的、持续改进的生产线要求进行及时的、持续改进的创新实验。

有趣的是，重夫最初把他的“防错”法叫作丰田生产线白痴预防法。他回忆道，在与一群员工讨论这一生产流程设计方法的优点时，一个年轻的女工突然泪流满面，她哭着嚷着：“我不是白痴。”这一反应迫使重夫立即将他的问题对策实验更名为“防错法实验”。丰田公司在语言的使用上也极为审慎。

汽车行业自一开始就涌现出大量问题，急需创新型的解决办法。查尔斯·凯特灵（Charles Kettering）是一位特别有天赋的工程师和实验者，他在 20 世纪早期，通用汽车公司不断发展壮大成为市场主导企业期间，构想出了很多独出心裁的问题对策，重新定义了以科学技术为驱动力的创新概念。

对当时的美国汽车生产商和用户而言，最令人气馁的人机交互挑战是汽车发动问题。1910 年，标准的汽车启动装置是一个曲柄。司机启动汽车时，不是转动车钥匙，而是站在汽车前抓紧并旋转这个曲柄，这需要很大力气。对于妇女和瘦小的男人来说，这不仅是一个令人沮丧的体力挑战，而且还是一件非常危险的事情。如果汽车全速运转起来，转动曲柄的人可能会被打断骨头。

当时的汽车企业对各种汽车启动装置（从压缩空气到弹簧再到杠杆）都进行了尝试，没有一种方法是可靠的。凯特灵当时是美国现金出纳机（National Cash Register，NCR）公司的一名工程师，而该公司当时是美国的高科技巨头。他发明了一种小型的、高转矩电动机，用以取代美国现金出纳机上的曲柄。1911 年，在经过历时两个月的适应性实验后，他的代顿工程实验室［Dayton Engineering Laboratories，也叫德尔科公司（Delco）］成功地向凯迪拉克公司演示了其发明的电子自动点火器。凯迪拉克公司对这款新发明非常满意。

凯特灵的电子自动点火器在 1912 年生产的凯迪拉克汽车上被首先使用。1916 年，除了亨利·福特的 T 型车以外，几乎每一辆美国汽车都放弃了曲柄。正是这种快速的、适应性实验使得处于发展初期的美国汽车工业得以振兴。重大问题需要卓越的实验来帮助解决，凯特灵的德尔科公司正是这样做的。

通用汽车公司最终收购了德尔科公司。随后 10 年，阿尔弗雷德·斯隆（Alfred Sloan）让凯特灵成为该公司的顶尖工程师，专门“攻克重大问题”。汽车产业的兴盛使得该行业的主要问题从电气科学转向了化工学。大规模汽车生产出现了一个机械工程师们始料未及的问题，尽管流水装配线能够以更快的速度成功地制造汽车，但仍然有问题亟待改进。生产效率提高的新障碍与员工们的技术娴熟程度和生产线装配速度毫无关系，这个难以攻克的生产技术难题其实就是等待汽车油漆干燥要耗费大量时间。

亨利·福特曾宣称："只要顾客购买的是黑色小汽车，他就可以随心所欲地为车辆改换颜色。"他的话刚好揭示了当时汽车生产流程中的化工难题，而并非传递给人们他个人的审美偏好。汽车组装在数小时之内就可以完成，但油漆和清漆一般要花一周以上的时间才能干透。黑色油漆的干燥速度最快，所以福特对它情有独钟。

20 世纪 20 年代，杜邦公司（Dupont）解决了如何在汽车表面喷快干漆的方法。凯特灵抓住这一化工领域技术突破的机遇，经过反复实验、改良和调整，使汽车喷漆变成了生产线工艺流程的一部分。因此，通用汽车公司再也不用在汽车喷漆干燥环节耗费大量时间、占用大量储存空间，从而使生产效率大大提高。这一改进让通用汽车公司能够赋予顾客通过调色板选择汽车颜色的机会。这种最初仅仅被看作边缘性的创新措施迅速赢得了顾客的喜爱，为通用公司赢得了巨大的市场机遇和利益。

在凯特灵的指导和监督下，通用汽车公司于 1923 年年末隆重推出了"真蓝"系列汽车。这些颜色新颖亮丽的汽车很快赢得了人们的青睐。通用汽车公司之所以能做到这一点，是因为喷漆干燥时间已经从以前的数周时间变成了现在的数小时。到了 1935 年，加热灯的使用使得喷漆干燥环节的时间缩短至五分钟。这一汽车生产工艺流程中的瓶颈从此消失。

从表面上看，凯特灵的这些创新片段读起来就像古老、过时的美国式的智慧故事。但其实并非如此。凯特灵的商业智慧与技术创造力一样出色。他在通用汽车公司取得的成功并非是其有超人的洞察力和预见性计划的结果，而是源于卓越、迅速的实验。他在美国现金出纳机公司工作时对技术的改进和完善，在德尔科公司进行的快速的、经济高效的实验，这些都为他赢得凯迪拉克汽车公司的合同打下了坚实的基础。后来，他又围绕威胁通用汽车公司发展与利益增长的汽车喷漆干燥问题，进行了化工领域的成功创新。这一技术突破为通用汽车公司创造了巨大的市场销售份额和数百万美元的利润。

“汽车喷漆快速干燥”和“更便捷地发动汽车”也许听起来不太像重大的商业问题，但事实上，它们在当时绝对是主导性的行业发展机遇。与丰田公司取得的成就相似，凯特灵在通用汽车公司取得的成功并非因为比竞争对手投入了更多的经费或进行了更透彻的分析，而是因为他指导团队进行了快速、节省成本的创新实验。无论在过去还是现在，这种创新实验都算不上严格意义上的研发活动，它们只是对富有创造力的问题对策的经济高效的投入而已。

巨大的意见分歧

从历史的角度来看，巨大的意见分歧可以激发伟大的创新实验，甚至可以促进科学上的巨大进步。法国化学家及微生物学家路易斯·巴斯德（Louis Pasteur）所做的简单的鹅颈管玻璃实验，驳倒了法国内科医师菲利斯·波却（Felix Pouchet）的自然发生论。1909 年，英国物理学家欧内斯特·卢瑟福通过实验表明同是英国物理学家的约瑟夫·汤姆逊（J.J.Thomson）的“梅子布丁”原子模型没有根据。优雅的实验可以（也应该）比哪怕是最有魅力的科学家的表达更具有说服力。从意大利物理学家和天文学家伽利略开始，成功的科学实验就如同基础知识一样让人信服。如果它们无法说服别人，那它们就不可能成功。

理论上讲，围绕核心价值猜想的企业内部分歧也可以促进相应的商业进步。人们在投资风险、品牌认知、投资回报以及创新成果上的认识差异，造成了他们对什么才是最佳的商业投资的争论和分歧。在现实中，许多企业出于可理解的政治和个人原因消除或缓和这些分歧。潜在的健康争议让步于非对抗式的组织协调。企业领导认为，即便是建设性的矛盾冲突，其创造性收益也抵不了为了团队合作而付出的文化成本，风险太大。其结果呢？数据驱动的决策不得不遵从企业管理者的直觉。开展测试的目的是验证而不是挑战或探索战略设想。企业管理者不会设计有争议的商业假说，他们只会制订计划，确保大家达成共识。他们认为，开展实验是实验室而不是商业机构要做的事情。

这种思想与创新实验的理念背道而驰。许多企业对创新定义和决定因素有自己的认识，任何偏离都会被认为是异端邪说。亨利·福特在如何开发以他本人名字命名的汽车品牌方面允许有不同的意见；通用汽车公司的阿尔弗雷德·斯隆鼓励开展有组织的竞争，其品牌因此可以赢得理想的细分市场；丰田公司强调持续不断的改进、市场竞争以及卓越的生产能力，这种理念给予企业更大的创新实验灵活性。对于公司来说，通过实验检验分歧更快、更便捷。丰田公司的创新文化与内部经济使得实验成为企业规范。

以下观念很重要：当意识到商业分歧风险极大、成本太高时，企业就有充分的动机去转移并避免这样的分歧出现。无论是从字面意义还是象征意义上讲，感知成本都比潜在利益更重要。但是，当企业能够以更快、更低的成本安全地探索商业分歧时（这些分歧并不一定被消除），它们实际上就已经转变成了企业创新的资源。

如果探索分歧的成本合理，巨大的商业分歧就成了企业开展实验的特性，而不是缺陷。商业分歧可以成为激励企业进行创新实验的巨大动力。企业如何才能创造并保持价值，这其实是一个企业能拥有的最好的争议。对于企业来讲，最大的挑战就是如何创造合适的商业环境，使项目参与者有信心从商业分歧中获得远远大于付出的成本的好处。另外，这些辩论者和倡导者是否愿意（暂不管是否有能力）设计低成本、高效益的商业实验，并尊重其结果呢？

这种探索构成了撞击人性黑暗面及组织政治的重大挑战。聪明、节约、引人关注的商业实验可以将基础的商业分歧转化为不容置疑的、有利可图的成果，人们很容易看到这一点，它与科学领域的探索别无二致。

在企业的巨大分歧如何推动重大创新方面，谷歌公司为我们提供了丰富的世界级案例。该公司对其数据驱动创新文化和测试商业假说的意愿颇为自豪。以用户为中心的原则主导着谷歌公司的创新计划设计与构想。实验是谷歌公司探索其创新选择及心照不宣的企业行为整体的一部分。

在玛丽莎·梅耶尔（Marissa Mayer）还是谷歌公司副总裁（她现在是雅虎公司的首席执行官）的时候，她讲过一个简单的实验。该公司进行这项实验的目的是检测有关客户需求和满意度的一项重要分歧。谷歌公司许多员工以及公司用户都发表议论说希望获得更多的搜索结果：当人们在网上搜索的时候，获得更多的结果显然比结果寥寥无几更可取。结果越多越好。

实际上，比起之前的预期，谷歌公司的搜索框架使得在电脑屏幕上呈现更多结果并不会造成多大的技术挑战。于是，梅耶尔征求一群谷歌搜索用户的意见，询问他们想要看到多少搜索结果。几乎毫无例外，他们希望看到的搜索结果数量远远大于谷歌公司通常显示的 10 个结果。

于是，谷歌公司进行了一项实验，将搜索结果的显示数量增加到了 30 个。其结果呢？该实验组的谷歌搜索网络流量和收益双双下降了大约 20%。

谷歌公司为用户提供了他们想要的结果，但是用户的网站使用量却骤然下降。这到底是怎么了？经过数据分析，实验团队发现了一个不可控变量。包含 10 个搜索结果的网页需要 0.4 秒时间生成，而包含 30 个搜索结果的网页需要 0.9 秒时间才能生成。这半秒钟的延迟使用户满意度下降，网站流量也因此下跌了 20%。用户对速度的需求超过了谷歌的搜索能力。

正如亚马逊的“智能商品推荐引擎”创新者格雷格·林登所说：“这个结论让人惊讶，但是人们的确会注意到哪怕仅仅半秒钟的延迟。我们在 Amazon.com 有过相似的经历。在 A/B 测试中，我们尝试以 100 毫秒的增量延迟网页的显示速度，结果发现，即便是一点点的延迟，也会导致网站收益的大幅下跌。”梅耶尔也承认说：“用户真的很在意网站速度。”

这样一来，对谷歌公司来讲，其创新设计原则似乎一下子豁然开朗：页面显示更多的搜索结果并不见得是件好事，显示速度更快才是硬道理。显示更多的搜索结果和显示速度更快这两者之间的意见分歧导致谷歌公司在网页显示速度方面犯了错误。作为这一实验总结的直接结果，谷歌公司推出了谷歌地图的新版本，其密度较低，呈现速度要快得多。新版谷歌地图在网站流量和使用率上有了大幅提升。谷歌开展的快速实验使它迅速获得了正确的创新视野：用户需要的是更快的网站反应速度。

公正地说，谷歌和亚马逊公司的基础技术架构与文化非常相似，都是围绕优秀实验是消除巨大分歧的出色方法这一核心价值发展的。这两家公司及其工作人员都喜欢辩论并“通过测试”证明他们的观点，它们并非传统意义上的商业文化。麻省理工学院的经济学家埃里克·布林约尔松（Eric Brynjolfsson）把这些企业的行事方式倾向描述成“原生数字化”（born digital）企业的共同特征。

可以说，人们对商业分歧可以驱动企业探索重要的创新机遇这一事实并不存在不同意见。没有人会忽略那些用以解决或阐释企业面临的最重要或最富有争议的商业计划的实验。

结果，创新者寻求通过解决围绕价值创造的企业内部争议重建企业需求框架。无论这些分歧是关于产品、服务、发展前景还是商品价格的，人们之间的争辩总能保证企业给予他们应有的关注。基于巨大分歧的成功商业实验需要人们带着更明智的问题进行思考，而不是带着更好的论据上前争辩：

- 我们可以做哪些实验以大幅提高辩论的质量?
- 我们可以做哪些实验以赢得辩论的胜利?
- 我们也许还可以做什么实验以便为下一步工作创造共同点?
- 要想让人们理解，我们能做的最快的实验是什么?
- 我们希望这个实验能制造出何种有用的新分歧或新争议?

在很多企业里，这样的问题从未被人提起过，更不用说回答了。企业领导在解决这些问题方面的作用既不能被夸大，也不能被缩小。企业管理者是如何倾听、引导、协助创新团队解决那些至关重要的争议的呢？分歧是否可以被看作唱反调呢？对这些问题的回答就可以在很大程度上解决意义重大的实验为什么以及是否能够进行的问题。出于个人、政治以及文化等方面的原因，企业经常会把存在的巨大分歧变成伟大的实验和巨大的挑战。这些争议所引发的情绪经常会影响或压倒人们的理智行为。或者，更常见的是，企业管理层总是试图避免那些导致两败俱伤的冲突。例如，在一家西班牙的金融服务公司，一个看似“明显”地服务于快速增长的细分市场的方法被否定了，理由是该方法被企业管理层宣布为“禁忌”。这个禁忌之说是不是表现了该金融机构内部真正“巨大的”争议呢？我们不得而知。开放而真实的分歧被企业有效禁止。5 × 5 创新团队非常清楚，不能提出泄露企业更深层次观念的假说或实验。

但是按常规，企业的远大视野、重大问题和巨大分歧往往都能激发最有趣、最让人激动的 5 × 5 创新实验组合。它们想要给企业管理者留下深刻印象的欲望和要求激励雄心勃勃的创新团队追寻商业假说中的“伟大”，并以创新性的解读方式呈现出来。

在我看来，擅长识别这三个“远大（重大 / 巨大）”之间的重叠和交叉之处的团队，会在它们的演示中获得更多的好奇心和关注度。那些基于“重大问题”

和“远大视野”交叉之处的假说或解决“巨大分歧”和“远大视野”之间重叠冲突的实验被证明是非常鼓舞人心的。

如果创新团队能够把伴随“远大视野”的机遇与解决“重大问题”的方法结合在一起，必然会产生不可抵制的吸引力。相应地，如果他们能够把消除“巨大争议”与扩展“远大视野”结合起来的话，企业管理者们肯定会无比兴奋。

对企业而言，促使其 5×5 创新团队把这“三个远大（重大 / 巨大）”清楚列举出来并绘制它们之间的关系图，就能保证他们构想出富有重要战略意义的商业假说（见图 11–1）。

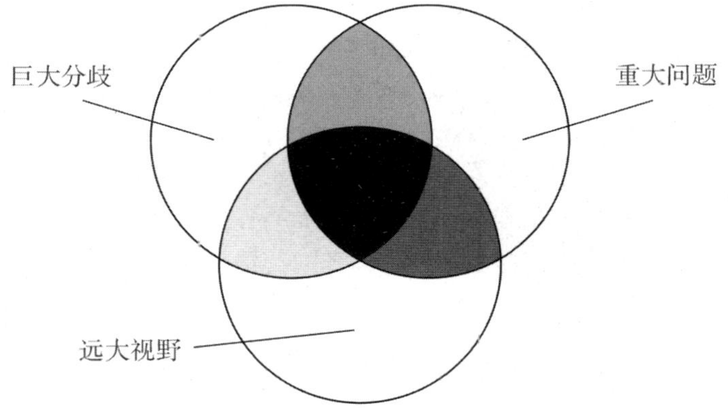

图 11–1　企业的远大视野、重大问题和巨大分歧

第 12 章　X 创新团队指导

创建高效能的 X 创新团队并非难事，来自全球各地、代表不同企业的人才已经以显著的速度取得了卓越的成就。它们的团队非常优秀。它们的创新实验给人留下了深刻的印象。

本章探索并阐释那些 X 创新团队取得成功的关键因素。它们尊重简单、基础的 X 团队创新原则，使成功的预期从可能变成了可行。

如果你致力于成为一名优秀的 X 创新团队成员，你将会为你自己、你的团队以及你的企业赢得较好的结果。如果你与同事们一起认真投入团队创新实践，你们将取得优异的成果。如果把你们团队内部的行动与你自己渴望获得的结果结合起来，效果会更好。

你们的团队面对的最重要的问题是：你们想要取得怎样的成果？你们的团队想要通过创新实践对企业及企业管理者产生怎样的影响？你们的创新假说和实验组合如何才能改变或影响人们的认识？你们想要获得并分享什么样的团队协作经验？什么样的创新成果既让人满意又能很成功？

围绕这些问题，你们团队内部会有争斗、结盟或达成难得的妥协。但是，个体与团队为了回答这些问题所付出的努力，却可以在很大程度上决定你们的成功。为什么呢？因为这些努力无疑显示了团队成员们的智慧、关注、理想、观点的多样性以及创造力，这些因素对设计出受人关注与尊重的商业实验至关重要。工作认真的 X 团队才能取得真正的成果。

好消息是：几乎所有成功的 X 创新团队在设计它们的创新实验组合时，都能围绕商业主题和假说进行严肃的讨论。然而，糟糕的消息是，那些表现差强人意的 X 团队也是如此。

有些合作并不愉快、成员间好争论的 X 创新团队获得了出色的实验构想，而有些合作愉快、成员积极协作的 X 创新团队却表现平平。相反，也有合作不愉快、成果惨淡的团队，以及成员们通力合作、缔造了卓越创新实验的团队。不论是友谊还是感情，人们都无法预测创新实践的生产共识或不利结果。X 创新团队成员之间的喜好或厌恶并不会决定他们的工作质量。

然而，你们团队面对的另一个最重要的问题就是：你们的 X 团队都有哪些成员，他们是否致力于获得成功？按照常规，绝大多数 X 创新团队的成员都是本企业内最有才华、最有能力的人。把这些人组织起来，使他们凝聚成一个齐心协力、富有创造力的 X 团队，本身就是一件比解决问题更大的挑战。

5 × 5 创新法要求 X 创新团队在指定期限内设计出创新实验计划并演示给企业管理者，这种做法能够有效减少团队成员间的人际矛盾。据说，有关加强团队工作能力的优秀研究和文献很多。X 创新团队为这些有才华、有抱负、有干劲的成员们提供了极好的展示他们协同合作能力的机会。

成功的 X 创新团队通常具有五个关键的成功要素，它们具有高度一致性，超越了地理、行业以及商业文化限制。无论是在当下还是在过去，每个成功的 X 创新团队都显示出了这些特征。

聚焦于潜在商业影响的超强能力

要大胆思考。成功的 X 创新团队的创新实验要清楚地解决大问题，创造大机会，而不需要考虑微妙的差异或细枝末节的事情。团队强调的是那些能够对客户、供应商意识或者企业自我认知产生巨大而明显的影响的创新实验。团队所有的商业假说与实验都着眼于积极解决企业创新实践中小数点左边而不是右边的问题。

X 创新团队通过案例、故事以及实验简报将实验计划未来的战略或操作性成果呈现给企业管理者。从根本上讲，那些看似微小甚至只能算得上是权宜之计的创新实验，其实与更大、更广泛的商业主题有着千丝万缕的联系。创新实验计划反映的不仅是管理者关注的问题，更是企业领导的战略。

成功的 X 创新团队发言人以一种新颖、迅速、高效的方式把它们业已发现的案例展示给企业管理者，帮助他们检验具有广泛影响力的机遇，以及与之相关的、非边缘性的商业价值问题。企业高层管理者一般会认可这些 X 创新团队的创新计划主题，并积极参与那些值得他们付出时间、关注力与精力的创新实践。

与已知的企业高管优先考虑的问题保持一致

尊重企业管理者。成功的 X 创新团队的创新计划能够与企业高管的战略商业目标清晰地保持一致。尽管这些团队拥有自己的战略意识，但它们仍然能够完全抓住企业高管优先考虑的企业问题。即便是不拘于常规的创新计划和实验，也是建立在企业管理者战略意图的框架内的。

的确会有一些 X 创新团队向公司提交与上述做法背道而驰甚至具有挑衅性的创新计划和实验。在我看来，其中不乏优秀的、建设性的创新假说。这本无可厚非，但有些团队在向企业管理者演示他们的创新方案时，其方式让企业高管深感鲁莽无礼或狂妄不羁。换句话说，创新方案很好，但演示的效果却很差。因此，X 创新团队在介绍及演示他们的创新方案时，一定要注意方式方法。我们应该谨记充满敬意的异议与挑战是原则，无论怎么强调其重要性都不为过。糟糕的演示定位会破坏并淹没这些团队商业假说的真正价值。

保持团队创新计划与企业高管优先考虑的问题的一致性，或者将二者成功地联系起来，这种做法有助于 X 创新团队与企业高管间的信息传递与沟通。企业领导的问题和评论总是围绕着 X 创新团队的假说和实验如何能够帮助企业更好地管理商业成果这一问题。对 X 创新团队而言，创新方案演示是一个难得的机会，只有经过这一过程，企业高管才会对创新假说和实验给予关注，并展开讨论；否则，他们的心血也许永无展示的平台。

对创新方案进行简单、有趣、易于理解的演示

创新方案一定要避免复杂、难懂，企业高管喜欢简单、有用、易于理解的创新方案。成功的 X 团队的创新计划绝不会晦涩难懂，或者琐碎复杂。它们肯定是

易于理解、让人信服，也易于与人分享的。它们具有显著性，让企业高管们总是禁不住问："我们以前为什么就没有想过用这样的方式来解决问题呢？"

所有与创新方案无关的信息以及晦涩难懂的专业术语都从方案中被剔除了，剩下的只是清晰的商业假说和具有直观吸引力的实验。实验者不需要是具有研究生学历、是外部的专家顾问或是具有博士学位的学生。因为简单，所以阐释起来容易；因为清楚，所以总能获得更多的关注，吸引更多的人参与进来。

如果 X 创新团队想要尝试解释一个复杂难懂的实验方案，它们肯定会失败。这是一件令人狼狈不堪的事情。其核心思想相当好，但其阐释却非常糟糕，大量心思花到了完善细节而不是传递创新方案的战略价值上。X 创新团队的错误安排会毁了其余所有的创新实验。

X 创新团队在设计创新方案时，一定要记住"易于理解、易于获得、易于跟踪"这几条原则。只有这样，听众的信心才会大增，他们相信人们也会深受鼓舞和激励。切记，勿使企业高管为了理解商业假说和实验方案而想得太多。

确保人们获得惊喜

有惊喜就能赢。成功的 X 创新团队的创新方案总能让人获得惊喜，它们有时候就隐藏在人们之前没有考虑过的商业价值假说当中。例如，X 创新团队提出这样一个商业假说：公司的重要客户也许可以通过尝试一个早已在该公司内部频繁使用的诊断工具来获得重要的商业价值。对该公司管理者而言，这的确是个惊喜。他们从来没有想过把这些成功的内部诊断工具改变用途，供外部客户使用。

那些比现状分析更有信息价值的实验也往往会给我们带来惊喜。一家公司发现，比起该公司现行的需要耗费 90 天甚至更长时间的产品测试合作伙伴资格认定过程，购买谷歌公司关键词广告可以帮助他们以更快的速度认定潜在的新产品测试合作伙伴。未经充分考虑的封底估算表明，该公司可以在两周之内确定其所需的合格目标的 80%。这一创新假说引起了全公司的关注，公司不得不重新思考其贝塔测试（beta testing，是指公司对新产品进行面对顾客的测试）和产品市场化推广的流程。

企业高层管理者对结局潦倒的创新实验早已见怪不怪，他们渴望看到能够给自己带来惊喜的创新方案。成功的 X 创新团队深悟理想的创新实验的魅力。如果创新假说和实验仅仅是把企业高管所关注的问题呈现出来的话，他们不会对其抱有多么浓厚的兴趣。“创造惊喜的构想”才能真正激发企业管理者的兴趣，并吸引他们参与到创新实践中来。倘若 X 创新团队无法以出色的方式带给自己惊喜，那么想要给企业高管们创造惊喜也就不可能了。

为下一步创新打好基础

缺乏创新远见就不可能创新。成功的 X 团队具有超越目前创新实验洞察未来的能力，他们能够预见创新实践的下一步。就像国际象棋大师一样，这些团队能够提前两到三步考虑到将来的演绎路径。他们早已思考过公司将如何扩展其创新实验，使其变成更大的商业计划、项目或流程。虽然他们还没有解决问题，公司也并不指望他们做到这一点，但他们已经考虑过可能的选择。

整体思维很重要。成功的 X 创新团队都知道，与其说它们的创新方案演示是一次实验设计的结束，不如说是一次创新旅程的开始。完美地呈现一个富有说服力的、令人振奋的创新实验组合方案还远远不够。如果这个方案得以实施，会出现什么样的情况？个体实验成果如何能够启发公司进行后期更具创新性的实验？具有广泛影响力的商业假说如何为企业创新提供平台？聪明的 X 创新团队会就这些问题给出合理的回答。

超前意识会给公司高管留下深刻的印象。成功的 X 创新团队无法描绘未来，但他们的创新实验方案有助于公司调整战略，朝着正确的方向发展。他们知道如何就公司的未来发展与高管们沟通信息，也知道如何在他们的创新实验方案演示中加入真实的高管意识。

如果 X 创新团队不具备以上谈到的五个要素中的至少三个的话，那么他们获得成功的希望就很渺茫了。对于创新方案的简单程度、延展性及其带来的惊喜，团队的确存在合理的意见分歧。但是，成功的 X 创新团队会极力确保它们的创新实验方案能给人们留下深刻的印象，它们会在企业内外尝试推广其商业假说和实验，寻求建设性的反馈意见及好的机会。X 创新团队希望它们的创新实验计划具有对称的左脑和右脑吸引力：合理的实验激发热情的假说，热情的假说唤起创新性的思考。

X 创新团队

X 创新团队一般包括五个人，他们代表的是企业内跨职能的人才。他们之所以能够参与创新实践，是因为企业管理者认为他们富有创新精神、智慧和干劲，相信他们一定能够为企业创造优异的成果。企业高管希望他们取得成功，也希望他们能够构想出令人印象深刻的商业假说，以此证实管理者敏锐的观察力。管理者相信 5×5 创新法是一种优秀的创新投资方法，因此，他们挑选出企业最优秀的员工来开展这样的创新实践。

团队的任务不仅仅给企业领导留下深刻印象，更要创造出让自己印象深刻的创新方案，给自己带来惊喜。如果团队成员们能够彼此带来惊喜，那就更好了，而这一切都是建立在团队成员的创新见解和专业知识之上。

无论是从个人还是集体角度来看，X 创新团队为成员们创造了能对企业产生积极战略影响的机会。团队的能力、多样性以及智慧是推动企业创新的动力之源。团队成员从彼此身上寻找灵感，构建充满想象力、能够激发热情的创新实验组合。

如果团队的创新议题沦落为企业高管那些陈腔滥调的回音室，那你的团队肯定不会成功；如果团队的商业想法听起来好像高管教育在线研讨会上华而不实的理论，那你的团队肯定难以成功；如果团队的商业假说看起来好像与往年的战略思想别无二致，那你的团队肯定要失败；如果团队提出的创新实验听起来好像换汤不换药的市场调研，那你的团队注定会失败；如果团队的创新实验方案不能反映团队的内在创造力，那你的团队也肯定成功无望。

创新实验方案的成功从尊重团队人才、公司需求以及市场潜力开始，从自我管理、有效利用个体与团体的创新经验和专业知识开始。你们可以任命或选举团队领导，也可以走参与式的民主路线，按照你们自己喜欢的方法构建团队人际互动模式。你们的 X 创新团队到底如何管理自己，全由你们自己做主。

核心的问题是：你们的 X 创新团队能否自我设计，以便拥有以上提到的五个成功的关键因素？无论是个人还是集体，你们的团队能否做好向企业领导展示一个值得他们给予全部关注的创新计划方案的准备？你们的团队是否认可这一事实：设计商业假说与实验要求集体协作，共同努力，而不仅仅是庆祝好点子那么简单？

行动胜于言语。5 × 5X 创新团队的工作过程要求成员们付诸实实在在的行动，这样才能创造出具有“震撼与威慑”力的创新实验方案。这些行动绝不复杂，但它们要求团队的集体投入。如果成员们不愿意或不能齐心协力工作的话，该团队肯定不会有上佳表现。

以下这两个 5 × 5X 创新团队的机能障碍值得我们关注。它们并非普通问题，但也会频频出现，因此需要我们巧妙地回避。

1 . X 团队成员其实并非真正的团队工作参与者。自我意识、个人计划或者个人钟爱的商业主题确定了这些人的人际行为方式。他们参与商业实验设计讨论的兴趣，远不敌他们控制谈话的兴趣。他们把 X 创新团队看作自己晋升的跳板，而不是检验和发展自我创新思想和理想的机会。他们看似在倾听队员们的讨论，实则毫不掩饰把这些讨论归为己有的意图。他们是团队里的明星，其他团队成员仅仅是配角。这种情况根本不利于团队的工作。

这帮人中有一些纯粹是不可救药的操纵他人的混蛋（他们在团队里的存在反映了公司管理者的判断失误）。这些人普遍是聪明、激情过度的狂热分子，他们无法理解为什么团队其他成员们不能赏识他们的才华。

的确，他们有人际关系方面的问题，但是这些问题也许可以克服。如果团队能够把这些境遇尴尬的狂热分子转变成基本可以为团队工作的同事，他们带来的好处可能会超过转变他们的成本。这才是真正检测一个创新团队总体特点和领导能力的地方。

2 . 把 X 创新团队看作人才的集合，而不是协同创新的团队。有些团队很容易落入这样的陷阱：团队成员们各自为政，设计开发自己的商业假说和实验。按照设想，团队成员之间彼此应该互评成果，然后挑选出最好的个人创新方案。

但是，这样的工作模式会给团队工作带来问题。因为缺乏达成共同理解的严肃行动，团队成员会对创新任务形成不同的认识。当大家再次碰面时，讨论肯定会围绕这些差异展开。如果团队会议以围绕这些差异的争议开始，团队就不得不耗费大量的时间来消除分歧，这些时间本来可以用在解决实际问题上。

这样一来，“团队整体”意识就让位于个体主张。成员们支持的是他们各自钟情的商业假说和创新思想。当然，有些个体商业假说和实验非常优秀。但是团队中的每个人都知道它们是个人智慧和创造力的结晶，这既是优点也是缺点。在此种情况下，共同开发和协作就变得很困难。这些 X 创新团队提交给企业管理者的不是创新方案组合，而只是一堆商业假说和实验。

据我了解，还没有哪个采取“聪明个体”工作方式的团队会被企业高管认为是最优秀的创新团队，再优秀的个体实验也比不过具有上好表现的团队创新实验组合。企业高管需要的不仅是优秀的实验，还有优秀的团队。有没有 X 创新团队通过把它们最好的个人创新假说和实验罗列起来获得成功的呢？也许有，但我至今还没见过。

最成功的 X 创新团队（那些从工作过程中获得巨大成就感的团队）强调的是人际互动的协同价值。“我们自己不可能完成这样的任务。”这是他们的心声。团队整体肯定要比零散个体的组合更优秀。如果结果并非如此，那这个 X 创新团队肯定有问题。人们都能看到，也能感受到。

能让 X 创新团队获得成功的行为

从创新方案演示开始

成功不是从设计创新实验时才开始的。在企业评审会上，团队把由五个商业假说和实验组成的创新实验组合演示给企业高管。这些可交付的成果是帮助你们团队获得渴望的结果的敲门砖。成功就从这里起步。

首先，介绍一下这些创新实验方案的影响力，这正是你们团队希望企业高管感受到的主要内容。这些介绍会使在场的每个人都能意识到那些对于获得巨大影响力至关重要的商业主题。

创新方案演示可以持续 25~30 分钟时间。在你介绍的过程中，会有提问、中断和跟进。你希望你的演示能够引起怎样的讨论、产生怎样的影响，或者激起怎样的热情？为什么？这些谈话是不是你们企业及其管理者需要的最重要的讨论呢？

其次，预估会议讨论的影响力，然后基于此反向设计创新方案演示，以帮助你们取得想要达到的结果。如果你们的创新方案介绍（也就是你们构想的商业假说和实验）在企业高管们中激起了可以改变他们思想的、具有高度影响力的讨论，那你们就取得了成功。倘若你们的介绍激起了高管们的行动，那么你们就已经获得了巨大的成功。

你们的创新方案背后有什么故事

砸中艾萨克·牛顿的苹果，让他悟出万有引力；伽利略·伽利雷通过比萨斜塔实验，证明了自由落体定律；詹姆斯·瓦特受到沸腾的烧水壶的启发，发明了蒸汽机。无论这些故事是真是假，它们传递出的通过实验获得真知的道理让人津津乐道，难以忘怀。不错，简单的实验就可以展示强大的基本事实。

你们的团队提出的创新实验背后有没有什么故事？你们的创新实验能够传递给人们有关你们的企业、客户或者创新机遇的什么故事吗？

每一个好的商业假说背后都有一个好故事。同样，每一个优秀的创新实验背后肯定会有一个优秀的故事。你们的故事是什么？什么使它如此动人？如果它只能算是一个不错的故事，怎样才能使它更迷人？

有效的修辞具有说服别人的力量，用来解释实验的引人入胜的故事与讲述引人入胜的故事的简单实验确定了修辞的效果。一个商业假说也是一个故事。实验帮助人们确定这个故事是接近事实真相，还是仅仅是个幻想。

X 创新团队一定要坚持，使自己提出的每一个假说和实验都成为企业高管愿意与他人分享的骄傲。一个 X 创新团队告诉企业管理者：“如果在客户提出自己的定制设计想法之前，我们就把最好的诊断工具送给他们，那么大客户们肯定更喜欢与我们合作，这既节约了资金，又在客户心中树立了智慧型的公司形象。”

这种把内部工具分享给外部客户的简单故事最终变成了该公司的一个重要的设计意识，激发了新的创新模式。企业内部工具创建者开始认真考虑这样的问题：企业外的哪些客户可以从他们的创新投资中获得真正的价值？

你们的创新方案应该缔造英雄

创新故事、假说和实验的成功不需要英雄，但是成功的团队领导和企业管理者会为他们的同事创造闪亮登场的机会。X 创新团队也应该探索这种可能性。商业实验不仅可以测试假说，还可以为人们提供成为“创新英雄”的机遇。换句话说，X 团队实验为团队成员提供了展示自我的平台。创新团队的这种能力非常强大。

你们的创新实验需要内部网站管理员、呼叫中心经理、营销团队或者客户服务代表来增加价值吗？他们的表现会成为公司的一个新亮点吗？公司高管喜欢那些可以给员工们展示才华机会的创意。如果你们的创新实验能够创造机会，提高参与者在公司的影响力，那么就会获得更大的支持，赢得参与者更加热情的投入和努力。

用石头汤愉悦企业高管的味蕾

说服企业高管，让他们看到创新团队集体贡献的成就。大家都知道“石头汤”的故事：一个贫穷但聪明的厨子，在一个城镇中央架起锅煮肉汤，但是锅里只有一块石头。他说服镇上的居民各自贡献一点肉、一点蔬菜、各种调料和其他一些食材来使石头汤的味道更鲜美。当然，如果没有镇上居民贡献的食材，他的石头汤肯定会索然无味。

与此相似，如果企业高管能够品尝一下 X 创新团队各个成员贡献的创新实验组合的美味，那么他们的商业假说和实验就会显得更丰富、更有魅力。他们可以看到创新团队的研究和发展如何影响一个市场推广实验，或者还可以看到企业法律顾问如何构想出使商业假说更有价值的行为经济学，这些都使得创新实验故事更有意思。因此，企业高管会对人们如何成功地跃过职能障碍创造新价值有个更清晰的认识，并看到那些有天分的个体是如何团结起来，构成富有创造力的团体。

让你们的老板感觉更聪明

X 创新团队想通过创新方案演示给企业高管留下深刻的印象，而企业高管却常常想要在 X 创新团队面前显示他们的智慧。有时候，他们想做会议室里最聪明的人。高管们自信自己能够为即便是最好的创新想法和提案增加价值。在这种情况下，创新团队要做的就是给予他们机会、鼓励他们、欢迎他们提建议。

即使你们的创新方案演示非常精彩、非常专业，你们也要把它看作一个诚恳的邀约，请企业领导审查修改。的确，如果首席执行官或首席市场营销官没有对你们的创新实验提案提出任何更改建议，那团队会感觉很好。但是，让企业领导为你们的创新方案提供建设性的改善意见也很棒，更多的参与度表明他们有更大的兴趣。

在一个 X 团队创新方案演示会上，公司的首席执行官在听完一个颇具开拓性的市场推广实验方案后，向前倾身说道："我想我知道你们想做什么，但是如果你们能够更多关注……的话，这个实验岂不是更好吗？"实际上，这个首席执行官的建议并不会对这个团队的创新提案有多大的改进，但这的确会形成一个多方互赢的局面：X 创新团队对公司首席执行官的洞察力印象深刻；公司首席执行官获得了参与这个天才团队创新实践的机会；而且，会议室里的每个人都觉得这种互动非常好、充满智慧。良性的互动有助于鼓舞士气，高昂的士气本身就是一种财富。

企业领导对创新方案发表的锦上添花的评论或建议并不重要，其展现出来的男权至上的做派也不重要。引导领导展示出他们的最佳状态才是你们的终极目标。企业首席执行官应该表现出一个 X 创新团队可能并不具备的判断力、创新经验以及对企业发展战略的重视。无论是企业首席执行官还是创新团队，都应该对这种贡献深感愉快，即便这只是一种批评。

好的企业领导表现得很睿智，同时又不会使其下属感觉他们很愚蠢。优秀的 X 创新团队就可以给他们提供这样的机会。

注意对速度的需求

实验速度真的是越快越好。小说家兼演员凯瑞·费雪（Carrie Fisher）因在《星球大战》系列电影中饰演莉亚公主而出名，她曾经写道："即时满足需要耗费太长时间。"因此，任何有助于你们团队把一项实验的周期从一个月缩短为一周，或者从一周缩短为一天的诀窍、技术或科学都算得上一个巨大的胜利。努力去寻找吧。

即便经过一番匆忙的封顶估算表明，进行一项为期三周以上的实验获得的成果比只用一周时间进行的快速、节约的实验获得的成果好三分之一，创新团队也要把速度作为首要追求。你们以后还可以进行更严格的实验。但是当企业的首席财务官或高级销售主管问“你们的意思是，实际上，你们可以开展实验，并在下周这个时候为我提供有用的数据，用以决定我们是否应该实施这项试点项目”时，如果你们创新团队能够给他肯定的回答，那么毫无疑问，你们会给他留下无比深刻的印象。

快速创新给企业高管们展现了一个富有魅力、充满活力的发展前景，确保你们团队有一两个实验可以在不到五天而不是五周的时间内完成。如果你们团队提出了一项可以在五个小时甚至更少的时间内完成的实验，你们的 X 创新团队将会成为创新明星。如果你们的 X 创新团队能够构想出在五分钟以内就可以为企业提供战略远见的实验，那你们就会变成传奇。那么只用五秒的实验呢？为什么不奋力尝试一下呢？

设计出没有失败的双赢假说

避免可能会失败的实验。没有哪一条创新忠告像“失败得越快，成功得越快”这条建议一样引起人们广泛的、致命的误解。这句话出自出色的工业设计师、艾迪欧公司创始人大卫·凯利（David Kelly）。这个观点值得赞赏，但是对于大部分企业文化来说，其现实可能性几乎为零。

这句名言强调的理念是，快速从失败当中获得经验教训有助于迅速获得成功。这句话回应了美国发明家托马斯·阿尔瓦·爱迪生的名言：在发明电灯泡的道路上，他并非经历了一千次失败，而是发现了一千次不成功的方法。

这种名人名言听起来让人热血沸腾，深受鼓舞。但是千万别被愚弄了。你们企业真的有时间、有资源、有勇气接受十多次失败吗？就更不用提接受一千次失败了！老实说，你们团队能够禁受得住失败吗？你自己呢？

避免这个愚蠢的但是在政治上正确的陷阱，别天真地以为失败仅仅是通往成功道路上的一步，它根本不是。预期或接受失败肯定是一条进行商业实验设计的错误方法。即便是爱迪生这个市场营销行家兼发明家，也认为“失败”是一个糟糕的词汇。人们设计商业假说的目的就是提供给企业两种情况下的战略洞察力：如果假说经证明是有效的，创新实验就会提供给企业重要的价值创造远见；如果实验结果无法支持商业假说，该实验仍然能够传递给企业重要的价值思想。这就是所谓的没有失败的、双赢假说。

没有失败的商业假说是真正的创新发展之路。设计出双赢的商业假说需要真正的智慧与对创新要点的掌握。这是（有争议的）X 创新团队最难掌握的设计能力。设计出使企业高管真正感兴趣的、任何结果都不会使他们失望的商业假说是对一个 X 创新团队才能的真正检验。

举一个新闻工作方面的例子，它会给我们提供一个构想商业假说设计的简单框架。假如一座大城市即将遭受一次惊人的、可怕的、破坏性的重创。在这种情况下，有关某一类似城市如何采取措施阻止这样的打击发生的新闻报道当然可以刊登在报纸头版。相反，一则讲述该城市不用采取任何措施就可以避免这样的灾难发生的报道也值得出现在报纸头版。

换句话说，一则讲述有作为或无作为的新闻报道同样都有机会刊登在报纸头版。对于那些抱负远大的记者而言，这是一个双赢的、没有失败的投资，记者本人、出版商以及读者都有所收获。

创新团队就需要把这样的创新精神和理念带入它们的商业假说设计当中。如果它们的商业假说经证明是正确的，企业和企业高管们会有重要的收获。如果经证明没有效果，企业和企业高管们仍然会有重要的收获。这就是双赢的、没有失败的商业假说设计，结果总会皆大欢喜。

一家互联网旅游公司 X 创新团队的案例很好地阐释了这一点。该在线旅游公司正在寻找合适的方法，从为乘客提供的航班座位示意图和座位选择中获得额外的边际收入。一个 X 创新团队提出了一个测试乘客（特别是有孩子的家庭）是否愿意支付小幅溢价，以保证他们家人能够在飞机上坐在一起的商业假说。也就是说，一个四到五人的家庭是否愿意给每个座位支付额外的 6 美元或 10 美元，以保证他们全家人能够坐在同一排或者紧邻的座位上？

这个双赢式的假说非常有趣，也非常具有开拓性。如果乘客愿意为坐在一起支付额外的费用，对于该旅行公司和航空公司而言，这将是一笔价值数百万美元的额外收益；如果不愿意，其结果会对旅游公司打造“家庭飞行”作为一个客户群或细分市场的品牌产生什么样的影响呢？

通过创新实验了解哪些家庭愿意为坐在一起支付小幅溢价，其结果给该公司占有巨大份额的“轻松旅行”商业模式提供了双赢的市场远见。不管怎样，该创新实验都会为公司获取有关重要客户细分市场的信息。企业高管对任何一种实验结果都非常感兴趣，也非常关注。

当然，并非所有的创新实验方案都是双赢或没有失败的。某些创新实验会让创新团队及其企业高管们获得必然的结果，无法避免。但是，X 创新团队应该尽最大力量避开那些“好与坏”或“成功与失败”的概率各为一半的创新假说。只要能设计出优秀的创新假说，鼓励更多的人从实验结果中获得更多的价值，团队无论做什么都是值得的。可以确定的是，只要创新方案设计得好，X 团队不可能失败。

如果承受不起失败，那就不是创新实验

不要自欺欺人。成本低廉是 5 × 5 创新法的一个显著特点。理论上说，开展实验的成本很低，以至于其经济代价甚至可以忽略不计。但实际上，许多成本都超出了预算，比如：文化成本、组织成本、人际成本、管理成本、社交成本以及心理成本等。

5 × 5 创新法的核心目标是降低真正的成本，降低探索影响力巨大的实验的风险。但是很多个人和企业都会发现，他们在创新实验设计与实践中给予了大量的专业和感情投入。他们不顾一切地（甚至是病态地）渴望自己的商业假说得到证明，获取成功。这就像抛出一个硬币，然后却热切地祈求硬币落地时正面朝上一样，当硬币背面朝上时，本能的反应就是“三局两胜”。

那些在创新实验上投入数百甚至数千美元的企业已经失去了客观性，同时，它们也已经失去了对表现不佳的实验结果保持中立的能力。如果团队在所谓的实验上投入了太多的时间、精力以及资源，那就意味着它们真的无法承受失败的打击，失败会让整个团队痛心。所以，它们开始掩饰或规避这样的成果，它们希望实验的结果比实际看起来更好些。所以，他们会自我欺骗。

如果 X 创新团队对创新假说和实验太过关注，倾入太多的感情，也会出现问题。它们深爱创新实践，并做出了相应的努力。它们认为，创新假说和实验具有深刻的变革影响力，但实验失败绝不是它们的选择。

不要放任这种感情。对于创新成功而言，热情非常重要；但对于确保创新实

践的完整性和可信性而言，冷静公正至关重要。如果你们的 X 创新团队对自己的商业假说在企业高管面前遭受的失败无法承受，那么它就不再是一个商业假说，而是一项事业。千万不要盲目不清。

调查不是实验，实验也绝非调查

市场调查问卷不是商业假说。询问人们的需求算不上实验，请公众为想象出来的产品特性和功能的相对吸引力打分也不是实验。

X 创新团队犯的最普遍的设计问题就是错把一套问卷调查问题当作实验，这其实根本不算实验。

问题和问卷调查可能是实验设计中最重要的部分。例如，一项完全合乎规则的实验也许会以男士与女士或单身者与已婚者对某些问题的反应为商业假说的基础。

但是，创新实验设计的中心分析单元不是提供问题，而是提供选择。例如，在之前讨论过的乘飞机旅行实验中，创新团队做的调查并非纯粹指向乘客为了坐在一起而额外付费的意愿。他们设计的基于网络的调查问卷也并没有直截了当地询问乘客是否（如果有机会的话）愿意为了坐在一起而为每张机票多支付 5 美元、10 美元或 20 美元。他们做的是，当乘客表示要购买两张以上的机票时，电脑屏幕上会出现这样一个问题："你们想要坐在一起吗？"如果（注意，仅仅是如果）乘客的回答是"是的"，网站才会带乘客转入创新实验调查页面。而只有在这个网页上，实验团队才会测试乘客是否愿意为了相邻的座位而支付小额的附加费用。

商业实验最好以人们对选择的行为反应而不是对问题的理智回答为基础来设计。当然，实验也并不一定必须涉及与客户选择相关的内容。回顾以往的 5 × 5 创新法实践会发现，有相当多的 X 创新团队都会不自觉地重蹈覆辙，以为针对现有及潜在客户或合作伙伴的调查就等同于设计商业假说及开展实验。而实际上，并不是这样。

确保你的商业假说需要进行实验

你要进行的 5 × 5 创新法实验是不是检验你的商业假说的最有说服力的方

法？没有什么会像激烈的竞争那样毁掉一个 X 创新团队的可信度。如果通过对现有数据的迅速回顾或电话咨询内部专家可以比开展实验更快地获得更深刻的见解，团队就无需进行实验。倘若创新实验只能重复或少量地拓展现有的知识，企业高管就理所当然地对其无动于衷。

5 × 5 创新法的基本原理并非为了实验而实验，而是通过成功的创新实验获取远胜于分析的令人信服的证据。如果可以通过微软办公电子数据表格或给乔发电子邮件（他是 20 年来我们公司最聪明的客户）就能使我们获得有用的信息，而且其成本比优秀的 5 × 5 创新实验还要低，那我们为什么还要进行实验呢？

是的，创新实验能够丰富或加强分析或建议。更重要的是，精心设计的实验可以打破传统观念，揭露伪真理和有缺陷的假设。但是，大部分 X 团队及企业高管对 5 × 5 创新法充满热情的原因是其在时间和资金成本方面的价值。这些创新实验为他们提供了获得重大视野的最经济、最有用的方式。

你们之所以开展实验，是因为没有一个叫“乔”的聪明客户或者电子数据表格能够给你们提供有意义的重大信息；你们之所以开展实验，是因为它们提供的成果会增进企业与“乔”的沟通，或者会建立有利于更好创新的电子数据模型；你们之所以开展实验，还是因为 X 创新团队相信，专家指导或分析已经达到了极限，不可能让你们获得更多的信息。

实验是创新实践中无可争议的重要因素，但不要想当然地以为你们的创新实验是最好的，你们的企业也许比你们的 X 创新团队更有智慧。一个令人愉快或者沮丧的现实是，X 创新团队经常发现他们的企业拥有大量的隐性知识。合适的问题、挑战或者假说只是诱饵，帮助企业把隐性知识显性化。

结果，X 创新团队就变成了承载创新实验设计、企业知识和专业技能的重要载体。创新实验设计讨论总是围绕知识、专业技能和分析展开。

如果忽略或缺乏组织知识，X 团队提交的任何创新实验都有可能失败。而且，X 创新团队最终会被看成懒惰或缺少能力的一群人。

不要小看细节

简单的创新实验并非总是很容易完成，容易做的创新实验也并非总是很简单。X 创新团队的创新方案演示与能够迅速实施的具体实验之间的鸿沟也许很大。如果你宣称可以在三周内完成的实验，反倒需要三个月的时间去准备，那就贻笑大方了。对提出的实验方案限定范围，这种勇气和可靠性非常必要。过分注意细节没有必要，不知道大的框架才是不能接受的。

如果一项实验要求开发一个简单的 Facebook 应用程序，确保你们已经有一个能够完成这份工作的内部信息技术工程师（或者一个通晓这门技术的普通的青少年就行）。如果你们的实验要求开发苹果或安卓手机应用，同样的方法也行得通。与之相似，如果一项实验要求给超市的购物篮里放置优惠券的话，确保你已经从复印店得到了印刷报价和一些超市经理或区域主管的电子邮箱地址。

5 × 5 创新法并不要求对创新实验方案的实施进行全面讨论，但是企业高管和 X 创新团队应该对他们计划的可行性有信心。指导原则就是，如果企业高管批准尽快实施 5 × 5 创新实验方案的话，那 X 创新团队就应该积极回应，热情投入创新实践。

不可否认，创新团队不可能提前知道将简单、直接的创新假说转化成现实世界的创新实验到底有多难。但是，如果 X 创新团队已经预计到了实施创新实验的第一个 48 小时的情况的话，那么他们设计的创新方案就一定很出色，令人充满信心。

在实施创新实验的过程中，人们总会不断地得到启发。X 创新团队成员们获得了对实验机制以及更广泛的商业假说主题更深刻的见解。实验施行的过程就是发现的过程，这正是开展实验的优势所在。

不必尽善尽美

“足够好”并不总是意味着完美。但是追求优秀创新实验的动机对实验的设计产生的不利影响可能会大于其发挥的积极作用。对于 X 创新团队而言，它们应该努力寻找检验商业假说最快、最简单、最节约、最容易、最易于理解、最可信赖并且最具有说服力的方法。

考虑到现实的局限性，你们的创新实验总会有瑕疵。这正是所谓“足够好”并不总是意味着完美的原因所在。人们总会从你们的实验中发现清楚的、有说服力的证据。X 创新团队需要把那些瑕疵转化成优势，运用它们吸引来自企业高管的建设性的评审。团队的挑战就在于设计出让人们以最快、最节约、最简单并且最明显的方式获得“清楚而使人信服”的结果的创新实验。要定义“清楚而使人信服”很难，但它却是体现创新团队工作效率的核心标志。

罗伯特·沃森–瓦特爵士（Robert Watson Watt）是个身材矮小的爱尔兰人，但他却是推动英国在第二次世界大战期间快速应用雷达系统的先驱。他同时也是一个创新实验演示的行家。他以快速、节约、可信的方式说服投资人的能力对于英国建立雷达站网络系统，从而协助英国取得第二次世界大战的胜利至关重要。他著的那篇题为《不完美创新文化》的文章抓住了实验设计的本质，正是在这一理念的指导下，他取得了实验投资的巨大成功。他在文章中这样写道：“让人们选择第三种好方法进行尝试，是因为第二种好方法来得太晚，而最好的方法似乎遥遥无期。”所以，创新团队要努力争取第三种好办法。

你必须要把创新实验付诸实践

纸上谈兵没有用。5 × 5 创新法的确是一种将知识、人际关系以及演示性相结合的创新实践，但是这种观点还漏掉了重要的一点，即 X 创新团队开展其创新实验的意愿和信心会为他们大幅提升可信度，没有什么能够比得上这一点的。聪明的企业高管知道 X 创新团队的创新实验方案演示是否仅仅在走过场，他们也知道哪些 X 创新团队真的为他们的创新计划投入了心血和努力。在此过程中，发自肺腑的热情至关重要。一个 X 创新团队激发人们信心的能力是其团队领导者面临的挑战之一。

你们的 X 创新团队想要把你们设计的创新实验付诸实践吗？你们是否愿意不惜损害个人专业名誉而实施你们提出的创新计划呢？你们愿不愿意把自己的奖金或年度总排名当作赌注全压在这些实验的结果和影响力上？相信我，所有人都知道你对这些创新实验投入了多少。

我看过一些 X 创新团队的创新方案演示、充满了引人入胜的商业假说和具有强烈开拓精神的实验，围绕这些商业假说和实验的讨论也很激动人心。但是在座的每个人都知道，这些创新方案演示就是他们的工作终点。

尽管这些 X 创新团队在创新方案演示中表现精彩，但是它们的演示也只能到此结束。它们的失败体现了这样一个现实：创新方案并非只注重创意的质量，而更看重将其付诸实践的勇气和信心。

相反，我还看过另外一些 X 创新团队的创新方案演示。在局外人的眼里，这些方案看起来显而易见或不甚出色。但是，这些创新团队和企业高管的工作激情高昂，虽然他们害怕成本、风险太大，实验过于复杂，他们仍然想要进入下一阶段的创新实践。这些 X 团队的实验方案提高了团队成员及企业创新投资的信心。

这里的底线是：如果把 5 × 5 创新法实践看作智力活动，它们就会变成糟糕的自我实现的预言。所以，在创新实践中一定要超越智力的局限。

把 5 × 5 创新方案演示看作更健康、更机敏的创新文化开端的 X 创新团队和企业高管，其表现截然不同。他们明白，成功的创新实践超越了计划和安排。

成功的创新实验需要用心投入，付诸实践。正如美籍奥地利经济学家约瑟夫·熊彼特曾经说的："与其说创新是一种智力活动，不如说它是一种意志力活动。"渴望把创新假说转化为创新实验和创新行动是一种强烈意愿的表现。成功的创新实验需要奉献与投入。

第 13 章　什么让提出“假说”如此困难

在悉尼的一个 5×5 创新法讲习班，一个优秀的专业服务公司团队领导骄傲地向大家展示了他们的商业假说和实验组合方案，但是该创新方案中根本没有假说和实验。相反，这个 5×5 创新法提案中包含着详细的建议和雄心勃勃的计划，没有任何迅速、廉价或简单的创新实验。这些计划听起来非常像那些优秀专业服务公司用以赢得客户的方案。

当我们礼貌地向他们指出这个问题的时候，他们的反应却是激烈地辩解道：“我们认为，稍微多投入点时间和资源有助于我们获得问题的实际解决方法，而不仅仅是不完整的实验。我们想要做到位。”

不仅如此，该团队还一再坚持：“难道建议不是一种假说吗？我们预计，只要我们的计划开展顺利，我们就能收获相应的利益。计划就是实验。随着计划的实施，我们公司也会从中了解更多的信息。回答完毕。”

这个极端的（但却真实的）故事并非个案。它向我们展示了众多企业从创新实验中寻求真实价值时面临的巨大挑战。创造简单、引人关注、易于测试的商业假说对企业管理层而言，是一件陌生的、让人不安的并且没有多少成就感的事情。因此，企业经理们唯恐避之不及。

聪明、知识渊博又用心良苦的企业管理者会发现，围绕商业假说的缜密思考很难。这是一个普遍存在的问题。我自己的创新经历表明，企业更喜欢根据需求和计划来确定它们的问题和机遇。一般来说，相对简单的创新实验，企业管理者的思维模式更看重综合性的创新方案；而在计划与测试之间，企业管理者更中意前者。比起好问题，好的回答才会让更多的企业管理者更满意。

行为经济学的研究也表明，企业管理者往往是一些带有确认偏误和一厢情愿想法的人。例如，大部分团队和企业总是会低估它们的计划消耗的时间以及投入的资金和努力。它们对失误过度乐观。这种“计划谬误”（Planning Fallacy）现象是由未来的诺贝尔经济学奖获得者、经济学家丹尼尔·卡尼曼及其合作者阿莫斯·特沃斯基于 1979 年创造的一个术语，并渗透到个人及职业生活中。可以理解，致力于发展计划的企业自然希望它们能发挥作用，因此也会对那些能够肯定它们成功的证据青睐有加。

确认偏误最终会强化甚至加剧过度乐观的问题。企业计划越全面，规划者越容易受此问题影响。这些行为并非个案，而是普遍的现象。确认偏误是影响 5×5 创新法开展的一个关键因素。

企业不得不处理日常事务，这种压力给了它们一个不愿意进行创新实验的看似合理的借口，即便从技术角度来看，它们完全有能力做实验。企业现有的认识、规范以及激励机制造成的惯性思维，削弱了管理者们重新思考的意愿。他们的智慧和创造力也许还在，但是已经没有了创新动力。企业文化征服了人们的认知思维。

换个角度来看，企业领导并非懒惰，也不是不愿意进行创新假说探索。他们只是过于忙碌，无暇顾及创新假说的检验。比起开展创新实验带来的价值，他们更担心其实施过程可能会产生较大的风险，耗费较多的时间。在他们心里，做实验倒不如不做实验。所以为什么要承受诸多麻烦设计商业假说呢？这样做纯粹是浪费时间和金钱。

但其实，时间和金钱并非是阻碍企业进行实验的真正问题，尽量减少时间和金钱投入是 5×5 创新法的核心。有趣的是，设计引人入胜的商业假说和简单实验不仅是关于认知局限性和成本的，它本身就是一种新的行为模式。

正如麦肯锡咨询公司创始人、现代管理咨询之父马文·鲍尔（Marvin Bower）敏锐地观察到的，文化是“我们这里做事情的方式”。商业假说刚好不是大部分企业做事情的普遍方式。企业提出商业假说和设计创新实验的话语环境和期待非常有限。大部分企业内部已经给它们的计划和分析过程贴上了优于商业假说和实验的认识论“标签”。企业的行为表明，对于获取可付诸实践的创新见解来说，简单实验好像只是次要而非主要的途径。这正是企业文化的核心问题。

实质上，相反的意识确定了精英科技创新。一个富有开拓精神的创新假说对现实世界而言的意义以及实质上的重要性无论怎么说都不过分。谷歌、亚马逊、苹果、奈飞以及第一资本金融公司（更不用提世界一流的研究型大学了）普遍使用这种根据假说设计创新实验，致力于通过实验获得创新发现的方法。对于大部分企业来说，这种方法是非常陌生的。它们有钱，所以并不会坚持开展大量有趣的实验；但是，如果它们坚持开展大量有趣的实验，它们会更有钱。

这些实验不像“把东西扔到墙上看看它能否粘住”这样即兴的实践。相反，这些实验深深植根于严谨的思维过程。商业假说具体反映了企业关注的问题，或者，也许更重要的是，它们反映的是企业创始人关心的问题。

这种常规环境有助于向人们解释为什么很多企业对传统的计划和数据分析进行时间和资源上的病态投资。不幸的是，企业管理者在商业假说以及现实世界的简单实验设计方面的投资少之又少，并且呈现出极端边缘化的特点。

例如，大部分企业的执行官都能讲述他们企业的高级战略方案。但是，如果让他们详细描述一下作为这些战略方案基础的商业假说，那他们会不会感到舒服、自信呢？然而，这些问题都已经从他们的日常话语词汇中剔除掉了。

进行创新实验的诱因也至关重要。想一想，有多少企业认可并回馈来自企业内部的新创意？又有多少公司庆祝并分享它们的商业假说和创新实验？在像第一资本金融公司、亚马逊这类企业中，进行商业假说实验已经成为其文化的操作规范。在我提供咨询服务的企业中，只有为数极少的企业在尝试 5 × 5 创新法之前曾经正式审查或资助过商业实验。对于它们而言，提出工程提案、进行项目计划与试点都没问题，但是想开展商业实验却不行。正如现代管理学之父彼得·德鲁克所说：“能够估量结果的事情就能做好。”然而，谁来评估那些重要的商业假说的价值呢？

当今世界最有名望的商学院和高级管理教育项目一直在培养这种对创新实验制度上的轻视态度。例如，在 20 所顶级商学院中，大多数面向学生举办的竞争激烈的商业计划竞赛中，有哪些项目、奖励或班级在庆祝精心设计的商业假说或实验？在优秀的工商管理硕士毕业生中，绝大多数人都没有接受过设计商业实验方面的教育、培训或鼓励。

实际上，全世界范围内的传统商业文化都对商业计划青睐有加，而对商业假说重视不够。为什么工商管理硕士和企业高管们不能对它们一视同仁呢？正如理查德·泰勒（Richard Thaler）和卡斯·桑斯坦（Cass Sunstein）2008 年合著的《助推》（*Nudge*）一书中提到的"选择架构"理论，商业计划仍然是众多企业领导者默认的创新文化、组织及运营的首选。可持续性的创新实验文化需要围绕商业假说进行健康的沟通以及争论。但是，企业里普遍存在的规划倾向和范式仍然占据着主导地位。具有讽刺意味的是，商业假说的创新灵感价值消失殆尽，变成了"事后诸葛亮"式的无用之物。

推行 5×5 创新法并非要把普通的企业管理者变成非凡的科学家。以简单的、让人信服的商业假说为基础，协助企业进行合作创新、提高管理动力才是其宗旨。当人们意识到，商业假说和实验设计需要与商业提案和计划完全不同的人际互动行为时，企业创新文化的改变才会真正开始。

什么推动改变

培养企业养成以商业假说为创新之本的习惯很难。但是，当企业管理者明白哪些是其不了解、需要积极学习的事情时，采用商业假说就会变得容易了。当企业管理者意识到简单实验可以比复杂分析更快地让企业获得创新远见的时候，采用商业假说就变得更实际了。当企业经理知道，相对于通过经验学习，通过实验学习是一种更好的投资时，"采用商业假说"就真正可以发挥作用了。

在某国的一家大型电信公司，企业的首个 5×5 创新法实验组合根本没有显示出企业"百花齐放，百家争鸣"的创新目的。尽管在该企业的管理层里，科学家和工程师不在少数（他们中许多人都在西方国家读完了研究生课程），但是其 5×5 团队提交的创新方案与新产品商业计划没有什么区别。令人耳目一新的创新假说太稀缺了。公司是如此庞大复杂，以至于让企业员工采用简单、可评估的商业实验进行创新会使人从骨子里感到难堪。"大公司就喜欢大方案，不喜欢小实验。"一个高管这样说道。

这家企业发生了什么改变呢？没有深刻的顿悟或突破。这种创新意识源于企业的创新内省。当各个创新团队演示它们宏大浮夸的商业计划时，少数认真的参与者认为，他们的创新团队其实对企业或客户的重要信息知之甚少。

这些并非边际差距或遗漏的业务难题，它们代表的是涉及整个企业（不仅是一两项职能方面需要更好理解的基础问题），它们的宏大商业计划有巨大的漏洞。

这时候，激烈的争论就像机关枪似的开火了。我通过翻译才知道，一些企业的高级经理建议开展商业研究和分析，并设置委员会专门进行此事，但其他人则抓住机会就他们承认的疏漏设计商业假说。

人们议论的话题从他们原以为要施行的新的商业计划转向了他们需要学习的新的认识上。人们不再争论：“我们怎样才能把计划做得更好？”而是开始询问：“我们需要学习些什么，以我们能达到的最快速度使这项工作尽快开展起来？什么样的实验可能会使我们得出那样的认识？”

这种从改善商业计划到加深对可衡量的创新实验方法的理解和意识的变化非常重要。对该电信公司而言，通过智能手机和其他数码设备改善用户体验是设计富有竞争实力的商业假说的基础。公司创新领导不想只是模仿西方公司的做法来定义用户体验，他们希望向用户提供认可价值观念的用户体验（正如他们认可的那样）。

这种意识成为企业创新假说和实验设计极其鼓舞人心的主题。两个创新团队提出商业假说，以性别为基础确认都市用户可能的使用差异。另一个创新团队则以重新定义个性化定制为基础来设计用户体验商业假说，富有未来特色和功能的个性化定制线路图最终变成了为它们提供快速测试机会的商业假说的幸运星座。

一个更富争议的商业假说关注的是，公司应该成为哪种与地方及区域企业合作的创新伙伴。把这些创新主题看作可检测的商业假说而不是可执行的商业计划，从根本上改变了团队的动力。商业假说取代商业项目或计划，成为企业讨论的组织原则。

同样，我通过翻译了解到，公司管理者们开始在创新实验设计方面竞争，希望利用公司面临的基本商业挑战获得更好的创新见解。这时候，人们反复讨论、修改和完善他们的商业假说，这些商业假说进而又推动人们进行创新实验设计。

5×5 创新团队探索商业假说和实验的强烈意愿中包含了一个重要因素，那就是作为一家电信巨头，该公司完全抓住了“网络效应”的力量。互联网澄清了这样的市场现实。

技术和营销人员都明白，即便是在小城镇上进行的简单实验，仍旧可以从技术层面上应用于大的地区。电信网络使他们有机会进行具备扩展性的服务和用户体验实验。换句话说，这种自下而上的创新实验经济与自上而下的战略方案布局的效率一样好，甚至更胜一筹，但这并不符合该公司创新文化和实践的规范。

“我们审查商业计划，商业假说或实验不在我们关注的范围内，”连一个业务部门领导都这样说，“我们不习惯这样的方法。”

宏大商业计划与微小创新实验之间的强烈对比改变了人们的期待。商业实验的简单性、易得性及开展可能性使假说的潜在商业价值更加真实。

创新参与者开始挑战自己和他人。他们所在的这家大型的、行动迟缓的公司能否以较快的速度、更节省成本的方式开展这些商业实验？他们到底是从实验中还是从商业调查和分析中获得的信息？通过实验是否比通过经验获得的创新见解更安全、更经济？

不用说，这正是公司高管参与的创新讨论中想要了解的问题。企业高管都希望他们的创新团队在探索创新机遇时灵活而敏捷。

同样的认识和行为改变也发生在一家巴西的化妆品公司里。该公司最初的 5×5 创新法构想聚焦于确定客户和销售队伍的新思想。但是，当创新参与者获悉公司对最佳销售人员和优秀销售人员缺乏基本分类时，其创新着眼点也发生了变化。例如，公司最好的顾客能否转变成影响者、销售伙伴甚至变成销售人员？真的可以吗？这些都是公司的核心文化和战略问题，也是与会者热切关注的问题。这些创新问题很快就成为可检验的商业假说。

“我们是巴西人，我们真的很喜欢让销售人员试点测试新产品，”公司的一个研发经理对我说，“但我们从来不说我们是在与他们或为他们进行实验，这是一种与他们合作的不同的方法。”

根据以往的经验，公司知道通过调查问卷并不能获得可信的答案。然而，用以测试而设计的各种商业假说的实验却有可能提供给公司从来没有想象到的创新远见。无论如何，只要巴西人想要就发现的东西达成简单的一致意见，他们就不会在将“充满激情的好奇心”看作商业假说方面有困难。创新团队成员自然对其设计的创新实验非常在意，因为这不仅是一种智力活动。

虽然上述两家公司所在行业、文化以及公司形式截然不同，但它们却几乎都是以同样的方式开始进行商业假说实验的，商业计划不如商业实验提供给公司的认识更重要。很多 5×5 创新法团队都认为，设计简单的实验组合比制订宏大的计划更符合现实。作为一种合作工具，商业假说在获得可执行的创新见解方面超过了商业计划。优秀的创新实验可以使好的商业计划更出色。5×5 创新法通过改变人们的行为改变着他们的思维。

研究员与规划员

纽约大学发展经济学家、世界银行前高级经济研究员威廉·伊斯特利（William Easterly）以完全不同的、引人注目的全球商业环境为背景，为我们提供了一个对这些相互竞争的创新方法的清晰而绝妙的描述。在他 2006 年出版的《白人的负担：为什么西方国家对第三世界的援助功不抵过》(*The White Man's Burden:Why the West's Efforts to Aid the Rest Have Done So Much Ill and So Little Good*) 一书中，他把国际援助社会分成了两个文化迥异的阵营：规划员和研究员。

“规划员认为自己早已知道答案，”伊斯特利在书中写道，“而研究员则承认自己根本不可能提前知道答案，他认为贫穷是一个政治、社会、历史、制度以及科学技术等综合因素相互作用造成的复杂混乱的结果。”规划员相信外部专家，而研究员则强调运用自身力量解决问题。

伊斯特利认为，本地知识、技能以及环境对可持续的成功是不可或缺的。他举例详述了人类学家詹姆斯·弗格森（James Ferguson）对加拿大国际发展局与世界银行合作进行的一项失败的资助计划的研究，该项目旨在帮助莱索托山区的农民获得进入市场的渠道，发展现代畜牧业管理和农作物的生产方法。伊斯特利指出："该项目承诺食品产量增加至 300%。"

但结果不遂人愿，正如社会批评家维吉妮亚·帕斯楚（Virginia Postrel）在她的评论中所描述的：

这个项目完全失败了。其推行的山脉管理技术与当地保护户外放牧的法律相矛盾，其农业种植计划受当地糟糕天气的影响也注定要失败。

实际上，当地人早已明白本地区不适合发展农业。伊斯特利报道说："项目经理抱怨当地农民都是'失败主义者'，'不把自己当农民看'。也许当地人真的不认为他们是农民，因为他们的确不是农民，他们是南非矿业的移民工人。"

当然，失败是试误学习（Trial-and-error learning）的一部分。问题是，该援助项目几乎没有得到足够多的关于竞争或是抱怨的反馈信息。相反，伊斯特利强调说，推行者是按照富裕国家投入的资金多少来衡量成功的。他认为，根据对非洲的加倍援助来赞美西方八大工业国家，这就好像基于预算高低来评估好莱坞电影的优劣一样。

那么，伊斯特利的高见是什么呢？他宣称："唯一的大计划就是再也不要开展什么大计划了，唯一大的解决方案就是没有大的解决方案。不仅在西方，全世界各地的人们都可以成为研究者。"

伊斯特利对全球反贫困斗争提出的最重要的建议是什么呢？"实验，基于来自受益人和科学测试的反馈信息开展评估。"

当然，外国对贫困地区的经济援助与创新实验商业投资并不完全相似。但是，伊斯特利的"研究员"和"规划员"角色定位看起来倒不像漫画那样夸张，而更像卓越的组织模式。毕竟，经验丰富的规划员为什么要费尽周折设计商业假说或安排实验呢？表面上看，他们知道自己在干什么："如果我们建造了它，他们就会来。"与其说这是商业假说，倒不如说是成本最高的潜在规划设想。

商业计划基于一个知识推定，而实验探索则基于一个无知推定。这种差异非常明显。的确，大部分企业拥有的都是一个规划员、研究员以及介于规划员和研究员之间身份的工作人员的混合体。但是经验现实依旧是：投入商业计划的企业资源远远超过了投入商业假说和实验的资源。

正因为如此，像美国最大的工业设计公司艾迪欧公司的创始人大卫·凯利这样的企业家才会言不由衷地说：“在艾迪欧公司，我们相信富有启迪作用的实验和错误比完美的智力计划更有价值。”

当然，艾迪欧公司及其全球客户都在制订计划和战略。但是，具有启迪作用的设计思想意味着，它们在执行商业计划和战略前服从实验证明和错误修正。凯利的评论证实了为什么规划员在企业中普遍享有优先地位的社会文化原因。计划谬误依旧存在，并在企业高管层的创新发展议程中占据主导地位。

商业假说遭人怀疑，其主要原因在于：它本身就是对无知的承认。人们做实验不是因为他们知道结果会怎样，而是因为他们对此一无所知。对真正有效的商业假说和实验的诚恳投入，要求研究员具有一些让完美计划规划者深感不安的性格特征。规划者早已知道商业计划或企业战略的结果，因此对他们而言，好奇心与谦逊就显得极不自然，自相矛盾的证据或模棱两可的结果并不受他们欢迎。坚持商业计划，保持发展路线，继续实施企业改革措施。在必要的时候，我们总可以进行调整。

相反，严肃认真的实验则要求研究者具有开展实验的好奇心和等待实验结果的开放谦虚的胸怀。开展实验的人应能接受各种可能性，他们通过实验获得的结果也许会改变他们的思想和发展方向。另外，提前设计好的综合性商业计划可以解决每一项可能出现的偶然事件，而商业假说和实验则不同，人们总会发现其他可以测试或开展的假说和实验。这种持续不断的好奇心和谦虚的态度需要研究者时时保持一种紧迫感，以更快的速度进行探索变成了一种专业常态。

这种健康的好奇心、谦逊态度以及紧迫感的结合足以向人们解释清楚为什么商业假说和实验在企业高管会议上难以得到较多的支持。大部分企业管理者想要更好的答案，而不是更好的问题；他们想要展现更大的信心，而不是更谦逊的态度；他们想要表现超乎常人的知识和专业技能，而不是自己的无知；他们迫切想要实施计划，而不是开展实验。他们认为，商业假说和实验只能制造摩擦和热量，而不是润滑和光明。

正因为如此，商业假说和实验才在企业文化、组织和实施方面困难重重。5 × 5 创新法只是克服主导企业管理者思想认知和文化阻力的第一步。

克服阻力

我发现，有三种启发式方法可以帮助商业假说提高赢得企业高管接纳和支持的概率。它们都源自对 5×5 创新团队成功驾驭从规划员向研究员的转化过程的观察（当然有些人从来就没变）。

商业假说构成了一个企业高管们关心的挑战

情绪感染和战略定位非常重要。一个与企业核心价值、竞争优势或战略使命完美呼应的商业假说总会获得更多的关注。对于前面提到的中国电信公司而言，如何通过探索用户体验简单改变降低成本、增加企业细分客户的机会具有巨大的吸引力。该公司本来可以一直做研究，但是它意识到通过开展简单实验可以了解到更多的信息。不同管理层级对创新实验的好奇心促使公司加强了商业假说的设计和商业实验的开展。

对于巴西的那家化妆品公司来说，把公司最好的客户变成产品销售传播者激发了大量的商业假说。公司应该如何定义“最好的客户”？他们怎样才能具备资格和能力？公司是否应该对他们进行培训和教育？如何给他们报酬？他们如何与公司现有的销售团队合作？每个人都有很多激动人心的想法和提议。而创新团队面临的挑战就是协同合作，将这些可以进行测试的商业假说转化成快速、低成本、简单的实验，这本身就是在强大的约束与限制下进行的。但是人人都明白，通过这些实验获得的结果将有利于公司实施正式的商业计划。公司的创新文化随之改变，高管不仅关心他们的商业计划，同样也重视他们的商业假说和实验。他们必须两手一起抓。

商业假说提供了一个组建创新团队的企业组织原则

不可否认，企业管理者的实验热情和支持也许同样重要。最有效的商业假说具有跨职能的吸引力，能够激发成员之间的精诚合作。最具影响力的商业假说不仅可以激发公司市场推广或销售部门的热情，而且还可以得到公司人力资源部门、客户服务部门以及研发部门的热情支持和参与。由商业假说引起的事务和关注，要求公司多个职能部门在商业实验设计方面通力合作。

实际上，5×5 创新团队经常讨论的问题是，它们的多元化视角在构建对企业具有吸引力的假说方面有多么重要。在巴西的那家化妆品公司，其市场推广、销售、信息技术、客户服务以及人力资源等部门也都需要参与进来。公司的研发部经理说：“我们从一开始就明白，这个商业假说涉及面太大，不是市场推广或销售部门就可以掌控的。明智的做法就是做实验，使大家都感兴趣并乐于加入进来。”

这种跨职能、合作型的设计思想有助于防止一个重要的商业假说被看作诸如市场销售或研发这样的部门的垂直功能管理下的事务，更广泛的吸引力可以促进企业内部多部门的合作、支持与贡献。

商业假说能确定、融合、影响企业对创新实验方案的采纳

商业假说的这种诱导作用与其本身的关联性、灵活扩展性以及影响力直接相关。有效的商业假说并不会要求企业管理者建立独立的特殊团队或分出一个专门的团队。创新参与者一眼就可以看出基于商业假说的创新实验对企业产生的直接影响。对于中国的这家电信公司来说，用户体验与公司的市场战略、品牌建设以及服务需求直接相关。人们知道通过实验获得的见解将会转化到网络及其计划服务中去。而在巴西的那家化妆品公司，5 × 5 创新法参与者意识到，设计商业假说的目的并非获得富有开拓性的实验，而是创造能够以一种建设性的方式影响所有相关职能部门的实验，让它们知道怎么做最好。开展实验并非从事副业，参与者可以从中获得可执行的丰富见解。

鉴定一项实验的效果并非只看其是否成功地检测了商业假说，而是要看它如何更好地影响企业，使其能够确定并融合相关的实验结果。这些启发式作用再次凸现了这一核心观点——文化（而不是认知或管理能力），构成了影响商业假说和实验投入的最大障碍。但是，围绕构建简单假说的建设能力的提高，需要企业投入很多经济和组织资源。

第 14 章　关于创新实验的问题与解答

问题一：你们已经做了这么多事情。你学到的事情中哪三件对于协助 5×5 创新法最重要

最主要的收获是，几乎人人都觉得这项工作值得他们付出时间和努力。我几乎从未遇到过哪家企业认为它们通过建立创新工作小组或雇用外部顾问也可以做得一样好。

这三件最重要的收获细述如下。

1. 设计引人入胜的商业假说很难

这一点再怎么强调也不为过。一般来说，要想设计出简单、有趣同时又非常重要的、让相关人员为之兴奋的商业假说并非易事，创新团队成员需要为之付出巨大的努力。出于各种原因，因果关系式的思考方式［即“如果我们做了 X，那么我们的客户（或者供应商或合作伙伴）就会做 Y”］被证明并不可靠。那些试图完善、修改它们的商业假说的创新团队向我提了很多问题，我最直接的建议就是，按照创新主题去思考（诸如用户体验、客户细分或社交媒体等），同时提一些与这些创新主题相关的、最关键的、基础性的商业问题，然后把它们当中最好的问题转化成商业假说。

例如，如果创新主题是“提高顾客的能力”，那我们提的一个合乎逻辑的问题可能就是“顾客可以下载什么应用来大幅度提高自身能力，从我们的产品中获得更大价值”。一项 5×5 创新法假说刚开始可能会是这样：“如果我们提供给最佳顾客可以做 X 的手机应用，那我们就会大幅提升自身能力，促进我们的高价值产

品特性的宣传并给予支持和帮助。”当然，一个严肃的 5 × 5 创新团队会确认公司的市场推广、销售、客户服务或者信息科学专家是否应该提供这种手机应用。除此以外，它们还要考虑哪些“最佳客户”应该得到这样的机会，以及如何得到的问题，具体到什么程度可能会以最快的速度获得最好的结果？经过再三考虑，是不是为普通客户都提供这样的手机应用要比仅仅给最佳客户提供更好？这些问题使得商业假说设计更难了。

2. 人人都想在老板面前一展才华

毫无疑问，实现 5 × 5 创新法效用的秘诀在于向公司高管（甚至董事会成员们）呈现一个让人印象深刻的优秀创新实验组合。5 × 5 创新法一方面促使团队成员不断提高他们的演讲技巧，另一方面又促使企业老板关注那些有才华的创新团队。创新团队成员在向公司高管展示他们的创新实验时，有点像参加美国真人秀电视节目《美国偶像》（*American Idol*）、美国 ABC 电视台的一系列发明真人秀节目《创智赢家》（*Shark Tank*）或者 BBC 广播电台的真人秀节目《龙的巢穴》（*Dragon' s Den*）这类电视真人秀节目一样。但是绝大多数 5 × 5 创新法的参与者都希望他们的同事、老板以及同行这样说：“这真是一个重要的实验提案。如果是我，真想不出这样的办法。实际上，你们的整个创新实验组合改变了我对事情的看法。晚些时候，我们可以谈谈吗？”

3. 真正团结协作、保持多样化的 5 × 5 团队表现最好

的确，总有一些有天分的人能够设计出优秀的商业假说或更出色的创新实验。他们总是引人注目，易于被发现。在他们的 5 × 5 团队里，其他团队成员说得少、做得更少。他们的工作一般都很出色，但这一切都只是根植于他们个人的智慧。对于有些企业而言，这种个体智慧还远远不够。

我见过的最成功的 5 × 5 团队都是真正多样化的团队：团队成员代表了企业跨职能的各个部门，拥有综合性的工作经验。每个成员的付出都使团队更有智慧，互利互补。

如此一来，他们设计的商业假说和实验就反映了他们自身的多样性：更具企业整体观念，解决整个企业关注的重要问题，实验设计跨越了企业内部各个职能部门的限制。高管可以借此清楚了解企业实际运营的方式，而不是组织结构图上

显示的内容。观看创新团队的展示会很有意思。

问题二：你见过的 5×5 创新团队经常犯的错误是什么

急于求成，想立即获得五个伟大的创新实验。

创新团队最初把大量的时间花在了互相询问好主意上，没有认真讨论对于企业未来而言最关键的问题。人们将来还会有最好的主意，但是对于创新团队来说，最重要的莫过于就它们集体想要完成的任务达成某种共同意识。成功的创新团队致力于此，而稍逊一筹的团队则会发现要形成共同意识很难。管理得当的 5×5 创新团队的亮点就在于，团队成员们通力合作，建立和完善最好的个人创新实验提案。虽然已经是陈词滥调，但我还是想强调一下，包含五个成员的一群人和一个真正的创新团队之间有着巨大的差异。不要不理会或小瞧 5×5 创新团队成员们的经历，实验、创新、演讲这些社会化方面的技能至关重要。

问题三：一切看起来都非常合理并符合逻辑，那么企业拒绝 5×5 创新方案的主要原因是什么

有两个原因可以解释企业拒绝创新实验的 75% 的理由。其一，企业，或者再准确点说，一小部分企业领导已经有一个正在进行的创新实践，5×5 创新方案被看作竞争对手或分散注意力的东西。具有讽刺意味的是，5×5 创新法的最大优势也是其最大缺陷：因为 5×5 创新实验快速、成本低同时又很简单，所以相比较而言，其成功就使其他创新方案显得缓慢、昂贵而又复杂。当然，5×5 创新法应该成为企业创新实践的有益补充，而不是取代企业正在开展的创新方案。既然如此，企业高管可能会想："我们为什么要冒风险这样做呢？"

另一个原因虽然有点愤世嫉俗，但更简单一些：人们都知道 5×5 创新法意味着什么，但他们都不想面对 5×5 创新法揭示的企业问题。他们都知道企业有问题，但又害怕 5×5 创新法仅仅会揭露问题，而不会提供解决问题的重要途径。可是我认为，如果企业的创新文化具有活力而又健康的话，那 5×5 创新法会得到热烈的欢迎。只要创新方案有价值，健康、有活力的企业创新文化几乎会一直支持创新团队进行下去。如果健康的创新者放弃了一项 5×5 创新机遇，一般来说，他们肯定已经有了一套完整的方案。

问题四：你有没有一个可以与想要取得成功的 5×5 创新团队分享的技巧或办法

的确有。这听起来有点玩世不恭，但为了成功，你可以忽略顾客、客户以及合作伙伴，只要你确定你真正的老板是谁，或者人人都明白明年就要得到提拔的高管是谁，或者公司的首席执行官是谁。构想一个包含五个实验的创新方案，确保得到这个重要人士的青睐。只要能使你们真正的“顾客”开心，就不会走弯路。

第 15 章　开展创新实验

机器是用来回答问题的，而人类生来是提问题的。

凯文·凯利（Kevin Kelly）

一流的实验室就是：普通的科学家也可以在那里取得卓越的成就。

帕特里克·布莱克特（Patrick M. S. Blackett）

按照设计，5×5 创新法体系重视的是灵活性、适应性及现成的科学技术：无论是什么技术，只要有效果就行。但是随着技术不断被颠覆以及商业挑战的加剧，这种简单的特性能否支撑下去呢？顾客渴望物美价廉，而看似具有竞争潜力的战略优势稍纵即逝。5×5 创新法能否在充斥着风险的未来环境中成功地驱动轻量级、影响大的价值创造呢？

创新发展的未来将会证明 5×5 创新法友好的一面。创新实验的新型经济有力地支持着早已为快速行动做好准备的创新者。创新者的视野依然重要，但是企业战略优势越来越加大了对多样化的创新假说及实验组合的依赖。然而，客户的想法以及企业战略优势属于重中之重。聪明的客户会把你们的创新实验看作极具潜力的投资，助力他们更好地管理创新与风险。精益、迅速而又简单的创新实验会重新塑造未来的创新生态体系。

未来的发展趋势会更有利于 5×5 创新法的运用。实验驱动的未来以及以未来发展为目标的实验将会像以下描述的这样：

即时通信、即时搜索、即时调查、即时协作，未来的商业实验也是即时进行的。开展实验将和执行搜索一样自然随意。创新者和企业家们开展实验的频率、即时性以及热情将如同他们现在发短信和推特一样。只需敲动键盘，尚未充分发展的商业假说就会变成在全世界范围内开展的目标明确的 A/B 测试。获得初步实验结果的速度越快，创新者和企业家们向他们的同事、合作者以及客户发送私人推特的速度就越快。

越来越多的社交网络平台涌现出来：Facebook、领英、Yammer、Jive、Twitter、Pinterest 以及 Yelp。商业实验的未来也必定是社会化的。企业自我组织及同行评估实验设计的模式确保了企业对待创新远见的认识和一致性，协作实验成为完美的多媒体和多模式的企业创新方法，共享的可视化工具与复杂的量化方法一起构建了人际互动行为，社交网络形式的跨职能实验有助于其在社交网络上获得成功。

亚马逊网站上的图书、声田（Spotify）网站上的音乐以及奈飞公司的电影，这一切似乎都表明，商业实验的未来也是经高科技推荐的。智能推荐引擎技术不仅能够自动为人们提供该读什么书、该听什么歌曲以及该看什么电影的建议，还可以向人们推荐该进行什么样的商业假说测试。“像你一样的市场营销人员”“像你一样的销售员”或者“像你一样的软件开发人员”将会得到基于统计关联和模式匹配数据驱动的推荐假说。有抱负的创新者将会把其中最满意的推荐假说放进他们的创新“购物车”里。毫无疑问，其中一些会作为实验礼品赠送给企业同事和潜在合作同伴。

这些智能推荐系统将会精确地把人的具体特点和性格与产品、其他人以及内容进行匹配，这将会是非常有趣的事情。因此，Facebook 网站基于经仔细计算的社交图连接的差异性的数据点（人们以及与之相关的数据）向人们推荐朋友，而亚马逊网站则参考人们过去购买的图书作为基准向人们的购物车里推荐产品。这两个网站使用的方法都取得了杰出的成果，使用它们网站的人越多，它们的表现就越好。其他企业值得模仿它们。

计算机演算规则系统赋予了这些智能推荐引擎力量——回归、朴素贝叶斯、支持向量机、决策树形图等，这些都已经不算是什么新东西了。但是它们整合与匹配数据集的计算能力，使它们成为崭新的商业假说的数字资源库。奈飞公司的视频推荐功能之所以如此令人信服，其元标记和行为分析法的作用功不可没。依照概率原理和实践，它们也能被改造并用于创新实验中。经过改造的智能推荐系统不是用来向人们推荐个性化的视频节目供人们放纵式观看，而是协助人们进行充满激情的商业假说设计。未来的 5×5 创新团队会采用哪一条推荐建议呢？

能够自动编程的培根计算机、AM（自动数学家程序）、深蓝、亚当以及沃森等人工智能机器都已经被人类创造出来。商业实验的未来也将会是自动化的。但是，这些自动化的计算机演算规则系统避开了那些维持智能推荐系统运行的人类行为或集体智慧的组成部分。依照自动化设计，它们能够识别那些即便是最聪明的人也不能或者直到为时已晚时才意识到的格式和可能性。它们是纯粹的机器学习与智慧。当 IBM 公司的沃森超级电脑在 2011 年 2 月击败美国著名智力问答竞赛节目《危险边缘》（*Jeopardy*）的超级冠军肯·詹宁斯（Ken Jennings，该档节目有史以来最成功的连胜纪录保持者）时，詹宁斯半开玩笑式地在他面前的屏幕上草草写道："我，作为一个人，欢迎我们的新电脑超载。"以作为他对《危险边缘》决赛题目的回答。

詹宁斯自贬式的幽默与世界象棋冠军加里·卡斯帕罗夫（Garry Kasparov）1997 年被 IBM 公司的"深蓝"计算机击败时的痛苦相去甚远。"我当时不在状态，"卡斯帕罗夫之后承认，"我对自己在比赛结束时的做法深感惭愧，我必须就今天的表现向大家致歉。我只是个人。"的确如此。

但是，一味强调精密高级的软件击败世界上最优秀的人其实模糊了一个更大的问题。在这些计算机与人对抗的比赛中，输家实际上不是普通人，他们其实已拥有了超乎常人的视野、分析问题与设计假说的能力以及获得非凡成就的智慧。除非他们能够给那些超级的计算机演算规则增加价值，否则作为创新合作伙伴，他们可能并没有多少价值（或者甚至一文不值）。

计算机科学的发现与国际象棋不同，它拥有与人工智能和机器学习研究亲密互动的长久历史。 在 20 世纪 70 年代，AM［指的是道格拉斯·莉娜（Douglas Lenat）设计的"自动数学家"程序］追求的是自动生成数学定理。20 世纪 80 年代，美国卡内基梅隆大学的赫伯特·西蒙与他人合作发明了能够自动编程的培根计算机程序，他是人工智能领域的先驱者之一，1978 年获得了诺贝尔经济学奖。培根是一个软件程序设计，被科学家们用以重新发现科学定律和原则。就如同象棋一样，同时期的技术局限性约束了它的成功。

正如前面提到的国际象棋比赛和智力问答竞赛节目《危险边缘》中出现的那种情况，IBM 公司的沃森超级电脑和深蓝计算机在世界级的科学假说和实验设计中的应用正在加速。机器人时代并非即将到来，而是已经到来。一个英国研究团队在 2013 年发表的一篇文章《走向自主科学发现的机器人科学家》（*Towards Robot Scientists for Autonomous Scientific Discovery*）中声称：

> 机器人科学家是实验室自动化发展的下一个合乎逻辑的步骤。它们可以使科学研究过程中的各个方面实现自动化：根据某一领域的计算机模型构思科学假说，进而设计实验，以测试这些假说，使用机器人系统运行物理实验，然后分析和解释实验结果。我们期待着机器人科学家与人类科学家合作进行科学研究的时代尽快到来。

该研究团队研制的机器人模型亚当已经构思了酵母遗传学方面的科学假说，并设计开展了实验，其成果完全可以在学术期刊公开发表，这一点当然并非偶然。据这个机器人发明者说，亚当的科学发现比较普通，但也绝非微不足道。随着根本技术的迅速提高，亚当的技术升级换代产品将会在众多学科领域中取得不俗的成就。

但是在未来的科学实验中，富有智慧的人类并非会变得无足轻重，能力不断升级的机器的作用却越来越重要，而人类已经丧失了在科学发现和设计领域唯我独尊的地位。这就意味着，创新企业需要对其三思而后行的经济模式斟酌一番，推荐更好的自动化模式也许会被证明比实现更好的推荐方法的自动化更具有投资价值。对于未来的 5×5 创新团队而言，准自主控制的机器人亚当将会成为它们的合作伙伴，不使用机器人也将会变成反常情况。

苹果手机、谷歌眼镜、平板电脑、雀巢咖啡、物联网、特斯拉电动汽车等，这就是自我量化的生活，商业实验的未来将具有普遍性。每个人和每样事物都以某种有意义的方式相互关联或者可以共同操作，逐步发展的数字数据和设备的全球网格只不过是新的创新选择的前兆而已。随处可见的相互关联和共同操作性的存在，创造出了世界历史及未来发展上最大的研究实验室。人、设备以及事物相结合的创新实验机会到处都是。

普遍的研究工具意味着人们总会获得值得去收集、关联以及思考的数据。任何事物都有可能成为创新假设和实验的对象。打个比喻，智能手机就是传感器，而平板电脑就是试管，合适的应用软件可以立即把数码设备变成显微镜、望远镜、示波器和光谱仪。社交媒体可以从本地、局部或世界范围内抽取公众的情绪样本，而搜索引擎则可以诊断人类、植物或者动物可能出现的流行病。

越来越智能化和具有自我感知能力的科学技术的结合创造出了新的需求，人们需要新的措施和指标来评估正在发生的事情。被动观察远远不够，创新者需要积极探索新的互联模式如何更好地促进新价值的创造。

"像许多其他技术一样，"英国一家物联网软件公司 EVRYTHNG 的创始人兼首席营销官安迪・霍博本（Andy Hobsbawm）说，"人们最好从采纳的角度而不是纯粹发明的角度来看待物联网。对于那些预期会使人们受益的创新举措，人们将会做何反应？如果被动应对（通过无形的方式完成有用的服务），那么他们应该对发生的一切了解什么、了解多少？如果想要使人们积极参与到提供这些服务的过程中来，那么他们需要哪种物理和数字接口呢？"

霍博本的这些问题迫切需要创新假说和实验来解答，但是这些物联网（无论是消费品类还是工业品类）从本质上说就是快速实验和测试的平台。实际上，相互关联和共同操作性已经将它们变成了实验室，使其充满了先进的仪器。实验成为把这些实验室转化为创新引擎的中间媒介，而普遍性彻底改变了这一过程。

即时性、社会化、自动推荐以及普遍性都是塑造创新商业实验未来文化和能力的重要因素、原材料和组成部分，但是不要把这些词汇当作实验设计中各自独立的因素，而应看作创新过程中基础价值投资的明确组织原则。

企业应该如何在"即时性"和"社会化"方面投资，用以区别它们从实验中获得的价值？比起自动化系统，什么建议类型能够提供更可信的实验见解？企业及其创新者在开展实验时希望拥有哪一种投资标准？无论是在企业内部还是外部，5 × 5 创新法未来的影响力就取决于这些投资选择。

上述五个长期趋势反映了全世界范围内的企业在管理其机构创新和投资方面的根本变化。这种结构上的变化影响了全球经济的每个部分，其技术架构也已经改变了创新经济，并会在今后的数十年间持续产生这样的影响。任何企业都无法逃离其普遍影响和潜在力量，创新、迭代、反复这一过程一直在持续。

一个多世纪以来，占据主导地位的创新范式是由研究和发展定义的。线型的、资本密集型的、复杂的研发过程是诸如杜邦、贝尔实验室、施乐、索尼、通用汽车、惠普、通用电气、IBM 公司、宝洁以及西门子等大公司创新的主要模式。大公司一般在研发方面投入的资金最多。

由于缺乏获得创新公司帮助或技术的机会，研发部门的工作就成为企业看待创新投资的光学透镜。从基础研究到实用开发和试点的代价和挑战涉及面广、成本高昂，而且风险重重。创新经济学并不友善，创新商业化常常会毁坏预算和计划。

这种传统的、线型的研发范式正在逐渐消亡，日益网络化的实验经济学正在扼杀传统研发范式。

互联网企业的兴起（本地与全世界企业的网络化[①]），创造出崭新的、非线型的、迭代的创新选择。企业创新范式从研发转向了实验与规模。互联网（特别是数字化网络）迅速、完美地把小型实验转化成崭新服务的能力代表的是与亨利·福特的高地公园装配线一样重大的创新革命。

工厂通过提高运营效率、扩大产量来开拓规模经济，而创新者则通过将简单的实验转化为增值服务来利用互联网经济。这种创新敏感性最成功的代表当然就是亚马逊、直觉公司、谷歌、Facebook、爱彼迎（Airbnb）、奈飞以及优步等公司，它们都是网络效应实验的领导者。这些公司开展规模化实验以及通过实验测试假说的能力，对于其操作有效性及用户体验至关重要。一项实验会激发另一项实验，尝试迭代效果的理念促使它们重复实验。

但是，更广泛、更引人注目的经济洞见就是，企业越是以网络为中心，基于网络的创新投资就会变得越有成本效益。例如，金融服务公司（像银行及互惠基金）越是依赖和接近网络，其客户推荐引擎或信用卡积分实验就会变得越容易、

① 在 1995 年互联网泡沫膨胀的时候，我曾半开玩笑地建议在广为人知的摩尔定律（Moore's Law）和梅特卡夫定律（Metcalfe's Law）的基础上再增加一个“施拉格网络定律”（Schrage's Law of Networks）作为补充，我认为：“增加网络价值最确定的方式就是将其与另一个网络连接起来。”最终证明，我这个半玩笑式论断非常正确。

成本更低。零售商如果能运用更富有创造性的方法探索将实体和数字化购物体验联系起来的全方位渠道，那么它们就会有更多的机会进行探索购物者“购买路径”的低成本实验。由于物流供应商采用多媒体网络来跟踪多个全球供应链，创新性的分配、聚合和路由算法实验就会变得更快、更廉价也更简单。

在一次次的全球产业（健康医疗、建筑工程、教育以及专业服务）的发展过程中，基于互联网的相互关联和共同操作性的商业投资，使得商业假说和实验的目标投资更有价值。网络化将实验从可变成本变成了边际成本，而网络化实际上为实验创造了新的市场。随着世界各地的企业加速进入网络云时代，全球创新气候也在发生相应变化。

知名美商策略顾问公司 APT 是帮助企业设计与进行现场实验最成功的公司之一，其共同创办人兼董事长吉姆·曼齐（Jim Manzi）声称：“基础设施建设是为了把每个测试的成本最小化，同时把每年的实验数量最大化。我们利用客户细分更好地实现实验结果的能力也在增强。”

云计算使也许可以被称作“可折叠式创新”的方法得以实现：一个 5×5 创新团队可以尝试从小处着手，然后进行较大规模的实验测试，再缩放回去完善那些没有按预期发挥作用的部分，这个过程可以反复进行。实验规模可以像实验一样轻松定制，这就意味着云计算“软件即服务”的模式能够以一种服务的方式有效地提供实验机会。这是一个巨大商机，足以引起企业高管们的注意。曼齐预测说：“我们将会看到企业管理者在可能为股票持有人带来更大价值潜力的问题上给予更多的关注和努力，并开展和应用多种实验。”这些实验经济能够重新调整企业在战略和战术上的金融投资预期。

问与答：实验者

经济学家盖瑞·乐夫门（Gary Loveman）在 2003 年成为了凯撒娱乐公司（Caesars Entertainment）的首席执行官。他要求其员工通过分析数据，而不是依靠直觉来经营。以下是从 2011 年我和他接受《麻省理工科技评论》（*MIT Technology Review*）杂志采访问答中节选的一部分：

问：凯撒娱乐公司的实验文化中最重要的事情是什么？

答：我们需要用实验性证据来克服预感和直觉。我们已经建立了流程和秩序，用以评估直觉和改善我们对客户需求的理解。我们可以从预感或坚定的信念开始，但是我们必须通过实验来动手解决这些问题。我们早已经历了把实验作为技术引入企业的时期，而到了把实验文化看作企业业务规划的阶段。

问：企业遇到的最大的阻力是什么？

答：我们遇到的最大阻力就是没有耐心和风险规避。比如，我们的一个业务板块收入低于人们的预期，相关工作人员认为他们知道背后的原因，但是他们却没有通过开展实验对该原因进行测试，也没有进行实验对照，整个创新探索过程全被毁了。这种缺乏耐心和狂妄自大违背了我要求他们遵守的规则。精心设计的实验是对该原因进行测试、了解问题实质的更好的途径。

问：什么使如此多的管理者钟情于他们的经验和分析，而不是简单的实验？

答：坦白地说，在这些企业管理者心中，有一种对个人本能的充满浪漫色彩的欣赏，但是缺乏对更科学的创新方法应用的精确要求。在我们的企业里，我发现靠直觉判断做事情是企业许多问题的根源。

问：当你 1989 年从麻省理工学院获得经济学博士学位的时候，行为经济学和实验经济学的声誉好坏参半。而今，它们似乎激励了许多想要进行创新的企业和行业，对吗？

答：我的印象是，在我获得博士学位的年代，我们一直在自娱自乐式地利用数学进行研究，而真的没有获得多少有价值的信息，以帮助现实中的人们做出真实有效的决定。我对此非常不满，坦白地说，我非常沮丧。当然，随着《魔鬼经济学》（*Freakonomics*）和《怪诞行为学》（*Predictably Irrational*）等书的出版，这些主题变得更受人们欢迎、更易于使用。这真是鼓舞人心的发展，它也大大激发了我对自己学科专业的研究热情。

问：就现实世界的实验和创新挑战，你想要告诉学术同仁的是什么？

答：老实说，我唯一的惊讶就是，创新实验比我想象的要简单得多。我还记得当初在上学的时候，寻找丰富的、可以进行研究的数据集是多么困难的事情。在我们的世界里，我们衡量做的每一件事情的价值。让我惊讶的是，做创新实验是一件多么容易的事情。而让我感到更惊讶的是，竟然有那么多人不开展创新实验。

云计算协助自下而上的实验与创新，就如同其服务于自上而下的创新计划一样。你们想从哪个小问题着手？以多大规模、多快的速度开展实验？在每一次实验中，你们想要了解多少信息？需要多少迭代？这些问题都需要你们进行思考和选择。实验与规模提高了创新速度，使其具有诸多特点：即时性、社会化、智能推荐、自动化以及普遍性。

但是网络化为驱动颠覆性创新的商业假说和实验的突破进展提供了巨大潜力。万维网创始人、传输控制协议 / 互联网协议（TCP/IP）的开拓者温特·瑟夫（Vint Cerf）回忆："我们原来以为我们只不过是构建了一个将众多电脑连接在一起的系统。但我们很快明白，这其实是一个将人们联系在一起的系统。"事实上，两者都是。正如我在很多地方观察到的，共同操作性已经变成了伟大的创新推动者：

> 作为一种商业和研究战略，共同操作性得到了越来越多不同学科的创新者的关注和投入。发展初期的纳米技术与生物技术混搭在一起；Facebook 网页和全球定位系统移动电话结合在一起；可充电电池和可远程控制的太阳能电池结合在一起。那些本来没有任何共同操作的可能性或看起来丝毫不相干的设备和学科领域也需要找到新颖、廉价而又便捷的相互关系。成功的共同操作性大大降低了把它们结合到一起的成本、风险以及复杂问题。跨学科的创新障碍被铲除。
>
> 西门子耳蜗植入设备、苹果手机、耐克跑鞋加速测量仪、LG 微波炉、微软游戏机以及宝马轿车之间的共同操作性是如何创造大胆的、多样化的商业机会的？谁知道呢？但是这个问题激起的好奇心揭示了全球创新环境下的根本变化。

多学科及跨学科相结合的实验与创新机遇在持续不断地迅猛增长。我们获得的最重要的启发就是：有利于企业发展的、具有共同操作性的创新经济，将会吸引雄心勃勃的"跨学科企业家"进行创意测试。

灵巧机智、经济高效的企业家的创新资本化不太可能来自传统的研发模式，网络化经济使它们变成了笨拙不堪、不合时宜的时代错误。创新成功将会从非集中式的、分布式的实验与规模创新计划（即那些顺利而又明智地将实验规模扩展到人与物的互联网）中的创新实验组合中涌现。未来企业开展与评估的也许不仅仅是 5 × 5 创新实验，而是 5 × 500 或 5 × 500 000 创新实验。

但是谁将设计、安排实验与规模呢？哪些工具与技术会支持跨学科的 5 × 5 创新工作呢？当 IBM 公司的沃森超级电脑和深蓝计算机实验与规模化顺利进展的时候，乔治梅森大学（George Mason）的经济学家泰勒 • 考恩（Tyler Cowen）建议人们使用“自由式象棋”半人马作为创新灵感。自由式象棋锦标赛给予人们在比赛中不受限制使用计算机的权利。这些人与机器组成的团队一般被称为半人马。考恩在其写的《平均时代的终结》（*Average Is Over*）一书中论述道，未来知识劳动者的经济价值主要取决于机器智慧与学习的能力。象棋既是考恩的比喻，也是他的榜样（在 15 岁时，考恩曾经是新泽西州最年轻的象棋冠军，这一点显然并非偶然）。

他指出，研究表明“在历史上最好或最精确的象棋比赛中，有很大一部分是在人与机器之间进行的”。的确，像深蓝这样的计算机完全可以打败哪怕是最好的象棋大师。但是，有智能软件协助的聪明人却可以频频打败纯粹的机器对手。

为什么会这样呢？真正有效的人与机器合作需要的不只是谦逊，还有智慧。考恩说：“真正好的人类棋手总是过分渴望战胜计算机，所以常常带入自己的判断。而最好的自由式象棋团队有着强烈的认知谦卑的态度，它们真正擅长的是提问题，所以它们会运行两或三个计算机程序，然后检查这些程序在哪些地方有意见分歧，之后就这些点进行调查，这就是人类胜于计算机的地方。至少就目前来看，计算机难以复制这一功能。因此，提哪些问题已经变成了这一自由式象棋过程中最重要的人类技能。”

考恩说，随着机器智慧开始挑战人类智慧，认知谦卑必须成为知识劳动者的核心竞争力。他补充说道：“想象一下未来中产阶级的工作：假如你的工作是与一台电脑一起读医学扫描数据，大部分判断由电脑完成，但是你可能会对某些特殊的、非同寻常的医学扫描数据说：‘哦，这个判断不太好，我需要请医生看看，再仔细研究研究。’你需要知道一些医学知识，但不用像医生懂得那么多；你也需要了解有关电脑程序运行的一些知识，但又不必像一个编程员那么专业；你应该擅长于做判断，并保持客观公正；你还应该知道，电脑能干什么、不能干什么。这就是如何与机器合作的方式：知道什么时候保持沉默，什么时候予以干预。”

这种未来的工作环境场景的影响远远不只像自由式象棋锦标赛那样，它还完美地绘制出了构思新颖的商业假说以及设计低成本、简单、富有独创性的商业实验中的挑战图。数据将会是数字化的，模式和位置将会是复杂的、具有竞争性的。但是人（5×5 创新团队）需要像参加半人马式象棋比赛一样得体地、创造性地进行“自由式商业实验”。

考恩的结论是什么呢？“因此，智慧和谦逊将会变成未来创新计划中更重要的认知美德。我认为，总体而言这是一件好事情。我们应该尊敬这些品质，我们也必须着眼于未来。”

充满活力的动态市场就是要利用这种需求。正如考恩的半人马理论警示的那样，将需要转化成有利可图的美德，既对创新文化期待构成了挑战，又使其发生了改变。本书需要以开始提到的论点作为结束：实验既是一种文化选择，又是一种技术能力。随着技术和科学的共同发展，运用它们的人与文化也在进步。

需要关注的核心问题是，如今有多少企业明白随着科学方法的改变，科学探究和洞察力也在发生变化。这让人回想起物理学家马克思·普朗克（Max Planck）对科学家寻找真理玩世不恭的文化见解。他曾写道：“一个科学真理的胜利并非通过说服反对者，从而让他们看到光明来实现的，而是因为其反对者最终都会死亡，对这个科学真理熟悉的新一代人成长起来了。”

这一论述也许过于极端，但是一个不容置疑的事实就是：构建未来商业实验的长期趋势同时也在塑造着未来的科学实验。商业与科学是否可能汇聚到同一条道路上？谁知道呢？但是它们之间的相似性已经变得越来越重要。《连线》（*Wired*）创始人兼执行主编、《科技想要什么》（*What Technology Wants*）一书的作者凯文·凯利描述说，科学不断地发展不仅重新定义了实验的本质，而且还改变了实验者的文化。围绕科学洞察力未来的激烈争论将会爆发。

凯利说道：

我们现在采取的很多方法或者与科学方法相联系的很多东西都只是最近才发明的，有些就是 50 年前才发明的，如双盲对照实验、安慰剂或随机抽样都只是新近才增加到科学实验方法中的。50 年后，科学方法上的变化将会比过去 400 年里的变化更大，就如同其他事物一样。

随着时间的推移，科学方法仍然在变化。它也许是一种我们仍旧在发展和完善的发明，或者是一项科学技术，又或者是一种工艺技术。它也许是我们迄今为止拥有的最重要的工艺技术，但是它仍然在经历发展、完善和改进，我们仍然在给这一发明增加新东西。我们可以在进行 N 等于 1 的实验中增加像三盲实验、多人编撰、量化自我等东西。我们正在做诸如保存和传递负面结果的事情。随着科学方法本身的变化，很多事情都在发生，正如我们不断完善的技术一样，它们也将影响我们开发的其他科学技术。

但是，凯利确认的有关科学方法未来的连锁反应和倍增效应对人类对话者具有共同的、引人注目的影响。他说："每当我们使用科学来解答一个问题或获得一些创新见解的时候，该问题的回答或获得的见解总会引起两三个新问题。任何从事科学工作的人都知道，他们经常会发现一些他们不懂的新东西，科学发现使他们的无知增多。尽管科学肯定是在增加人类的知识，但其实它正在以更快的速度增加我们的无知。因此你可以说，科学的主要效果就是使人类的无知不断地扩大。"

如果用"商业"代替"科学"，用"机遇"代替"无知"，我们就会发现，凯利的戏谑式论断正好解释了这一问题：为什么正在进行的实验革命确定了企业创新的未来？历史上从来没有过像现在这么好的运用实验进行创新或以创新为目标开展实验的时代。

参考书目论述

这里主要讨论的是对《MIT 高效创新实验法》一书的写作产生了重大影响及值得推荐的进一步阅读和研究的书。本书从各类非凡的实践者、研究者以及作家的创新、冒险和实验经历中得到了很多启发，这些人最重要、最普遍的特征是致力于从实践中获取真知，他们不是崇尚冷静分析的人。相比之下，他们之间最大的差异在于他们对待简单、快速而又节约成本的实验的态度，他们对简单、快速或者节约成本的概念还没有形成一致共识。这些定义上的分歧与差异创造了进行实验的富有成效的机会。

才华横溢的行为经济学家丹·艾瑞里（Dan Ariely）是畅销书《怪诞行为学》和《非理性的积极力量》（*The Upside of Irrationality: The Unexpected Benefits of Defying Logic at Work and at Home*）的作者，他对本书的编写及其"5 × 5 创新法"的形成产生了巨大影响。当我在麻省理工学院上学的时候，他的团队对实验设计的精确、低成本以及简单性的追求给我留下了深刻的印象。他们将注意力完全集中于人类行为和选择的根本问题。对比一下行为经济学实验带给人们的货真价实的利益，与众多大公司进行的预算庞大的品牌推广、市场营销、广告宣传以及客户调查测试，我们就会发现，两者实在无法相提并论。行为经济学家总会以更快的速度提供更好的商业创新见解。你也许以为你在读有关人类本性的信息量丰富的故事，但实际上你在上一堂有关实验设计的大师课。道格拉斯·霍夫（Douglas Hough）写的《卫生保健非理性行为》（*Irrationality in Health Care*）一书给我们呈现了一个非常经典的例子，即将行为经济学的见解和启发式思维方法应用于医疗健康领域可以（也理应）激发简单、安全而且可灵活扩展的实验，这既节约了金钱又拯救了生命。

吉姆·曼齐（Jim Manzi）写的《无法控制》（*Uncontrolled: The Surprising Payoff of Trial-and-Error for Business, Politics, and Society*）一书是认识论的杰作。该书内容严肃深邃，既易于使用又富于大胆创新精神。它对实验历史与文化进行了细致的调查与回顾，其他书籍与之相较逊色不少。没有哪本书像它那样把实验方法既看作一种商业资源又看作一种政策工具，深入探索并详细展示了其优点、缺点以及未来的潜力。即便是对科学一窍不通的企业经理，也会被他在实验设计及随机现场测试方面的温和技术讨论所吸引。该书"商业实验革命"一章向人们证实，肯定有大钱可以赚。实际上，曼齐自己就是一位成功的实验企业家。他的公司——应用预测技术公司（APT）是软件辅助大规模随机测试领域的市场领导者（补充说明一下，我曾受曼齐邀请，在应用预测技术公司一年一度的客户会上发表演讲。所以我认为，他既是我的朋友，又是我的同事）。对于那些致力于创新实验、把它们看作企业文化核心价值而不仅仅是有利用价值的技术能力的公司而言，《无法控制》是一部不可或缺的教科书。我特别喜欢曼齐一直坚持的观点，即：诚实的实验要求认知谦卑。

贝恩公司（Bain）前顾问理查德·科赫（Richard Koch）对其《迈向成功：80/20 效率法则》（*The 80/20 Principle: The Secret of Achieving More with Less*）一书进行了重新包装和改造，使其变成了一系列广受欢迎的出版物，其中包括一本商业漫画书。尽管有重复和冗余之嫌，但是他对维尔弗雷多·帕累托（Vilfredo Pareto）的实证研究观点的长期关注具有非常大的价值，即：只需五分之一的原因与投入就可以解释大部分的结果和产出。这种方法改变了我的商业假说和实验设计。在设计优化实验（也就是最佳选择）和足够令人满意的实验（即那些相当好的实验）这两种标准的企业组织愿望之间，80/20 法则给我们提供了具有强大经济吸引力的创新路径的替代选择。

放弃优化实验和令人满意的好实验，支持那些寻找至关重要的原因和本质的实验的做法，赋予了企业更大的自由与力量。科赫对帕累托的观点的阐释和发展可能最初看起来有点简单，但其 80/20 法则框架可以立即用于约束任性的实验设计、开发和创新部署争论。他的书都是轻量级的，但是影响力却很大。

阿伦·布朗（Aaron Brown）的《华尔街金融史》（*Red-Blooded Risk: The Secret History of Wall Street*）被认为是一本既古怪离奇又固执己见、既有综合性又有几分个人化的书。这本书表面看起来是在描述金融工程师接管华尔街的历史，但这种认识无法掩盖布朗在书中更大、更具有洞察力的贡献，即这本书真正讲述的是风险管理的工具、技术及科学是如何来到华尔街的。如果你想掌握对投资者来说可衡量的风险的数学、统计及概率结构的话，你应该读一读这本书。无需多言，布朗的这些观点主要基于华尔街的金融大环境，但是他在书中细述的风险管理的标准和见解对《MIT 高效创新实验法》这本书中讨论的创新实验投资具有启发作用，并为其绘制了漂亮而杰出的发展路径。

因为布朗本人就是一个事必躬亲的风险管理人，所以可以理解并流畅表达协调风险度量与风险文化的挑战。他在书中每一章几乎都在探索并解释用以识别、测量及缓和风险的概率统计技术如何与现实世界的投资摩擦和危机共同演进。例如，他对风险价值指标的意义和管理的历史回顾非常精彩，堪称经典。与之相似，其“当哈利遇上凯利”一章就仿佛知识的宝石，光彩夺目。布朗在这一章中将诺贝尔经济学奖获得者哈利·马可维兹（Harry Markowitz）的组合管理（也就是风险管理方法）与贝尔实验室物理学家约翰·凯利（John Kelly）的“凯利公式”（Kelly Criterion）进行了对比。阅读布朗的书不是为了设计出更优秀的实验，而是搞清楚如何更好地管理实验投资的风险。

斯蒂芬·托姆科（Stefan Thomke）的《实验纪要》（*Experimentation Matters: Unlocking the Potential for New Technologies for Innovation*）理所当然依旧是一本经典读物，值得人们反复阅读，而且读来总会有收获。他对实验的技术方面强调得有点过分，但他对快速实验及其迭代功能的关注值得人们思考。托姆科虽然忽视了假说的创造力和重要性，但是书中有关企业机构如何从实验中错失学习机会（从而不得不经历失败）的讨论，读起来仿佛就是在说昨天或下周的事情。该书对企业学习的强调以及书中阻力案例的研究，传递给读者的是与我这本书完全不同的感受。托姆科的行动导向更倾向于自上而下而非自下而上的模式；相反，《MIT 高效创新实验法》这本书推崇的是处于友好竞争状态的小而机敏的 X 团队。我们暂且不提两本书角度的不同，《实验纪要》这本书向企业高管们提供了一个极具说服力的案例，那就是：实验应该成为企业战略创新方案的组织原则之一。时至今日，托姆科的观点仍然有其实际意义。

麻省理工学院的艾瑞克·冯·希培尔教授（Eric von Hippel，顺便提一下，他是托姆科的论文指导老师）开创并宣传把领航式用户作为关键创新动力的概念。他的著作《创新之源》（*Sources of Innovation*）和《民主化创新》（*Democratizing Innovation*）激发了我的 5×5 创新法设计灵感。《创新之源》完美地展示了领航式用户的作用，而我也把《MIT 高效创新实验法》这本书看作领先实验者的故事，他们的创新假说和实验极有可能获得企业组织的认可，成为主流的价值创造原则。同样地，《民主化创新》其实就是一份"促使商业实验民主化"的邀请函。冯·希培尔教授对以用户为中心的创新观念进行了极富学者风范的讨论，其可以被看作有关新的实验经济学的论述。推动冯·希培尔教授的创新模式的动力同样也是创造民主化实验机会的精神。

《何为网络 2.0》（*What Is Web 2.0?:Design Patterns and Business Models for the Next Generation of Software*）的作者蒂姆·奥莱利（Tim O'Reilly），同时也是创造出这个词汇的出版商兼企业家，他在书中为我们提供了一个更平民化、网络化的用户驱动的创新模式版本，刚好与冯·希培尔教授的观念相对应。蒂姆·奥莱利对网络 2.0 服务"使用的人越多就越有价值"的描述精炼、富有说服力且意义深远。更重要的是，奥莱利与公司旗下作家们的相互欣赏与理解无人能比，他们提出的有关把互联网和物联网作为极具潜力的全球破坏性实验的实验室论断才刚刚开始由亚马逊、谷歌、Facebook 以及 Squares 尝试。互联网不是一个正在数字架构下进行的实验，而是一个促进数字化实验开展的架构。实验已经深深烙刻进数字媒体创新者的文化、心态与服务工具中，因此，其在实际工作中反倒常常被人们忽视，正如马歇尔·麦克卢汉（Marshall McLuhan）所说："发现水的绝不会是鱼。"许多数字化企业机构忽视了实验这一事实，其也许会为其他企业创造更好的创新发展机会。

微软公司的合作伙伴、设计师罗恩·克哈维（Ron Kohavi）发表的基于网络实验的论文和讲话既有用又让人喜欢，它们都是宝贵的财富。在强调实验出自微软／必应搜索引擎的同时，罗恩·克哈维对 A/B 测试、大规模测试以及实验设计方面的讨论都非常出色，并可以将其立即投入应用。对于 5×5 团队更大胆的网络实验提案来讲，我发现它们都是出色的引子和现实检查工具。

罗恩·克哈维与合作者的突出贡献在于，他们把商业实验置于技术化环境中来研究，这值得更多的企业管理者关注和思考。

与之相似，2011 年 3 月 1 日，麻省理工学院教授邓肯·西梅斯特（Duncan Simester）和西北大学教授埃里克·安德森（Eric T. Anderson）刊登于《哈佛商业评论》上的一篇文章“聪明商业实验分步指南”给人们提供了一个与罗恩·克哈维的文章类似的指导。这篇文章写得非常好，而且内容易于理解。文章巧妙地区分了分析研究与实验在辅助基于数据驱动的创新见解方面的作用。我非常喜欢这篇文章，因为它细致描述了实验与实验者遭遇的阻力和挑战。与斯蒂芬·托姆科不同，西梅斯特与安德森的方法对向创新者赋权似乎并不感兴趣，而是把希望寄托于企业顶层管理者对创新实验的投入，这并非易事。该文章明确指出，未来的创新文化战争将会在直觉主义者与数据资料库之间展开。

最通俗简单的数字化实验方法来自丹·赛洛特（Dan Siroker）和皮特·库门（Pete Koomen），他们是优化测试服务公司 Optimizely 的合作创建人。Optimizely 是网络 A/B 测试平台服务方面的领军企业。他们的工作对 2008 年奥巴马竞选总统的选举和筹款系列活动的成功不可或缺。他们的著作《A/B 测试》（*A/B Testing: The Most Powerful Way to Turn Clicks into Customers*）中充满了奇闻轶事、插图以及易于理解的案例，该书详述了如何融合技术、企业组织以及设计方面的因素，以获取切实可行的创新成果。但正如该书标题上清楚写明的，Optimizely 公司的侧重点在于测试而不是实验。

要想理解实验设计的技术和定量分析起源，人们最好读读英美资源集团公司（Anglo-American）统计学元老乔治·伯克斯（George E. P. Box, 1919 年—2013 年）所著的《一位“偶然”的统计学家》（*An Accidental Statistitian*）一书，这是他本人的自传。与舒沃特（Shewart）、戴明（Deming）、朱兰（Juran）或费根鲍姆（Feigenbaum）一样，伯克斯主要负责使实验设计易于在工业实践中使用。他写的每一本书都让人读起来津津有味、备感愉悦，他的自传也是一样。他与别人合著的经典教科书《实验统计学》（*Statistics for Experimenters: An Introduction to Design, Data Analysis, and Model Building*）是一本具有挑战性的读物，并因为那句广受引用的名言“所有模型都是错误的，但有些模型是有用的”而广受诟病。

彼得·西蒙斯（Peter Sims）的著作《小赌注》（*Little Bets:How breakthrough Ideas Emerge from Small Discoveries*）是一本语言流畅、读来朗朗上口的好书，该

书以丰富多彩的故事形式描述了大量成本低、影响力大的好创意。西蒙斯在书中强调了游戏和设计思考的价值，其观点与我的上一本书《认真玩创新》（*Serious Play:How the world's Best Companies Simulate to Innovate*）和这本《MIT 高效创新实验法》的精神极其相似。但是《小赌注》主要讲的是既往的以小成本取得大回报的故事。开个玩笑，如果把《MIT 高效创新实验法》的书名更换成《小实验》，我也是很乐意的。

埃里克·里斯（Eric Ries）写的《精益创业》（*The Lean Startup: How Today's Entrepreneurs Use Continuous Innovation to Create Radically Successful Businesses*）已经成为一本最畅销的商业书。我很少见到像埃里克·里斯这样对创新实践起步阶段如此热情而对成功故事不屑一顾的企业家。里斯将丰田公司的"精益原则"进行了巧妙的改造，使其成为企业家们可以开展的行动项目。再说句玩笑话，如果可以，我会考虑把这本书的名字改成《精益实验》。为什么呢？因为除了关键的设计方法，本书主要讲的就是如何开展精益实验。但是，实验组合的目标与定位，以及有关"破坏性创新实验到底应该是以产品为中心，还是以服务为中心"的争论，这些无法与《精益创业》中所讲的关键任务信息协调统一。即便如此，当我以精益模式完成了 5×5 创新法（或者更准确点讲，完成了 3×3 创新法实践）的时候，所有参与者都备感惊讶。

最后要提到的两本书都是经济学家的作品。一本是获诺贝尔经济学奖的弗农·史密斯（Vernon Smith）的《发现——一本回忆录》（*Discovery—A Memoir*），其读来意趣横生，古灵精怪，内容涉及范围非常广泛。他是一位非同寻常、非常杰出的创新者。在他的推动下，实验经济学成为一门受人尊敬的重要学问，因此我发现他的故事特别有影响力，让人深受鼓舞。他促进了这一学科的进步和发展。继马歇尔（Marshall）、凯恩斯（Keynes）、萨缪尔森（Samuelson）、弗里德曼（Friedman）等经济学家以后，经济学更多被认为是实证性的或学院式的科学。除了哈佛大学的爱德华·张伯伦（Edward Chamberlain）以外，几乎没有任何一位认真的经济学家做过实验。弗农·史密斯是张伯伦的学生。他与行为经济学家丹尼尔·卡尼曼合作，推动经济学界重视简单的实验，并以此建立起自己的职业生涯和声誉，最终取得了卓越成就。

迪尔德利·麦克劳斯基（Deirdre McCloskey）所著的《经济学的花言巧语》

（*The Rhetoric of Economics*）也是一部读来让人备感愉悦的作品。该书探索了经济学家们说服公众和决策者的技巧，充满了令人捧腹、吃惊、不诚实或令人费解的案例。麦克劳斯基敏锐地觉察到，相对于证据与分析，热情与承诺更具有说服力。每个读过这本书的人（特别是那些接受过定量训练的人）都会告诉我，本书改变了他们思考的方法。做实验有时候也需要一点帮助，用以恰当地传达其真正的价值。对于任何一个意识到这一点的人而言，本书都是一部优秀的著作。

聪明的读者们会发现，这里推荐的所有书和文章几乎都有着作者浓厚的个人经验或自传色彩。事实的确如此，这些书中所言都深深植根于作者的个人和职业经历，同时也包括他们的核心能力和研究。这一点并非偶然。《MIT 高效创新实验法》一书也大抵如此，书中包含了许多我在帮助企业进行创新实验时的发现与经历。从这个意义上讲，这本书既是个人经历的汇编，又是专业理论和实践的总结。在研究实践中，他人的观点和经验给了我很多启发，我由衷地感谢他们。

附录：创新者假说中的数学原理

合作者：伊娃·K. 李（Eva K.Lee）
医学与卫生保健行动研究中心主任
乔治亚理工学院·H. 弥尔顿·斯图尔特学院工业系统工程系领导

创新者要大胆开拓，富有创造性，还要节俭。但是，无论做什么，一定要抓住机会，让可能性成为你的朋友。本书附录部分将要讨论的就是那些使 5×5 实验组合成为一个极具智慧的创新投资机遇的简单数学原理。

对决策论的欣赏是理解创新实验组合运作的核心点。从皮埃尔·德·费马（Pierre Fermat）和布莱士·帕斯卡（Blaise Pascal）到诺贝尔经济学奖获得者，这一数学理论在现实世界取得的成功不胜枚举。真正要掌握该理论可谓困难重重，充满挑战。即便是决策论专家也在使用其成果的最佳方法上各执一词。然而，该领域的复杂历史和技术不应该蒙蔽其易于理解、便于使用的一面。本部分提供的是一个数学案例，以此说明为什么对于创新投资而言，区区几个具有针对性的实验却频频被证明比大量的传统定量分析更有价值。我们也许可以称之为“决策论使创新更简单”，或者更准确地说——既简单又有用。

人们应该掌握的最重要的技术概念是期望值与主观期望效用（subjective expected utility，SEU）之间的关系。也就是说，鉴于预期的或已知的风险，一个决策者通过某个选择或投资获得的最适当、最有理性的结果是什么？简单点说，如果一项决定就是一个赌注，那么预期的回报是什么？

的确，这种决策论就好像是正式化的赌博一样，其智慧和历史渊源深深植根于现实世界中承担风险与赌博的挑战。例如，17 世纪中期，正是因为费马和帕斯卡对骰子游戏中的获胜概率进行了分析才取得了合作的丰硕成果。实际上，伟大数学家与赌博之间的亲密关系由来已久。决策论在数学、心理学、统计学以及概率等方面的发展就是一个有关如何选择管理感知风险、回报以及遗憾的计算关系的故事。换句话说，人们希望成为什么样的赌徒、冒险家和投资者呢？

最简单的赌博或投资方程式是：期望值＝预期回报 × 可能性

例如，如果你在抛硬币游戏中以 1 美元为赌注赢 1 美元，那么你的期望值回报就是 50 美分。为什么呢？因为你有 50/50 的概率获胜。如果你以 1 美元为赌注赢 5 美元，那么期望值就变成了 2.5 美元。当你掷骰子、打牌、投资股票或购买金融商品时，决策赌注会变得更加有趣和复杂，因为市场行情可能意味着你要赔的钱比你投资的金额更大。衡量获胜机会、承担的风险以及潜在的回报变得越来越复杂化、主观化。易于计算的期望值变成了一种更复杂的变量，即主观期望效用。换言之，感知可能性与风险将变得更加主观化，而价值和评价则由愿望的普通衡量工具——效用来表达。“确定性”变成了像独角兽和狮鹫一样的神话。

大部分决策者都希望以最小的可接受风险获得最大的回报机会。他们期望能够在潜在回报与可能的风险之间进行权衡取舍。这就是与决策论如影随形的理念“低买高卖”，不同决策者可能难以在“高”与“低”的理解上达成一致。正因为如此，主观化的评价和相互冲突的效用就随之而来。不管怎么说，期望效用是对现实的数学抽象和简化。

但是，如果我们把决策者看作商业创新中的投资者，他们在可能产生有用信息和见解的价值或效用实验上下赌注，那么主观期望效用就会提供一个强大而有用的途径来将概率扭转，使其对他们有利。进展顺利的实验可以构建企业对成功概率的信心。

这一潜在运算过程并不比加减乘除复杂多少。与其说真正的挑战来自复杂的统计原理，不如说来自人们重新思考企业如何利用实验更快、更好、更节省地获得发展洞察力的意愿。

考虑下面这个深深植根于现实世界创新经历的思维实验。虽然该案例有点过分简单，但是凸现了简单实验如何创造附加价值，使严肃的创新者在组织、文化以及操作性上所做的探索更有意义。

一家公司（我们权且称之为全面创新公司）正在探索一项大胆的创新方案（Brave New Innovation Initiative，BNII）的风险、成本以及效益。该企业的创新委员会领导在仔细看了创新简报后说："我们以前看过这类勇于创新的方案，给我们 100 天时间好好分析一下这个创意及其假说。我们会与企业内部、外部的专家们讨论，创造合适的条件，分析创新方案的各种数据。一般来说，我们需要 10 万美元的预算来保证这项工作在规定的时间内完成。但在 100 天之后，我们会提交给企业管理者一份完整的分析报告，阐述最重要的创新发现以及我们应该如何进一步实施创新计划。这是一份富有开拓精神的创新方案，没有人能够保证它一定能够成功。但是基于我们以往的工作经验，我有 90% 的把握提交给企业管理者一份理想的创新实验报告。他们可以据此获得他们想要得到的 90% 的信息，然后对是否进行创新投资做出明智的选择。"

让我们回想一下之前提到过的简单的期望值方程式，它准确地反映了这家公司的创新委员会承诺的主观期望效用：

以 90% 的信心确保企业获得需要的重要分析的 90%，计算结果：主观期望效用为 81%（也就是 $0.9 \times 0.9=0.81$）。

因此可以这样说，全面创新公司将要花费 10 万美元，经过 100 天时间，最终大概获得其创新方案所需的关键信息的 80%。

但是千万不要匆忙做决定！该企业内还有一些内部创新企业家，他们想要采取截然不同的方法进行大胆创新方案的探索。他们认为，他们能够以更快、更好而且更节省的方式获得管理创新风险的核心见解和信息。尽管他们对大胆创新方案蕴含的潜在机遇非常兴奋，但他们对传统的分析不感兴趣。对他们来说，基于智慧而精明的创新假说的实验为他们提供了一个更好的探索途径。他们希望设计出一个创新实验组合，以比上述为期 100 天的分析研究更快、更好、更节省的方式获得企业所需的重要信息："我们下一步该怎么做？"

他们致力于设计聪明的实验，这些实验使他们能够比分析师更快、更节约地了解更多的信息。他们进行 5×5 创新实践，谨慎选择那些从他们的集体专业角度来看能够以最短的时间获得最丰富的创新见解的商业假说和实验。没有一项实验需要超过 5000 美元的投资，也没有一项实验需要超过 20 天的时间来进行。创新假说和实验结果的有趣组合如下所示。

第一项实验风险最大。创新团队估计它们有 10% 的机会从这项大胆的实验中获得用以评估该创新项目发展前景不可或缺的 75% 的重要信息。也就是说，其主观期望效用是 0.10 × 0.75=0.075。

第二项实验的成功概率更大些，但是其创新见解产出稍逊于第一项实验。创新团队相信，它们有 20% 的机会从该项实验中获得所需信息的 66%。该实验的主观期望效用是 0.20 × 0.66=0.132。

第三项实验在成功概率的基础上又上了一个台阶。团队估计会提供给它们 30% 的机会获得该创新项目所需的一半信息。其主观期望效用就是 0.30 × 0.50=0.150。

第四项实验为获得企业所需的 40% 的信息创造了 40% 的机会。其主观期望效用是 0.160。

第五项实验，也就是最后一项实验的成功概率最大。该实验有 50% 的机会发现推动这个创新项目运作的 33% 的重要信息。其主观期望效用收益是 0.165。

上述创新实验组合代表的是一个思维实验，我们可以从中了解真正实验带来的潜在回报收益。为了保持逻辑的一致性，我在上述实验描述中强调了成功概率越大，预期获得的信息量就越低。当然，如果我们可以做一个快速、低成本的实验，那该实验会使我们有 80% 的机会获得 80% 的信息，这将会是最好、最合理、最划算的投资。但是切记，这些快速而又廉价的实验的设计初衷并非追求完美，人们希望通过它们以快捷而富有洞见的方式获取有用的、可用的信息。

注意，没有一个创新实验是把握十足的，也没有一个实验能保证我们获得比掷硬币更好的成功机会。拆开来看，它们算不上优秀的创新投资。但是从整体角度而言，其优势就比较明显了，正如我们把它们的主观期望效用收益累加起来看到的情形：

  0.075
+ 0.132
+ 0.150
+ 0.160
+ 0.165

总计：0.682

因此，该实验组合给创新团队赢得的主观期望效用就是 0.682。

接下来，我们再做一个除法运算：

$0.682 \div 0.81=0.841$

换句话说，或者更准确地讲上述的 5×5 创新假说实验最终使我们获得了为期 100 天的创新计划分析获得的主观期望效用的约 84% 的信息。这个 5×5 创新实验团队以创新计划分析所需时间和预算的四分之一获得了得到的创新见解的 80%。

的确，我知道这些实验的独立性还没有得到严格界定。相应的问题是，这个思维实验也不能完全解释评估和整合这些实验结果需要投入的时间和成本，但是我们从这个思维实验中获得的重要启示绝不能被忽视。

无论是从理论上还是实践上来讲，轻量级、高效率的创新实验组合都能以更传统的创新计划战略分析所需投入的时间和预算的约四分之一，帮助我们获得创新见解的 80%。因此，构建可以测试的创新假说和实验组合而非可以进行的计划分析，具有非凡的经济、金融和组织意义。

思考、设计并投资创新实验组合，为迭代学习和创新发展创造有成本效益的机会。如果已经从实验中获得了重要的信息，为什么不在其基础上做另一轮创新实验呢？如何在商业假说和实验结果的基础上进一步构建假说、设计实验呢？迭代实验也许会比做精细化的分析创造出更快、更好且成本更低的创新学习机会。

不可否认，上述思维实验呈现给我们的是一组不寻常的主观期望效用收益，其他大胆的创新方案也许会激发充满不同机遇和效用功能的假说和实验。例如，聪明的 5×5 团队可能会设计出有 60% 的机会获得 50% 的所需信息，或者有 80% 的机会获得三分之一的所需信息的实验。

一个重要的结论是，作为一种创新视野投资，创新实验也许被太多企业机构低估。运用一种多样化的、投资组合理论的方法进行创新视野探索和风险管理，显然是一种聪明的商业投资。正如一位评论员所说："实验种类多样，其可以提供获得信息的更多机会。而为期 100 天的投资分析模式单一，所以无论它最初看上去多么好，从长远的角度讲是不可持续的。原因在于，它过于同质化。"

但是，假如你和同事们无法构思和设计出使你们获得需要的主观期望效用的假说和实验呢？答案很简单：那你们就不要做实验！

这使人们获得了重要的、发人深省的经济结论：就创新假说和实验而言，没有免费的午餐。如果 5×5 创新团队不能进行聪明的、深思熟虑的协同创新，那么其实验组合就会遭遇失败。如果 5×5 创新团队在评估其创新假说和实验的潜在信息价值时表现平平，那么其实验获得的主观期望效用收益就不可能叠加产生良好的效果。它们是否过于乐观，高估了创新实验的效用？它们是否总是低估了存在的风险？它们是不是认真考虑过发现、学习和测试这些实验的可能性？

数字不会撒谎，但是需要创新团队成员们的努力才能真正发挥其效用。当然，实验者可能与创新计划者一样过分自信和乐观。但是从经济的角度讲，创新实验者可以更迅速，而且十有八九会以更低廉的成本认识与调整对这种实验的过度自信和乐观。

致谢

准确地讲，我要在这里表达自己的“感恩”之情。如果没有我的学生及客户的热情支持与质疑，没有他们强大的创造力以及好奇心，5 × 5 创新法就不可能发展成熟，这本书也就不可能出现在读者面前。因此，我要深深地感谢他们。常言道，学好一门知识的最好方法就是去教它。事实的确如此。我和学生们一起学习，分享彼此的挫折、失望与错误。我们也收获了至关重要的结果。他们的能量与创造力看似卑微，实则令人印象深刻、兴奋不已。

这种能量与创造力也是全球性的：我们在世界各地（包括俄罗斯、中国、印度、澳大利亚、巴西、哥伦比亚、智利、日本、英国、欧洲以及北美各国等）进行了大量的 5 × 5 创新法实验、X 团队研讨会、讲习班以及其他活动。世界上到处都有充满智慧的人们，他们都在寻求机遇进行更好的创新、相互协作以及实验。这种情况让人备感兴奋，禁不住想要参与其中。看到我的学生和客户全身心投入到快速、低成本而又简单的实验当中，我感到无比轻松与愉悦。他们把 5 × 5 创新法变成了现实，推动着该方法不断完善，而且还真正掌握了这一创新法并为己所用。本书中所呈现的最好的思想与见解并不是我个人的，而是大家共同的智慧结晶。

麻省理工学院是这本书的机构孵化器，还有什么比实验更能体现其“理论与实践并重”这一校训的真意呢？我特别要感谢斯隆商学院数字商业中心（Sloan School’s Center for Digital Business）的埃里克·布林约尔松（Erik Brynjolfsson）和大卫·佛瑞尔（David Verrill）。他们给予我大量的帮助和支持。我和埃里克合作了一篇有关数字化实验的文章，在该数字商业中心的资助下，我们于 2009 年举办了一场颇具影响力的“商业实验”研讨会。同时，我还要感谢该数字商业中心的塔米·巴泽尔（Tammy Buzzell）。没有她的精湛技术和协调，研讨会不可能取得成功。

斯隆商学院高管教育培训项目（Sloan School’s Executive Education programs）人员对 5×5 创新法进行反复定义和设计的机会也是其中不可或缺的因素。因此，我要感谢彼得·赫斯特（Peter Hirst）、汤米·朗（Tommy Long）和考特·奇尔顿（Court Chilton）。在过去 15 年里，由哈维·萨波斯基（Harvey Sapolsky）与桑迪·威纳（Sandy Wiener）任教的麻省理工学院创新职业教育夏季辅导班（MIT Professional Education summer sessions）也同样激励和帮助我进行研究。我也非常感激麻省理工学院马丁信托中心（Martin Trust Center for MIT Entrepreneurship）的主任比尔·奥莱特（Bill Aulet），感谢他邀请我把这套创新方法介绍给他的企业家们。

麻省理工学院的全球产业联盟计划（MIT’s Industrial Liaison Program）被证明是一种把全世界的组织机构与通过实验进行开放式创新研究的企业联系起来的优秀资源。不可否认，来麻省理工学院寻求“创新灵感”和建议的全球组织机构代表了一个偏差样本。但是，与那些全力以赴、想要成为或者保持“世界一流水平”的创新者合作，必然会提高所有人的能力。我要感谢托尼·科诺普（Tony Knopp）、兰德尔·赖特（Randall Wright）、托德·格利克曼（Todd Glickman）、玛丽·范德桑德（Marie van der Sande）、奈讷·巴克（Nenna Buck）、雷切尔·奥伯莱·绍尔茨（Rachel Oberai-Soltz）、肯恩·高曼（Ken Goldman）、格拉哈姆·荣（Graham Rong）、詹姆斯·加多（James Gado）、克劳斯·施莱克尔（Klaus Schleicher）、恩里克·莎德哈（Enrique Shadah）、艾文·温克勒（Irwin Winkler）以及该项目主任卡尔·考斯特（Karl Koster），他们多年的积极推介和互动对我的实验设计产生了深远的影响。

出乎意料的是，莫斯科斯科尔科沃管理学院（The Moscow School of Management Skolkovo）也成为 5×5 创新法研究的实验室。它以其极具俄罗斯特色的高管教育培训项目、企业家、工商管理硕士项目以及国有企业的跨文化组合，为我的研究带来了新鲜的元素。我要特别感谢帕维尔·卢什卡（Pavel Lushka）、斯维特拉娜·帕斯肯维奇（Svetlana Pashkevich）、奥尔加·库斯米奇娃（Olga Kuzmicheva）、维奥莱塔·格雷格里耶娃（Violetta Grigorieva）、叶夫根尼亚·费奥克蒂斯托娃（Evgenia Feoktistova）以及斯科尔科沃的全体人员，感谢他们的鼎力支持。

本书的完善和提高也直接或间接地得益于我与下面这些人的交流和（或）辩论，他们是：迈克尔·格拉默（Michael Cramer）、应用预测技术公司（Applied Predictive Technologies，APT）的吉姆·曼齐（Jim Manzi）、汤姆·洛克伍德（Tom Lockwood）、施普拉·吉尔（Shipra Gill）、英国电信公司（British Telecom，BT）的史蒂夫·惠特克（Steve Whittaker）、詹尼弗·牛顿（Jennifer Newton）、梅林达·梅里诺（Melinda Merino）、罗伯·弗洛普（Rob Fulop）、陆奇、罗尼·科哈维（Ronny Kohavi）、盖瑞·乐夫门（Gary Loveman）、鲍勃·布德瑞（Bob Buderi）、詹森·庞廷（Jason Pontin）、丹·艾瑞里（Dan Ariely）、安妮·米莱（Anne Milley）、理查德·纳拉莫尔（Richard Narramore，我还应该向他致歉）、史蒂夫·波斯特莱尔（Steve Postrel）、雷汉·萨拉姆（Reihan Salam）、路易丝·瓦伦丁（Louise Valentine）、安德鲁·梅（Andrew May）、安德鲁·马歇尔（Andrew Marshall）、尼古拉斯·尼葛洛庞帝（Nicholas Negroponte）、汤姆·马龙（Tom Malone）、格雷戈·林登（Greg Linden）、伊娃·李（Eva Lee）以及我的兄弟艾略特（Elliot）。而且，我还要诚恳地向我曾经忽视过的所有人道歉。事实上，无论如何，我都无法向那些每个由于机缘巧合或者刻意为我的研究做出大大小小贡献的人充分表达我的谢意。同样地，对于书中所有的问题、错误以及疏漏，我都难辞其咎，欣然接受大家的批评和指正。

我与麻省理工学院出版社的编辑部主任吉塔·玛纳克塔拉（Gita Manaktala）相识已久。我一直把她看作我的朋友而不仅是同事。无论是作为同事还是作为朋友，她都当之无愧地出类拔萃，我为此甚为感激（但一点都不感到惊讶）。本书的编辑约翰·科沃尔（John Covell）一直以来都很有耐心，工作勤奋，一丝不苟，确保本书精准反映了我的观点和思想。他还不辞辛苦地为全书设计了一个框架，使其读起来连贯清晰、结构明了。他为本书的出版给予了莫大的支持。我同样还要感谢我的印制编辑马尔西·罗斯（Marcy Ross），希望她不会觉得我的强迫症过于让人耗费精力，望而生畏。另外，麻省理工学院出版社的全体同仁都为这本书的出版付出了心血，使它成为最有趣的出版实验之一。因此，我深深地感谢他们，并向他们在本书后期编辑制作中所付出的辛勤劳动致敬。

我还要把最衷心的感谢送给我的妻子贝丝·安（Beth Ann）。作为一位实体公司的首席执行官，她对经济制约、经营责任以及创新才能有着深刻的理解。没有我的学生、客户以及同事，我可能无法完成这本书，而没有她的关心、同情以及（这可不是印刷错误）不耐烦，我就不能真正享受到写作带给我的乐趣。我爱她，也很欣赏她。

译者后记

接到这本书的翻译任务时，正是秋菊飘香、天高云淡的秋季；而当我敲击着键盘写下这篇译者后记的时候，窗外早已莺歌燕舞、春花烂漫。时间进入 2016 年，又是一个欣欣向荣的春天。

在这样一个“十三五规划”开局之年，中国企业显现出了强劲的创新动力，亮点纷呈。依靠低成本与引进技术设备发展的时代已经一去不复返，新一轮科学技术革命与产业革命正在孕育兴起，中国企业正在踏上依靠科学技术进步与创新驱动的发展新征程。互联网＋、工业 4.0、智慧工厂、一带一路……时代的进步为中国企业的发展提出了挑战，也创造了难得的机遇。企业如何借助物联网、云计算、大数据等互联网技术实现虚拟世界与现实世界的完美融合？如何提高生产效率、降低成本？如何借助“工业 4.0”的思路和“智慧工厂”的理念推动企业内部创新？一系列问题摆在处于转型调整阶段的企业面前。

对于那些渴望通过低成本投入并在短时间内获得富有价值的创新见解和洞察力的企业，那些努力工作、希望大幅度提高企业内部人员创新能力的领导，以及那些富有创新精神、承担着企业创新大任的人而言，迈克尔·施拉格的《MIT 高效创新实验法》绝对是一本值得推荐的好书。

迈克尔·施拉格是麻省理工学院斯隆商学院数码商务中心的研究员、《销售与营销管理》（*Sales & Marketing Management*）杂志的专栏作家，入选托马斯·达文波特（Thomas Davenport）等所著的《最优理念》（*What is the Big Idea*）一书中公布的“排名前 200 位的商业大师”。他曾担任多家大型企业的咨询顾问，如强生、富士通、英国石油公司等。他的著作还有《认真玩创新》《超越对创新的盲目崇拜》《你想让你的客户成为怎样的人》等。

在《MIT 高效创新实验法》这本书中，迈克尔·施拉格主要介绍了一种叫作“5×5 创新法”的轻量级、高效率的快速实验创新法。作者通过丰富的案例，结合自己多年指导企业开展创新实验的经历，给创新者们提供了一种快速、低成本、富有独创性的创新途径，有效地解决了商业企业中普遍存在的创新速度迟缓、创新力度太小、代价高昂、程序烦琐、风险巨大、思路僵化、缺乏生气、跟不上时代发展等多种弊病。

一年之计在于春。

愿这本书的读者、愿我们的企业在这样一个美好的春日里策马扬鞭，共同创造一个更加灿烂、更加繁荣的未来。

刘振利

The Innovator's Hypothesis: How Cheap Experiments Are Worth More Than Good Ideas by Michael Schrage

ISBN: 978-0-262-02836-3

First published in 2014 by MIT Press

Published by arrangement with MIT Press through Bardon-Chinese Media Agency

北京阅想时代文化发展有限责任公司为中国人民大学出版社有限公司下属的商业新知事业部，致力于经管类优秀出版物（外版书为主）的策划及出版，主要涉及经济管理、金融、投资理财、心理学、成功励志、生活等出版领域，下设“阅想·商业”“阅想·财富”“阅想·新知”“阅想·心理”“阅想·生活”以及“阅想·人文”等多条产品线，致力于为国内商业人士提供涵盖先进、前沿的管理理念和思想的专业类图书和趋势类图书，同时也为满足商业人士的内心诉求，打造一系列提倡心理和生活健康的心理学图书和生活管理类图书。

阅想·商业

《新营销实操：从新手到高手》（原书第 5 版）

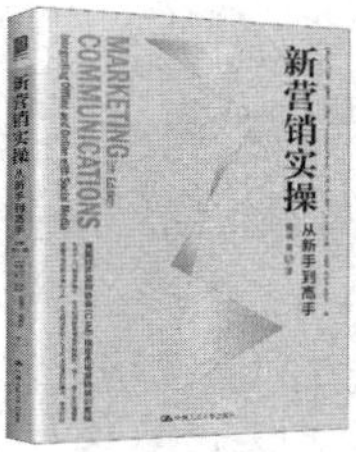

- 本书是英国特许营销协会（CIM）指定市场营销培训教程。
- 全书涵盖市场营销所有的工作，专注解决营销人员工作中所遇到的难点、痛点问题。
- 一本从新手入门到高手精进，专业知识技能与实战相结合，线上、线下全流程指导。

《销售绩效与薪酬奖励体系设计全书》

- 帮助公司高管扩大盈利、提升士气、留住客户、平衡销售人员和其他员工之间的关系。
- 一本教你将公司战略与销售奖励机制真正匹配起来的必读之作。
- 一本介绍了大量有价值的销售绩效考核理论与模板、结合了大量案例、可读性强的实操手册。

《商业模式设计新生代：如何设计一门好生意》

- 原班团队倾力打造、《商业模式新生代》最新升级版。
- 吸取荷兰银行、奥迪、Autodesk、丰田金融服务以及各个孵化器、创业公司等不同类型企业商业设计成败经验教训。
- 全球 50 位精英创业家、战略设计师和思想领袖，手把手教你设计出一门持续赚钱的好生意。

《高绩效团队教练》（第 2 版）

- 本书是教练大师、巴斯咨询集团创始人兼名誉董事长彼得·霍金斯倾心之作。
- 本书介绍了作为助力团队发挥无限潜力、提升绩效的团队教练，应具备的关键核心能力。

《企业国际化之道：来自硅谷的海外拓展策略》

- 作者以其丰富的经验加上真实的案例，丰富了企业国际化的重要理念，让企业掌握国际化的基本运作原则以及卓越的价值理念。
- 帮助企业消除或降低风险、避开障碍，迅速进入国际市场，同时保持高效益和高创新水平。

《像创新者一样思考：改变世界的创新大师们》

- 世界颇具影响力的全球思想领袖网络创建者、扁平化理论先驱最新力作。
- 对几十位世界创新先锋们的独家深度采访，全面解析创新大师成功的基因，直击创新的本质。

《商业模式创新设计大全：90% 的企业都在用的 55 种商业模式》

- 深入研究 50 年来最具革命性的商业模式创新案例。
- 详尽解读世界上最赚钱的 55 种商业模式。
- 帮助你打破一切常规，对现有商业模式进行重组和创造性模仿。
- 为创造新的商业模式酝酿灵感，找到适合你的企业的商业模式。

《协同经济：如何在扁平化世界中寻找未来商机》

- 在由数字、注意力和协同经济构成的扁平化世界中，科技和通信领域的迅速发展，让全世界的人们空前地彼此接近，创新工具的日新月异将让终端用户具有史无前例的力量。
- 享誉全球的企业发展战略思想领袖又一力作。
- 分享世界领航者们的成功经验，为企业寻找未来商机保驾护航。

《谁动了你的数据：数据巨头们如何掏空你的钱包》

- 关于大数据极具预见性的未来之作。
- 《纽约时报》专栏作家安娜·贝尔纳谢克携手法律顾问 D. T. 摩根合著。

《大数据经济新常态：如何在数据生态圈中实现共赢》

- “商业与大数据”系列图书之一，一部关于大数据经济的专著
- 数据经济时代，没有一家独大，唯有共赢，才能共生。
- 客户关系管理和市场情报领域的专家、埃默里大学教授倾情撰写。
- 发展中国特色的经济新常态的优质实践与指南。

《大数据掘金：挖掘商业世界中的数据价值 》

- 在滚滚而来的数据洪流中沙里淘金，挖掘大数据背后的价值洼地，为企业带来下一个增长红利。
- 本书作者是国际知名的商务分析与数据挖掘专家、俄克拉何马州立大学斯皮尔斯商学院管理科学与信息系统教授杜尔森·德伦博士。
- 一本文本及网页挖掘、情感分析以及大数据的最新入门指南。
- 全面的数据挖掘框架：过程、方法、技术、评估、工具等。
- 简明教程与现代化案例分析揭秘复杂概念。
- 适合管理者、分析团队成员、资质认证考生及学生。

《大数据产业革命：重构 DT 时代的企业数据解决方案》

- 一本倾注了 IT 百年企业 IBM 对数据的精准认识与深刻洞悉。
- 由 IBM 集团副总裁、大数据业务负责人亲自执笔的大数据产业宏篇著作。
- 助力企业从 IT 时代向 DT 时代的升级转型。
- 由中国统计信息服务中心大数据研究实验室主任江青、清华大学数据科学研究院副院长韩亦舜、中国知名互联网专家、中国移动互联网产业联盟秘书长李易等联袂推荐。

王逢振　主编

詹姆逊作品系列

现代性、后现代性和全球化

[美]弗雷德里克·詹姆逊（Fredric Jameson）著
王逢振 王丽亚　等 译

Fredric R Jameson

中国人民大学出版社
·北京·

总　序

众所周知，弗雷德里克·詹姆逊（Fredric Jameson，1934—　）是当代著名的思想家和批评家，也是公认的、仍然活跃在西方学界的马克思主义者。其作品已经被翻译成十多种文字，产生了广泛的影响。因此，在“詹姆逊作品系列”出版之际，对詹姆逊及其作品做一简要介绍，不仅必要，而且也不乏现实意义。

一、弗雷德里克·詹姆逊其人

20多年前，我写过弗雷德里克·詹姆逊，当时心里主要是敬佩；今天再写，这种心情仍在，且增添了深厚的友情。自从1983年2月与他相识，至今已经35年多，这中间交往不仅没有中断，而且日益密切，彼此在各方面有了更多的了解，因此我称他为老友。他也把我作为老朋友，对我非常随便。例如，2000年5月，他和我同时参加卡尔加里大学的一个小型专题研讨会，会后帕米拉·麦考勒姆（Pamela Maccllum）教授和谢少波带我们去班夫国家公园游览，途中他的香烟没有了（当时他还抽烟），不问我一声，便从我的口袋里掏出我的烟抽起来。此事被帕米拉·麦考勒姆和谢少波看在眼里，他们有些惊讶地说：“看来你们的关系真不一般，这种事在北美是难以想象的。”

其实，我和他说来也是缘分。1982年秋季我到加州大学洛杉矶分校作访问学者，正好1983年2月詹姆逊应邀到那里讲学，大概因为他是马克思主义批评家，想了解中国，便主动与我联系，通过该校的罗伯特·马尼吉斯教授约我一起吃饭，并送给我他的两本书：《马克思主义与形式》(*Marxism and Form*，1970) 和《政治无意识》(*The Political Unconscious*: *Narrative as a Socially Symbolic Act*，1981)，还邀请我春天到他当时任教的加州大学圣克鲁兹分校访问。

说实在的，他送的那两本书我当时读不懂，只好硬着头皮读。我想，读了，总会知道一点，交流起来也有话说，读不懂的地方还可以问。4月，我应邀去了圣克鲁兹。我对他说，有些东西读不懂。他表示理解，并耐心地向我解释。我们在一起待了一个星期，我住在他家里，并通过他的安排，会见了著名学者海登·怀特和诺曼·布朗等人，还做了两次演讲——当时我在《世界文学》编辑部工作，主要是介绍中国翻译外国文学的情况。

1983年夏天，我们一起参加了在伊利诺伊大学厄本那-香槟分校召开的“对马克思主义和文化的重新阐释”的国际会议。正是在这次会议上，我认识了一些著名学者，如佩里·安德森(Perry Anderson，英)、G.佩特洛维奇(G. Petrovic，南斯拉夫)、亨利·列斐伏尔(Henri Lefebvre，法)和弗朗哥·莫雷蒂(Franco Moretti，意)等人(我在会议上的发言与他们的发言后来一起被收入了《马克思主义和文化阐释》[*Marxism and the Interpretation of Culture*]一书)。此后，1985年，我通过当时在北京大学国政系工作的校友龚文庠(后任北京大学传播学院副院长)的帮助和安排，由北京大学邀请詹姆逊做了颇有影响的关于后现代文化的系列演讲。詹姆逊在北京四个月期间，常到我家做客。后来我到杜克大学访问，也住在他家里。

詹姆逊生于美国的克里夫兰，家境比较富裕，自幼受到良好的教育，幼年还学过钢琴，对音乐颇有悟性。他聪明好学，博闻强记，20岁(1954年)在哈弗福德学院获学士学位，22岁

(1956 年) 获耶鲁大学硕士学位，接着在著名理论家埃里希·奥尔巴赫的指导下，于 25 岁 (1959 年) 获耶鲁大学法国文学和比较文学博士学位；其间获富布赖特基金资助在德国留学一年 (1956—1957 年)，先后就读于慕尼黑大学和柏林大学。1959 年至 1967 年在哈佛大学任教，1967 年到新建的加州大学圣地亚哥分校任教，在那里，他遇到了一度是法兰克福学派的重要人物和激进学生领袖的赫伯特·马尔库塞。此后，从 1976 年到 1983 年，他任耶鲁大学法文系教授，1983 年转至加州大学圣克鲁兹分校。1985 年夏天，杜克大学为了充实和发展批评理论，高薪聘请他任该校讲座教授，专门为他设立了文学系 (Graduate Program in Literature)，由他当系主任，并决定该系只招收博士研究生，以区别于英文系。记得当时还聘请了斯坦利·菲什 (Stanley Fish)、简·汤姆金斯 (Jane Tomkins)，以及年轻有为的弗兰克·兰垂契亚 (Frank Lentricchia) 和乔纳森·阿拉克 (Jonathan Arac，后来没去)。从那时至今，他一直在杜克大学，2003 年辞去系主任职务，不过仍担任批评理论研究所所长和人文学科教授委员会主任。2014 年才辞去所有职务。

1985 年他刚到杜克大学时，该校给了他一些特殊待遇。正是这些特殊待遇，使他得以在 1985 年秋到中国讲学一个学期 (他的系列演讲即后来国内出版的《后现代主义和文化》)，并从中国招收了两名博士研究生：唐小兵和李黎。唐小兵现在是南加州大学教授，李黎是中美文化交流基金会董事长。由于詹姆逊对中国情有独钟，后来又从中国招收过三名博士研究生，并给予全额奖学金，他们分别是张旭东、王一蔓和蒋洪生。张旭东现在已是纽约大学教授，蒋洪生任教于北京大学中文系。

虽然詹姆逊出身于富裕之家，但因为马克思主义的影响，生活上并不讲究。也许是为了有更多的时间读书，他几乎从不注意衣着，在我与他的交往中，只见他打过一次旧的、过时的领带。他总是随身带着一个小本子，每当谈话中涉及他感兴趣的问题，他就会随手记下来，过后再进行思考——这也许是值得我们学习的方法。在我看来，他除了读书写作和关注社会之外，几乎没有什么业余爱好——当然，他喜欢喝酒，也会关注某些体育比赛（我记得他很关注世界杯足球赛的结果）。他并不像某些人讲的那样，旅行讲学必须住五星级宾馆，至少我知道他来中国旅行讲学时，大多住在学校的招待所里。1985 年他第一次来中国时，当时交通条件还不像现在这么便利舒适，我和他曾一起坐过没有空调的硬卧火车，在小饭馆里喝过二锅头。他与许多衣着讲究的教授形成鲜明的对照。可能由于他住在乡间的房子里，加上不注意衣着，张旭东在杜克大学读书时，他的儿子曾把詹姆逊称作“农民伯伯”。詹姆逊妻子苏珊也是杜克大学教授，是个典型的环保主义者，自己养了许多鸡，还养羊（当然詹姆逊有时也得帮忙），鸡蛋和羊奶吃不完就送给学生。因此，在不甚确切的意义上，有人说詹姆逊的生活也体现了他的马克思主义情怀。

二、詹姆逊的学术成就

到 20 世纪 70 年代中期，詹姆逊已被公认是最重要的马克思主义批评理论家。但直到《政治无意识》出版之后，他的独创性才清晰地显现出来。他在该书的一开始就鲜明地提出自己的主张：“总是要历史化！”并以此为根据，开始了对他称之为“元评论”的方法论的探讨，对于长期存在的美学和社会历史的关系问题，从理论上给出了一种自己的回答。与传统的历史批评形式相对，詹姆逊不仅把文化文本置于它们与历史语境的直接关系之中，而且从解释学的角度对它们进行探讨，探讨解释的策略如何影响我们对个体文本的理解。但与其他现代解释理论不同（例如罗伯特·姚斯［H. R. Jauss］的接受理论），詹姆逊强调其目标是一种马克思主义的意识形态分析，并认为马克思主义包含所有其他的解释策略，而其他的解释策略都是片面的。

《政治无意识》奠定了詹姆逊在学术界的地位。有人说，詹姆逊是“第二次世界大战以来美国最重要的马克思主义文学批评家。只有英国的雷蒙德·威廉斯写出过和他同样重要的作品”①。“詹姆逊是当前文坛上最富挑战性的美国马克思主义思想家。他对法兰克福学派主要人物的解释，他对俄国形式主义、法国结构主义、后结构主义的解释，以及他对卢卡奇、萨特、阿尔都塞、马克斯·韦伯和路易斯·马丁的解释，都对 20 世纪马克思主义和欧洲思想历史做出了重大贡献。詹姆逊对小说发展的论述，对超现实主义运动的论述，对巴尔扎克、普鲁斯特、阿尔桑德洛·曼佐尼（Alessandro Manzon）和阿兰·罗伯-格里耶（Alain Robbe-Grillet）这些欧洲作家的论述，以及他对包括海明威、肯尼思·勃克（Kenneth Burke）和厄休拉·勒奎恩（Ursula Le Guin）在内的各类美国作家的论述，构成了强有力的政治的理解。”② “詹姆逊是当前杰出的马克思主义批评家，很可能是我们这个时代最重要的以社会历史为导向的批评家……他的《政治无意识》是一部重要著作，不仅文学家要读，历史学家、社会学家以及哲学家都应该读它。”③ “在大量的批评看法当中，詹姆逊坚持自己的观点，写出了最动人的谐谑曲式的著作。”④

---

① *Contemporary Literary Criticism* (University of Oklahoma Press, 1986), p. 111.

② *Postmodernism and Politics* (University of Minnesota Press, 1986), p. 123.

③ Hayden White 写的短评，见 *The Political Unconscious* (Cornell University Press, 1981) 封底。

④ *New Orleans Review* (Spring, 1984), p. 66.

詹姆逊的理论和学术贡献是多方面的。就文学批评而言，主要表现在历史主义和辩证法方面。他是一个卢卡奇式的马克思主义者，但超越了卢卡奇的怀旧历史主义和高雅人道主义。他所关心的是，在后结构主义对唯我论的笛卡尔主义、超验的康德主义、目的论的黑格尔主义、原始的马克思主义和复归的人道主义进行深刻的解构之后，人们如何严肃地对待历史、阶级斗争和资本主义非人化的问题，也就是说，“面对讽刺的无能，怀疑的瘫痪，人们如何生活和行动的问题”①。詹姆逊认为非常迫切的问题是：对“总体化”（totalization）进行马克思主义的探讨，包括与之相关的整体性的概念、媒体、历史叙事、部分与整体的关系、本质与表面的区分、主体与客体的对立等等，是不是要预先构想一种理想的哲学形式？是否这种形式必然是无视差别、发展、传播和变异的某种神秘化的后果？他大胆而认真地探讨这些问题，但他尽量避免唯心主义的设想，排除神秘化的后果。

在詹姆逊的第一部作品《萨特：一种风格的始源》（*Sartre: The Origins of a Style*，1961）里，他分析了萨特的文学理论和创作。该著作原是他在耶鲁大学的博士论文，由于受他的导师埃里希·奥尔巴赫以及与列奥·斯皮泽相关的文体学的影响，作品集中论述了萨特的风格、叙事结构、价值和世界观。这部著作虽然缺少他后来作品中那种典型的马克思主义范畴和政治理解，但由于20世纪50年代刻板的因循守旧语境和陈腐的商业社会传统，其主题萨特和复杂难懂的文学理论写作风格（那种以长句子著称的风格已经出现），却可以视为詹姆逊反对当时的守旧思潮，力图使自己成为一个批判型的知识分子。如果考察一下他当时的作品，联想当时的社会环境，人们不难看出他那时就已经在反对文学常

① *Postmodernism and Politics*, p. 124.

规，反对居支配地位的文学批评模式。可以说，詹姆逊的所有作品构成了他对文学批评中的霸权形式和思想统治模式的干预。

20世纪60年代，受到新左派运动和反战运动的影响，詹姆逊集中研究马克思主义，出版了《马克思主义与形式》，介绍新马克思主义文学理论的辩证传统。自从在《语言的牢笼》（*The Prison-House of Language*，1972）里对结构主义进行阐述和批判以后，詹姆逊集中精力发展他自己的文学和文化理论，先后出版了《侵略的寓言：温德姆·路易斯，作为法西斯主义的现代主义者》（*Fables of Aggression*：*Wyndham Lewis*，*the Modernist as Fascist*，1979）、《政治无意识》和《后现代主义，或晚期资本主义的文化逻辑》（*Postmodernism*，*or*，*the Cultural Logic of Late Capitalism*，1991），同时出版了两卷本的论文集《理论的意识形态》（*The Ideologies of Theory*，第一卷副标题为“理论的境遇”，第二卷副标题为“历史的句法”，两卷均于1988年出版）。随着文化研究的发展，他还出版了《可见的签名》（*Signatures of the Visible*，1991）和《地缘政治美学》（*The Geopolitical Aesthetic*，1992），收集了他研究电影和视觉文化的文章。此后他出版了《时间的种子》（*The Seeds of Time*，1994）和《文化转向》（*The Cultural Turn*，1998）两部论述后现代主义的著作。这期间，他仍然继续研究和阐释马克思主义理论和马克思主义美学，出版了《晚期马克思主义》（*Late Marxism*，1990）、《布莱希特与方法》（*Brecht and Method*，2000）和《单一的现代性》（*A Singular Modernity*，2003）。最近一个时期，他从乌托邦的角度探索文化的干预功能，出版了《未来的考古学》（*Archaeologies of the Future*，2005）。

在詹姆逊的作品里，除了《萨特：一种风格的始源》一书之外，他一直坚持两分法或辩证法的解释方法。应该说，他的著作具有明显的连续性。人们不难发现，从 20 世纪 70 年代初到 80 年代后期，随便他的哪一篇文章或哪一本书，在风格、政治和关注的问题方面，都存在着某种明显的相似性。实际上，今天阅读他的《理论的意识形态》里的文章，仍然会觉得这些文章像昨天刚写的一样。然而，正如詹姆逊在论文集的前言里所说，在他的著作里，重点已经发生了根本变化："从经转到了纬：从对文本的多维度和多层面的兴趣，转到了只是适当地可读（或可写）的叙事的多重交织状况；从解释的问题转到了编史问题；从谈论句子的努力转到（同样不可能的）谈论生产方式的努力。"换句话说，詹姆逊把聚焦点从强调文本的多维度，如它的意识形态、精神分析、形式、神话-象征的层面（这些需要复杂的、多种方式的阅读实践），转向强调如何把文本纳入历史序列，以及历史如何进入文本并促使文本的构成。但这种重点的转变同样也表明詹姆逊著作的连续性，因为从 20 世纪 60 年代后期到 90 年代，他一直优先考虑文本的历史维度和政治解读，从而使他的批评实践进入历史的竞技场，把批评话语从学院的象牙塔和语言的牢笼里解放出来，转移到以历史为标志的那些领域的变化。

因此，人们认为詹姆逊的作品具有一种开放的总体性，是一种相对统一的理论构架，其中不同的文本构成他的整体的组成部分。从结构主义到后结构主义，从精神分析到后现代主义，许多不同的观点都被他挪用到自己的理论当中，通过消化融合，形成他独创性的马克思主义文学理论和文化理论。马克思主义一直是詹姆逊著作的主线，以马克思主义为主导，他利用对意识形态和乌托邦的双重阐释，对文化文本中意识形态的构成因素进行分析和批判，并指出它们的乌托邦内涵，这使他不仅对现行社会进行批评，而且展现对一个更美好的世界的看法。可以说，在马克思主义理论家恩斯特·布洛赫（Ernst Bloch）的影响下，詹姆逊发展了一种阐释的、乌托邦的马克思主义文化理论观。

詹姆逊早期的三部主要著作及其大部分文章，旨在发展一种反主流的文学批评，也就是反对当时仍然居统治地位的形式主义和保守的新批评模式，以及英美学术界的既定机制。20 世纪 60 年代末和 70 年代初，黑格尔式的马克思主义在欧洲和美国出现，《马克思主义与形式》可以说是对这一思想的介绍和阐释。在这部著作中，詹姆逊还提供了其他一些马克思主义者的基本观点，如阿多诺、本雅明、马尔库塞、布洛赫、卢卡奇和萨特等，并通过对他们的分析形成了自己的观点和立场。他偏爱卢卡奇的文学理论，但坚持自己独特的黑格尔式的马克思主义，并在他后来的作品里一直保持下来。

卢卡奇论现实主义和历史小说的著作，对詹姆逊观察文学和文学定位方面都产生了相当大的影响。但詹姆逊一直不赞同卢卡奇对现代主义的批判。不过，他挪用了卢卡奇的一些关键的概念范畴，例如物化，并以此来说明当代资本主义的文化命运。在詹姆逊的著作里，黑格尔式的马克思主义的标志包括：把文化文本置于历史语境，进行广义的历史断代，以及对黑格尔的范畴的运用。他的辩证批评主要是综合不同的立场、观点和方法，把它们融合成一种更全面的理论，例如在《语言的牢笼》里，他的理论融合了结构主义和符号学，以及俄国形式主义。在《政治无意识》里，他广泛汲取其他理论，如弗洛伊德的精神分析、拉康的心理学、德里达的解构主义、萨特的存在主义等等，把它们用于具体的解读，在解读中把文本与其历史和文化语境相联系，分析文本的“政治无意识”，描述文本的意识形态和乌托邦的时刻。

对詹姆逊来说，辩证的批评还包含这样的内容：在进行具体分析的同时，以反思或内省的方式分析范畴和方法。范畴连接历史内容，因此应该根据它产生的历史环境来解读。在进行特定的、具体的研究时，辩证批评应该考虑对范畴和过程的反思；应该考虑相关的历史观照，使研究的客体在其历史环境中语境化；应该考虑乌托邦的想象，把当前的现实与可能的选择替代相对照，从而在文学、哲学和其他文化文本中发现乌托邦的希望；还应该考虑总体化的综合，提供一种系统的文化研究的框架和一种历史的理论，使辩证批评可以运作。所有这些方面都贯穿着詹姆逊的作品，而总体化的因素随着他的批评理论的发展更加突出。

20 世纪 70 年代，詹姆逊发表了一系列的理论探索文章和许多文化研究的作品。这一时期，人们会发现他的研究兴趣非常广泛，而且因其理论功底具有相当的洞察力。他的研究范围包括科幻小说、电影、绘画、魔幻叙事和现实主义与现代主义文学，也包括马克思主义文化政治、帝国主义、巴勒斯坦民族解放问题、马克思主义的教学方法，以及如何使左派充满活力。这些文章有许多收入《理论的意识形态》里，因此这部论文集可以说是他在《政治无意识》里所形成的理论的实践。这些文章，以及《后现代主义，或晚期资本主义的文化逻辑》里的文章，可以联系起来阅读，它们是他的多层次理论的不可分割的部分，表明了文学形式的历史、主体性的方式和资本主义不同阶段的相互联系。

三、政治无意识

应该说，《政治无意识》是詹姆逊的最重要的作品。在这部著作里，詹姆逊认为，批评家若想解释文本的意义，就必须经历一系列不同的阶段，这些阶段体现在文本之中，通过系统地解码揭示出来。为了做到这点，他汲取 20 世纪各种理论资源，从诺斯罗普·弗莱（Northrop Frye）的四个解释层面到拉康的无意识理论，从俄国形式主义到后结构主义，从德里达的解构主义到阿尔都塞的意识形态论述，几乎无一不被加以创造性地利用。在他看来，马克思主义批评不是排他性的或分离主义的，而是包容性的和综合性的，它融合各种资源的精华，因此可以获得更大的“语义的丰富性”。批评家应该考察文本指涉的政治历史、社会历史（按照传统马克思主义也就是阶级斗争的历史）和生产方式的历史。但这些方式不是互相取代，而是互相交叠融合，达至更高层次的普适性和更深层次的历史因果关系。

詹姆逊一向注重对总体化的探讨，包括伴随它的总体性概念、媒介、叙事、部分和整体的关系、本质和表面的区分、主体与客体的对立等等。他认为，总体性是在对矛盾的各阶级和对抗的生产方式的综合的、连贯性的叙事中表现出来的，对这种总体性的观察构成现时“真正欲望的形象”，而这种欲望既能够也确实对现时进行否定。但这种概念的作用不同于后结构主义的欲望概念，它是一种自由意志的结构，而不是存在意志的结果。

詹姆逊对总体性的设想，在他对欲望、自由和叙事等概念之间的联系中，清晰地展现了出来。他在讨论安德烈·布勒东（André Breton）的《超现实主义宣言》（*Premier manifeste du surréalisme*）时写道：

> 如果说超现实主义认为，一个真实的情节，一个真实的叙事，代表了欲望本身的真正形象，这并不过分；这不仅按照弗洛伊德的看法纯心理的欲望本身是意识不到的，而且还因为在社会经济关系里，真正的欲望很可能融化或消失在形成市场体系的那种虚假满足的大网之中。在那种意义上说，欲望就是自由在新的商业语境中所采取的形式，除非我们以一般欲望的方式来考虑自由，我们甚至认识不到自己已经失去了自由。①

① *Marxism and Form* (Princeton University Press, 1970), pp. 100-101.

詹姆逊认为，当代批评的主要范畴不是认识论而是道德论。因此他不是构成某种抽象的存在，而是积极否定现时，并说明这种否定会导向一种自由的社会。例如，德里达虽然揭示了当代思想中的二元对立（如言语与写作，存在与虚无，等等），但他却没有注意善与恶这种类似的道德上的二元对立。对此詹姆逊写道：

> 从德里达回到尼采，就是要看到可能存在一种迥然不同的二元对立的解释，按照这种解释，它的肯定和否定的关系最终被思想吸收为一种善恶的区分。表示二元对立思想意识的不是形而上的玄学而是道德；如果我们不能理解为什么道德本身是思想的载体，是权力和控制结构的具体证明，那么我们就忘记了尼采思想的力量，就看不到关于道德的丑陋恶毒的东西。①

詹姆逊把西方哲学和批评从认识论和形而上学转向道德的这种观点，给人们留下了深刻的印象。他对欲望概念的政治化的阐述，在西方具有重要的意义，因而也比后结构主义的欲望概念更多地为人们接受。

大体上说，詹姆逊在《政治无意识》里所展现的理论思想有四个层次。第一，他坚持对各种事物的历史参照，比如人类的痛苦、人类所受的控制以及人类的斗争等；同时他也坚持对著作文本的参照，比如文本中充满对抗的历史语境，充满阶级和阶级矛盾的社会条件以及自相矛盾的思想意识的结构等。采用这种方式，他既接受后结构主义的反现实主义的论述，同时又否定其文本的唯心主义；他承认历史要通过语言和文本的解释进行思考，

---

① *The Political Unconscious*, p. 114.

但他仍然坚持历史的本体存在。第二，他坚持自己的解释规则，即资本主义社会物化过程的协调规则。这种协调采取谱系的结构形式，既不是遗传的连续性，也不是目的的一致性，而是一种“非共时性的发展”（nonsynchronous development）。按照这种观点，历史和文本可以看作一种共时性的统一，由结构上矛盾或变异的因素、原生的模式和语言等组成。因此詹姆逊可以把过去的某些方面看作现时物化因素的先决条件。第三，他坚持一种道德或精神的理解，遵循阿尔都塞的意识形态概念，认为再现的结构可以使个人主体想象他们所经历的那些与超个人现实的关系，例如人类的命运或者社会的结构等。第四，詹姆逊坚持对集体历史意义的政治理解，这一层次与第三个层次密不可分，主要论述超个人现实的特征，因为正是这种超个人的现实，把个人与某个阶级、集团或社会的命运联系在了一起。

实际上，《政治无意识》包含着他对文学方法的阐述，对文学形式历史的系统创见，以及对主体性的形式和方式的隐在历史的描述，跨越了整个文化和经验领域。詹姆逊大胆地建构他的马克思主义文学批评，他认为这是广阔的、最富包容性的理论框架，可以使他把各种不同的方法融入他自己的方法之中。他在从总体上考察了文学形式的发展历史之后，通过对意识形态和乌托邦的“双重阐释”（坚持乌托邦的同时对意识形态进行批判）的论述，确立了真正的马克思主义的解释方法。受卢卡奇启发，詹姆逊利用历史叙事说明文化文本何以包含着一种“政治无意识”，或被埋藏的叙事和社会经验，以及如何以复杂的文学阐释来说明它们。在《政治无意识》里，詹姆逊还明确谈到了资本主义初期资产阶级主体的构成，以及在当前资本主义社会里资产阶级主体的分裂。这种主体分裂的关键阶段，在他对吉辛、康拉德和温德姆·路易斯的作品的分析中得到了充分表现，并在他对后现代主义的描述里得到了进一步深化。

《政治无意识》是理解詹姆逊著作的基础。要了解他的理论，必须读这本著作，或者说读懂了这本著作，就克服了他的著作晦涩难懂的问题，就容易理解他所有的其他著作。

四、后现代主义文化研究

詹姆逊对后现代主义的研究，实际上是他的理论计划的合乎逻辑的后果。他最初对后现代文化特征的分析见于《后现代主义和消费社会》一文，而他的综合思考则见于他的《后现代主义，或晚期资本主义的文化逻辑》。根据马克思主义关于资本主义的理论，他对作为一种新的"文化要素"的后现代主义进行了系统的解释。

詹姆逊根据新马克思主义的资本主义发展阶段论的模式，把后现代文化置于社会阶段论的理论框架之内，指出后现代主义是资本主义新阶段的组成部分。他宣称，后现代主义的每一种理论，都隐含着一种历史的断代，以及一种隐蔽或公开的对当前多国资本主义的立场。依照厄尔奈斯特·曼德尔（Ernest Mandel）在其著作《晚期资本主义》（*Late Capitlism*）中的断代方式，詹姆逊提出，资本主义有三个基本阶段，每一个阶段都标志着对前一个阶段的辩证的发展。它们分别是市场资本主义阶段，垄断资本主义阶段或帝国主义阶段，以及当前这个时代的资本主义（通常人们错误地称作后工业资本主义，但最好称作多国资本的资本主义）阶段。他认为，与这些社会形式相对应的是现实主义、现代主义和后现代主义等文化形式，它们分别反映了一种心理结构，标志着某种本质的变化，因而分别代表着一个阶段的文化风格和文化逻辑。后现代主义的主要特点是商品化的思想渗透到各个文化领域，取消了高雅文化和通俗文化的界限；同时，由于现代传媒和电子计算机的广泛应用，模仿和复制也广泛流行。与这两种情况相关，人们开始产生一种怀旧情绪，出现了怀旧文化。詹姆逊指出，后现代主义还是一个时间概念，在后现代社会里，时间的连续性打破了，新的时间体验完全集中于“现时”，似乎“现时”之外一无所有。在理论方面，后现代主义主要表现为跨学科和注重“现时”的倾向。

在《后现代主义，或晚期资本主义的文化逻辑》、《可见的签名》和《文化转向》里，詹姆逊进一步发展了他的主张，从而使他成为著名的马克思主义文化理论家：他一方面保持和发展马克思主义的理论，另一方面对极不相同的文化文本所包含的政治、意识形态和乌托邦思想进行分析。他的著作把文学分析扩展到通俗文化、建筑、理论和其他文本，因此可以看作从经典文学研究到文化研究这一运动的组成部分。

《时间的种子》是詹姆逊论后现代主义的一部力作，是他根据在加州大学欧文分校一年一度的韦勒克系列学术演讲改写而成的。虽然篇幅不长，但因那种学术演讲十分重要，他做了精心准备，此后还用了两年多的时间修改补充。在这部作品里，詹姆逊以他惯有的马克思主义辩证观点和总体性，提出了后现代性和后现代主义的种种内在矛盾：二律背反或悖论。他关心整个社会制度或生产方式的命运，心里充满了焦虑，却又找不到任何可行的、合理的方案，于是便发出了这样的哀叹：“今天，我们似乎更容易想象土地和自然的彻底破坏，而不那么容易想象后期资本主义的瓦解，也许那是因为我们的想象力有某种弱点。”然而他并不甘心，仍然试图在种种矛盾中找到某种办法。出于这种心理，詹姆逊在《时间的种子》里再次提出乌托邦的问题，试图通过剖析文化的现状，打开关于未来世界的景观。确实，在《时间的种子》里，每一部分都试图分析判断文化的现状，展望其未来的前景；或者说，在后现代的混沌之中，探索社会的出路。

詹姆逊对后现代性和后现代主义的理论阐述，其基本出发点是对美国后期资本主义文化的反思和批判，是对后现代之后社会形态的思考。这在《时间的种子》的最后一节表现得非常清楚。他这样写道："另一方面，在各种形式的文化民族主义当中，仍然有一种潜在的理想主义的危险，这种文化民族主义倾向于过高地估计文化和意识的有效性，而忽视与之同在的经济独立的需要。可是，在一种真正全球性的后期资本主义的后现代性里，恰恰是经济独立才在各个地方又成了问题。"

从总体关怀出发，詹姆逊认为，现在流行的文化多元主义应该慎重地加以考虑。他以后福特主义为例指出，后福特主义是后现代性或后期资本主义的变体之一，它们基本上是同义词，只是前者强调了跨国资本主义的一种独特的性质。后福特主义运用新的计算机技术，通过定制的方式为个人市场设计产品，表面上似乎是在尊重各地居民的价值和文化，适应当地的风俗，但正是这种做法，使福特公司浸透到地方文化的内心深处，传播其消费主义的意识形态，从而难以再确定地方文化的真正意义。詹姆逊还通过对建筑的分析指出，跨国公司会"重新装饰你们自己本地的建筑，甚至比你们自己做得更好"。但这并不是为了保持自己已有的文化，而主要是为了攫取高额的利润。因此詹姆逊忍不住问道："今天，全球的差异性难道会与全球的同一性一致?"显然，詹姆逊认为，美国所谓的多元文化主义只不过是一种策略，其目的是推行消费主义的文化意识形态，因此必须把它与社会生产关系联系起来加以审慎的考虑。

詹姆逊的所有著作都贯穿着他的辩证思想。但他只能比较客观地面对后现代资本主义的现实，而没有提出解决现实社会问题的办法——这也是当前普遍关注的一个问题。尽管如此，詹姆逊的探索精神仍然是值得尊敬的。也许，一切都只能在实践中求取。

进入古稀之年以后，詹姆逊仍然孜孜不倦，从理论上对资本主义及其文化和意识形态进行探索。在全球化的形势下，他关注世界经济的发展变化，关注全球化与政治、科技、文化、社会的关系，揭露资本主义的内在矛盾，并力图从理论上阐述这些矛盾。在他看来，资本的全球化和高科技的发展可能会导致新的社会和文化革命，出现新的政治和文化形态，但马克思主义的原理并不会过时，而是应该在新的条件下进行新的解释和运用。他仍然坚持乌托邦的想象，认为随着全球化的发展，可能会出现新的世界范围的“工人运动”，产生新的文化意识，而知识分子的任务就是要从理论上对这些新的情况进行描述和解释，提出相应的策略，否则谈论文化研究和文学研究就像空中楼阁，既不实用也没有基础。《未来的考古学》，就是他的一部论述乌托邦的力作。而《辩证法的效价》（*Valences of the Dialectic*，2009）则是他对自己所依托的理论的进一步阐述，该书根据辩证法的三个阶段（黑格尔、马克思，以及最近一些后结构主义者对辩证法的攻击），对从中产生的问题进行理论探讨，把它们置于商品化和全球化的语境之中，借鉴卢梭、卢卡奇、海德格尔、萨特、德里达和阿尔都塞等思想家的著作，通过论述辩证法从黑格尔到今天的发展变化，尤其是通过论述“空间辩证法”的形成，对辩证法提出了一种新的综合的看法，有力地驳斥了德勒兹、拉克劳和穆夫等人对辩证法的攻击。詹姆逊自己认为，这本书是他近年来最重要的作品。（原来他想用的书名是《拯救辩证法》，后改为现在的名字。）

随着年事增高，詹姆逊开始以不同的方式与读者分享他的知识积累，近年来先后出版了《黑格尔的变奏》（*The Hegel Variations*，2010）、《重读〈资本论〉》（*Representing Capital*，2011）、《现实主义的二律背反》（*The Antinomies of Realism*，2013）和《古代与后现代》（*The Ancients and the Postmoderns*，2015）。这些著作虽然不像《政治无意识》或《后现代主义，或晚期资本主义的文化逻辑》那样富于理论创新，但他以自己深厚的知识积累和独特的视角，对不同的理论和文学及艺术问题所做的理论阐发，仍然对我们具有明显的启示意义。

五、詹姆逊的历史化

在某种意义上，文学批评与现实世界的关系取决于文学作品的价值。因此，爱德华·萨伊德不止一次说过，这种关系贯穿着从文本价值到批评家的价值的整个过程。在体现批评家的价值方面，詹姆逊的批评著作可以说是当代的典范。2003 年 4 月，佩里·安德森在一次和我的谈话中也说，在 20 世纪后期和 21 世纪初期，詹姆逊的著作非常重要，不论是赞成还是反对，都不可能忽视，因为他以重笔重新勾画了后现代的整个景观——带有宏大的、原创的、统观整个领域的气势。这里安德森强调的是詹姆逊的大胆创新，而这点对理解詹姆逊的著作以及他的学术经历至关重要。

如果全面审视詹姆逊的著作，人们肯定会对他的著作所涉的广阔领域表示赞叹。他的著作运用多种语言的素材，依据多国的民族历史，展示出丰富的文化知识——从城市规划和建筑到电影和文学，从音乐和绘画到当代的视觉艺术，几乎无不涉及。他最突出的地方是把多种不同的思想汇聚在一起，使它们形成一个整体。这种总体化的做法既使他受到赞赏也使他受到批评，但不论是赞赏还是批评，都使他的作品充满了活力。由于他的大胆而广泛的融合，在某种意义上他成了当代设定批评讨论日程的人文学者之一。

因此，有人说，詹姆逊的著作历史体现了对一系列时代精神的论述，而对他的著作的接受历史则体现了对这些论述的一系列反应。对詹姆逊著作的接受大致可分为两类人：一类根据他对批评景观的一系列的测绘图，重新调整自己的方向；另一类继续使用现存的测绘图或提出自己的测绘图。第一类并不一定是不加批判地完全接受詹姆逊的著作；相反，他们常常采取质疑的态度。例如，在《后现代性的起源》里，佩里·安德森虽然基本上同意詹姆逊关于后现代主义的看法，但对他的阐述方式还是提出了批评。第二类基本上拒绝詹姆逊总体化的历史观，因此不赞成他的范式转换的主张。这一类的批评家认为詹姆逊论后现代主义的著作只不过是一种风格的批评，因为它们无视后现代主义更大的世界历史的含义。换句话说，他们忽视了詹姆逊的主要论点：后现代主义是深层的历史潜流的征象，需要探索它所体现的新的社会和政治组织的状况。

对这两种不同的态度的思考可能使我们想到詹姆逊著作的另一个重要方面。也就是说，几乎他每一本新的著作都介入一个新的领域，面对一些新的读者。这并不是说他无视过去的读者，而是他不愿意老调重弹，总是希望提出一些新的问题和论点。就此而言，这与他在《文化转向》里对齐美尔的评论有些相似："齐美尔对20世纪各种思潮的潜在影响是无法估量的，这在一定程度上是因为他拒绝将他的复杂思想整合到一个单一的系统之中；同时，那些非黑格尔派的或去中心的辩证法式的复杂表述经常由于他那冗长乏味的文体而难以卒读。"当然，詹姆逊因袭了黑格尔的辩证法，除此之外，就拒绝铸造特定体系和以沉重的散文隐含思想观念而言，他对齐美尔的评价显然也适合他自己。此外，在某种意义上，詹姆逊的影响也常常是潜在的。

总的来说，詹姆逊的影响主要在方法论方面。在他第一部作品《萨特：一种风格的始源》里，他的一些解读方法就已经出现。该书出版时正值冷战时期高峰，单是论述一个马克思主义者本身就具有挑战性，但今天的读者似乎已经没有那种感觉。因此一些批评家认为那本书缺乏政治性，至少不像它的主题那样明显地具有政治性。确实，詹姆逊没有论述萨特哲学的政治内容，而是重点强调他的风格。不过，他实际上强调的是风格中的“无意识的”政治，这点在他第二部作品《马克思主义与形式》里得到进一步发展。无论是其目的还是内容，《马克思主义与形式》都具有明显的政治性，而且改变了政治问题的范围。这两部作品预示了他后来著作发展的某些方面，他对风格的分析不是作为内容问题，而是作为形式问题。

对形式的强调是詹姆逊把非政治的事物政治化的主要方法。正如他自己所说：“艺术作品的形式——包括大众文化产品的形式——是人们可以观察社会制约的地方，因此也是可以观察社会境遇的地方。有时形式也是人们可以观察具体社会语境的地方，甚至比通过流动的日常生活事件和直接的历史事件的观察更加充分。”[①] 在这种意义上，形式批评为詹姆逊独特的辩证批评提供了基础。在构成这种方法的过程中，他融合了许多人的思想，如萨特、阿多诺、本雅明和卢卡奇等等，但很难说其中某个人对他有直接影响，然而他的著作中又都有这些人的影子。可以说，他的著作既是萨特式的、阿多诺式的、本雅明式的或者卢卡奇式

① Fredric Jameson，“Marxism and the Historicity of Theory：An Interview with Fredric Jameson，” *New Literary History* 29 (3)，1998：360.

的，但同时也不是他们任何人的。有人简单地说他是黑格尔式的马克思主义者，但这种说法也不够确切，因为他的立场更多的是挑战性的综合。1971 年，他的获奖演讲“元评论”（Metacommentary）所提出的“元评论”的概念，实际上就表明了他的方法。虽然最近这个术语用得不那么多了，但它一直没有消失。“元评论”的基本活动是把理论构想为一种符码，具有它自己话语生产的规律，以及它自己的主题范围的逻辑。通过这种符码逻辑的作用，詹姆逊寻求揭示在这种文本和文本性的概念中发生作用的意识形态力量。

在《马克思主义与形式》之后，詹姆逊出版了他的最重要的著作《政治无意识》。这是一部真正具有国际影响的著作，据我所知，至少已有十种语言的译本。该书刚一出版，就在大西洋两岸引起了强烈反响，受众超出了传统的英文系统和比较文学系，被称为一本多学科交叉的著作。当时多种杂志出版专号讨论他的作品。《政治无意识》产生了多方面的影响，对当时新出现的文化研究领域影响尤其明显。它通过综合多种理论概念，如黑格尔、马克思、康德、弗洛伊德、阿尔都塞、德里达、福柯、拉康等人的，为文化研究的实践者提供了一种有效的方法，使他们可以探索和阐述流行文化和大众文化文本的意识形态基础。

就在詹姆逊写《政治无意识》之时，他已经开始构想另一部重要著作，也就是后来出版的那本被誉为具有划时代意义的论后现代主义的作品——《后现代主义，或晚期资本主义的文化逻辑》。《政治无意识》出版于 1981 年，同一年，他在纽约惠特尼现代艺术博物馆发表了“后现代主义，或晚期资本主义的文化逻辑”演讲。正是以这次演讲为基础，他写出了那本重要著作。在他出版这两部重要著作之间，詹姆逊在许多方面处于“动荡”状态，1983 年他离开了耶鲁大学法文系，转到加州大学圣克鲁兹分校思想史系，1985年又转到杜克大学文学系，其间于1985年下半年还到北京大学做了一个学期的系列讲座。这种“动荡”也反映在他的著作当中。这一时期，他的写作富于实验性，触及一些新的领域和新的主题，而最突出的是论述电影的作品。在此之前，他只写过两篇评论电影的文章，但到20世纪80年代末，他完成了两本专门论述电影的著作：一本是根据他在英国电影学院的系列演讲整理而成，题名《地缘政治美学》；另一本是以他陆续发表的与电影相关的文章为基础，补充了一篇很长的论装饰艺术的文章，合成为《可见的签名》。与此同时，他至少一直思考着其他四个未完成的项目。

有些人可能不太知道，詹姆逊对科幻小说很感兴趣，早在《政治无意识》的结论里，他对科幻小说和乌托邦的偏好已初见端倪，而且在20世纪80年代确实也写了不少有关科幻小说的文章。后来由于其他更迫切的项目，他搁置了一段时间，直到2005年才出版了专门研究乌托邦和科幻小说的著作《未来的考古学》。当时他想写一本关于20世纪60年代的文化史，虽然已经开始，但由于种种原因而未能完成，只是写了三篇文章：《六十年代断代》（“Periodizing the 1960s”）、《多国资本主义时期的第三世界文学》（“Third-World Literature in the Era of Multinational Capitalism”）和《华莱士·史蒂文斯》（“Wallance Stevens”）。尽管他说前两篇文章与他论后现代主义的著作相关，但他从未对它们之间的联系进行充分说明。关于华莱士·史蒂文斯的文章是他的“理论话语的产生和消亡”计划的部分初稿，但这项计划也一直没有完成，只是写了一篇《理论留下了什么?》（“What's Left of Theory?”）的文章。

在探索后现代主义的同时，詹姆逊对重新思考现代主义文本仍然充满兴趣，尤其是与后殖民主义文化相关的文本，如乔伊斯、福楼拜和兰波等人的作品。2003 年他出版了《单一的现代性》，以独特的视角对这些作家进行了深入探讨。随后，他将陆续写的有关现代主义的文章整合、修改、补充，于 2007 年出版了《现代主义论文集》（*The Modernist Papers*，该书由中国人民大学出版社以《论现代主义文学》为名于 2010 年出版）。这些著作仿佛是对现代主义和后现代主义之间的过渡进行理论阐述，但奇怪的是它们出现在他的论后现代主义重要著作之后。关于这一点，也许我们可以认为，他试图围绕后现代主义从各种不同的角度进行验证。

20 世纪 90 年代中期以后，以他的《文化转向》为始，詹姆逊开始从文化理论方面阐述新出现的世界历史现象——全球化。简单说，詹姆逊认为，全球化的概念是“对市场的性欲化”（libidinalization of the market），就是说，今天的文化生产越来越使市场本身变成了人们欲求的东西；在今天的世界上，再没有任何地方不受商品和资本的统治，甚至美学或文化的其他方面也概莫能外。由于苏联的解体和东欧的剧变以及社会主义遇到的困难，资本主义觉得再没有能替代它的制度，甚至出现了“历史的终结”的论调。实际上，詹姆逊所担心的正是这种观念，就是说，那种认为存在或可能存在某种取代资本主义的社会制度的看法，已经萎缩或正在消亡。正如他自己所说，今天更容易想象世界的末日而不是对资本主义的替代。因此他认为当前最迫切的任务是揭露资本主义的内在矛盾以及掩饰这些矛盾所用的意识形态方法。就此而言，詹姆逊的项目可能是他一生都完不成的项目；而我们对他的探讨，同样也难有止境。

此次“詹姆逊作品系列”包括十五卷，分别是：《新马克思主义》《批评理论和叙事阐释》《文化研究和政治意识》《现代性、后现代性和全球化》《论现代主义文学》《马克思主义与形式》

《语言的牢笼》《政治无意识》《时间的种子》《文化转向》《黑格尔的变奏》《重读〈资本论〉》《侵略的寓言》《萨特：一种风格的始源》《古代与后现代》。这些作品基本上涵盖了詹姆逊从 1961 年至 2015 年的主要著作，其中前四卷是文章汇编，后十一卷都是独立出版的著作。考虑到某些著作篇幅较短，我们以附录的方式补充了一些独立成篇的文章。略感遗憾的是，有些作品虽然已在中国出版，但未能收入文集，如《可见的签名》、《未来的考古学》和《辩证法的效价》等，主要是因其他出版社已经购买中文版权且刚出版不久，好在这些书已有中文版，读者可以自己另外去找。

对于“詹姆逊作品系列”的出版，首先要感谢中国人民大学出版社，在几乎一切都变得商品化的今天，仍以学术关怀为主，委实令人感动。其次要感谢学术出版中心的杨宗元主任和她领导下的诸位编辑，感谢他们的细心编辑和校对，他们对译文提出了许多建议并做了相应的修改。当然，也要感谢诸位译者的支持，他们不计报酬，首肯将译作收入作品系列再版。最后，更要感谢作者詹姆逊，没有他的合作，没有他在版权方面的帮助，这套作品系列也难以顺利出版。

毫无疑问，“詹姆逊作品系列”同样存在所有翻译面临的两难问题：忠实便不漂亮，漂亮便不忠实。虽然译者们做了最大努力，但恐怕仍然存在不少问题。我们期望读者能理解翻译的难处，同时真诚欢迎读者提出批评和建议，以便今后再版时改进。

王逢振

2018 年 5 月

目　录

单一的现代性

前言：当前时代的倒退

在十足的后现代性当中，直到最近，对现代的那些特征，尽管已经不再有什么欲望，却似乎一向存在着某种普遍一致的看法，某种未说出来的舆论。例如，现代时期的禁欲主义，或者它的菲勒斯中心主义（我不太肯定是否统统属于逻各斯中心主义）；现代时期的极权主义，甚至它的压制性；现代主义美学的目的论——它以胜利者的姿态从更新走向最新；基本上也属于现代主义的最低纲领论；对天才或先知的崇拜；对听众或公众无愉悦可言的要求——所有这些事物（当然它们相互关联，常常是彼此的一些方面或不同的形式）经常被评论家系统地、反复地提起。

然而，在所有这些健康的排斥反对意见的运动当中，实际上，在打破窗子、扔掉旧家具的嘈杂声中，最近几年我们开始看到一些迥然不同的现象，这些现象表明对所有旧事物的回归或重建，而不是将它们彻底肃清。后现代性的巨大成就之一——一方面是"理论"或理论话语，另一方面是罗蒂的《自然之镜的哲学》（以及勃迪厄对学科的批判）——无疑是贬低了传统学科意义上的"哲学"，激起了大量关于新的思维和新的观念的写作。然而，我们现在开始目睹全世界出现了对传统哲学的回归。它起始于古老的亚领域，如伦理道德。[1]可是，如果形而上学不是神学本身（对此否定的神学进行了破坏），那么形而上学的回归还会远吗（新时期对物理学的思考已有暗示）?

同样，某种类似政治哲学的东西也重新出现，随之而来是所有那些古老的机制和文明问题，市民社会和国会代议制问题，责任和公民道德的问题，等等，而这些毫无疑问都是18世纪后期争论最激烈的问题。[2]仿佛在刚刚结束的革命的世纪，人们从它的挑战中没有学到任何东西，虽然它使传统的关于国家的资产阶级思想面对着阶级和集体社会存在的种种尖锐的矛盾。因为所有那些观念性本身对一个完全不同于我们的历史情境——从封建主义过渡到资本主义——构成了如此多的反映。如果与从共产主义到民主的过渡相比，这似乎是有些滥用（无论如何，人们会认为，后者本身不是一种过渡而是一种观念的滑动，从经济范畴滑向政治范畴）。

随着所有这一切，一种旧的政治经济像影子一样蹒跚着走来，并向我们提供一种新的惊人的发展，也就是重新发现了市场，某种像新发现了机器轮子一样让人激动的东西：人们无疑可以选择他们自己的趣味，但没有人会让我相信，在今天这个时期，关于某个米尔顿·弗里德曼、某个哈耶克或某个波普尔（Popper）的思想会有什么闪光的东西。

于是出现了美学的复苏。我们认为，美学是一个现代主义既发明了它同时又解构了它的学科，或者说，各种现代主义的崇高形式就像它们开始出现时那样迅速抹杀了美学问题。然而今天人们再次提出了美的问题，也就是美学的中心命题，而美学的资产阶级动因可以在它孪生的两个极点记录下来：一方面是纯粹的装饰和令人愉悦的平庸化，另一方面是审美判断中的各种意识形态的感伤的唯心主义。

那种（同样在传统上）可以确定为观念历史的东西，在对待这种思想倒退时非常软弱无力，但它常常可以合乎情理地通过政治联系和机构的力量来加以说明。马克思主义的失败（假如它真的失败了）从根源上阻止了许多当代理论的扩展，而这也正是马克思主义本身的问题（即使它通过萨特的存在主义和结构主义的现象学以迂回的方式得到了发展）。与此同时，大学的行业化（和日益发展的私有化）可以说明对理论能量本身的系统遏制，同它在目的方面是无政府主义的一样，其效果是脱离常规。但是，这恰恰是为什么这种重新制度化及其倒退很难在后现代性的后果中一一列举的原因，因为众所周知，后者的修辞强调无中心和偶然性，强调根状的错综复杂，以及异质性和多样性。人们也不可能想像这就是让-弗朗索瓦·利奥塔在欢呼历史的“宏大叙事”被后现代的多样语言游戏取代时所想的东西[3]，因为后现代肯定隐含着对新语言游戏的发明创造，而不是人为地复活那些学术上已成过去的东西。

但是，如果认为利奥塔的后现代性——一种不系统的“现实”，充斥着偶然共存的、不可调和的、尼采式的时代现象——或者其他任何人的后现代性，标志着对过去的摈弃，或者对过去的彻底遗忘，那肯定是错误的。实际上，与所谓的“宏大”叙事一起被摈弃的，还有哲学、文学和其他形式的历史学的更小的叙事。因为正如后现代性的历史小说一样[4]，最后这种历史学要以暂时的、可以随便调用的经典的形式来重新创造，也就是要置于可以同时消解和取代的众多的文本关系之中。对利奥塔来说，对德勒兹也一样，过去的哲学家应该重新发现并以后当代的习惯用语来重写（正如德勒兹非常杰出地对尼采和康德、休谟和莱布尼茨所做的那样），而所用的口号是著名的引语“大胡子的黑格尔和刮干净胡子的马克思”[5]。

事实上，像德勒兹一样，在许多方面，利奥塔本人是一个典型的现代主义者，他热情地信奉真正的、激进的、甚至可以大胆地说是真实的突然出现的新事物：这种信奉最终标志着二人的政治都是美学的（尽管他们可能彼此不同）。这就是为什么利奥塔对所谓的宏大叙事的先发制人的攻击（针对共产主义和法国的共和主义），结果并不像海湾战争（他也支持）那样确定。因为，为了保持对隐蔽在他明显的政治后现代性之内的美学现代主义的信念（像本雅明有意识的神学隐蔽在他的行动主义的自动信念之内一样[6]），利奥塔发现自己必须重新发明一种以著作为基础的最古老的时间性的模式，即循环的模式，这种模式可以使适当蛮横的立场权威化：后现代主义不是在真正的现代主义之后而是在它之前，为它的回归进行准备。[7]无论如何，他不可能想到我在这里列举的种种回归的现象。

不过，他的尴尬仍然暗示着两个有用的结论。第一个关系到后现代对本质上仍然是现代主义的新的范畴的依赖，无论用什么样的修辞，它都不可能从“新”的安排中彻底消除这些范畴。这对后现代性来说确实是非常重大或意义深远的矛盾，它不可能使自己完全脱离创新的最高价值（尽管有风格的终结和主体的死亡），因为博物馆和画廊几乎不可能在没有创新的状况下发生作用。因此，新的对差异的崇拜仍然与先前的“新”相交叉，即使两者并不完全相连接。

得出的第二个结论是，谴责历史叙事（及其“萎缩的矮子”或目的论）比在没有历史叙事的情况下做事更容易一些。我在其他地方已经说过[8]，利奥塔的宏大叙事终结的理论本身就是另一种宏大叙事。在一个完全不同的领域，新批评派把诗的语言抬高到超过其他语言的做法（诗的语言假定本质上是非叙事性的，其他语言一般是叙事性的话语形式），最终也是通过一种历史的宏大叙事生效的，这种历史叙事有些像一种保守的“历史哲学”，旧时英国自耕农的农业秩序中的感性统一（如艾略特、利维斯）

仿佛被革命的浪漫主义打碎了（现在被认为与启蒙运动一致，体现在雪莱之类的诗人的作品里）。这种二次叙事也不只是第二次的意识形态补充。我想尽量作出一种更有力的形式结论．就是说，真正对叙事的拒绝和否认会引起一种被压制的叙事的回归，并可能不顾它自身而以另一种叙事来证实它的反叙事的立场，而论证在体面地掩饰另一种叙事中得到种种利益。[9]但是，我并不想对这一原则作某种本体论的阐述，相反，我宁愿以方法论的形式对它重塑，把它作为一种建议，在所有看似非叙事的概念中，尤其当它们直接反对叙事本身时，找出被掩盖的意识形态的叙事。如果说这种建议仍然过于一般或抽象，那么下面我将在当前语境中提出一种更具体的说明（大体上是将阐述的四个准则中的第一个）。

不过，现在应该回到那种语境，考虑在充分的后现代性当中某些过时的、最后的回归或重新发现，这无疑是最具悖论的一种重现，因为它证明是现代性概念本身的再现，而我们长期以来一直天真地认为它已被取而代之。事实上它在全世界都已经重新出现，而且在政治讨论中几乎不可能避免，从拉丁美洲到中国——且不说先前的第二世界——无不如此。然而，西方所谓的胜利却不断地以明显的后现代方式受到赞颂，以为它克服了旧的现代主义乌托邦和生产率论的价值观，既是意识形态的终结又是历史的终结，是唯名论者的特殊和差异的信条，无论对所有这些东西的阐述运用的是左翼的还是右翼的语言（实际上放弃对左、右的区分常常是这种“后现代”修辞的核心）。在现代从所有的书架和橱窗彻底消失之后，在它退出媒体之后，在除了少数爱争吵的、自称是爬行的知识分子以外所有的人都驯顺地实现了非现代个性化之后，现代性这一口号的复活还能用于什么目的呢？人们不禁怀疑，这种旧的现代性的语言的重现一定是某种后现代的东西：

因为它肯定不是任何诚实的哲学和历史学对我们最近的过去感兴趣的结果。应该说，我们这里得到的是对现代的重铸，对它的重新包装，也是为在知识市场上重新销售对它的大规模的生产。这个知识市场不仅包括社会学领域的最著名的大家，也包括所有社会科学领域里平常的讨论（还包括艺术领域里的一些讨论）。

事实上，发生这种情况有许多原因，虽然几乎没有一个原因能足以对它证实。相对而言，后现代性在既定的学科里似乎是个无法否认的概念，因为它的令人厌恶的后果——对晚期资本主义和女权主义的理论阐述与所谓的“相对主义”和社会现实的构成性达成了让步协议——已变得非常明显。即使你们不相信断代本身，现代性的概念——它的世系发展一直追溯到社会学的奠基人，而实际上社会学本身作为一个研究领域也因它成了多争论的领域——似乎也值得尊重并具有相当的学术性。

但是，还有更深刻的动因，更深刻的优势，它们大部分在于新的全球市场——如果我可以这么说的话——同样也在于全球的观念市场。因为现代性概念的一个不可回避的方面是现代化问题（本身也是一个在第二次世界大战以后的制品）。现代性总是与科技相关（至少在“现代时期”），因此最终与进步相联系。但第一次世界大战对进步的意识形态是一次严重的打击，尤其与科技相关的那些进步的意识形态；其实自 19 世纪后期以来，资产阶级思想家自己也对进步产生了严重的、自我批判性的怀疑。第二次世界大战以后发明的现代化理论，使资产阶级的进步观念得到了某种余生，虽然现代性和现代化在社会主义国家，因斯大林主义许诺赶上西方及其工业而经历了一种相当不同的形式。不过，对斯大林主义的现代化形式的大肆声张的谴责——在策略上与那种一般的看法相联系，即马克思主义和社会主义本质上是坏的“普罗米修斯的”意识形态——不应该掩盖与之平行的、对西方现代化形式的怀疑，生态运动、某些女权主义以及各种左派对进步和工业化的批判，都指出了西方现代化的弊端。然而，如果你相信“历史的终结”，从你的思想上排除了未来和激进变革（且不说“进步”）的一面，那么很难想像如何能形成一种吸引人的政治计划。

现代性概念的复活是试图解决问题的一种努力：现代化、社会主义、工业化（尤其是电脑化之前的那种重工业）、普罗米修斯主义和普遍的“对自然的掠夺”都已经遭到怀疑，在这种形势下，你仍然可以提出所谓的不发达国家可能需要期待一种简朴的“现代性”。如果不担心今天世界上能够存在的民族—国家在任何可以想像的意义上早已是“现代的”这一事实，而只考虑技术进步，那么受到鼓励的是一种幻觉：西方拥有其他任何人都没有的东西，他们应该有得到它们的欲望；那种神秘的东西可以命名为“现代性”，并可以由那些被号召销售该产品的人详细说明。

我想对“现代”这一术语更新的有争议的用法以及它给我们造成的混乱重点加以说明。在奥斯卡·拉封丹最近回忆他在新的施罗德执政期的命运时，关于抱怨他的市场竞争对手的广泛流行的描写，其中政府被作为“实施现代化的人”：

> 现代化和现代性这两个词已经堕落成时髦的概念，在这种概念下你什么都可以去想。如果你想弄清今天人们称作“实施现代化的人”在现代性的术语下究竟知道什么，你会发现他们只知道从经济和社会方面去适应所谓的全球市场的约束。现代性的概念被变成了纯经济和技术的范畴。于是，盎格鲁-撒克逊人对解雇没有法律的保护，同样如果我们想成为现代的，我们就必须也摆脱在那个领域里的保护。在许多国家，社会保障系统严

> 重萎缩，因此如果我们想成为现代的，我们也必须大量缩减社会保障。在许多国家，商业税收大量减少，以便企业家不至于离开该国而到其他地方，因此我们也必须成为现代的并减少税收……现代性已经完全变成了一个服从这种经济制约的词。我们如何一起生活和我们需要什么样的社会的问题，已经完全变成了一个非现代的问题，而且根本不再提出这种问题。[10]

在这个语境里，现代这一术语的引入是一种基本的政治话语斗争的组成部分（正如在另一种语境里，成功是区分“改革者”和“强硬派”的话语）。如果自由市场的观点可以系统地与现代性相一致，习惯地被认为表现了什么是现代的问题，那么自由市场的人们就赢得了基本的胜利，而且这种胜利远远超越了旧的意识形态的胜利。假如把它称作媒体的胜利，那就低估了今天对政治斗争的语言和术语的转移。这里的关键是，持对立观点的人在术语上没有去处。自由市场的对手，例如社会主义者，只能被归类为否定或个人的现代范畴，传统主义的范畴，甚或最终被归为强硬派的范畴，因为他们明显抵制现代性的发展。这里从拉封丹哀怨的声调可以清楚地看出，他不仅失去了这一基本的话语斗争，而且他一开始就没有意识到它的基本性质和利害关系。

这是些关于世界现代性的政治力量的看法，而现代性已经在全世界复活，并且以这种特殊的方式被系统地加以利用。但我想指出，在这种复活中也有某种观念和哲学上的不连贯性。一般抨击社会主义和马克思主义（如果不是反对所有形式的“左翼中心”的自由主义）的含义是说那些观点陈旧过时，因为它们仍然相信现代主义的基本范式。但这里现代主义被理解为过时的管理严密的计划领域，无论这是在国家管理方面、经济方面还是在美学方面，它都是一个集权的所在，与非中心化的价值和标志新的后现代机制特点的偶然性背道而驰。因此像拉封丹这样的人是非现代的，因为他们仍然是现代主义者；正是现代主义本身才是非现代的；不过“现代性”——在刚说过的肯定的意义上——是好的，因为它是后现代的。那么为什么不用那个词取而代之呢？

一些明显的答案——理论性太强，还不够大众化或还不够流行，“后”字会自动引起不快的、可笑的、反讽的质疑——我相信掩盖了更深层的原因，最好通过研究关于“现代性”最有影响的当代理论家安东尼·吉登斯的作品来进行探讨。他的作品开始完全是作为对那种现代性的批判，结果他却成了那种现代性的拥护者。在《现代性的后果》里，吉登斯结束了他与后现代的调情，并解释了他为什么觉得这样做更加便利（应该理解的是，像其他许多人一样，他也认为“后现代性”是一种虚无主义和相对主义的哲学，主要为利奥塔之类的人所拥护）。这里是他的评论：

> 只是发明新的术语是不够的，例如后现代性和其他术语。相反，我们必须观察现代性本身的性质，由于相当具体的原因，在社会科学领域里现代性迄今一直没有得到很好的理解。我们不是在进入一个后现代性的时期，而是在进入一个现代性的后果正变得比以往更激进化、更普遍化的时期。我会认为，在现代性之后，我们可以看到一种新的、不同的秩序的轮廓，那就是“后现代的”；但这与现在许多人所称的“后现代性”大不相同。[11]

他的主张可以被重新命名为“激进的现代性”，而且听上去肯定与哈贝马斯的看法并无惊人的不同。关于不完善的现代性，哈贝马斯常用的说法是“现代性是一个未完成的计划”。但哈贝马斯的这种说法仍然有用而含混，它使人们接受现代性未完成的可能，因为它永远不可能由中产阶级及其经济体制来完成。不过，这正是吉登斯想让我们努力去做的事情：对通向自由市场的第三条道路的信念，嘲弄了他喜欢不时应用的社会主义短语。我想补充说，至少在一个问题上我与他一致：现代性是一系列的问题和答案，它们标志着未完成或部分完成的现代化的境遇的特征；后现代性是在一种倾向于更完善的现代化的境遇中获得的东西，它可以概括为两种成就：一是农业的工业化，也就是消灭了所有传统的农民；另一种是无意识的殖民化和商业化，换句话说就是大众文化和文化工业。

那么，“现代性”的理论家如何能在其现行的意义上把他们的产品——信息革命和全球化的自由市场的现代性——与可憎的旧式产品区分开来，同时自己又不提出那种后现代性使其不可避免的、严肃的政治和经济的全局问题？答案非常简单：你谈的是“交替的”或“选择的”现代性。[12]现在人人都知道这种说法：这意味着对每个人都存在着一种现代性，但它不同于标准的或盎格鲁-撒克逊的模式。对于后者，只要你不喜欢什么东西，包括它使你处于从属地位，都可以通过确定的“文化”概念而取消，因为你可以用不同的方式塑造自己的现代性，所以有拉丁美洲的现代性、印度的现代性、非洲的现代性，等等。或者你也可以遵循萨缪尔·亨廷顿的指引，根据各种宗教性质的文化重铸这一切：希腊或俄国的东正教现代性、儒家的现代性，等等，一直到汤因比的数字的现代性[13]。但这会忽视现代性的另一种本质意义，即世界范围的资本主义本身的意义。资本主义全球化在其制度的第三阶段或晚期阶段所投射出来的标准化，对所有这些关于未来世界的文化多样性的虔诚希望都投以怀疑，而这个世界已经被一种普遍的市场秩序殖民化了。

然而，尽管我相信现代性惟一令人满意的语义学意义在于它与资本主义的联系（不过我选择另一种使用这个术语的方式，在我看来它非常有用，而且像它最终不可被否认一样具有戏剧性），但下面这篇扩展的文章将以一种相当不同的、非实在的方式来讨论这个问题。简单地说，它将对现代性一词的应用作形式的分析，而且明确地拒绝任何预设，例如假定这个词有一种有待发现、认识和提出的正确用法。它是一种方法，将把我们引向美学领域或现代主义里一个相关的概念，并可以从中发现某些相似的含混性。但现代主义反过来又会出乎意料地把我们引向它自己直接的历史和命运，因此文章的结论可能不像期待的那样，论及新形成的后现代的特征，而是关于一个特殊历史时期的概念，我把它称之为晚期的现代主义。所以，这里的计划是作一种意识形态的分析，而不是对一个概念或一个词的分析。这种分析在结构上令人困扰的是，就像你观察的玻璃窗格，甚至在你透过它观看时，你也一定同时肯定该物体的存在，但却否认与标示那种存在的条件相关。也许最好承认，围绕现代一词的种种概念同它们的无法接受一样不可避免。

【注释】

［1］最近几年，在美国大学的哲学系里，越来越多地公开招聘伦理学的教师，其数量比任何其他哲学分支的职位都多。但是，这些职位常常反映的生命科学的问题（医药、基因，等等），在我看来更多的是政治的而不是伦理的，无论如何这些问题非常重要，不能把它们交给哲学家。

［2］我认为伊默斯托·拉克劳或朱迪丝·巴特勒这类人的作品是把理论扩展到一个新的（政治的）领域，但尚未在这个领域里得到发展；而不是对政治哲学中某种假冒的“传统”的发展的贡献。

［3］见利奥塔著名的《后现代状况》（明尼苏达，1980）。乔纳森·阿拉克把利奥塔的反对重写为“高大的故事”对“虚空的谎言”。也许本雅明的预言也有助于说明问题：“历史的构成可以比作军事制度，这些制度威胁着日常生活并把它规定到军营。在这种状况下，奇闻轶事就像是街上的灯光或一种造反。”（*Arcades*，Harvard，1999；or Suhrkamp，1983，S la，3）。

［4］See Fredric Jameson，*Postmodernism*，*or the Cultural Logic of Late Capitalism*（Verso，1992），pp. 366－369.

［5］Gilles Deleaze，*Difference et repetition*（PUF，1968），p. 4.

［6］“Theses on History”，in *Illuminations*（Schocken，19）.

［7］J-F. Lyotard，“Response a la question，qu est-ce que le postmodeme?” in *Le Postmodeme explique aux enfants*（Paris，1986），pp. 29－33.

［8］See Jameson，“Introduction” to Lyotard，*The Postmodern Condition*，op. cit.

［9］因此我想修正我在《马克思主义与形式》里的评论（332～333页），改为新批评派的超历史主义或反历史主义掩盖了更深刻的行动的和意识形态的历史叙事或“历史哲学”。

［10］Oskar Lafontaine，*Das Herz schlagt links*（Econ，1999）.

［11］Anthony Giddens，*The Consequences of Modernity*（Stanford，1990），p. 3.

［12］但是，我们必须严格区分关于真正文化差异的骗人的看法（与在后现代性中全世界到处出现的迪斯尼化的文化复兴相对），以及在世界各国为现代性（或资本主义）方式命名的完全不同的概念。这里的观点是（我们许多人认为它是马克思的观点，而“英国”本身只是那些道路之一，而且不是标准的模式），所有通向资本主义的道路都是独特的、“惟一的”、偶然的，由独特的民族境遇决定。

［13］Samuel Huntington，*The Clash of Cultures and the Remaking of World Order*（New York：Simon and Schuster，1996）.

（王逢振　译）

现代性的四个基本准则

（一）

作为一个概念，“现代性”一词经常与现代相关联，因此当我们发现这个词实际上早在公元5世纪就已经存在时，不免会大吃一惊。[1]基拉西厄斯（Gelasius）教皇一世（公元494—公元495）在使用该词时，它仅仅用于区分不同于先前教皇时代的当代，并不含有现在优越于过去的意思（除了现在在时间顺序中的排列）。现在与最近的过去属于一个连续体，两者都与基督在世时的特殊历史时期有着巨大差别。因此，拉丁语“modernus”仅指“现在”或“现在时”；在希腊语中，不存在指代这种意思的一个对应词，因此，关于该意义的拉丁语与希腊语是一致的。[2]然而，差不多处于同一时期，当卡西奥德洛斯写作时，即哥特人征服罗马帝国以后，这个词开始有了新的含义；在这位基本上属于从事文学研究的学者看来，“现代”有了一个对应词，他称之为“过去”。站在教皇的角度看，哥特人新建立的帝国并没有在基督教传统中形成一种断裂；但对于知识人士而言，它却代表了一种根本性的分界，这种分界使得先前的经典文化有别于现代文化，而后者的历史任务在于对先前的文化进行再造。正是这种分界使得“现代”这一术语形成了特定的意义，这一特点因此延续至今。对于卡西奥德洛斯而言，这个词充满了后来者因为无法超越前人而产生的忧郁，但这无关重要，在各种文艺复兴语境里（加洛林王朝，12世纪的文艺复兴，以及伯克哈特的意大利），人们欣喜地接受了一种新的历史使命。

这里的一个争议是关于“新”（novus）和“现代”（modernus）的区别。我们能不能说，凡是现代的必然是新的，而新的未必就是现代的？在我看来，这个问题类似于个人与集体（或者历史的）之间的区别问题：一方面是形成个人经验的事件，另一方面是对整个集体暂时性进行明显调整的那些时刻作出隐含或者公开的认同。

> 在“新”的情形下，带有述谓化主体（the predicated subject）的作为一个（孤立的）个体，有别于它的前任（predecessors），它既没有特定的指涉对象，也无特定的结果；在现代情形下，它与一系列类似现象发生关联，而且被置于一个封闭的、现象消失的新世界的对立面进行理解。[3]

现代这个新词在这种区别意识中起到了什么作用？对属于这个传统的结构主义词汇学家而言[4]，对不同术语、异体词进行掌握，这是一个基本的前提：“如果我们无法对某个领域作出区分，那么，就不可能对截然不同的时空进行区别。”[5]然而，这里不存在因果关系，而且也不是非存在不可：我们可以想像这样一种情况：术语在某个空间里蓬勃生长，同时，它们也可以在另一个领域里被某些新兴的意识挪用。

然而，这里的关键是，我们不能低估像“现代”这样一个具有不规则动力的词语。要理解这一术语，我们至少有两个互为竞争的模式。第一种模式是将它放入时间框架中并对它进行分类。这势必引出一些划分时间的词（将来时、前将来时、过去将来时、未完成时，等等）。我们可以跟随莱恩哈特·科西勒克[6]，列出在漫长历史中形成的各种观点，将关于时间的新词视为一个证据，并以此推断出关于历史意识形成的叙事。然而，从哲学的角度思考，这种方法会由于二律背反而失败，因为，关于时间已经有这样一种权威说法："当我们要谈论时间时，总是太迟了。"[7]

另一种显而易见的方法属于语言学模式，它不是从探讨意义、意识角度出发，而是从物质符号入手。可以这么说，"现代"一词属于耶斯坡森称之为转换词（shifters）一类：[8]即功能词，或者是用于指代言说语境的指涉词（reference），它所代表的意义和内容因人因时发生变化。代词（如，我——包括主格和宾格，你），指涉地点的词（如，这里，那里），当然也包括指涉时间的词（如，现在，当时），都属于这一类。事实上，正如大家知道的，现代语言学产生之前，黑格尔在《精神现象学》开卷处就对这些转换词提出了讨论；他指出，这些词乍看显得再具体不过，但当我们对它们的变异有所认识以后，就会发现，情况不是这样。[9]不过，转换词的确存在，虽然它们在哲学层面上显得不连贯；在过去看来众所周知的各种"现代"说法，向我们暗示，完全可以将"现代"一词归入转换词一类。不过，这样一来，现代的各种悖论就缩减为仅仅是新的悖论；而现有的每一种语言中都有转换词，这有可能使我们目前探讨的目标丧失历史性，而历史性恰恰又是以前一种模式所强调的。

然而，这两种方法中固有的内在矛盾，从绝对意义上讲，使得这两种模式都行不通，但这一点暗示了这一目标本身的基本含混（因而也容易形成一系列程序化策略和防范）。姚斯具有权威性的概述提示，现代性概念在其形成的历史中存在着另外两种发展，他的这一观点大大增加了上面提到的疑虑，因此，在我们对这一观点作出最后评估之前，有必要对此加以分析。

第一种是他称之为循环的现代（cyclical）与类型的现代（typological）之间的区别。[10]对于循环出现的思想，我们自然不陌生，比如文艺复兴（"现在，所有学科都得到了恢复，语言也已经得到创立。”[11]）“一代人”在它产生之时总会带来某种周而复始的运动，而同时在身份和集体自我意识两方面对该时代提出强烈要求，虽然后者表现得不太明显（一般地说，例如，20世纪60年代以一种具体的方式使人觉得它具有革命性，而这就使这一运动有别于先前，不至于被视为某种“循环”的回归）。

姚斯提出的另一种模式，即类型的现代，按照他的说法，不仅仅指某一特定时期感觉到自己对过去某一时刻进行填补或者完成（像新约与旧约的关系一样）。这种关系当然同样存在于文艺复兴以及“古代与现代之争”中所谓的现代人：但它与简单效仿、纯粹模仿不太相关，例如卡西奥德洛斯对异教文学表示的尊敬，以及那些对12世纪的现代表示敬仰的人，大家都知道，他们认为自己是站在巨人肩膀上的矮子。然而，正如“古代与现代之争”所示，无论是现代优越于过去，还是觉得自卑，这一问题与在两种历史之间建立的认同相比，显得不那么重要；若要对这两个历史时期的任何一个进行评价，这两种方法中的任何一种同样适合。

然而，这里存在着另外一种不连贯：具体地讲，当我们对这种对立予以进一步审视时，我们会觉得这两个极端都会在对方那里得到消解；循环的现代在这个意义上完全变成了类型的现代，而类型的也变成了循环的。因此，我们可以对这种分类进行重新表述：在现实中，这涉及一种格式塔的转换，从两种不同的感知角度对同一物体、同一历史时期进行观察。在我看来，可以将第一种感知（循环的）描述为在感觉到存在断裂时候的一种历史意识；“类型性的”，则指对整个时期的关注，感觉到我们（现代的）时期类似于过去某一时期。从一种视角转换到另一种，不管两者之间存在着多大的互补关系，我们必须对注意力进行相应的转换：将我们所处时期视为一个完整的新时期，但是，这并不完全等同于将眼光集中于新时期的独特性在戏剧化的转变过程中与最近的过去发生的断裂。

我们可以将姚斯注意到的另一种对立当做对前一种对立进行的完成和阐述。这一对立与“古典”和“浪漫”之间的对照形成了富有历史意义的一种对比，不过，它具有更加广泛的意义。诚然，当时后期浪漫主义依然对古典主义持一种反叛姿态，而当它产生不满的时候，现代概念也随之产生。波德莱尔试图采用一种我们至今依然认同的用法对它进行描述，其中最大优点似乎在于这样一个新发现：现代独立于各种历史对立和对照而存在。

然而，即便是这样一种发展也依赖于古典逐渐形成过程中产生的那些变化，虽然古典已经不再指人们通常认为的“古代”(antiquity)，或者“古人”(les anciens)。那是一种巨大的发展，在这个过程中，对过去的强烈怀旧、迷恋，以及后来者由于自卑、痛苦形成的伤痛，已经不复存在。的确，姚斯在叙述“现代”的幸运时，发现了一个最富有戏剧性的情况：当古代与现代之“争”开始缓和时，双方不无惊讶地走向了一个共识：即，使得这场官司得以裁定的那些条件——古代是否优越，当代以及现代是否低劣——这样的答案令人不满，于是，双方达成了这样的共识：过去、古代既不优于也不劣于现代，只是不同。历史性就在这样的时刻诞生了：针对历史差异作出的新的历史意识使我们拥有了一个新词，它指涉现在的对立面：古典；司汤达也许会用这个词来描述存在于过去的这种或者那种现代性（或浪漫主义)。[12]姚斯在此结束了他的叙述，他附带着提到了历史性固有的另一面，即未来。然而，未来对我们的过去以及现在的现实性具有评判作用——圣-彼埃尔神父在 1735 年[13]的著作中就已经提到了这一点——这对于我们如何看待现代和现代性问题有着重要作用。

(二)

现在，让我们先作一些形式总结，然后对现今流行的各种现代性理论进行分析。在前面的讨论中，我们已经对历史时期及其断裂梳理出一种辩证关系，这种辩证关系本身就是连续与断裂（或者说同一与差异）这个更大辩证关系中的一个时刻。它之所以是辩证的，是因为它不能在其自身内部找到一种固定不变并且得到解决的东西，事实上，它生产出新的形式和种类。我在别的著述中提出了这样一个观点：在连续与断裂之间作出选择类似于编史学中一个绝对意义上的开端，因为它首先是对材料和证据进行的整理，所以，材料和证据都无法对这种开端作出合理的解释。[14]当然，这样一种选择，或称之为基础，有可能被重新建构为一种简单的事实，对自己的前历史（prehistory）提出要求，并且生产出自身的因果关系：在这种情形中，最简单的叙事版本也会使我们亲近于所处时期以及普遍意义上的后现代性，而与连贯发生疏离，会使我们偏爱决定论，疏远传统。人们也许会由此联想到后期资本主义的各种短暂性，以及将它简化为现在之后，历史感和连续感的消失，等等。这至少在最低程度上表明，这样一种新的因果链的建立实际上与一种新的叙事的确立有关（与我们开始讨论时提到的史学问题相比，具有不同的出发点）。

这样一种情形下，新的叙事以及新的出发点，从旧叙事的限制和出发点中产生了，这同样暗示了一种新的辩证时刻，即断裂与时期的辩证关系，我们将对此进行思考。这里可能产生争议的是，这种运动具有两面性，其间，连续性被置于前景位置，对于从过去到现在浑然一体的延续表示始终如一、毫不动摇的关注，渐渐地变成了一种完全断裂的意识；而同时，对于某种断裂进行强制性的关注，渐渐地将这种断裂变成了一个自己的历史时期。

因此，我们越是尽力使自己坚定不移地相信我们的目标以及过去的价值，我们发觉自己越倾向于对过去、目标以及价值进行不懈的探索，渐渐地，就会形成某种总体性，使过去、研究目标和价值与原本属于连续体的我们所生活的时代发生脱节。这种时刻就是后来者的时刻，它令人沮丧，充满敬畏，我们自己后来的现代时刻早已经进入了这样的时刻。

当这种时刻出现时，通常意义上的时序变成了断代史，过去以一种完整的历史呈现在我们面前，对待这样一种世界，我们可以采取任何一种存在主义态度。毫无疑问，这就是常常被称作历史主义的时刻；无疑，只有当谢林描述的那种情形出现时，它才变得使我们可以企及：

> 真正知道什么是过去的人实在很少：事实上，没有一个强大的现在，一个与我们自己（我们的过去）发生分离为代价的现在，就不可能有过去。一个没有能力面对他/她自己过去的人，真的可以说，他/她没有过去；更重要的是，他永远无法走出他的过去，而同时又永远生活在过去。[15]

在这里，谢林抽出了一个特殊的时刻，在这样的时刻里，过去通过与现在发生猛烈的分离而产生，现在将过去剔除，并将自己封口；如果没有这样一种行为，无论是现在还是过去都不会真正存在，也不会完全成形，而现在也仅仅存在于一种并没有完成的过去力量场所中。

正是现在具有的这种强大能量，以及它强烈的自我创造力，才使它能够克服模仿者们缺乏生机的沮丧，同时赋予时间和历史以使命，若没有这一特点，这个历史时期不可能获得这样的使命。现在依然不是一个历史时期：它不具备自我命名的能力，也不可能对自己的特性作出描述。然而，正是这种未授权的自我肯定形成了我们称之为现实性的那种新东西，它同时也是我们现在关于现代和现代性的用法得以成立的形式。在姚斯看来，在浪漫主义之前（至于波德莱尔，我们不妨这么说，“后期浪漫主义”生产了现代性概念，其目的在于抛弃自己与浪漫主义关系中作为后来者的那种郁郁寡欢），我们没有达到这种历史阶段；文艺复兴也没有真正符合这些条件，因为文艺复兴的发展方向依然朝着自己以外的最近的过去发明一个过去，而且，它专注于一种理想化的模仿，而不是进行属于自己的、具有历史意义的创造活动。

正如我们已经提到的，浪漫主义及其现代性的成形，一直要等到历史，或者说历史性出现以后（在“古代与现代之争”得到缓解的过程中）。因此，正是这样的历史促成了这种新的对待现在的态度，也是在这样的条件下，人们觉得应该附加第五种，也是最后一种形式（假如不隐含在前一种里的话）。那就是未来对于现在的评判，最早提出这一观点的是贝纳丹·德·圣彼埃尔，此后，一直延续到萨特（见 *Les Séquestrès d'Altona* 一书），我们可以从中找到更加强有力的表述。我在这里想说的是，未来对现在投以关注的眼光，并将现在进行隔绝，以一种强有力的姿态使它与以后的时间隔开，如同未来对它自己的后来者那样，如果没有这一点，现在就不会感觉到自己作为一个历史时期的存在。我们无需过分强调不安，因为不安总是与任何一种实际存在形式相关。如果不怀疑存在什么不安，责任就不可能得到强调。现在对自己的使命作出自我界定，正是这一点使现在成为一个历史时期，也许还使它与未来形成关系，同时使自己对过去负责。当然，历史是二维的；但是，未来并非只是供我们投射欲望的一个空间，也不是为我们提供期望和安排计划的一个地方，我们对于这一点的认识目前还远远不够；未来同样带来它面对未知的前景和评判产生的焦虑，因此，对未来作简单化的讨论的确令人感到乏味。

现在让我们对另外一种起辅助作用的时刻作一些讨论，即断裂变成一个属于自己的断代。例如，在西方传统中被称为文艺复兴的断代。在这期间，某种断裂，“现代性”在一定程度上有了复兴，并开辟了一个全新的历史时期，这被恰当地称为“中间年代”，而此时，相对于现在而存在的那个尚未注明的他者，似乎是对罗马人古老的，或者说原始的“现代性”进行的再造（抽象的现代概念，哲学，以及将历史当做明显不同于事件序列的历史观首次出现）。与之相关的还有一个令人吃惊的特征，即曾经出现的两次断裂：文艺复兴与前现代性的断裂，古代人与罗马人断裂，关于这一点，我将在下一节里作进一步讨论。我在这里要予以特别关注的是它的发生方式：即现代朝着一个全新的过去——世纪，延伸，并由此进入这样一个时期。在这之前，仅仅是古典的过去发生断裂，例如，在卡西奥德洛斯的写作中；而在后来的现象中，中世纪被隔绝；当代历史学家对这一奇特现象进行了分析，通过将“现代性”疆界往前推，使它进入先前的中间年代，对某些现代的断代史以及现代开端进行肯定——现在被视为“早期现代”——一直推进到原来的中世纪疆域（像彼特拉克，或者12世纪，甚至提倡唯名论的时期），在这个过程中，对改写历史引发的惊人后果以及方法予以关注。

这一现象并非独一无二：因为，如果我们从一开始就将这种断裂看作扰乱了的因果关系，看作被割断了的绳索，就会觉得历史进入了这样一个时刻：先前的社会、文化逻辑具有的连贯性莫名其妙地走到了终点，取而代之的是在原先体制中并不活跃的另一种逻辑，另一种因果关系，那么，对这样一种时刻予以新的、深入思考，找出原来不曾察觉的因果关系、连贯性，就必然将那种断裂拓展为一个时期。埃蒂那·巴里巴关于所谓过渡时期的理论就是这样的例子：在过渡时期，受事物的冲力，时期或时刻或者体制固有的逻辑的作用，必然回到过渡的思想，然后将它驱散（我将在下文对此作进一步分析）。马克思主义的断代也是如此，“18世纪”这一提法提供了一个由完全断裂渐渐发展为一个历史时期的例子，它也是现代性的一种早期形式。

从断裂到时期，从时期到断裂，这种来来往往的运动至少使我们对断代史有了一些基本的认识。现代和现代性条件总会带来一些断代史的逻辑，不管它们在最初阶段显得多么隐含，这一点现在已经变得越来越明晰。我这样说并非为断代史进行辩护：的确，我在第一节中要完成的任务是对滥用现代性这个术语的做法提出批评，同时，至少以隐含的方式，对断代史提出批评。在第二部分中，我们将对那种缺乏生机的审美标准进行批评：将“现代主义”当做一种标准，并以此对一大批无论从历史角度还是从艺术角度看都无法相提并论的作家（画家、音乐家）进行比较。

的确，我坚持予以批评的不仅仅是对断代史作简单化的滥用；我的观点是：这种做法在本质上令人无法忍受，也无法接受，原因在于：它试图以单个事件作为观察点（而这种观察点又是任何一个个人都无法企及的），然后，从纵向和横向对聚集而成的各种现实进行整合，而这些现实之间的相互关系恰恰又是我们无法触及的东西，至少是不可验证的。无论在哪一种情况下，对于当代读者而言，断代史使人无法接受的东西，已经全面地被概括在对结构主义所谓的“历史主义”进行的攻击中（或者说，在对斯宾格勒进行的批判中）。

现在，让我们针对断代史提出的那些批评作一些思考。编年史对断代史的认识，即像尼采以及亨利·福特（“一个事件接着另一个事件”）提出的那样，无穷无尽、互不关联的事件聚集在一起，形成了历史。有人认为这种对待过去的方法等于将事件的次序颠倒过来以后对信息进行的记录和保存，这样说未免过于简单：历史性本身就是一种现代发明，因此，对现代进行批评、反驳必然导致回归到这种或那种前现代的运作中。

这里，我觉得有必要回忆一下我们最初提出的假设（这在我们的讨论框架之外）。具体地讲，就是那些被抑制的叙事，在我们列举出各种断代史的过程中发现的东西，它们总会回来（虽然断裂转化为时期并得到验证，需要相当长的时间）。但是现在，我们可以根据断裂本身对这种“规律”作出具体的确定。在这种语境中，我们可以勾勒出一个更重要的基本原理（共有四个，其余三个将在下文中涉及），当我们将对断代史的反对视为一种哲学行为时，我们势必发现：

第一个基本原则：断代无法避免。

这个原理看上去像是鼓励我们放弃，但它同时也像一扇敞开的大门，使我们对历史叙事作完全相对化的处理，这也正是所有对后现代性提出批评的理论家们所担心的。不过，只有当我们对主流叙事进行分析以后，才能理解是否“一切”都是如此。

（三）

“现代性”常常意味着确定一个日子并把它当做一个开始。无论如何，对各种可能性作出概述都是一件令人愉快，同时又具有指导意义的事. 而这种概述又总是倾向于依照时序进行，离我们最近的东西——例如，唯名论（以及麦克卢汉主义）——总是处于最古老的东西之中。新教改革在德国传统中显然具有某种优越地位（在黑格尔看来尤其如此）。然而，对于哲学家而言，笛卡尔与过去的完全断裂不仅仅构成了现代性的开始，而且也代表了一种自我意识或者说一种自我反观理论；“我思故我在”这一思想本身将反观当做现代性的一个中心特征。事后认识——20世纪以及反殖民条件下的认识——现在清楚地表明，征服美洲实际上带来了一种全新的现代性成分[16]，虽然传统认为，是法国革命和启蒙运动为现代性作了准备并使它产生，同时也使现代性强烈的社会和政治断裂具有荣耀。然而，如果我们不乐意承认工业革命中存在着另一种革命，我们只要回顾一下科学和技术的发展，就会联想到伽利略。不过，亚当·斯密以及其他一些人使资本主义的产生变成了一种不可避免的叙事选择；而德国传统（以及离我们更近一些的福柯的《物的秩序》）则对那种特殊的反观性的意义作出了肯定，这种反观性属于历史意义，或者它就是历史本身。从此以后，各种各样的现代性到处可见：世俗化以及尼采提出的“上帝死了”；工业资本主义进入第二阶段或者称之为官僚/垄断阶段以后，韦伯的合理化理论；美学领域的现代主义以及语言的物化，各种各样的形式抽象；另外，最后但并非不重要的一点，苏联革命。以往被说成各种现代性的东西在近年来往往被称作后现代的。于是，20世纪60年代带来的许多种巨大变革，被说成进一步的现代性，但这显得毫无用处。

以上大约列举了14种；我们可以肯定，还有其他更多的。此外，一种“正确的”现代性理论不可能通过将它们排列成某种具有等级的综合体获得。在我看来，这样的东西根本不可能获得，因为问题的关键是叙事的选择，以及讲述故事的其他可能性，即使看上去显得科学、富有结构的纯粹社会学概念也常常被揭去面具。[17]这是不是又回到了那种可怕的彻底相对论？那种只要一谈论后现代（我们认为，叙事性基本上属于后现代标签）就会出现的一种情况？最终引起真理的消失？然而，这里的真理并不是存在主义或者心理分析，也不是集体生活和政治决定论，而是前一代科学家一直坚持的那种静止的认识论，以及前一代美学家、人文学者对它进行柏拉图式转译而成的一种“价值”。

令人感到确定的是，即使叙事性不受限制，在“后现代”统治中，我们也可以期待一些叙事文本比另外一些较少说服力，或者更有用：也就是说，即使为寻找某些真实或者正确叙事的努力徒劳无益，除了在意识形态方面以外一败涂地，我们依然可以继续谈论虚假叙事，我们甚至可以依照现代性**不可以**被表述的原理从中抽出一些主题（见下一节的讨论）。同时，可能存在着类似于叙述阐明的东西，我们也许可以设想通过这样一种方式：将现代性叙事视为对历史事件或历史问题所做的解释，这会使我们踏上一条更有效的轨道。因果关系是一种叙事类型，这种认识有利于理清它的合理用法及其概念固有的两难境地。无论如何，认识到“现代性”这种属于第二位的，或者辅助性的功能，以及它的解释性特征，而不是完全将它视为一个研究对象，这有助于排除一些虚假的问题。

这里必然涉及的一个问题，是我们已经提到的关于断裂与时期的辩证关系之间的变换。正如我们已经看到，这实际上是格式塔式的波动，将现代性看作单个事件，还是把它视为一个完整历史时期的一种文化逻辑（这由它的定义决定——至少后现代理论产生以后如此——我们至今依然这么认为）。如此一来，事件似乎历时性地将随着时间共时地展现的某种逻辑和运作机制包含在自身内部（也许，的确如此，正是因为这一点，阿尔都塞保留了“表述性的因果关系”这一说法）。无论如何，这也是讲述故事的逻辑；在讲故事的时候，叙述者可以将故事材料进行扩展，也可以将它压缩成一个故事事实或者一个点；在这一过程中，选择线轴与结合线轴构成了同一个坐标（雅克布森著名的诗学理论）。[18]

的确，也许我们可以根据古典修辞将该问题表述得更有说服力（这也是雅克布森及其他人的历史功绩，他们将修辞引入了理论）。在这种情况下，“现代性”属于一种独特的修辞效果，或者说是一种转义，但它在结构上与古代所有的修辞大不一样。确实，作为一种转义，在这种情况下，我们可以认为现代性具有自我指涉的特点，尽管它不是施为的，它的出现标志着一种新的修辞，与先前的修辞发生断裂，从这个程度上讲，它也是指涉自己存在的一个标志，一个指涉自我的能指，它的形式即是它的内容。因此，作为一种转义，“现代性”本身就是现代性的一个符号。现代性概念本身就是现代的，它戏剧地展示了自身的主张。或者，换一种方式表述，我们可以说，在我们提到的那些作者那里被当做现代性理论的东西，实际上差不多就是它自身修辞结构在其所涉及的主题和内容上的投射：现代性理论几乎就是转义的投射。

但是，我们也可以从效果的角度对这种转义作出描述。首先，现代性转义具有力比多的能量：就是说，它是一种独特的知识兴奋运作，通常与概念性的其他形式没有关联（或者说，如果某种假设隐含在这些不相关的话语中）。毫无疑问，这是一种时间结构，与我们对各种情感的预料，如欢乐、悲伤等，存在遥远的关联：它似乎在现在时段内集中于一个许诺，并在现在时段内为掌握未来提供了一种方法。从这个意义上讲，它类似于一个乌托邦比喻，因为它包含了将来的时间维度；不过，那样的话，我们也可以说，它是对乌托邦视角的意识形态进行的歪曲，这就成了一个带有欺骗性的承诺，其目的在于在长时期内驱除并替代乌托邦视角。然而，我想强调的是，用于对这种或那种历史现象的“现代性”进行肯定的方法常常导致一种类似充电的作用：将文艺复兴时期某位画家抽离出来，并把他视为早期现代性的一个迹象[19]——我们将在以下的讨论中谈到这一点——常常唤醒一种强烈的情感和能量，而这种情况源于我们对过去一些有趣的事件或者不朽的作品表示过多的关注。

在一种意义层面，现代性转义与另一种顺时的、历史化的“第一次”这个叙事或转义有着密切的关系，它同样对我们的感知按照新的时间线进行重新组织。然而，“第一次”属于个人的经验，而“现代”则是集体的：前者仅仅是抽取的某个单个现象，尽管进一步的探究可能使它变为现代性的一个迹象和征兆。我们可以说，“第一次”宣告了一个断裂，它没有时期，因此，不受制于“现代性”在时间和叙事两方面的二律背反。

这也等于说，“现代性”转义总是以这种或那种形式的改写，是对先前的叙事范畴进行强有力的置换。的确，当我们回想最近出现的思想和著作时，我们发现，对这种或那种“现代性”作出的肯定大都是对已经存在并已经成为传统智慧的现代性进行的改写。我认为，对各种主题发出的呼吁，作为对认识现代的方式——自我意识，反观性，对语言或表征予以更大的关注，绘画作品自身的物质性，等等——所有这些特征本身只是改写运作的借口，它们为范式改变引起的惊讶或认同提供了保证。这不是说，这些特征或主题是虚构的或者不真实的，而是为了肯定这样一点：与宣称的历史洞察相比，改写具有首要的意义。

与我们在这一节开始时列举的那些绝对的断裂相比，对一些不怎么具有世界性质的例子进行观察更能说明问题：虽然重新聚焦于那些例子，并把它们看作西方现代性初始阶段的各种版本，的确使我们容易将它们看作我在此想要阐明的那种转义。所以，路德教或德国客观唯心主义，可以提供一种戏剧化但却显而易见的、世界范围的现代性的出发点，但是，重新解读希特勒，将他看作使德国现代性开始并达致完成的施动者[20]，肯定能够对最近的过去进行一种强烈的陌生化处理，同时也可以提供一个可耻的改写过程。这个转义对我们关于纳粹运动的认识进行了重新组织，它取代了恐怖美学（灾变、纳粹种族主义和种族灭绝），以及其他伦理的观点（例如，广为人知的“邪恶的乏味”），甚至取代了那些政治的分析。在这些政治分析中，纳粹主义是对整个激进的右翼意识形态的最终展现，而其展开的叙事与精确非常不同，它在两个层面上运作。

第一层面，也是较为基本的一面，假设这是一种对封建主义存在的问题进行的“彻底解决”，它消除一切代表“现代”德国的不平衡社会机构的封建资产阶级、普鲁士贵族以及代表中产阶级贵族利益的容克分子。“希特勒”在这里成为一种包括纳粹政治和巨大战争破坏力在内的“消灭一切”的中介[21]，它将石板上的一切“残余”清除（雷蒙德·威廉斯的术语）。其中的暗示是：现代性转义在这个意义上常常是一个具有消灭功能的中介物结构（而后者本身又是一个转义）；这一例子并非完全单纯，这一点我们一会儿就会看到。

这里，我们也可以考察现代性转义在更为次要的技术表述层面进行的投射。这里，不只是希特勒对一些“现代”传播系统的利用（如电台、飞机）导致了现代政治煽动者的出现，即对表征政治进行的全方位重新组合；我们还必须注意“现代”日常生活的发明创造，例如德国的大众汽车和高速公路；更不用说埃德加·雷兹（Edgar Reisz）绝妙的电视系列《故乡》中的电气化，它代表了纳粹的权力。

由此，我们看到，现代性转义在纳粹时期的德国是一种改写策略，虽然它无法得到验证，但我们可以根据这一点对一个时期的编史学进行分析。这样的例子同样适用于任何一种与之完全不同的语境。乔万尼·阿里海（Giovanni Arrighi）在16世纪热那亚的双重账目和“生产费用内化”中找到了资本主义现代性的萌芽，对此，我们也可以用同样的方法作一些分析。[22]或者，在一种完全不同的语境中，我们也许可以想像克尔凯郭尔提出的基督教的基本现代性[23]以及文化批判带有的重新神学化。或者，韦伯在中世纪僧侣社会中（如果不是在西方音乐调子的开端中）找到的西方合理化（现代性的代名词）。[24]

不过，现在让我们结束关于这一点的讨论，去看看现代性在展示方法上的不同表现。普鲁斯特对旅行以及被置换的神秘感受有一段引人注目的描写：

> 令人不快的是，那些神奇的地方，将人们送往遥远目的地的火车站，同时也不乏悲剧色彩，因为，奇迹即将在这些地方诞生。当我们走进去候车的时候，那些到那一刻为止仅仅存在于我们头脑里的某些场景就将成为我们必须抛弃这样一种东西的理由。我们不应该想像重新回到不一会儿以前我们还十分熟悉的房间里。我们必须放弃所有希望回家或者回到自己床上睡觉的念头。一旦我们作出决定，要穿越那个传染病的洞穴之地，然后再奔往圣拉扎尔，再从那儿换乘去巴尔勃的火车，而在巴尔勃，城市像被挖去心脏，天空一望无际，却荒凉而沉重，像在戏剧舞台上，聚集了悲剧氛围，又像曼特尼亚，或韦罗内塞的天顶画，充满了巴黎的现代性；在这样的天空下，能够完成的也只有某种可怕而肃杀的行为，例如，火车离开始发站，或者建一个十字架。[25]

这有点像普鲁斯特笔下的“古代与现代之争”，其经典形式可以追溯到但蒂·利奥尼（Tante Leonie），专制主义以及对庆典、重复予以审慎和坚持的态度，路易十四就是一个例子。单调乏味的“现代”火车旅程从过去汲取血液，从精神苦难的悲剧中重新显现；现代性通过悲剧的严肃性得到重新发明，但它通过一种间接方式，将过去那些伟大的画家描述成“现代的”（巴黎式的）！这里，我们将普鲁斯特解读为根据文化上的过去对现在进行了系统的改写，对此，我们无需加以论证；无论如何，他本人所用的隐喻属于一种陌生化，他对于陌生化的发现差不多与俄国形式主义者同步。

这里，我想补充一点：我们可以朝前迈一步，假设改写是一种痕迹，从真实的历史事件和创伤中得出的一种抽象，而这种真实的历史事件和创伤又可以渐渐变为一种改写和富有具体形式的社会附加，通过这种假设，我们可以恢复改写具有的社会和历史意义。资本主义战胜了封建主义，新的资产阶级战胜由血缘、家族构成的贵族社会秩序，使社会、法律平等以及政治民主至少有了希望，这一切都出现在以上所说的那个时刻。这就等于用一种新的途径将“现代性”的指涉对象进行了定位，即不是在概念与对象之间寻找一种一一对应的关系，而是通过各种古老的经验方式。这也等于对各种国家形势的基本差异作出了标志。因为，在欧洲，直到第二次世界大战时，如此剧烈的变革依然没有真正完成，但却留下了真正的创伤，而这些创伤在人们的头脑里萦绕不去，重新生产出可怕的抽象重复，但是，这种模式绝对不能用于解释美国的情况；在第三世界的许多国家里，那些原来很可能看上去像封建主义残余的东西现在以一种非常不同的方式被重新融入了资本主义（这里涉及这样一个争论：大庄园是否包含了封建主义残余），无论如何——这是将现代性转义的运作追溯到它带有创伤性的历史初始的深层理由——21 世纪初现在的情形与此没有关系。产生于富有革命精神的 18 世纪的一些概念——比如公民社会——与全球化时代、世界贸易，以及新型资本主义对农业和文化本身进行的商业化，没有多大联系。的确，新旧社会创伤之间的历史界限（这一点并不形成我们提到的第一种意义的改写），需要相当长的时间才能消除现代性概念回归过程中的意识形态特征。

到此，我们也许可以用“现代性”概念用法的第一个原理作为这一节的结束。丹托向我们表明，所有非叙事的历史都容易被翻译成一种恰当的叙事形式，同样道理，我的观点是：要在某一特定文本中发现比喻形成的基础，这一做法本身就是一个不完整的运作，转义本身隐藏的、被掩盖的叙事痕迹和征兆。我们目前讨论的现代性转义至少是这样，它是一种具有消除功能的中介物。

第二个基本准则：现代性不是一个概念，无论是哲学的还是其他的，它是一种叙事类型。

在这种情况下，我们希望放弃对现代性进行概念陈述的徒劳努力，此外，我们要问：现代性影响也许不只是限于对过去时刻的改写，即对过去已有的说法或者叙事进行的改写。放弃我们分析现在时所用的现代性，更不要说我们在预测未来时的情形，这样做无疑能够为推翻一些现代性（意识形态）叙事提供一种有效的手段。当然还有其他取得这一目的的方法。

（四）

也许最好从通常被称作绝对开端的时刻说起，即笛卡尔及其“我思”。当然，这是由这位哲学家本人系统地构建的，在谢林之前，他拒绝接受普通意义上的过去，后来，谢林对这一观点作了概括；笛卡尔说："je quittai entierement l'etude des lettres"[26]，意思是：我完全停止读书。这一并非完全诚实的说法与另一种令人高兴的状况相伴，即他不崇拜也不相信他之前的任何人[27]。这种状况成了一种知识空位或空白，在《第三种冥想》开始处，有这样一个类比："现在我要闭上眼睛，捂上耳朵，将所有的感觉（从客体那里）收回来，我甚至要擦掉思想中那些有形的东西。"[28]这种近乎现象学意义的时刻带来的结果就是使"我思"产生的意识。他敏锐地观察到（不止一次!），某种必须具备精心准备和系统否定的意识，几乎不可能被视为一种首要现象或者现实。也可以这样说，无论在现实中还是就它的概念而言，它是一个建构：它使我们即将走上海德格尔那条令人兴奋的重新阐释之路。

然而，首先必须对作为一种再现，以及作为意识或者主体性的我思，进行一番分析。因为，笛卡尔之所以经常被当作主/客体分裂的先行者，就是因为这种展现的力量，而主/客体也是一种现代性，我们至今依然受其折磨。这无疑形成了这样一个悖论性的事实：笛卡尔不仅是现代唯心主义的奠基人，同时他也是现代唯物主义的创始人。（在本章下一节中我们将回到笛卡尔的唯物主义，以及他的"科学方法"。）然而，采用其中的任何一种说法进行表述都等于宣称关于主体性的讨论（如果不是主体性的经验）源于笛卡尔；也就是说，跟随笛卡尔，我们应该能够看到主体的出现，或者说，能够看到西方主体的出现，即现代主体，现代性的主体。

不过，只有当我们拥有由此出现的东西的展现时，我们才能看到其显现。但是，我要质疑的正是这一点：因为我们对这种意识状态似乎仅仅只有一个名称，除非我们所拥有的不仅是名称，而是对意识的产生作为一个不同的、奇特的事件的命名。这的确是一个奇特的名称，它使我们联想起那些古老而具有寓言意味的拟人化，它们背上贴着自己的名字，四处游荡："我想"，或者"我思"。然而，名字不等于展现，因此，人们甚至可以推测，它是展现的替代品，是"抢占位置的家伙"（拉康的术语），关于这一点，我们只能得出这样的结论：它首先是不可能的。意识无法被展现，这源于无数理由。科林·麦克金（Colin McGinn）在他的书中颇有意味地提出这样一种经验主义的观点："头脑里的一切都早已存在于人的感官中"，我们称之为意识的东西当然不在感官中。[29]同时，康德宣称，主体不是一个现象，而是一个本体；这一定义表明，意识作为一种本体，无法被展现，这才是展现所要展现的东西和目的。由此发展到拉康对于主体的认识——齐泽克将它戏剧化地描述为"把我排除在外！"[30]，与之仅仅只有一步之遥；拉康的提醒对我们很有用：弗洛伊德在他抛弃了对心理分析进行科学描述之后，断然廓除了意识问题，并将它排除在讨论之外。[31]

我们也可以从一种不同的角度回到关于这一问题的讨论：不管这些论点包含了什么样的力量，"我思故我在"常常被当做一种表征，而且，这种表征本身经常被描述为一个点，没有维度，或平面的延伸。[32]的确，我们也许应该将地点考虑在内，因为，在空间里与那个点发生脱离的地点似乎同样抓到了意识在这个世界上的位置，而同时，它又否定自己具有任何象征的物化，任何我们可以用来对这种或者那种特质或迹象作出肯定的实体。但是，这使我们面临这样一个辩证结果：显现的主体由于某种未知的原因产生于客观世界的空间中，但只有当后者的空间被重新安排，形成一个相同的整体时，主体才变得可以被描述（纯粹的地理位置）。或者，如果你愿意，只有通过客观世界的间接方式，通过客观世界本身由历史决定的这一目的，意识和主体才能被展现。由此，“我思故我在”这一思想的现代成分实际上不是主体性，而是一种扩展；如果这种为寻求一种绝对开端的努力有什么因果关系的话，那就是客体，它构成了主体对自身的反抗，以及它与主体，主体与客体之间的距离（不受欢迎的主/客体分裂）。但是，那个客体无论如何都是一种特定历史进程的产物（同一空间的普遍生产的结果）。然而，这种空间从何而来？如何想像一种绝对的开端，一种出世的断裂，主体与客体在其中拥有同样的因果关系？德国“唯心主义”哲学家（费希特和谢林）形成的种种神话试图重复这样的开端[33]，可以肯定的是，只有出世的神话才能提供有关表征的暗示。但是，“muthos”在希腊语里指叙事或者故事；因此，我倾向于得出这样的结论：现代性的绝对开端，这一说法同样属于一种叙事，我拒绝接受那种怀疑的、无再生能力的公式，即将它视为一种神话。

也许这里正是我们审视海德格尔对这一特定开端作出认识的时刻；在海德格尔那里，我们的确很难将首要性赋予主体或者客体；每一方通过自我生成使对方得以产生——主体与客体源于通过分离进行假定、通过假定进行分离的最初行为。事实上，我们这里涉及由关系形式带来的叙事问题，其中还有定义带来的问题；在进行讨论之前，我们不得不同时对它们在关系中的统一性（unity）予以肯定，无论它是多么短暂，多么转瞬即逝。

海德格尔的“解决方法”[34]——可以说，它深深影响了20世纪60年代的意识形态新理论（所谓的后结构主义），从《泰凯尔》（Tel Quel）到电影理论——带有文字游戏的特点（与他那遭受非议的民间词汇学有关），即用一个经过分解的德文词“Vorstellung”（表象，想像，表征）表示再现。再现这一概念本身就是海德格尔的解决方法：在他看来，表征即是主体与客体的分裂；只有展现这个词对这两个极之间的相互关系作出强调，另一种公式则通过赋予每一项以一个独立的名词使它们分离，具体地讲，一方是主体，另一方是客体。

然而，表征如何成为解释笛卡尔“我思故我在”这一思想的关键？原因很简单：海德格尔将他的经典学术——他对传统哲学文本的解读如此深刻——引向关于词的研究。他以语境为依据[35]，希望我们同意，“思”对“概念”进行的十分狭窄而有限的阅读，正是通过“再现”，这个关键动词才得以提出。然而，“再现”——德文词“再现”——必须被展开，并以自己的速度得到实施：它结合而成的各个部分意味着将某种东西置于我们面前，将假定的客体放在一个被注视状态时进行的重新组合。再现，笛卡尔思想中感知的对应词，对海德格尔而言，它表示将一个客体放在自我面前的过程，并由此对它进行想像（德文中用同一个词表达），对它进行观察、思考或者直觉认识，或者像海德格尔说的“占有的东西”（etwas in Besitz nehmen），对它进行掌握。[36]从这个层面理解再现，客体的实在即是它的感知；除非我们给它加上一个限制性的条件：在那种情况下，客体原先就不存在于那个形式中；不过，需要指出的是，这不是一种唯心主义的表述，客体在这里并没有变成我对客体的一种“想法”，不存在观察的主体（对于表征中的主体，我们将在下文中讨论）。

更当代、后现代的说法能使这一切显得更加清楚：海德格尔称之为表征的东西是指以某种特定的途径对客体进行的建构方法。为了辨认出在表征中建构的客体，我们可以回顾海德格尔一直延续至今的影响：视角，从绘画领域到电影理论中的意识形态分析。[37]视角显然将客体重建为一个现象，用康德的模式来表述，即将客体重建为一个我们可以看见、可以将之概念化的客体。正如海德格尔有时候所做的，认为表征时代同时也是西方形而上学主观主义的统治时代，这一提法并不意味着视角下的客体仅仅是一种虚构，或因我而存在的一种想法，或是我自己主体性的一种投射或者产物。它提供了某种真实之物的建构，而这仅仅是可以设想的其他建构中的一种（对海德格尔而言，绘画艺术中通过透视被展现的物体同样属于现代科学家眼中的客体）。

但是，这种建构的目的是什么呢？海德格尔告诉我们，其目的无非就是对肯定性进行的建构[38]；每一位熟悉笛卡尔作品的读者都知道，这必须通过对怀疑进行最初建构才能完成。笛卡尔理论中肯定的怀疑——绝对的不动摇的基础（fundamentum absolutum inconcussum veritatis）——只能通过对怀疑进行系统的消除才能实现，而后者又必须在事先被提出并得到整理。只有通过这种新近获得的肯定，作为正确性的真理的概念才能得到历史地展现；换言之，一种类似于“现代性”的东西才能显现。

然而，在这一过程中，主体以及主观阐述（subjectification）存在于何处？这一解读提出了另外两个文本步骤：第一是交替的笛卡尔式的“我思”对“我”的感知[39]，这似乎提出了一种关于自我意识（海德格尔本人赞许并使用了这个术语）的相当传统的思想。但是，由表征对客体进行建构，在这个语境中，这个自我似乎不由自主地伴随着我思，并将注意力集中于被展现的客体，这样一个自我同样必须被视为是一种建构。说明这一道理的最佳方法是对一种像“自我”这样的独立存在物所引发的幻觉表示充分关注，“自我”意味着一个人或者“我”内部，以及整个感知过程背后存在着某种东西。海德格尔的模式意味着对主体出现作出的一种纯粹形式阐述：表征客体在建构中显现为可以辨认，这在形式上开辟了一个地点，使感知从中产生：这种结构的或者称之为形式的地点，而不是其他任何一种物质或实质，构成了主体。正是在这个意义上，后来对表征展开的各种批评，反对将视角以及相关结构视为本身就是意识形态的，并且构成了意识形态的组成部分，不受个人主观思想和意识形态“立场”的干预。在海德格尔的叙事中，这也是一个意义的出发点，客体可以被视为主体的生产者。

接下来涉及的问题是令人烦恼的“字面意思”（ergo），笛卡尔本人在这点上坚持认为它与逻辑结论或者亚里士多德意义上的三段论没有关系。正如海德格尔指出的那样，对存在作出的宣称已经与展现过程合二为一，因为，这种新的形而上学对我们关于存在（Being）本身的类别进行了重新组织，它现在已经成为表征：存在之存在的变体[40]。在这种情况下，字面意思并不像逻辑结论那样具有多大的意义，而仅仅类似于“这就是说”。

将现代性的出现视为再现的这一阐述，看上去的确像是为我们提供了“一种没有主体或目的的历史”[41]，从这个意义上看，它胜于其他任何一种人文主义提倡的适当叙事（所谓海德格尔式的叙事——Vostellung as Herrschat——与法兰克福学派的“工具理性”相重叠并不表明这些标准具有降低的趋势，也不意味着它能生产出一种更传统的“文化批评”）。在我们为现代性纲领提出更加具体的经验之前，我们有必要把这种阐述当做一种叙事并对它进行分析。换言之，自我创造是一种叙事吗？这种特殊的、看似自我创造的事件——由客体生产的主体以及由主体反过来对客体进行的生产——是一个真正的故事，一种历史叙事，或是差不多像神话一样的东西，即一个缺乏特定性质的、没有叙事语境、非外因引起的事件？

事实上，到目前为止，我们一直没有说出那个语境。正是这个语境保证了笛卡尔我思的基本现代性，因为只有它使我们将那个看似绝对的行为当做一种解放姿态，非常确切地说，把它当作从那个语境本身获得的解放。这里所指的是那种传统的观点，它将笛卡尔的时刻视为与中世纪学术以及普遍意义上的神学领域发生的断裂。（正如因此得名的那篇论文所示，把它描述成“世界图景”或者“世界观”是不正确的，因为那些世俗的术语实际上只适用于现代性本身）。[42]

关于断裂的叙事使海德格尔将确定性母题的前历史放在了合适的位置，并对它在笛卡尔思想中的用途具体地确定为它在先前系统中承担的角色功能，即获得拯救的确定性。正是这一点使我们从叙事角度对笛卡尔进行了解读：

> 然而，这种解放，虽然它本身知道这一点，永远都在使自己从预言的真理中解放出来，该真理宣称：人类灵魂必定能够获得救赎，这一点已经得到了保证。因此，从救赎的启示和确定中解放出来，在本质上势必是以某种确定性为目的的自由，而在这个过程中，人类将自己的知性行为看作已知的事物，并把它当做真实，他们为了自己而使这种真实得到保证。要使这一切成为可能，人必须进行自我解放，将自己从对可知之物的确定性作出的保证中解放出来。这样的事有可能发生，但条件是：人由自己同时也为自己作出决定，那些使“可知的”、知的行为以及对已知事物作出的保证，即确定性，究竟意味着什么。笛卡尔的形而上学计划变成了以下的内容：为人类自由的解放创造一种对自我决定进行肯定的形而上学。然而，这一基础本身必须是确定的，此外，由于不能采用其他领域内任何一种衡量标准，根据这一基础提出的自由实质必须被假定为一种自我确定。而任何一种确定自己在自身以外的东西必须同时对这样一种存在的确定作出保证，因为这样一种确定的知的行为同样必须是确定的，并由此使一切可知之物得到保

> 证。这种自由的基础，以及以此为基础的从属关系，必须是某种确定的东西，以满足上文提到的基本要求。在所有这些方面进行区分以后，某种从属关系就成了必然性。[43]

现在，我们可以对海德格尔关于现代性叙事的两种模式做一些具体分析。在第一种模式中，一种在第一种历史系统中——此处指关于救赎的“确定性”——具体功能的特征被抽出了它独具功能内容的那个历史语境，接着，它被调入一个新的系统，并在那里被赋予了一种全然不同的功能。这一模式，我们在下文还将遇到（在福柯和阿尔都塞那里），它作为一种更加公开的力量，试图解释一种生产模式到另一种的过渡和转变。对于那些假定存在简单连续叙事的不足之处，海德格尔也希望予以坚持不懈的批判（他明确指出“世俗文化”这一概念不令人满意[44]）；此外，对于我们目前讨论涉及的第二种叙事模式，他也持同样态度；具体地讲，第二种叙事模式，即旧体制残余成分的长期生存：在这种情况下，笛卡尔的语言中依然存在着一些众所周知的中世纪特征：

> 这里我们所得到的是一个十分明显的例子，它说明早期形而上学如何阻碍了形而上学思想产生新的开端。对笛卡尔思想教条的意义和实质作出富有历史逻辑的阐述使我们看到了这样的结果。而对这种思想本身进行历史冥想则又使我们不得不依照笛卡尔本人希望的那样去理解他的主要思想和概念，即便在这样做的过程中有必要将他宣称的那些东西变为另一种不同的“语言”。[45]

就是这种对思想体系特征的坚持——笛卡尔与他以前的神学理论

“先驱”们的根本差异，笛卡尔的新体系与尼采表现的明显的断裂——使海德格尔成为一位关于断代的思想家。我们一会儿将对这种断代叙事的结构问题进行思考。

说到这里，我们有必要从这反对我思及其现代性的探索中得出一些结论。海德格尔个性化的语言使我们产生了某些根本性的疑惑和含混：正如我们已经看到的那样，“Vorstellung”一词，在英语中通常指再现，海德格尔使用该词时，是指将世界进行重新组织并在认识论旗帜下生产出的一种新的存在的整个过程。笛卡尔的我思则是代表全方位改变的最初征兆，而这种改变则构成了海德格尔现代性理论的实质：用于指涉主体和客体在一种特定的知识关系中（甚至是从属关系）形成关系的一个词：客体变成仅仅是所知的或被展现的东西，主体则是一个所在地，以及用于这种展现的一个载体。

然而，传统上人们将我思看作意识的实质，看作另一个完全不同的德文词——即“Darstellung”（描述，再现）——的意义上的再现，因而具有戏剧展现和场景意味。我的论点一向是：我思在这个意义层面是一种失败，因为意识根本无法被再现；那些将我思看作没有延伸的发光点的做法，不仅修辞贫乏，而且，要想使这样一个论点具有意义还为时过早。因此，不管是一种运转方式还是一种建构，我们应该将我思看作某种最初的、而且无与伦比的努力，其目的在于表现意识（亨利·詹姆斯所谓的艺术展现），在于对这一特殊的客体进行纯粹的表述。如果是这样，那么，它势必也包含了这种努力失败的意思，及其不可能性；我们必须从中吸取另一种经验，具体地说——在“Darstellung”一词的意义上——意识，作为一种经验，如同我们一直以来都是我们自己那样，无法被再现；它不可能被再现；它不可能成为再现的客体。意识，以及主体性的实际经验，不可能被再现（这并不等于说，自我或者个人身份无法被再现；无论如何，它已经是一个客体，一种再现；弗洛伊德及其弟子对无意识结构进行了寓言式的划分，无意识结构也不例外）。

然而，发生在现代性理论领域内的所有这些导致了一种严重后果：具体地说，从今以后，任何根据主体性而来的现代性理论都让人无法接受。因为，假如意识不可能被展现，那么，任何试图依照意识转变对现代性进行定位、描述的理论都会遭遇失败。当然，主要原因在于理论对自身进行的批评：对文化变化（自我陶醉、俄狄浦斯情结的衰弱、母亲主义、上帝的死亡、父权，等等）做流行的心理阐述并视之为意识形态素材，这样做当然很容易。但是，在现代主义及其主体性问题上存在的三种颇具威力的说法似乎依旧牢固；因此，我们有必要将它们提出来并予以驳斥。特别是，我们依旧认为现代性与某种特殊的西方自由是一致的。然而，这种自由概念当然指某种主观物，同时它也是对意识形态进行的根本改造。至于在它之前还有什么，人们很少问及，虽然可以作出这样的假定：前现代的他性必然与不自由、顺从，对奴隶制思想的屈从，一种不可救赎的亚文化生活姿态，这些东西密切相关。（由此，“自由”以一种不被注意的方式渗入了“资产阶级”这个概念。）

在对现代性进行经典颂扬的过程中，第二种描述在这一点上出现了干预，那就是关于个人主义的思想。现代人是个人的，认为其他人不自由，这种想法本身显然缺乏个人主义。但是，需要明确的是，个人主义同样是对意识形态进行的非法展现：它声称对解放了的个人内心世界以及他与自己的存在、与自身的死亡以及与他人的关系作出描述。当这第二种描述开始出现故障时——要对意识这样一种难以形容的东西的内部氛围作出描述并不是一件容易的事——就有了第三种选择。

第三种选择关系到根据自我意识或者反省性使现代性得以展现：这里我们似乎突然有了一个在哲学意义上显得更加可行的概念，在这样一个概念引导下，我们可以对自由和个人主义的特点进行讨论。我们可以说，一个“前现代人”，他有意识，但缺乏西方哲学意义上的自我意识，与这种说法相比，另一种提法显得有些困难：这样的人不是一个个人；至于自由，这个词的通用意义从形而上学意义滑向一种社会的，或者政治的特性，这使它非意识形态的展示成为一种十分微妙的运作过程。

然而，如果意识形态无法被展现，那么，自我意识在多大程度上属于同样情形？通常，自我意识被想像为一种双重意识（用于形容这种实体的比喻——镜子、等式、折射之光，等等——都比我思的最初“点”更加脆弱）。事实上，应该十分清楚的是，你能明确其他人是否有意识，假如遵循传统做法，将这一问题视为一个哲学基本问题——只要想一想笛卡尔自己的自动概念(automata)[46]——那么，要确定其他人是否具有自我意识就更加困难了。因而，我觉得有理由提出第三个准则，即：

> 不能根据主体性的各种分类（意识和主体性无法被展现）对现代性叙事进行组织。

这种提法保留了20世纪60年代的反人文主义精神，同时也带有“后结构主义”对主体的批判（或称之为中心主体，这一术语实际上与我们熟悉的我思或意识所差无几）。语言学转向之后(正如人们有时候所描述的)，各种理论以及哲学思想对消解主体和意识的中心位置作出了激进的努力，即使如此，要摈弃旧习，抛弃这种分类，似乎已经被证明不那么容易。因此，我们有必要对反身性这个无处不在的观念进行审视，摘下其面具，将它视为指涉自我意识的一个符码（不管它的语境显得多么非人格化）：的确，正如我们即将看到的，自我指涉或者指示符号的主题在尼克拉斯·鲁曼（Niklas Luhmann）这位最具雄心的人物之一的哲学和社会学著作中占据了一个中心位置。同时，现今大量的语言学以及交往理论以科学为掩护，对那些陈旧的主体性哲学进行抨击：无需担心，主体间性一词的出现表明，我们实际上依然处于本质上属于人类话语世界中。

不过，我们需要对这里提出的第三个准则的位置作具体阐明：不能将它理解为一个本体论的观点，即它否认这一准则的目的在于说明展示的各种限制，也就是说，当我们对主体性或者意识进行讨论时，主体性和意识已经在某种程度上属于比喻性质：那些词本身实际上就是极为出色的比喻，被掩盖或者被遗忘的隐喻，正如尼采所说，我们跟随这些隐喻，走进历史。[47]但也有人认为比喻表示展现的失败：任何一种比喻总是，也必然是一种替代品，别无他法的次等选择，遭受语言、表述失败后的让步（当然，诗歌语言从这样的失败中诞生）。但我不希望将这种对失败的分析理解为主体性比喻必然是虚假的，不正确的（或者不真实的）。根本不存在什么字面意思的语言，任何一种可能性的开始总是比喻的，在这样一个语境中，我不能确定上面所说的意味着什么。

然而，这令人沮丧的第三个准则实际上并没有把我们抛入那种无法穿透的维特根斯坦式的缄默中，即再也不存在任何可以被叙述的东西。相反，它仅仅实施了一些（相当一些）“文化批评”，而这些文化批评渐渐地被证明是意识形态的，当我们对其意义作仔细审视以后，我们发现它们总是十分可疑。不过，这并不意味着我们完全不能讲述现代性的叙事。

事实上，海德格尔本人对这一进程的叙述——无论它有可能显得多么意识形态——都对我们具有方法论意义。我们尤其要注意同时存在于其中的两种时间性：一种是展现的内部时间性，主客体分裂的时间性（或者叫作差异——同一），它的产生犹如一个自我生存的事件；另一种是外部的时间性（确定性主题的时间性），在这个时间性中，一种神学的或者中世纪的对救赎的确定性的理解与新体制的产生在最后的时刻发生重叠，并在长时间内与之共存，直到确定性功能以某种全新的形式从向外发展的结构走向新的结构。这里所发生的是，对事件进行的一种相当神秘的叙事（而这本身又是它自身的成因）被嵌入一个叙事情景，或者一系列先决条件中，然后，用叙事形式对事件进行貌似真实的讲述。这已经不是一个过时的因果关系问题，不是老套的知识史试图在祖先与系谱、前辈与家族相似性之间作选择。也许阿尔都塞的结构因果概念更恰当一些（我们将在下文回到关于这一问题的讨论）。黑格尔在他的《逻辑学》中将这种发展描述为从对立辩证到出现一种“基础”（Grund）的变化（也指“起因”或“原因”）。[48]在下文的讨论中，我们将对这种奇特的结构作些探索，这里，我们提出这样一种说法：任何一种现代性理论都必须对它作为一种断裂而存在的绝对新颖进行肯定，而同时又必须对它得以成为断裂并融入其中的语境进行肯定。

用于描述这种结构的一个词——最先由贾斯帕斯提出，后来经萨特发展，并逐渐成为一种哲学话语——是叙述术语“情景”，它试图对这种循环作些调整并将它原有的以及后来发展中互相矛盾的特点囊括其中。作为对我们目前讨论的准则的一种补充说明，我们希望肯定这样一种观点：我们只能根据现代性的语境对某种特定的现代性叙事进行叙述，或者最好用一种完整的表述这样说：

第三个基本准则：不能根据主体性分类对现代性叙事进行安排；意识和主体性无法得到展现；我们能够叙述的仅仅是现代性的多种情景。

（五）

不幸的是，我们不能就这样轻而易举地摆脱海德格尔，只要作些仔细分析，我们还会发现一种在概念或形式方面使人感到尴尬的东西，而这又恰恰是我们在前面的讨论中没有予以注意的。在海德格尔的思想中至少存在着两种现代性理论。必要的时候，人们往往通过谈论他思想中的演变，各种“转向”以及模式等进行分析。我愿意用一种不同的方式表述，即海德格尔思想中现代性的断裂不是一种，而是至少两种。

的确，尽管有笛卡尔式的再现的断裂，认识论意义上的“世界图景”的出现，以及由此而生的主客体对立，但在这一过程中仍然存在的着一种旧的断裂，我们也许可以称之为罗马或帝国的断裂，这里，我们必须提到已经消失的古希腊关于存在的经验：这一点反映在古希腊思想的具体化中。当时，古希腊思想通过被翻译成拉丁语，变成了罗马思想（应该注意的是，在海德格尔看来，希腊语与德语在可靠性方面是可以相比的——它们不受其他语言的侵扰，在词源学上接近于某种存在的原始经验）。具体化（作为一个术语，它也许正好说明了它所描述的东西）一词用于指涉这一翻译过程，不是一个不合适或者落伍于时代的词，海德格尔最初的解释表明了存在向着罗马帝国“具体化的事物”发生转变的过程，这种说法也不见得十分古怪：

> 这些名词并不是任意的。它们当中存在着某些我们现在再也无法揭示的东西：古希腊对在场（anwesenbeit）

> 意义上的实体之存在的经验。然而，由于这些名称，对于“物”的“物性”（thingness）作出的解释，以及后来形成的标准就由此确立，西方对于实体存在的解释也由此完成。这一进程开始于罗马——拉丁语思想对希腊语进行的挪用。“想像”变成了“虚拟”，“服从”变成了“软弱”。
>
> 这一将希腊名词变成拉丁语的过程绝对不是我们今天认为的那样微不足道。表面上看，这种翻译是字面的、忠实的，但在这种表面下面，存在着一种被掩盖的东西，它将希腊经验转变为一种全然不同的思想。罗马思想挪用了希腊词，但却不具备与之相应的独特经验，即没有希腊词同样存在的所言之物。没有根基的西方思想就产生于这种翻译过程。[49]

可以确定的是，对于海德格尔而言，罗马人的具体化概念至今依然存在于我们的思维中（欧洲本地语言中依然存在的拉丁术语就是这样的证明），它是“形而上学”的开端。某种现代性伴随着罗马语对其他语言的占用及其发生的变化而开始，而它本身又充满了控制力量并由此向着现代西方历史的各种灾难发展。[50]“西方形而上学”，这一宽泛的断代（也许对德里达哲学思想产生最大影响的莫过于此了，他为之着迷，但他同时又无法接受）由于这一特定的历史叙事而得到确立。这与我们在上文概述的将现代性理论视为展现的笛卡尔思想有出入吗？在相当程度上，这属于一种阐释选择：如果要对此作具体化的理解，我们也许可以认为，海德格尔的笛卡尔仅仅为具体化的罗马客观世界增加了一个具体化的主体。但这仍然是两种断裂，而非一种，它使我们带着兴趣但又觉得疑惑地感觉走入各种现代性理论。

战后可能出现了另一种断裂，我们称之为第三种，但这并没有使问题变得简单。海德格尔对技术的看法与上述两种较早的哲学理论相比当然更富有意义；但它似乎又可能成为关于现代性一种更加戏剧化的说法，这不仅仅因为它带有悲观色彩，具有预言意味，还因为它提出了一个假设：即旧理论中主体与客体在展现中形成的复杂关系，通过一个新的中转站，即神秘的支架（Gestell），这种复杂关系在这里变成了某种“长期的储备”（Bestard），使能量得以保存，以备后用。[51]这种可以重复使用的过剩能量，或者称之为剩余物（来自原来的交换行为），很像政治权力的最初形式从中获取力量的那种原始剩余；甚至类似于马克思主义对资本的分析（后者更加复杂）。然而，作为一种文化批判和一个哲学概念，它看上去并不那么迅速就能与展现的早期批评作出调和（虽然它与后者具有同类性相似性）；海德格尔本人也没有为这样的调和作任何努力。因此，我们就有了三种断裂，现代性显现的过程中的三个时期，三种叙事，而不是单一的一种。

海德格尔的多样性并非独一无二；让我们去看看另一位思想家（他间接地受到了海德格尔的启发）对这一奇特的断代复杂性的认识；我这里说的是米歇尔·福柯以及他的《物的秩序》。断代问题是福柯的关注点，它意味着一种基本的阐释态度，可以说，《物的秩序》为我们提供了一种现代性历史，同时也是一种现代性理论。

我们知道，福柯具有重要意义的知识考古是以四种历史时期为基础的。第一种属于前现代时期，其间，中世纪成分与文艺复兴某些具有迷信色彩的特征结合在一起，表达了一个恒久的神学世界；在这样一个世界中，现实成为阐释者阅读的一部书或者一个文本。这样一个文本建立在一系列微观和宏观的相似性上

(conventia，aemulatio，类比，同情)；[52]在这种相似性中，占据显著地位的荒诞不经的分类目录、百科全书、动物寓言、异想天开的历史，都不应被视为现代意义上的谬误或者迷信，这些东西反映了一种截然不同的兴趣、聚焦点和关注点："所有看到的或者听到的，所有被叙述的，无论来自自然或人类，来自世界上的语言，由传统或者由诗人叙述。"[53]这些明晰的阐述成为历史的候见室，如我们即将看到的，这一点始于现代性：在这样一个充满比喻、相似性、回音和标签的世界里，却不存在"真正的"历史（现代意义上），因此，对于因果关系，开端以及范围的问题根本无法展开讨论。将其他叙述视为欧洲中心主义并予以抛弃，这就意味着忽视在它之前那个神秘的、几乎像非洲一样的世界，要想探究古希腊，或者中国，或者印度在这样的叙述中的情形，就意味着仅仅提出了一些虚假问题。

西方现代性一旦开始，我们就有权提出这样一些问题，比如，我们称之为第二个时期或者时刻，比如，福柯称它为"展现"（并非海德格尔意义上的）时期，同样由他命名的"古典时期"（法国用法，其他民族又可能将它视为地方观念），即 17 世纪和 18 世纪。我们甚至有权对我们的第三个时期，19 世纪和 20 世纪提出疑问，该时期本身就是现代历史的发明，同时也是历史主义、生机论、人文主义，以及所谓人文科学（Geisteswissenschaften）的发明时期。至于我们提出的第四个时期，这是一个朦胧却富有预言的领域，充满着语言和死亡，它生存在我们现代性的缝隙中，并对自己进行否定和消解：它从结构主义那里获得了营养成分，但并不预示着后结构主义的出现，因为，这一领域的定义表明，它自身不可能作为一个独立的历史时期而实现，不过，与海德格尔十分相似，它承诺的乌托邦是这样一种东西：人格化、人文主义，以及海德格尔"展现"从该领域中消失；用一种著名的说法来表示，“人类将被抹去，好比画在海边沙滩上的一张脸。”[54]

因此，在这些时刻中，无论是第一种还是第四种都无法从技术的角度将它们称为一个历史时期。正是这种原因使它们具有启发意义，揭示断代如何以对立与矛盾这两种否定形成的微妙交织为基础——差异与完全对立，局部差异与绝对否定，对抗与非对抗，反对与非反对——为自己构建一个框架。在这个意义上，第一种时刻，文艺复兴世界仿佛是为了构建一个非现代的宇宙，而最后一个时刻，人文主义的侧面，可以被视为一种激进的否定，或者相当程度的反现代（与后现代不同，在否定和抵抗中，它或多或少地保持了现代成分，它提倡的美学似乎成了现代主义的典范，而不是与现代主义分道扬镳）。无论如何，我们对非现代和反现代空间的最初生产作了记录，而这又是对现代性进行假定或者肯定的最基本组成部分。

然而，我们这里的基本关注点与现代存在的两种时刻（第二种和第三种时刻）的假定密切相关；而这两种时刻本身又可以被恰当地称为一个历史时期。这里所说的断代属于传统上法国式的，我认为在其他民族传统中同样存在大致上相对等的概念（作为笛卡尔思想的替代物，德国传统中有路德，英国有培根），现代性的两种时刻或说法形成的双重标准——17 世纪的科学模式，18 世纪后期以及 19 世纪的工业生产方式——已经为人们广泛接受并成为不容置疑的常识。这种意识形态警惕性的缺乏只能表明倒退到经验主义的历史观：将伽利略置于蒸汽机发明之前，必须首先讲述商业资本和商业，然后才能叙述资本主义，将各种不同时刻看成同一进程中的许多阶段或发展，还有什么比这样一种历史学更加常规呢？福柯的贡献（我们在此讨论的兴趣）显然在于将这些时刻归于一些完全不同的历史体系，并将那种进程或者发展视为一种历史学甚至哲学问题。

对于福柯提出的断裂，我们在这里还将作进一步阐述。福柯将这一问题置于他哲学意识形态的中心位置，并一直对其中的不连贯性予以重视，同时对人文主义历史学提出的延续性进行批判（无论是“思想史”还是斯大林主义的辩证唯物主义或者进化论），福柯常常把它与马克思主义混为一谈。这些断裂——福柯继承了阿尔都塞从贝舍拉（Bachelard）的著名的“认识论的鸿沟”提出的思想——正是福柯历史观（借用备受指责的一个人文主义术语）的内容。这是他一直坚持的态度（对自我进行的更具人文主义、也更成熟的思考），每一个假定存在的断裂，紧随其后，似乎都带来了一连串新的断裂，仿佛出于对最终总体化（totalization）的恐惧。伴随着这些断裂而来的是对仅仅只是部分的、不完整的，永远不可能达到完整或成为整体化的研究客体：例如，福柯希望对他那些貌似真实的研究客体，即语言、生活、劳动（或者旧体制的迹象、自然历史、财富），从当代学科角度讲，还包括语言学、生物学和经济学，对它们在选择中显得任意或者武断的实质作出强调。（这种对局部研究的强调很容易使我们的注意力离开他从这种选择中获得的精巧的形式对称和效果。）

同样值得强调的是，除了引人注目的反整体化姿态，福柯采用了十分辩证的思考方式。对辩证法进行界定的方法之一就是将不可用同一标准测量的东西在概念上进行协调。我们第一层面上的抽象思考，换言之，生产出普遍性；在普遍性原则下，我们对一些表现为相似性或甚至是相同的运动规律进行安排；这就是传统逻辑学的抽象；站在传统角度看，普遍性与特殊性关系，属类与种类，概念与典范，被视为组合在一起的同种东西。然而，在黑格尔那里，将那些在内部运作及其规律方面全然不同的相似性现象聚合在一起时，问题就产生了。这种基本概念带来的吃惊来自苏格兰启蒙运动对18世纪生产方式的发现。[55]这里，我们有了一种抽象，或称之为一种普遍性——生产方式，它作为对社会构成进行的组织和再生产——其中的每一种都具有各自独特的内部动力和内部结构，但各不相同，例如，部落社会或者封建社会的内部规律，其运作方式与资本主义社会大不一样。同时，由于每一种生产方式的结构成分或组成部分都由自身功能决定，我们无法把任何一种从中抽象出来，无法在模式与模式之间假定其存在对应：对每一种成分作出理解，例如，这种或者那种技术，黄金或者货币，财产法，我们首先必须把它们放入它们从中起作用的那个整体中进行考虑。由此提出的这种辩证法是作为一种新的语言策略而存在，在这样的语言策略中，同一性和差异性预先已经得到了应有的评价，并且在彼此之间展开了系统的较量（通过在非辩证或者辩证法以前的思想，这似乎要打破非矛盾［non-contradiction］规律的方法）。甚至“生产方式”这一术语都成了一种滥用，因为，在这一术语下罗列的现象，由定义本身决定，实际上它们互不相像，而且也无法用同一标准衡量。但是，这种辩证关系的存在，其目的是为了努力将结构类比中这些互相矛盾的特点以及历史因果动力关系中的内在差异统一在一种思想或者语言框架中。

这就是福柯有意识的努力；的确，他的时刻或者说认识——声称仅仅对知识历史体系进行描述——其功能与传统意义上的生产方式十分相似。这就意味着那些经典的和人文主义的时刻——17世纪和18世纪的再现以及19世纪和20世纪的有机论、进化论——它们不仅具有完全不同、无法相提并论的内部结构，而且，各自遵循着全然不司的因果律。在我们目前讨论的语境中，这就表明，它们之间的断裂、过渡、重建、向着新体系的发展，这些都无法相比：但是，如果要针对每一种断裂提出不同的历史因果律，那么，只有辩证法才能提供一种不同的思考，以适应我们对每一种断裂进行分析。

然而，正如我们在讨论中已经提到的，我们也必须承认，为了充分展现着一套论述的精湛技艺，福柯不得不稍微作一些小动作；实际上，他划分的三个层面，或者叫作现实的三个区域——他称之为“成分的体系”，“文化的符码”，“秩序的形式”[56]——构成了一个引线，或者一种同一性，在此基础上，对那些剧烈的历史变化及其过渡作出记录。因此，在第一种“现代性”，即福柯提出的第二种或者经典时刻中，我们孤立出知识的三种划分或形式，将它们描述为“财富”、“自然历史”和“迹象”。这三种划分被展现为具有同种异体的相似性，每一种都以一种静止场面作为构造的依据，动物学分类就是最明显的一个例子。时间和历史在这里呈现为起源进行的冥想，如同词源学的中心位置所示；语言构成成为知识的重要行为，从而肯定了名词或者命名（在法语中为同一个词）与事物之间的关系。

我们现在必须对这一种非同寻常的说法提出一些疑问。首先，这种体系是如何形成的，换言之，如何对前现代与现代（伽利略、笛卡尔、波特-罗伊尔·格拉默、牛顿、百科全书出现的时刻）及其发生的断裂进行界定（或者叙述）？代之以对这一问题作出回答，出现了一个关于《堂吉诃德》的专题研究，而这显然又将问题拉回到了“将相似性与迹象分离”[57]。

> 17 世纪初被称作巴洛克时期，不管这样的命名是否恰当，巴洛克思想不再朝着相似性方向发展。相似性已经不是一种知识形式，而是产生错误的场合，是人们由于对各种混乱的模糊区域不加分析而使自己面临危险的时刻。“这是一种常有的习惯，”笛卡尔在《调整》

> (Regulae) 的开卷处这样指出："当我们在两件事物之间发现某些相似之处的时候，我们通常把这些相似性归于两种物体同样具备的东西，即使对那些事实上它们各自不同，而我们也知道只有其中的一方才拥有"。相似性的年代已经接近尾声。除了游戏，它什么也没有留下。[58]

因此，我们也许可以将这种转变想像成这样一个时期：无所不在的相似性力量渐渐衰弱，它将一些一直以来处于束缚状态的成分——例如，"迹象"——释放出来，由此，一种全新的体系逐渐产生。福柯对另外一些断裂或者过渡时期作了大量的论述：这一点使我们能够对《词与物》描述的过渡时期作一些基本的了解。我倾向于这样一种说法，即在对这些断裂或者过渡时期进行阐述的过程中，福柯既没有将它们概念化，也没有使它们得到展现：我们所看到的是一种总体阐述，即旧体制解体了，在它的废墟中（如同皮兰尼塞［Piranesi］在论述古罗马时采取的18世纪观点），一种与旧体制毫无相似之处的新体制产生了。新体制根本不属于旧体制的谱系，也不在旧体制的消亡中起任何作用。在这些纯粹的结构分析中，因果律似乎完全不存在，这也就是我为什么说这些论述没有得到概念化，福柯也没有为我们提供一种变化或者过渡的理论。事实上，我觉得他为我们提供了一些成分，使我们可以利用这些成分对这一切进行展现（我在上述的讨论中已经这样做了，我使用了一个具有告诫意味的动词——"想像"）。福柯本人也没有提供完全的展现，而是使用了大量的比喻使我们朝着那个方向思考，但他并不使用自己创造的比喻作任何具体的阐述，这是他一贯的特点。这样一种论述方法当然发人深思，它促使我们思考，在这种剧烈的结构变化中，首先当然是断裂或者过渡中，是否存在着某种根本无法展现的东西。

当对于这种最初时刻，或者叫作现代性的古典时刻进行思考时，其他还有两点需要说明。它的认识论（episteme），在其他领域内（比如，物理学和天文学）当然十分重要，用我们今天的话来说，就是知识，即便在今天显得已经过时的三个领域（价值、动物分类、语法），尤其当我们将它们与以前的情景进行对比的时候，是否可以说它构成了一个框架——“有史以来第一次”——这样的意义可以从中显现呢？

另外需要明确的一点是，意识在古典体系中没有位置（需要指出的是，福柯在这一点上将笛卡尔缩减成一个注释，正如他在阐述下一个历史体系时说“微不足道的”马克思一样）：福柯的阐述如同一个图表，我们可以不时地看到人类各种要素分布其中。但是，与我们的下一个历史时刻不同，它并没有用“人”作为衡量一切的标准（在这一点上，福柯与海德格尔大不一样，我们已经在前面的论述中看到）。

但是，使得福柯的叙事具有思辨力量的正是这种缺乏系统的特点：对第三时刻的概述——创造历史的时刻，发生于生物学的进化论，经济学领域的马克思主义，自波普（Franz Bopp）和格里姆（Jacob and Wilhelm Grimm）开始的伟大的语言学传统——对于这些方面的论述犹如一本反人文主义的小册子，虽然充满论述的具体细节。关于过渡的实质（或者说古典与历史时刻的断裂）却得到了较为充分的论述，福柯的描述也更加突出。我将对此作简单概述：展现系统所面临的灾难是相似性的衰弱和消失，或者，我们也可以这样表述，将三个层面联系在一起的平行结构变得衰弱并消失。我们有道理这样说，这种消失仅仅是第一种过渡中所发生的一切在程度上的加剧：相似性在这里变弱（然后，根据逻辑规律它被纳入不同的局部运作中）；现在，那个叫作同源相像的结构相似性，它的聚合力量被削弱并遭到怀疑。从这个意义上看，历史叙事的发展仿佛同样可以作为一种辩护，进一步说明福柯对断裂、巨大差异的不连贯（也许还包括死亡的消解力量）进行的评价，与断裂和不连贯对立的是同一性、相似性、同样性、连贯性等。

与这种消解同时发生——但我们尚不能说是否可以将它看成由消解带来的一种后果——出现了三个领域的自治（autonomization）。每一个领域都形成了一个属于自己的体系，而三个领域渐渐地发生了分离并朝着各自的方向发展，它几乎就是一个地质演变过程，令人想到地质构造的过程：旧大陆的地质层出现移动并发生分离，由此产生新的板块并与某些尚不固定的陆地连接，而后者也不知道自己将跟随何种合法但却无法预测也无法理解的力量漂向什么地方。同时，这三个陆地之间的距离将在19世纪新时期的发展中起到重要的作用。

福柯关于差异和自治表现出一种巧妙的手法：处于自身目的的考虑，很清楚的一点是，语言学、经济学、生物学，这三个新领域之间存在着许多共同之处（它们之间的相似之处）；对于这些“共同之处”，我们可以用“历史主义”这个词加以归纳，这一点在许多进化理论中变得愈加清晰（不管是经济危机理论，还是发展理论，语言学理论关于声音的变化，或者是达尔文主义理论本身）。然而，令人感到奇怪的是，福柯并没有直接涉及历史主义（将问题直接归于某种特定的历史体系等于使它丧失了关于真理的宣称），相反，他聚焦于另一个侧面，即人文主义层面以及关于“人”的概念层面，或者人类本性。

但是，这恰恰不是一种知识形式：它显现于我们在这里进行思考的知识的三种肯定形式的空隙之间。人类本性（各种不同的人文主义，以及与之相伴的各种人文主义意识形态）既像它们中间的一道鸿沟，而同时又像为逾越这道鸿沟所作的努力以及为建构一套完整的形而上学体系所作的努力。通过强调知识特性经历的一次转变，即经济学、生物学和语言学这三个肯定性领域，我们可以用另一种说法进行表述。因为，假如知识在经典时期总意味着用这种或者那种方式寻求“为什么”的答案，或者寻根溯源，那么，在第三个时期里，这样的问题已经不复存在，我们所面临的仅仅是经验意义上的事实，某些任意的、或然的规律。这样的肯定性实际上也成了神秘之物：生活，劳动以及语言；而且是非人类的神秘，它们与某些奇怪、新颖的反人文主义的“方法”或者学科，例如，（结构）人类学、或者文化人类学、心理分析等形成对应（有意思的是，福柯并没有寻找一种相应的“经济学”方法以对付肯定性的侧面）。

整个叙述所记录并进行强调的是一种根本的鸿沟或者分裂，它存在于现代的第二个时刻，在经验与超验之间；对于这种鸿沟进行的理论阐述将我们引上了一条福柯在这本富有雄心的书中试图达到的地方；该书内涵丰富，且难以归类，既不是历史，也不是哲学，但同时又是一本小册子，而且富于审美意味。康德在此扮演的角色不甚显眼，但却具有重要的中心地位，特别是在合适的历史时刻（从展现到历史的过渡），这意味着作者为自己在现代后期发生的伟大变革中想像了同样的历史位置。因此，我倾向于说，假如经典时期是一个产生意义的时刻，这个新历史主义的或者人文主义时期也代表了意义出现限制；在这样一个时期，人类所能思考的疆界，以及知识本身的疆界变得像知识内容本身一样使人着迷，也疑惑重重。从这个意义上看，福柯的努力与康德一样，在于追溯那些疆界，并对思想进行清理。但是，与康德不同，福柯的成就超越了其思想表面的标志，虽然他的整个计划十分谦虚合理，并小心谨慎地规划出限度，十分理性地对各种肯定性制定了一份清单，但这种对限度的设定反而加强了越界的意志，使目标进入了一个禁忌之地。

这种非知识的地带就是我们在上文提到的第四种历史时刻，虽然它在另一个不同意义层面作为当今历史主义和人文科学的照相底片与它们同时存在。因此，我们就有了第三种“过渡”，假如可以的话，我们依然可以将它称作展现的（或者甚至是辩证法的）第三类问题。虽然这第四种时刻偶尔也可以在预言模式中产生共鸣——著名的说法“人类从沙滩上消失”，某些新的、最初的结构主义思想和生活发生的变化在20世纪60年代昙花一现，后来人们在列维-斯特劳斯以及德里达思想中找到一些影子[59]——更常见的是，人们从我们自己的体系的角落里探寻（并找到）了它：例如，对那些杰出的疯子进行重新发现，像赫尔德林和阿陶德；强调语言的审美成分，使之超越资产阶级意识，使它充满存在事物，不仅仅能够用于指涉意义，而且能够强调意义的限定性，或者超越意义。这使我们看到了这种做法与莫里斯·布朗绍（我们将在第二部分的分析中提到）的审美之间的相似性，同时也看到了它与海德格尔之间的差异（虽然两者都具有严肃意味）——因为，那片得益于海德格尔本体论和诗学光辉而显得透亮的空地在这里变得像黑洞一样黑暗而不详。当然，如同在海德格尔那里的情况一样，这里以预言方式提出的要求——既像迫切的请求又像乌托邦视角——就是要战胜人文主义。然而，我们依然应该提出这样一个问题：第二次世界大战达到顶峰时，日本人曾不无灾难意味地宣称“战胜了现代性”[60]，上述一切是否就是同一回事？

这个问题将我们重新带回到那两个断裂，回到福柯和海德格尔，也回到了两种现代性的神秘性。海德格尔一直认为，西方形而上学发展至今的整个过程早已隐含在笛卡尔的思想中，这种观点实际上掩盖了某些东西，而福柯则使那些被掩盖的部分变得昭然若揭。在福柯的阐述中，海德格尔的叙事仿佛被分成了两个断裂的时刻：第一个提供了简单展现的现代性，即把世界首次或者“科学地”翻译成数学图表和图形。主体的出现（或者用我们通常所说的意识的出现）一直要等到第二个时刻：就拉康或者康德的意义而言，声称存在是一种肯定性——人文主义，人类本性，个人主义，等等——这是不可靠的（inauthentic）；只有当我们视它为一种不可能的不在场时（impossible absence）——或者依照“第四种时刻”的逻辑把它当做一种后期审美现象，或者回到遥远的17世纪，像委拉斯凯兹的《疲倦的麦尼纳斯》（Las Meniñas）表现的那种空洞的主体位置（subject positions）——才是可靠的。但是，审美——包括福柯和海德格尔两种意义上的——与任何可以被称作后现代主义的东西相比，它似乎与现代主义有着许多的共同点（或者与那种稍微有些不同的东西相通，即现代主义审美），虽然后现代主义将那些在本质上与现代主义发生断裂的东西归于自己的名下。问题在于对现代性的严肃性进行真正拒绝——对这些现代哲学家来说的确是一种十分严肃的姿态——似乎反而要求一种与严肃性恰恰相反的东西，如果我们不能把这种东西叫作无聊、琐碎、轻率、做作、装饰等诸如此类的东西：关于这一点的进一步讨论，我们最好在第二部分涉及审美问题时进行。

这里，我们仅仅需要说明两点作为总结。第一点，福柯对现代所进行的分析中至少有一个特点将被保留下来，并在另一种理论传统中得到丰富和发展，即第二种现代性以分离为特征（当生活、劳动和语言这三个领域在地理上互相离散并且变得相对自治的时候，这一点表现的尤其明显）。在后面一节的讨论中，我们将看到，根据分离逻辑对断裂或者鸿沟进行解释是一种很有希望的出发点，并由此产生一种不同的关于现代的理论。

至于那两个断裂，以及似乎取决于这两种断裂的第三种断裂（不能肯定是否会出现第四种），我们可以从这种增长中获得重要的经验教训，从而更好地理解那种被称作现代性的叙事类型中内在的动力。我们对于现代性的注意力似乎转移到了注意力本身，并开始将现代性中那些不怎么现代的细节与那些更加现代的细节进行区分，由此生产出一种具有现代性的前现代时刻。因此，前资产阶级（17 世纪和 18 世纪）的现代人既是现代的，但同时又不属于现代：古典时期的思想家虽然已经不是传统世界里的一部分，但他们并没有完全进入我们称之为完全现代性的光辉中，即 19 世纪和 20 世纪所经历的那种现代性。即使当我们转向更加现代的现代性时，他依然有可能使我们觉得陈旧过时（越是离我们近，在风格方面就越让我们觉得它们显得过时）。可以这样说，当我们把关于现代性的思考拉回到对时间性的思考时，我们就会发现后者的各种二律背反以及概念层面的种种矛盾。

但是这有可能抹去现代概念本身独特的结构特点；更重要的是，它有可能忽视这种思考本身别具风格的节奏，即不像考古学家那样从发掘最早时期的信息资料开始，而是根据此时此地构建一个关于现代的大框架，在各种断裂中开始出现的各种顺时的怀疑和偏见能够显现之前，将这样一个框架整个地转移到过去。

我们也可以通过这样一种假设来表述：断裂不断增多，这恰恰好比黑格尔所说的“否定之否定”，但是，正如恩格斯和斯大林所说的，这种否定并不决定未来，而是对过去具有控制力量，而过去则不断地变化并朝着另外的另外发展（further others of the other）。这种过程不仅属于断裂，而且同样适用于历史时期，正如我们已经看到的，各个历史时期几乎以同一种节律来回运动，互相转变。

（六）

在开始这一部分的讨论之前，我们必须涉及对生产方式连续发生进行的最富体系、最有力度的分析模式，这一理论贡献应该归功于阿尔都塞，尤其应该归功于埃提纳·巴里巴（Etienne Balibar)。曾经有过这样一种说法，可以把阿尔都塞看作一位结构主义者（尽管他本人对此提出抗议），但这种看法以这样一个假设为前提：在阿尔都塞看来，只有一种结构，即生产方式。这样，生产方式成为一套普遍的成分和关系，其历史变化理应可以通过图表进行说明，同时又可以避免我们在前面讨论辩证法时遇到的术语和概念问题。事实上，以阿尔都塞为代表的理论家极力强调的正是他们分析目标具有的这种辩证实质："当我们从一种变化过渡到另一种变化时，我们并没有真正找到相同的'具体'成分。对这些成分的特性进行界定的并不是某个特定的地点，而是结构带来的影响，每一次都不同，也就是说，综合在一起的影响，它形成了生产方式。"[61] 实际上，使阿尔都塞等人的言论变得困难的是这样一个事实：他们站在两个阵地上展开讨论，一方面，他们反对"结构主义"（来自结构主义的危险是要将他们的马克思主义分析吞没得无影无踪），另一方面，他们反对黑格尔的辩证法（他们基本上将黑格尔的辩证法归于斯大林和苏维埃马克思主义一类）。因此，巴里巴系统地使用了"综合"一词，以取代"结构主义"的"结构"，他将综合解释为一种辩证的总体性（dialectical totality）起到了意想不到的效果，即以结构主义为框架揭示辩证法。

对生产方式进行马克思主义的阐述，这种做法提出了一个最明显的辩证法问题：生产方式与生产本身密切相关，而生产在三种成分构成的结构中（与分配和消费一起）又是一个单独成分，但同时它又构成了普遍意义上所有生产方式的基本实质。[62]第二个论断使生产看上去像一种过时的、普遍的、宽泛的抽象，由此可以对一系列现象进行排列；而第一个论断类似于我们在前面提到的巴里巴的摘引，它使巴里巴强调的辩证变化成为可能。同时，那个看上去显得严格的上层建筑/经济基础两分法（无论如何，马克思仅仅提过一次，而且是在一个并不十分重要的论述中）[63]，由于“决定性因素”（总是生产本身）与“主导因素”这两种对立之间形成的关系，有时也可能通过宗教、公民政治、血缘，以及别的形式，由此使每一种生产具有自己的文化和形式形态特征，虽然这些并不表明它自己的合法性和内部机制。

然而，马克思思想中最令人困惑的地方出现在关于新的生产方式产生的论述中，或者说得更具体一些，就是我们这里一直讨论的关于过渡的问题。分娩的比喻虽然不是绝对少不了，但却很著名：“只有等到旧社会子宫的物质条件成熟以后，新的、更高级的生产关系才有可能从中产生。”[64]这种说法蕴涵的意味常常令人尴尬，尤其当我们想到，在通常情况下，孩子诞生以后母亲依然生存，而旧的生产方式则不复存在。

然而，巴里巴依然试图对马克思的真知灼见进行有力的理论阐述，他将阿尔都塞关于社会生产的总体分析与社会变化的具体问题结合起来（巴里巴坚持认为，“变化的形式实际上必然是生产方式本身”，这种说法似乎不完全正确）[65]。我们可以从一小段摘引中对这一复杂的分析有一个总括：

> 变化的历史时期……具有几种生产方式是共存的特点，而且，这些方式互不相关……因此，变化时期关系与要求的脱节仅仅表明了单一“同时性”中两种（或者

> 更多）生产方式的同时并存，其中的一种压倒另一种。[66]

这样，我们就有了两种明显不同的体制并存的情况（生产工具、生产力、财产分类等），这种并存带来的结果是，原来占据上风的第一种由于第二种上升为主导地位而渐渐下降为被主导的一方。显然，造成这种现象的原因来自为了排除连续性和“进化主义”的目的：这期间，旧体制成分不是逐渐转入新体制，而是从一开始它们就同时存在，发生变化的仅仅是一套或者一种混合的东西占据了主导地位。

现在我们可以较为清楚地看到福柯关于变化的描述从何而来。正如阿尔都塞在《解读资本》（英文版）的一个注释中慎重指出的那样：“福柯……是我的学生，我著述中的‘某些东西’渗入了他的著作。”[67]假如我们将马克思主义话语及其概念从巴里巴关于变化的认识中除去，那么，它与福柯将变化视为灾难性剧变的看法并无二致：新体制从旧体制废墟中形成。

关于形成过程的时间，列维-斯特劳斯早已指出，不可能抛弃其他体制而得到一个体制：各种体制从来都是同时出现，而且都已经形成；即便是对待语言，我们也必须把它看作一个共时现象，即全部出现，而不是以某种“进化方式”部分显现。（很显然，体制中蕴涵着什么，还有什么尚待进一步发展或者显现，对于这些问题的种种看法可能会有效地把严峻而神秘的形成过程综合起来。）这里存在这样一个预先假定：共时不是一个时间概念；假如历时属于一个时间概念，它就会表明自己在时间上后于、并依赖于逻辑上先于它的共时性和体系。

阿尔都塞的另外一个贡献在于，他根据历史和社会对这一切进行描述：时间性是一个存在的现象，一种表达生活经验的方式，某种由生产方式本身引发的东西。每一种生产方式都有自己的时间体系。的确，“不是历史结构依赖于时间结构，而是时间结构依赖于历史结构。时间性结构及其它们特定的差异源于历史概念形成的过程中”[68]。事实上，历时性本身就不是时间或者经验意义上的，它是一个特定的分析模式，不同于共时模式。因此阿尔都塞之流扭转局面，使我们处于不利位置，并且将这个问题从议题中完全抽离：共时现在变成了对生产方式及其再生产的进行分析的一种方法；而“历时概念将……被保留下来，以用于对生产方式从一种过渡到另一种时的分析，即由生产关系的更替和变化决定的时候，两者形成了对结构进行的双重表述”[69]。

到目前为止，这些东西中没有一种与现代性理论具有直接的相关性，除非我们这样假定：马克思主义的现代性就是资本主义本身：这样一种替换不仅消除了我们在上文讨论中涉及的理论问题，而且使我们更加觉得现代性“概念”提出的问题远远大于它所能解决的。另一方面，这个词的使用历史以及它的意识形态功能的确是真实的，而且也不能轻易地抛弃。

但是，我们现在必须指出，将福柯的“模式”与巴里巴的模式摆在一起，我们就会发现一种奇特而明显的巧合[70]，即在巴里巴关于过渡的阐述中，新体制的产生依然表现得神秘而无法解释，仿佛没有原因，史无前例，这一点与福柯的认识（epistemes）一样。两者都是针对历史主义和进化主义提出的思辨，他们的观点都以不同的方法极力排除连续变化的可能性。

然而，巴里巴的表述并没有使我们对这些叙事的机制作出更加充分的理解：我们已经谈到神秘叙事的方法——新的过去的自我，或者作为一种引发自我的原因——嵌入一种基础，使它在外表上具有叙事形式和连续性。这种“基础”或者语境就是俄国形式主义所谓的“手法的动因”：对一种无法说明的语言事实进行的叙事合理化方法，不然，该语言事实就无法得到解释。在海德格尔思想中，我们发现这种语境是中世纪的救赎；在福柯那里，已经崩溃的前一种历史时刻已成为事件的框架；最后，在巴里巴那里，我们把它理解为一种旧的生产方式，这样，新时期就与新的生产方式本身密切相关。这并不意味着（对新的形成）进行概念化；但它的确暗示：断代不是某种可以根据自己的爱好和性格随意作出的叙事选择，而是叙事过程本身的基本特征。

（七）

前面的讨论（或者叫作穿插讨论）没有涉及福柯关于第二种现代性特征的分析，即那种不仅使它与第一种现代性完全不同的特点，而且使它与马克思主义结构分析可能存在某种关系的特点，我这里指的是对待分离的看法。在福柯那里，分离构成了各种学科的发展，使它们最终形成具有自治特点的生活、劳动和语言；但他坚持将限度和死亡视为这一发展的中心，并且强调它们与新兴的、繁重的劳动形式之间的关系。[71]当然，马克思用分离这个概念描述资本主义现代性以及工人处于新形势下的特点：他们从原来的生产方式中解放出来，与土地、工具发生了分离，然后被当做一种商品（同时，劳动力也成为商品）抛进了自由市场。的确，分离，这一关键的转义在马克思著作中随处可见，它在现代性传统的最后阶段依然发挥着作用，我们这里将对此进行分析。

然而，在这一传统具有主题意义的口号中，很少能够反映出分离本身的中心地位：马克斯·韦伯对合理化的理解似乎集中在计划和组织上；卢卡奇的物化主题似乎重新回到了韦伯的商品崇拜；鲁曼的区别来自分离的转义，尽管乍看起来它似乎不是与日常生活而是与独立学科的出现的关系更加密切。

但是，虽然韦伯常常将 19 时期后期资本主义公司组织作为研究目标，而且人们常常把他当做研究官僚机构的卓越理论家，他的著作与泰勒主义（Taylorism），以及与根据“合理”原则对劳动过程进行的重新组织，十分相似并且具有同样重要的意义。[72]在韦伯看来，“合理化”是这样一个过程，其基本前提条件在于拆散传统行为，不仅仅是传统的形式技巧，因为他们遗存在形成过程的因素之中。在韦伯理论中，分离的含义相当于泰勒的分析以及词源学意义上的科学管理一词：即“拆开”部分之间的联系，那些原本显得自然并且由一个人完成的传统工作单位被拆解成零部件。这些没有意义的零部件根据效率标准进行重新改组：于是就产生了福特的生产流程线，随之而来的是管理者得到的一笔红利，而工人本身则失去了对劳动过程的控制，他再也无法把劳动视为一个有意义的完整体，或者说，像卢卡奇描述的那样，当做一个“整体”。现在，体力与脑力劳动之间的分离由于管理者和“科学”专家对劳动实行的控制和计划得到完成，而工人所能得到的仅仅是动力学意义上琐碎、单一、不完整并且不断重复的劳作，加尔布雷思将这种东西称为“基本工作单位”，对此，查普林的《现代时期》进行了讽刺。这个过程可以被描述为亚里士多德所说的最终原因（final cause）的廓除，以及根据形式和物质原因对劳动过程进行的重新组织：这是一种压缩的行为，法兰克福学派把它称作“工具理性”，即一种完全根据手段而不是目的重新制定的理性（在黑格尔那里，理性的概念或与之相对立的理解，实际上已经辩证地隐含了这种思想）。

一旦这一过程被孤立起来并且在当代社会生活中被指认，即在当代社会生活中，它的作用在与过去发生激进的断裂，此外，与以往大多数关于工业革命的描述相比，它对技术和工业过程所进行的描写显得更加复杂和富有哲学意义，在这种情形下，有关它的谱系可以追溯到过去：尤其是，对于韦伯来说，修道院与某些宗教传统的规矩，标志着使“合理化”得到发展的飞地的脱离（在飞地上，一切事物，从农业到每天的日常安排，合理化都得到了发展）。[73]但是，合理化对于韦伯而言同时也是一个调停的概念，这一概念中的形似特性使它适合于文化分析，同时，它也适合于对公司或者劳动过程进行分析：由此，西方音乐中的音调成为一种基本的征兆，表明“伟大变革”正在欧洲-西方发生，而不是在世界的其他地方。[74]

的确，这种相对的形式概念可能在两个微观和宏观层面发挥作用；这使韦伯的思想具有一种寓意色彩。由此，劳动过程的分化可以被视为象征着旧的，或者传统有机社会及其“工具”经过重新组织以后变为对一个更大的工业城市进行的以数量为标准的分类。

与最初的马克思意义上的“物化”相比，卢卡奇的“物化”概念与韦伯有着更多的共同之处，因为，马克思的“物化”，基本上指物与物的关系取代了人与人之间的关系（对商品的“崇拜”以及日趋广泛的“现金交易关系”）。在卢卡奇看来，韦伯意义上的“物化”进程——通过劳动力过程被理解为整体感的丧失或者由意义的整体感的丧失，这种整体感不仅指微观的劳动过程，而且也指资本主义宏观现象本身——根据它对主体性产生的影响被理论化。卢卡奇意识到，物化是一种全球过程，没有一个人可以幸免；在他颇具哲学意味的章节里，卢卡奇揭示了物化进入资产阶级意识以及限制后者对直面现实并将它理论化的能力。[75]调停在这里的表现，表示资产阶级意识物化的重要征兆，体现在资产阶级哲学史及其“包容”的运作机制中，以及自黑格尔以来无法对作为最终现实的资本主义进行概念化的哲学传统，而马克思则提出，在资本主义各个发展阶段及其趋势得到指认之前，我们必须辩证地将资本主义理解为这样一种总体性概念。具有悖论意味的是，卢卡奇对其他意识进行的分析，即对被剥夺了工艺技术以及生产知识的工人阶级的意识的分析，远远算不上肯定：被变为仅仅是劳动力的商品，无产阶级，这个在资本主义社会里独一无二并且备受蹂躏的阶级群体，现在具有了一种结构能力，使它能够把资本主义社会理解为一个整体，这得益于理论与实践相统一的马克思主义。

因此，在与上述形成类比的情况下，我们可以认为，卢卡奇在韦伯传统中为“第二种现代性”作出了标识，同时将主体所处情景的现代性（但不是我们前文涉及的那种“现代性”意义）纳入合理化进程的现代性（类似于福柯的历史主义将资产阶级主体的出现纳入他早期关于表征的现代性）。

然而，我们也可以用其他方法将这个更大的历史，及其多种多样的断裂和过程进行定位；这里，我们可以看到韦伯的合理化概念与那个我们至今依然将它追溯到笛卡尔的现代性的“初始”时刻之间存在着紧密关系。不过，我们这里要阐述的不是笛卡尔的我思，而是另一个不同的方面。这里的引线不是意识、基础的（foundational）证据、怀疑，或者明确无误的确定，而是方法；毫无疑问，方法指引我们理解《冥想》的实验，同时也带领我们理解他进行的其他各种科学的和精心的探索。这里的关键是笛卡尔四个方法律中的第二个：“把我要分析的每一种困难分成尽可能小的单位，以利于进行更好的解答。”[76]这里，我们不要在意笛卡尔本人怎么想（即便是最小的单位肯定也必须以“清晰”作为标准进行衡量）：正如人们已经理解的那样，这个规律构成了与辩证法相对立的经验主义的基础。它似乎提倡将问题的部分解决建立在对全部问题进行最终解决上，而这种方法与辩证法形成了对立，因为辩证法提倡的是从全面到部分。

然而，这个规律对笛卡尔的意义只有在它的语境中才变得清楚：就这样一个准则的可能性条件提出的历史问题，我想，依然具有有用的指导价值。出乎预料的是，安东尼·吉登斯在这里为我们提供了一些类似于答案的东西；他的历史分析无疑深受福柯谱系历史学的影响，但他同时也受到了历史领域新近流行的军事决定论的影响（或者至少是一种把战争和军事当做一种新的现代“最终决定时刻”）。笛卡尔在“三十年战争”爆发前夕曾在新教和天主教军队里度过了一段对他后来性格的形成具有重要影响的日子；的确，他著名的哲学阐述（以及具有预言性质的三个梦）都发生在1619年11月，那时他正在乌尔姆马克西里安的军营中。假如所有这些都是巧合的话，那么，我们可以仅仅把它们看作17世纪的东西；然而，当时只有22岁的笛卡尔之所以投身军营生活自然有他自己的理由，他以极大的兴趣对这种生活进行了观察。笛卡尔毕业以后四处游荡，军营生活占去了一年，对于这种军营，吉登斯有过这样一段评述：

> （在行政管理权力扩展的过程中），军队组织扮演了一个主要角色，它不仅影响了国家机器，还影响了其他一些组织机构，包括后来发展的商业公司。在很大程度上，现代形式的管理权力最初源于军队。拿骚的莫里斯或橙子王子的发明，都是最杰出的例子，它们同时也代表了军队组织中某些更长久的趋势。在莫里斯的帮助下，历史上首次出现了两种互为联系的管理方式，我们可以在后来产生的更加官僚化的组织中找到它们的影子——形成了一批控制着某种基本管理技巧的专家，在普通战士中间同时出现了一批“缺乏技术”的人员。由

> 于莫里斯的干预，泰勒主义的技巧在军事领域实际上已经存在了数百年，虽然这样的名称要等到工业生产时期才为人们所知。封·杜尔恩在比较这样两位明显对立的人物时这样说道："他们两位对自己所从事行业的了解给我们留下了深刻的印象，此外，他们都具有敏锐的分析能力，他们认为，可以对人类行为进行组织并加以利用，对此，他们深信不疑，这成为支持他们渴望对此进行实验的一种信念。"正如泰勒要做的那样，莫里斯将士兵的技巧方面分成具体的、并且有规则的单个序列。他以西班牙将领们取得的成就为基础，用示意图对火枪、长矛的使用方法作出了描述，使每一个动作都变得十分具体。士兵们被要求按照这些示意图进行训练，直到他们能够熟练、"正确"地完成每一个动作。在对新兵进行训练时，不是把他们训练成武器使用方面的"艺术家"，而是要求他们能够按照必要的程序熟悉武器装备。通过训练，每一个单位的士兵必须学会根据命令作出自动反应，其目的在于使每一位士兵能够以协调的动作使自己与集体成为一个整体。[77]

相对而言，以上描述同样适用于从断裂到时期的转变；这些抽象的术语——"专家"、"单个动作序列"、"命令"、"协调"等——它们从一种特定的内容转变为另一种（而在这个过程中，它们变得同样适用于文化现象，当然，除非我们认为，作为某种空洞的形式，它们在本质上已经具有深刻的文化意义）。然而，无论莫里斯王子作为一个施动者还是一个"正在消失的调停者"，断裂与开端之间的交替一直隐约存在其中。

当我们把注意力转向鲁曼提出的更加形式化的区分概念并从

中看到分离（separation）的最后形式时，我们发现，这种选择已经完全消失。寓意在多种不同层面的转移以及由此从这些多种可能性中得到任何东西——国家、主观感受，例如，爱、社会团体、市场、社会学理论等——都是以原因、开端、甚至辩证的或者结构的重新组织被抹去作为代价的。区分——伽利略式的，或者牛顿式的运动——一直延续，直到它遇到某种外在的障碍；然而这个过程的实质（像资本一样）是：如果没有不断的扩展它就不能自我生产。分化总是朝着看不到终点、更大的分化发展。

另一方面，这就是为什么没有任何一个开端可以根据自己的方式对自己加以说明：在它之前只是一种非常不同的模式或者社会生产逻辑，早期是“片断的部分划分”，后来出现了“阶层划分”，就我们自己的社会和现代性而言，是“功能划分”。[78]然而，这些都是最初级的，甚至是前马克思主义的人类社会划分：部落社会，前资本主义国家（以权力为基础，通常宽泛地称之为“封建社会”），最后是资本主义。因此，“划分”，作为一个意识形态标语，一个富有意义的政治符号，无论它在当今形式下显得如何吸引人，并不能为我们提供一种适用性很强的统一理论，不能以此为准则对其他社会体制作同样的思考。但是，这也正是最初级形式的现代性理论的特点，它仅仅是一种社会学意义上的划分，其地位尚未得到充分考察。鲁曼思想的新颖之处在于将“现代性”早期的经验特点转变为一种描述形式过程的抽象话语（鲁曼后来对大量的素材进行了拓展和重新阐述，给我们留下了大量的著述）。

即便这三种社会都与分化过程本身的强烈程度有关，必然提出这样一种辩证：无论在哪一种特定的时刻，从数量到质量发生的变化必然导致一个飞跃，并由此产生一种全新的分化。但是，分化是一个统一标准的概念，它并不辩证（即便鲁曼本人将辩证纳入这一概念的谱系并把它当做“分化”本身在早期的一种过于简单化的形式）[79]，因此它无法容纳如此剧烈的飞跃和断裂。并不是所有已经消失的东西都属于起源问题，但是，上文提到的断代属于标准的起源问题，它将文艺复兴视为从总体上发生的分化（包括现代性）。但是，显然，那些较为早期阶段的概念属于人类学意义，而不是社会学，因此，它们都没有达到马克思对生产方式进行理论化时那种复杂的先进性。

在我看来，鲁曼理论的先进性在于：对分离（separation）这个旧主题（尤其是福柯意义上的用法）发生的联想使得某些含义更加凸现。因为，事实上，依照鲁曼的说法，分化是指社会各领域之间出现逐渐分离，从某种看上去像是总体的、神秘的动力中分离出来，然后形成具有自己法律和运作机制的独立领域。这样，由于市场需要一种相对于国家的独立，经济学开始从政治学（反过来亦是）中分离出来。这一过程同样存在于司法领域和司法制度的形成，它们逐渐拥有了自己的人员，地方历史以及前辈和传统。这个过程当然属于一种现代性；而鲁曼的阐述通过各种有用的形式方法表达了世俗化的本质，例如，一种现在已经私人化的宗教如何从完整的社会生活中分离出来并拥有自己的地位和空间。的确，这一理论本身可能被视为福柯具有预示性理论的世俗化（关于地质板块、生活样板、劳动和语言在19世纪从一种向着另一种的变化过程）。

然而，我认为最好还是应该再深入一步，不是对分化，而是对自治化过程进行分析（包括过渡中的半自治状态）。这里所强调的不是分离时刻本身，而是发生在这之前的东西，在有丝分裂发生以后变成了完全属于自己的实体，小规模的整体和总体。（由此，这些新的构成同样有可能使断裂重新回来，即便它已经被内化为这一不断重复的过程本身。）无论如何，当它日后成为一个审美问题的时候（它自己从其他层面和活动中分离出来形成“自治”，并变成某种可以恰当地被称为审美“现代性”的时候），时间会证明这一新兴事物的有用性。

但是，对那些陈旧的现代性描述进行改写，这一计划所暗示的意义又可能提醒我们注意它具有的意识形态特点，这种情况发生在当我们将它用于实际的，以将来为出发点的计划，或者用于对现在进行评判的时候。各种现代性理论（出于主观规范目的，人们往往对它们的描述进行篡改），基本上属于倒退的现代概念，以它的抵制和惰性实在无法面对任何一种可以想像的体系变化：现代性对某一种具体体系内、在某一个特定历史时刻获得的东西进行描述，因此，我们不能指望它能够对它进行否定的东西提出可靠的分析。所以，我们时不时地遇到各种历史思考，而这些历史思考事实上都是对现在、市场、资本主义的所谓胜利，以及取消规则等提出党派的和政治的言论：

> 这里一种明显的危险是：我们可能用作决定的过程替代经济体制中那种经典的、内部的分化所含有的相对包容性和变化性，而前者几乎没有选择性，也没有习惯上应该具有的作为先决条件的假定。我们只好让经济牺牲原本可以在它脱离社会其他方面以后所形成的外在分化后的那种策略。[80]

换言之，危险在于国家福利，更不必说社会主义本身。这样说并不表示对鲁曼进行批评，几乎没有人把他当做左派分子，但上述观点的确表明了他那套有趣而复杂的体系——为那种将后现代性纳入现代旧理论的做法提供了保证——过渡到纯粹意识形态的进程。

这个过程不仅上升到对“社会主义”提出的一种警告，而且也将福利国家运作机制的维持进行了清除，或者说，在自由市场阶段发生最严重过剩以后，它回到了显得理性的那些温和的政府调控形式。在这些过程中，鲁曼明显的社会学意义上的现代性自己揭下了表象，显现为传统的自由市场以及消除规则的意识形态。

为了将问题说得更完整一些，我将对一直存在于他作品中的那种旧时代自我意识提出讨论——他用某种“体制本身的自我反思”将它进行了非人格化处理——但在关于现代的理论中依然属于一种阴影的东西。假如你愿意，这至少可以成为一条现代与后现代之间的分割线，即抛弃诸如自我意识、自我反思这些概念，以及后现代审美、后现代价值和后现代哲学（假如真的存在这样一种东西的话）中的反讽或者自我指涉。在我的想像中，这与自由口号的消失形成了一种巧合，不管是资产阶级的还是无政府主义意义上的；生物意义上的个人在资本主义企业阶段中再也不可能拥有个人主义，他/她被包括在一个大集体或者机构形成的集体中，在我看来，这种感觉无论是对于当代保守的新儒学主义（各种各样的），还是对于马克思主义传统而言，都不新鲜。假如是这样，那么，体制本身的反身性——在这一点上鲁曼固执地相信——就必须被想像成与传统不同的个人意识的反身性，关于这一概念中的不一致性，我们在上文的讨论中已经看到。

对于这种功能差错，我们应该把它看成仅仅代表更深层概念问题的征兆，即面临后现代性及其多种变化形式时依然固守现代性的旧观念。我在谨慎地挑选术语，因为情景发生了变化，这就要求我们对理论的反应也应该作出相应的调整，不要生硬地使用任何一个关于“后现代性”的特定概念；有人认为我们现在依然属于现代性，并没有发生什么大的变化，所有迹象都这样表明，对于这种观点，我们也不要将它彻底否定。这就是为什么我们的第四个准则坚持提出，不要反对那种否认存在后现代概念的做法，而是要反对忽略任何一种与后现代性情景进行协调的努力(不管最后结果如何)。[81]正是这样一种忽略证实了鲁曼的地位：现代的现代意识形态理论家。

事实就是这样，鲁曼的概念既不能对它的矛盾对立面作出充分解释——存在着某种与资本主义现代性截然不同的体制——也不能用于对非对立的矛盾进行解释——资本主义有可能进入这样一个阶段：它不是传统方法上的“现代”，人们因此可以将它界定为后现代。但是，这个问题暗示了关于“现代性”术语“最佳用法”的最后一个准则。

第四个基本准则：任何一种现代性理论，只有当它能和后现代与现代之间发生断裂的假定达成妥协时才有意义。

假如它真的达成了妥协，它就会使自己显现为一个纯粹的编史范畴，并且消除它作为一个时间的范畴、作为一种前卫的创新概念所带来的一切断言。

现在，我们可以重新回顾这四个现代性准则：

1. 断代无法避免。

2. 现代性不是一个概念，无论是哲学的还是别的，它是一种叙事类型。

3. 不能根据立体性分类对现代性叙事进行安排；意识和主体性无法得到展现；我们能够叙述的仅仅是现代性的多种情景。

4. 任何一种现代性理论，只有当它能和后现代与现代之间发生断裂的假定达成妥协时才有意义。

然而，依然存在着一种关于现代的用法，它与现在的相关性（不管多么复杂而且具有悖论意义）似乎无法被否认。这是它的审美范畴或审美适应，它必然假定一种对于工作的经验存在于现在，不管它的历史起源如何。因此，我们现在必须将注意力转向艺术现代主义的讨论。

【注释】

[1] 我这里采用的是 Hans-Robert Jauss 的看法，参见“Literarrische Tradition und gegenwartiges Bewusstsein der Modernitat”，载 *Literaturgeschichte als Provokation* (Frankfurt: Suhrkamp, 1970), pp. 11－57。Jauss 打破了波德莱尔的看法（事后对本雅明的思考并不是结论性的）。文章所驳斥的是针对 Ernst Robert Curtius 的立场的，后者在 *European Literature and the Latin Middle Ages* 中认为，现代性是某种“文学的永恒”的事物。Jauss 关于古代晚期和 20 世纪的资料见 Walter Freund, *Modernus und andere Zeitbegriffe des Mittelatters* (Cologne: Bohlau, 1957)。

[2] Freund, p. 39.

[3] Ibid., p. 2.

[4] 首先参见 Jost Trier, *Der deutsche Wortschatz im Sinnabezirk des Verstandes* (Heidelberg, 1931)；亦参见我在 *Prison-House of Language* (Princeton: Princeton University Press, 1972) 中 18～20 页的评论。

[5] Freund, p. 25.

[6] 作为例子，参见 Reinhart Kosselek, *Futures Past: On the Semantics of Historical Time* (Cambridge, Mass.: MIT Press, 1985)。

[7] Jacques Derrida, *Marges de la philosophie* (Paris: Minuit, 1972), p. 47.

[8]“有一段时间，我觉得转换的概念是语言学的基础之一，过去没有

得到足够重视，因而需要更详细的阐述。称之为‘转换’的语法形式的一般意义的特征是回指特定的言语行为，即运用这种形式的说话行为。过去时是一种转换，因为它实际上是指一个先于给定言语行为的事件。动词的第一人称形式或第一人称代词是一种转换，因为第一人称的基本意思包含回指特定言语行为的作者。同样，第二人称代词包含对说话对象的指称，即言语行为本身的指向。如果说话者和听话者在谈话中变换位置，那么**我**和**你**形式中的物质内容也会变换。它们在转换。” Roman Jakobson, in *Dialogues* with Krystyna Pomorska (Cambridge, Mass.: MIT, 1983), pp. 78–79.

[9] G. W. F. Hegel, *Phaenomenologie des Geistes*, A-1, on "Sense certainty". 整个作品是对“直接性”的驳斥；这一开始部分包含着对后者的具体性的反驳。

[10] Jauss, "Literarische Tradition", p. 20.

[11] Rabelais, *Pantagruel*, the "Lettre de Gargantua" in *Oeuvres completes* (Paris: Pleiade, 1955), p. 226.

[12] Jauss, "Literarische Tradition", pp. 51–53.

[13] Ibid., p. 34.

[14] 参见我的 Postmodernism, or, The Cultural Logic of Late Capitalism (London: Verso, 1991), pp. xii–xiii。

[15] 引自 Jauss, "Literarische Tradition", pp. 15–16.

[16] 参见 Enrique Dussel, *1942: El encubrimiento del Otro* (Madrid: Nueva Utopia, 1992)。这部内容广泛的著作意味深长地加了副标题“hacia el origen del mito de la modernidad”。

[17] 这里吸收了 Arthur Danto 在他的 *Narration and Knowledge* (New York: Columbia University Press, 1985) 中的论点。在我看来，尚未完成的理论问题的关键是，“叙述语句”与亚里士多德所谓“完整故事”叙述之间的差异（如戈达德所言，“无论顺序如何”，“完整的故事”都有开始、中间、结尾）。

[18] Roman Jakobson, "Linguistics and Poetics", in *Language in Literature* (Cambridge, Mass.: Harvard University Press, 1987), p. 71. See

also Barthes's "two codes", in "The Structural Analysis of Narrative", in *Image Music Text* (New York: Noonday, 1977), p. 123.

[19] E. H. Gombrich 在他的 *Story of Art* 里引用了 Pisanello 对猴子的某些素描作为现代的某种标志：他说，这种艺术家"不再满足于新近获得的对花卉和动物之类的细致的素描；他们想探索视觉的法则，获取关于人体的足够的知识，像希腊人做的雕像那样来建构人体。一旦他们的兴趣发生这种转变，中世纪的艺术实际上就已终结。" *The Story of Art* (Oxford: Phaidon, 1950), p. 166.

[20] 作为实例，见 David Blackbourn and Geoff Eley 在 *The Peculiarities of German History* (Oxford: Oxford University Press, 1984) 里的讨论和参考。

[21] 参见下面第 72 条注释。

[22] Giovanni Arrighi, *The Long Twentieth Century* (London: Verso, 1994), pp. 109－126.

[23] 参见 Slavoj Zizek, *The Ticklish Subject* (London: Verso, 1999), pp. 211－212.

[24] "理性的、和谐的音乐……只有在西方才能了解"——Max Weber, *The Protestant Ethic and the Sprit of Capitalism* (London: Unwin Hyman, 1930), pp. 14－15；亦见 Weber, *The Rational and Social Foundation of Music* (Carbondale: Southern Illinois Press, 1977)。

[25] Marcel Proust, *Within a Budding Grove*, trans. C. K. Scott Moncrieff and Terence Kilmart (New York: Vintage, 1982), p. 694; or *A L'ombre des jeunes filles en fleurs* (Paris: Pleiade, Volume II, 1988), p. 6. 这段话是由 Walter Benjamin 引自 Passagenarbeit (S10a)，人们也可以读他自己的翻译：*Gesammelte Schriften*, *Supplement II* (Frankfurt: Suhrkamp, 1987), p. 220。

[26] Descartes, "Discours de la Methode", in *Oeuvres et Lettres* (Paris: Pleiade, 1953), p. 131.

[27] Ibid., p. 135.

［28］Ibid.，p. 284.

［29］Colin McGinn，*The Mysterious Flame*（New York：Basci，1999），p. 43.

［30］Zizek，Chapter 2.

［31］作为例子参见 Jacques Lacan，*Seminar* II，（Paris：Seuil，1978），p. 144（or New York：Norton，1988，p. 117）。

［32］参见 Claudi Brodsky-Latour 反对 Karl Jaspers 传统解读意识的观点：*Lines of Thought*（Durham：Duke University Press，1996）。

［33］参见 Zizek 在 *The Tickilish Subject* 里论 Fichte 和 Schelling 的部分，pp. 44－45，87－88。

［34］特别参见 Heidegger 的 *Nietzsche*（Pfullingen：Neske，1961），Vol. II，pp. 31－256（这部分曾单独以 *Der Europaeische Nihilismus* 为名出版）；亦见"Die Zeit des Weltbildes"，in *Holzwege*（Frankfurt：Klostermann，1980），pp. 73－110。

［35］Heidegger，*Nietzsche*，pp. 155－157.

［36］Ibid.，p. 151.

［37］作为例子参见 Jean-Louis Comolli，"Technique and Ideology：Camera，Perspective，Depth of Field" in ed.，Bill Nichols，*Movies and Methods*，Volume II（Berkeley：University of California Press，1985），pp. 40－57。

［38］Heidegger，*Nietzsche*，pp. 152－153.

［39］Ibid.，pp. 153－155，160.

［40］Ibid.，pp. 164－165.

［41］Althusser 的公式参见 *Reponse a John Lewis*（Paris：Maspero，1973），p. 91。

［42］这是 Heidegger 在"Die Zeit des Weltbildes"里的论点。

［43］Heidegger，*Holzwege*，p. 105；*Basic Writings*，ed. David Farrel Krell（New York：Harper，1992），pp. 148－149.

［44］Heidegger，*Nietzsche*，p. 146；亦参见注释 41。这无疑是 Hans Blumenberg 论证的出发点：The Legitimacy of the Modern Age（Frankfurt：

Suhrkamp, 1966; Cambridge, Mass. : MIT, 1983)。

[45] Heidegger, Nietzsche, op. cit. , pp. 163-164; English translation, p. 115.

[46] 参见第二次反思:"et cependent que cois-je de cette fenetre, sinon des chapeaux et des manteaux, qui peuvent couvrir des homes feints?" *Oeuvres et Lettres* op. cit. , p. 281。

[47] Friedrich Nietzsche, "Uber Wahrheit und Luge im ausser-moralischen Sinn", *Werke* (Munich: Hanser, 1956), volume III, pp. 310-321.

[48] G. W. F. Hegel, *Wissenschaft der Logik*, II-A, "Das Wesen als Grund der Existenz". 亦参见我的 *Brecht and Method* (London: Verso, 1998), pp. 80-84。

[49] Heidegger, "Das Ursprung desKunstwerkes", in *Holzwege*, p. 7; or in English, Basic Writings, p. 153.

[50] 作为例子参见 Heidegger, "Die Frage nach der Technik", in *Vortage und Aufsatze* (Pfullingen: Neske, 1985), pp. 16-27。

[51] 参见 Heidegger, *Nietzsche*, II, p. 165。

[52] Michel Foucault, *Les Mots et ls choses* (Paris: Weuil, 1966), pp. 32-40; *The Order of Things* (Vintage, 1970), pp. 17-25.

[53] *Les Mots*, p. 55; *The Order*, p. 40.

[54] *Les Mots*, p. 398; *The Order*, 387.

[55] 参见 Ronald L. Meek, Social Science and the Ignoble Savage (Cambridge: Cambridge University Press, 1976)。

[56] *Les Mots*, p. 11; *The Order*, p. xx.

[57] *Les Mots*, p. 62; *The Order*, p. 49.

[58] *Les Mots*, p. 65; *The Order*, p. 51.

[59] 作为例子参见 "Overture" to Levi-Strauss's *Le Cru et le cuit*; or the every project of the "grammatology" itself。

[60] 关于这点参见 Harry Harootunian, *Overcome by Modernity* (Princeton: Princeton University Press, 2000), Chapter 2。

[61] Louis Althusser and Etienne Balibar, *Reading Capital* (London: Verso, 1970), p. 241.

[62] Karl Marx, *Grundrisse* (Economic Manuscripts of 1857-1858, "Introduction"), p. 27, in *Collected Works*, Volume 28 (Moscow: International, 1986).

[63] In the "Author's Preface" to the *Contribution to a Critique of Political Economy*. (Moscow: International, 1904), pp. 11-13.

[64] Ibid., p. 12.

[65] Althusser and Balibar, p. 302.

[66] Ibid., p. 307; and see also pp. 242-243.

[67] Ibid., p. 323.

[68] Ibid., p. 287.

[69] Ibid., pp. 297-298.

[70] 对阿尔都塞追随者来说，"模式"只不过是一个意识形态概念：see Ibid., p. 255。

[71] *Les Mots*, p. 271; *The Order*, p. 259.

[72] See Harry Braverman, *Labor and Monopoly Capital* (New York: Monthly Review, 1976).

[73] 见 Weber, The Protestant Ethic, pp. 118-121. 应该补充的是，韦伯广为人知的社会变化理论，相对而言是无法确定的：因为它假定从完全不同的（宗教和政治）系列对某一事件的系列（社会传统）进行干预，而在这些不同的系列中，所谓具有超凡魅力的人物或预言家的出现使传统的情境一片混乱，从而使一种全新的情境形成并将它取而代之。这就是"消失的中介体"的概念。关于这一点，参见 F. Jameson, "The Vanishing Mediator; or Max Weber as Storyteller", in *The Ideologies of Theory*, vol. II (Minneapolis: Minnesota University Press, 1988), pp. 8-34。

[74]"在研究一般历史问题时，欧洲文明的产品必然会问自己，在西方文明中，而且只有在西方文明中，文化现象的出现——（我们喜欢认为）它在于具有普遍意义和价值的发展路线之中——究竟应该归于什么情况的

结合？" Weber，*The Protestant Ethic*，p. 13.

［75］Georg Lukacs，"Reification and the Consciousness of the Proletariat"，in *History and Class Consciousness*（Cambridge，Mass.：MIT，1971），especially part II.

［76］Descartes，*Oeuvres et letters*，p. 138.

［77］Anthony Giddens，Violence and the Nation State（Berkeley：University of California Press，1987），pp. 113－114. Stephen Gaukroger 把这种经验看作只是强加的"自我规戒和体面地服从的观念"：*Descartes*，*An Intellectual Biography*（Oxford：Oxford，1995），p. 66。

［78］Niklas Luman，*The Differentiation of Society*（New York：Columbia University Press，1982），p. 263.

［79］Ibid.，pp. 305－306.

［80］Ibid.，p. 336.

［81］*Boechbachtungen der moderne*（Opladen：Westdeutsche Verlag，1992）构成了鲁曼对后现代概念的反驳。然而在逝世后出版的 *Die Gesellschaft der Gesellschft*（Franfurt：Suhrkamp，1998）里，对其可接受性表现出了一些尝试性的思考（pp. 1143－1149）："差异和区别的问题化以及标志它们的形式的时间化"（p. 1149）是一些变化，这些变化包括反基础论哲学的"根据"的一些悖论、叙事和反讽，尤其是区分。不过鲁曼似乎坚信，以区分为基础的社会说明仍然可以吸收这些新的特征，而不必放弃它的现代性概念本身。

（王丽亚　译）

转变的方式

（一）

面对各种各样的现代主义，我们一再受到概念的诱惑。我们希望使它们具有意义，如果可能的话，使它们指涉某种非历史的、具有相对跨文化意义的东西。我们再次来到了哲学与历史，体制与生存之间的前沿；要将所有这些词汇理出一个头绪，或者最好还能向人们显示，这里面总有一个更深层的次序或者逻辑，我们意识到这一任务的艰难，但也认识到其中的重大意义。为什么不简单地假定现代性是一种新的历史情景，现代化则是我们到达现代性的一个过程，现代主义是对这种情景以及对这一过程作出的一种反应，这种反应既可以是审美的，同时又可以是哲学—意识形态的，既可以是否定的同时又可以是肯定的？我觉得这似乎是一个好主意；遗憾的是，这仅仅是我们的想法而已，而不是各种不同民族传统的思想。“在法国，现代被理解为一种特定的现代性，它始于波德莱尔和尼采，因而它带有虚无主义色彩：就它与现代化，尤其与历史的关系，以及它对进步采取的怀疑和顾虑而言，这个概念从一开始就显得模棱两可……然而，在德国，现代始于启蒙运动，否定现代就意味着抛弃各种文明理念。”[1]

这里真正让我们感到吃惊的，不仅仅是突然淹没在历史及其寒冷的水里；而且还有预想不到地出现的一种新的动因，一种新的词汇的嬉戏者：即指称词“modern”，“le moderne”，“die Moderne”（这三个词分别指英文、法文和德文的“现代”）。一旦你赋予这个新术语以一种恰当的自足性，现代主义本身的地位就突然发生了变化：“将我们限定在与美国文学相关的‘现代主义’一词的技术用法之内，我们就会发现，在 1960 年或者甚至 1970 年之前，与和它相关的词‘现代’相比，‘现代主义’出现的概率十分低，而‘现代’几乎无处不在。”[2]说明这一点的一个强有力的例子是在 20 世纪 30 年代早期勒考比西埃召开的现代建筑国际大会（CIAM）[3]，还有美国诗歌的发展历程，以及艾伦·泰特（Allen Tate）在 20 世纪 20 年代对诗歌进行的计划改造。[4]我们这个三分法是依照在结构上互相对立的实质进行的；这样一来，形容词打乱了整个运作。[5]（至于“现代主义者”这个术语首次在斯威夫特和罗素那里的使用，以及这个词带有的各种宗教意义，这些似乎基本上一直是受抨击的对象。）

那么，是否有可能，或者说是否可以这样期待，将各种各样的民族传统进行分类，将每一种整理出某种次序和逻辑？这样的话，即使你决定认同那种说法，认为波德莱尔首次使用的现代仅仅指法国传统中的审美现代主义，剩下来的还有西班牙的用法。事实上，是尼加拉瓜诗人卢本·达里奥（Ruben Dario）在1888年首次传播了“现代”（modernismo）这个术语，显然，这个词非常明清楚地是代表某种风格的同义词，这种风格有时候也被称作“象征主义”或者“青春艺术”。相对于其他语言而言，西班牙语最早显现出一种断裂，但等到它对第二种断裂进行辨识的时候（通过不同的方法，它与未来主义、1913年的革命、机器时代等等相关联），却受到了自己历史早熟的限制。由此，在西班牙批评内部产生了一种争论，一种意见倾向于第一种，现在已经过时，提倡对达里奥的用法进行严格历史化；另一种意见倾向于通过法案，将这个词的意义进行扩大，包括一切看上去本质上属于现代的东西；[6]人们在这两种观点之间左右摇摆。（本来可以选择一个新词——先锋［vanguardismo］——但是没有这样做，因为如果那样的话，它会中断现代主义内部“高度现代”与先锋之间的张力，并因此妨碍问题朝着有趣而丰富的方向发展。）

同时，这个叙事也揭示了“比较文学”在其经典或者黄金时代对地域政治进行理论化的弱点：“影响”的确是一个虚弱而无用的概念，“跨文化”也不是通过将多种不同的“民族传统”加在一起的方法来实现。就以当前这例子而言，西班牙1898年西班牙一代人使用现代主义一词——这个事件令人惊讶，其程度不亚于格雷夫和赖丁（Grave and Riding）在《现代主义诗歌概述》（*A Survey of Modernist Poetry*，1927）里对现代和现代主义美国观念传入英国的分析——标志着末代帝国在现代帝国主义新力量形势下面临的世界历史，既是古巴独立战争的征兆，同时也暗示着美国开始担任的角色。（同时，在由达里奥率先提出的概念中，法国文化所扮演的角色代表了对不同民族文化的挪用，使它服务于在文字领域里展开对殖民传统的革命。）所有这些都暗示：与目前一样，当我们将文化革命视为代表一种国际资本主义体制运作机制的征兆时，文字领域的“影响”表现各异。然而，现在还没有这样一种辩证法，能够对民族文字与国际文字中（一种在结构上显得有问题的干预因素，如同我们在上面讨论中提到的“现代”这一形容词的表象一样）无法用统一标准衡量的概念进行协调。

这些在民族传统之内进行的思考又一次把我们拉出来，并走向通过考察新的文字体系和组合挖掘社会现实。还有没有必要提醒我们注意：当马克思说“存在决定社会”时，他谈论的是前提条件，而不是原因（更不是“决定论”）？的确，针对现代主义这样的文化和艺术现象探寻先决条件就意味着遭遇各种惊讶，与各种悖论打交道，因为基础与上层建筑（如果存在的话）这一旧模式几乎没有让我们对此有所心理准备。（使问题变得更为复杂的是，在艺术体系或者在话语层面上看上去属于各种外部“现实”的东西，当我们转向一个我们用于将那个体系理解为一种意识形态时，它们就成为内部的和话语的“现实”。）

就这样，外部历史有时候粗暴地对这种或者那种民族传统观念得意地暗示出的内部进化模式进行扰乱。因此，德国的各种现代主义被纳粹主义中断，还有一些——从历史和形式角度看显得更加有意思——20 世纪 20 年代的苏联文化革命遭到了斯大林主义和官方审美的阻碍。虽然方法不同，两种运动都表现为加剧的现代化，了解这一点使我们对这种悖论有了进一步的认识；此外，最近，两个国家的历史学家都已经对被忽视的潮流作了考古探究并有了一些发现；研究表明那些现代主义暗中延续发展。[7]本书第二部分中提出的建议并不能对这种悖论作出充分解释：即，由此“忽视的”（借用哈贝马斯的用语）与其说是对各种不同的艺术现代主义进行的实践，倒不如说是对那种实践进行的理论化，或者用另一种说法表示，是现代主义的某种意识形态出现的时刻。

历史影响也可能体现在一些更加侧面但涉及面更广、可以恰当地被称为共时的发展中，这一特点决定了必然会产生一些更可怕的障碍物，阻碍关于现代的任何一种理论。我们已经提到了概念的出现，不是在西班牙大城市，而是在前拉丁美洲殖民地：与它那些欧洲邻国的现代化相比，西班牙属于“落后的”，当然不比尼加拉瓜更落后。同时，美国，这个原先的殖民地，与它原来的宗主国相比——也不完全是落后的；它似乎在那里输入了一套关于现代的词汇，但是，后者出于某种原因没有将它发展起来——美国南部（那一套词汇的发源地）当然更加“落后”，与工业化的北部相比，它很不发达。毫无疑问，当法国在滑铁卢被英国打败，从而在世界历史中失去竞争力以后，法国选择了文化改革和文化出口的道路；由此，它得以对欧洲大陆上其他“先进”国家产生影响，这种影响超过了它原先的竞争者。但是，英国的审美现代主义比苏格兰落后，更不用说与英国的“另一个岛”相比了；在英国的“另一个岛”上，奇特的现代主义与伦敦、剑桥那种普通的、经验的知识分子生活形成鲜明的对比，它的确可以被描述为恰如其分的后殖民，史诗《尤利西斯》就产生于这样一种氛围中，这样一部史诗以一个被外国军事占领的城市为背景，既无可避免又必须如此；然而，这一切为什么是这样呢？我在别的论述中提出了这样一个实质性假设：现代主义基本上是一个未完成的现代化的副产品；[8]我们在第二部分中还将回到这个问题的讨论，不过将以不同的形式进行。但是，这本书在形式上的视角，即意识形态分析视角，不允许这种实质性假设（而目前提出的建议，它的意义在于总结出这样一个论点：一个有争议的更加完整的现代化所生产的实际上不是现代主义，而是后现代主义）。

无论如何，对英国文化及其发展发表的这些不相同的评论在弗吉尼亚·沃尔夫发表的证言面前都只好心悦诚服，即，“1910年12月，或者说，大约在那个时候，人类的特性发生了改变。”[9]然而，到了后来渐渐发展成为创伤理论的女性主义那里，如在弗吉尼亚·沃尔夫的作品里，我们也不能把它仅仅理解为表示当代唯名论的一个迹象；它同样记录了我们面临这种笼统地称之为断代时感到的不适。我把这看成一种表征，代表了普遍的哲学危机；福柯将它称为超验与经验之间的鸿沟[10]，将沃尔夫、乔伊斯涉及的任何一种现代主义变为一个寓言的运作，这很容易使人产生怀疑。十分明确的一点是，任何一种现代主义理论，假如理论本身能够同时容纳乔伊斯、普鲁斯特、瓦莱荷、比埃利、纪德或者布鲁诺·舒尔茨，那么，这种理论势必变得模糊、空洞，缺乏知识力量，而且，在我们对《尤利西斯》进行“逐行”细读时也是徒劳无益的：是坏历史，坏的文学史，更不必说是无用的批评。然而，另外一点是否同样明确，即我们无需将沃尔夫或者乔伊斯的文本置于某种统称的或者普遍的谱系断代中，而同时又能对之作出有效的阅读？假如我们能够剪断这个结，选择一种彻底的经验主义（实证主义），并且根据这样一种选择认为乔伊斯的文本除了文本本身之外并无所指，那么，福柯的“鸿沟”

几乎就不是什么危机。在这种情形下，真正的危机在于这样一种情景：乔伊斯并不指涉其他什么——成为又一个例子，说明它是“隐语的”[11]，或者“寓言的”——不管我们对这种一般概念的宽泛运用多么拘谨。[12]（在这里，我们可能觉得我们在第一部分讨论断代时提出的第一个准则在此重新出现。）

（二）

我觉得，对于这样一个观点，人们会从否定的角度展开争论；在我看来，有一位思想家的评述很适合我们引证；他不仅是当代理论领域的马拉美，而且也是从叙事形式角度对“文学史”进行严格批评的批评家。他对“文学史”的各种叙事形式，各种运动和潮流，以及无数的“主义”提出了批驳，他的这种方法常常使文本中的某一页变成了可怕的人格化，并且使它们之间充满了各种冲突，类似于中世纪的人物冲突。[13]的确，保罗·德曼对胡戈·弗里德里希极具影响力的《现代抒情结构》进行的抨击已经成为一种权威性的批评，此外，他的系列文章《盲目与洞察》，预示了他后来的个性化寓言理论（《阅读的寓意》；同时，这些文章第一次表明了他与德里达解构主义之间的认同，也许还为我们对此的认同提供了动机）。[14]

这些文章，以其丰富的隐含意义使它们成为多种理论和意识形态的宣言[15]，不过，它们中的大多数已经变成了貌似真实的误读（或者我应该说，是某种早期的、可能存在的、但却不怎么有趣的阅读），而这些误读本身就是审美建构独立自主体的又一例子，对此，我一会儿再作论述。这些误读将德曼关于象征与寓言之间的对立视为一种简单的二元对立，即文本的“象征”阅读以文本的“直接性”为基础，它们或者表示再现的阐释（对现代或者现实主义文本而言），或者表示浪漫时期的传统象征主义。

这些误读断言，德曼提出的寓言概念将以“正确的”阅读替代别的阅读。

在德曼的理论中，对于那个常常被视为谜一样的术语“寓言”，我们可以通过他本人对叶芝的评述作些了解——“现代诗歌采用了既是象征又是寓言的意象，它代表看似来自自然的物体，但它们实际上来自纯粹的文学源泉”[16]——这里，德曼实际上是在为文学语言的独立自主进行辩护。寓言取代象征，展示了对再现早期简单的、直接性的克服（“诗歌诉诸自然”），它具有的反身性使直接性不再神秘，并且指明了它完全由文学和语言现实构成。的确，德曼的第一篇颇有特色的文章论述的正是这一点：“时间性修辞”[17]揭示了这样一个道理：以这种或那种“前浪漫主义”断代分类为依据进行的断代是肤浅的，无论是根据对某一特定时期的喜爱还是根据罗素的内心心理张力（诱惑、限制、匮乏等）。两种景观在这里出现了共存：梅耶尔野性的、激情的特质，以及朱丽叶自己的极乐世界；它向我们揭示：后者实际上是由一系列文学典故构成（因此形成寓言）。这一揭示反过来使得前者的阅读又成为一种象征，并构成一种解构。这里的结论似乎无法避免：曾经被视为历史的，某种“真实的”，或者具有指涉对象的东西，事实上仅仅是文学的、修辞的、或语言的。但我不认为德曼进行的审美阐释完全是错误的，因为，在我看来，我们应该将他重新放入这样一个历史语境：这种反指涉的立场在美国新批评及其宣称文学具有独特而复杂的自治特性的口号那里找到了权威力量。

这一观点引发了另外一种意识形态后果，即认为德曼站在历史的对立面说话，也就是说，虽然德曼并没有对作为一个主要类别而存在的历史提出反对，他反对对文学文本进行历史和政治分析。这里可以作进一步引证——“不可能历史化”[18]——与其说这是一个二律背反的两难境地（他在别处称之为“令人痛苦的知识”）[19]，倒不如说是一个本体论命题。当然，“文学史和文学现代性”最后有一句狂妄而招致批评的话，我们应该予以质疑：“假如我们将这个概念拓展到文学以外，它仅仅确认了历史知识的基础不是经验事实，而是书写文本，即便这些文本装扮成战争与革命。”[20]我们没有必要对无法判断的东西作出判断，也没有必要下结论说：我在上文概述的“误读”表明德曼的意识形态属于形式主义。只要我们注意到这些文本用于那样一种思想中，就这一点而言，对这些文本进行的阐释具有一定客观合理性，这就够了。

然而，实际情况要复杂得多。我在前面的讨论中提到了人们对胡戈·弗里德里希的历史主义进行的批判，现在似乎是回到这个话题的适当时机。《现代抒情结构》试图将现代主义，或者说得更确切一些，将各种现代主义理解为一个过程：一种使人们建构出阶段性发展的叙事模式（一种终极），在这个过程中，早期阶段通过反作用形式在后来的模式中显现为仅仅是一些在后来阶段得到充分再现并成为例证（由此得到证实）的趋势。然而，这不是确切意义上的谱系，因为那些较早的时期——波德莱尔就是一个杰出的例子——只要它们成为这个过程的源头，它们就重新获得了某种优先权——始于19世纪法国，到20世纪扩散到西班牙、意大利和德国——其特点是它的可逆转性，以及使得任何一个特定的历史-诗歌时刻成为一个中心，并使整个叙事得以重新组织，从这个意义上讲，它可以被视为完全的目的论。它有限的形式为我们提供了孔巴农（Compagnon）所谓的现代性标准，或者正统的叙事，现代主义被“阐释为一个缓慢的过程”。德曼接下来对弗里德里希关于这个过程的论述作了阐述：“波德莱尔继承了隐含在狄德罗那里的一些倾向；马拉美（正如他自己所说）感到自己必须从波德莱尔驻足的地方开始；兰波迈出了更远的一步，他开创了超现实主义者的实验主义——总之，诗歌的现代性表现为一种连贯的历史时刻。”[21]

然而，这个过程的内容，它的逻辑和机制是什么呢？它是这样一个假设：抒情诗中的现代性成分在于“诗歌再现功能的消失，这一特点与自我感的消失同步发生”[22]。（我在这里遵循德曼的阐述；它将弗里德里希仅仅对特征、迹象、技巧和质量进行经验式的罗列进行了系统化，并加以重新组织。）德曼继续说：“再现的现实［Entrealisierung］的消失与自我的消失［Entpersonalisierung］相随相连”；他意味深长地补充道：“弗里德里希并没有为我们提供一种理论，用于解释为什么再现的消失……和自我的消失……如此相关。”这里，德曼将注意力转到了康斯坦茨学派（姚斯和斯第尔）更加复杂精细的分析上，并将它放在这个历史范式中；其中的一篇文章将马拉美的再现现实视为由波德莱尔开创的过程中的后期阶段，德曼对此予以特别的关注。

可以这么说，德曼认为弗里德里希的总体立场（包括那些接受他提出的范式的人）反映了一种比较普遍而且庸俗的观点；对这些人而言，现代诗歌是无法理解的，因为它不再是再现的，或者模仿的；它小心翼翼地保持的历史感伤（见下文）令人无法接受。但是，德曼将这些判断变成了具有反讽意味的不完全陈述，并且采用对手的术语将他自己的论点进行了充分表述。

他的论述采取了一种将两个时刻并列的形式，关于这一点，我们在前面讨论罗素的时候以及对著名的波德莱尔关于现代性的界定进行分析时已经提到：[23]即我们可以想像的两种时刻同（宣称的）象征与寓言之间的对立形成一种对应。斯第尔的“首次阅读”，或者误读：马拉美的诗歌成分，不管它们的构成最终在常识面前显得多么不可能，或者在一位“象征—再现”读者用现实主义眼光看来显得多么不可能，实际上，这些成分都被视为再现，而且十分现实。但是，德曼的结论令人吃惊："只有愿意承认再现的自然逻辑的读者才能看到这种多义过程"。[24]他最终的结论是："这里很重要的一点是，诗歌自始至终存在着属于再现的各个意义层面，只有承认这一点，我们才能掌握这些主题。"[25]然而，德曼的这一立场并不表示他回到了弗里德里希的断言，表明关于再现现实的消失这一命题被驳斥、被抛弃。恰恰相反，它表现为第三个立场，一种超越了弗里德里希（以及斯第尔）立场的观点，即第一次的，或者反再现的误读应该被理解为包括在它出于纠偏目的的取消行为中。现在，让我们暂时不谈"寓言"这个词，先去看看德曼总括性的结论："所有寓言式的诗歌必然包含一个再现成分，它向理解发出邀请并允许被理解，但结果却发现它所企及的理解必然是误解"。[26]这个悖论在他（以前的）思索中得到了强化："所有再现的诗歌同样也是寓言式的。"

这个结论使我们在德曼关于象征（或者再现的）与寓言之间的主题对立中发现了某种比简单的、静止的对立关系复杂得多的东西；从他的分析中，我们也看到了阅读选择中比正确与错误选择还要精细复杂、属于时间性的东西。事实上，幻觉或者错误的最初时刻必然是阅读通往真理的必由之路。"文学同时存在于谬误与真理模式中；它对自身赖以存在的模式既服从又反叛"。[27]这样一个命题将文学统一在生产和接受两个过程中，也统一在诗人和读者，以及批评家的意识形态之中。

实际上这就是辩证法，一方面，它宣称思想的时间性，另一方面，它必须为真理假定谬误、幻觉、表象（包括"第一次阅读"），并以此作为先决条件。这是黑格尔的《逻辑学》中反复出现提到的观点，例如，认识不可能为了到达理念或真理飞速跳跃。黑格尔整个哲学思想中对直接性的批判与强调真理必然通过谬误到达的观点并无二致。因此，假如我们宣称所有的谬误都包含了“真理时刻”，那么，我们应该承认，谬误，当它被取消、被纳入真理之后，不仅保持着真理的必然时刻（方面），而且成为后者产生过程中的必然时刻或者阶段。假如把德曼看成一位辩证思想家显得有些矛盾，甚至怪诞，那么，我们必须具有这样一种洞察力，看到这样一个结论：解构主义（或者至少是它那经典的、“否定”形式）本身就具有深刻的辩证思想。我们这里追溯的过程与德里达描述为将思想和术语“统统抹去”的原理基本一致：这是一种超越了意识形态理论产生之前的辩证法（相对而言，这种分析比黑格尔的辩证法要复杂得多，因为，在黑格尔那里，不存在这样一种现代意义的意识形态）。更重要的是，正如德里达在肯定“延异”与历史之间的对应关系时说的那句话中隐含的那样[28]，黑格尔的辩证法语言对于当今我们所要完成的任务而言也许显得过于熟悉，已经过时，它在经过几代人以后充满了太多的历史误解。但是，无论如何，我们可以肯定的是，普通读者之所以在阅读德里达和德曼等人的作品时感到困惑，是因为这些困难与辩证法这些年来给人们带来的困惑有关。

在以上长篇论述中，我审视了一位杰出的理论家对那些普遍的、总括性的断代概念提出的批评，到此，我们可以将关于这一阐述告一段落，并作一个总结。德曼对这些概念表现的蔑视（在一个看似不褒不贬的“文学史”术语下，他对这些概念进行了概括性的讽刺）无可指责。但是，让我们感到惊讶的是，他的这些论述并没有致使他用一种缺乏辩证的方法将这些概念轻易地斥责为完全的谬误和虚假的方法，并以此为据，将重点放在非属类的个别现代作品上，从中找出使人更容易喜欢的文本阐释真理。相反，他在文本中寻找批评家的谬误，并以此证明这种现象属于文学和文字解构本身的特点。历史误读就这样成了所有阅读中无法避免、也无法取代的一个时刻，虽然也可以找到许多论点提出相反意见。这一点足以说明我们提出的第一个准则在这里获得的适用性，在现代性“思想”的语境中，我们将它概括为无法避免的断代。不管我们是否喜欢，“现代主义”同样必然属于断代一类的东西，无论它在经过某种最后阅读后被肯定还是被否定，它必然与单个的现代主义文本相随相伴，呈现出一种极大的寓言性，在这种情形下，每一个文本以它自身以及现代寓言这两种方式呈现在我们面前。

但是，我这里使用的“寓言”一词，其意义与德曼的大不一样；也许我们有必要在这里插叙一段，离题一会儿，完整地阐述“寓言”在他那里是什么意思（出乎我们预料的是，这一阐述本身与我们讨论涉及的一个方面密切相关）。

《阅读的寓言》这一题目本身为我们提供了一个重要线索，使我们看到它内部复杂的哲学原理。“寓言”在此代表一个时间和阅读过程，而不是一个静止的物体，例如文学文本，它不是一个属性类别，而是一个时间类别：“在寓言的世界里，时间是最早的组成类别。”[29]但是，这并不意味着它的对立面——象征——是空间性的，根本不是[30]——这是这一描述中的关键，它将德曼的文本重新写入了同属于两种时刻、看似辩证的语言中——实际上，这是一种完全的对立。

我们必须坚持的是这样一种情形：同样一个词，它既指代全部又指代部分，既是种类也是属类[31]：这里的“寓言”代表了第二个时刻，第二次阅读，它有别于第一个象征时刻；但它同样代表了整个过程，一种时间性，具有反身性的文学或者修辞取代了简单的象征或者再现阅读：“假如存在寓言的话，寓言符号的指涉对象依然是它之前的另外一个符号。”[32]很显然，这就是为什么这两个时刻不是某种二元对立意义上的简单对等（例如，空间与时间的对立）：因为，在第一种情形下，象征时刻不需要指涉第二种时刻就可以独立存在；或者，至少是这样，它宣称一个完整意义的自足性，一种完全的再现，一个象征共时；而第二种时刻，在取消了那种表象以后，必然是一种完全不同的种类和属类。

不过，假如我们对这个问题作更仔细的剖析，我们就会提出这样一个问题：这一奇怪的运动原理是什么？它何以如此？它的内部运作又是怎样一种情况？这些问题是针对德曼的描述或分析而言，但同时也是针对这些问题本身；它们试图对德曼提出的那些被褒扬并且变得具有专门意义的符码和术语（例如，“象征”和“寓言”）进行指认。不过，我们对这些符码的性质已经有所了解（在德曼后来的著作中，这些符码由于“言语理论”术语变得更加复杂，因此需要我们作进一步探索，可惜这不是本文涉及的内容）：它属于文学和文学指称的符码（罗素从《玫瑰传奇》中借鉴而来），或称之为文学体系的符码，但它同时也是修辞的符码，源于古典修辞关于“象征”和“寓言”的意义（包括“反讽”，我将在下文中对此进行讨论）。

因此，对于这两种时刻复杂得令人困惑的时间性，我们应该从修辞角度进行解释，并使之得到清理（它同时也是一种重复的时间性，最终，当我们对此作更仔细的分析时，我们发现，它依然是时间本身的时间性，时间的前后替代）。寓言如何从它在这两个阶段中仅作为用于指涉第二个时刻的狭隘意义变为统括整个过程的一种更加宽泛的意义？德曼告诉我们，这一变化源于“两难境地通过隐喻进行的主位化”[33]，换言之，隐喻使两个分离的阅读时刻（起初的谬误时刻以及较为总括性的真理时刻）变为一个单一体系和一个单一过程。在这个过程中，表面上的对立变成了一个似乎更加连贯的时间性。但在这里，我们明确，这完全不是存在意义上的时间性，也不是阅读过程中某种真实的，或者现象学意义上的时间；这里的情况是，我们最初想到一件事，然后，或者紧接其后，我们想到了另一件事。事实上，“这一运动并不按照时间概念中实际的次序发生；通过这种方式再现的仅仅是一个隐喻，它从实际上显现为共时、并列中产生的东西形成一个序列”[34]。现在，两个时刻形成的统一——为纪念第二个时刻命名的寓言，显现为一个明晰过程中的决定性时刻——被重新命名的隐喻；我们看到，我们一直称之为寓言的限制性思想从我们现在可以用隐喻泛指的一个过程中分离出来。但是，不应该用一种绝对的或者限定性的方式维护这种分离：因为修辞包含了两者，并且明确了寓言和隐喻之间深深的、内在的同谋方式；寓言原理包含了一个隐喻时刻，而隐喻原理则被寓言取代，并藏匿于寓言之下。

无论如何，这一概述清楚地表明，将德曼的寓言当做某种概念（或者我们从文学术语和批评方法手册中找到的一个术语），对此作出“界定”，总是如此困难。它向我们解释，阅读德曼的作品常常是难度很大、备受困惑的经验，其中语言本身的某些内省性不断对再现的或者概念的哲学思考能力从逻辑角度将问题简单化、明晰化的努力发出了抵制（人们常常倾向于认为它与黑格尔的理解一致）。

同样，它使任何企图将这种机制与人们普遍称之为德里达解构主义划等号的做法变得复杂。即使德曼本人站在哲学权威的立场上寻找了一种意识形态合理性，很可能的是，对这些后期文本（这与我们目前的讨论离题太远）进行较为认真的细读可能使我们强调它们内部的文本差异，而忽视他们在属类方面的相似性。

谬误的实质被覆盖在真理（或者，德曼经常称之为“明晰”）

的这一新运动之下，但它作为一种必须的时刻依然存在其中，并且，正如我们已经看到的，它必须被肯定，甚至被视为一个必需的阶段，不然，最后的澄清会失去它所有的力量（换言之，它要求“读者心甘情愿地保持它在再现的自然逻辑”）[35]；我们必须对由于真理的这种新运动而处于被覆盖情形的谬误的实质作出解释，否则这一描述就不完整。这里，我们看到了一个完整的德曼式的意识形态理论，以及某种恰当的文学或者修辞的“坏信仰”，或者自我欺骗原理：“一种防御性策略，它试图躲开这一否定的自我认识”[36]，“一种意味着与非自我发生认同的幻觉”[37]，“一种顽固的自我神秘化”[38]；其内容依照文学和历史语境的不同采用不同的形式和主位化，但也许我们可以用我们熟悉的当代术语对它作出普遍的描述。它是一种再现的意识形态，也是完全的象征再现和意义的意识形态（一个“自然规律”）。根据这种意识形态主位化，对它进行神秘化的“修辞”方法将使我们面临这样两种可能：或者回归到文学，或者走向某种更加普遍的后结构主义哲学领域。

这一阐述揭示了目前讨论中的重点叙事设定，这也是以上大段偏离主题讨论的意义所在。的确，我本人很想用“叙事化”这个术语代替德曼的“隐语化”：两种时刻形成的统一实际上不是寓言的隐喻，而是一种新的叙事，象征时刻和隐喻时刻在这种新的叙事中通过隐含在第二种时刻的某种工具或者机制发生连接：由此，整个过程变得寓言化，这不仅指阅读，而且也指寓言本身。但我现在提出这样一个观点：最好将这种运作视为一种叙事原理。

然而，以这种方式提醒人们注意叙事的首要性（注意某种“最终决定时刻”或者作为最后方案的理论术语）意味着再次提出一些令人丧失信心的问题：关于真理，证明或者弄虚作假，相对主义，将某种提议或者阐释放入这种或者那种哲学体系中的武断——在“后现代”讨论中似乎总会出现的一些问题，以及德曼分析的结果——那种“痛苦的认识”向我们发出的警告[39]。最终，我们发现，德曼的分析基础难道不是将修辞当做“最终决定时刻”或者解释符码？这种做法并非无可非议。此外，马克思主义的“主符码”是以生产方式的序列为基础，以具有特殊地位的资本主义为认识立场，这种做法具有同样的叙事任意性。

我觉得德曼式叙事的复杂性为这个问题提供了某些答案：生产方式中共时的、非叙事的“时刻”，实际上由资本主义进行“叙述”，并同时表达了两种东西；它自身共时体系中特定的或者限定的时刻，以及序列被普遍化或者寓言式“隐语化”当做一个总体的历史过程。当然，这种特定的“寓言”具有的认识论特殊地位——即资本主义的共时体系——被它自身层面的完整性证明为正当合理，而这些层面则通过差异互为关联；这种特殊的“寓言”认识特权使它得以宣称能够囊括任何一种被“哲学体系”表述或者排除的东西。不过这是另外一个不同的问题。

（三）

显然，我们的讨论已经离开了艺术和文学（历史）领域的现代主义；不过，实际情况是，这个问题本身在我们讨论的过程中得到了有用的重新建构，因此我们现在有理由将它重新提出，即使作为某种不正确的历时性的范畴（第一种最初时刻，单个作品具有典型性或者象征“现代主义”是一个属类-断代概念），它在细读文本的第二时刻遭到破坏和消解，但它消除了最初的、宽泛意义上的现代主义时刻，同时通过将它变为一个更大的、德曼意义上的寓言过程，它获得了特殊性。现在，我们无法避免断代，这个空洞的论点使我们对它的内容产生了更大的困惑；它向我们暗示：当我们仔细阅读文本的时候，我们同时也在进行一种并不令人满意的属类划分，也就是说，将这些文本视为代表某种更笼统的、历时的现代主义的样板，至于它们的功能，我们惟一可以想像的就是使我们共时地还原到文本自身。

如果暂时把德曼式的话语搁在一边，我们也许有理由提出这样一个问题：如何把现代主义这一普遍观念理解为一种叙事类别？它以什么样的方式表现为历时的？一会儿我们就会找到答案，因此，这问题并不难。我们大家都明白现代主义之前是什么，或者至少可以说，我们知道（我们以为知道）：除了现实主义不可能是别的什么，很显然，现代主义在废除了现实主义以后进行了填充，并使之成为自己的构成材料。如果我们将现实主义理解为对存在于可知的真实世界里的某种常识经验进行的表述，那么，对任何一个我们冠以“现代主义”类别的文本进行的分析将使那个传统意义上的真实世界的内涵昭然若揭，一个现实主义的核心，各种表露内情的现代主义的变形，“不现实的”的扭曲，崇高或者极端的丑化，都将它作为掩饰以及自己的原始材料，这一特点一旦出现缺损，它们声称的“晦涩”以及“无法理解”都将不可能。这正是马利维奇（Malevich）的《黑色广场》（*Black Square*）以及无调音乐中的音乐素材表现的情况，就此而论，它所要表达的东西正是内在世界的存在和本体论的起源，这也是所有艺术作品所要表达的东西，无论它是否属于现代主义；同时，这一点还说明了为什么艺术品以及艺术世界本身永远都不是完全的独立自治体。的确，这正是保尔·德曼在对马拉美十四行诗进行评述时所希望展示的，他认为，不管最终产品如何复杂和“晦涩”，它所有的成分都是“再现的”。

这似乎为我们提供了一种令人满意的叙事结构：早期的、幼稚的现实主义就是这样，它使我们将“现代主义”的嬗变理解为对现实主义的取消——如果不是完全否定的话。然而，这种叙事遗漏了这样一些问题：变化所涉及的内容是什么？是什么促使它发生了变化？或者，它的美学原理是什么？我们可以在一个纯粹艺术或者内在的层面上对这些因果关系进行理论化吗？它们是否会诉诸于审美以外的领域和方向吗？最后，它们会变得完全独立明晰，并仅限于艺术变化中的一个时刻吗？或者，我们是否可以对它们进行抽象描述，以便能够将这个问题所涉及的一切清晰的经验变化纳入同一过程并加以考虑吗？（例如，新绘画、新人际关系、新故事、新声音。）

很显然，假如这个问题没有得到肯定的回答，那么，我们根本不可能获得一个现代主义的概念。不过，那些早期的概念同样引发一些抽象的问题：以弗里德里希提出的总体分类为例，再现现实以及自我的消失会不会使这种历史叙事适当地主题化，为现代主义的叙述提供一个令人满意的框架？事实上，从历史的角度看，在关于现代主义的争论中，一个更加抽象的变化概念已经从所有的竞争者中脱颖而出；这一胜利如此完满，以至于它使新颖的阐述变得毫无新意或者不言而喻。这就是人所共知的创新机制；庞德的名言“把它变新”，就是这种东西的外化：新颖，这一至高的价值似乎占据了任何一种特定的或者本土的现代主义。然而，新事物如何才能成为永恒，这却是另外一个问题，它也许对我们解开波德莱尔最初界定中的那个同样永恒的谜有所帮助：“转变，逃避，偶然，艺术的瞬间，这些瞬间都是永恒的、不变的。”（“le transitoire，le fugitif，le contingent，la moitie de l’art，don’t l’autre moitie est l’eternel et l’immuable”）[40]然而，作为一个概念，一种过程，创新确实显得独立：这就暗示所有创新都会随着时间老化，或者因为形式，或者因为习惯，不管是哪一种，两者都会自我摧毁，自我消解。这是一种自我生成或者自我促成的动力（像鲁曼的区分本身一样），这种动力一旦开始运动，就不知道在哪儿结束，而且无需做任何合理化的解释。

但是，我们这里所关心的是开端：而这就引发了问题，尤其当我们不得不面对那种具有广泛影响、而且非常传统的现代主义叙事时；这种现代主义叙事假定自己与所谓的现实主义发生了史无前例的根本性断裂。问题不仅仅，甚至根本不存在于那种断裂之所以产生的动因，而是首先在于认为存在这样一种东西的宣称。因为动因有可能与任何一种程度的创新相伴并被计入主叙事：我们已经将现实主义描述成“表述”——但这里我们最好把它说成文学和语言的表述——“对一个可以认识的真实世界里某种常识经验的文学表述”。然而，今天任何一位初学者都能立刻发现其中的缺陷；假如这是一个定义的缺陷，那么，令人遗憾，它同时也是现实主义本身的一个缺陷。因为我们很容易发现，那种我们称之为“可以认识的真实世界里某种常识性的经验”实际上是一种文化范式。“可以认识”这个短语实际上将我们送回到构成那个范式（好比拉康所说的“象征次序”）的文学和语言原型；就“经验”而言，它并不代表任何主/客体直接性，因此必须揭示它是一种纯粹的再现，是一种由社会构成并传播的“生活画面”，而后者本身就属于文学性质。由此，我们看到，使现代主义得以创新的那种动力，在对它之前的文学范式和再现进行取消以后反而向它的开始延伸，在这个过程中，它与文学范式中的第一个范式，即现实主义，发生冲突并将它注销。

问题是，所有随之发生的现实主义本身也是如此，如果我们对这一点作仔细观察，我们就会发现，在它自己的语境中更换交替，每一种接连出现的现实主义都可以被视为一种现代主义。从定义上讲，每一种现实主义都是新的：它以战胜所有新内容为自己的目标。每一种都希望占据那些尚未被再现的东西，那些尚未得到命名或者被言说的东西。（这也是为什么在整个现代主义过程中，甚至在它之前以及之后，在世界某些地区以及再现还未得到渗透的社会整体的某些领域中，我们依然可以找到各种新的、充满生机的现实主义。）这就等于告诉我们，不仅每一种新的现实主义源于对业已存在的现实主义局限的不满，而且更加重要的是，从总体上看，现实主义本身就具有我们认为只有现代主义才有的特性：创新机制。各种现实主义取消了在它们之前就已经存在的前任，并把那些已经存在的现实主义送入传奇以及痴心妄想的黑暗深渊：以西班牙作品为例子，通常我们把它当做首次的现实主义，把那些被取消的范式视为现实主义的范式。[41]但是，我们已经看到，这种开端与我们通常认为属于现代主义首次出现时的姿态“一样”，因此，我们可以说，它的问题也是一样的，而且，关于它自身的渊源问题，它提供的叙事同样不令人满意。

然而，我们也可以将这些问题当做虚假问题采取置之不理的态度：也许我们可以大胆地这样设想：如果从现代主义的创新理论来观察，先前存在的现实主义变成了许多早期的现代主义。的确，我经常这样想，也许那样更有趣一些；假如我们抛弃偏袒，把问题放在现实主义创新理论的棱镜下，我们就会发现，所有后期的现代主义实际上有可能都是现实主义（这是不是罗伯·格里耶为他的新小说作辩护的理由?[42]），只不过我们没有意识到罢了。这样一个结论有其充分的理由，而这又使那些虚假问题变得富有活力，即现代主义和现实主义这两个概念并非完全一致。正如我在其他的著述中指出的那样[43]，这两个术语，不管我们把它们看成概念还是分类，它们实际上来自两个互不关联的体系，它们就像两条直线，即便我们将它们无限伸展，它们也永远不会相遇，因为我们无法用同一标准对它们进行测量。现代主义是美学领域的一个分类，而现实主义则是认识论意义上的；后者对真理的宣称与前者的形式动力互不相容。因此，那种试图将两者结合为一个单一主叙事的努力注定会失败，不过，这种失败又会引发更富生机的问题，即关于创新模式的问题，这一问题与这两个概念密切相关，现在，让我们回到这一问题的讨论。

这种叙事本身并无独特性，也无决定性，因为它与通常关于变化的各种叙事并无多大差别。例如，讲述科学发现和技术发明成功的故事，天真（但却合理）的困惑，夹杂着当我们面对似乎无中生有的伟大思想时的崇拜，无论是引力规律还是电灯泡里的钨丝。（“天生的天才”这一观念注入了在这个绝对事件发生之前的空白状态，而故事的剩余部分在这种冲力作用之下朝着一种惨淡的景象发展，使天才变成了商人。）假如发明本身被崇拜，某种较为陈旧的情景在一定程度上被新兴事物的出现“革新了”，那么，很显然，我们只能将这样一种叙事视为现代性的。简单地对这种新兴事物的实质进行重新确定，将它们看成艺术作品，而不是科学发现或者技术装置，这样做显然是不够的，因为这种做法几乎不能将这些新兴的东西审美化，很有可能，这一做法使艺术发明重新成为科学史或者技术史中的一个事实。

具有决定意义的是叙事的内化，它不仅来自艺术品的内部，而且也来自叙事朝着艺术基本结构发生的变化。原本历时的东西现在变成了共时；依照时间连续发生的事件出乎预料地变成了各种不同成分共存的局面，这些各不相同的成分重组结构，构成一个统一体，就像电影艺术中的定格（也像本雅明提出的“停滞状态”的辩证）。[44]这是德曼描述的颠倒的进程，在此情形下，共时的并存通过隐喻变成了一种历时性叙事。而后者，那种名声不好的、由一种“主义”演变为另一种“主义”的历时文学—历史叙事，突然被拉回到文本中——进入每一个称得上现代主义的文本中——现代主义就这样将这一过程压缩成一个整体并使它永久。于是，每一个文本就成为一个被冻结的现代主义寓言，同时也是一个广泛的、无人看见或者能够予以充分再现的时间运动。每一个文本依次“变新”；每一种发明宣称自己绝对新颖而最终表现为重复，这两者之间明显的矛盾并没有取消这种特性，相反，这一特性反而使它具有一种魔力，一种永远使人困惑，但同时又令人着迷的魅力。

我们所有的严肃质疑，意识形态角度的探索和怀疑，只会使这种魅力与日俱增，并且使它神秘的威信有增无减。昨天出现的美学创新，虽然由于更加精简高效的艺术技术变得过时，但是为什么依然显得新颖呢？古典的惊叹方式通过对永久价值的肯定回答了自己提出的问题，但上面提出的问题恰好将这种模式进行了颠倒，从而获得了与古典方式同样的威望；现代主义喜爱时髦和现时，总是被惹得心荡神驰而又永不满足，在对待问题和答案的态度上，它采取了同样的拖延；可以说，现代主义这种吃什么都不觉得新鲜的胃口就是现代的。

答案当然不是对这种内化了的叙事起到支持作用的意识形态：说它不是，是因为现代作品发明了新技巧，以使自己保持新颖并且看上去永久；宣称在新领域有了巨大新发明——新感受以及新情感、新的人际关系、新的病理学，无意识欲望或者幻想，甚至想像以外的新世界，这些东西也不能使人信服。它们很快变成了外部事实，其存在本身以及声称自己前所未有的新颖必须在艺术作品之外加以证实；更糟糕的是，一旦把它们放在外部，放在它们所呼吁的时间变化运动中，其结果就等于把那些用神秘办法加以处理后保存下来的尸体一样，一旦暴露在户外空气中，它们势必以最快的速度腐烂，并且根本无法复原。

因此，我们的结论是：这种革新模式以它本身的优点依然具有肯定价值；它提出的一些根本性的主张，从长远看，属于审美以外的范畴；此外，它对那个注定是乏味的，最终只能是另外一个现在的未来，进行孤注一掷的赌博。这就是为什么阿多诺提出的否定的反提案（我们将在下文进行分析）显得更加令人满意。阿多诺提出，我们应该将现代姿态视为一种禁忌，而不是一种发现；或者说，现代看上去类似于发明的东西，源于一种为求得能够替代被禁锢之物的努力。[45]它是一个模式，一种重新构建，其目的在于将证据从将来转移到过去：现代主义被视为源于对一种对传统和过时之物急剧增长的厌恶，而不是对尚未探索和发现之物的喜好。其重点在于波德莱尔描写的旅行者感受到的那种厌倦，而不是他宣称热烈寻求的东西。这种倒置理论的优势在于它能够防止它提出的术语和象征滑向审美以外的领域，因为这里的禁忌显然是针对先前的再现形式和内容：不是老套的情感陈旧感，而是对那些表述情感的传统方式；不是这种或者那种人际关系的消失，而是那些令人生厌的平庸方式，它们与人际关系如此紧密地结合在一起，以至于我们无法将它们区别。正是这种看似无法区别的特点对模式的内在运作机制作出了保证，并使得依然属于审美再现的东西成为产生禁忌的基础；至于发现的，或者解释的发明模式则受制于一种直接的滑坡，其间，新的再现不知不觉地进入了审美外现象中的新领域。这并不是说，关于审美禁忌的假设不能被转化为审美外的术语。过时的、传统的文学表述，如今被指认为感伤主义，同样可以被理解为对某种业已废弃的情感本身进行的描述；以禁忌作为分析方法，这为一种更加具体的社会症状学提供了一条直接的途径。但是，经常出现的情况是，那些过时的情感在现代主义对它们作出判断以后，依然生活存在于社会生活之中；对某种精英主义日益增加的怀疑从那里进入了这种艺术框架；同样的感觉还有，不管现代主义开辟了如何新颖的情感及其表述方法，它从再现角度对日趋萎缩的社会和阶级关系领域进行了测量。

阿多诺的模式是对我们将要分析的那种现代主义形式形态进行的精美嫁接，它实际上提倡对某些作品进行特殊的处理。它的真实性依赖于我们自身的一种能力，要求我们在阅读过程中感觉到在艺术品内部发挥作用的革新机制，而不是通过参照某些关于文学技巧嬗变的工具书。这种可能性不仅让我们再次回忆起黑格尔的扬弃，而且使我们想到，后者可能是概念对我们发出的期待：旧的技巧或内容在某种程度上一定在作品内部与作品同时存在；它们被取消、改写、改编、颠倒或者否定，其目的就是为了使我们能够在现有的那些声称属于新发明的东西里面感觉到它们的力量。就最乐观的一方面看，对文学史进行改写过程中的叙事姿态或者转义，在这里被变为文本内部的一种内在化运作机制，而文本则已经成为一种比喻；而这又使得作为文学历史寓言的重新外化成为可能，使现代主义中这个必不可少的维度成为一个双重的叙事类别。

（四）

前面的阐述似乎使我们觉得现代主义是一个强大而否定的过程，一种“向前的逃跑”，就像本雅明的天使，被迎面而来的暴风雨吹得往后行走：本雅明将历史，或者说资本主义，比作那样一种暴风雨，我们可以想像，它年复一年、从一个时期到另一个时期，其程度不断加剧。资本主义这种时间性的变化——以它日益加快、变化的风格，以及从充满着商品的市场朝着新市场和新商品剧烈发展而形成的激增与繁荣——一直到艺术现代主义的运动机制，与上述比喻之间存在着某种相似性；但就它的内容而言，却显得空洞而缺乏具体性。它倾向于胡戈·弗里德里希在谈论诗歌现代主义时发出的抱怨，这在我们前面的讨论中已经提到，他认为似乎只有“具有否定性的一类”才能对现代主义作出描述。[46]为了对问题涉及的各种难以琢磨的现象进行划分，他对各种不同民族传统中存在的典型迹象作了一番陈述，而他的这种抱怨正是因此而生：

> 迷失方向，熟悉之物的解体，秩序的消失，不连贯，碎片，可逆性，附加的风格，丧失诗意的诗歌，强烈的虚无感，刺眼的意象，粗暴的风格突变，紊乱，不准确的判断，异化。[47]

与阿多诺的洞察相比，现代主义革新最好通过否定、禁忌加以描述，而不是根据对成就进行肯定，以上这一陈述倾向于对阿多诺的观点表示肯定，虽然这中间还有相当的距离。然而，弗里德里希对这一问题进行的反思也有令人生疑之处：虽然他坚持认为（至少他的著作表明如此）这种看似否定的特征应该被视为“定义的，而非贬义的”，他接下去提出的结论是：这类诗歌与肯定性的类别之间的“最终不可同化”表明了“存在着反常”[48]。他的结论并没有对这一描述作出具体的补偿，这就表明，这种“试图脱离现实与正常的内部一致性，以及语言发生最大程度曲解的专制主义”[49]，正是这种东西开辟了一个想像和隐喻世界，它与这一特点（我们将对艺术和诗歌自治体这一母题作仔细分析）交替出现。我们也许可以因此简单地认为，弗里德里希将诗歌中多余而最终又是“贬义的”特点转移到了它周围的世界，这一点可以从他列举的现象中的最后一个词语的含混意义中看出。我觉得那个突然出现的词——“异化”，令人怀疑，因为——从黑格尔、马克思，到卢卡奇，以及法兰克福学派，这个词虽然散发着强烈的哲学意义——它已经成为后期资本主义“文化批判”

的一个重要内容，实际上，它已经是一个绝对可靠的迹象，使我们明白我们所面临的是一种退化了的类别和话语。这个泄漏实质的词，“异化”，现在成了指涉感伤的一种表述，它属于传统浪漫主义内部，用于对“现代性”及其弊病进行谴责，它充满了情感力量，其功能就在于系统地排除具体的社会—经济分析，而后者恰恰是可以对现代性及其弊病作出解释的惟一方法。这一点有可能将弗里德里希的文学史来一个底朝天的翻转，使他具体的诗歌阅读变为许多证据，而我们现在可以将它们视为对现代世界发出的另一种并非隐含的控诉。

现代艺术家成为置身局外、边缘地带的叛逆者，这种类型化的图景如此眼熟、如此传统，以至于它在当今时代已经具有了一些真实的政治破坏力。在我们当前的语境中，对于我们而言显得更为重要的是，它表示了另外一种途径，我们从中看到，关于主体性的讨论可能违禁地对现代性的各种“理论”造成了污染。直到现在，我们所做的也只是对这种污染的肯定的、精制的形式进行分析，从而揭示对某些特征的颂扬，例如，自由、个体性、内省性，这些东西实际上作为（西方）现代性结构本身的奖励和利益而存在。然而，现在已经变得清晰的是：可以从同样的视角对现代性的批判提出质疑，而后者的感伤实际上是这种不受欢迎的主观化的迹象，主观化对痛苦的假定与其宣称的英雄主义魅力一样，同样令人无法接受。弗里德里希让我们明白，必须将主体性母题从艺术现代主义的讨论中清除出去，只要我们对以这种或者那种方式将著名的现代主义“向内转”作为它们阐释线索的研究，以及这些研究的深度和广度作些考察，我们不难发现这一要求的确非同小可。

因此，颇具反讽和悖论意义的是，他竟然将我们带到了这样一个地方，使我们能够对这种讨论采取一种更富活力的使用方法。

的确，他的基本主题——再现现实的消失（原文是 entrealisierung，德曼将它翻译为再现现实的消失），伴随着非个人化（entpersonalisierung——我喜欢把它翻译成非个人化）——表明，随着现代主义叙事本身，对主体性再现发出的禁忌，在现代艺术领域中，我们可以将它视为已经被内在化于艺术品之中，其过程能够使我们对它声称的终极目的作出新的解释。很明显，是艺术品本身揭穿了无情地依附在主体性表面的禁忌，而我们至今仅仅将主体性视为对各种历史进行的控制。这一意想不到的发现也许使我们联想到了德曼经常提到的一个暗示：对作品进行“解构”的并非我们，作品早已经提前将自己解构。我相信，诸如此类的东西构成了对待主体性问题及其现代主义条件下再现问题的特点。

同时，根据我们以上对弗里德里希的著作所作的分析，假如我们在目前这一讨论中赞同并采纳他提出的关于非个人化的中心主题，这也许有悖常情。只要想到这仅仅是弗里德里希众多主题中的一个，我们就会意识到这种完全的倒转应该受到指责，否则，如果将这些问题变成某种铁板一块的原因，就是我们的责任了。主题的多样性正代表了弗里德里希的经验主义，这一点无法通过简单地将之合并为某种宏大综合体，并将它们重新开创为一种“理论”而得到解决。因为，当我们发现这是一个属于生产问题的时候，我们可以用一种不同的方式将这些散乱的经验痕迹进行合并，根据它们对情景作出的反应以及面对两难境地采取一种协调的姿态。只有通过对这样一个情景进行统一，才能对特定反应的各个方面——不管是肯定的还是否定的，复制的还是对立的——作出理解。

在当前的语境中，我们的任务是坚定不移地揭示非个人化倾向中一切积极的和产生能量的东西，以往人们总是根据失却和能力丧失对非个人化倾向进行讨论；我们要向人们展示，为什么这样一种对主体性的放弃，绝对不是向着某种难以想像的“异化”条件作出的屈从姿态，相反，它是一种原创的、具有活力的反应。

人们经常根据人类实践可能性减少的偏见对那种条件进行描述。法兰克福学派经常从隐喻的角度对资产阶级个人主义的情景进行描述，他们根据新资本主义经济在 19 世纪和 20 世纪出现的萎缩这一叙事为依据：这一发展轨道从自治的中产阶级、托马斯·曼予以纪念的商人，一直到垄断时期即将出现的那些勇敢的企业家，然后是经济危机期间小本生意的岌岌可危，以及第二次世界大战以后出现的“有组织的人”的形象。[50]在这个叙事中，对具体的非个人化和非主体化产生决定作用的是经济本身，它所采取的形式是垄断及其新的联合大企业强加在行动和创造力之上的各种限制。

后结构主义（以及法国）提出的口号——“主体之死亡”——其重点完全不同，而实际上，它对资产阶级个人主义的这种消退表示庆贺，并且，它还把它当做知识分子重新获得的一种自由，认为借助于这样一种自由，知识分子可以卸下个人智力活动日愈加重的负担，进入自由和新的“无领导”状态，以及拥有实践领域具有解放作用的仪式。拉康提出的心理分析也许可以提供一种方法，连接起这样两种完全不同的历史观（但是，如果没有相应的关于民族知识分子的社会学，我们不可能对这两者中的任何一种作出充分的评价）。就拉康而言，他追随威廉·雷希（Wilhelm Reich），反对所谓的自我疗法，将“我”和自我看作一个自我防御机制，现代知识分子（通常是资产阶级个人）在那里建筑壕沟，禁闭自己，致使自己与世界相隔绝，与生产活动相疏理，但同时他们又从中找到了庇护。[51]这种协调模式使我们能够将两者理解为“中心主体”的僵化以及它所处的不稳定状态；此外，它使我们看到，主体的非个人化——我以及自我共享的避难所的倒塌——何以也可能构成一种解放。

但是，资产阶级主体的命运并不是一个充裕的框架，因此，我们不能借助它对使得艺术现代主义得以产生的全球范围“现代性情形”进行叙述。在一篇颇具开拓精神的文章里[52]，佩里·安德森提出了一个非常适合我们目前讨论的构架。他以在19世纪后期欧洲社会中由几股明显的潮流构成的力量场为框架，把现代主义分为一个三角形。工业化刚开始时，虽然在地域上显得有限，但它似乎为一个全新的动力机制提供了保证。同时，在艺术领域，传统主义，提倡完美艺术的学究气，使得普遍的窒息感以及闷闷不乐延长了相当长的一段时间，但也正是由于这一点，方方面面都企盼着尚未主题化的断裂尽快出现。最终，巨大的社会力量、政治选举权、劳动工会的增加，以及各种社会主义和无政府主义运动，似乎迫使高雅的资产阶级文化走向令人窒息的终结，同时也宣告了社会空间即将得到扩展。这个提法并非表示现代艺术家与这些新兴社会力量一样占据了同样的空间[53]，也不说明他们从意识形态角度表示同情，或是存在意义上的了解；而是说明他们在一定距离上感觉到了吸引力，他们自己对审美变化以及新的、更加激进的艺术实践的喜爱得到了更有力的强化，他们越来越相信，艺术世界外面同时也在发生着剧烈的变化，而这种认识又深化了他们对这些变化的喜爱。

的确，这两个领域里有争议的是——艺术领域，社会生活和经济现实——并非某种感觉到的变化，感到某些事物正在消失的同时，另外一些开始出现，整个过程如同事物发生腐败、生长的过程一样，其特点更像一个自然进程，而不是某种新的生产形式。实际上，它是世界本身经历的一个剧变，这种剧变以多种形式蔓延于19世纪末，包括各种各样的乌托邦冲动和预言。这也是为什么属于现代的旧意识形态总是被误解，因为这些意识形态强调现代某种“向内转”，或者强调现实不断增长的主观化。就最乐观的一方面看，每一处都激起了一种对主观化本身以及自我旧形式充满末世景象的不满。我们不应从心理层面理解里尔克的诫喻天使：[54]

它们将在夜里来到
你的身旁，用强烈的压迫感考验你，
它们在你房间里转悠，就像人在生气的时候那样，
然后一把抓住你，好像你是它们的创造物，
然后将你从模具中解救出来。

任何一种对这一文本进行仔细分析的努力都会揭示资产阶级主体的非个人化，这是一个偏离心理和个人身份的纲领性运动：

不是我，不是我，而是穿越我的风！
一股宜人的风吹拂着时间的新方向。
假如我能让它举起我，承载着我，带着我！[55]

从表面上看，假如我们对这些伟大的现代主义作家向主体性发出的呼唤置之不理，那是不合情理的；在一个经历了剧烈变化以后显得令人欣喜若狂的世界里，他们渴望非个人化，渴望自我以外的某种新存在。那些经常被描述为新的、更加深刻更加丰富的主体性，实际上就是这种对变化发出的呼吁，而这一点总是伴随着主体性：不是主体性本身，而是主体性的变形。这就是我的提议：将现代“主体性”视为世界发生变化的一个寓言，它所蕴

涵的意义就是所谓的革命。这一寓言的形式是多样的；然而，它有着许多趣闻轶事的心理——虽然它们在文体、文化和性格方面存在差异——它们呼唤某种冲力，而这种冲力又无法在自我中找到，而必须通过现实世界本身进行的乌托邦想像和变革才能完成。正如安德森提示的那样，正是因为这种变革已经存在于现在，并且活动剧烈，它的冲动才能在这样特殊的心理寓言中找到变形，它并不对个人影响和个人能力作出假定，而是对整个新型人类提出要求，希望他们能够适应这样一个即将完全变形的世界。

尽管在多数时候，我们只有在现代主义遗留下来的形式中发现这一重要时刻的迹象——这类倾向中的一个——技术趋势，由于第一次世界大战遭到了破坏，另一个，即社会动乱，在 20 世纪 30 年代被迫停止，并走向灭亡。然而，作为象征行为，形式依然可以作证，向我们展示一种了不起的解放姿态以及新的建构，而这些东西，我们只能通过历史重构，并以回顾性的眼光才能看到。

审美也不是这种非个人化表现活跃的惟一领域。这里，我们自然会与一种早在现代之前就已经存在的智慧发生关联，关于这一点，我们可以从大多数宗教中找到例子。“我令人厌恶”（帕斯卡尔语）不仅是对基督教关于骄傲的意义的最后真实的重新审视和发现；这还是一个经常出现的伦理（伊壁鸠鲁的观点），一个形而上学的视角，佛教对此进行了充满末世恐怖的描述，对此，我们可以将它称作对现代主义确认无误的冒险和期待。宗教使非个人化恢复了元气，同时将它对社会和世界造成的影响撇在一边，置之不理；它一方面将能量移至治疗技术，另一方面用它建构许多属于内心的、世俗的教会教条以及机构组织。只有工业资本主义的世俗现代性，在它被赋予一种新的集体和历史实践以后，这样一种自我改变才有望成功。

同时，我认为可以肯定，自尼采以来所有伟大的、新的、有创意的哲学思想共处一个巨大的潮流中，这样一股潮流将审美现代主义推向前方；虽然方式不同，但它们都涉及或者提出了激进的非个人化方法，从实用主义到维特根斯坦，从海德格尔到象征逻辑，一直到各种各样的结构主义和后结构主义；包括现象学本身，它的引人瞩目的实践似乎以其极为传统的、十分主观的形式忠于“意识”，但它属于弗洛伊德式的自由联想，是一门具有自我惩罚、非个人化特点的学科。的确，从所有这些各不相同，但都属于远离自我，远离资产阶级个性或者个人主义的运动中，我们也许能够明确地看到一种旧逻辑在起作用，那就是唯名论以及普遍性和特殊性辩证法的规律。禁锢在主体性之上的具体化比喻反映了普遍性的焦灼：那些用来表述情感和激情的过时术语变得令人怀疑，就是因为它们自身具有较高的普遍性程度：正是由于这种日益加深的唯名论基础，它们才必须被抛弃，以利于它们成为看似更加客观或者特殊的语言。朝着语言发展的运动，无论是在现代主义实践中还是在当代哲学中，都表明了这种必须通过客观世界的强制性迂回途径，即通过物质和空间。对于主体性的内在模式，外部途径被替代，它很策略地采用了句法作为自己的时间性。对于修辞以及转义体系的复苏，我们将这样理解：作为对心理学的一种否定，它试图将它的运作转入某种非主体领域，而它自己内部的空间性（因为转义的理论化之所以成为可能，是因为它以空间的理想化，空间的位置以及关系为条件）有可能使得外在形式和形象成型，从而促使现代主义再现从中产生。的确，我很想继续探索现代主义文学批评形式为什么不能躲开非个人化动力。但是，我们已经明确了三种方法上的良药（断代、叙事、非个人化），我们现在可以构建一个完整的现代主义模式，并且叙述它的命运。

【注释】

［1］Antoine Compagnon，*Cinq Paradoxes de la modernite*（Paris：Seuil，1990），p. 173；我在《文化转向》（*The Cultural Turn*）里讨论了这部令人兴奋的著作。*The Cultural Turn*（London：Verso，1998），pp. 113-121.

［2］Jean-Claude Barat，"De la notion de'Modernism' dans la literature americaine"，p. 89，in *Ce que modernite veut dire*，I. Ed. Yves Vade，in *Modernites* 5（Bordeaux，1994）. 这里我必须强调这部选集及其续集（*Ce que modernite veut dire* II，in *Modernites* 6）的价值以及 Matei Calinescu，*The Five Faces of Modernity*（Durham：Duke University Press，1987）的实用性。关于现代主义的参考书目——我无意在这里重构它们——由于对现代主义兴趣的复兴已经大大扩展，这可能与我在前言里讨论的"现代性"的复活相关。同时，就艺术的现代主义而言，我觉得在其兴盛期间，对其理论真正作出持久贡献的是它的实践者们，例如保罗·瓦莱里，惟一的例外是 Ortegay Gasser。不过如我后面会论述的那样，他们并不把他们理论化的目标确定为现代主义，而是作为一般的艺术。

［3］它的基本的宣言当然是 Siegfried Giedion，*Space*，*Time and Architecture*（Cambridge，Mass.：Harvard University Press，1982，first edition 1941）。

［4］斯坦·史密斯（Stan Smith）在他致 *London Review of Books*（7 June，2001）的一封信里对这种情境作了简要的概括："按照伊恩·汉密尔顿（Ian Hamilton）（*LRB*，24 May）的说法，在 20 世纪 20 年代后期，艾伦·泰特（Allen Tate）'开始把自己说成是古老南方的现代主义天才'。此外，他还被认为发明了'现代主义'这个术语，至少作为艾略特/庞德文学革命的别名。在这种意义上，这个词最初在 20 世纪 20 年代用于泰特与 *The Fugitive* 杂志编辑之间的通信，并在约翰·克柔·兰色姆（John Crowe Ransom）1924 年 2 月为 *The Fugitive* 写的社论《论诗歌的未来》里出现。当泰特的门徒劳拉·赖丁（Laura Riding）于 1927 年在她与罗伯

特·格雷夫斯（Robert Graves）写的论著《现代主义诗歌概述》（*Survey of Modernist Poetry*）里把这个词介绍到英国文化中时，它很快被奥登（Auden）周围的诗人圈子所接受，随后便出现在斯宾德（Spender）和麦克尼斯（MacNeice）以及这一诗派的其他人的著作当中。在美国，沿着这条路线，通过 *The Fugitive* 所在的范德比尔特的另一位毕业生兰德尔·贾瑞尔（Randall Jarrell）的评论，这个表示特征的词于 20 世纪 50 年代后期进入了学术界，到 60 年代中期已经变成了标准用语。因此在某种意义上，正是古老的南方发明了'现代主义'，直到后来在 1937 年才被庞德说成是一次'运动，而对这次运动再没有给什么名称'"。参见史密斯的著作 *The Origins of Modernism*（Brighton：Harvester，1994），该书按照年代顺序的想像提供了关于现代主义者的丰富而有启示的记录。

[5]"现代化"一词也并非天真无知，因为在冷战时期它是一个积极的宣传用词，在马歇尔计划时期构成美国对其第三世界盟国和保护国乃至欧洲的主要贡献。苏联的外交政策基本上也转向这一方面，尽管他们没有使用这个词，当时有一种斯大林主义的现代化，它坚持技术和重工业出口，坚持赶上所谓的现代国家，这在精神和意识形态上与美国的观念并无不同。这个术语的启示作用是多方面的。首先，它强调在所有这一切当中技术问题的不可回避性——在美学中，想到勒考比西埃对轮船的赞美或布莱希特对飞机的赞美——并使我们警惕使技术（实际上是科学）层面物化的危险，它还强调写出艺术和社会历史叙事的重要意义——这种历史还没有陷入标准的观念历史的诱惑，崇拜伟大的科学发明和伟大的工业和技术革命。

因此，通过暗示与帝国主义叙事的联系，技术主题还表明对水平和调解问题的一种解决，因为技术创新总是提出各种创新本身通过偷窃、销售或授权的扩散、推广的问题：众所周知，在多大程度上技术知识（以及它的科学姊妹）倾向于把接受者锁定在与提供国家的依赖关系之中。美国现代化理论的一位重要人物根据"有生命和无生命的权力来源的比率"来描述这个过程："我认为，如果一个社会在使用无生命的权力来源方面的减少，不会通过有生命的权力来源的增加来弥补而又不引起深远的社会变化，那么这个社会就是现代化的"（Marion J. Levy，*Modernization*：*Latecomers and Survivors*，New York：Basic，1972，p. 3，note 1）。Levy 这部著作远比他的两卷本大作 *Modernization and the Structure of Societies*（Princeton：Princeton University Press，1966）更有可读性，但其中的方法对"后来者"的机会却表现出一种悲观主义，使任何全力支持这一过程的意识形态的赞颂变得复杂起来。他继续列举了大约 12 种特征，这些特征正好可以看作他对现代性本身定义的参项："1/为未知的将来进行教育，2/迅速变化对缓慢变化，3/外来者，4/异国的自制背景，5/高水平的集权化，6/金钱的使用和收入的分配，7/城镇和农村之间的关系，8/现代化的教育，9/再创造和政治，10/性革命，11/关系的诸方面，12/人口统计的变化"（*Modernization*：*Latecomers and Survivors*，pp. 32－33）。

最后，正是"现代化"这个术语提出了我们很想称之为后现代化的某种东西进一步存在的可能。如果我们与艺术的现代主义相联系的技术时代，是 19 世纪后期工业时期那种大工厂和能源的时代，那么，我们完全不同的电脑和核技术的出现——以及它们在生产和劳动力方面引起的改变——很可能表明，与技术创新和出口相关的一种形式值得拥有它自己独特的名称。实际上，今天全世界常常援用的"现代性"恰恰是这种后现代化——传播技术扩展——的后果，而不是旧的那种技术的后果。

［6］Beatriz Chenot，"Le *Modernismo* hispano-americain"，in *Modernites*，*IV*，pp. 29－48；and Calinescu，pp. 69－78.

［7］例如，意大利和日本确实有过真正的法西斯现代主义。

［8］F. Jameson，*Postmodernism*，*or the Cultural Logic of Late Capitalism*（London：Verso，1991），pp. 309－310.

［9］See "Character in Fiction"，in Virginia Woolf，*Collected Essays*，Volume III，ed. Andrew McNeillie（New York：Harcourt Brace，1988），p. 421.

［10］See Michel Foucault，*Les Mots et les choses* op. cit.，pp. 329－333；英文译本，*The Order of Things* op. cit.，pp. 318－322。他意在表明由价值和事实之间或意义和偶然之间的鸿沟所构成的"人类科学"内部的基本矛盾。

[11] T. J. Clark 在 *Farewell to an Idea*（New Haven：Yale University Press，1999）里的术语，例如，pp. 25－48。亦见我对他的讨论. in *Anything*，ed. Cynthia Davidson（Cambridge，Mass.：MIT，2001）："From Metaphor to Allegory"，pp. 24－36。

[12] See Regis Salado，"Ulysses de Joyce et la constitution du credo moderniste"，in *Modernites* VI，pp. 49－90.

[13] 这是 Manfredo Tafuri and Francesco Dal Co 的经典著作 *Modern Architecture*（New York：Abrams，1979）最好的历史见证；参见我在注释［11］中提到的讨论。当然这些"主义"是对学说和理论异端的丰富的罗列，它们的术语——多纳图主义、贝拉基主义、阿里乌主义、尼科多姆主义、埃拉斯都主义、阿米尼乌斯主义、索齐尼主义，等等——用于保持异端邪说的几乎像雕刻一样精确的细微差别。

[14] "Literary History and Literary Modernity"，"Lyric and Modernity"，"The Rhetoric of Temporality"，in Paul de Man，*Blindness and Insight*（Minneapolis：Minnesota University Press，1997）.

[15] 我只想列出四个进一步的含义：作为父子之间关系的俄狄浦斯情结投射的时间连续性的概念；波德莱尔作为文学史上一个"黑暗地带"的独特的不可理解性；对任何连续一致的哲学美学或文学"体系"本身的抨击；写作行为中基本的矛盾心理（参见后面第二部分对布朗绍的讨论）。

[16] De Man，*Blindness*，p. 171.

[17] See ibid.，pp. 200－206.

[18] Ibid.，p. 211.

[19] Ibid.，p. 207.

[20] Ibid.，p. 165.

[21] Ibid.，pp. 182－183.

[22] Ibid.，p. 172.

[23] Ibid.，pp. 182－183；并参见下面的注释 41。

[24] Ibid.，p. 179.

[25] Ibid.，p. 181.

［26］Ibid.，p. 185.

［27］Ibid.，pp. 163-164.

［28］“La difference”，in Jacques Derrida，*Marges de la philosophie*（Paris：Minuit，1972），p. 23.

［29］De Man，*Blindness*，P. 207.

［30］前面一段在这方面表现出适当的谨慎：“它们的关系是同时性的关系，事实上，这种关系在性质上是空间性的，其中时间的干预只是一个偶然的问题，而在寓言世界里，时间是原始的构成范畴。”

［31］这里具有辩证的东西不是二元对立（真实的或明显的），而是该过程回应马克思典范式的 *Grundrisse*（Marx and Engels，Collected Works，Volume 28，Moscow：International，1986）的“导言”的方式：生产是从属的三个范畴之一，这些范畴还包括分配和消费，同时它也是三个范畴的总的范畴，因而包括它自身作为一个子范畴（pp. 17－24）。亦见 Slavoj Zizek 对辩证中的普遍性的讨论，in *The Ticklish Subject*，op. cit.，pp. 98-103。

［32］De Man，*Blindness*，p. 207.

［33］Ibid.，p. 162.

［34］Ibid.，p. 163.

［35］Ibid.，p. 179.

［36］Ibid.，p. 208.

［37］Ibid.，p. 207.

［38］Ibid.，p. 208.

［39］Ibid.，p. 207.

［40］Charles Baudelaire，*Oeuvres* I（Paris：Pleiade，1976），p. 695.

［41］作为例子参见 Harry Levin，*The Gate of Horn*（Oxford：Oxford University Press，1966）。

［42］See *Pour un nouveau roman*（Paris：Minuit，1963）.

［43］In Fredric Jameson's *Signature of the Visible*（Routledge，1990），pp. 158-177.

［44］ Walter Benjamin，*The Arcades Project*（Cambridge，Mass.：Harvard University Press，1999），pp. 462－463［N3，1］；or（Frankfurt：Suhrkamp，1983），pp. 577－578.

［45］ T. W. Adorno，*Aesthetisch Theorie*（Frankfurt：Suhrkamp，1970），pp. 36－48；*Aesthetic Theory*，trans. R. Hullot-Kentnor（Minneapolis：Minnesota University Press，1997），pp. 20－27.

［46］ Hugo Friedrich，*The Structure of the Modern Lyric*，trans. Joachim Neugroschel（New York：Columbina University Press，1974），p. 7；originally published as *Die Struktur der modernen Lyrik*（Bowohlt，1956），p. 21.

［47］ *Structure*，pp. 8－9；*Struktur*，p. 22.

［48］ *Structure*，p. 9；*Struktur*，p. 23.

［49］ *Structure*，p. 169；*Struktur*，p. 213.

［50］ T. W. Adorno and Max Horkheimer，*Dialektik der Aufklarung*（Frankfurt：Fischer，1986），pp. 181－184；translated by J. Cumming as *Dialectic of Enlightenemnt*（New York：Herder and Herder，1972），pp. 202－204.

［51］ Jacques Lacan，*Le Seminaire*，I and II（Paris：Seuil，1975，1978）。Lacan 不喜欢马尔库塞那种“解放”意义上的修辞和政治。

［52］ Perry Anderson，“Modernity and Revolution”，in *A Zone of Engagement*（London：Verso，1992）.

［53］ 但是，T. J. Clark 记录了这些艺术家当中许多人的强烈同情；参见他在 *Farewell to an idea* 里论述毕加索的一章。我按照萨特在 *Search for a Method* 里的描述，从基本的社会和意识形态行为方面拉开距离来解释 Anderson 的观点。

［54］ Rainer-Maria Rilke，“Der Engel”（*Neue Gedichte*［Frankfurt：Insel，1974］，p. 37）：trans. Edward Snow，in Rilke，*New Poems*［Boston：North Point Press，1984］，p. 83：

Otherwise they'll come at night

to you to test you with a fiercer grip
and go like someone angry through your house
and seize you as if they'd created you
and break you out of your mold.

[55] D. H. Lawrence, "Son of a Man Who Has Come Through"; Arthur Rimbaud, "Le Bateau ivre".

（王丽亚　译）

作为意识形态的现代主义

（一）

总的来说，以某种特征开始，经过努力最终达及其他特征，我们应该能构成总体性的模式。其轨迹不同于其他可能的轨迹，然而又仍然是同样的轨迹，至少投射并标志着同一要求，所以应该以那种前提来开始，并提出这样的假设：我们所称的艺术的或美学的"现代主义"，基本上对应于一种未完成的现代化的情境。

这种情境现在已经开始拥有它的历史学家，对我们许多人来说，主要表现在阿诺·梅耶尔的《对旧政体的坚持》[1]一书之中。这部著作记录了直到第二次世界大战结束在一些欧洲国家令人惊讶的残存的现代性的封建语境，而且由于同样的原因，现代性最初出现在一些社会和技术现代化和商品化的有限的飞地。真正资本主义时期（它现在被说成是垄断资本主义或列宁所说的帝国主义）的新资产阶级，在主要是由农民构成的整个人口中依然是相对小的部分。这种传统的农民（直到后来他们的数量才逐渐减少，转变成今天所说的农场工人，或完全工业化的农业的农业无产阶级）仍然是一种封建的社会阶级（与他们一起更不完整地残存下来的是旧的农业贵族，现在被称作大地主，还没有被综合农业企业取代），还没有被同化为两种真正资本主义群体中的任何一种，而这两种群体才在技术的意义上被认为是社会的阶级。

这会导向一个仍然围绕两种截然不同的时间性来组织的世界：新的工业大城市和农民的乡村。这里我顺便谈谈那种伟大的题材之一，它通常被认为是文学现代主义的一个决定因素，即时间性本身，或者弗格森认为他可以概念化的那种“深层时间”，对于这种时间，许多现代作家都极力探究，仿佛在探究一种本质的秘密。其实，这种题材恰恰是一种方式，利用这一方式，那种未完成的资本主义的过渡的经济结构，可以被记录下来并作出这种认定。在这种过渡时间，人民——但最好说知识分子、作家和思想家，他们是该范畴的组成部分——仍然同时生活在两个迥然不同的世界。这种同时性无疑可以暂时以都会和乡间的区分来考虑；但也许更好的是根据情境来想像，在这种情境中，个人出生于一个“国家”，一个地方的乡村，或一个地区，他们阶段性地回到这些地方，而同时在大城市的不同世界从事他们一生的工作。那些泰然自若的城市作家——例如人们会想到普鲁斯特或乔伊斯——觉得在他们的城市经验之外存在着某种俨然是其他的东西，这种东西如果不在实际上部分地破坏他们的经验，便会完善他们的经验。这一事实可以通过普鲁斯特对深刻的法国中世纪传统的相当不自然的“学者式”赞颂来证实，也可以通过乔伊斯面对爱尔兰和盖尔人各种形式的民族主义的愤懑来证实：这是一种必然的、实际上是强制性的面对，《为菲尼根守灵》可以当做是试图以一种大胆的普遍化对它巧妙地进行回避。

然而非常奇特的是，任何试图说明“对旧政体坚持”的特征的努力，都倾向于跨越地理和地区现象而滑向某种更公开的技术现象：这是一种可疑的滑动，对此我们很快就需要采取预防措施。

但是，技术——所谓工业资本主义的“工业”方面——似乎具有一种独立性和它自己的内在逻辑，这在该时期的艺术和思想里有着丰富的记录，同样也记录在路德运动或拉斯金式的对机器的敌视之中，他们把机器视为社会苦难和美学耻辱的根源（当然，在这种技术范畴本身之内，关键是包括大众传媒和它们的种种形式的扩展）。因此后来高雅艺术和大众文化的分离同样是反技术的姿态，不亚于早期更明显的那些反抗。（反现代性也是现代主义一种可能的特征。）

这里要记录的现象学的经验恰恰是那种工业或技术的飞地的经验。随着新的技术机械带来的是它自己的美学冲击，它没有先兆，突然出现在旧的田园和封建的风景之中：它像 1916 年在西线第一次出现的坦克，带来种种吓人的怪异和恐惧；然而试图把它神话化的诗人式的努力——例如在左拉的小说里，地雷是一个大的动物，具有神话般的力量，或者在阿波利奈尔的诗里，他着魔似地赞颂第一次世界大战中致命的和有毒气的带壳炸弹——并不是艺术家能够长期有效地遵循的途径（虽然这些途径在美国和苏联对工厂的欢呼中一直开放到 20 世纪 30 年代）。

我相信，对这一过程最富揭示性的说明仍然要在海德格尔遗留下来的技术理论中发现，但不是一种哲学的或观念的解决，而是一种技术的和诗学的解决。因为海德格尔详尽地描述了技术形成的过程，它在形式上回应并否定艺术作品（即神庙）那种完全不同的形成，艺术是构成一种风景和一个世界的地方，而不是像技术那样在那里中断。[2] 海德格尔对新出现的技术的理论阐述，不仅把它作为一种飞地，而且作为一种能量储存的新的形式（长期储存），从而以一种不同于神话的方式表明了这种新力量源泉的“神秘”。就剩余和储存而言，他的理论与最近那些国家起源的概念有着某种远亲关系，与马克思关于资本的原始积累的辩证观念也有类似的关系；但海德格尔的理论更好一些，它提供了关于技术的现代性出现在绝对非现代风景中的有用的观点。它保持了不平衡发展的通常看法，表明“传统”必然被新的东西胜过和取代。这里，如像在未来主义者的意大利，正是对只能不合时宜地被称作前现代或不发达的东西的那种熟悉性，使新事物的暴力获得了引起恐惧或兴奋的能力；而根据前面的讨论对此会作出这样的理解：重要的不是这种反应的肯定或否定的能力，而是对于这种冲击本身的美学的认识论，因为依靠一种已经熟悉机器并运用机器的背景它不可能被记录下来。

这种历史形成有两个重要特征现在需要加以评论：第一，这种技术的发展是在我们所说的现代性的转义的长期影响下产生的，尤其是它那种不可压制的追求突破、追求“第一次”和首创的影响。正如我们已经看到的，对于决定现代性本身的“真正”开始不可能有什么问题：并不只是因为对那种荣誉有太多的竞争者。其实所谓的突破只是一种叙事的效果，一种容易出现的替代，处于历史学家首次决定的领域之内。但非常明显的是，这种技术发展无法抗拒地把自己归类到关于突破的空洞的叙述形式之下：它像很少的其他类型的历史材料一样，把自己作为那种形式开始的内容。形式和内容——现代性的叙事概念，第一批工业机器的安装——与一种几乎是万有引力的冲击聚合在一起，并因此显得稳定而持久，甚至在我们自己这个编史工作远为更自觉的时代也是如此。在我们这个时代，人人都在大声谴责他们隐匿在内心深处的“技术决定论”。

因此，我们还必须唤起技术本身的自治性，至少是半自治性，它支持着这种特殊的幻觉。这种自治性的基础会随着历史发生变化，就像“科学”（现在就其通常的学科意义而言），它开始产生于某种实用形式，或者新技术的侍女；然后它赢得了作为“纯粹的”或研究的科学的临时自治；现在，在我们自己这个时代，随着私人企业和公司日益增加对大学及其研究实验室的利用，把它们完全作为各种新产品的实验基地，科学似乎正在走向某种新形式的依附地位，处于研究与开发的主要投资的控制之下。不过，这种观点认为，“技术决定论”的解释价值本身就是由这种自治化及其变化决定的。

因此，现在应该谈谈自治化本身，这是一个仍在使用的概念，我已经强调它是根据鲁曼的区分改进的。因为在我看来，对文化和编史领域（也可以称作文化—编史领域）真正有效的东西恰恰是这个过程的另一面，鲁曼在理论阐述中喜欢把它说成是一种漫无止境的通过裂变再生的持久的力量，而裂变再生的最终后果是无法预见的。因此，鲁曼的看法是一种极端否定和诊断性的概念工具，它具有一种同时构成相当自满的意识形态的弊端。随着“区分”变成最细小的社会物质的微孔，它很可能不再伴随更多的自治半自治层面或领域的生产，例如我们在现代化的早期可以看到的那些，而对此我也发明了自己的补充概念。因为在这第一个阶段，我们不仅看到机器和工具的分离——以构成一种技术自治的方式——而且我们还可以看到在语言和再现中发生作用的同样的过程：对于任何艺术的现代主义理论，这无疑是更相关的发展。

语言历史学家告诉我们，未写出的语言以某种方式植于它们的生态学和社会语境，采用一种不加区分的方式，这种方式形成一种不可想像的语法观念，并暴露出其所有的时代错误：当写作为了保证和记录这个过程的不同阶段时，是否还可能引起一种合法的、发展类型的语言变化？因此，写作的出现是语言内部的第一次区分，是两个截然不同领域的第一次自治，而这两个领域无疑已经经历了许多社会的区分（性别，年龄，甚至阶级基础，这些常常以不同的代词、不同的动词形式、甚至不同的句法结构来标识）。

这种思考的基点只是认可一种进一步的、“现代的”观点，按照这种观点，19 世纪语言的多重区分，通过欧洲民族—国家的不平衡发展，不仅没射出语言根本不同的和半自治的语言领域，如贵族的语言和资产阶级的语言，学者的语言和流行的语言，高雅文学的语言和言谈的语言，早期大众新闻的语言和商业交换的语言，而且在所有这些之外，还投射出一种空洞的乌托邦的语言领域，它虽然并不存在，但却可以像欧几里得几何学那样进行证明和推论。因此它是一种空间，在这个空间里，新的语言专家进行工作，并通过修改各种形式的日常言语中那些原始的、欧几里得式的假定公式和公理（参照系、传递性、附加项），他们演绎和发展那种看不见的整个新语言结构的轮廓，而这些结构以前也从未见过。[3]这样一种结果的意识形态的效用如何，同样也不重要（而且诗人们提供了他们自己的相关的意识形态理由和证实）。正如我们已经看到的，对弗里德里希而言，所有这种令人困惑的自治化都与“异化”有某种关系。对于另一种传统——它被马拉美的不朽名言“让社会言语更加纯洁”权威化了——由此而产生的非欧几里得语言领域，在堕落的商业言语到处可见的环境里，具有一种强大的乌托邦使命：它试图开拓、拯救、变革和改良那种资本主义日常生活的共同语言，使其变成一种原始的言语，通过这种言语我们与世界和存在的真正关系可以被重新发现。然而，这并不是现代主义的历史意义，而只是它的美学和它的意识形态——对此我很快会加以论证。至少是它的意识形态之一：因为随着语言自治化的开始，它的非传递性、非表意性的更苍白无力的“促动因素”便会出现，就像福柯后期关于语言非人的另一面的现代美学所表明的那样。诚然，对于语言区分和自治的过程，人们可以写出这些变化的意识形态占用的历史，但这种历史不同于那个过程本身的历史，就像交替赞扬“诗的语言”或非欧几里得的语言要么是纯洁的理性要么是纯洁的物质性所表明的那样。

我们在这里还可以谈谈某些“开端”，它们已经变成大量的素材和营养以及讲述新生事物故事的新的尝试（无论它是现代性还是现代主义的故事）。[4]我相信，这一领域最丰富、最有启示性的意见出现在罗兰·巴特的仍然非凡的《写作的零度》，关于这部著作，可以说只有它最后的预见或预言（关于所谓的空白或漂白的写作）随着时间的流逝已经过时。[5]这里我要保留的巴特的叙事是他对风格代替修辞的论述：旧的、实际上无法追忆的一种对语言的安排，其实只是为了演讲，基本上是修饰性的（常常是作为政治权力或社会阶级的一种象征方式的复述），它在法国革命时期让位于一种非常不同的言语（华兹华斯朴素的或民主的语言只是一个标志），这种语言的特征现在不能根据同一性来观察，也不能根据它们与古典作家的绚丽时期相似来观察，而必须按照差异来观察，而这些差异被理解为主体个性的差异以及多种不同**风格**。于是，后来历史对风格的掩盖，实际上对以主体为中心的个人特性的掩盖，在当时流行的任何意义上都不应该理解为**写作**的出现（它很快扩展，远远超出了巴特自己最初的看法），而应该理解为后现代主义和后现代性对现代主义的压制——对此我们将不在这里论述。但是，风格范畴的出现不应该与主体性的新的历史进展相混淆，相反，它是语言本身自治化历史的组成部分。

非常明显，这种自治化对于再现和其他类型的艺术的“意义”至关重要；而修辞手段与绘画媒体的区分无疑是最富戏剧性的方式，我们将会看到，这个故事如何以这种方式来叙述。但相关的实例也可以在哲学的观念语言内部来探讨，因为像尼采那样，它也变成了“现代的”；同样，在“发明”无意识或对铁、增强水泥、玻璃等非模仿或后模仿的建筑材料的应用中也是如此。[6]对于门外汉，音乐材料的类似发展可能会被更粗暴地理解为是对旋律的掩盖和对音调和谐的废弃：除非确实它是那种被理解为现代性的音调的发明。[7]但对于所有这些突破和开端，都可以找到严格的标示者：波德莱尔、马奈、瓦格纳、帕克斯顿和水晶宫，等等。

但不甚明显的是其所用的方式，即在那一点上，对现代主义理论也一样，如何嵌入我们在讨论现代性时确定的突破和时期那种相同的辩证。这里关于绝对开始的问题绝不是一个问题：因为确切地说转义的存在是为了激起惊讶和对新理论的愤慨，比我们的想像进一步后退，使尚未变成经典的名字突然上升，遮住过于熟悉的名字的光彩。不过，更令人不安的是这种突破增加的倾向；我们这里只选出“第二次”突破的一个实例，然而它仍然是编史争议的一个活的根源，并且在整个艺术中（包括哲学）也一直发生作用。它是象征主义的问题，其有机形式和有机装饰——虽然在某种意义上肯定是现代主义的——在精神上明显不同于机器时代的暴力行为，不同于未来主义的欢呼，也不同于随后发生的一切。它是一种历史的区分，人们发现它在建筑（新艺术对包豪斯建筑派）、音乐（早期神经过敏的舒恩伯格——布莱希特认为他的乐曲“太甜蜜”——对后来十二调体系的理论家）和绘画（印象主义对立体主义）中一直重复或复制（在哲学里，等同的情况无疑是 19 世纪后期的活力论与从实用主义及现象学直到结构主义和交流理论等一切事物的更纯粹的种种形式主义的对立）。

因此我认为，在这种意义上非常适合谈论现代主义的两个阶段，除非人们仍然对该过程不可避免的力量感到自鸣得意，而它注定要产生更多的、实际上无限的突破。所以我们这里很快要提出一个后期现代主义的阶段，与现代主义本身形成对照（甚至以后者的“两种形式”）；而对后期现代主义者自己而言，那种常常被称为后现代主义或后现代性的东西，将只是记录另一种内部的突破，以及另一种甚至更晚的、基本上仍是现代主义阶段的生产。

于是，这种突破随后的增加一般被归之为（像我们看到的那样）所谓现代主义的终极目的，也就是说，归之为永恒创新的内在力量，它像资本主义不停的、不可控制的扩展一样，必然进一步向前推进，超越它的界限，进入新的“技术”以及新的内容。这样一种终极目的的微观叙事并不陌生（无论何时，如果一个特定的“现代主义”艺术现象在仔细审视时被放大，这种微观叙事也会增加）。从波德莱尔形成的那种马拉美和兰波的公认的、平行的传统，即纯粹的诗和超现实主义传统，在小说中一方面可以与从福楼拜形成乔伊斯对应，另一方面可以与从福楼拜形成普鲁斯特或卡夫卡对应；在绘画方面则与从马奈形成印象主义或立体主义一致；而在音乐方面则与瓦格纳的多种分支体系相似。在“影响”和转变的这些阶段中，任何一个都可以说是由于某种宣言的有力干预而形成的突破，因为它们以一种新的系谱学的方式重写过去，就像庞德或超现实主义者或者舒恩伯格或康定斯基所做的那样。这里，必须创新或“使之成为新的”的力量，“新”本身那种有力的、中心的、支配性的价值，似乎一直在构成现代主义的基本逻辑，这种现代主义重复谢林现代性的力量，以追求创新的名义并为了它自己的目的而有力地排除过去，看上去常常是一种空洞的、形式主义的崇拜。这种冲动的历史神秘性，可以通过它坚持超越现代主义本身的历史时期来衡量，在 20 世纪 50

年代和20世纪60年代之间，现代主义似乎触及某种局限，好像已经穷尽了一切可能达到和想像的创新性（就此而言，它似乎也提供了一幅资本主义本身的漫画，因为一个饱和的世界市场的极限已变得可以想像）；这里的观点是，尽管后现代主义系统地、彻底地否定它认为是高度现代主义的所有特征以及现代主义本身，但它似乎完全无力使自己摆脱这种原创性的最终要求。

那些认为这种坚持无须证实、甚至完全是自然的和不可避免的人，可以说是在一种市场框架内思考，这种市场比现代主义本身更持久，无论以什么样的区分形式——新型的博物馆与新型的集体艺术项目和展览现在一起加入了更传统的艺术画廊——它都伴随着资本继续进入它的第三或者后现代主义或全球化的阶段。然而，如果一种理论（或叙事）威胁要吞噬“后现代性”，以追溯既往的方式只是把它作为一种更加延伸的现代主义的创新，从而取消那种确立某个后来阶段概念的突破，那么这种理论（或叙事）显然突出了商品形式的无处不在并把它当做了它的解释机制。现代主义的终极目的在艺术里重复时尚本身无休止的目的，其中也刻写着商品生产的节奏。市场叙事（对此我们很快会回过来再谈）是一种有说服力的叙事，如果我们像阿多诺那样，在艺术作品本身内部刻写物化的过去——现在被理解为是对以顺势疗法接受其形式的那种内容的抵制——这种叙事会变得更令人满意。因为艺术作品力求通过更大的客观化产生一种物质性，而这种物质性又不会被商品的逻辑吸收。这种理论还有另一个优点，它为那种非个性化、那种从主观表达到客观状态的运动提供根据并对其从多方面决定，而这已经被认为是现代性和现代主义的一个基本特征。不过，从鲁曼的区分观点来看，也许这种叙事还会被进一步提高，鲁曼的区分假定在商品内部有一种从它自身的裂变和构成，类似于它的客体形式被分离出来，然后作为一种独立的力量被置于新的自治或半自治的艺术领域，因为它（伴随着它在广告和大众文化中的虚幻形象）从商业生活和类似的日常语言中分了出来。

但是在我看来，这种目的论的叙事的力量，并没有充分得到市场和商品形式的概念的保证：或许人们更应该说，这种坚持的、非常顽固的叙事，很可能有许多不同的解释性力量决定和投入。于是，这里又可以看到技术的主题的回归（无论关于技术进步的目的论叙事是否像这种艺术的现代主义本身的叙事那样是一种充分的构成），因为从技术方面对想像的美学分析的选择，不可避免地会牵动这种特殊的解释重心，即使对语言艺术形成一些问题——与绘画、音乐或建筑相比，语言艺术所谓的技巧是想像出来的。不过，这些问题终将成为生产性的：因为这好像为了回报其他艺术对诗和诗的语言在现代主义美的艺术体系里至高无上地位的承认，诗无论以什么隐喻的方式，都愿意接受其他艺术对它们的结构和内在力量的技术和物质的说明，以此高雅地对其他艺术回致敬意（我们后面将再谈这种有趣的交换协议）。

但是，一旦作出这种决定，不仅把变化读作创新，而且还根据媒体内的技术和技术发展对后者解释，那么这种转换就已经完成，而现代主义的目的论就可以得到充分赞扬，并带有一种在技术（有时甚至是科学的）进步框架内的新的力量。这就是说，对一种新出现的现代艺术的各种维护和辩解，现在可以借用已经存在的技术的意识形态的力量，这种意识形态变成了一个挡箭牌，在它后面商品形式和市场那种麻烦的逻辑可以发生作用。

不过，在形式和内容之间不断的往返之中，后者必定肯定其权利，并提出从诗的技术方面解释现代主义的问题：这种解释何以能说明关于机器的诗（未来主义）之外的东西，或者必要时关于城市复兴（如在波德莱尔的“巴黎景色”里）的诗之外的东西？换言之，另外那种主张认为，现代主义也在主观领域里创新，把已知精神世界的边界后推，探讨情感和激情，探讨迄今仍然隐而不见的无意识的起源，这种主张究竟与技术有什么关系呢？

这是一种重大的否定，但没有通过已经提出的非个性化的纯否定原则令人信服地加以说明。为了理解该现象的这一方面，我们发现自己必须回到那种“表征的危机”，虽然在对语言的讨论里只是稍微触及这种“表征的危机”，但它现在却暗示着一个阶段的前提，其中常规和传统的情感语言符码开始使自己与它们的客体分离。更确切地说，在词语、地点、身体和手势之间，某种早期的、传统的语境的统一性，或境遇的统一性——其中语言还不接受独立的存在，更不要说自治——在区分和分离的力量之下通过缓慢的积聚在这里得到断定。

人们也可以谈论一种唯名论的开始（如我们前面所做的那样），这种唯名论产生一种悖论的效果：使词和它的客体都“变得奇特”，两者现在都变成一种奇特的新的半自治的存在。对于这个问题，传统的甚至现代早期的论文，都以结构主义语言系统来论述情感：各种指名的情感成对或成组地排列起来相互依赖衬托，有肯定和否定也有中间状态（无论在亚里士多德的《尼各马科伦理学》或笛卡尔的《情感论》里）。这颇像构成列维-斯特劳斯结构主义学说的第一个伟大例子的那种色彩体系。人们千万不要以为任何语言的缺陷都会在个人情感—词语上表现出来，即使新词常常不明确地表现出要修改这个体系，而旧词偶尔被重新命名；其实，“现代时期”发生的是这种词语的整个体系出现了危机，随着它的解体，也破坏了它的任何单个因素的表征力量。于是，对这些现在不熟悉的、未命名的“情感”和“感情”命名的问题（感情也是抽象的“名称”，不再真正与可辨识的实体相对应），把主体的内容本身抛进了广为人知的“表征危机”，并通过以社会和集体的统治形式（无论如何，它们自己在革命时期遭到了破坏）使表征的“解决”变成暂时的和非权威化的，它还把这种解决释放到关于时尚的目的论的逻辑。

但是，我们还必须简要地记录一种相互的过程，因为在我们这里考察的语言学分离和区分的性质里，一定要想到新的语言学构成并不对主观物质发挥它们的决定性影响，尽管它们被假定是在对这种物质进行惟一更充分的命名。这是现代主义自我鼓吹的荣耀之一，因为它常常根据其名称的力量创造其客体和主体的参照。这一过程也不只是暗示性和吉拉德的模仿行为的问题。俄国形式主义者在他们所说的“方法的促动因素”里，也许最早发现了一种空洞的修辞常常可以概括一种用以填充它的现实。在美学层面上，这有些类似詹姆斯-朗格旧的情感理论中的悖论（这种理论认为，主体的经验感受随着手势的表达产生，而不是在它之前或成为它的原因），并且只是最近在保罗·德曼那篇如今变得令人反感的论“道歉”的文章里才再次得到阐述。在这篇文章里，主体的“真实性”几乎仅仅被理解为他的（她的）言语行为的姿态和句法的后果。[8]

不过更常见的是，表征的自治化，以及伴随而来的艺术语言的非主体化，在日益增加的空间迂回中变得清晰可辨，而通过这种迂回，新句子必然在其努力重构某种先前的情感时出现，并成功地回避它的先在的形式，即至少在一段时间内作为传统和陈规已经存在的形式。

正是在这一点上，我们必须回到阿多诺，他对关于现代主义创新的常规说明提出了截然相反的看法。正如已经看到的，这并不是一个新材料的问题，像根据旧的确定性继续发现新的规诫那样。这是一种决定性的介入，明显地依据旧的霍克海默/阿多诺的《启蒙的辩证法》，按照该书的看法，知识和科学中每一个所谓的进步，都可以理解为一种陌生化，它把先前的理性阶段降低到迷信的地位，最终导向一种反对理论的实证主义的荒原。这种新的解释的观点，现在把所说的现代主义创新（以及对**新**的崇拜）的终极目的基础，置于一种更令人满意和更能理解的过程。随后每一代——假如你愿意也可以说始于浪漫主义——都觉得那种令人不满的、继承下来的语言学的主体性修辞手段是一种人为的成规，它需要以某种更新的再现的替代物来取而代之。过去看似进步的对主体性的新领域的发现——从波德莱尔矛盾的施虐—受虐狂的“恶魔崇拜”，经过兰波的狂喜和妥斯托耶夫斯基的自我克制与自怜，一直到20世纪文学中各种集体的难以指名的情况——现在都被看作是一个持久的不予命名和比喻修辞的过程，它没有可以预见的终止点（直到它随着现代本身的终结而衰竭）。

但也正是在这一点上，我们应引进公众或读者，把这个过程拓展到更广阔的社会语境。我们无须等待彼埃尔·布尔迪厄对美学矫饰的治疗性的非神秘化，来理解在所有这一切当中对艺术家个人动机构成危险的东西。在当时被认为是他的实践者的犬儒主义里，保罗·瓦勒里评论说：“波德莱尔的问题必须……用这些话提出：‘如何成为一个伟大的诗人，但既不是拉马丁，也不是雨果或缪塞’。”[9]不过，这种命令式的说法——瓦勒里称作波德莱尔的理性状态——不必当做是现代主义者诗歌发明的一种暴露：它是主体再现危机中固有的东西，而这种再现本身只不过是我们所说的非欧几里得语言自治化的一个子集。

这也与有时被不适当地称作接受危机或公众自身危机的情况相对应。然而我们不必假定某种迄今统一的公众，然后通过一个牢固地控制权力和文化的资产阶级的统治时期逐渐分裂。因为鲁曼那种区分的概念的力量在于它所用的方式，它假定构成和重新连接在同一过程中同时发生并形成一致，公众开始区分的时刻，正是它作为一种新的可辨识的社会机制形成存在的时刻：新的资产阶级阅读公众的出现，与它分裂为可连接的亚群体是一致的，而这些亚群体凭着它们自己逐渐变成自治的。这就是为什么新的资产阶级艺术——新的现代主义艺术——立刻面对着一个“无法找到的公众”。在它最原始的形式里，我们可以断言，就在它构想它作为高雅艺术的使命时，后者（高雅艺术）发现它的公众已经被大众文化所征用：这并非说，那种使命本身不是受到大众文化形成存在的鼓舞并被其主题化，它本身就是我们在这里所谈的文化区分的一种不可避免的后果和副产品。因此，巴尔扎克是一个畅销书作家，而雨果则是一个非常流行的诗人：对于他们的后继者再不可能有类似的事情。

但是，这种情境现在把我们引向现代主义在艺术里的另一个特征，而且这种特征像我们迄今提到的那些一样是构成性的和决定性的。这就是人们常说的那种现代的自我指涉性或自我指称，而现代主义著作的运作方式常常可以被公开或含蓄地看成是它们自己生产的寓言。这种观点不仅认为现代主义新出现的艺术家没有社会地位或制度上的社会作用，甚至在任何严格的意义上还不是知识分子；而且它还认为他们的作品越来越难以分类，并在努力使自己区别于商品形式中开始抵制文类的商业范畴，与此同时，为了某种独特形式的地位，他们创造出各种神话和意识形态的主张，但又得不到社会的认识和承认。由于这种空虚，他们必然要自己承认自己；而自我指涉性是这个过程的真正动力，因为在这个过程中，艺术作品指明自己并提供想像中使用和评价它的标准。人们无须把这作品意义的这一层面看作是排他性的；相反，在许多层面当中，它构成一个寓言层面——对艺术家自己而言无疑是神秘解释的层面。

然而，这一层面诱使艺术家更大规模地构想他们的雄心，并在“世界之书”里达到顶峰，按照马拉美的看法，**那本书**表明世界注定要走向末日。于是，无论今天看来多么不合情理，当时却唤起了现代主义的最终主张，即现代主义与安德烈·马尔罗所说的绝对的关系。实际上，在一个与时代的伟大宣言（从布勒东回溯到塞尚、兰波和马拉美的信件）完全不同的层面上，马尔罗的《沉默的声音》以及吉埃迪昂的《空间、时间和建筑》，可以被认为是对整个现代主义所作的伟大的、意识形态的辩解，因为大部分都远比过去对哲学美学的辩解实在的多（当然除了阿多诺和康德本人）。

通过最后一次引用阿多诺，我们可以更谦逊、更可以被承认地说明对这种绝对的要求：阿多诺的大意是，“为了使艺术作品成为一种纯粹的、真正的艺术作品，它必须不仅仅是一种艺术作品”[10]。换句话说，纯粹的美不可分割地与它最终是不纯粹的那种要求联系在一起。这样，我们在这里便触及区分和自治化的口号最终的含混：语言和美本身永远不可能完全自治，除非它们进入我向思考和精神分裂，变成浮夸费解和十足“空洞的声音”：甚至无意义的节奏（路易斯·卡洛尔）或科莱勃尼克夫式的自治的超级语言，也必须保持那种细小的、最后的参照线索，而这种参照线索要求我们把特性化的“自治”重新描述为半自治的特征。这种绝对性恰恰是这种最后的细小线索，它最有力量，甚至把从马拉美到杰克逊·鲍洛克最不是欧几里得的艺术也与其他所有经过区分的参照世界联系到一起，并因此在一种非常的辩证颠倒中使它获得革命的力量。

（二）

我们一直在力图按照我们的原则重构“现代性”的历史情

境，在这种情境中，艺术上的现代主义可以作为一种可理解的社会进程。我们也吸收了旧的现代主义理论的许多相关的见解和因素，同时又以对我们当前不同的境遇有用的方式努力重写它们。

现在应该回到那些旧的理论，此后我将只把它们称作现代主义本身的意识形态，也可以说是它自己的意识形态（不是根据事实历史地进行重构，像我们在前一节所做的那样）。这种意识形态很容易辨识：首先是它假定美学是独立自治的，具有最高的价值，如果没有这种价值，各种批评家和实践者无论多么赞扬艺术及其特殊性和不可同化的经验，这种赞扬也不能真正地被认为是现代的意识形态。对此另一种说法是，在这种特殊局限的历史意义上，现代的意识形态所提出和安排的论点，都绕过了如何证实艺术本身独立的问题。它们不只是寻求突出一种独特的艺术技巧和经验，或者为一种艺术或媒体辩护而反对另一种艺术或媒体，甚至也不为一种更新的艺术辩护而反对常规的或传统的艺术。它们不只是为在艺术和其他性质的经验或社会生活和结构的其他区域或层面之间的哲学区分进行辩护——无论是现象学的还是结构主义的，也无论是物质的还是经验的。那种描述在这里总是被迫服务于一种更基本的目的，即赋予美学以一种不可比拟的超验的价值（实际上，它不需要以描述其他类型的经验结构来完成——无论是社会的还是心理的经验——它是独立的，不需要从外部证实）。

但是，我已经对区分这个关键词表明了我的看法，它在前面的讨论里无处不在；它现在可以被看作是从亚里士多德到卢卡奇各种哲学美学史本身的一个持久的特征（抛开鲁曼及其语言学的符码和口号）。为了某种并非适用于哲学史上所有（西方）美学家的特殊的历史判断，为什么要挑出现代的批评家和美学家——现代主义的批评家、美学家、理论家呢？这是一个可以通过现在的语境缩小和强化的问题：因为，为了说明前面一节谈到的现代主义，我们在这里不是特殊调用了美学领域里的独立自治的概念吗？这种说明不是只确认我们在这里归于现代主义理论家的那种结论、即美学本身的独立自治吗？最明显可见的差异，即我假定这种独立自治是一个历史过程的最终结果，而现代美学家总体上把它看作是一种超越历史的、无时间限制的、永恒的状态——这种差异是不是真的是残酷的差异？是不是惟一的差异？

不，根本的区别在于另外的地方，在于独立自治的概念和称作半自治的标示之间那种几乎看不见的界限：它是一种滑动（从附属的到独立的，或者说，从构成的和描述的到本体的），像一个纤细的发丝似的裂痕，深深地嵌在这组词之内（鲁曼的区分根本没有对它进行记录）；但它形成一条基本的边界线，在这条边界线上，现代主义的理论家把他们的立场置于一种讲故事似的严加防范之上，而这不免有时使我们其他人感到困惑。

通过记住我们自己描述中的其他令人困惑的特征，即绝对性，我们就可以摆脱这种困惑。最后这点事实上代表着所有美学之外的判断，最后提出这种判断是为了给我们一直称之为美学的半自治提供根据并赋予它新的动力：无论在人类心理学还是在历史或社会当中，甚或在宗教自身当中，这种判断都必然被现代的理论家拒绝和否认。但这种拒绝有时被那种本身是艺术和美学的立场所掩盖，而事实上艺术和美学对他们构成了绝对性，于是这种立场根据这种或那种艺术的“宗教”和类似的口号便被庸俗化了，而它们的一切都充满了内在的矛盾，最终变得毫无意义。并不只是艺术不是宗教，只能作为对外在权威和价值的服从而被迫为后者服务。如果绝对这个术语有什么意义，那就是它表示一种超验的促动因素，一种对外在于实践本身的某种事物的要求。但同样肯定的是，在我们这个时代，宗教是非常含混和脆弱的一个话语领域，它的词汇本身可以因其他原因被占用；实际上，在它与美学联系最密切的地方，人们最常发现它只不过是后者彻底独立自治的一个借口。如果把这些美学化的（大部分）基督教的修辞与T.S.艾略特加以比较，这种差异立刻会变得清晰而容易理解：后者要求一种真正的绝对性，就是说，一种对整个社会变革的看法，其中也包括艺术回归到先前公认的整体性。我们当代人的宗教是一种保守的、没有内容的遏制策略，一种对进步和革命立场的知识的——即使不是政治的——威胁的反应。

有一点会变得最不清楚，这就是对美学独立自治的肯定充满了矛盾，它需要大量的（意识形态的）工作才能保持。在假定了旨在历史地为这种现代的（或现代主义的）美学意识形态定位的其他一些前提之后，此刻我们要对它的能动力量和要求加以考察。实际上，接下来我要论证的是，这种意识形态——甚至作为现代主义艺术实践的理论化——与现代运动本身并不是同时期的东西，这我在前面一节已经做了描述。它是一种后来的产物，基本上是第二次世界大战以后那些年的发明创造。这种断言会引起关于意识形态本身的一些概念问题：即它与实践（这里可以说艺术实践）的关系问题，以及意识形态和实践与所说的历史境遇的关系问题。

举例说：如果现代主义的意识形态不是由现代主义的艺术家自己发明出来作为他们艺术实践的理论，那么他们的意识形态是什么？如果现代主义的意识形态是后来的产物，不再适合于我们认为是典型现代的19世纪和20世纪艺术家和作家的实践，那么它适合于谁的实践呢？这些最后该称作什么？如何区分他们与令人尴尬地称作“真正的”现代主义者或“真实的”现代主义者？让我们先看看最后这个问题。我把战后的艺术家称作“后期现代主义者”；在最后一节，我会概要地说明他们的作品和经典现代主义作品之间在结构上的差别，经典现代主义的实践者将被我（不无犹豫地）称作“高级现代主义者”。

在倒数第二节，从那个结论回溯，我将不得不说明现代主义意识形态本身“不平衡发展”的特点，它们如何在各不相同的民族境遇中以同样各不相同的形式出现，以及迥然不同的民族理论家如何使各不相同的形式得到发展。但是，在对战后各民族—国家的某种现代主义意识形态考虑于其中形成的各种美学之前，包括它们直接与之相对应的那种后期现代主义实践的艺术气候，我必须更具体地谈谈意识形态本身。

关于后现代主义的意识形态人们首先想说的是，它是美国的一种发明，它有某些特定的历史决定因素。我忍不住要补充的是，我们要区分外在的决定因素和内在的决定因素，事件和政治形势的压力与美学形式本身的压力。我们在这里将依次对它们加以论述。

后期现代主义是冷战的产物，但它有各种复杂的形式。冷战导致了整个社会变革时期的终结，实际上也是乌托邦欲望和期待的终结。因为在整个这一时期，消费主义的出现和消费文化的扩展，显然与在它之前赢得生产率的英雄时期完全不同（在冷战的两个对手之间，这个时期甚至并没有因第二次世界大战的破坏而结束）。但是现在，西方和斯大林主义的东方想要的是现行制度的稳定，是结束在现代性的标语口号下实施的那种现代主义变革的形式，换言之，结束经典的或高级的现代主义。于是后者的绝对性被变成了更基本的现代化计划——这只是表现那种旧事物或资产阶级的进步概念的一个新词。正如已经看到的那样，现代化代表已经发展的工业技术的转化和/或应用，代表着它的复制而不是发明。因此政治现在必须严密监视，对新的社会冲动要进行压制或规训。这些新的控制形式在后来的现代主义里象征地再现出来，把旧的现代主义的实验变成了经过检验的真正技术的储备，不再追求美学的总体性或完整性，也不再追求乌托邦的形式变化。然而——这里是把新的术语后期现代主义用于整个历史时期的地方——这种原始—现代主义美学的现代化战后仍然继续了一段时间，直到20世纪60年代结束了战后时期，结束了哈贝马斯所称的现代主义的追赶或恢复，结束了那种认为本身是后者的完成和完善的现代的继续。但是，努力继续并完成未实现的现代主义的许诺能采取什么形式呢？

让我们回到艺术的美国及其理论家在1945年德国战败后所面对的世界形势。就现代主义而言，我们当然应该记录一种世界范围的美学的“不平衡发展”。由于一些明显的原因，轴心国失去了它们的现代主义时期，同样苏联也失去了这个时期。所有这三个国家（我不算日本）在20世纪20年代都有过充满活力的现代主义，直到30年代初差不多同时它们都突然中断。在美学方面，这种情境无疑证实了哈贝马斯著名的现代主义是一个未实现的许诺、未完成的计划的口号。对我们来说，问题的关键不只是它们没有在艺术上发展，而且它们未能达到理论化的阶段，就是说，按照我们现在的语境，它们未能达到使某些真正“现代主义的”美学实践能够以现代主义意识形态的方式得到整理的阶段。与此同时，在所谓的西方民主当中，这个阶段同样也不存在，只是由于不同的原因而已。实际上，在英美核心国家，直到第二次世界大战以后，现代主义仍然是第二位的或相当弱小的力量。在法国情况不同但也不例外：虽然波德莱尔对“现代”一词的创新使用标志着现代时期法国艺术的中心地位，但“现代主义”这个陋词直到最近几年才使用，并且表现出一种奇怪的理论上的迟滞性——这我在后面会谈到。惟一的例外是建筑领域。在建筑方面，国际建筑委员会和勒·考比西埃咄咄逼人地推广现代的口号，孜孜不倦地建构其意识形态。（不过正如我们已经看到的，重要的是区分从属的“现代”的征象价值和现代主义口号本身，前者得益于所说的那个时代之前的美学讨论，而后者是一个甚至在建筑领域也不甚流行的独立的存在。）

冷战局面提供的并不是艺术的机遇，而是意识形态的机遇。当然，绘画中的抽象表现主义是一个非常伟大而持久的成就。但是，当我提出后期现代主义是一种美国现象时（或者更确切地说是美国一种独特的现象），我想到的是艺术理论，或现代主义的意识形态，而这正是自抽象表现主义的作用所产生的，并作为一种特定的北美文化帝国主义伴随着它在国外到处传播。塞尔格·吉尔保特的名著《纽约怎样偷窃了现代艺术的观念》绝妙地讲述了这个故事，我这里就不再重复了。在一个更有局限的民族范围内，这种发展在美国诗歌中得到重复，其中华莱士·史蒂文斯的丰富而复杂的著作开始取代埃兹拉·庞德和 T. S. 艾略特的作品，后两个人都因政治而失去了光彩，换句话说，因为对外在的、诗歌之外的或文学之外的关怀而黯然失色。但是，庞德和艾略特的政治（尽管令人怀疑并且是右翼的）标志着他们是真正的现代主义者，就是说，他们坚持绝对性和乌托邦主义，采取了不再适合战后时期的方式（尽管也曾有人说过，美国诗人艾略特的欧洲主义具有一种美学的北大西洋公约组织的意识形态，为英国与战后欧洲大陆的联合进行准备）。

为了能够转换和翻译，或者为了输出的策略，史蒂文斯同时是非常抽象的，在这一点上，他完全不同于过于美国化的威廉·卡洛斯·威廉斯（虽然史蒂文斯说他自己是最后一个从未访问过欧洲的美国人，在另一种意义上提供了一种高级文化“本国”化的本土证据）。史蒂文斯的诗可以看作文学，也可以看作理论；他的实践基本上是他自己与颇有影响的新批评一道构成理论的东西：就是说，史蒂文斯和新批评准备了现代主义的意识形态得以出现的空间。

现在应该说明什么是那种意识形态。它应该在新批评当中发现，但首先应该在那种从该时期美国绘画形成的批评中发现。那种批评与晚期现代的一个主要理论人物的名字相关，实际上那位理论家比任何人都应该被认为发明了现代主义的意识形态，并使之得到了充分发展。坦率地说，我指的是克莱门特·格林伯格。事实上非常具有讽刺意味的是，它竟然是直到最后一直掩盖着格林伯格历史性成就的各种艺术的“自治的意识形态”中的孤立主义，因此他与诗的语言信条的关系当时很少被承认。我将引用几段旨在提供这种干预的情况，并说明一种美学自治的理论如何可以在视觉艺术领域里重构：

> 它不是转过来面对新的社会，而是移民到波希米亚，那里应是逃避资本主义的圣殿。它应该是先锋派的任务，在反对资产阶级的社会当中，他们应该发现新的充分的文化形式来表达那个同样的社会，但同时又不屈从于它的意识形态的分割，也不屈从于它不让艺术由他们自己证实的禁令。先锋派既产生于浪漫主义又否定浪漫主义，他们变成了艺术的本能和自我保持的体现……
>
> 作为其日程表上第一项和最重要的一项，先锋派发现必须回避以社会意识形成斗争影响艺术的一些观念。观念一般都意味着主体问题……这意味着新的、更多的对形式的强调，它也包含着对艺术的肯定，艺术作为独立的行业、学科和技艺是绝对自治的，为了它们自身的缘由也应该尊重。[11]
>
> 先锋派绘画的历史是逐渐向其媒体抵抗投降的历

史；而这种抵抗主要在于单调的画面拒绝为现实主义的透视空间作“穿透”它的努力。[12]

对于一种美学自治的观念最初如何构成的问题，在达成某种更全面的理解之前，这里需要作两方面的讨论——一是关于格林伯格的历史和政治境遇的讨论，一是关于绘画理论转换到其他艺术和媒体的复杂现象的讨论。

众所周知，格林伯格最初相信马克思主义，同样为人所知的是其托洛斯基的立场．从这种立场出发，对斯大林主义的幻灭决定了他在总体上使艺术与政治分离。不过，这里有两个相关而又不同的框架。马克思的立场假定艺术中的现代主义和它的资产阶级语境是对抗性的；马克思主义本身内部的不同层次能够使那种对立性的解释从反资本主义的立场滑到反资产阶级的修辞。后者由于不再以分析社会—经济制度为基础，所以很容易退化到根本不再决定政治的对社会的厌恶，表明在资产阶级社会内部的一种飞地的立场，格林伯格的同时代的学生们发现他们可以把这种立场称作“对资产阶级的忠诚的反对”。（这种巧妙而可笑的扭曲，似乎更适合许多处于商业主义内部的后现代艺术家的角色，而不是高级现代主义或后期现代主义艺术家的角色。）

于是，反斯大林主义运动的发展倾向于掩盖这种反资产阶级的立场，试图把左派的政治实践与资产阶级公共领域结合成一个单独的实体，作为外在于艺术作品的东西。左派对政治的坚持和资产阶级的自由修辞，在前面引用的那段话里都同化为“社会的意识形态斗争”。于是后者构成“内容”，或者格林伯格在这里所称的“观念”或“主体问题”；无论出于什么信念，它们都使它能够把必须从艺术作品中删去的东西等同于政治本身，从而使它变成某种更加纯美学的东西（人们理解纯粹性或“纯粹的诗”的口号是一种旧的语言)。

但是，两种有利的情况因此得到了保证。首先，马克思的模式现在可以保持并以一种新的惊人的方式得到发展：作品的纯化和根除外在于它的东西现在可以看作是艺术维护自己，反对敌对环境的一种方式（无论那种环境是资本主义还是只是中产阶级的偏见)。格林伯格的美学计划现在可以被赞扬为“艺术自我保护的本能”，它反对所有敌视它的力量，无论是政治的还是社会的力量。

同样，新的过程——由此艺术真实的主体问题变成了“内在的”，并被发现是物质媒体本身——现在可以重新与现代主义的目的论一致，与新颖和发明一致，而且在更彻底地“向它的媒体的对抗投降”的道路上，由于它的出现可以构成一种新的系谱学，其叙事确切地围绕着这种有倾向的对外在性（现在被理解为修辞）的消除而转变。这种新的目的论的叙事——它现在可以组织和协调对经典时期创新的各种时断时续的要求——也说明了格林伯格同样令人惊讶地对旧的术语“先锋派”的占用，其目的是把他的美学改变成一种宣言，把他赞赏的画家转变成一种充分发展的集体运动。但是旧的先逢派在这种意义上很难说是纯粹的或形式主义的，而特别强调和热情支持的只是那种格林伯格同样热情地希望从艺术中消除的政治使命和（任何类型的）内容。

格林伯格作为一个理论家（假如真的能从他作为一个批评家的洞察天才中区分出来）的伟大性，不只是看到如何成功地使社会和政治领域里的这些两难困境达到新的美学的解决；也不只是发现了如何以新的解决作为他的新意识形态叙事的高潮这样一种方式来重新建构现代主义的传统；而且他还了解到如何抓住时间，理解冷战的开始不是作为希望的终结和前一时期产生力的瘫痪，而是作为一个独特的机会来构成一种崭新的意识形态，这种意识形态利用并重新唤起那些能量，为未来提供一种全新的（美学的）蓝图。

第二种评论论及由这种意识形态和这种美学——显然是具体的媒体——转变成其他艺术所提出的问题。这是一条双行道：我们不仅要说明对油画材料和帆布表面的赞美何以能够在语言艺术里找到等同物；而且要说明那些艺术为什么首先需要这种转变，为什么它们不能只是发展它们自己的独立自治的意识形态（如像新批评实际上对文学做的那样）。

因为我们面对着一种矛盾的境遇，在这种境遇里，文学——更具体地说是抒情诗，非叙事的诗的话语——被置于现代主义高雅艺术系统的中心（顶峰）。就这种假定的艺术自治地位的表征本身无法再现而言，这是一种误导的主张。因为，诗本身难道不"追求音乐的条件"？当一个人把他的再现的注意力转向音乐本身时，难道不应该把它说成是一种诗的话语，外在维度的意义已经从它升华到不可言喻的顶点？音乐于是被想像为一种没有内容的表达方式，一种什么都不说的绝对语言：只有在接下来的意识形态活动中是个例外，而它绝对表示的意识形态活动本身，似乎也处于虚空之中。因此，在一种循环运动中，各种艺术——更确切地说，各种艺术的媒体——只有通过借用另一种艺术的再现特征才能证实其性质（因此才有德国哲学家谢林著名的说法："建筑是一种凝固的音乐"）。

因此，如果艺术自治意味着某种超越修辞的绝对精神化或升华，那么它可以根据某种绝对的物质性以辩证的方式同样很好地得到再现（正如黑格尔所指出的，存在和虚无等于同样的事情）。这一问题最自相矛盾的形式是，语言的物质性得到证实，这意味着它引起一种远远高于那些只是"在空中振动"的存在（马克思的话），或者远远高于索绪尔赋予他的能指概念的那种听觉形象

（没有意识到最近为这种概念而保留的那种特殊的理论的命运）。当然，大部分随后出现的那些支持语言物质性的人（如保罗·德曼和让-弗朗索瓦·利奥塔，从他们不同的观点出发），不遗余力地证实那种最终是令人反感的立场——语言是非人性的。这种令人反感本身也是双向的：因为这种立场现在可以毫不费力地被任何唯灵论占用（技巧上的非人性也是上帝注入他的人体和有机体创造中的精神）。但是这种物质性常常暗示非理性——在这个阶段是终极的精神/肉体问题，其中物质的语言表明它根本无法与人的其他杰出的能力“思想意识”相一致。因此，拉康关于人类有机体出现在象征秩序的异化因素里的概念常常具有科幻小说的色彩；语言此时变成一种奇怪的财产，由外星球某个种族的旅行者在他们对地球的短暂访问期间，给予他们发现在地球上流浪的不幸的人类动物。

不过，事实上，在这种理论里真正被承认的是意识形态再现的要求：格林伯格油画的物质“语言”，帆布所需要的有形姿态，以及“艺术的”表面，赋予自治的艺术作品的概念以戏剧性的内容，使我们能够以某种非工具的方式谈论技巧。这就是为什么文学，或者纯粹的文学美学，深受其他艺术的嫉妒；它渴望它们的目的论历史的完整性，渴望对它们选择的物质性的肯定和保证。在商品化的时代，文学希望它成为一种东西，像其他艺术品看上去那样的物品；像在福楼拜的梦幻结束时的圣安东尼，它不停地嘟囔着它最深处的欲望：**要成为物质的**！

这就是为什么在与绘画那种可羡慕的、实在的、现代主义美学经过意味深长的调情之后，它紧紧抓住艺术语言本身的那种替代物或第二位的物质性，也就是诗和诗的语言，于是诗和诗的语言便被提到高于其他语言艺术形式的中心地位。因此，对文学现代主义的所有自尊的理论家，一种纯粹的诗的话语将构成恒星，所有其他的语言现象都冒险围绕它转动；而那种对诗的语言本身进行某种“界定”的不可能的理想，将变成自从新批评（以及在他们之前的苏联和捷克形式主义者）以来所有现代主义批评家的更好的诱人失败的策略。尽管如此，现代主义意识形态大厦的第一道大裂痕早在1957年就已被看到，当时诺思罗普·弗莱（在《批评的剖析》里）断言叙事本身具有同样的重要性，接下来巴特、结构主义者和符号学家，重新发现的巴赫金和某些弗洛伊德主义，所有这些都为特定的现代主义文学意识形态的棺材提供了大量的钉子。

不过，现在我们需要首先回到这种意识形态构成的前提条件。人们现在可能争论说，自从康德以来，所有哲学美学都在朝这个方向发展；或者说，康德本人就是真正的哲学发明家，他发现了一种信念，其历史的实现恰恰在于这些晚期的现代意识形态。这是一种重要的反对意见，其基础是一种编史工作，它把历史记录组织成连续的一体，而不是重构为许多断裂。这种意见需要更全面的回答，我不可能在这里提供。[13]我相信，康德的美学把艺术从封建的装饰中解放了出来，并把一种新的资产阶级艺术定位于传递乌托邦和后来的现代主义价值。但我认为，如果把康德的方法重新挪用于反政治的和纯美学化的后期现代主义意识形态，那就是一个历史的错误。这是另一种情况，正如许多当代思想家和历史学家向我们表明的那样，传统事实上是一种现代的、甚至当代的、后当代的或后现代的发明；从过去的权威的引用最多只是一种模仿拼凑。今天艺术的自治至多只代表高雅文学本身，也就是说现代主义和它的经典。

由于以这种方式表现出来，这些意见很难说是个人的，因此我需要通过对运作情况的说明来支持这些意见。自治的概念首先依靠那些动作来重构，而实现的行为则是它的前提。

人们可能认为这是一件很容易的事情；通过把艺术与非艺术分开；通过排除它在外在因素，例如社会学的和政治的因素；通过从实际生活、商业和金钱、资产阶级日常生活，以及围绕它的一切污泥浊水中恢复美学的纯洁性，肯定可以保障艺术的自治。但是在我看来，它根本就不是那么回事，即使美学理论家以那种方式说明了他们的成就，把美学从一切非美学（和所有其他学科）当中分离出来，他们立场的基础以及美学自治的定义本身也得不到保障。

在这种立场中，惟一还是真实的东西是分开或分离的行为本身，但它并没有发生在他们为它指定的确切地方。美学的自治并不是通过把美学与实际生活分开而获得，而且康德表明了它从一开始就不是实际生活的一个部分。相反，它的获得是通过美学自身内部的一种根本的分裂：文学和艺术与文化的彻底分离。（这也说明了为什么 T.S. 艾略特恢复文化的计划并不适合后期现代主义。）

因为，实际上，人们所说的各种形式的文化是美学与这种或那种日常生活类型的一种认同。所以，正是从文化当中，艺术本身——高级艺术，伟大的艺术，随便你怎么称赞它——必须被区分出来；这种活动只能历史地发生在电视时代的最开始，后来被贬称为大众文化的东西当时还处于幼儿时期。

不过，事实上，从格林伯格到阿多诺，经过美国的新批评，所有主张艺术自治的理论家和思想家，或现代主义的理论家（与真正的实践者相对），都同意文化的观念是艺术的敌人；如果对文化敞开大门，那么当前在文化研究条件下被谩骂的一切事物都会涌进纯艺术和纯文学，并使它们受到无可挽回的破坏。然而应该非常明显的是，这种告诫的区分远不是美学和非美学之间的分离：毋宁说它是文化领域内部的一种分裂，是最广义的美学内部的一种分裂，因为在那种意义上高级艺术和文学是和电视一样的文化，而广告和流行文化是和史蒂文斯和乔伊斯一样的美学。

同样不难看出为什么需要走这么一步：从席勒和黑格尔以降（直到后来的 T. S. 艾略特），文化一直明显是社会或日常生活与艺术之间调解的空间。文化是这些方面双向相互作用的地方：艺术使日常生活崇高（像马修·阿诺德希望的那样），反过来社会生活使艺术和美学平凡和堕落。因此文化像是边境地带和来往跨越运动的空间，是从一个层面或维度到另一个层面或维度的变换和转化的所在。如果把这种模糊的空间作为调解的所在，如像伟大的艺术家所做的那样，那么文化的社会一极就不仅是内容和素材，而且它还提供基本的语境，在这种语境里，艺术即使以其现代主义形式的绝对性——尤其以其现代主义形式的绝对性——仍然具有挽救和改变一个堕落的社会的功能。另一方面，像我所提到的批评家和理论家那样，如果人们面对这种模糊的边界感到不适，或对必然脱离艺术作品本身的不确定性感到焦虑，那么关键是打破联系，切断这种辩证的运动，对文化的概念进行挑战并从哲学上对它怀疑，以便保护艺术的空间使它不再遭受侵犯或污染。我应该补充的是，在这种新疆界另一边的专家——社会科学家——对于美学化的现代主义批评家一方的这种举动并不一定怀有敌意。因为这种分离也保护他们的学科。它把文化变成社会学里的一些小的探索领域，但首先它从那些关于文化的意识形态及意识的问题中清理和纯化它们的各种理论和探索；那些问题非常混乱而令人厌烦，并可能把不可量化的人类自由重新引回到一个细心划界的、确定的、可试验的、可能歪曲的、实验和问题的统计领域。应该补充的是，在社会科学家眼里，文化和艺术的分离把艺术和美学恢复到他们所属的那种安全领域，因而加强了使他们的学科免受纯理论冲击的有利地位，而过去四十年来所谓的人类科学一直在散播这种纯粹的理论。因此，在各个方面，出现了把文化变成贬义词的意愿：文化是坏的文化、大众文化和商业文化。人文主义者可以毫不犹豫使它服从于社会科学的分析，使文学不受影响也不可触及，处于一个它自己的专家可以继续不受外在问题干扰的工作领域。

但这种**文学**事实上是一种新的发明：它并不代表人类历史长期积累的那庞大的表征和文化（实际上主要是宗教的）资料的档案；相反，它事实上是那种划定了界限的、称作现代主义的历史现象（以及它选择以自己的形象重写的过去的片断）。因此我们这里有不同识别的方式：高级文学和高级艺术意味着美学减去文化，美学领域从根本上清除和净化了文化（主要指大众文化）。这种新价值观的战斗口号最近几年发展（至少在美国）成了那种亦新亦旧的词语——经典，它指的是一系列伟大的作品，“一切想到和说出的最好的东西”——我们的右翼分子喜欢引用的马修·阿诺德的说法。这个术语和概念具有提出旧的语文学家（不知谁还活着）和更新的美学家结盟的优势——语文学家对过去怀有真正的历史兴趣并赞扬过去，而新的美学家则是某种（晚期）现代的理论家。因此这个术语掩盖了我在这里坚持的基本事实，即这种纯美学的或纯艺术的经典，只要仔细观察，立刻就可以发现它只不过是现代主义本身。

（三）

但是，如果不能从康德的美学遗产中把它推演为一种有机的、进化的发展，那么我们现在称之为现代主义意识形态的东西必然被认为是一种意识形态的计划，大量个人都曾集体地为此努力工作，但却未必意识到他们严肃地介入的这项历史任务。此外，它还必须被看作是一项因不同民族情境而反复出现的计划，作为一种特殊和独特的民族—文学任务或原则，它与其邻国跨文化的亲属似的关系并不总是明显可见（无论在国内外都是如此）。当我们考虑到我们前面谈到的那种不平衡的发展时，各种迟来的或者不成熟的现代主义的非同步的力量，它们的“追赶”（哈贝马斯用语），或者实际上它们过早的衰竭，一幅多重时间性的和多重线条的现代主义意识形态构成的画面便浮现出来，它们不可能被拉平为任何简单的影响模式或文化和诗的帝国主义模式，或者跨文化的扩散或目的论的事实的模式（即使所有这些选择提供局部令人满意的叙事）。

因此我们必须进行选择，在这些平行而又全然不同的、历史上独特的轨迹中，只以几个来加以概述。在非常不同的语境中，我们已经涉及保罗·德曼和阿多诺后期的美学；而实际上，每一个肯定都应该看作是自己风格的现代主义者（就像德勒兹、利奥塔和福柯在哲学和美学上采取各不相同的独特方式，但他们的“后结构主义”——举起一面热烈争论和非常不和的旗帜——却完全可以看作与更大的后现代叙事一致）。

但是，保罗·德曼和阿多诺（在当前语境里）的重要之处在于他们的方式，在他们后期的作品里，一种得到充分声援的现代的意识形态达到了真正自我批判和“反思”的含混阶段，这也可以说是对整个意识形态计划提出了质疑，但它又仿佛是来自另一面，并对它有过完整的经历。因此他们的故事可以从两个不同的方面来说明：一方面，他们被看作是最重要的、内涵丰富的概念的解释者，揭示了某种更广泛接受的后期现代主义的唯美主义，但这种看法肯定不会引起什么兴趣，因为按照这种看法，每一种阅读都相信对纯粹审美的琐碎化深感不满，而正是这种审美的琐碎化促使他们走向了对艺术自治的解构；另一方面，这种审美的琐碎化又促使他们走向对经典现代主义的绝对性的重新发现：简而言之，努力阐述艺术的使命应该不仅仅是艺术。

这些观点过于复杂，难以用来对一种趋势或倾向作纯粹的说明，因此我建议花点时间来看看其他意识形态的构成——同样严密的概念化并具有真正的哲学力度——它们分别更清楚地标明了1945年以后法国和德国文学境遇的特殊性。诚然，就现代主义而言，这些境遇实际上彼此相反：因为我们一般都认为，法国的现代主义传统在许多方面都是最老的，可以回溯到波德莱尔和福楼拜乃至革命之前的19世纪40年代；而在德国，当前（1989年以后）通常的看法是，魏玛时期兴盛的现代主义，甚至在第二次世界大战以后，也没有因“47团体”的活动而被真正重新发现或完成，它现在被认为过于政治性或政治化，无法为某种真正意义上的美学后期现代主义的复兴奠定基础。

但是，这么说就意味着现代主义及其美学的发展有一个标准：某种支配性的演化的主线，这些民族的发展每一个都可以理解为一种对这条主线的偏离（无论是如何历史地决定的）。我已经说过，现代主义的意识形态在许多方面是一种美国现象和美国的发明；但作为该问题的一种美国观点却会大打折扣。我这里宁愿论证的是一种以马克思对资本主义的描述为指导的立场，因为对于资本主义，每一个民族的轨迹——包括最主要的也是最早的对英国资本主义的说明——都是通过民族文化和历史境遇的经验特征独特地由多种因素决定的，在这种情况下，虽然在抽象中存在着资本主义发展的不可回避、不可逆转的动力，但并不存在任何“基本的”历史范式，所有资本主义发展的道路都是独特的和不可重复的。关于这种论点的辩证看法，可以阐述为一种与公认的资产阶级经验主义或常识非常不同的关于一般和特殊关系的概念，即“特殊”是你列在“一般”之下作为它的纯实例的东西，“一般”是你把“特殊”列在它之下作为一种类型的东西。对于辩证的看法，“一般”是一种观念的构成，它永远不会知道任何经验的体现或认识：所有它的“特殊”也都是具体的、独特的，在分析中“一般”的作用不是把它们归纳为同一性，而是让每一个在其历史差异中都被看到。

无论如何，这是我在论证中所持的精神。我认为，正是在莫里斯·布朗绍的作品里，我们会看到关于真正法国“现代主义的意识形态”或“美学自治的意识形态”的最富启示性的构成。诚然，这种论点包含一种有力而引起争论的对一个漫长而复杂历程的再叙述，对此已经有许多可选择的看法存在。布朗绍可以被看作（已经被看作）一个逐渐变成批评家和文学理论家的小说家，这或者因为他最初卡夫卡式的形式已经枯竭，或者因为逐渐强化了他对写作行为本身的意识。他也可以被看作（也是真实的）20世纪30年代一个右翼的民族主义者和思想家，为了保留面子，他的反德意志和反希特勒民族主义相当早地导致了他的政治幻灭和非政治化，并在战后反对阿尔及利亚战争的抗议运动以及在随后发生的1968年五月风暴中，他重新发现了纯形式的集体政治姿态。最后，他还可以被看作属于某种后结构主义文本性或文本化的典型的文学理论家（或思想家），他的折衷主义基础的有效性得到了福柯和德里达等一些观点非常不同的人的承认。[14]

正如我所评论的那样，这些都是可行的、有说服力的叙事，它们在构成它们的语境之内做了令人满意的工作。但我的论述却非常不同，我将集中于那些纯文学的论文（主要是杂志的评论栏目），它们标志着布朗绍对法西斯主义支持的痛苦终结和战后时期伟大的民族独立战争开始之间那个相对清闲的阶段。基本上集中了这些文章的文集是《实话实说》（*Faux pas*）和《火花集》（*La Part du feu*），但对此人们一般不予注意，而是关注——即使不是更明显的后结构主义的论述（如《友谊》、《灾难的文字》

或《无效的一致性》)——早期结构主义年代更神秘和绝对的论述(例如《文学空间》和《未来之书》)。这种忽视有其明显的理由:除了两个特殊的例外(每本书里一篇),早期的文章全是非常狭隘的批评和具体的作者或文本,包括从对巴尔扎克和莫里哀、帕斯卡尔和马拉美、波德莱尔和劳特雷阿蒙等的局部研究,到对卡夫卡和荷尔德林、亨利·米勒和尼采、克尔凯郭尔和福克纳、穆西尔和里尔克、荣格和尤威·约翰逊、布莱克和印度教经书等的欣赏。对于所有这些外国作家(以及他自己国家的经典作家),布朗绍有些有意思的东西要说,但应该宽容读者最后得到这样的结论:对所有这些作家他要说的总是同样的东西,其兴趣是对一种独特的、无处不在而又非常狭隘和专门化的思想,与所谓后结构主义时期的文本中的矛盾或阅读中的矛盾相关。[15]因此,这些不同的作家和文本很容易被作为重申一种哲学经验的多种途径和前提,而布朗绍当时试图在两篇理论文章里以不经过中介的方式正面论述那种哲学经验。这两篇文章的标题是《对语言的焦虑》(见《实话实说》)和《文学和死亡的权利》(见《未来之书》)。

但是,首先正是这种归纳过程和这种单一性才是我们这里所要展示的东西:而这可以说是一种包括两个不可分开的阶段或步骤的运作。在第一个阶段,自治的法国文化和文学史的狭小范围被扩展到战后更大的国际社区,这个社区在第二次世界大战结束时取代了两次大战中基本上是欧洲的大国竞争的空间;而这是一种比只增加几个外国书名更有戏剧性的姿态(众所周知,像福克纳和海明威这样一些作家在20世纪30年代已经拥有热情的法国读者)。人们无须提出某种早期法国沙文主义或文化马尔萨斯主义的陈腐思想,就可以看出布朗绍引人注目的欣赏何以把美国人置于战后的中心舞台(与他们一起的还有许多其他潜在地令人兴奋的外国的和国际的文化传统）；也可以理解在占领之后立即重新安排德国文学地位的那种姿态的价值。因为，这首先是一种对文学经典影响的巨大重构，而在战前时期文学经典几乎完全是法国的。

因此他应该对所有这些著作谈“同样的东西”，他应该依次把每一个都赞扬为是对写作本身之内漫无止境的矛盾的排演——这是关键的第二步。因为每一部作品，无论它写于什么时期或用的什么语言，也无论它直接的民族或文化—政治的境遇如何，都可以看作是在参加一种永远相同的仪式，这仪式就是文学写作，是对我们在这里称之为艺术自治的赞颂。这是布朗绍真正的创新之处：如果说马拉美——或者他之后的瓦莱里——远在布朗绍之前就提出了这种写作行为内省性的概念，那么还应该补充说，对他们而言，这种自我意识投射一种仍然有待生产的新型文学，而对于这种新文学，他们的美学可以当做一种宣言。另一方面，对布朗绍来说，每一个写作行为都被假定为已经预设和包括了这种内省性，它是所有文学的一个阶段，而不仅仅是“未来之书”。然而，这些看似谦虚和只有局部目标的文章，事实上确实凭着它们自己投射出一项计划：但这是一项美学计划，或者更确切地说是一项美学—意识形态的计划，而不是一种风格或文学的计划：它包含一种新的文学概念的构成，与那种（特殊的法国）流派和运动（象征主义，存在主义）的概念大不相同，尽管后者迄今一直支配着文学史的写作。这也不只是意味着把法国准则扩展为国际准则：它包含以一种新的美学自治的概念取代关于各种艺术的民族的概念，以及它们根据自己不同的社会和历史功能而相互冲突的意识形态立场；在这种美学里，布朗绍能够巧妙地承认这些各不相同的社会和历史、意识形态和政治层面的内容，同时又极其娴熟地把它们全都转变成一种文学写作和文学行为的独特的、永恒的姿态。

但这种情况是如何出现的呢？因为它出现在法国，而且非常普遍又难以察觉，所以当"新小说"以它自己那种更是文学和美学的形式取代文学的存在主义时，它几乎不承认布朗绍对这个领域的准备，好像它根本不需要这么做。

我前面提到的那两篇理论文章的标题，为我们提供了了解其运作过程的线索。第一个标题里的"焦虑"一词，相当清楚地表明了萨特存在主义的中心概念（长期以来我一直认为这个词译成"焦虑"比译成"苦恼"更好）；而在第二个标题里"死亡"一词的出现，最终涉及法国革命传统，尤其是黑格尔对恐怖的描述。然而，正如这些哲学概念最初看上去是文学之外的或者外在的一样，应该把它理解为在形式上每一个都使某种自治戏剧化了：对萨特而言，作为自由意识的焦虑没有内容，并永远与我同在，处于表面之下，我力求保持它的隐蔽状态，而它在清理历史的运动中从下面跳出，莫名其妙地成为绝对的；而黑格尔的恐怖事实上是绝对的，是一种纯粹的革命的自由，它普遍地威胁着所有个人生命的内容，因而也威胁着那些革命的煽动者以及革命本身的生命。确实，对于纯粹的文学姿态，这些显然是过分戏剧性的等比对应。

然而，两篇文章都寻求持久地、有力地、不缓和地根除各种兴趣，因为它们可能损害或玷污康德的无偏见行为。一切在想像上可能激发写作行为的事物——从自我表达到交流，以及所有对艺术本身的传统的确证——都被揭示为一种不可能的矛盾。甚至其结论——"他写作是为了不说任何东西，因为他没有任何东西可说，他写作是为了证明写作的不可能性"——本身也受到破坏，而由此留给我们的那种绝对的否定性本身——"没有不是这个没有或那个没有，没有就是没有"[16]——也毫无意义。布朗绍的伟大之处在于他的绝对的超越，那种自治和内在性的逻辑被推到了极限和最终的无意义性（但没有主题化的情感因素，也没有威胁要破坏美学立场本身，如像在德曼和阿多诺作品中冒险做的那样）。

现在我们可以更好地欣赏存在主义的或革命的类比的作用。这些概念——焦虑和恐怖——每一个都已经取得了对它于其中运作的那种外在的外部世界的彻底净化：人类情感的多样性在它的差异中消失，变成了一种没有内容的强烈的自由意识；而恐怖基本上也为社会本身（和历史）取得了同样绝对而民主的形式主义。[17]但这种新的意识形态通过这些条件之间的交换会被封闭起来：美学自治的意识形态因其以存在主义或政治的形式重复将得到承认，促使它变成类似最高价值的东西；而存在主义和政治范畴的真正内容，因美学与之相似而将被不知不觉地收缩和挥发，留下一种含混不清的情境，其中现代主义的断言必要时仍然得到政治或存在主义的证实，但正如本雅明在一个难忘的战前时刻所说，这里即将出现的存在主义的信念和政治实践（1968 年 5 月）已经以某种方式被可疑地“美学化”了。

德国的情况完全不同于这种情形。德国情境中“未完成的现代性”及其被迫向外部的开放（在哲学和社会学以及在文学里），在不必要的世界主义中形成了一条应急的道路，但却提供了一种通向过去的迂回，重构了一种走向必不可少的现代主义的真正德国方式。《水星》杂志的编辑卡尔·海因茨·博里尔——一位保守的富于锐气的雄辩家——提供了一种反辩证的美学，既有独创性又有特点，突出表现在他的论文集《突然性》里（该书的英译本为《突然性：论美学出现的时刻》）。[18]这种美学的反政治的攻击性必然更加明显，其原因不仅是战后德国文学的“介入”和德意志民主共和国就在旁边存在，更直接的原因是当时主导法兰克福学派的马克思主义的方向。（在左派方面，哈贝马斯作出了类似的努力，在其著名的恢复现代性的“未完成的计划”的学说里，他试图把这些仍然有力的辩证的观点转变成一种非辩证的、基本上是社会—民主的和改良主义的现代性的理性。哈贝马斯对美学本身的概念是第二位的和辅助性的。）然而，在德国传统中，在浪漫主义和施莱格尔以及谢林的作品里，在尼采以及在海德格尔和卡尔·施密特的著作里，一种有影响的、次生的、对立的潮流的存在，使它有可能吸收同时代的法国后结构主义的某些相关特征，将它们转变为某种真正的本土的姿态；与此同时，德国哲学的重要性和声誉，又使它必然伴随一种强烈地反历史的、反政治的论点（无论在法国还是美国都无须采取那种方式），对美学和哲学本身进行明确的区别（一种相当不同的开始的自治化，它通过使康德从美学现象和判断中对“概念”的排除真正在哲学上权威化而荒谬地得到了保证）。

“突然性”的概念，基本的时间突破，根据具体的时间经验对新的重写，以及现象学对取代连续性和历史思考的时间的时间性认同，现在使博里尔能够脱离一种纯粹的形式，即阶段或时间的形式，或围绕它可以把新的美学组织起来的形式。于是他的作品在可能的“突然性”经验（如他自己所说，一部小说和用于分析小说以及诗歌文本的生产工具）和作为重写更合适的美学范畴之基础的抽象的时间概念之间穿梭往返。然而这种调解的真正的可能性正是对这种运作设定限制的东西，而同时它又使一系列的历史和哲学参照成为可能。

因此，突然性的经验将时间的现在拉出它的连续统一体并使之以一种奇怪的自治性继续存在的那种暴力，可以被转换到概念的层面，在这个层面上，现在居统治地位的阶段的形式宣称它独立于历史和历史时间性的共时和历时结构。在这一点上，阶段的概念可以自治化为“美学现象脱离存在的那种概念……并以放弃历史范畴而获得”[19]（关于这种论点，尼采是主要的人物和典范）；或者更确切地说，在这一点上，可以提出更受限制的主张，即“现象的概念……可以与历史兼容，但它的”现象的“特点拒绝任何时间的决定”[20]。因此这是根据时间性来构成美学的自治，而不是根据不可比较的社会生活层面的某种隐在的概念来构成，它促成一种相当不同的反历史和反政治的论点，而不是在格林伯格著作中发现的那种东西。对最后《历史论文》的本雅明的挪用非常典型，可以被视为对本雅明的“政治决定论”的美学化，以及对进步和连续时间的斥责的美学化（这些概念常常被读作本雅明对第二国际和斯大林主义的历史观念的批判）：

> 如果我们按照［欧洲文学现代主义］观察本雅明关于阶段的隐喻，那么我们的任务就是强调它作为阶段的性质，而无须求助于一个实际的弥赛亚（救世主）的概念。用这些文学模式的术语来说，那种突然出现的阶段的传统命题并不指某个弥赛亚，而是一种政治的感知美学的阶段。[21]

这种观点远比类似当代“后本雅明的”对救世主义（更不用说“文学共产主义”）的反映更加大胆，而且使日程更加清楚多了。因为博里尔现在会引证经典现代的阶段性（普鲁斯特，乔伊斯的顿悟，穆西尔的“另外的状态”），假定一个真正的乌托邦时刻的真实的时间里从乌托邦的（和革命的）政治转向美学现象领域的政治。

然而这种“转变”的真正可能性还需要仔细考察：我们一直在运用转变这个概念，把它作为一种理论阐述的方式，阐述从一种范式到另一种范式的能量的重新投入乃是新的结构出现的可能性的条件之一（这里和在我们当前语境中的其他地方，新的结构指美学的自治性）。不过，博里尔对浪漫派的回归，使转变的情境与更大的历史精确性结合了起来，并提供了那种“方式”的一种历史谱系，他把这种方式称之为“感知的美学”：

> 那种方式保证或至少预示了某种结构上的新的东西，并且还直接对应于施莱格尔和克雷斯特对法国革命的反应。突然性这种对现代文学意识非常重要的时间化范畴，绝不是什么深奥的密码，而是一种具体的、基本的参照。阿多诺把浪漫主义文学的片段性描写为形式主义上的一种方法和一种理性风格；但它通常被误解为随意的联想。这种片段的性质是散文中的突然现象。只有通过突然性才能创造出灿烂的星群般的聚合，浪漫主义散文中的美学人物——施莱格尔的悖论、暗示和反讽，以及克雷斯特的情感激动和惊讶——总是因它而牢固地与历史和革命过程中的某个事件的感知性和可理解性结合在一起。被蔑视的浪漫主义“偶因论”是第二次分裂的道德，是潜在普遍性对特殊性的通告。但是，有时候特殊的句子比一般的原则更加危险。克雷斯特的句子就是如此：“也许，以这种方式，最后正是上唇的抽动或含混的打榧子实际上在法国颠覆了事物的秩序。”[22]

非常典型而且极有揭示性的是，博里尔的轨迹在这里应该与前面追溯的布朗绍的轨迹相交叉。因为一如我们已经看到的那样，援引法国革命，把它作为那种承认美学也同样承认文学（就其现代主义的“突然性”而言）的“瞬间”的真正原型，更明确地与作为“恐怖”的布朗绍（按照黑格尔对它所作的著名的理论阐述）

相一致。诉诸这种基础阶段——一个在时间和历史中的阶段，然而它被理解为最后把自己与时间和历史分开的阶段——显然依据在两种革命范式之间的一种更初步的选择，依据压制革命作为过程的概念，把革命视为一个独特的启示阶段。

这就是为什么与博里尔相反，重要的是肯定这样的观点：虽然他的非政治化的、实际上反政治的阶段美学很可能"抵制任何时间的决定"，但它不可能没有历史的前提。即使美学的阶段本身处于时间之外，即使接受艺术现代主义暂时离开时间和历史的看法，它也是一种肯定不可能在每个历史阶段都得到或触及的经验，而只能在某些可能的阶段获得这种经验，这些特定的阶段有自己独特的结构，而这些结构历史本身已经"决定"。正是在这种意义上，甚至非历史的也必须历史地加以解释；而对于马克思主义把现代主义作品置于其历史境遇的所谓的倾向，博里尔的胜利无疑是短命的。

关于 20 世纪 60 年代以后在德国迟来的现代意识形态，另外两种评论意见可以结束我们对这种原始的、有争论的构成的讨论。第一种认为，博里尔的脱离时间的阶段是一种异常不稳定的命题，它要么冒险倒退到美学的无始无终，要求包括从古希腊到现在的所有美学经验（今天，这样一种美学将不得不扩展到包括其他所有的文化）；要么冒中途夭折的危险，进入唯灵论和某种真正柏格森的永恒论（对柏格森来说，在与波德莱尔本人的美学类比中，时间中的现在通过一种奇性一致的时间之外的现在而加倍，于是被确定为永恒）。

博里尔的作品在这里没有参照德勒兹；然而与德勒兹回归到柏格森相似的事实却可以说明二者相关，它揭示出超越那种有趣的民族主义的冲动，而这种冲动使两位作者都力图为自己基本上是后—历史的体系找出本土的先驱。德勒兹作品中最早的柏格森主义的暗示，也许可以在著名的由《反俄狄浦斯》提出的理想的精神分裂概念中发现：已经是一个永恒的现在，在“正常的”现象学时间之外，摆脱了过去（家庭，以及它所谓的对弗罗伊德主义的加强）和未来（工作，以及资本主义的常规）的桎梏。在这种预言性的概念里，由于反对患妄想狂的自我的堡垒，德勒兹的精神分裂者仿佛是真正自由的英雄。这种概念是否不只是重复最基本的资本主义节奏之一，即它归纳到现在，而不是构成一种对它的批判？对于这个问题，我们可以暂时搁置一边。因为，无论如何，德勒兹告诉我们，面对所有的悲剧以及吸毒文化 20 世纪 70 年代在他学生中的肆虐，他已经放弃了那种概念[23]，并以游牧部落或游击队的更有意思的集体概念取而代之。这样一种变化表明，对于阶段的美学化的意识形态和范式的选择替代，在于一种无政府主义的复活。但我相信，旧的非时间的诱惑，在德勒兹后期那种最奥秘而又重要的一种创新里重又显现出来（基本上在他的电影著作里），他把它称作实效性。这仿佛是用一种新的不同的方式，使现在自足并独立于先前精神分裂的概念也希望回避的那些过去和未来的方面：而这恰恰是柏格森理想主义的那种方式，其中轻飘飘的现在通过永恒本身补充的现实而逐渐变成厚重的、自治的。德勒兹的实效性作为第一个在哲学上对电脑和电脑空间的概念化认识已经获得了人们的敬意，但它的唯灵论和柏格森的根源却使这个问题产生出更加可疑的一面，至少表明了很难找出一种脱离时间、其实是脱离历史的方式（甚至在后者“终结”以后）。

另一种评论意见与一种类似博里尔的美学在新的后现代体制中的命运相关，在这种后现代体制里，那种重新创造一种现代的和美学自治的意识形态的努力已经化为泡影。但如德勒兹的例子所表明的，那种试图对时间之外的有力的阶段形式进行理论阐述的努力，很可能摆脱其哲学—美学的语境而继续存在，并存在于其他相关的领域。我决无意重新展开单凭个人爱好的（尤其是民主德国）对博里尔及其“恐怖美学”[24]的攻击，他是一个感人的、精心研究恩斯特·荣格的作者；但是我们也不必把荣格说成是一个纳粹作家，像博里尔一直做的那样，以此强调作为内容的暴力和作为形式的“阶段”这二者之间的密切关系。因为在时间暴力和意识之间存在着一种可以论证的滑动：由于时间暴力，空洞的阶段形式脱离了时间的连续统一体，而意识是对经验暴力本身的体会，正是它为再现这样一种形式提供了极其特殊的内容。具有反讽意义的是，在后现代性当中，法国革命实例那种更崇高的地位，在这里被大众文化中所谓的暴力色情的繁衍所取代。于是这种历史的和当代的发展，不幸预示了要求在我们这个时代重新发现经典现代主义的那种呼吁的后果。而所谓的经典现代主义，其实就是博里尔（像利奥塔对后现代主义轮番描述那样）非常雄辩地展示的那种美学。

现在，我想应该回到那种所谓的根源和对华莱士·史蒂文斯美学的思考，来结束对现代主义和美学自治的这种概括。史蒂文斯是在“原始的”美国语境中这样一种构成的绝好实例。也许哈罗德·布鲁姆对史蒂文斯作品方式的描述可以用来表明这种讨论可能的走向，因为布鲁姆认为，史蒂文斯的作品所用的方式是把压制和改变惠特曼作为他的前提。[25]无论如何，史蒂文斯的名字——一方面是诗的创始者同时又是现代理论的创始者，一方面是理论的创始者同时又是现代主义诗歌的创始者——可以用作通向我们下一切和最后一切的桥梁。

（四）

现在应该通过概念现代主义美学的意识形态逐渐形成的具体

语境来结束讨论。实际上，意识形态不仅被否定地说成习惯上所称的“错误的意识”，而且也被总是肯定地、必然地说成是某种实践的理论；而在当前的实例里，现代主义和艺术自治的意识形态，则是我们所说的后期现代主义或新现代主义的那种实践的理论[26]，即第二次世界大战之后继续存在并经过改革的更合适的现代主义的创作冲动。

无疑，在我们论证的这个阶段，我们可以用回溯的方式把现代的理论与后期现代主义的实践之间的差别理解为一种人为的差别，由揭示（或表达）的需要强加给我们。因为就新的现代是高级现代主义实践本身的再现和重复而言，指导这种实践并促使它首先实现的恰恰是那种现代被理论化的阶段，在这个阶段，现代根据美学的自治在概念上得到命名和确认。因此，正是充分发展的某种现代主义意识形态的出现，将晚期现代的实践与真正的现代主义区分开来。

正是这种理论的确定性——把旧的现代主义实践及其组织整合为一种用作模式的成规——常常被说成是一种内省性，它向后投射到某种最初的现代主义实践本身。但那种内省性事实上完全不同于我们在现代当中确定的自我指涉或自我表示：因此在我们简要地谈及新现代——在纳勃科夫和贝克特的作品里——两种范式实例之前，我们有必要理解这两个历史阶段之间的基本区别。

经典的现代派——继续用这个相当令人不满意的名称，而它的尴尬和有问题的情形本身产生于我们在这里寻求澄清的历史差异，因为它反映了非理论化的、无名的实践和新理论化的、在概念上已经确定并在习惯上已经命名和承认的产品之间的那种差异——高级的现代派，依此是内省性的或对再现的自我意识。最经常的是他们允许再现遵循自己的半自治的路线，依据自己的内在逻辑：就是说，他们允许再现与它的内容和它的客体分开，仿佛它自己会解构自己。他们满足于突出我们可以称作能指的任意性的东西（不是符号的任意性），让表意的物质展现它自己的困境和内在矛盾，沿用格林伯格的术语来说，那些是媒体本身的矛盾，而不是它寻求“再现”的任何客体的矛盾。

但是，我要归之于后期现代主义者的那种内省性非常不同于这种（当然它还继续为他们自己的作品提供信息）：后期现代主义的内省性与作为现代主义者的艺术家的状况相关，并包含着对关于艺术的艺术以及关于艺术创作的艺术的一种不断的、自觉的回归。这种状况是一种根本不同的状况，无论在心理方面还在社会方面，都不同于现代主义和原始现代主义或浪漫主义的艺术家的概念，即艺术家是“绝对”的先知和保护人。

然而，后期现代主义者把不仅仅是艺术家的那种艺术家的现代的观点当成了他们的楷模：这里我们遇到了重复的悖论。正如常说的那样，重复永远不会首先发生，而当它第一次发生时总是第二次的。对此我可以用另一种方式来说，就是说，第一次或经典的现代主义者的境遇永远不可能重复，因为他们本身已经存在。经典现代主义者们来到一个并无楷模的世界（或者至多有宗教和预言的楷模），一个没有任何先在的社会角色要实现的世界。因为他们大部分人都不希望成为 19 世纪那种行业标准意义上的职业艺术家。他们也不希望只认可一种艺术门类的体系，以此艺术家的任务只是重复一种既定的形式并为它提供新的实例（无论进行什么样的编织）。这些第一批的现代人在各地可能的赞助人当中寻求支持，而不是在市场上寻求支持；而对于技艺的学习，他们以过去伟大作品的幽灵的形象来取代，例如但丁的“即兴喜剧”。他们的自由完全是盲目的和探索性的；他们不知道任何可以确定的公众（格特露德·斯坦因的名言是：“我为我自己和陌生人而写”）。在缺少任何确定的社会地位和功能的情况下——他们既不是传统意义上的艺术家也不是知识分子——他们从浪漫主义时期借用各种天才和灵感的空洞的概念，并尽可能让自己周围有一批学生，而学生们赞同这些个人的语言，并提供新的乌托邦社区的一种模仿。

所以我的基本观点是这样的：最早的现代主义者必须工作的世界，是一个他们没有被承认或被集成的社会作用的世界，在这个世界上，缺少他们自己独特的“艺术作品”的真正形式和概念。但对那些我一直称作后期现代主义者的人，情况完全不再是这样；纳勃科夫不同于乔伊斯，首先是因为乔伊斯已经存在并可以作为一个楷模，更不用说一部手稿和某个“假定知道的主体”或绝对的他者的空间。

经典现代主义者不可能有这种模仿，他们不可能知道重复的舒适和安全；然而他们的先在为后来者的作品提供了一种界定，后来者因袭他们，并在这种社会作用的意义上模仿他们。我不想贬低晚期现代人本身可能有的特殊性质，而是坚持他们的创作和产品可以作这样的划分。他们的作品现在已经重又进入文学史的新版本，并且变成了编制一种新的现代意识形态的标本；简言之，只是为了现代主义的概念。

纳勃科夫重新提出他的美学确定性时所用的那种夸张是这种新的情境的征兆，与贝克特的谨慎和腼腆是这种情境的征兆相同，后者（在德文里）以谨慎和腼腆允许他自己把他《致阿克塞尔·考恩的信》理论化[27]，更不用说他对一切有关《等待戈多》的“寓言的”事物的更加无声的不安。这种不安无疑与拉吉—普佐插曲的外在性有关，它们区别于与之相当不同的乌拉迪米尔—埃斯特拉贡体系的再现结构，后者以伪结合方式的重合坚定地排除寓言事件，就像它避免主观表达和一切可以从心理上解释的东西那样。这方面（它将像《残局》那样被成功地重写）预先表明了重构一种自治的作品所必须的活动：明确排除内容的那种完全重复的怪圈（主人—奴隶的格式变成了汉姆-克洛夫的关系，并成为一种“纯”精神病患者的依赖，而促使这种情况出现的是从乌拉迪米尔和埃斯特拉贡借用的那些残疾人）。通过抓住寓言模式中一切贝克特不能接受的东西，我们会对后期现代主义作出某种本质的理解。那种寓言模式在表现大英帝国（普佐）时把它置于它与殖民地的一般关系和与爱尔兰（拉吉）的特殊关系：诚然，这种模式也包括自我表达和思考的戏剧化——拉吉的难以理解的独白，它也是一种明显的指令性表演，其中爱尔兰现代主义那种超常的发展得到重现，贝克特本人来自于那种现代主义，但他同样也希望使自己摆脱和远离那种现代主义（通过在欧洲大陆的流亡）。显然，在一个其实也是“帝国主义走狗”的艺术家的人物身上，这种历史的和民族的自我标示在形式上是不理想的；然而我们必须把它和纳勃科夫的《洛丽塔》里同一种民族寓言的杰出形式并置起来，而《洛丽塔》无疑是后现代的少有的杰作。

正如常常见到的那样，这里我们面对着一种关于激情诱惑的寓言，这就是粗俗而年轻的美国及其大众文化对厌世的、过于文化的（高级文学的）欧洲的诱惑：对于不再是世界中心而是被马歇尔计划和冷战边缘化的那个封闭的、命定的欧洲，它是美国的体现，黑格尔在《历史哲学》里的一段名言，已经赞扬过美国不可预见的未来：

> 因此美国是未来的国土，在那里，在未来很长时间里，世界历史的重负将显现出来——也许以南北美洲竞争的方式。对所有那些厌倦了堆放着历史破烂儿的古老欧洲的人，美国是一个充满希望的国土。据说拿破仑曾经说过：“这是古老欧洲的烦恼。”这是让美国放弃迄今

> 世界历史自己发展的基础。直到现在，在这个新世界**已经**发生的事情，只是旧世界的一种回响——表现一种外来的生活；作为未来的国家，对这里的我们没有兴趣，因为就**历史**而言，我们必然关心已经存在的和现时存在的东西。另一方面，就**哲学**而言，我们必须论述的（严格地说）既不是过去也不是未来的东西，而是现在的东西，它有一种永恒的存在——也就是理性；而这足以使我们忙碌起来。[28]

《洛丽塔》明显的寓言结构，不可能因《灰火》那种更富幻想的编织而被掩饰或提高；在《灰火》里，它坚持双重情节，将美国诗人与“巴尔干”的流亡国王联系起来。即使纳勃科夫以同样夸张的方式否定弗洛伊德的精神分析是纯粹的内容，如果不把洛丽塔这种人物当做一种寓言（不仅是艺术的寓言，而且也是即将成为新的世界语的英语的寓言），那么对力比多的掩盖——有些像个相对天真和正常的人，新近在“诱惑美女”的漫画形式里被称作“堕落”——单凭本身也不可能得到更好的说明；于是现代主义目的论的辩证——美学的禁忌，技巧和违规的节奏——转向更官方的道德和性的禁律。贝克特和纳勃科夫二人的寓言的“解决办法”都是一种不稳定的、一次性的情形：但是在纳勃科夫的认识不可重复的地方，在随后更多的可以预见的对大师模仿的地方（尤其自负的《艾达》），我们会发现贝克特的形式更适合向更多产的晚期现代时期的过渡。

两种寓言可能性的条件是流亡本身：现在我们需要具体说明这种晚期现代的构成条件和早期现代作家那种似乎类似的境遇之间的历史差异（更不用说后来更明显的突破，后来流亡变成了移民，而对政治避难的同情变成了“外来工人”的多元文化主义）。

因为乔伊斯在他整个“流亡”期间明显地仍在爱尔兰，而普鲁斯特在他巴黎的公寓里无疑处于流亡状态；对卡夫卡而言，犹太人的信仰肯定是更基本的流亡形式，而不是在法国缠住贝克特一生的那种政治变化，更不用说驱使纳勃克夫流亡美国或使冈布洛维茨滞留布宜诺斯艾利斯的那些东西。

我想这就是德勒兹的“小语言”的理论，它有助于我们以更内在的、纯文学的方式来澄清这些区分。[29]事实上，这种理论仍然是一种现代主义的理论，因为正如我已经谈到的那样，德勒兹本质上仍然是一个现代主义者，关于他的电影著作的第二卷，一切预示“后现代”的东西都被它们的美学框架以及那种对艺术和创新的非常开放的哲学承诺撤销，这种承诺使人自相矛盾地把德勒兹说成是一个“闭门造车”的现代主义者：无论如何他都曾是一个“公寓的”和案牍的现代主义者，在他自己的生活和实践中相当不同于他非常赞扬的那种游牧生活的状况（人们很容易把它与奥特加著名的推测并置对比：假如歌德选择一种“饱经风霜的”游牧生活，对他所处时代的所有社会和历史的潮流更开放、更包容，那么歌德就会成为那种人物）。在这里对一种小语言的理论阐述是合适的，因为它假定从日常统治的语言内精制出一种自治的艺术语言，一种微妙地、难以察觉地与主人的共同语言相区别的语言空间；它带有一种隐蔽的、看不见的胜利姿态，以为胜过了马拉美对整个诗歌要脱离堕落的日常用语的呼吁。

这里要阐述的论点是非常明确的，这就是，对德勒兹政治化为一种“小语言”的东西（但我喜欢把它更一般地确定为非欧几里得的语言领域和逻辑），那种微妙的、非理论化的构成——在每一个真正现代主义作家独特的语言—情境里基本上特有的东西——在这里的后现代人的境遇里已经被具体化为与另一种语言完全对抗的残酷事实：对纳勃科夫来说，这事实是美国英语，而对贝克特则是法语。在礼拜仪式言语里，巴赫金预言式地于死亡语言不在场的存在中找到的那个“外来词”[30]，现在仿佛在冷战的国际主义中已经变成多种民族语言存在这一偶然事实的现实。但是，这种令人反感的多样性（在通天塔之后），在推动像马拉美（和本雅明）这样的作家在个人实际语言之外投射某种尚未堕落的普遍“语言”的地方，对晚期现代派而言，外国语言的经验的可用性，为详细阐述诗歌自治作为对现代主义内在构成的最充分的模仿打开了某种空间。

这种自治将在情节和风格两个层面从形式上展现出来，像我将称之为关闭线路的那种情况。纳勃科夫用以封闭他的叙事的重叠（像是“亨伯特亨伯特”拙劣重复的拼合），在贝克特后来的戏剧和小说里以环形迂回得到重复；两者都尴尬地以形式假定，然而最终又以其历史情境作为一般化的重复成为后期现代主义的寓言。与此同时，纳勃科夫超常句子的真正力量——这里引用我最喜欢的关于冰箱的一句：“当我从它的心脏拿走冰块时，它邪恶地对我吼叫”[31]——产生于使每个句子单凭本身自治的原则，以及关闭线路或封闭内部参照循环的原则，它从纯经验和非表意的事件分离出一种全新的语言事件。这里所有个体的句子全都意味着“句子”本身。

不过，在贝克特的作品里，正是不完整的句子构成了这种机制：这是一种失语症，其中事先知道的句子的结束并不一定要提供出来。于是，在《等待戈多》的那种众所周知的未完成的轶事或对话策略中，这种变化得到了实现，但它们只是后来在下一个场景里才完成，并成为存在主义时间性的空洞的现在的模式。然而，如果贝克特未完成的言语最终比纳勃科夫语言发明中的超常封闭更加有效的话，那是因为前者有助于一种转变——一种可以实现根本转变的短暂的重叠和巧合——也就是文学史两个不同阶段的那种过渡。未完成的句子首先传递存在主义焦虑的精神痛苦，标志着永远不会实现的一个等待的时间；它具有承载一种结构和文本逻辑的新的功能，而所有存在主义的情感都已经脱离了这种逻辑：作为时间的这种句子变成了作为文本的句子，并使贝克特在文本或结构主义和后结构主义时期获得了一种同样崇拜的价值。

这两个作家之间看似更边缘的相似性，现在会把我们引向后期现代主义实践的最后一个特征。在贝克特的整个作品里，谁都不会无视大量的无能和身体残疾，但《洛丽塔》里可能最打动人心的时刻之一却很少被人讨论。我指的是她“真正的”丈夫、即在小说结尾她也“长大成人”时嫁的那个年轻男人的辩护。[32] 他无疑对她此前整个痛苦而麻烦的过去“充耳不闻”：但我想这种标志也延伸到两个作家真正的内容领域，延伸到现实本身那种普遍的无能为力，这种现实是你不得不说的东西，尽管存在着晚期现代语言领域公认的自治，而且在这种领域里你肯定应该“无话可说”（布朗绍语）。这种内容里的残废，这种夸张的“现实”的无能为力，就是说，构成作品的那种素材，现在必须追溯到形式本身，在形式里它采取了哲学的偶然性范畴的方式。

可以说，通过证实，偶然性的问题可以在更早时期所有原始现代主义当中发现，它是形式失败的一种标志，即形式不可能完全控制和占用作品给自己指定的内容（或者更确切地说，它指定给自己并为自己提出并作为作品任务体现的东西）。当然，偶然性是一个甚至更古老的概念，它产生于中世纪的神学；在神学里，它是某种事物的独特的存在，这种事物令人反感地无法被普遍性同化，而普遍性既是它的观念又与神性相关。因此，偶然性这个词表示那种观念的失败，是根本不可理解的东西的名称，它属于本体论的概念领域，而不是在“现代”时期（或自笛卡尔以来）继本体论之后取代本体论哲学的各种认识论的概念领域。因此中世纪的这种指称确实非常有用，因为它强调概念的时间性，强调它在历史变化中的兴衰，表示概念过程或体系的某种突破。但是，以 19 世纪（或自从康德以来）偶然性问题的重新出现为标志的认识论危机，也许最初被新出现的科学的声誉所掩盖，被认识论的要求转换到那种全新的知识生产领域所掩盖，而这种新的领域直到进入 20 世纪许久才开始经历它自己的认识论危机。无论如何，我想在两种情况之间假定一种微妙而根本的区分：一方面是美学对机遇和偶然事件的偏见，即那些误导的高级现代主义；另一方面是在我所称的后期现代主义中，由偶然性提出的更少主题性而更多形式和表征的问题。

这里要展现的是一种复杂棘手的论点：中世纪的古老观念（它真的是一个肯定意义上的观念么?）从战略上被新的存在主义复活，而且萨特最有力地重新展现了这种观念，他告诉我们，它与常看电影的孩子有某种联系[33]：在充满由人和从人的角度生产的形象的影院里走出来，要经历一个喧闹杂乱的城市白昼的真实世界存在的冲击。因此对偶然性的经验不仅依赖于对世界的观察，而且它还有作为其基本前提的一种形式的经验，那个世界戏剧性地与形式并置。

但是，通过成倍地叠加旧的、稳定的、日常客体开始散落其中的那些形式的碎片，立体主义不正是对抗这种经验的一种努力吗？难道《尤利西斯》的每一行不都证明乔伊斯的多重形式（从《奥德赛》式的并列到每一个章的形式和句子结构）无法把握的不断变化的经验现实吗？我这里有些性急地要争论的是，在现代派里，这种形式从没有提前给定：它是在冲突中通过实验产生的，并继续进行永远不可能预言的构成（而无数高级的现代主义充分展现了它的未完成的、无休止的多样性）。

于是我的下一步论证将非常明显：当形式结构作为一套给定的要求事先已经知道时，它假定一种原动力的变化；而事先已选内容的原始经验性必须老老实实地服从那些要求。那种形式的特点可以简单地说成是美学的自治或艺术作品的自治；而我们在这里曾经谈过的论点是，作为一种理想或规定，一种极高的价值以及一种限制性的原则，美好的自治在现代时期尚未存在，或只是作为一种副产品和一种事后的思考。马拉美说的好，“世界上一切事物的存在都是为了最终成为一本书”；而可以肯定的是，后期现代主义对偶然性的经验在这里可以开始构成它的谱系。将后期现代主义的肯定性与马拉美的探索发现分开的，恰恰是历史的马拉美本人和他精确的暗示，而这些他们事先已经知道并在进行重复。他以《瞬间一掷》（未能消除偶然性）的船只失事所象征的必然失败的实验，在后期现代主义里被吸收到作品内部并被用作纯粹的主题（或按照德曼的表达它现在被主题化了）。所以他称之为“书”的那种严肃美学大量开放而无止境的、无休止的结合过程，在罗勃-格利叶的作品里变成了一种结合的结构，它依此的后果总是以一种自治的胜利主义被同化为那种形象，而最终肯定被同化为句子本身。

在纳勃科夫和贝克特的作品里，这种新的美学偶然性的迹象可以在新的意识范畴里来阅读。轶事的核心或给定的东西总是标志着难以同化的经验内容，而这种内容必将成为纯形式的借口。实际上，正是这种内容造成了贝克后期戏剧的范式性质：其冲击在于他在这些不断反复出现的场景的核心中发现了一种经验的情境——不幸的婚姻，难以容忍的青年时期的回忆，乏味的家庭构成，以及不可减少的名字和人物，某个时间的资产阶级住所，从单调而懊恼的生活失败中无可挽回地突现出来的严守时间的传记事件——这些可能已经提供了沉闷的现实主义小说的素材，但反而坚持作为难以理解的残酷的事实，并且形式在分解它们的徒劳中一次又一次地回归到它们。形式本身——自治性——以及它所依赖而又不能设法纳入它自己的本体的那种轶事的内容——这些彼此之间保持着一种必然的辩证关系，而且实际上也彼此相互生产。因此，确切地说，后期现代主义的偶然性就是这种辩证的过程，它构成千方百计实现其美学计划的那种自治性失败的经验。

不过，这是一种星云的失败：因为以更谦虚、更可理解的晚期现代的美学的自治代替各种难以理解的现代主义的绝对性，不仅为我们称之为意识形态的理论化打开了空间和可能性，而且还推进并承认了一种更容易接受的文学的生产，这种文学可以称作中等趣味的文学。在通俗文学过去那种严格的意义上，这种文学再不能说是通俗文学；然而，在战后新出现的大众文化或商业文化里，无论如何这样一种通俗文学也不复存在。在一个大众教育的时代，似乎提出如下的建议并非是不适当的限制：这种中等趣味的后期现代主义文学和文化的公众，可以按照大学学生（以及他们的学术训练者）的那种等级划分来确定，在他们毕业走进“现实生活”之后，他们的书架上仍然保留着这种历史地不同的消费，幸存下来的高级现代主义美学和知识分子把它们称作经典，或者这样的**文学**。但是那种经典只不过是现代主义，就像后期现代主义者以他们自己的形象对它的选择和重写。其“伟大性”和无时间限制的永恒恰恰是它在历史上不能永恒的标志；而后现代主义力图从根本上突破的正是这种后期现代主义，并想像它由此是在突破经典现代主义，甚或整个现代性本身。

【注释】

［1］Arno Mayer, *The Persistence of the Old Regime* (New York: Pantheon, 1981).

[2] Marin Heidegger, "Die Frage nach der Technik", in *Vortrage und Aufsatze* (Pfullingen: Neske, 1954)。关于神庙的参照可见 "Der Ursprung des Kunstwerkes", in Holzwege (Frankfurt: Klostermann, 1950).

[3] 科学的类比可以扩大，包括 Arkady Plotinsky 所说的 "非古典科学"。See *The Knowable and the Unknowable* (Ann Arbor: University of Mivhigam Press, 2002).

[4] See also Edward Said, *Beginnings* (New York: Basic, 1975), especially pp. 29—78.

[5] Roland Barthes, *Writing Degree Zero* (New York: Hill and Wang, 1967).

[6] See Walter Benjamin, *The Arcades Project*, "Convolure F (Iron Construction)" (Cambridge, Mass.: Harvard, 1999; or Suhrkamp, 1983).

[7] T. W. Adorno, *Philosophie der neuen Musik* (Frankfurt: Europaeische Verlagsanstalt, 1958); and also Max Weber, *The Rational and Social Foundations of Music* (Carbodale: Southern Illinois University Press, 1977).

[8] Paul de Man, *Allegories of Reading* (New Haven: Yale, 1979), Chapter 12.

[9] Quoted by Benjamin in *Arcades*, p. 228. (German, p. 301).

[10] T. W. Adorno, *Aesthetische Theorie* (Suhrkamp, 1970), p. 17; *Aesthetic Theory*, trans. R. Hullot — Kentnor (Minnesota, 1977), p. 6.

[11] Clement Greenburg, "Towards a newer Laokon" (1940), in *Collected Essays*, Vol. I (Chicago: University of Chicago Press, 1986), p. 28.

[12] Ibid., p. 34.

[13] 格林伯格通过第一种而不是第三种批判诉诸康德; See "Modernist Painting", in *Collected Essays*, (New York: Columbia University Press), Colume IV (1983), p. 85.

[14] See the biography of Blanchot by Christophe Bident (Paris: Champ Vallon, 1998); and see Michel Foucault, "La Pensee du dehors", in *Dits et ecrits*, Vol. I (Paris: Gillimard, 1994), pp. 522—539; and Jacques

Derrida，*Parages*（Paris：Galilee，1986）.

［15］See Paul de Man's essay on Blanchot in Blindness and Insight（Minnesota，1997）. 不过，这种看似的自治与暗中破坏的洞察并非不可兼容，正如在布朗绍论 *La Nausee*（"les romans du Sartre"，in his *La Part du feu*［Paris：Gallimard，1949］）的文章里，他认为一部本身就是"主题"的小说，只能尽力归类为"主题小说"。

［16］Maurice Blanchot，*Faux pas*（Paris：Gallimard，1943，1971），p. 11.

［17］Maurice Blanchot，*La Part du feu*，pp. 322－325.

［18］Karl-Heinz Bohrer，*Plotzlichkeit*（Frankfurt：Suhrkamp，1981）；*Suddenness*（New York：Columbia University Press，1994）.

［19］*Plotzlichkeit*，p. 138；*Suddenness*，p. 139.

［20］*Plotzlichkeit*，p. 213；*Suddenness*，p. 227.

［21］*Plotzlichkeit*，p. 184；*Suddenness*，p. 201.

［22］*Plotzlichkeit*，p. 28；*Suddenness*，p. 11.

［23］Deleuze，*L'Abecedaire de Gilles Deleuze*-Interviews released after his death.

［24］The title of his Junger book（Munich：Ullstein，1983）.

［25］See Harold Bloom，*The Anxiety of Influence*（Oxford：Oxford University Press，1973），pp. 66－68，and 134－136；or the first chapter of his *Wallance Stevens*：*The Poems of Our Climate*（Ithaca：Cornell University Press，1977）.

［26］这里对"后期现代主义"的用法不同于 Charles Jenck 的用法（*The New Moderns*，New York：Rizzoli，1990），后者把高科技的建筑等同于后现代主义；也不同于 Tyrus Miller 在 *Late Modernism*（Berkeley：University of California Press，1999）里的用法，他指的是高度现代主义或经典现代主义本身内部的一种思潮。

［27］Samuel Beckett，*Disjecta*（New York：Grove，1984），pp. 51－54.

［28］G. W. F. Hegel，*Philosophy and History*（New York：Dover，

1956), pp. 86-87.

[29] See Gilles Deleuze and Felix Guatarri, *Kafka: pour une literature mineure* (Paris: Minuit, 1975).

[30] Bakhtin, writing as V. N. Volosinov, *Marxism and the Philosophy of Languange* (Cambridge, Mass.: Harvard University Press, 1986), p. 74.

[31] Vladimir Nabokov, *Lotila* (New York: Putnam, 1955), p. 98.

[32] Ibid., p. 275.

[33] See Simone de Beauvoir, *La Ceremonie des adieux* (Paris: Gallimard, 1981), p. 181.

（王逢振 译）

结论："他的错误在于绝对的现代"

无论是否具有反讽的意思，兰波的大声疾呼一向让人觉得兴奋：可能因为它不只局限于使我们确信我们已经是现代的，而是让我们去做某些更多的事情。

一些在其过去时刻被普遍认为是最现代的政体很值得记住。例如，弗雷德里克大帝的普鲁士，苏联的列宁体制，以及后来墨索里尼党魁专制的体制。所有这些都证实了马克斯·韦伯的预言性判断：官僚主义政治是最现代的社会组织形式。如果我们不再以这种方式考虑它们（惟一可能的例外是弗雷德里克大帝的普鲁士），那是因为它们遗憾地未能达到现代性模式在某个地方也得到许诺的那种有效程度。但今天的美国也并非非常有效。在所有这些实例中，更重要的是所说的政体的现代性是对其他人的现代性，一种由嫉妒和希望、不如人的感觉和模仿的需要所培育的一种视觉的幻象。在这一奇怪概念的所有其他内在的悖论中，这是最致命的一种悖论：现代性总是一种他性的概念。

至于有效性，同样也包含着他者，但其方式迥然不同。长期以来，西方发现它本身无法从社会革命和社会变革来思考“宏大集体计划”的范畴。但是，我们有一种在任何情况下都不那么要求想像的方便的替代：对我们来说，就像我们能够确定“现代性”那样回到“现代性”，宏大的集体计划——“道德精神上的战争的等同物”——只不过是战争本身而已。正是最终作为一种战争机器，体制的有效性才得到判断；而且毫无疑问，现代的战争实际上提供了一种非常先进的集体组织形式。然而对我们乌托邦想像的一种基本的、结构的和意识形态的局限，由于这种选择性的缺乏，由于美国人在思想上坚持第二次世界大战是民族团结的伟大的乌托邦时刻和政治欲望客体的丧失，所以非常确定地被展现了出来。

我们是否可以对“现代性”在不同历史时期引起的兴奋进行比较？这个问题似乎包含着另一个问题，即关于那种兴奋的真实性，以及它从中产生或是对其作出存在主义反映的那种概念的真实性。如何根据历史证据比较这些反应，甚或单个地演绎和重构它们？但文学文本似乎一向都提出这种问题，因而它变成了一种“期待的视野”（加德默语），一种同时期的阅读与我们自己的阅读的兼容性。

事实上，这就是为什么在阐述和重构现代性的各种意识形态中（即使不是在论证本身当中），美学现代主义和大量各种现代主义文本的问题一向非常有用。如果我们今天仍然可以带着强烈的情感读波德莱尔，或者这种隐蔽的前提仍然发生作用，那么我们也应该能够重构他那个时期流行的各种其他非美学的现代性。

这是值得考虑的挑战，尤其当我们无视那种无处不在的对新的、创新和发现的特征描述，而集中于不那么经常提到或衡量的某个方面时，更值得加以考虑。因此，任何熟悉埃兹拉·庞德—

生著作的人，也熟悉他仔细观察“当时时代”的意图，他仔细观察现代主义的能量、部分突破、发明创造，以及对（诗和散文里）过时的东西的局部破坏；他仔细观察新的思想（在程度上可以与卡瓦尔坎蒂或约翰·亚当斯取得的那些思想相比）；他还仔细观察期待一种全新文化的强烈程度（乔治·安特伊尔，墨索里尼）[1]。这些衡量具有划时代的性质，而无须顾及它们的坐标（社会交际性加诗的激情）。它们并不表达对未来的朦胧希望；它们审视公共领域，找出某些迹象和线索，其精确性与构成庞德诗学的那种精确性的美学理想相配。

也可以以瓦尔特·本雅明为例，他在对另一个邻国文化的现代性的令人惊讶的地缘政治性评论中写道：

> 思想的激流可以产生足够的水位差，使批评家在它们上面安装他的电站。就超现实主义而言，这种必须的坡度由法国和德国思想层面的差异产生。1919 年在法国文人小圈子里发生的事件……可能是一股细流，源于战后欧洲的沮丧沉闷和法国颓废的最后涓滴……［但是］德国的观察者并非站在溪流的源头。那是他的机会。他处于山谷之中。他可以衡量当时的能量。[2]

在其拼命重构这种活动并在公开否定原始性的作品里找出创新的过程中，人们可以瞥见后现代缺乏方向原则的某些方面。

但是，如果没有这种衡量，没有这种解读“现代理性的晴雨表”（文森特·德斯考姆斯最近在一篇对抗当代理论的文章中的用语）的企图，也许我们会更好一些。德斯考姆斯把他的论点展现为一种对“现时本体论”（他称之为“当前事件的哲学”）和“现代和论现代话语”的区分。这种区分大大澄清了我自己的观点，我的观点与他的相对立，建议我们一定坚持现时本体论的计划，同时放弃重新发明一种现代性话语的徒劳的努力。应该补充的是，德斯考姆斯对本体论的看法因循罗蒂的观点，以否定整个哲学志向为基础，不仅如此，他还以一种极其狭隘的方式框定这一特殊的哲学计划，用海德格尔所说的实体论代替本体论（“现时就是现时……时间就是时间……未完成的就是未完成的……过去的就是过去的”）[3]，而真正的本体论不仅希望在现时里记录过去和未来的力量，而且像我自己一样，集中分析判断在我们当前现时中削弱和实际掩盖那些力量的情况。

人们不可能建议安全放弃现代性这样一个术语，除非接受那些痴迷者怪诞的观点，而对于他们，熟人们会告诫我们，当着他们的面“不要使用禁忌的词”。无论如何我已经表明，如果只是把现代性用于过去，那么对于形成选择性的历史叙事它就是一个非常有用的转义，尽管它必然继续承受意识形态的指责。不过，关于现时的本体论，最好使自己习惯于认为“现代”是一个单维度的概念（或伪概念），这种概念没有任何历史性或未来性的东西。这意味着“后现代”同样也不表示未来（但如果运用得当，表示我们自己的现在），而“非现代”（non-modern）不可避免地被拖回到一种力量领域，在这个领域里，它很可能只是意味着“前一现代”（并也在我们的全球现时中表示它）。在由“现代”这个词支配的概念领域之内，不可能对根本性的替代或变革进行理论阐述，甚至不可能对它进行想像。这很可能也是资本主义概念所面对的情况：但是，假如我建议在所有现代性出现的语境中以资本主义代替现代性的实验的方法，那么这就是一种治疗的建议而不是一种教条的建议，它旨在排除旧的问题（并提出新的更有意义的问题）。我们真正需要的是以称作乌托邦的欲望全面代替现代性的主题。我们需要把庞德确定乌托邦倾向的使命，与本雅明关于它们的根源的地理学以及对它们现在在多种海平面上的压力的衡量结合在一起。现时的本体论需要未来的考古学，而不是过去的预测。

【注释】

［1］See Ezra Pound，“How to Read”，in *Literary Essays*（New York：New Directions，1954）；see also his *The ABC Reading*（New York：New Directions，n. d.）and *A Guide to Kulchur*（New York：New Directions，n. d.）.

［2］Walter Benjamin，“Surrealism” in *One-Way Street*（London：Verso，1979），p. 225.

［3］Vincent Descombes，*The Barometer of Modern Reason*：*On the Philosophy of Current Events*（Oxford：Oxford University Press，1993），p. 18.

（王逢振　译）

现代主义与帝国主义

在目前这样一个时代里，至少部分由于所说的后现代主义的缘故，人们似乎对现代主义究竟是什么的问题又重新发生兴趣（注意这里是过去时态），并以新的方式重新思考那个现已成为历史的现象，这些新的方式并不是我们从参与者和表演者、倡导者和实践者本人那里继承来的方式。但也是在这样一个时代里，也许在更长的一个时代里，关于帝国主义是什么以及帝国主义如何发生作用的问题，一直是理论家们激烈争论和讨论的主题，而且不仅仅包括经济学家、历史学家和政治学家。一系列非常复杂的理论和模式——或许比大多数当代文学理论形式更不可思议——的确已经出现，这是关于这一问题的任何严肃讨论都必须承认的。

因此，关于现代主义与帝国主义之间关系的任何讨论一般都要求通过两个而非一个冗长的前奏才能开始其话题。然而，重要的是要首先弄清这个话题是什么：在目前的情况下，这个话题不涉及人们所说的帝国主义文学，因为那种文学（吉卜林、赖德·哈加特、凡尔纳、威尔斯）大体上都不是形式意义上的现代主义者，都产生于如冒险故事的亚经典样式，在现代主义及其意识形态和价值观独霸天下的时代里仍然是“二流的”或“边缘的”（甚至康拉德也明显依赖于比较古老的叙事形式）。[1]

这里所要探讨的假设比下面的证实更具形式意义，更具包容性，这个证实就是，这种帝国主义产生其特殊的文学，在当时宗主国文学作品的**内容**上留下了印迹。我实际想要说的是，帝国主义的结构也在新变化的文学和艺术语言的内在形式和结构上打下了烙印，而现代主义所松散地指涉的正是这些内在形式和结构。这当然具有多重的社会决定因：任何关于现代的一般理论——首先假定可能会有这样一种理论——都希望把一系列在历史上新生的其他现象的预示性在场确定下来：现代化与技术；商品的物化；货币的抽象概念及其对符号系统的影响；读者大众在社会上的辩证分化；大众文化的出现；新型精神主体在物质感觉上的体现。在这些“决定因”中，一整个新的全球和帝国体系的出现，其相对价值和重要性甚至在纯理论上也不是清楚的。本文仅限于探讨从这些决定因中分离出来的一股新生力量，而不能将其还原为上述任何一种。

帝国主义不管初看起来是多么外在于和超越于文学的一个事实，都至少可以以编年史的方式探讨它的影响。如果我们把1884年这个象征性日期——“先进的”列强瓜分非洲的柏林会议——看作新的帝国主义世界体系的编码，那么，就会想到一系列的文学和艺术事件，它们至少意味着类似的突破和危机的出现：比如，翌年维克多·雨果的逝世常常被视作整个新的象征主义和马拉美美学的肇始，雨果的逝世突然揭示出在这位巨人的背后，这种美学早已经发展起来了。对这种象征性突破的选择并不是经验上可证实的事物，而是历史编撰的决策；比之要建构新的、更复杂更有趣的历史叙事的动机而言，与这些突破相平行的编年史事件起初也不是明确的，在既成事实之前不能预示其有用性。但是，如我们将看到的，当这些平行事件在这个编年序列的另一端，在现代主义的一端，恰与古典的帝国主义世界体系的重建相偶合时，我们对二者间可能的相互关系的兴趣无疑只能愈加强烈，即便只限于另一种方式。

对形式和形式革新与变化的强调意味着，我们的特殊文本和研究客体将是那些几乎不可能使人想到帝国主义的那些文本和客体；它们初看起来并不具有特别的政治内容；它们为分析提供了纯粹的风格或语言特点。人们对现代主义所持的惯常看法一般包括其非政治性质，其内向性和对与现实主义相关的社会素材的背离，其愈加强烈的主观化和内省心理化，而同样重要的，还有其唯美主义和对现已自治的一种艺术的最高价值的意识形态承诺。而在我看来，所有这些特点都不再充分和具有说服力了；它们是旧的现代主义意识形态的组成部分，是任何论述现代主义的当代理论都希望予以详察和消解的对象。但是，即便仅仅是为了更有力地展示开始于现代主义的形式主义原型内部的政治和经济、以及超文学因素的预示性在场的话，在当下的语境中也仍有需要说明的东西。

但这不是对本文话题的惟一限制：这还涉及关于其另一个术语的一些限制，即帝国主义，这个术语现在也必须加以限定。比如，我认为，只有承认马克思主义理论框架的那些关于帝国主义的理论（不管在方法上多么旁门左道或修正主义）才是我们所关注的，因为只有在那个框架内，政治现象（暴力、统治、国家权力）与经济现象（市场、投资、剥削、低于消费的水平、危机）之间的协调才能得以系统探讨。关于帝国主义的纯政治理论（如舒姆彼得的理论）不仅仅滑向了道德化，而且滑向了形而上的人性观（对权力或统治的贪欲），其结果只能是对事物本身的历史特殊性的消解和帝国主义现象在整个人类历史上的扩散，哪里有血腥的征服，哪里就有帝国主义。无论如何，如果这里所论述的问题是帝国主义与现代主义之间的联系（而且是帝国主义与**西方**现代主义之间的联系），那么显而易见，在此，帝国主义就必定指资本主义本身的帝国主义原动力，而不是各个古代帝国的征服战争。

但是，甚至在马克思主义的帝国主义理论内部，也需要进一步的历史定义：换言之，马克思主义的帝国主义论在20世纪中叶经历了根本变革和重建。人们都记得，列宁在第一次世界大战期间写了一本非常有影响的论帝国主义的小册子；人们也许怀疑太经常地使用帝国主义这个术语的人是否是一个马克思主义者；而如果经常讨论帝国主义的问题，他们就会知道这个术语与第三世界社会的问题有关，与不发达有关，也与债务有关，与国际金融基金、美国投资和外国基地有关，与独裁者和对苏联影响的焦虑有关，也许最终——作为最后一个例子！——只与舰炮介入或与形式上的殖民结构有关。现在所必须观察到的是，“帝国主义”这一术语在所谓马克思的经典中应用时，在马克思本人、列宁、希尔佛丁和布哈林——惟有罗莎·卢森堡除外——等人的著作中，丝毫不具有这些内涵。就大多数来说，老一代的马克思主义帝国主义理论家步马克思本人的后尘（关于印度的那些著名信件），都假定资本主义的渗透将直接导致现在人们所知的第三世界国家的经济发展。当代广为接受的观点——按照瓦尔特·罗德尼颇有影响的著作的标题所示——恰恰相反，即资本主义将导致“不发达的发展”，而且，帝国主义系统地摧残了其殖民地及其附庸的发展——这一观点在马克思主义最初的帝国主义理论中根本不存在，实际上是与这些理论明显相矛盾的，即使它们提到这个问题的话。然而，问题在于，这些理论并非总是以那种形式提出这个问题，当时，帝国主义一词所指的不是宗主国与殖民地的关系，而是不同的帝国和宗主国民族—国家之间的竞争。这样，即刻明显的是，如果我们忽视该词的这种用法，用我们自己时代的用法指称现代主义时期的语境，那么，我们就陷入了各种历史混乱和时代错误之中。

因为在我们的时代，自第二次世界大战以来，帝国主义的问题似乎得到了重构：在新殖民主义和反殖民主义的时代，随着跨国资本主义和大跨国公司的出现，触目惊心的已不是宗主国列强之间的竞争了（比如，我们时常碰到的关于日本的问题，并不投射出那种迫在眉睫的、世界大战的冲突，扰乱人们的“黄金时代”感）；相反，从保罗·巴朗到现在的当代理论家所一直关注的是第一世界和第三世界国家之间关系的内在动力，尤其是当这种关系——现在恰恰是我们所说的“帝国主义”一词的意味——已经成为一种必然的臣属或附庸关系和一种经济关系而非基本的军事关系时。这意味着从第一次世界大战到第二次世界大战期间，他性的轴心已经被置换：它最初控制着不同帝国主体之间的相互关系；现在则表指一个普遍化了的帝国主体（通常是美国，但往往也有英国、法国或日本，自不必说像南非或以色列这样新兴的宗主国核心了）与其不同的他者或客体之间的关系。这将是历史的说法；但是，由于我们（非常自然地）认为与列宁时代的祖先相比，我们已经发现了一些更基本的关于帝国主义原动力的事实，所以，也可以以这种方式描写这种置换：即在那个过去的时期，从1884年到第一次世界大战期间，第一世界和第三世界之间的统治关系被一种专横的（也许是意识形态的）帝国主义意识所掩盖和置换，这种意识从本质上把帝国主义视作第一世界列强或帝国的拥有者之间的关系，而且，这种意识倾向于压制更基本的他性轴心，而只是偶尔才提出殖民地现实的问题。

文化上，这种转变的原因和结果是不难回首的。我们今天以一种不同的方式考虑第三世界，不仅仅因为反殖民主义运动和政治独立，而更重要的是因为这些各相迥异的文化现在都在言说它们各自不相同的声音。这些声音也不再是我们可以随意忽视的边缘的了；至少它们中有一个——自繁荣期以来的拉丁美洲文学——今天也许已经成为世界文化舞台上的主角，不仅仅对其他第三世界文化，而且对第一世界文学和文化都发生了不可避免的、难以逃避的影响。要表明美国以外的第一世界文化境遇中这些其他声音的在场并不难，如在今日英国。同时，颇有意义的是，在美国本土，我们已经开始考虑和谈论一个**内在的**第三世界和诸种内在的第三世界声音的出现，如黑人妇女文学和西班牙裔文学。当他者说话时，他或她就成了另一个主体：这个主体肯定会被帝国或宗主国主体视作一个问题——于是，大致仍然属于西方的诸种帝国主义理论便采取了新的取向，转向了那个他者，转向了我们应为之负责的不发达性和从属性的结构。

但是，在现代主义时期，情况绝非如此。19 世纪末**他者**的原型范式——如左拉的 *La Debacle*（1892）——是另一种帝国的民族国家：在这种情况下，德国人实际上已经成为童年梦魇中的食人魔和恶鬼，他们在相貌上怪异可怕，野蛮，未开化，而作为原型，他们与古代“中世纪的野人”相距并不遥远，体现了对农业和乡村社会奔放不羁的本能冲动的全部迷恋和惧怕。然后，这些“他者”将以更苍白的、更可敬的形式在这个时期的高雅文学中流行——如各种外国人给英国小说中的高雅社会增加一种异国情调一样（E. M. 福斯特的《霍华兹别墅》中的德国人以一种治疗性的自由容忍和自我批判颠倒了这种恐外症）；而非西方的被殖民者的更加激进的他性则试图在我们已经提到的非经典的帝国主义冒险文学中找到代表性位置。

但是，以一种非常不同的他性掩盖另一种他性，用竞争代替剥削，用第一世界的人物代替第三世界的在场，这可能被认为是一种再现遏制的策略，这种策略几乎不能改变殖民地占有的基本的帝国主义结构，或雅克·伯克所说的令人难忘的对“被殖民者的世界的剥夺”。其影响是再现性影响，即系统地遏制对帝国体系结构的充分认识：但是，这些显然是客观影响，将在美学领域产生最明显的后果，在美学领域中，对新的帝国世界体系的测绘是绝不可能的，因为被殖民的他者，即本质的异己因素或对抗力量，已经成为看不见的了。

现代主义再现正是在这种环境中产生的：总的来说，这确实是形式和文化变化与我们所说的社会"决定因"的关系，这些决定因表现了一个发生了根本变化的环境（一种社会、心理或物质类型的新素材），对此，要求在形式、结构和语言方面予以新的、前所未有的审美反应。但是，从文化或审美生产的角度来看，现在需要对这个新的帝国主义环境加以描述，而且似乎最好是通过将其问题与正在实现现代化的宗主国的内部工业化和商品化的问题区别开来。这最后一点往往似乎（自相矛盾地）依赖于普遍的意义丧失，仿佛其主体随着传统和宗教绝对值的衰落而否定地迎合了人类权力的增长，同时，实践和生产的事实又极易受到商品形式的物化逻辑的扭曲和掩盖。

由殖民制度所决定的东西现在已是与此相当不同的一种意义丧失：殖民主义意味着整个经济制度的一个重要的结构部分现在被置放在别处，为宗主国所不及，在本土的日常生活和生存经验的范围之外；而在海外的殖民地，其自身的生活经验和生活世界——与帝国强权的生活经验和生活世界相当不同——不管属于哪个社会阶级，都是帝国强权的主体所未知和不可想像的。这种空间断裂直接影响到对整个制度功能的失控。因此，与民族或市场资本主义的古典阶段不同，拼图上的拼块缺失了；而且再也不会完全重建起来；任何扩大的个人经验（如对其他社会阶级的认识），任何高度的自我审视（以各种社会良心的审视），任何基于第一世界内部数据的科学推断，都不足以包括殖民地生活、殖民地的痛苦和剥削的这种根本他性，自不必说彼与此、宗主国缺失的空间与日常生活之间的那些结构关联了。换言之，上述因素——宗主国的日常生活和生存经验——必然是民族文学自身的内容，现在已不再能够对其加以内在地掌握了；它自身内部已不再具有意义，不再具有更深刻的存在理由了。作为艺术内容，它从此将永远有所缺失，但在匮乏的意义上说，仅仅把缺失的因素弥补回来是不能使其复原或再次成为整体的：它的缺失可以比作另一个维度，仿佛一面镜子的另一面的外表，它在构成上就缺少某种因素，因此是永远不能补救或好用的。这个新的具有历史原创性的问题本身是一个新的内容，它构成了现代主义试图解决的环境、问题、困境和形式矛盾；确言之，只有那种新的艺术才能反射性地透视这个问题，正视可被首先称作现代主义的这个形式问题。

当然，面对在构成上使你无法琢磨的仿佛第四维度的这种全球空间问题，人们最容易产生的想法就是绘制一张地图：《尤利西斯》绝不是第一张这样的地图，自不必说以地图属性为赌注的描写帝国主义时期的惟一一部文学作品了。康拉德的《黑暗的心脏》，不管产生什么样的共鸣，其标题都直接具有绘图法的指涉意义。但绘图法并不是问题的解决，而恰恰是问题本身，至少就理想的认识论形式来说是一种全球规模的社会认知测绘。这种地图如果有的话，就一定产生于个人空间认知的要求和界限：由于英国一般被认为是道地的帝国主义强权，所以首先举英国的空间经验为例也许是有用的：

> 火车穿过无数的隧道向北疾驰。这只是一个小时的旅程，但蒙特太太不得不一次又一次地打开和关上窗子。她穿过以悲剧闻名的南维尔文隧道。她跨过宽阔的高架桥，其无数拱洞跨越无忧无虑的草地和梦幻般流淌的特文河。她绕过政治家的花园。有时，大北方公路伴

> 随着她，与其说使人想起沉睡百年之后觉醒的铁路，毋宁说使人想起无限，铁路在醒来后所看到的竟是弥漫着汽车臭气的生活，和防治黄疸病药的广告所暗示的那种文化。蒙特太太对历史、对悲剧、对过去、对未来都同样冷淡；她所关心的是这次旅行的终点，并把可怜的海伦从这可怕的混乱中拯救出来。

这是引自《霍华兹别墅》开首几页的一段插曲，典型地体现了福斯特的欺骗性，提供了充满陷阱和歧途的一种和蔼可亲的素朴性。复杂的哲理都被隐藏在表面之下，其中包括对自然和工业化的反思，对真实的和不真实的生存时间的反思（在蒙特太太身上体现的海德格尔的 Sorge [烦]），以及对英国阶级现实肯定而机智的意识。然后，小说将把所有这些表达出来，表明作者在此怂恿读者忽视的东西将逐渐成为一个无法避免的信息，根据这个信息，我们再回过头来详细解释眼前的文本。但所解释的从本质上说仍然是一种空间再现和空间认知：哲学思想（如我们将看到的，无论如何都会涉及空间）最终将依赖于空间，没有空间就无以言表。这当然是一种电影式的空间，爱因斯坦式的观察者坐在火车上穿过大地景色，每一时刻都在改变着它使其成为可能的观察。然而，最重要的并不是关于福斯特或关于一般的现代主义小说的新电影所发生的影响，而恰恰是这两种不同的形式发展的汇合，即电影技术与特定的现代主义或原型现代主义语言的汇合，二者似乎在主体与客体之间提供了某个空间，某个第三条件。在那个意义上，电影认知既不是主观的，也不是心理的：没有什么隐私或个人的东西（而正是由于这个原因，我才在前面提出把现代主义说成是内向转向是令人误解的）。但在任何传统的现实主义或经验主义的意义上，这种电影认知也不是客观的：实际上，对于真正的后现代人来说，没有什么能像“照相式现实主义”这个论战式的表达这样荒谬和失常的了——仿佛作为在今天如此神秘和矛盾的一种体验的照相术具有值得信赖或可靠的东西一样，对我们来说则是最不可能保证似真性的东西！因此，尽管**风格**仍然是各种现代主义的一个基本范畴，随现代主义的出现而出现，并随心理主体在后现代时刻的消失而消失，但仍然急需把风格从传统的心理学和主体性概念中解脱出来：电影的治疗用法在哪里并行，机械便在哪里取代人类心理学和认知。但这要通过把风格的概念与新近叙事的空间经验加以重新调和才能达到最佳效果，二者的调和标志着现代主义的兴起，以及一整个令人眼花缭乱的现代主义样式开始繁荣的地方。

福斯特充其量是个狭隘的现代主义者，似乎不足以说明这一过程；但使我们感兴趣的正是其出现的苗头，而不是完全成熟的事物。同时，如果认为作为帝国主义心脏的英国也是最不利于本土现代主义的发展的民族地区，那么，这当然也与我们目前的话题相关。

然而，在目前的历史进程中至少有一个时刻似乎具有从波德莱尔到艾略特的某一正统现代主义语言内部拥有的一切可能性，无论过去还是未来：像蒙特太太周围疾驰而过的环境一样的比喻，只有其虚假的质朴把人们的注意力引向了自身（福斯特的作品一向如此）。这是“暗示着无限的……大北方公路”。当然，我们看到这里的意味，读者不由自主地围绕高速公路周围的视觉属性，其远离铁轨的绵亘和弧度，来重构一部内心影片。在无垠之上，往来不断的车辆强化了观照者贯注的一次巨量的运输。最后，被现代化和商业化的历史所盘剥的荒凉比铁路内在不可避免的污染更接近于**理念**。这至少是这个比喻让我们看到的一切；但是，尤其是当我们了解到福斯特急需使用“无限”一词，仿佛它的确具有某种意味时，意义本身就越来越不清楚了。抑或，最好是把这一正统的现代主义**风格**描写为一种被压缩的表象，以便记录一种具体感知。事实上，阅读的问题转向了有关这一比喻的结构的客观不确定性上来：大北方公路是表达的要义还是工具；公路是否类似于波德莱尔作品中的比喻意在把五里雾一样的形而上概念“无限”具体化，并借助其视觉属性的瞬间转化使那个模糊但却崇高的词在文本游戏中成为更生动的语言表演者；另一方面，作者是否有意把这一崇高理念的形而上学声望与平庸的公路形成共振，赋予公路以神奇的功能，从而将其改造成最纯粹的表现性期待，而无需将其视作传统上某种虚假的官方“象征”。现代主义本身就是这种犹豫不决；它出现在福斯特这个比喻内部的空间缝隙之中；它融会于物质客体的偶然性与对某一不可能的意义的要求之间的矛盾之中，在此，已死的哲学的抽象概念标志着这个不可能的意义。对这个我们称之为“风格”的矛盾的解决就是用一种空间或认知“意义”（不管它现在是什么）来取代另一种空间或认知“意义”（不管它过去是什么，或将来可能是什么）。

但是，福斯特的比喻也证明具有一个更传统的“意义”，如该小说的其余部分告诉我们的：只要我们不忘记其最初的空间和认知基础，不忘记某一新的现代主义语言对我们的身体和感觉系统也即其先决条件发生的作用，我们就完全有理由解释这个意义。实际上，福斯特继续将其空间的时代精神作为“一切大地美的基础”（原书 204 页）。他把这种大地美详细描述为一个双重的救赎系统，即亲密的人类关系与直接的大地景色这两条道路。在谈到可怜的列奥纳多·巴斯特时玛格丽特说：“我们要向他表明，他怎样才能报复生活。如我所说，朋友，或国家，某……某个非常亲密的人或某个非常亲密的地方似乎有必要摆脱生活中每日的灰暗，并表明那是灰暗的。如果可能，应该做到这两点”（原书145页）。这里的地点当然是小说标题所指的霍华兹区的乡宅；“亲密的人”指已故的威尔考科斯夫人，她开始与这个地方融合，甚至几乎成为“当地的守护神”。然而，如我们在前面举的例子所示，再现的困境仍在：作为一个人物，威尔考科斯夫人从那个具体的地点汲取了各种可能性，这个地点就是霍华兹区，而反过来这个地点又从威尔考科斯夫人的精神中汲取了感召力。把机遇改造成由一位女人主持的一个乌托邦的社会群体，这个女人实际上就是这个群体的精神支柱；而在第19章中对某一乌托邦式景色的恢复与几近莎士比亚式的对某一理想的（和反爱国主义的）英格兰的赞颂相契合——这种契合，实际上，这两个幻想结构的认同就是福斯特在这部小说中的政治和审美议事日程。

然而，如他自己清楚地说明的，这个日程能否在历史上得以实现和完成，这并不明确（即便小说本身已经完成）。他继而暗示说，现代文明的发展趋势——现在是“现代化”而非美学上的“现代主义”！——正处于关闭个人“救赎”或精神“救赎”的道路的过程之中（如果“救赎”不是过于崇高的字眼儿的话）。大地景色正在被涂抹，留下的仅只是更加脆弱和昙花一现的人际关系的安全网络：

> 伦敦只不过是这种游牧文明的尝试，它如此深刻地改变了人性，给人际关系带来了自其出现以来最大的张力。在国际主义制下，如果它到来的话，我们将得不到大地的帮助。树木和草地和山峦只不过是景象而已，它们曾经施与性格的那股约束力只能给予爱。

但我们现在必须附加的-现在重又使我们回到起点上来的，是这样一个事实，伦敦恰恰是我们在大北方公路上瞥见的那种“无限”，或至少是描写那个“无限”的一幅“漫画”（原书 280 页）。但现在一整套术语一股脑地出现，开始相互配合：国际主义、伦敦、游牧生活方式、汽车的臭气、预防黄疸病的药片，都作为一个历史倾向而聚合起来，出乎意料地与“无限”融会在一起，而“无限”也同样出乎意料地成为地点、霍华兹区、此时此地的救赎的对立面（无独有偶，从未存在过的一个旧的英格兰，第 19 章中描写的英格兰也获得了再生）。但这并不简单地是浪漫主义反城市、反现代的怀旧；这根本不是面对面目全非的工业荒原即现代工业世界的那种保守的反感。而就终极的决定因而言，这是这个现象链环上的最后一次认同：这个意义上的无限，这个新的灰暗的无位置性，以及导致这种无位置性的一切，也有另一个熟悉的名称。在福斯特的著作中叫作**帝国主义**，或帝国，即其时代的指称。使条条大路延绵通向无限、超越民族国家的疆界和界限的，正是帝国；它把伦敦抛在了后面，形成一个新的空间集团或疾病，其商业主义现在抛弃了像威尔考科斯夫人这样讲究实际的场面人物，福斯特也将传达关于这种人物的个性压抑的信息，所采取的是我们无暇在此检验的新的形式：

> 在汽车里是得到自然青睐的另一种类型——帝国。它健壮，不停地运动，希望继承大地。它像自由民一样迅速而健康地繁殖；将其称作把自己国家的美德带到海外的超自由民，这种诱惑十分强烈。但仔细想来他看上去并不是帝国主义者。他是破坏者。他为国际主义铺平道路，尽管他可能完成大志，但他所继承的大地将是灰暗的。（原书 323 页）

随着这种认同——“无限”与“帝国主义”的偶合，我们画满了一个圆，帝国主义环境的一个因素以人的形式、或以叙述人物的再现性语言出现了。然而，这种再现是不完整的，因此在认识论上是曲解的和令人误解的：我们只能看到“帝国类型”转向内向、转向内在宗主国现实的那副面孔。在这种关系的另一端，从根本上和本质上限定其“帝国主义”功能的那一端，即被殖民化了的个人，仍然被封闭在结构之中，作为制度限制的结果他们必然而且只能被封闭在结构之中，而内部的民族或宗主国的日常生活与从此附属于它的这个他者世界绝对地割裂开来了。但是，由于再现以及作为再现的认知测绘是由“趋于总体性的意图”控制的，那些限制也必须被拉回到这个系统之中，这个系统用一个意象标志着那些限制，这就是比作无限的大北方公路的意象：一种新的空间语言，因此也是现代主义的“风格”，现在成了不可再现的总体性的标志和替代（用拉康的话说是“租赁的场所”）。由此产生了一种新的价值（也正是这一点一般被松散地和令人误解地称作现代主义唯美主义）：如果“无限”（和“帝国主义”）在福斯特的作品中是坏的或否定的因素，那么，其作为身体和诗意过程的认知就不再是坏的或否定的了，而恰恰是肯定的成就，是对我们的感觉系统的扩大：这样，这个新比喻的美就与作为其内容的社会和历史判断奇怪地毫无关联了。

关于这种处于再现边缘或界限的“事件”，我试图要说明的东西，也可以表示为对内部或宗主国空间本身的再现，对依然是其基本原材料的民族日常生活的再现。由于在帝国的世界体系内这种再现仍然是相当不完整的，因此，作为补偿，必须将其构成一种维持自身生存的总体性：这是福斯特试图借助上帝的观念而特别要获得的东西，这种观念把孤立主体之间的巧遇、偶合、偶然和任意的相遇变成了已经实现了的群体的乌托邦瞬间。这个瞬间同时既是道德的又是审美的，因为这是颇似诸种关系的一个审美形式的实现，证实了这个瞬间不管多么短暂，都是一种社会现实：而社会与审美之间的偶合（在道德的意义上）恰恰使其他相关的著作（如弗吉尼亚·沃尔夫的著作）通过看起来比福斯特更审美化的手法而重新聚焦于这个瞬间。这里，内部的社会总体性仍将是不完整的；但是，尽管如此，内部的社会阶级仍然是明显缺场的（如列奥纳多被细腻地刻画为非无产阶级，处于“绅士阶层的最边缘。他并未处于深渊之中，但能够看到深渊，他所认识的人中不时有掉入这个深渊的，从此不再重要了”）（原书 45 页）。这种内部包容迥然有别于对异族或被殖民者的排除（他们的缺场甚至没有明显的标识）：这种区别大体上相当于弗洛伊德在压抑（神经官能症）与排斥（精神病）之间所作的区别。

这里暗示的假设——在正统现代主义“风格”的出现与新的帝国世界体系的再现困境之间的假设，只能由它所促成的那种新作品加以证实：即现代人采用的新的（形式和结构的）方法加以证实，比之从其同时代人那里继承来的描写，他们用这种方法能更充分地为我们描述其历史特殊性。然而，还有另一种方法可以“证实”这一假设，至少可以采用爱因斯坦式的“思想—实验”：这像是一种实验变体或审美证伪性的原则，根据这一原则，这种特殊的宗主国或第一世界的现代主义实验将受到根本不同的环境条件的检验。在这个时期，在将被称作第三世界或殖民地的地方还不曾存在这些实验：在那里，帝国主义的面目是残酷的武力，赤裸的权力，公开的剥削；但是，帝国主义世界体系的测绘在结构上仍然是不完整的，因为殖民地主体不可能接受伴随帝国关系而来的宗主国或第一世界生活的特殊改造。从被殖民者的角度看，接受这些新的现实也没有任何意义，这些新的现实是主人的私下关怀，是被殖民文化必须加以拒绝和排斥的。因此，我们所寻求的是一种例外的环境，是这两种各不相容的现实，即主人的现实与奴仆的现实、宗主国的现实与殖民地的现实的重叠和共存。因此，我们的实验变体，如果可能的话，将成为一种民族环境的前提，这种民族环境——或许通过其语言与帝国语言的偶合——将再造第一世界社会现实和社会关系的表象，但其基础结构事实上非常接近第三世界或被殖民者日常生活的基础结构。在这些环境中产生的现代主义与宗主国和上面检验的作品之间存有形式和结构的差异，因此可以就此加以审视和质疑。但是，在我们全球体系的历史偶然性中至少存在着一种如此独特的空间：这就是爱尔兰，而爱尔兰环境的独特性现在仿佛实验性地证实了我们迄今的论点。它仿佛使我们先验地从我们假设的前提中推断，然后将这个推断与爱尔兰文化的历史现实加以比较。如果这一命题是正确的，那么，在某一可能抽象地存在的爱尔兰现代主义中，我们就能发现一种形式，它一方面把福斯特神意的然而又似乎是偶然的人物遭遇与沃尔夫的审美封闭性联合起来，但在另一方面，又把这些遭遇投射到一个根本不同的空间里，在英国生活中已不再是中心的空间，而是被标识为类似于帝国体系的被殖民地区的边缘和离心的地区。可以指望那个被殖民化了的空间能够根本改造现代主义的形式规划，同时又能保持与其帝国变体的一种远亲的相似性。但这种“推断”可以得到直接的历史证实，因为我实际上是在描写《尤利西斯》。

但在《尤利西斯》中，空间并非是为了获得封闭性和意义而被赋予象征意义的：其封闭性是客观的，是由殖民环境本身所赋予的——于是便有了乔伊斯语言的非诗意性和非风格性。在福斯特的作品中，遭遇、偶然事件、决定性相遇或为阻止这些相遇的发生而故意拖延的5分钟，都是针对宗主国的，“在人们眼里，［宗主国］是一条颤抖的灰暗地带，理智而没有目的，刺激而没有爱；是在被编入历史之前就已经改变了的一种精神；是跳动着但却没有人类脉搏的一颗心脏”（原书 108 页）。在乔伊斯的作品中，这种遭遇与都柏林本身是一致的，都柏林拥挤的空间里允许存在现已过时的古代城邦的生活。因此，没有必要生产一种有别于城市的封闭的审美形式，在第一世界的现代主义中，暴力的形式必然被强加于城市以作为补偿。

事实上，人们甚至愿意更进一步，断言被视为现代主义本身的语言维度——即现代主义“风格”，现代经典的一个绝对范畴——在乔伊斯作品中也不存在。在福斯特作品中窥见的那种空间诗歌在《尤利西斯》中找不到对等物。“我正在沿着桑迪山海峡走入永恒吗?”这个问题被强行塞入史蒂芬的意识之中，而且被标志为主观的。在主观连续体的另一端，“夜城”一章中巨大的畸形空间仿佛就在眼皮底下发生，以至于不能用意象加以描写。具有现代倾向的一种个人风格可见于早期的乔伊斯，而且可以据瓦尔特·佩特的唯美主义踪迹来辨认：在《尤利西斯》中所剩下的一切只是自觉地放置关键的副词。不然的话，作为绝对主体的一个范畴，风格就会在这里消失，乔伊斯实际可触的语言游戏和实验就将被视作非个人的句子综合和变体，超越一切观点（“情人喜欢爱情人。护士爱新来的药师。警官 14A 爱玛丽·凯莉。格蒂·麦克多维尔爱那个骑自行车的男孩……”）：于是，人们不时感到（如对革命的生产方式一样）乔伊斯跨越现代的舞台而直接进入了后现代主义。在“太阳的公牛”中，风格的伪戏仿（pastiche）不仅使这种风格不可信，而且罗列了无数的**英语**风格，无数的帝国占领军的风格。

实际上，甚至偶然事件的问题——在福斯特和沃尔夫的作品中非常重要——在乔伊斯那里也具有不同的意义。在后者的作品中，这种交叉随处可见，但几乎不具有在其他作品中投射的模糊的神性（这里需要指出父子主题的局部例外）。列奥纳多在故事高潮时在圣保罗大教堂看见了玛格丽特和威尔考科斯夫人；史蒂芬在一个较模糊的但更具审美意义的时刻看见了布鲁姆先生；但这与前者提出的问题并不相同。伦敦（或《曼哈顿转车》中的曼哈顿）都是集团（宗主国），在那里这种相遇**都是**纯粹的偶合；都柏林是一个古典城市，在此，这种相遇不仅是正常的，而且是预料之中的。这就是说，城市的概念在《尤利西斯》中出现，包含并促发了这些相遇和交叉，并予之以不同的反响，而这些相遇和交叉正是现代时期的关键。但正如我们所说，都柏林仍然是古典的，因为它也是一座殖民城市：而乔伊斯叙述内容的这种“独特性”现在决定着一些其他形式的结果。一方面，乔伊斯作品中的相遇已然（或可以说仍然）是语言上的：它们是故事，闲谈，在发生时就已经融入了言语和叙事，所以现代主义诗人或作家的创造性改造——为了表达现代生活中最新揭示的种种非语言的偶然性而发明一种新言语的需要——在乔伊斯的作品中走了捷径。同时，《尤利西斯》这种本质的语言性——如他自己所说这是关于“最后几位伟大演说家”的一部书——本身就是帝国主义的结果，它把爱尔兰贬降到一个古老的修辞的过去和残存的（没有行为在场的）演说术，把都柏林僵化成一个未发达的盛行流言蜚语的村庄。同时，在其他作品中强行引入的历史本身在这里已经是城市组织的组成部分：那里有占领军，我们非常自然地与其士兵遭遇，就如同将要观看总督的游行队伍一样；不时发生的军事行动——如常胜军的被暗杀——在集体记忆中仍然栩栩如生，幸存者的出现无疑是一种普鲁斯特式的惊奇，但却完全合乎道理。英国的知识分子造访这一有趣的文化的穷乡僻壤是正常的，在酒馆、酒吧和公共场所进行民族主义的争论（尤其是围绕民族语言的争论）也是正常的；人们在酒馆和公共场所会面和谈话这一事实本身就是旧城市生活的令人愉快的残余，这在宗主国文学中没有等同物，不同人物的会面在宗主国文学中都是通过接待和避暑别墅而人为地安排的。

《尤利西斯》甚至有一部分采用了另一种现代主义手法来描写空间——即漂泊的岩石，多斯·帕索斯直接从这里获取了灵感，并使他断续地走上了文学捷径——这部分例外地证实了这条规则，因为这些实在的断续性已经成为纯粹的现象：我们事实上已经知道这些解体了的人物已经通过熟识和历史恢复了联系，视角的转变使外部机遇和偶然性的幻觉全部消失了。《奥德赛》在表面上作为一种审美设计和典故相似于沃尔夫《到灯塔去》中的那幅油画，在帝国主义的语境中也必须加以重新思考。这当然是一个很大的形式借口，其地点背景使得乔伊斯能够详尽描写各章的偶然事件，而不必揭示深刻的动机（平行事件、色彩、比喻、身体器官等其他层面与其说相似于象征主义，毋宁说相似于弗洛伊德的“次要描写”）：但所要强调的是，这里所利用的不是《奥德赛》的意义，而是其空间属性。《奥德赛》被用作一张**地图**：就乔伊斯的阅读来说，这实际上是一个经典叙事，其封闭性就是地图的封闭性，这张地图描绘的是地球上一个完整的和同样封闭的区域，仿佛那些故事本身重又汇入空间之中，阅读这些故事已与阅读地图无从分别。在现代文学中，其他类似的经典都不具有这种独特的空间范畴（比如希腊悲剧中的不同主体）；事实上，这种第三世界的现代主义仿佛诡谲地把帝国的关系颠倒了过来，为了组织殖民城市的空间，把城市里的甬道和小路变成一个形式的封闭，一个宏大文化丰碑的封闭，而利用了地中海的大帝国空间。

因此，在西方现代主义中可以窥见帝国主义的踪迹，事实上，帝国主义构成了西方现代主义；但我们不能在明显的地方寻找这些踪迹，如在内容或再现中。除了爱尔兰文学和乔伊斯作品的特殊情况外，我们都可以在空间上窥见帝国主义的踪迹，它们作为形式征候存在于第一世界现代主义文本自身的结构内部。

【注释】

［1］Martin Green，*Dreams of Adventure*，*Deeds of Empire*（New York：Basic Books，1979）；Philip D. Curtin，*The Image of Africa*：*British Ideas and Action 1780—1850*（Madison：University of Wisconsin Press，1964）；Brian Z. Street，*The Savage in Literature*：*Representations of "Primitive" Society in English Fiction 1858—1920*（London：Routledge & Kegan Paul，1972）；and especially Edward W. Said，"*Kim*，the Pleasure of Imperialism"，in *Raritan 7*（Fall 1987），27-64，reprinted in his *Culture and Imperialism*.

（陈永国 译）

马克思主义与后现代主义

马克思主义与后现代主义：人们往往感到这是一种罕见的或悖论的结合，是缺乏稳固基础的，以致有些人认为，当我现在“成为”后现代主义者时，必须不再做任何含义（即用其他一些传统字眼）上的马克思主义者了。[1]由于这两个术语（在十足的后现代主义的意义上）装载着整个大众想像的重荷，“马克思主义”已被理解为列宁和苏维埃革命时期泛黄的老照片，而“后现代主义”则产生的是最豪华的大酒店的想像。于是，这种蓦地产生的无意识，迅速构成了这样一幅图景：一个正在艰难经营的小餐馆，里面充满一种怀旧的氛围，墙上挂着老照片，一位苏维埃的服务员懒懒地端上一盘糟糕的俄罗斯饭菜——而这个小餐馆却处在闪烁着霓虹灯的繁华的建筑群中。如果我也陷入这样一种个人的理解的话，我过去所研究的课题就显得十分奇怪和滑稽了：几年前我曾出版了一本结构主义的书，有人据此称我为结构主义的“最重要”的发言人，而另外一些人则要求我作为一个“杰出”的批评家和这一运动的反对者。而事实上我既不是前者也不是后者。不过，我不得不说，我必须在一些相当复杂和不寻常的情况下“两者都不是”，这一点有些人似乎难以理解。就后现代而论，尽管我在论及这个问题的原则性论文中竭力解释从理智上或政治上简单地赞美后现代主义或“不承认”（这个词我后面还要论及）后现代主义都是不可能的，但先锋艺术批评家仍很快认定我是一个庸俗的马克思主义的御用文人；而另一些更纯真的同志则依据一些著名前辈的例子，认为我最终偏离马克思主义的轨道而成为一个后现代马克思主义者（也就是说，一个背叛者和变节者）。

因此，我特别感谢道格拉斯·凯尔纳在“导言”里所作的有洞见的表达，这一新的课题与我早期的著作不是相悖而是一种逻辑的发展。我本人要再次说明的是关于“生产方式”的概念，我对后现代主义的分析正是对这一理论的又一贡献。可是首先需要注意的是，我的所有这些看法——显然归功于（这一点我过去说得不够充分）博德里拉，以及给他启发的一些理论家（马尔库塞、麦克卢汉、亨利·勒费弗尔，以及一些情境决定行为论者、萨哈林等等）——他呈现的是一个相当复杂的结合。这不仅仅是将我从教条主义的沉睡中唤醒的艺术产品（尤其是在建筑领域）的一种新鲜的体验：我在后面运用时还要继续强调，“后现代主义”这个概念不是专门的美学的或风格上的术语。这种结合也提供了一种机遇，以解决长期存在的与马克思主义传统中的传统经济模式不相适应的问题。我们中的一些成员所感到的不适应并不是社会阶级的问题，而是媒介的问题。阶级的“消失”只有那些“自由漂浮的知识分子”才可能考虑，而媒介的冲击波对西欧的影响将使一些观察者与20世纪60年代逐渐似乎处于中立的北美社会保持一种批判的和感性的距离。

资本主义的第三阶段

列宁对帝国主义的论述并不完全等同于列宁和宣传机器，用不同方式理解他的理论已逐渐成为可能。列宁提出了所谓垄断资本主义阶段或古典资本主义时期，这种关于资本主义阶段的新的分期在马克思那里并未被明确地预见。这将会使人们相信，或是一种新的变化已被命名和阐述便永远如此，或是人们可以在一定的情况下创造另一种名称。但是，马克思主义者中有很多人不愿意采取第二种方式来得出不同的结论，因为在其间，新的媒体和信息社会中的现象已经被右翼（在我们缺席的情况下）殖民化了，包括在一系列有影响的研究中——从最初冷战时期的“意识形态的终结”到后来盛行的“后工业社会”的概念。恩斯特·蒙代尔的《晚期资本主义》一书向这些思潮发起了挑战，他运用一种灵活的马克思主义的观点，第一次将资本主义的第三阶段理论化。[2]这一划分也使得我关于“后现代主义”的思想成为可能，由此，后现代主义可被理解为是对第三阶段文化生产的特殊逻辑理论化的尝试，而不是另一种脱离现实的对这一时期的文化批评或精神诊断。

引人注目的是我对后现代主义的研究所采用的总体化方式，今天令人感兴趣的问题不是我为什么采用这一视角，而是为什么激起了这么多人的反感（听说很反感）。在以往，抽象化无疑是一种策略方式，在抽象化的过程中，现象，特别是历史现象，能够被疏离和陌生化；当一个人囿于眼前的事物之中——年复一年地经历着文化、资讯、一系列的事件和突发事变——这其间的空隙可以被抽象概念所掩盖。人们发现，在那些貌似自主和不相干的领域之间有着隐秘的联系，通常认为只是孤立的和依次发生的事件却原来是事物的有规律的变化和有着某种内在的关联，它们具有一种全球性的特征，这种全球性正是它们的惟一根源。特别是由于刚刚过去的历史我们很难把握，于是，重建历史，提出全球性的特征和假设，将眼前的“繁芜、嘈杂的混乱”提炼成抽象的概念，这是对此时此地的一种激进的干预，同时也是对盲目性的有效抵制。

但是，如果仅仅是从正在运作的“总体战”的其他目的中分离出来，我们必须正视表现的问题。如果历史的抽象——生产方式的概念、资本主义的概念乃至后现代主义的概念——是一些不能直接经验的东西，那么，就有理由怀疑概念与事物本身潜在的混淆，怀疑这种用抽象来“表现”现实的可能性，以及这种抽象本质如社会或阶级真实存在的可能性。不过，通常对其他人的错误的担心主要意味着对其他知识分子的错误的担心。从长远的观点看，不可能制造一种表现方式来确凿地表现预先存在的视觉幻象，这里只有一种保证唯物主义抵御唯心主义复原的方式，即防止用形而上学的术语作解构性的阐释阅读。知识分子的生活和文化中的永远革命是不可能的事，所需要的是为警惕我们传统中所称为的概念的具体化而进行的不断革命。后现代主义这个概念的非同寻常的命运无疑就是这种情况，它引起了我们中一些人的种种担心，但是这里所需要的不是划清界限和忏悔罪行（如斯大林的一个著名的提法：“不要被胜利冲昏了头脑”），而是重新运用历史分析的方法，对具有政治和意识形态功能的概念不断地加以检验和判断，在今天，这种方法将部分地在我们想像性解决现实的矛盾中发挥意想不到的作用。

可是，目前在后现代主义名义下的周期化或总体化的抽象概念又重现了一个更深的悖论，在企图统一某个领域及假定在这一进程中隐藏着的一致性与这个领域极其冲动的逻辑之间似乎存在着矛盾，也就是说，它与后现代主义理论本身的开放性特征所具有的差异和分化的逻辑似乎存在着矛盾。如果后现代的特有的历史被认为全然是他律的，随机出现的，是一些不相干的子系统，那么，在这些论争中，必然有某些东西干扰了最初将它作为一个体系来理解的努力，而这种努力至少可以说显然与后现代主义本身的精神不一致。也许这种努力确实暴露了它的某些企图，它想“控制”和“支配”后现代，减少和排除它的差异的作用，甚至强制运用一些新的概念来整合多元论。然而，如果将动词的词性忽略不计，我们要“控制”历史，无论用什么方式，最终都是可能的：无论它用什么语言表达，从历史的梦魇中挣脱出来，人类作为征服者将控制那些似乎是盲目的和自然的社会—经济命运的“法则”，保存马克思主义的不可替代的遗产。因此，这对于无意控制自己命运的人们来说不会有很多的吸引力。

系统与变异

但是，关于变异的统一理论还有一些误导和矛盾的成分，因为这一概念建立在不同层次的抽象的混淆之上：我们不能把构成产生差异的系统设想为完全类同于它试图理论化的客体的那种系统的概念，即不能像狗的概念使人联想到吠叫，糖的概念使人感觉到甜味一样。人们感到，我们自身独有的某些珍贵的、存在的东西，某些脆弱的、惟一的东西，将无可挽回地失去，我们发现我们每个人都很相似：如果真是那样的话，我们将感到太糟糕了；否定是存在主义（包括现象学）的基本形式，这类事情和这种焦虑的出现需要解释。但在我看来，对后现代主义全球化概念的否定从某种意义上讲是传统的对资本主义概念的否定的重现。从现在的角度看，很少有令人吃惊的事情，因为后现代主义作为资本主义晚期的系统转换与资本主义自身以一贯之，具有同一性。那些否定实质上只不过是随之而来的悖论的一种或另一种形式：也就是说，虽然各种前资本主义的生产方式通过种种休戚相关的形式或内聚力获得了再生产的能力，而资本主义的逻辑则相反，它是一个分散的、原子论的、“个人主义”的逻辑，是反社会而不是社会的，它的系统结构，暂且不说它的再生产本身，在关系上具有某种神秘和矛盾。我们先将（市场）这个难解的问题搁置起来，这里要说的是这一悖论正是资本主义的创造力和我们必然碰到的在定义它时词不达意的矛盾状态（由此引出了特殊的新概念——辩证法）。我们在下面还有机会回头讨论这类问题，这里仅粗略地指出，变异这个概念本身就是一个系统（尼古拉斯·卢曼曾作了最详尽的阐述），也就是说，如果你愿意的话，可以将差异的作用在更抽象的层面上转化成一种新的同一性（这将被理解为一个人还必须懂得区别辩证的对立与这种随意的、分散型的差异）。

“反总体战”最终具有政治的动机，这是霍恩在他的论文中揭示出来的一个有价值的观点。[3]追随利奥塔，霍恩明确指出对乌托邦的恐惧是1984年以来我们所面临的老问题，乌托邦和革命政治与总体性和某种总体的“概念”的联合最好避开，因为它将导致致命的恐怖：这个概念至少在埃得蒙·伯克时就提出来了，但是在经历了斯大林时期无数次的重申后被柬埔寨的暴行再度激活。从意识形态的意义上讲，这是一个经过冷战修饰和定型的特殊的复活，并出现在20世纪70年代法国的非马克思主义运动中，并视为斯大林的清洗运动和希特勒的灭绝人性的集中营的异乎寻常的证明（可参见阿诺·梅耶的一本著名的书《天堂为什么不黑暗》，其中对“最后解决”与希特勒的反共产主义之间的结构关系有明确的论证[4]）。“后现代”除要求非政治化倾向以外，对这些灰白的梦魇般的形象的说明是不清楚的。前面所说的那种暴烈的革命历史也能被用于一种完全不同的教训，即首先来自反革命的暴力精神，实际上，反革命的最有效的形式就在于将暴力传递到革命的进程中。我想先进国家中的联盟现状或微观政治未必支持这类的焦虑和幻想，至少在我看来，它们没有构成从南非的潜在革命中撤回支持和关联的根据。最后，革命、乌托邦或总体化冲动的普遍情感从一开始就受到某种程度的污染，它们注定要在具有理想色彩的思想结构面前碰得头破血流，甚至最后还在最坏的宗教意义上重述原罪的教义。在这篇论文的结尾，我将回头讨论更具体的政治问题。

社会决定论的思想

现在，我打算用另一方式研究总体化思想的问题，即通过质问总体化的可能的历史条件而不是针对它的真实内容或有效性。于是，这就不再是把它仅仅哲学化，或是否你想在表征的层面上哲学化。在这个研究中，我们通过询问社会决定能否使思想得以实现或关闭来退出和疏离我们对既定概念的即时判断（“最前沿的当代思想不再允许我们运用总体性或周期性的概念”）。总体性的通常的禁忌难道纯粹来自哲学的进步和日益增长的自我意识吗？难道是因为我们今天获得了一种理论上的启蒙和概念上的精致状态，就可以帮助我们避免以往的已成为过去的思想家（最著名的是黑格尔）的严重错误吗？也许会如此，但是它还是要求某种历史的解释（其间“唯物主义”这个概念的出现无疑会发生作用）。我们不妨以稍稍不同的方式的提问来拂去当代人的这种傲慢：即为什么“总体性的概念”在一定的历史时期被认为是必要的和不可避免的，而相反在另一些时期则是有害的和不必考虑的。这种追问以它自身的方式返回我们思想的外部和我们不再（或尚未）思考的基础，它在任何肯定的意义上都不可能是哲学的（尽管阿多诺在《否定的辩证法》一书中试图将它转换成一种新型的真正的哲学）。这种追问将会把我们引向一种强化的意义上，即我们的时代在各种意义上都是一个唯名论的时代。这种唯名论可能产生数种史前史或超决定论：例如，存在主义时期孤独的个体所具有的新的社会意义（特别是在萨特的著作中所出现的对人口统计学、纯粹数字或复杂性的恐惧），它使传统的“一般性”显得苍白，从而失去其概念的力量和说服力。同样，英美经验主义的传统也是在一个悖论的“理论化”和过度唯理性的时代以一种复兴的力量从概念的死亡中产生的。自然，“后现代主义”的口号也意味着这样一种意义；但从另一方面看，后现代主义不是一种解释而是有待于被解释的东西。

这种推理和假设的分析直接削弱了现存的一般的或普遍化的概念，这种分析关涉一种显得很可靠的操作，也就是对运用这样的概念的过去的时期的分析。的确，在那些时期，一般概念的形成能够被观察，从而使它似乎具有历史的特权。就总体性的概念而论，我感兴趣的是我曾谈到的阿尔都塞的结构概念，即关键在于，我们能够承认这样一个概念的存在，但我们知道这里提供的只是它们中的一种：另外某些东西通称“生产方式”。阿尔都塞的“结构”就是如此，也就是“总体性”，至少在我使用时是这样。至于“总体化”的过程，通常意味着就是在各种现象之间产生一些联系：举一个在当代很有影响的例子，尽管斯皮瓦克提出用她的“连续符号链”的概念来替换辩证的思想[5]，但在我看来，这个概念也可以作为特殊的（非辩证的）“总体化”的形式。

我们应当感谢罗兰德·L·米克对“生产方式”这一概念的史前史的研究（这是他在撰写研究摩根和马克思的著作中勾画出来的），在18世纪，这个概念是以他所称作的“四阶段理论”的形式出现的。[6]这一理论汇聚了18世纪中叶法国和苏格兰启蒙运动的成果，提出了人类文化的历史变迁是与其物质或生产为基础的命题，并划分出四个基本的发展阶段：狩猎和采集、游牧、农业、商业。于是，在这个历史叙述中尤其是在亚当·斯密的思想和著作中所出现的是，现在继续研究的对象就是特定时代即资本主义的生产方式，前资本主义阶段的历史构架已经消失，但它却为斯密和马克思的资本主义模式提供了一个共时的模式。不过，米克要论证的是，历史叙述作为思考资本主义的可能性的必不可少的系统是否是共时的?[7]像这样的问题也出现在我关于资本主义的“阶段”或时期的思考中，它被设计成我们现在称为的“后现代主义”的文化逻辑。

然而，我在这里主要涉及“生产方式”这个概念的可能性的各种条件，也就是说，首先是社会历史情境的特征使表达和阐述这个概念成为可能。总的来说，我认为思考这一特殊的新思想（或在这一新方式中糅进已有的思想）须考虑到某种特殊的“不平衡”的发展，即一些性质不同的和同时存在的生产方式都出现在上述思想家的视野中。下面是米克所描述的这一特殊概念产生的前提条件（作为它的“四阶段理论”的最初形式）：

> 我自己的看法是，思考我们所研究的这一类型须着重强调经济技术的发展和社会—经济的关系。首先，很可能是同时代经济迅速发展的作用，其次，可能是经济发达地区与经济还处于“较低”阶段的地区之间的对比易于发现的作用。在18世纪50年代至60年代中，在有些城市如格拉斯哥和地区如法国北部的一些先进省份，公众的整个社会生活发生了迅速可见的改变，显然这是经济技术和基础的社会—经济关系深刻变革的结果。这种新的经济结构形式的出现很容易与以往的结构形式相比较和对照，如现在还继续存在的苏格兰高地或法国的遗民、美国的印第安部落。如果生存方式的改变在同时期社会发展中具有如此重要和“进步”的作用，那么，可以断言，它们在此前的社会中也必然具有非常重要的作用。[8]

历史的范式

首次思考生产方式这个新概念的可能性是作为一种新出现的历史意识或历史性的形式自由地加以描述的。然而这不一定非要求助于具有哲学意识的话语不可，因为被描述的东西也许同样可以用一种新的推论性的范式来命名，我们可以通过文学，借助司各特小说中所呈现的另一种新的历史范式（卢卡奇曾在他的《历史小说》中作过解释[9]）来强化这一概念形成的同时代的状况。这种不平衡性由法国思想家（杜尔哥，包括卢梭本人）概念化为“生产方式”，并尽可能像做其他事情一样参与到那一时期法国革命前的情境中。在此期间，封建形式以一种非常显著的差别来对抗新生的资产阶级的文化和阶级意识。

在许多方面，苏格兰都是一个非常复杂有趣的例子。作为第一世界国家的最后一个和第三世界国家的头一个（这里采用了汤姆·莱恩在《不列颠的解体》一书中的大胆的观点[10]）启蒙时期的苏格兰正是上述的具有截然不同性质的生产和文化并存的空间：高地的古代经济和他们的氏族制度，低地村民的农业开发，边界上正处在工业“起飞”前夜的英格兰“伙伴”的商业活力。因此，爱丁堡的辉煌并不是盖尔人遗传物质的问题，而是苏格兰中心城市和知识分子的策略性的离心立场，而这实质上又是由同时并存的性质不同的生产方式决定的。这一问题现在仍然是苏格兰启蒙运动思考或概念化的任务。这决不仅仅是一个经济问题：司各特，与晚近的福克纳相似，将社会和历史的原始材料、民间记忆吸收到文学中来，用一种栩栩如生的叙述形式，将并存的各种生产方式通过狂热的革命、内战和宗教战争深刻地表现出来。为此，思考新的现实和表述新的范式的条件似乎要求一种特殊的关联，并与这种新的现实保持一定的策略距离，因为这种新的现实可能会将沉浸其间的东西覆盖（这一点很像科学发现中作为认识论变体的著名的“局外人”原则）。

可是，所有这些带来的一个副产品在这里却对我们有着更为重大的意义，它直接关涉对这种概念化过程的逐渐上升的压制。后现代运动作为古典资本主义扩展的第三阶段的文化逻辑，它在许多方面都是资本主义晚期的更纯粹更同质的表现。因为在这一时期，迄今残存的具有社会—经济差异的飞地都已消除（包括借助商品形式殖民化和同化的）。如果是这样的话，那么，它的意义在于暗示出我们历史感的苍白，特别是对类似于生产方式概念的全球化和总体化的概念的抵制，而这些情形又正是资本主义普遍化的作用。今后所谓每一件事都是系统中的有机概念的看法似乎失去了存在的理由，它只有在韦伯、福柯或1984年的人们所幻化的梦魇般的“总体系统”的形式中通过“被压制的恢复”的方式得以再现。

但是，生产方式并非那种令人生畏的意义上的“总体系统”，它包括种种对立的力量和在自身产生的一些新趋势，既有“残存”的成分也有“初生”的力量，而生产方式则必须力图管理或控制这些东西（葛兰西的霸权的概念）：如果这些异质力量不具有自身的有效性的话，霸权的设想就是不必要的。这样，差异被模式预先设定：某些东西与卷入其中的另一特征有明显的不同，即资本主义将产生差异和区别作为它自身内在逻辑的一个功能。最后，又回到我们最初关于表现的讨论，显然，在概念与事物之间、在这个全球和抽象的模式与我们个体的社会经验之间存在“差异”，从中可以提供一些解释性的区别但绝不能用于“置换”。

关于生产方式的“适当用途”的另一些提示也可以考虑：所谓的“生产方式”并不是生产者的模式，这一点似乎有必要说明。还有必要说明的是，如果这些讨论还未沦为漫无目标的攻击的话，在目前的语境下，生产方式包含的各个层次（或者说抽象的等级）必须在注意之列。我在《政治无意识》一书中勾勒了这些层面的大致框架，具体说来，要注意区别出考察历史事件、引起更广泛的阶级和意识形态的冲突和传统、关注非个人的社会—经济模型系统（著名的具体化和一般化的主题就是例证）等层面。在这些论述中，经常提到的代理人的问题也必须穿越这些层面加以定位。

文化生产的位置

例如，法瑟斯托认为，我所使用的“后现代主义”一词是一个特定的文化范畴：[11] 它不能，更确切地说无论好坏就被赋予“生产方式”的名称，而在这个名称下，文化生产找到一个特殊的功能位置，它的表征在我的著作中主要来自文化（这无疑是混乱的根源）。因此，他劝告我更多地关注艺术家本身和他们的观众，以及中介和管理这种新的生产的机构：我实在不明白为什么要排除那些论题，我认为它们都是非常有趣的问题。但是，在那个层面上，要将社会学的探询变得可以解释是很困难的：毋宁说他所涉及的现象倾向于即刻重新组成它们自己的半自律的社会学层面，一种即刻要求历时叙述的层面。所说的艺术市场是现在，而所说的艺术家或消费者的地位则指转换之前，甚至充其量只为这些活动的可选择性留下了很有限的空间（例如，古巴通常就是这样，艺术市场、美术馆、绘画的投资人等等都不存在）。一旦你写下那种叙事，那一系列的局部的变化，那么，整个事件就加入了在当时另一空间里存在的材料，而在其中，像后现代的“伟大变革”式的某些东西就能够被看到。

的确，法瑟斯托的建议具体化了社会代理人，仿佛使这些人得以显露（这样一来，后现代主义者就是这些艺术家或音乐家，美术馆或博物馆的职员或唱片公司的董事，他们是一群特殊的资产阶级、年轻人或工人阶级的消费者），尽管如此，这里也要求必须保持抽象层面的差异。因为我们仅仅只能貌似有理地声称“后现代主义”作为一种时代精神或“生活方式”（纯粹是一种轻视的表述）是整个新的阶级分化的“意识”的表现，它大大超越了上面所列的群体的限制。这种越来越大、越来越抽象的范畴被冠以种种新的名称：新的小资产阶级，专业管理阶级，或更简单地称为“the yuppies”（这些称呼中的每一种都偷偷塞进了一个与之相对应的具体的社会代表）。[12]

这种后现代文化的阶级内涵的身份认同并不暗示“yuppies”已经成为某种新的管理阶级或“历史主体”——仅仅是他们的文化实践和价值、他们的局部意识形态代表了资本主义这一阶段有效的主导意识形态和文化范式。的确，我们经常看到，一个特定时期流行的文化形式并不是由上面提到的社会结构中的主要代理人来承担的（商人无疑与这一时期有更直接的关系，他们被各种不同类型的心理学和意识形态的力量所驱动）。而问题的实质是上述的文化—意识形态正以最有效的方式作用于对世界的表达，或者说，在这些方式中世界能够被重新划分。为什么某个阶层可以提供这些意识形态的表述，这是一个令人感兴趣的历史问题，就像某个作家或某种文体突然获得主导地位一样。但可以肯定地说，对于这些历史的转变事先并没有既定的模式或公式；然而同样可以肯定地说，我们也没有给正在盛行的后现代主义制定什么框架。同时，在这一论题上，我的著作的另一局限（这一点没有被任何撰稿人提到）现在已日益清楚了，决定用文化术语描述的策略造成了一个相当大的疏忽，即未论及后现代“意识形态”的身份认同。由于我特别关注我所称作的新的“理论话语”的形式问题，同时也因为全球性的去中心和小团体制度化之间的悖论的结合在我看来是后现代倾向性结构的一个重要特征，因此我给别人的印象是主要挑选了知识分子和社会现象如“后结构主义”和“新社会运动”；这样一来，与我所持的根深蒂固的政治信念相反，所有的“敌人”似乎都站在左翼的立场上，下面我将力图纠正这一印象。

但是我们所说的后现代主义的阶级身份进而又要求我们现在指定另一种比以上所列举的更高（或更抽象和全球性的）的代理人。显然，这就是多国资本本身：它也许被作为某种“非人”的资本逻辑的一个过程来描述，我将用它自身的术语和它自身的标准继续为那种语言和那种描述的恰当性辩护。这一似乎抽象的力量又是一种整体的人类代理者，它遵循人类自由的创造力，沿着特殊的方式发展，并创造着最初的局部策略和实践——从另一个角度看，这也是显而易见的，关于对资本的代理人的寻求我们还想提及一个古老的格言：“人们可以创造历史，但不是在他们自己选择的环境中。”在晚期资本主义的各种可能性的条件下，人们看到了“发财的机会”，“拼命”去赚钱，用新的方式改编电影（就像艺术家、博学者、思想家或美术收藏家一样）。

这里我力图证明的是，尽管在有些读者和批评家眼中我对后现代的描述似乎“缺乏代理人”，但它仍能够被转换或解码为叙述性的描述，在这个描述中，所有规格和层面的代理人都在起作用。而在这些交替描述之间的选择——聚焦在各个不同的抽象层面上——与其说是理论的还不如说是实践的。可是，将这种代理人的描述与其他心理的和意识形态的“主体位置”的深厚的（精神分析）传统连接起来只是一种愿望。如果它将被拒绝，理由是以上所描述的代理人只不过是基础—上层建筑模式的又一个版本——经济是后现代主义的基础，这是一种说法，将社会或阶级作为它的基础，又是另一种说法——这样一来，提供给我们理解的“基础和上层建筑”就不是一个真正的模式，而是一个起点和问题，就像一种规则似的非教条的东西，它不仅要求同时理解文化及其自身，而且要求同时理解与之相关的它的外部、它的内容、它的语境以及它的介入空间和有效空间。可是，人们如何做才是不预先规定呢？格罗斯对本雅明的绝妙的改编——将后现代主义作为晚期资本主义的“余象”[13]——使我们想起了他在系统阐述这一关系中不仅揭示了本雅明是如何具有微妙的适应性（在有些地方他说“上层建筑”是“基础”的反映，而在某些方面又从根本上修改了我们的陈规），而且展示了探索新形象的开放和承继的多种途径。余象是一种具有幻象和变态的客观现象；它们要求注意视觉作用、心理感受以及物体的眩目性质等等。我提出了一个后现代主义的“模式”，到底是否名副其实，现在只得听天由命；但是这样一个模式的构成最终是有吸引力的。我希望不要把我说的我们欢迎和期望可选择的结构看成是“多元论”的证词，因为在其中把握现在是我们的理智所面对的最成问题的任务。

重构阶级之图

当强调权力和控制以试图排除置换物时，某些东西将失去，这构成了马克思主义的原动力，诸如经济体系、生产方式的结构和剥削等。权力和控制的问题再一次从这些系统的不同层面被表述出来，而在对这些不可调和的对立进行当代分析时，没有任何预定的东西可以参照，除非其动机就是产生一个新的意识形态（传统中有一个悠久的名称，叫无政府主义），在这种情况下，另一些类型的边界被划出，人们可以用不同的方式讨论这个问题。

在索·兰道看来，就当前情况而言，在资本主义的历史上还从未有过这样一个时期能享有如此多的活动的自由空间：在过去它所产生的反对自身的所有威胁力量——劳工运动、起义、群众性的社会主义政党乃至社会主义国家——今天当它们不再以这种或那种方式作有效的中和时似乎都褪去了；因为全球资本主义时期似乎不要传统的预警就能够遵循自身的本性和趋势发展。于是这里又有了另一个后现代主义的“定义”，一个很管用的定义，而这仅仅是一种想指责悲观主义的驼鸟式的陶醉。这是资本主义的两个阶段的过渡时期，在这个时期，早期的经济形式正处于全球化规模的重建过程中，包括劳动者的原有的形式和它的传统组织机构和观念。一种新型的国际无产阶级（我们一时还未能想像出它们的面貌）将在这种激烈的变化中重新出现而不需要事先预言：然而，我们自己仍处在这一潮流中，没有人能够说清楚我们将在这里呆多久。在这个意义上，在我研究当前情境的历史论文中似乎出现了两种完全不同的结论（一个出现在论 20 世纪 60 年代的论文中，另一个出现在我论后现代主义的论文中）[14]，但这两者实质上同一的：在前者，我期待一个全球范围内的无产阶级化的过程，这一点我在上面刚提及；在后者中我提出了较难理解的术语——“认知绘图”作为一种新型的全球性的标志。

但是，“认知绘图”实际上只不过是“阶级意识”的符码：它的意义仅在于提出需要一种新的和到目前为止还未想像到的阶级意识，同时它也反映了后现代中所暗含的那种新的空间性发展（这一点在埃迪·索娅的《后现代地理学》中以一种清楚时髦的方式被纳入议事日程[15]）。我偶尔也像有些人一样，对“后现代主义”的口号感到厌倦，但是当我试图对我与它的共谋关系感到懊恼，或对它的滥用和它的臭名昭著感到痛惜（且不得不说它引起的问题多于它所要解决的问题）时，我发现自己颇费踌躇，是否有一些其他概念能够以非常有效和经济的方式将这一问题提得更醒目。“我们必须给这一体系命名”：20 世纪 60 年代的重要问题在后现代主义的争论中得到了意想不到的复兴。

【注释】

[1] 这篇论文曾载于道格拉斯·凯尔纳主编的《后现代主义/詹姆逊/批判》（华盛顿 DC，1989）一书，该文是对书中编入的其他十四篇论文评价马克思主义、后结构主义和后现代主义的关系的结语和回应。

[2] 恩斯特·蒙代尔：《晚期资本主义》（伦敦，1975）。

[3] 海恩斯·霍恩：《詹姆逊的遏制战略》，见《后现代主义/詹姆逊/批判》，268～300 页。

[4] 阿诺·梅耶：《天堂为什么不黑暗？历史上的“最后解决”》（纽约，1988）

[5] 斯皮瓦克：《论他者的世界：文化政治论文集》（纽约，1987），198 页。

[6] 罗兰德·李·米克：《社会科学和可耻的凶残》（坎布里奇，1976）。

[7] 同上书，219～221 页。

[8] 同上书，127～128 页。

[9] 乔治·卢卡奇：《历史小说》（林肯，尼布瑞斯卡，1983）。

[10] 汤姆·莱恩：《不列颠的解体》（伦敦，1977）。

[11] 迈克·法瑟斯：《后现代主义，文化转变和社会实践》，见《后现代主义/詹姆逊/批判》，117～138 页。

[12] 弗雷德·法伊尔：《“麦金”，松弛地下垂：后现代主义和婴儿室PMC》，载《左派年鉴》第 1 卷（伦敦，1985）

[13] 大卫·格罗斯：《马克思主义和抵抗运动：弗雷德里克·詹姆逊和后现代主义运动》，见《后现代主义/詹姆逊/批判》，96～116 页。

[14]《论 60 年代》，见《意识形态理论》，第 2 卷，178～208 页；《后

现代主义，或晚期资本主义的文化逻辑》，见《新左派评论》，1984（7—8），146 页。

[15] 埃迪·索娅：《后现代地理学》（伦敦，1989）。

（胡亚敏　译）

洞穴以外

——解秘现代主义的意识形态

爱丽斯·莫道克（Iris Murdoch）有一部小说，其中的一个人物——一位上了年纪的哲学教授——向我们提到柏拉图在《斐德罗斯》中对语言运用和误用的结论。“语言”，这说话者不啻苏格拉底本人，“语言不能被从一处搬到另一处，还保持意义不变，真理是由一个特定的说者向一个特定的听者交流的”[1]。

一位小说家让她的角色用“**是**”来发表看法，这是很古怪的，因为，无疑，如果真是如此，那根本就不可能有小说这类东西了，文学提供了最好的例证说明语言可以被从一处搬到另一处而意义完整无损，关于艺术作品的自主性观念——这是当今美国文学批评的最伟大的恐怖主义物符之一——所指的不就是这种文学语言的可搬运性吗？它还能指别的什么呢？所以我们首先需要给自己提出的问题，不是文学作品是不是自主性的，而是文学作品的自主性如何产生，以及语言——在语境中，在情景中——世俗化的语言——如何逐渐自我分裂出来、自行组建为自足的语言实体，并可被时空中互不关联的群体和个体、社会阶级和文化所理解。

在此，尽管我并不打算回答我刚刚提出来的美学和哲学问题——即关于艺术作品的自主性，但我觉得作为对我的话题的一种铺垫，我可以提些有指导意义的看法，比如对这一问题提几个可能的解决方案，检验一下它们是否都能——哪怕是迂回与间接的——折回到构成我们个体生存的终极视域的社会与历史环境中来。

因为很清楚，如果你对一个现有形式的起源提出质疑，换言之，即如果你所研究的不是一个现有形式或文类的自主性，而是其自主化过程，你最终所做的总是考察这种形式从广义的社会生活和具体的日常语言中产生出来的过程；无论你是在研究费舍尔(Fischer)和卢卡奇[2]，还是剑桥学派，情况都是如此，你所寻求的都是艺术活动与原始社会生活中那个没有分工的仪式世界的差异因素；抑或，你所研究的是诸如《简单形式》的作者安德烈-尤勒（Andre-Jolles）这类作家，情况仍然如此，你所寻求的同样是某种特定社会状况下某种特定话语中的某个具体文类何以形成的答案——比如，你可能会寻求理解某个公理或格言是如何从某一特定形态的沙龙社会的聊天生活中分裂出来的。在这两个研究自主化的方式中，都必然再次确认形式的世俗性。

当然也可以否认形式和文类最初只是日常社会生活的实用世界的一部分，因为一旦与上述生活相分离，它们就已经没有了原初的印记、而事实上成为自成一体的相当独立和自主的语言产物了。然而这在我看来是一种忘却，即忘了文类本身就是一种社会体制，它犹如一个社会契约，我们照此达成协议，在对所涉语言的正确使用问题上共同遵守相应的规则。由此看来，文类规范的存在远远不是证明了艺术作品的自主性，而是解释了自主性的幻觉何以产生。原因在于，文类的情形将那些原本在艺术作品中所传达的世俗因素形式化，并由此将其作为内容而融化在形式结构中。

然而，即便如此，我还是想像或许还有一个最后的立场，即在承认文类情形的社会本质的同时，又宣称过时的文类在我们的时代已经不复存在，我们不再消费悲剧、喜剧、讽刺剧了，而是消费以作品形式存在的广义文学、关于世界的一本大书、作为非个性化过程的文本。我想，这样所产生的答案将是：在上述那点上，所有的文类情形都被聚焦为一点，即对文学本身的消费，而这成了集中在大学里和几个主要的文化中心里的一小撮人——我不想把我们这些人称作精英——的嗜好。

但我真正要强调的是，我们最初提出的问题是怎样绕了一个圆圈又回到了起点。关于艺术作品自主性的观念——这起初似乎是个值得骄傲的大话和应该捍卫的价值——现在看来有些自惭形秽，如同一个被人执意追究其病理的病症。在此，我们想追问的，不是文学作品是否有自主性，甚至不是艺术能否使自己高于直接的社会环境，以及是否能将自己独立于社会语境，而是在什么样的社会中，艺术作品可达到如此程度的自主性，以及在什么样的社会中，文学早期的社会和崇拜功能变得如此陌生以至于使我们（在一种强烈的、海德格尔意义上）忘掉了一个具有社会活力的艺术所能产生的力量和影响。

这类问题显然要求我们能够以某种方式来超越自己、超越我们自己的局部趣味和文学价值，并且以类似于布莱希特式的陌生化效果来看待这一切，好像它们是一种完全陌生的文化中的价值和制度。如果我们能够这样做，我认为我们就会突然意识到一个连贯的和有体系的意识形态——我称之为现代主义的意识形态——已经在多大程度上将其概念的局限性强加在我们的美学思维、趣味和判断上了，并且以其独特的形式投射了一个完全歪曲的文学史模式——而这恰恰就是作为学者的我们能够接触历史的特许的体验之一。

一个人一旦被关在这种意识形态——或你也可称其为世界观（*Weltanschauung*）——或范式（paradigm）或知识型（episteme）——的牢笼中，首先他怎么能够意识到这点？更不用说怎么能够慢慢拆解——或解构——其复杂的机制，迄今为止，我们一直从这个机制中学会看待现实。

我认为学会拆解它的第一步是把那些被这个意识形态排除在外的东西列一个明细表，使我们更深切地意识到被这个机器所明确拒绝（甚至干脆不被归类为**文学**）的文学作品有哪几种，如大众或媒体文化，下层阶级或工人阶级文化，还有那些从前资本主义社会幸存下来的真正的通俗或农民文化，尤其是部落或原始社会的口头故事。然而这样说并不是就必然赞同目前已成为文化领域中西方思想精神实质的新一轮征服世界的帝国主义，因为现在的问题并不是要满足于我们自己文化观的无限伸缩性和可接受性，而是要对这个文化观的结构底线加以定位，承认其反面，承认它要想不丧失自我、不使自己面目全非，那么就不能把有些东西纳入其中。因为我们都知道资本主义是第一个真正的全球文化，并且从来没有放弃同化一切异己的使命——无论这个异己是毕加索时代的非洲面具也好，还是你家门口旁边杂货铺里卖的毛泽东的小红书也罢。

我所想的是比上述问题更困难的过程，要想成功实现这个过程，前提是一种痛苦的认识：即我们所有的人都以不同的方式被一种种族中心主义所把握。说得更夸张、更恼人一点，即我们的当务之急并不是说服自己承认这些异己或原始的艺术形式对我们具有合法性，而是要做些努力衡量一下我们对它们厌倦到何种程度，以及我们对一个口头文学传统的发自内心的拒斥，因为这种东西（对于我们已经发腻的口味来说）是毫无创新的单调与重复——要么如同礼拜仪式一般缓慢而程式化，要么毫无意义地、单调地、逐段地慢慢叙述，既不给我们提供语言上的厚度和含混，也不提供心理上的玄妙和刺激。因此既无趣味也无魅力，而是一种疲惫感，带着这种感觉我们走到了我们世界的尽头，并且以一种具有自我保护功能的无精打采观察到：在疆界的那边没有任何我们需要的东西——这就是我要说的我们认识**他者**的令人不快的情景，而这同时也是对我们自己恍然大悟的认识。

在此我想从另一个学科借用一个概念来解释个中原因，或许找找出路。这就是关于压抑的概念，这个概念如同弗洛伊德语汇中的大部分概念一样，也来自政治领域，并且在中世纪的语言中其原初纯粹描绘的意义也早已在政治领域中应用了。然而关于压抑的观念并不是如它给人的第一印象那样引人关注，因为在心理分析理论中，无论对人性的压抑缘何而起，也无论其最终结果如何，其症候和机制都与暴力无涉，而不过就是不予正视、遗忘、忽略、不感兴趣。压抑是反射性的，即其目的不只是在于从意识中除掉某个具体对象，而更重要的在于同时还要抹去除掉的痕迹，压抑对于压抑内涵的记忆，正是在这个意义上，我上述所说的厌倦可用作一个强有力的具有启示作用的工具：它标示出痛苦被掩埋的地点，召唤我们重新唤醒所有极度苦恼的彷徨，即主体为了避开那个杀人武器不断推至到他面前的想法而做的挣扎。

无疑，在此我只是在隐喻的意义上使用这个概念，因为我眼下无意去评价某种由此而来的弗洛伊德—马克思主义的可能性或接受弗洛伊德本人的研究对象——性——与我们文化之间的关系。我只想指出，卢卡奇在《历史与阶级意识》（1923）中所提出的对意识形态的经典分析与我们上述对压抑的描绘是一致的。卢卡奇在那本著作中所得出的结论是，马克思主义的最根本的范畴是总体，换言之，马克思主义思想的最根本的力量在于其能够——或决心——把一切联系起来，并将所有那些相互分离的领域——如经济学和文学——重新联系起来，而中产阶级思想则致力于维护其割裂状态。因此，资产阶级的意识形态，或用我们现在的术语来说，中产阶级压制现实的方法首要和基本的并不是彻头彻尾的犬儒主义或谎言意义上的歪曲和虚假意识问题（尽管在我们的学科中有足够的这类问题来满足最苛求的观察家），而是删除在策略上省略和失误的问题，一种对原始材料的实现的精心准备，以便有些问题根本就不会出现。

正是从这个意义上，对文学批评中压抑和意识形态倾向性的探索要求既要关注以文学的名义和在文学的范围内所做的日常实证活动，也要关注这个学科外部和构成方面的限定。然而，我无法抗拒一种与卢卡奇全然不同的权威的召唤，且既然我已经说出了这个词，我同意这个问题总的来说是属于阐释学范围的，这是如今德、法的较右翼和神学思潮的叫法，也就是阐释的科学，在处理陌生的——很久以前的或来自于另一个文化的——文本时所面对的一系列问题。我仅想指出，我提请注意的厌倦在本质上与伽德默尔——海德格尔的主要信徒和德国阐释学的核心人物——故意并挑衅地叫作偏见（Vorurteile）[3]的概念大同小异，而这也可干脆被说成是阶级习性和内在于我们具体的社会和历史状况中的意识形态思想模式。说我们通过这样的 Vorurteile 或偏见而理解与我们相异的事物，因此也就是再次肯定任何理解行为的两重性，并警告我们自己：任何理解都不可能发生在真空中，都不可能是“客观的”或不在一定情景中的，任何与他者的接触都必然同时就是回到我们自身和我们特定的文化与阶级归属，这就使得必定要隐含或明确地对后者提出质疑。

现在就让我们来看看在实践的意义上这意味着什么，以此作为一个途径来评估作为一个研究领域的文学的构成状况。我在别处曾经提到，我们习惯于对各个作家的风格怀着敬意进行单个研究，这是一种阻止真正的社会和历史问题进入文学研究的有效策略。[4]我在此所要捍卫的立场与之基本相同，但是我要研究的是一个时期的而不是个体的作家，我认为原始的讲故事的隔离状态为此提供了绝妙的范例，但是在当今我们的学科中所任意使用的“神话”这个词，其意义很有歧义，这使得原始的讲故事是一个相当复杂的范例。我们自己的神话学派——或叫得更明确一些，原型批评——所想的研究对象，以及在文本中寻找的满足，显然与诸如伯鲁鲁百科全书（Bororo Encyclopedia）中的原始讲故事人所提供的完全不同。的确，无论列维-斯特劳斯在其《神话学》中所投入的才华最终有什么用途，那四卷本的书至少具有这样的效果，即它使我们感受到了那些真正一幕一幕、成分子结构状的一连串的事件，而在这些事件中，那带着原型面具的荣格意义上的主角必然会觉得在自我构造上很不自在。

我们暂且搁下神话问题无论，谈一个更切题的问题，这就涉及那个被现代主义意识形态的价值和实践所公开摈弃的文学：我指的是现实主义。当你一方面想着如今由快速转换电视频道和又臭又长的三卷本长篇小说给我们带来的无法避免的乏味，另一方面当你一想到以现实主义的名义所展开的又一轮令人厌倦的论战就摇头叹息时，也许你开始明白我所说的厌倦是什么意思了，而你只要接受了现实主义的条件，你就已经发现自己提前妥协了。

显然，我也在一定程度上有同感，我不想在此以更陈旧的现实主义的价值的名义来对现代主义进行清教徒式的攻击；我只想强调现代主义意识形态在解释伟大的现实主义作品时是有局限性的，并且我认为，去证明狄更斯是真正的象征主义者、福楼拜是第一个现代主义者、巴尔扎克是神话制造者、乔治·爱略特即便不是某种维多利亚版本的陀斯妥耶夫斯基也是这种版本的亨利·詹姆斯，这不啻一种绕开了真正议题的学术不正之风。

现代文学理论就现实主义问题给了我们两种在本质上无法融合的说法。一方面有对这一叙事模式的经典辩护，最有戏剧性地与卢卡奇的立场相关联，但是对此更少争议、更为容忍的文献依据却是由埃里奇·奥尔巴赫所提供的。对于这种立场来说，现实主义的模式——正如音乐中的奏鸣曲形式，或绘画中讨人喜欢的视角——是对西方文化最复杂也是最重要的一种实现，它对于这种文化正如上述提到的两种艺术现象一样也是几乎独一的。任何一个阅读奥尔巴赫的《论模仿》的读者都会念念不忘这样一幅图景，即现实主义经过许多世纪通过对文学技巧的不断扩大和提炼而得以慢慢成型——从对史诗句子构架的准备和叙事视角的发展到19世纪小说那伟大的情节——一种对文学和语言学的记载装置如此这般的延展，使我们看到越来越大的社会和个体现实领域。在此，现实主义被表明具有认识论的真理性，是了解我们所栖居的世界和日常生活的特许的认知模式，站在这个立场上看问题，当然就不会把现代对现实主义的不满和厌倦当回事了。

然而，当我们转来以现代主义的名义、并且从其自身方兴未艾的辩解的角度来考察这种对现实主义的不满和拒斥，我们就会发现这另一种立场并不是那么容易就可以被打发掉的，因为现代主义的理论家们[5]的确并不是仅从卢卡奇和奥尔巴赫对现实主义模式的捍卫本身来对之反驳的，因为后者的模式主要是美学和认知的，而使他们感到其脆弱的关联是前美学的，是其基础的哲学前提的重要组成部分。由此，他们攻击的目标就变成了隐含在卢卡奇和奥尔巴赫所勾勒的现实主义美学中的现实这一概念本身，这个新立场表明，从美学上来说，我们如今对所谓的老式现实主义所不能容忍的缘由在于那种作为它的基础、并又由它而强化的世界观，即无法被认可的、哲学的和形而上学的世界观。这种不容忍显然也就是对现实主义这类意识形态的批判和对现实主义的指责，因为现实主义认为再现是可能的，它提倡模仿的美学，借此它使得那关于将被模仿的外部现实的既成观念永久不变，并首先就培养了一种信念，相信存在着这样一个常识性的、共享的、每日发生的、世俗的现实，然而现代科学的伟大发现——相对论和不确定性原则——现代哲学向模式化理论的发展和关于现实的各种语言学维度、当今法国对再现概念本身的拷问——总之，从立体派和乔伊斯一路发展下来，直到贝克特和安迪·沃霍尔以来整个伟大的现代艺术作品积攒起来的力量和习惯，所有这一切都证明：如果我们认为现实不过就是简单的外部存在、非常客观并独立于我们，而认知现实所涉及的是一个相对来说不成问题的过程，即在我们大脑中形成一幅关于现实的可靠图画，这是一种非常幼稚的观念，从某种意义上来说是根本非现实的，这完全是一种意识形态的观念。

坦白地说，我认为这两种立场——对现实主义的捍卫和对它的斥责——尽管表面上逻辑相互冲突，但同样令人信服、同样具有说服力、同样真实，我无法让自己相信它们如表面看上去的那样，就是最后定论了。但是在提出一个看来似乎令人满意的解决方案之前，我想再次提请注意的是：我们讨论这个话题的原因何在？在我看来，我们所引发的争论比纯粹的美学理论和立场的分歧更为深刻（或许你们认为纯粹的美学理论和立场的分歧本身比我们惯常思考的问题更深刻）：毫无疑问，在某种意义上，纯粹的美学理论和立场的分歧所对应的不过是情趣差异而已——显然，卢卡奇和奥尔巴赫，无论是出自怎样的背景上和学养上的原因，反正从根本上来说都不喜欢现代艺术。不过话又说回来，也许我们所说的情趣也不是那么简单。我想说的是，这两种对立的美学立场从长远的观点来看对应于两种完全不同的文化：有一种现实主义的文化，即19世纪的文化——它还有几个居民存活下来，他们是些本土的提供情况者，为我们提供关于这种文化之性质和价值的有用的报告和证明——在今天还有另一种完全不同的文化，即现代主义，与这两种文化并存的，如我们前面提到的，还有一个第三种文化，即我们普遍叫作原始或至少前资本主义文化的文化，其产品——对于现代主义和现实主义美学来说都是不可理解的——我们叫作神话或口述故事。所以我们自己个人趣味的局限性使我们看到了自己的需求，不是从过去的美学或文化中挑选对象并同化到我们自己的美学和文化中来，而是完全跳出我们自己的文化——跳出现代主义的文化——来把握它与其他文化的关系和差异，途径是借助更大的历史和超文化的模式。

我在提出这样一个模式之前，我有义务，哪怕是先来非常简略地叙述一下现实主义和现代主义之间的争议：正如你们已经猜到的那样，它们都忽略了历史。这两种立场都是完全非历史的，尽管**模仿**是一部历史，是我们所拥有的几部伟大的当代文学史之一，尽管卢卡奇是一个马克思主义者（如果一个现代主义者是非历史的还不至于如此令人惊讶，因为毕竟他们的目的正是要那样）。简单地说，我认为现实主义——同时也包括那个作为其对象的非神圣化的、后神话的、常识性的、日常的、世俗的现实——与资本主义的发展是分不开的，是一种借助市场机制而对古老的、等级制的、封建的和神话的环境的量化，因此两者都与资产阶级密切相关，既是其产物又是其商品（在我看来，这正是卢卡奇本人的非历史之处，表现在他没有提出一个现实主义与商业生活之间的全部的联系，以及认为在一个诸如社会主义或共产主义这样的完全不同的社会秩序中还会保持这一特殊的——过时的——现实构建模式）。在我们的时代，当资产阶级作为一个阶级在一个社会失范和破碎的世界里开始衰亡时，于是这个再现现实的积极的征服性的模式，即现实主义，就不再合适了，而且，的确在我们今天这个新的社会空间中，我们甚至可以说现实主义的对象——世俗的现实，客观的现实——也不存在了。它远远不是世界最终的、确切无疑的面貌，而不过是许许多多的历史和文化的形式之一，由此，人们便可以提出一个关于现实本身的悖论：曾经有过客观真实性、客观现实这样一个东西，但是现在，“真实世界”本身已经是过去的事情了。客观现实——或各种可能的客观现实性——换句话说，就是真正的群体存在或集体合法性的功能；于是占统治地位的群体一旦解体，某些通常意义上的真实或实存也就同样解体了。因此关于现实主义的问题道出了在文化领域中的一个深刻的矛盾性，即马克思恩格斯所提出的在整个历史中资产阶级的矛盾：资本主义所带来的世俗化和体系化比任何此前的社会体系所产生的效果都更加残酷和异化，同时也更加人性和解放。资本主义毁灭了真正人性化的关系，但是也第一次将人类从部落生活中的粗俗愚昧、暴政和褊狭中解放出来，在马克思的著作中，这种对资本主义正反两面的描述比比皆是，但是最明显和最成体系的描述是在《共产党宣言》中；关于资本主义必然只是一个历史阶段的论断正是反映了这种复杂性和矛盾性，反映了对资本主义深刻的辩证评价；而在文学领域，这种复杂性和矛盾性以及辩证评价所采取的形式是对与19世纪经典资本主义相对应的现实主义模式的疑虑，表现为一种模棱两可性，一方面断定现实主义是最复杂的认知工具、却又是专门用来记录社会现实真实情况的，另一方面又断定就其形式本身它就是一种谎言，是美学虚假意识的原型，是资产阶级意识形态在叙事文学领域中的面貌。

我现在要提呈的模式无疑从根本上来说也来自于恩格斯，而恩格斯的模式又来自于摩尔根（Morgan）的《古代社会》，摩尔根本人的理论渊源又可追溯到更古老的人类学传统，但是我使用这个模式——从本质上来说不过是一种熟知的三分法，即把文化和社会形式分为原始、野蛮和文明形态——的方式更直接来自于一部最近出版的法国著作，其作者为我们将其纯粹的历史形态学转变为灵活的文学操作中的分析工具提供了方法。

在此首先声明，我对这部著作——即德勒兹与伽塔里的《反俄狄浦斯》[6]——并不打算作全面的阐述，更不作批判，围绕这部著作已经有许多争议，它对我们的用途在于它把真正历史的思考重新带入迄今为止非历史或反历史的结构主义的问题群中。的确，德勒兹与伽塔里给予了我们一种历史视野，它是重新坚实地建立在基本社会形态的转变上，并建立在意义和概念范畴的流变与各种社会经济基础建设的对应上的。

但我至少需要说明，正如书名《反俄狄浦斯》所提示的，其公开主题是现在人们已经熟知的弗洛伊德关于俄狄浦斯情结理论的反叛特征——对于这一立场，可用卡尔·克劳斯的著名格言来作其座右铭，即“所谓心理分析即一种认为自己就是治疗方法的疾病”。我只想说，这一歇斯底里的论断所引发的激烈争论经过漫长的一段历程越来越使我猜想，可能弗洛伊德关于俄狄浦斯情结的论断还真说对了。我认为这本书真正有意味之处不在于此，而在于它竭力把各种此前并没有以如此系统的方式聚首的当代思潮综合在一起，这一思路从其副标题——资本主义与精神分裂症——即可窥见一斑。的确，在书中，我们发现与弗洛伊德和马克思相提并论的，有原版或翻译版本的现象学对身体的思考，马姆福德论城市、语言学和人类学资料、商品化社会研究，除此之外，还有亲缘关系体系、基因编码理论、对现代绘画的涉及，以及诸如贝克特、阿陶德等人伟大的当代文学作品中耳熟能详的内容，这些内容被一概冠之以“精神分裂症”，这一术语既被用作一种描绘，也被用作一种较为新颖的文学归类，这种归类的实际意义不可低估。

然而，对于德勒兹与伽塔里来说，精神分裂症具有更为深刻的战略价值，一种直接关系到我们所关注的历史形态学的价值，因为精神分裂症提供了一种近似零度的界限，使我们可以以此来评价各种——也可以说更复杂的——人类生活形式，并借助比较，用作底线来衡量和解构各种个体和社会现实中的定型结构，所谓历史也就是由这些结构相继不断的接续而构成。因此对于德勒兹与伽塔里来说，精神分裂症就像存在本身后面的原始涌流（flux）；而从医疗学的角度来说，无疑，精神分裂症的特征就是这种几乎如同毒品般的对时间和逻辑纽带的消解，是一个个经验片刻的前后接续，而没有任何由各种我们与日常生活联系在一起的抽象意义体系——个体或社会的——所强加的组织和立场。所以——以下开始构建我们的模式——我们可以说精神分裂症如同一股涌流，无疑也以这样那样的方式被各种社会形式规范到更为精心设计、更为压抑的结构中去了。借用德勒兹的术语，我们可以说，有组织的社会生活总是以某种方式给这原初的涌流编码，将之组织成这种或那种有秩序的、等级化的意义，使得幻觉的景象顷刻间进入有意义的视角，变成了工作场所，但同时也变成了各种确定性的价值，而这正是一个既定的社会秩序的特征所在。

至此，我们就要说到已经熟知的原始、野蛮和文明社会这个三分法了，而德勒兹与伽塔里——关于涌流与编码的术语——添加了一个把柄，突然使这个相当古旧的历史形态学变成了一件复杂的技术装备。让我们牢记我们需要我们的模式做什么：我们需要一种关于此前各不关联的文学实体的统一的场论，它将给我们提供一套术语，从而足以能够以统一的口径来描述原始的讲故事、前资本主义时代的文学、资产阶级的现实主义，以及各种当今垄断资本和超级国家的后工业时代的现代主义；这样一套普遍适用的术语或场论就应该能够使我们把这些社会和文学形式当做同一个结构的不同变换形态来看待，或至少当做它们共有的术语的重新编排来看待了。

显然，德勒兹与伽塔里对恩格斯和摩根的历史三分法的理解是相当随意和不严谨的：对于摩尔根来说，原始时期是人类社会生活的第一阶段，开始于语言的发明直到会使用弓箭；接下来就是野蛮时期，这是一个更为复杂的时期，此时农业和制陶工艺得到发展，这个时期的特征主要是对金属的使用；最后文明时期开始于文字的发明。然而，在我看来，在纯粹考古学的范式内，存在着一种更为深层的想像性的真实，这种关于人类社会的诗性或维柯意义上的观点正是德勒兹与伽塔里所使用和利用的，也正是我们眼下所感兴趣的。按照这种观点，原始时期生活着的各个民族就是那些我们通常称之为原始文化、新石器部落，以及各种村落社会中的民族，在美国 19 世纪人类学的黄金时代，其超级典型就是美洲印第安人，对这种文化，尤其是在列维-斯特劳斯和特里雅斯特人的转义以后，我们有一种怀旧情愫，这种情愫毫不亚于卢梭。野蛮社会现在被认为比原始社会更复杂，但也更动态化，也可以说更可怖和危险；所以我们无论是从食人猛兽成群结队所发起的进攻这个层面，还是从巨大的、非人性的亚洲城邦和东方独裁的层面上把残忍与野蛮社会相关联都并不是偶然的；在此，残忍——无论是阿提拉或巴比伦的残忍——战争机器的代名词，即金属和冶金术的诗性真理的代名词。当我们最终达到文明时期，显然，对于德勒兹与伽塔里来说，这个时期已经不能用刻印文字来衡量了，而必须用商业的卓越地位、金融经济的进步和一个市场体系、有组织的生产与交换体系、总之一个迟早要被叫作资本主义的体系来衡量了。

让我立即回到它们的假设上来：原始状况就是对原初或原始的精神分裂症涌流的编码阶段；在野蛮时期，我们需要在此基础上进行更为复杂的建构，这将被叫作对这个涌流的超级编码；在资本主义制度下，现实经历了一轮新型运作或操纵，资本主义的解神圣化和世俗化、量化和理性化都会被德勒兹与伽塔里描绘为完全是对早期那些形态的现实或编码建构的一种解码；最后，在我们这个时代——无论它被理解为怎样一种自成一体单独的社会形态，我们续后将回到这个问题上来——我们这个时代的标记就是对至此已经被解码的涌流重新编码——我们时代的标志就是这种要重新编码、要再造神圣、要回到神话（现在是在弗莱的原型意义上来理解的）的**尝试**，——简而言之，其标志就是一整套的重新编码的策略，这正是形形色色的现代主义的特征，其中，在德勒兹与伽塔里看来，最具揭示性和本真性的无疑是精神分裂症文学的出现或与纯粹的原始涌流妥协的尝试。

以下我并不打算解释这些时段，而是表明这种思考和谈论它们的方式为何对我们有用（如果没有用，当然我们选择这样一个模式就是选错了，那就别无他法，只有放弃这个，另寻某种范式以便更好地做我们要求它完成的工作）。

将涌流和编码这样的术语应用于原始生活和讲述故事，可能会过于仓促地从象征主义或列维-斯特劳斯的“原始大脑论”，即野性的思维（pensee sauvage）——还没有发明抽象，认为外部世界本身就是意义或与意义没有区别——的角度来描绘。中世纪的观念认为世界即上帝之书，其中，比如野兽，就是一部动物寓言集中的许许多多的句子，这一观念就与上述幼稚的编码十分接近，很能将其氛围传达给我们。然而在原始世界，一个有无数口传故事的世界，一个具有简单、幼稚、或者你也可以说“天然”编码的涌流的世界中，那些事情其实并没有真正被成体系地进行组织，只有当这无所不在并被解了中心的原始编码被规范为秩序，且这个世界实体，用德勒兹与伽塔里的话说，被领土化（territorialized）了时，我们才发现自己到了社会（但也包括文学）秩序的下一个阶段，即野蛮阶段或独裁机器阶段。此时，世界之书被组织为一个刘易斯·马姆福德所说的巨大机器，被编码的涌流现在被超级编码，具有了一个中心；有些能指与其他能指相比有了特权地位，正如独裁者本人逐渐从部落状态的无差别性中显赫出来、变成世界的中心和指南针的四个点所聚合的地方；由此，一种语言的可怕进程出现了，这还不是我们所理解的抽象，而是在我看来，用我们称之为寓言的独特现象来描绘更为确切，在此，外部世界的一个被编码的对象或项目突然间被加载过量的意义，被提升为一种新的和复杂的目的语的关键成分，或是建立在旧的、更为简单的、"天然的"符号体系上的超级编码。因此在从原始向野蛮过渡的过程中，可以说，我们也就是从对被编码成分的生产向对其再现的过渡，这种再现表明自我并指认自己的光辉就是特权、就是神圣的意义。

于是文明、资本主义的到来就是意欲取消这种野蛮的超级编码、这种寄生在更古老的"天然"的编码基础上的独裁和奢侈的符号体系，于是这个新的社会形态，即资本主义，它的目的是努力回到某种在更为古老的符号背后的更根本和未编码的——科学的或客观的——现实中。这种倒转当然是一个为人熟知的历史故事，对此我们有好几个不同的版本，我的义务明确无误是要解释我在此提出的整个版本对我们——作为文学专业的师生的实际工作——有什么好处，因为我们知道上升的资产阶级——在那个运动中被叫作启蒙——的理论家们给他们自己规定了明确的任务，就是消灭宗教和迷信，铲除一切形式的宗教神圣性，他们那时对解码的斗争具有高度自觉性，但他们不把那叫作解码，且那些心满意足地占据了权力地位的资产阶级后代们更愿意忘掉当时那种致力于否定和摧毁的野心勃勃的批评，因为那种批评现在具有可怕的损害性力量。

于是渐渐地，资产阶级发明了一种更具安慰性的、更实证的对变革的描述：按照这种观点，古老的迷信残留物让位于新的现代科学的实证性；或者，也可以说——因为建构模式的科学在我们的时代并不是一个可靠的同盟——让位于现代技术和发明的实际成就。但是，这两种描述本身——启蒙和实证主义的——与其说关注个体存在的事实，不如说更加关注抽象的知识和把控。换言之，从我们这个具体学科来说，这种以实证科学或技术为导向的对世界的世俗化的描述与其说合适于叙事分析，不如说更合适于思想史。这个故事的辩证法版本——黑格尔以及马克思和恩格斯的版本——对过去那些完全否定或完全肯定的描述似乎提供了最合适的综合，在此这种倒转是从由质量向数量的过渡这一角度来理解的：换言之，市场经济对古老的以物易物的逐渐替代导致了普遍的等价交换原则的优先地位，这点体现在货币体系中。这意味着原先在生产产品之间有质的差别，如鞋与牛肉、或油画和皮带与一袋袋粮食——它们在古老的体系中都是按其独特性和质量来编码的，都是作为满足完全不同、无共同尺度的欲望的物品而存在的，每个上面都被注入独特的力比多内涵——而现在，这些物品突然间发现它们完全是可互换的，通过等价原则和货币体系的共同尺度，它们全被化简为既无色彩也无味道的抽象物了。

对德勒兹与伽塔里关于解码的涌流观点的这一补充所具有的优越处在于，我们逐渐理解了量化，交换世界的等价物，从此以后便不是一个自足的现实，而是一个过程，一个外在界限，一种世俗的理想，一种质量的缺场，因为这个质量不可能以任何确定形式一次性达到，而是以一种渐进线接近弧线的方式被接近，即永远也无法完全吻合，而是无限地、挑逗性地靠近。这就是为什么当现代主义的理论家们进行分期时——如分成古典小说，或现实主义小说，或传统 19 世纪小说——到头来总是令人尴尬。因为，无疑，当你寻找时，作为一种实证现象的古典小说根本就不存在，而现实主义不过是达克-苏万（Darko Suvin）所说的：简直就是寓言本身的零度。

在此我只能就这种观点在对所谓现实主义小说的实际批评中的用途作两点简单的阐述。首先，在我看来，关于被编码的涌流的观念第一次给了形式主义看法——如在雅克布森-替涅诺夫论现实主义的论文集中——以内容，他们的形式主义看法认为，每种现实主义都是对先前的一种理想和幻觉的解神秘化。显然，这一范式的原型就是塞万提斯的《堂吉诃德》，但是在我看来，视现实主义为一种解码这一观念把我们的关注更加坚定地引向了如此被取消的符码本身的性质上、引向了如此被打破的古老的野蛮或原始的能指上了；换言之，这种观点迫使我们更加严密地关注一页一页、一件事一件事的操作本身，在这种操作中小说实施着这种解宗教神圣化，由此就同时有效地使我们免除这样的幻觉，即世俗的现实完全不是什么叙事过程的临时终点。

我要说的另一点是现实主义与历史思考之间的同一性，一种由被解码的涌流模式所揭示的同一性。我上述提到的科学兴起论的信奉者声称，新科学的价值，尤其是因果率和因果解释产生了新的透视法学说，表现在诸如奥尔巴赫这样的批评家的著作中，用以构成新的现实主义叙事文本结构的网络。让我来提出一个相反的看法，即因果律不是一个实证的、而是否定的甚或孤家寡人的概念：因果律不过就是当时间顺序坠入量化的世界、冷漠的等价物世界和解码的涌流的世界时所采取的形式而已。安格斯·弗莱舍（Angus Fletcher）的《寓言》一书（1964）给了我们一幅生动的图画，描画了在古老的寓言或在野蛮时期对后来变成现实主义中的因果律的超级编码中起着作用的文学现象：通过临近性而发生的行为、流溢、巫术浸染、催眠和宇宙或空间形式的聚集的魔力——所有这一切必然都从解码的叙事中消失殆尽，时间的连续性即使没有衰败，或解体为以原始的精神分裂症涌流的性质的而任意串在一起的不相关联的片刻，也必定是以某种更世俗化的方式来处理的。历史的思考、因果律现在是一种完全不诉诸于超验或巫术外力而使事物内在地产生其本身意义的方式；它是这样一个过程，借此，一个东西在时间进程中的衰败本身现在被认为是有意义的，当你表明这点时，你无须借助外在或超验的假设。于是现实主义本身就是发现变化的时间、发现一代又一代、一年又一年的新型历史动力学的时刻，这使得我想说，现实主义与陈旧物世界是一物两名，这陈旧物当然也包括人和那些当做废物扔掉的被耗尽的生命。

随着 19 世纪渐渐走向末期，我们开始发现一种迹象，表明对整个解码过程的怠倦；的确随着对封建主义和旧制度的记忆的淡化，也许在古老的宗教神圣意义上的、可供进行这类符号学净化的符码就越来越少了。这无疑是现代主义产生的时刻，抑或是各种现代主义产生的时刻，因为后续各种试图将迄今为止已经被解码的现实主义涌流、中产阶级、世俗时代重新编码的尝试五花八门，不甚繁多，我们在此想罗列一下都望尘莫及，所以我只想说一点，这点在我看来对于分析现代文学至关重要，它对我们眼下正在探讨的模式今后的运作极为有用，这一点就是：从我们上述所说的内容中、从对世俗的现实和被解码的涌流的重新编码这一观念中可以推论，所有的现代主义作品都从本质上取消了现实主义作品，换言之，它们都被从它们自身的象征意义的角度、从它们的神话和宗教神圣的直接性角度来理解，一个原始或超级编码的作品正是被如此理解的，不过更间接一些罢了，这种理解所借助的方式是一种对想像性的现实主义叙事的接替，在此，将象征的和现代主义的叙事看作一种文体化；这是一种阅读方式，一种文学结构，完全不同于迄今为止文学史上人们熟知的任何阅读方式，也是一种我们至今没有给予足够注意的方式。让我换句话来说的更直白一些，即当你解读卡夫卡的《城堡》时，这个阅读过程包括，用由你自己设计的现实主义叙事而产生的重新编码的涌流来进行替换——这个叙事是从卡夫卡的所谓个人经历角度来构建的——心理分析的、宗教的或社会的——或是从你自己的视角，或从某种对广义上的“现代人”的命运进行假设的视角来构建的。无论现实主义叙事诉诸哪种视角，我想阅读这类作品的自明之理就是，它总是一个两阶段的操作，首先，将一个现实主义的假设替换进来——用叙事形式——然后根据我们已经接受的关于古老的现实主义小说的普遍程序来阐释这个次级和被营造或投射出来的核心叙事。我认为这种展开过程充溢着我们对当代艺术作品的接受方式，从对卡夫卡的接受一直延续到，譬如，对《招魂者》的接受。

因为我在前面提到了年代学，那么就让我大致用年代学在被重新编码的新的艺术媒体中的命运来向你更清楚地解释这样一个过程意味着什么。譬如，据说在罗伯-格里耶的小说《嫉妒》中，年代被取消了：有两套互不相关的事实，原本应该能使我们按照正常秩序重建故事的基本事件，但是却不行：“在小说中讲故事的蜈蚣将提供一个很好的参照点，围绕这个参照点来定位事件，但是它的被碾死却发生在弗朗克（Franck）和A所做的旅行**之前，之中和之后**。”[7]然而，由此就断定罗伯-格里耶成功地动摇了我们对时间的信念，同时动摇了我们对以时间信念为标志和特征的世俗、客观、“现实主义”的现实的神话的信念，那就错了。相反，正如每个罗伯-格里耶的读者所熟知的那样，这种叙事更激化了我们对时间性的执迷，使之达到了一种可证实的狂热程度，而缺乏任何现实主义的“解决方案”，远远不会使我们回到诸如体现在寓言中的原始民族那古老而非因果律的叙事意识中，而是事实上将我们更进一步驱入我们的科学与因果律思维模式的矛盾之中。所以如果说罗伯-格里耶已经取缔了故事就大错而特错了；相反，当我们阅读《嫉妒》时，我们用一个世界上现实主义版本的古老故事来替代它，它的价值和力量来自于一个悖论性的事实：即通过对故事加以取缔，新小说却比任何真正现实主义的、过时的、解码的叙事都更为有力地讲述了这个现实主义的故事。

那么从一种社会学的角度来看，很清楚这一切为什么会在这样一个时代发生，在这个时代，同质的公众已经解体、社会已经破碎、资产阶级价值规范沦丧、资产阶级在西方或北约资本主义中的不同民族景况中有不同折射，且每种都说自己个体的语言并要求自己独特的参照体系。所以现代作品越来越被建构为一种多用途的产品，如尤伯托·埃科（Umberto Eco）的所谓的歌剧变异（Opera Aperta）[8]或开放形式，这是设计出来为每个子小组按其自己的方式和需要所使用的，以便其现实主义的内核，即那“具体”的情感，但也包括我们简单称之为嫉妒的情景，似乎是最抽象和最空洞的开始，因为每个观众都必须从自己的符号体系来为之重新编码。

从这种独特的历史和美学状况中可得出的第一个结论是，从长远的观点来看，最终卢卡奇（我想我已经承认了他的局限性）关于现代主义性质的看法还是对的：现代主义远远没有与早先塞得满满的维多利亚时代的资产阶级现实相决裂，而不过是强化了后者那些基本的预设，只不过在一个如此彻底地主体化了的世界，这些预设都被驱赶到了地下，隐藏在作品的表面以下，迫使我们在想像着自己正在取缔一个关于世俗现实的概念的那一刻又重新确认它。

这是一种社会和历史的矛盾，而对于一个作家来说，则是一个令人痛苦的困境，也许这才是表达我们一直在论述的话题的最有戏剧性的方式，毕竟在座的，没有谁真的要回到19世纪现实主义的叙事模式；后者最合适的继承者是那些畅销书的作者们，这些人——不像卡夫卡或格里耶——确实关注的是我们生存中的基本的、世俗的问题，即，金钱、权力、地位、性以及艺术文学不屑一顾、但却一直构成我们日常生活之内容的那些鸡零狗碎的事情。我并不是提议我们应该回到过去、用过去的方式来写作，而只是说在他们内心之内心——按戈德华特的人（Goldwater people）常说的那样——每个人都知道，约翰·奥哈拉（John O'Hara）的小说对美国生活现实的刻画，比海明威和福克纳所写的那些充满旅游和木兰花的异国风情的东西更真实。但是——但是——，后者却是实实在在更伟大的作家。所以我们渐渐地开始理解了历史状况的滔天大罪，在此作为一个整体——卢卡奇称之为总体——的我们的社会生活的真相越来越与语言或个体表达的美学性质不相符合；可以断定这是这样一种情形，即如果我们能用我们的经验写一部作品，如果我们能用故事的形式将其讲述出来，那它就已经不真实了；而如果我们能把握作为总体、作为超越纯粹个体经验的我们这个世界的真实性，那么我们就不能用叙事或文学的形式来获取。所以在我们这个时代里，艺术上面悬着一种诅咒，对于作家来说，这种困境被体验为一种不断加剧的（结构上的）无能，使得再也不能把个体的或经历过的经验普遍化或普世化了。不仅现实主义的要求，而且是但凡叙事的要求都倾向于越来越把写作限定在自传中，同时又把甚至自传话语本身都转换为又一种私家语言：被降低到只讲某一个人情景的真相，而不再介入民族的命运，仅仅是一个局部，不仅如此，甚至只是某个街区——甚至只是传统的、伦理的或少数民族聚居区意义上的街区；甚至在这个范围内，又只为某一个特定家族说话，甚至还不是为其上一代说话；最终被降低到一个家庭，在这个家庭，再降低到只为一个性别说话。所以，一个作家就这样被一点点地降到一种如此个体的语言层面，以至于完全没有了公共效果和反响，所以只有象征性的重新编码才提供了对一个更广大和更多样化的公众说出些意义的希望。然而，正如我们所看到的那样，新的意义与旧的完全不一样。但在这种完全主体化的非真实中，现代作家从另一种意义上来说，仍然从根本上是真实和具有代表性的：因为其他人同样都被封锁在他或她自己的私自语言中、囚禁在那些拥挤的单子行列中，而这些正是内在于我们体系中的社会破碎化的结果。

在晚期垄断资本主义世界里，有许多我们的社会生活和生存状态这种绝对主体化和破碎化的写照。有些引起恐惧并使我们心中充满对我们的现状的形而上的怜悯之情，正如劳特蒙（Lautreamont）所塑造的那个一出生就封闭在既不透气、也不透水的薄膜中的人物一样，梦想着那命中注定将打破他的孤寂状态的尖叫声，并平生第一次承认外部世界痛苦的喊叫声。

当然这一切都是比喻，我们的困境在于我们除了用比喻，别无他法来传达这种境遇；然而有些比喻似乎更具解放性，因为我们在一开始提到了柏拉图，让我们也以柏拉图的观点结尾，这个观点曾经是一种形而上学的基础，而现在，由于柏拉图时代所无法预知的历史发展，似乎——正如那些最沉重的比喻和隐喻——从此后就被完全从字面意义上来理解了。

想像一下［苏格拉底说］，一个地下室，如同一个洞口对着日光、在地下延伸很长的一个洞穴。在这个地下室中有些自孩童期就被囚禁在里面的人，他们的脖子和腿都被束缚着，他们只能往前看而不能回头。在他们

> 后面和头顶上有烈火燃烧，在囚徒和烈火之间有一条道路，在道路的顶端建起了一堵屏障墙，如同木偶戏的屏幕……再想像一下，在屏障墙的后面，有人搬运着各种手工制品，包括木头、石头和其他材料做的人和动物……
>
> 一幅奇怪的图画［苏格拉底的听众回答说］和一些奇怪的囚徒。
>
> 它们是照着生活画的，我回答。因为告诉我，你们认为这些囚徒除了能看到火光在对面洞穴的墙上投下的影子以外，还能看到他们自己和他们的同伴吗?[9]

当然肯定有办法打破这种孤立，但不是文学的方法，而是需要对我们的经济和社会体系进行完全彻底的变革，并创造新的集体生活的形式。我们的任务——我们是反映事物的专家——是一个更为需要耐力、节制和诊断力的任务。然而如果我们不能生动地认知我们自己的历史状况，就算是文学和文化分析这样一个任务也会毫无结果：因为我们最没有资格声称说，我们不理解、我们认为那一切都是真实的、我们无法知道自己住在洞穴中。

【注释】

［1］Iris Murdoch，*The Unicorn* (London，1963)，p. 118.

［2］参见 Ernst Fischer，The Necessity of Art (London，1959)，或参见 Georg Lukacs' Aesthetik (Berlin，1963)。

［3］Hans-Georg Gadamer，Wahrheit und Methode (Tubingen，1965)，pp. 255-261.

［4］Fredric Jameson，Marxism and Form (Princeton，1972). pp. 309-326.

［5］现代主义的立场在 Renato Poggioli 的 *Theory of the Avant-Garde*（Cambridge，Mass.，1968）中又得到重新恢复，在 Nathalie Sarraute 的 *The Age of Suspicion*（NewYork，1963）则受到雄辩的捍卫。我要补充说明的是，我的真正的对现代主义合乎逻辑的研究将必然会与布莱希特或 Tel Quel 流派的左翼现代主义达成妥协。

［6］Gilles Deleuze and Felix Guattari，*Anti-Oepide*（Paris，1972）；translated as *Anti-Oedipus* by R. Hurley，M. Seem，and H. R. Lane（Minneapolis，1983）.

［7］Gerald Prince，*A Grammar of Stories*（The Hague，1973），p. 23.

［8］见 Umberto Eco，Opera Aperta（Milan，1962）。

［9］The Republic，Book，Ⅶ，trans. H. D. P. Lee（Baltimore，1955），pp. 278－279.

（郭　军　译）

理论的政治——后现代论争的意识形态立场

怎样描述后现代主义的基本特征？是否确实存在后现代主义？这个概念本身是否有任何用处，或相反，是一种神秘化？这既是个审美问题，同时又是个政治问题。无论用什么术语来表达，从逻辑上讲，人们就此采取的不同立场总能表现为不同的历史视角。从这些历史视角来看，政治肯定和批判的目标是评价当代社会。其实，论争在很大程度上以对我们社会制度的一种最初的、策略性的假设为基础：认为后现代文化具有历史独特性，也就是含蓄地肯定，有时被称为消费社会的后现代社会与早期资本主义间存在显著的结构差异。

然而，各种不同的逻辑可能性必然与“后现代主义”的另一问题相关的立场联系在一起，即对现在被称为现代主义鼎盛时期或经典现代主义的估价。事实上，当开始分析表面上具有后现代特征的不同文化艺术品时，我们渴望发现（不是在后现代主义自身内部，而是从某种共同的现代主义冲动和审美中）这些迥然不同的风格和产品共享的“家族式类同之处”，尽管后现代风格和产品以这种或那种方式悖逆现代主义冲动和审美。

既可以完全将表面上令人眼花缭乱的后现代视为单个艺术媒介的问题，也可将其理解成不同媒介间的问题。撇开总的时代反应，在约翰·阿什伯里精妙的句子伪造和句法模仿与 20 世纪 60 年代初兴起的更简单的谈话诗（对新批评审美准则——复杂、反讽风格——的反对）之间，存在什么密切关系？毫无疑问，两者都以完全不同的方式表现了同一时期经典现代主义的体制化——现代主义经典从对抗转为霸权地位。现代主义经典征服了所有大学、博物馆和艺术画廊。换句话说，各种不同的经典现代主义艺术摇身变成了“正典”艺术。在父辈们眼中，现代主义艺术令人吃惊、颇遭非议、丑陋、不和谐、放荡不羁、反社会。可在我们看来却并不是那么令人触目惊心。

我们也可从视觉艺术中窥见相同的异质特征，如安迪·沃霍尔的作品和所谓的流行艺术引发的对经典现代主义绘画流派——抽象表现主义——的反动，以及诸如观念艺术、摄影现实主义和当代新的表现手法或新表现主义等张扬的审美情趣。在电影方面，这不仅表现为实验电影与商业电影之间的区别，而且实验电影自身内部就存在差异。戈达尔与希区柯克、盖尔盖曼、费里尼和库拉索娃这类大“导演”开创的经典电影现代主义的“决裂”，在 20 世纪 70 年代产生了一系列风格上的创新。与此同步，实验电视（一种新的媒体，受实验电影影响，但与之有着明显的结构区别）也迅猛发展。在音乐方面，约翰·凯奇时期的创作手法今天似乎与菲尔·格拉斯和特里·赖利这些作曲家提倡的古典与流行风格的合成手法相去甚远，也与“冲突音乐”、“脱口派”和“四人组合”（他们与迪士高或闪光滚石又明显不同）的朋克、浪潮滚石风格迥异。（然而，电影和滚石乐领域内都存在某种历史逻辑：这些新的媒介在短时间内更频繁地重复着现实主义、现代主义到后现代主义这几个演变阶段或断裂。因此，可以说甲壳虫和滚石音乐类似于 20 世纪五六十年代的艺术电影隐含的经典现代主义。）

在叙事方面，主流观点是：消解线性叙事、批驳再现论，以及与叙事的（压制的）意识形态“革命性的”决裂。可是，这似乎不足以囊括如此多样的作品，如：伯勒斯、品钦、伊什梅尔·里德、贝克特的作品，法国新小说之类的作品，“非虚构小说”的作品，以及“新叙事”的作品。同时，随着怀旧艺术的生产，商业电影和小说中似乎出现了一种极其不同的美学。

然而，无庸讳言，建筑才是后现代主义斗争最激烈的领域，因此最具战略意义。正是在建筑领域，后现代主义概念备受争议，被反复探究。只是在这里，我们才强烈地感受到，或更响亮地宣告“现代主义的死亡”；只是在这里，我们才更赶趟似的摆出论争所需的理论和实践筹码。在新兴的关于这一主题的文学中，可资援引的作品有罗伯特·温图里的《拉斯维加斯样板》，克里斯托夫·詹克斯的系列讨论，以及皮尔·保罗·波尔托盖西的比耶纳勒陈述《现代建筑之后》。这些作品阐明了对国际风格的经典建筑现代主义攻击（勒考比西耶、莱特、米斯）相关的中心问题：具体讲，丰碑式风格的破产（文图里所谓的雕塑式建筑），这种风格隐含的元政治或乌托邦计划的失败（改变空间，从而改变整个社会生活），及其代表的精英主义（包括克里斯玛式领袖倡导的集权主义），最后是铺天盖地的玻璃盒式建筑和摩天大楼（与周围的环境格格不入，将邻近的空间变成荒凉、退化的城市公共场所）对原有城市结构的彻底破坏。

但是，后现代主义建筑并不是一个完整或单一的时代风格。相反，它是对过去风格的完整影射。因此，从中可分辨出巴洛克后现代主义（如迈克尔·格雷夫斯），洛可可后现代主义（查尔斯·穆尔或温图里），古典和新古典后现代主义（罗西和德·波茨姆帕克分别代表了这两种风格），甚至还有风尚主义和浪漫主义的翻版，更不用说经典现代主义—后现代主义本身。这种历史影射洋洋自得的表演和风格的拼盘杂凑（在建筑文学中被称为“历史主义”），是更普遍意义上的后现代主义的显著特征。

然而，关于建筑的论争有助于凸显这些看似仅与美学有关的问题的政治内涵，使我们容易发现其他艺术领域中有时更专业或更隐晦的讨论包含的政治内容。大体上讲，就最近关于后现代主义的各种论争而言，存在四种不同的立场。可是，就是这样一种相对整齐划一的设想或划分也变得更加复杂化，因为这四种立场容易给人这样的印象：要么政治上趋向进步，要么政治上倾向反动（这是从马克思主义或更宽泛意义上的左派的角度而言）。

例如，立足本质上的反现代主义立场，后现代主义的降临无不令人欢欣鼓舞。[1]稍早一代的理论家（特别是伊哈布·哈桑）似乎采取的就是这种立场。他们借助更激跃的后结构主义理论（泰尔·克尔对再现的意识形态的诘难，海德格尔或德里达所言的“西方形而上学的终结”）来阐述后现代美学。尽管并不总是被称作后现代主义（如福柯在《词与物》结尾处的乌托邦预言），却受到隆重的礼遇，被视为崭新的思维方式和世界存在之降临。哈桑推崇许多更极端的经典现代主义的不朽人物（乔伊斯，马拉美），同时也庆祝新信息高科技的诞生。这表明他的溢美之词与“后工业社会”这一政治论题之间的一致性。因此，他的立场是鲜明的，而非含混的。

汤姆·伍尔夫的《从包豪斯到我们的房间》极大地消除了所有这一切的歧义。诚然，这本并不引人注目的书评谈论的话题是最近就建筑展开的论争。作者实践的“新新闻”手法本身仅是各式各样的后现代主义之一例。这本书令人觉得有趣或具征兆特征之处是，它并没有对后现代进行任何乌托邦式的颂扬。可更显著的是，书中那嘲讽味十足的修辞中呼之欲出的是对现代文化的极度仇恨。当然，这种情感历史悠久，并不令人感到陌生。这似乎是曾在现代主义兴起之日弥漫于中产阶级中的恐慌情绪的第二波——像12世纪首次出现的教堂那样洁白耀眼的科比西耶风格，频频受到诽谤的毕加索式头型（似比目鱼，两个眼珠长在头部一侧），《尤利西斯》或《荒原》的艰涩文风令人产生的晕眩感。似乎对非力士人、施皮斯伯格、布尔乔亚或辛克莱·刘易斯的《大街》中的巴比特式市侩的厌恶之情又复活了。这种情绪渗透了对现代主义新的批判，却在意识形态意义上表现了不同的精神。这种精神又在读者中唤起尘封的同情，并伴随着业已灰飞烟灭的经典现代主义的元政治、乌托邦和反中产阶级冲动。因此，伍尔夫的恶意攻击十分清楚地例证了，当时对现代主义理由十足的理论批判是多么容易沦为昭然若揭的反动文化政治的帮凶。其进步力量起源于城市生活带来的新感受，可现在却以经典现代主义正统教条的名义毁灭旧有的社区和城市生活形式，并深深地嵌入人们的生活体验。

这些反现代、亲后现代立场同样遭到一系列相反理论主张的诘难和结构性颠覆，最终要重新肯定经典现代主义传统中至今仍存活并富有活力、真实可信的推动力，从而质疑后现代文化的虚假、不负责任等负面影响。在《新标准》杂志创刊号上发表的两篇宣言中，希尔顿·克拉默言之凿凿地阐明了这些观点，将经典现代主义不朽“杰作”的道德责任心与后现代主义（与露营和“滑稽”联系在一起）根本的不负责任和浅薄对比。伍尔夫风格是这种后现代主义走向成熟的明显例子。

更荒谬的是，伍尔夫与克拉默在政治上有颇多共同之处。似乎令人感到矛盾的是，克拉默竭力将根本的反中产阶级立场和元政治激情从现代主义经典营造的“高度严肃”中剔除。这种立场和激情支配着杰出的现代主义艺术家们批判维多利亚时代的禁忌和家庭生活，批判商业化，批判从易卜生到劳伦斯、从凡·高到杰克逊·波洛克的艺术家。克拉默试图将杰出的现代主义艺术家表面上反中产阶级的立场吸纳进中产阶级基金会和捐赠秘密培养的“忠诚的反对势力”之中。最令人难以置信的是，现代主义的文化政治矛盾使这种尝试成为可能。而现代主义文化政治的否定行为依靠对与资本不匀称关系的批判和褒扬——当他们没有获得真正的政治自我意识时，诚然这种情况很少见（布莱希特就是一例）。

一旦澄清了《新标准》的政治计划，就更容易理解克拉默在此的意图：杂志的使命明显是要根除20世纪60年代及其影响，将整个60年代遗忘，就如20世纪30年代之于50年代、第一次世界大战前异彩纷呈的政治文化之于20年代一样。因此，《新标准》努力建构某种新的保守的文化反革命。其语词涉及从美学到对家庭和（或）宗教的最终捍卫等宽泛的范围。因此，矛盾的是，这一根本上政治性的计划却公然批判当代文化中政治的无所不在这一现象——这是20世纪60年代泛滥成灾的问题，但克拉默却认为，这归咎于我们时代后现代主义道德维系力的苍白无力。

这种做派的问题（明显与保守观念密不可分）是，不管是什么缘故，与麦卡锡主义或帕尔默搜捕时期不同，其摇摆不定的修辞似乎没有国家权力的支持。越战的失败似乎不利于赤裸裸地诉诸压制权力[2]，至少暂时如此。同理，整个20世纪60年代都在提倡与30年代或第一次世界大战前的传统不同的集体记忆和体验。因此，克拉默提出的“文化革命”常常陷入对50年代和艾森豪威尔时期更脆弱、更感伤的怀旧之情。

理清了关于现代主义和后现代主义更早的立场，就不会对下述问题感到惊讶：尽管对当代文化现象的第二种估价明显受保守主义意识形态支配，但是这种立场也可以被吸纳进关于这个主题的更进步的观点和立场。仍对现代主义最高价值给予肯定，批判后现代主义理论及实践。这一戏剧性的逆转现象受惠于尤根·哈贝马斯。[3]哈贝马斯认为，政治上的反动功能根本上决定了后现代主义自身的缺陷。他将无所不在的怀疑现代主义冲动的企图与中产阶级启蒙运动及其普遍的乌托邦精神联系在一起。与阿多诺一样，哈贝马斯致力挽救、重缅伟大的经典现代主义之作根本的否定、批判和乌托邦力量。另一方面，将否定、批判和乌托邦力量与18世纪的启蒙精神联系起来的努力标志着他与阿多诺和霍克海姆合著的那本充满忧郁之气的《启蒙的辩证法》的彻底决裂。在该著中，启蒙哲学的科学气质被描述成误入歧途的权力意志、对自然的征服及其世俗化规划是纯工具化世界观发展的第一个阶段，并直达奥斯维辛。这种明显的分歧可从哈贝马斯自己的历史观中找到答案。他竭力维护“自由主义”的承诺和早期资产阶级普遍化意识形态（平等、公民权、博爱、言论自由和出版自由）本质上的乌托邦内容，抵制资本主义发展过程中这些理念的流产。

然而，要理解论争中使用的审美术语，不能仅仅回应哈贝马斯对业已作古的现代主义气度恢弘的辩护并使其起死回生的努力。我们必须认识到哈氏理论著述的社会背景与我们的社会背景之间的巨大差异：在一定程度上，麦卡锡主义和压制行径是我们联邦共和国今天的现实。总体上讲，西方世界最成功地压制了左派势力，迫使左派文化（西德右翼势力将其与“恐怖主义”极大地联系起来）销声匿迹。[4]新麦卡锡主义的成功，施皮斯伯格和非力士文化的得势，意味着这种可能性：在这个与众不同的国度，哈贝马斯也许言之有理，经典现代主义的旧形式也许仍拥有在其他地方业已消失的颠覆力量。为此，一种致力削弱那种力量的后现代主义的价值也许就在于以本土方式进行意识形态诊断，尽管这种评判尚未落下帷幕。

上述两种立场——反现代主义/亲后现代主义，亲现代主义/

反后现代主义——的特征是对这一新术语的接受，这等于承认现代与后现代时期某种决定性“断裂”的本质，而后者又是被评判的对象。然而，两种最终的逻辑可能性成立之前提是，批判任何这类历史断裂观。因此，这或明或暗地质疑后现代主义这一范畴的有用性。那么，与后者有关的作品将成为经典现代主义的一部分，“后现代”只不过是我们时代真正的现代主义者采取的形式，只不过是旧有的现代主义求新图变冲动的辩证加剧。（在此我必须略去另外一系列论争——在很大程度上是纯学院式的论争。这里反复肯定的现代主义的延续论题被质疑，因为在更宽泛的意义上，这种立场肯定自18世纪末以来浪漫主义总在不断延续，现代和后现代时期只不过是其有机的发展阶段。）

因此，最后两种立场分别积极和消极地估价了现已融入经典现代主义传统的后现代主义。与阿多诺的精神一致，让-弗朗西斯瓦·利奥塔[5]认为，他津津乐道的新的和初露端倪的当代或后当代文化生产现在普遍被冠以“后现代”的称号，应被理解成对真实可信的更悠久的经典现代主义肯定论潮的一部分。利奥塔观点中特有的转折或变调的潜台词是：所谓的“后现代主义”并不是步现代主义的后尘或现代主义的废弃品，而是领先于现代主义并为其鸣锣开道，因此我们耳闻目睹的当代后现代主义可被视为带着旧有的力量、生命力鲜活如夕的某种新的经典现代主义回归、翻新或胜利再现的前兆。这是个预言式的立场，其分析以现代主义和后现代主义反再现的冲力为基础。然而，仅从审美角度评价利奥塔的审美立场是不够的，因为政治上支配这种立场的是对古典资本主义之后的新社会制度（或曰“后工业社会”）的社会和政治理解。因此，与再生的现代主义观点密不可分的是某种预言式的信念——一个崭新的社会可能并一定会破壳而出。

那么，与这种立场相反的消极观点涉及对现代主义的意识形态批判，如：卢卡奇对物化的资本主义社会生活进行复制的现代主义形式的分析，当代对经典现代主义更集中的批判。这一最后立场与前述反现代主义立场的区别在于：它并不是从肯定新的后现代主义文化的稳妥立场出发，而是将后者也视为已受到诬陷的经典现代主义冲动的蜕变。这种独特的立场（也许是最令人感到悲观、不安和消极的立场）可以从威尼斯建筑史学家曼弗雷多·塔富里的著作中找到明证。他广泛的探讨[6]有力地控告了我们所谓的经典现代主义的“元政治”冲动（用文化政治“乌托邦式”地替代政治本身，主张通过改变世界的形式、空间或语言来改变世界）。他同样粗率地解剖对各种不同现代主义进行消极的非神秘化和“批判”的主张。他认为这充其量不过是黑格尔式的“历史诡计”，而对资本本身工具化、世俗化的过程最终是通过现代主义运动的思想家和艺术家毁灭性的重击实现的。因此，他们的“反资本主义”行为最终只是为晚期资本主义社会组织和控制的“彻底”官僚化奠定基础。塔富里符合逻辑的结论是：只有实现社会关系的根本转变，才能根本改变文化。

由此可看出，上述两位颇为复杂的思想家的立场揭示了前面提到的两种立场隐含的含混政治。与前面提到的多位理论家不同，塔富里和利奥塔明显都是政治人物，公开恪守旧时革命传统的价值。例如，利奥塔竭力为之辩护的审美创新的至高价值只有被理解为某种革命立场的隐喻，而塔富里的整个理论建构与经典马克思主义传统极其合拍。然而，从已变得与反马克思主义难分难解的后马克思主义来看，两者也潜在地（在某些策略上更明显）可被重写。例如，利奥塔常常试图将他的“革命”美学与政治革命更陈旧的理想区别开来。他认为，在新的后工业社会秩序下，这些理想要么具有斯大林主义的色彩，要么陈旧、不协调。塔富里天启般的整体社会革命观则意谓着：在一个去政治化、反动的年代，对资本主义“整体制度”的理解注定了必然导致经常使马克思主义者放弃政治努力的气馁情绪（首先令人想起阿多诺和梅罗·庞蒂，还有 20 世纪三四十年代的许多前托洛茨基分子、六七十年代的前毛泽东追随者）。

可用下图表形象地展示如上勾勒的不同立场间的关系。加号和减号分别指这些立场政治上的进步或反动。

	反现代主义	亲现代主义
亲后现代主义	伍尔夫－ 詹克斯＋	利奥塔 {±
反后现代主义	塔富里 {∓	克拉默－ 哈贝马斯＋

这样，绕了一个大圈子之后，我们回到第一种立场隐含的更积极的政治内容，尤其是查尔斯·詹克斯（同时也包括文图里和其他学者）曾强调的后现代主义的大众主义冲动这个问题。这也有助于我们更充分地了解塔富里的马克思主义极端悲观的一面。然而，首先应弄清楚的是，经常以审美论争的形式展开的不同政治立场事实上大都含有道德言说的内容，试图一锤定音地裁定后现代主义现象，无论后现代主义是被污蔑为堕落还是被誉为文化和审美意义上健康、积极的创新形式。但是纯粹从历史和辩证角度来分析这种现象（尤其是当它涉及我们自己生存、斗争的现实和历史问题时），并不能解释这些绝对道德评判的软弱无力；从它们或多或少摇摆不定的立场来看，其辩证意义“超出了善恶界限”，更不用谈宣扬的冷酷无情的历史观（某种类似于黑格尔思想体系中令当代人惊恐不安的东西）。关键是我们置身于后现代主义文化之中。因此，我们既难以对其进行批判，又难以认同其

自鸣得意、堕落腐化的一面。也许有人认为，今天对后现代主义的意识形态评判必然意味着对相关的艺术品和对我们自己的评判。同理，也不可能通过全球道德评判或其退化形式——大众心理诊断（如拉希的《文化与自恋》等）来完整把握我们今天这样的整个历史时期。按照经典马克思主义观点，未来的种子已埋在现在的土壤中，因此必须通过分析和政治实践将其从现在剥离开来（马克思曾如此生动地评价巴黎公社的工人“没有可实现的理想”；他们只是努力将新出现的社会关系与旧的资本主义社会关系分开，新的社会关系已在旧的社会关系中萌动发芽）。与其指责骄横自负的后现代主义为颓废的最终症候，或视这些新形式为新技术和技术统治乌托邦的先兆，似乎更恰当的方式是按照如下行之有效的假设来评价新的文化生产，即在晚期资本主义制度的社会重构框架内全面修正文化。[7]

然而，詹克斯认为后现代建筑超乎寻常的大众主义立场使之与经典现代主义风格的建筑区别开来[8]，可被视为更普遍讨论的出发点。在独特的建筑语境中，这意味着，如今科比西耶或莱特式的更经典的现代主义空间竭力使自己从曾与之和谐并存的残破的城市建筑中分离出来——因此，其形式依靠彻底地摆脱空间语境这一行为（多层建筑雄奇壮观的底层架空柱将与地面的分离戏剧化，维持着新空间的新奇和与众不同）。相反，后现代建筑却张狂地嵌入后超级高速公路式的美国城市的商业地带、汽车旅馆和快餐店组合成的异质图景。同时，暗示和形式回应（“历史主义”）的嬉戏，使这些新艺术建筑与周围的商业图标和空间产生亲缘关系，因此拒斥经典现代主义奉行的极端差异和创新。

新建筑的这种明显重要的特征是否应被界定为大众主义还有待商榷，因为问题的关键是要将伴随着新商业文化的新形式与旧有的民俗和真正的“大众”文化区别开来。新商业文化始于广告，扩展到各种各样的正式包装，包括从产品到建筑，也不排除电视节目（“标识语”）、畅销书目和电影。旧有的大众文化的前提是：旧社会的农民阶级和城镇手艺人仍存在。可是，自 19 世纪中叶以来，这两个阶级逐渐受到商品化和市场体制的压制，濒临灭亡的境地。

但是，我们至少应承认这一独特特征的普遍性。在其他艺术领域，这更明显地表现为：高雅文化与所谓的大众文化间旧有的界限的消失。正是以此界限为基础，现代主义才拥有自己的特征，其乌托邦功能至少部分地来自与周围的庸俗环境、伪劣品、媚俗、商业化和读者文摘文化对抗的真实可信的经验世界。确实，发人深省的是，经典现代主义的出现与明显可辨的大众文化的第一次大扩散同时（左拉的作品可被视为单个文本中艺术小说与畅销书并存的标志）。

如今，这种构成性区别似乎正在消失。我们已经提到，在舍恩贝格之后，甚至在凯奇之后，音乐领域中“古典”和“大众”两个对立的传统又开始融合在一起。更普遍地讲，似乎很清楚的是，“后现代”时期的艺术家完全沉迷于整个新的对象世界——不仅是拉斯维加斯地带，而且包括最新的表演和好莱坞 B 级电影，在机场出售的哥特和罗曼司、流行传记、谋杀、科幻或幻想等题材的平装本这类所谓的亚文学（这类亚文学是如此来势凶猛，以至现代主义摈弃的旧的文学类型似乎又出人意料地重现）。在视觉艺术方面，作为一种重要的媒介，也作为流行艺术或摄影现实主义中“物质的层面”，摄影的复兴是同一过程至关重要的征兆。不管怎样，至少很明显的是，这批新的艺术家不再像乔伊斯（以及福楼拜）或马勒那样“引用”大众或流行文化的材料——碎片和母题。他们在不同的程度上将材料合并，因此我们旧的批评和评价类别（完全以现代主义文化和大众文化的根本区别为基础）似乎不再有效。

但是，倘如确实如此，那么似乎存在这种可能：形形色色的后现代主义辩解和宣言事实上只是一种（诚然是巨大的）文化转变的反应和征兆。曾被描述为大众或商业文化的事物被吸纳进新的、扩大了的文化领地。不管怎样，人们将发现从政治意识形态类型学借用的一个术语发生了根本的语义变化，这时其初始指涉物（通常被泛称为“人民”的工人、农民和小资产阶级的大众阵线阶级联合）消失了。

然而，这也许根本就算不了什么新故事。人们仍清楚地记得，弗洛伊德是多么欣喜地发现人类千姿百态的析梦传统中惟有某个不为世人知晓的原始文化触及了关键：所有的梦都有隐秘的性意义。惟一例外的是，明显关于性的梦则意指其他事物！在后现代论争和与这场论争对应的去政治官僚政治社会中也似乎如此。所有表面上的文化立场都成了政治道德化的象征形式。只有音单调急的政治论调暗示了从政治向文化的再次逆转。我觉得，摆脱这种邪恶怪圈的惟一有效路径（除实践本身之外）就是这种辩证观点：尽力历史地把握现在。

【注释】

［1］在我看来，后面的分析似乎不适合 *Boundary* 2 批评群体的研究。他们早期使用的“后现代主义”术语具有另一种不同的意义——对成型的“现代主义”思想的批判。

［2］该文写于 1982 年春。

［3］参见他的“Modernity — An Incomplete Project”，见 *The Auti-Aesthetic*（Hal Foster ed.，Port Townsend，Wash. 1983），3～15 页。该文首次以另一题目“Modernity versus Postmodernity”发表在 *New German Critique*，22（Winter 1981），pp. 3-14。

［4］与“绿色环保”相关的特殊政治似乎形成对这种情境的反应，而

不是一种例外。

［5］参见利奥塔 *The Postmodern Condition*（Minneapolis，1984）pp. 71-82 的“Answering the Questions：What Is Postmodernism?”。该著主要关注的是科学和认识论，而不是文化。

［6］特别参考 Manfredo Tafuri，*Architecture and Utopia*（Cambridge，Mass.，1976）和 *Modern Architecture*（New York，1979）；另见该集中我的“Architecture and the Cvitique of Ideology”。

［7］我的另一尝试是“Postmodenism，or，The Cultural Logic of Late Capitalism”，*New Left Review*，146（July-August，1984），pp. 53-92；在 *The Anti-Aesthetic* 上发表的那篇只是该文的一部分。

［8］例如，可见 Charles Jencks，*Late-Modern Architecture*（New York，1980）。然而，Jencks 使用的这一术语不是特指文化意义上主导的或时期性的风格，而是指一种美学运动。

（陶家俊　译）

砖块和气球：建筑，唯心主义与地产投机

我打算深入研究一个十分重要的理论问题——城市规划与建筑的关系——尽管这个问题对于有些人来说不是非研究不可的，但鉴于其自身内在的旨趣和紧迫性，我认为它提出了一系列很有意义的理论课题。为了达到能够系统阐述更普遍的城市与建筑问题的目的，有必要提请各位关注这些问题以及我的与之相关的著作。例如，对后现代文化产品的抽象的动力的调查，特别是对后现代主义中抽象的结构作用与现在还在起作用的、我们称之为现代主义（或许人们更愿意称它们为多样的现代主义）的抽象二者之间根本差异的调查。这项调查将使我重新审查货币形式——所有抽象的基本来源——并考察近年来也就是我们中的一些人所指的后现代性这一不长的时期，货币的结构及其流通形式是否并无实质性的改变。自然，也就是说，在我们这个时代要再次提出金融资本及其重要性的问题，提出关于金融资本所特有的和专门的抽象与文化文本中发现的抽象之间关系的形式问题。我想每一个人都会同意，随着全球化的出现，金融资本已成为晚期资本主义的区别性特征之一，换句话说，也是当今事物的区别性状态之一。

但是，准确地说，正是这条调查线索为建筑自身的方向作了重新定位，启发我在这里寻求进一步的深入。在空间的领域似乎存在着某种金融资本的对应物，的确是一种与它密切相关的现

象，那就是地产投机：过去它在农村可以找到得以施展的领域——随着自然资源的私有化进程，占据当地美国人的土地，攫取铁路沿线大片的土地，扩大城郊区域；但是在我们这个时代，它却成为一种壮观的都市现象（不只是因为一切都城市化了），它返回大城市，到城市剩下的空间寻找机会。于是，如果今天采用的地产投机的特殊形式同我们在后现代建筑（这个术语在这里仅是在一般的时序意义上用的，在感情色彩上是中性的）中发现的同样的特殊形式之间有某种关系的话，那这种关系会是什么呢?

我们经常看到，当今建筑的象征意义以及它的形式创意在于它对社会的直接性，以及“它与经济的交合处”。这种直接性与其他开销很大且同样必须依赖投资的艺术形式——如电影和戏剧的直接性相比有很大的不同。但正是这种直接性呈现出理论上的危险，这一点众所周知。例如，断定地产投机和对日益增加的建筑物的新要求开辟了新的建筑风格涌现的空间，这似乎并非奇谈怪论。不过，使用一个惯用词，它似乎同样“简化”了根据新的投资类型对新风格所作的解释。据说这种简化论未能重视美学层面及其内在动力的自律和半自律的特性。事实上这种观点也遭到反对，认为这种粗暴的论断似乎从未屈尊到它们所蔑视的风格的细节之中。它们忽略了形式分析，仿佛事先就怀疑它的原则。

于是，人们可能试图通过介绍新技术的情况，展示它们在如何采用一种新风格的同时又充分回报投资的目的，使这种解释（关于“后现代主义的起源”）丰富和复杂化。这样就必须在经济层面与美学层面之间加上一个“中介”；并且必须提出自己的看法，说明为什么我们需要精心制作一系列介于经济与审美之间的中介的原因；换句话说，说明为什么我们需要一种具有新的活力的中介概念的原因，以证明经济决定论这一论断的直接性。中介的概念被定位于我所指的“层面”，即（尼古拉斯·拉赫曼所说的）一个用于区别的社会功能，一个领域或地区，它存在于已发展到被自身内在的法则和动力所控制的社会之中。我想把这一领域称为“半自律”的，因为它显然仍旧是社会总体性的一部分，正如“功能”这个术语所暗示的那样；我故意使用一些含混的或自相矛盾的术语，就是为了暗示一条“双行线”，在这条双行线上，一方面可以强调上述领域的相对独立性、相对自主性，反之，又可以坚持它的功能性和在整体中的基本位置：至少通过它在整体上而不是“功能”上的重要性，它也将被理解为一种物质利益和盲目的或从属的动机。由此，从拉赫曼的一些更明显的例子来看，政治是一个特殊的“层面”，因为自马基雅弗利和自黎塞留控制下的现代状况出现之后，政治作为现代社会的一个半自律的领域，拥有自己的机构和程序，自己的从业人员，自己的历史和传统或“先例”，等等。然而，这并不意味着由于许多事物在其所属范围之外，政治层面就不具有多方面的重要性。法律、法令和司法层面所属领域也是如此，它们在许多方面可视为这样一种专门的半自律领域的典范。我们中从事文化工作的人们毫无疑问也想坚持审美或文化上的某种程度的半自律性（尽管审美和文化这两者的关系可互换的说法如今再次成为一个很有争议的问题）：小说创作的规则，乃至电视连续剧的创作，肯定不能直接简化为议会的民主制度，更不用说股票市场的运作系统了。

股票市场本身又怎样呢？无疑，如果说 18 世纪以前这个市场还未成型的话，那么自 18 世纪以来，市场的出现，市场理论的出现，在此基础上形成的经济已进入半自律层面。至于金钱和土地，准确地说，这里它们都是与我们密切相关的现象，它们将允许我们去检验中介的概念及其相关的观念和半自律的实例或层面两者的适用性：它将事先被理解为由于在市场和经济这些更基本的系统或次系统中，金钱和土地二者显然只是功能性因素，都不能以自己的名义构成这一层面。

任何将金钱作为中介的讨论都必须面对乔治·辛门的《货币的哲学》（1900）一书，这部厚实的著作是我们今天所说的对这一特殊存在的现象学分析的开山之作。辛门对20世纪各种思潮的潜在影响是不可估量的，这在一定程度上是因为他拒绝将其复杂的思想整合到一个单一的系统之中；同时，里面那些非黑格尔派的或去中心的辩证法式的复杂表述经常由于他那冗长乏味的文体弄得难以卒读。他最近的一些新观点将成为我在这里讨论的必不可少的准备。[1]无疑，辛门把经济结构本身用括号括起来，却又积极地暗示出一些可以描述和探讨金融资本的现象学和文化影响的方式。很清楚，现在不是对这些问题作全面研究的时候，所以我的评论将仅限于他的那篇富有创新的论文“大城市与精神生活”，在论文中金钱仍扮演着主要角色。[2]

这基本上是对现代生活、尤其是城市生活（在19世纪后期的柏林）日益抽象的说明。不错，抽象确实是我的话题，而且一直是大家所关注的，有时它被冠以不同的名称（例如，安东尼·基顿［Anthony Gidden］的核心术语为间离［disembedding］，说的是同一个东西而指向的是这一过程的其他特征）。在辛门的论文中，抽象呈现出多种形式，从时间的体验到人际关系的新距离；从他称作的“唯理智论”到新的各式各样的自由；从漠不关心和“毫无兴趣”到新的焦虑、价值危机以及都市人群对波德莱尔和沃尔特·本杰明的挚爱。金钱是所有这些新现象的根源，这一结论在辛门看来过于简单：不仅大城市将它列成三角，而且在我们现在的语境中，也可以肯定地说中介的概念是令人满意的。不管怎样，辛门的论文不仅将我们带到了现代美学的形式理论和出自较早的知觉和生产逻辑的美学的抽象理论的门槛，而且也将我们带到了金钱本身的抽象的出现也就是我们现在所说的金融资本的门槛。[3]在本杰明式的现象拼贴的论文结构中，我们也找到了下面这些带预言性的句子：讨论抽象的新的内在动力时，其方式就像资本本身一样，开始是在自身那个时期扩展，辛门告诉我们："事实可以证明，仅仅通过增加交通，城市里土地租金的'自然增价'就将给它的所有者带来自行升值的利润。"[4]这足以表明，我们所探讨的这些东西都是相关的；现在让我们回过头来，从现代或后现代的建筑形式与那些大的工业城市的自行增值的空间开发之间可能具有的亲缘关系开始讨论。

在这方面，我对一本结构上有些缺陷且重复较多的书有着特殊的兴趣，它就像一本非常吸引人的侦探小说一样，里面充满了令人激动的叙述，以及因为发现与揭示所带来的兴奋感：罗伯特·费什的《纽约的暗杀》就是这样一本书，它不仅提供了考察城市建筑的机会，而且提供了估价地产投机的功能和比较各种理论的阐释意义（和中介在这些理论中的位置）的机会。大胆地说，像他自己通常所做的那样，费什将纽约的"暗杀"设想为一个过程，由此——蓄意的——将制造业迁出城外，以便为商业往来腾出办公空间（金融、保险、房地产）：这一策略被认为可以使城市复苏并获得新的增长点，然而闲置的待租楼层（所谓"一眼望穿"[see-through]的建筑群）所占的令人瞠目的比率证明了它的失败。这里费什的理论根据可能来自简·雅各布斯，他的学说是关于小型商业经营与街区产业繁荣的关系的，费什通过将小型商业经营（商店之类）与小型工业（如服装加工业之类）的关系置于同等重要的地位，从而强化了这一学说。费什的理论比马克思主义的分析还要激进，其目的是倡导行动主义和党派倾向；因此，他把各种理论作为攻击的目标，包括一些马克思主义和后现代主义以及与之相伴的城市规划者的官方意识形态；我们感兴趣的主要就是这些争论（或更确切地说，是这些责难）。考虑到具有美国特点的反知识分子反学院派的立场，很明显，费什所嘲弄的主要理论目标是历史必然性学说。无论在哪种形式中我们都会发现，可以肯定的说，由于道德感的丧失和非政治化的缘故，要使人们信奉它并进行政治动员和政治抵抗，即使不是完全不可能的话，也是非常困难的。这种立场似乎很有道理也很中肯，但最终所有关于长期趋势和资本主义有意义的逻辑的观念都变成与“必然性”的意识形态的认同，而且正如我们将看到的，这又转回到了费什想倡导的实践形式。

不过，让我们再全部从头开始。首先被展示的不仅仅是纽约所经历的大规模的调整，其中 750 000 个制造业的员工失去了工作岗位，制造业与办公室工作（其缩写形式为 FIRE：金融［finance］、保险［insurance］、房地产［real estate］）的比率从战前的2∶1 调整为现在的 1∶2[5]，而且这一变化（并非不可避免！并非“资本的逻辑”!）是纽约权力机构有意推行的政策的结果。换句话说，它是今天人们广泛流传的所谓“阴谋”的结果，有些迹象也确实极富暗示性。它表现在 1928 年没有实施的大城市分区计划与现有的分区状况完全一致：当年关于制造业迁移的安排如今已变成了现实，当年关于修建办公楼的预言也已实现；费什还通过引证从去年乃至近年来的那些规划者的大量原始资料加以补充。例如，下面的文字就引自一个 20 年代颇具影响力的商界和政界人物的谈话：

> 一些最贫困的人就近居住在高价位地皮的贫民窟里。在富丽堂皇的第五大街，蒂法尼和伍尔沃思连在一起，实质上同样的场所既提供珠宝又提供夜盗。儿童餐馆生意兴隆，更增加了德尔蒙里克餐厅的衰败和凋敝。

距股票交易所一箭之遥的地方空气中溢满烘焙咖啡的浓香；而离时代广场几百英尺的地方则充斥着屠宰场传出的恶臭。就在这座“商业”城市最中心的地方，曼哈顿岛第 59 街的南面，在 1922 年，巡视员发现差不多有 420 000 工人在工厂做工。这种情况严重地破坏了人们的秩序感。每一件东西似乎都摆错了地方。人们渴望将事物重新安排，各就各位。[6]

这些文字显然强化了那个观点，即清除制衣街区和纽约港的目标是有意而为的，从 20 年代后期到 80 年代这五十多年的时间里，精心制定的若干策略取得了最终的成功，而城市却承受着在目前状态下的不断恶化。人们并不是特意要将这一结果作一番估价，但是这个“阴谋”背后的动机现在有必要置于应有的位置。毫不奇怪，它必然涉及地产投机和土地价格那诱人的增值，这种增值来源于从占据各种小商店和小工厂的地盘所带来的房地产的“解放”。“工厂用地所收的租金与土地所有者从 A 字写字楼用地的所得之间相差十倍。而仅仅只是改变了土地的用途，某人的资本就可以增值若干倍。现在，一份长期的美国债券可获得相当百分之六的收益。”[7]

正如我们将看到的，在这种更普遍的“阴谋的”解释背后，存在着一个更具体的局部的阴谋，它的调查者迟早将被指出。不过，在普遍性这个层面上，这一特殊的解释实际上倾向于证实一个更符合马克思主义的关于“资本逻辑”的见解，特别是在眼前这种房地产的发展与金融资本时期的（相对循环的）的观念的因果关系上，在当今语境中这些都使我产生了兴趣。除有一个例外，它将在亚层次的阴谋理论中被识别并且在后文中要提及。费什对这些发展即伴随着金融资本的调拨而产生的建筑或建筑风格的文化层面不感兴趣。这些大概是上层建筑的附带现象，在这类暴露式的分析中人们习惯于将它们不予考虑，或把这种分析倾向于视为掩饰真实过程的某种文化的和意识形态的烟幕（换句话说，是一种暗地的辩解）。稍后我们将回到艺术或文化与经济的关系这一核心问题上来。

这里要注意的是，“趋势”或资本逻辑的必然性这些概念都没有提供马克思主义对这些过程的看法的一个完整甚或充分的图象：所缺乏的是矛盾这一关键性的观念。就投资、资本抽逃的“趋势”这个概念而言，金融资本从制造业流向地产投机的变化不仅与造成整个领域不均衡投资可能性的矛盾分不开，而且尤其与这种状况的不可能消除分不开。实际上，这正是费什通过新的白领阶层写字楼一类投机性建筑的闲置率这一令人印象深刻的统计数据显示出来的：在那个领域即使重新调整投资也解决不了任何问题，因为它正在摧毁最初那些空间里已经产生新的利润（并增加就业机会）的可行性的城市结构。显然在这一结果中也存在着明显的叙述上的满足（“罪有应得”）；然而很清楚，从费什的观点看，对不可避免的矛盾的勘探——它也许强化了一个相当不同的政治行为的可能性概念——与他心目中的行动主义是不相容的。

在这一阶段，我们已经拥有了抽象的几个层面：在最末端，当今金融资本的优势的概念，乔瓦里·阿里吉已为我们重新定义为资本本身历史进程的一个时期[8]。阿里吉实际上提出了三个阶段——首先是在一个新的地区资本的投资流向的输入；然后根据工业和制造业的情况在那个地区从事生产的发展；最后，重工业资本解区域化，以便在金融投机中寻求增值——此后，同样的资本又抽逃到一个新的地区，开始新的循环。阿里吉在费尔南德·布劳德尔俗语“经济膨胀的阶段总是秋天的征兆”中找到了他的出发点，于是他在分析时将金融资本描述成螺旋式的上升，并不是作为整个“资本主义”的恒久的相对稳定的因素而以静态的和结构的方式呈现出来。他并不认为里根-撒切尔时代经济上的惊人发展（这些发展也是文化的发展，下面我将要论证这一点）属于纯粹的幻景和偶然的领域；或如费什所做的那样，把它们视为“阴谋”的最纯粹最有害的副产品，而对其可能的条件不加解释。这种从生产投资到股市投机的转换，金融全球化和——这里我们特别关心的是——房地产价格战的新层面：这些都是今天社会生活的基本现实（费什的书的后半部分戏剧性地证明承认了纽约这个非常特殊的例子）；而努力将这些新的发展加以理论化还远非学院派的事情。

现在我们可以回到费什的另一个基本的抨击对象。他倾向于把它与丹尼尔·贝尔的“后工业”社会的老学说联系起来，即在这个社会秩序中，资本主义的传统动力被科学技术的卓越成就所置换甚或被替代，它本身现在提供了一种所谓从生产到服务经济的转化的不同解释。于是，这里的批评集中于两个并无必然联系的前提上。一个假定经济上出现几乎是结构性的变化，它远离重工业，活跃于庞大的服务部门的体系中：由此，它给那些为纽约规划的精英们提供了意识形态的支持，那些规划者希望纽约非工业化，因此能从旧有的生产历史不可避免地“结束”的主张中获得帮助和安慰。然而服务业的商品化在马克思主义的框架中也能得到说明（早在亨利·布雷弗曼 1974 年出版的《劳动和垄断资本》一书中就已预言性地作出了解释）。这里我就不再对这个问题作进一步探讨，特别是鉴于费什心目中的发展主要涉及的是大厦里的上班族而非服务行业的雇员。

与贝尔的“后工业社会”理论相关的第二个观念将要涉及全球化和控制论革命，在这个过程中，当代对新的全球化或信息城市的著名评述出现了一些不同的声音（特别是曼纽尔·卡斯特尔和萨斯基亚·萨塞的文章）。[9]不过，可以肯定的是，对新通讯技术的强调并不意味着赞同贝尔关于生产方式中的变革的众所周知的假说。蒸汽动力取代了水力，随后电力又取代蒸汽机，这里包含着资本主义的空间动力以及日常生活的性质、劳动工序的结构和社会组织的构成等的重大变革：不过在制度上仍是资本主义的。事实上，近年来通讯和控制论的整个多样化的意识形态的出现，它值得受到理论上的挑战和意识形态的分析和批判，有时甚至可以做彻底的解构。另一方面，马克思和自他之后的许多人共同发展起来的对资本的论述完全可以涵盖上述变化；的确，辩证法最重要的哲学功能就是它能够协调我们对之缺乏充分思考的历史的两副面孔或方面：即同时出现的同一性与差异性，在这种状态下，事物既可以改变又保持统一，既能够经受最令人吃惊的变化和扩张，同时仍构成一些基本的和持续的结构运转。实际上，正如一些人已经做过的，人们可以论证，当代社会，包括所有这些空间和技术的革新，也许比马克思那个时代的半工业半农业的社会更接近马克思的抽象模型。[10]然而，更简单地说，我只想指出，无论控制论革命这一假说的历史事实如何，都将足以表明一个普遍的信念，并且它不仅对部分精英而且对第一世界国家的所有人都产生了影响，由于这个信念构成了最重要的社会事实，它将不能作为纯粹的错误被消除。既然如此，我们也必须辩证地看待费什的著作，作为重建那句著名格言的另一部分的努力，它提醒我们，正是人民继续创造历史，即使他们“不是在他们自行选择的环境中”创造。

因此，我们必须更密切地关注创造纽约空间历史的人们这一问题，它将我们引到费什打算透露的内部的更具体的阴谋，包括参与者的姓名和对他们的活动的描述。我们已经注意到运作的一个层面——纽约的规划者，他们同时也是纽约金融和商业精英圈子的一部分；这里费什已经明确地将他们的名单列出来，并对这些玩家的经历作了简要的描述；但还停留在群体的层面上。在这个层面上，这些具体的传记人物还是代表着某种普遍阶层的发展。再次使用辩证法来观察的话，这些似乎没有什么不合理的。就费什打算在他的更新纽约的政治方案中求助于个体的行动而言，在另一边他也被要求去识别具体的个体，并通过论证个体已经发挥了作用来有效地证明个体在历史上可以有所作为，从而通过作为个人（不是作为空洞的阶级）的代理人把我们带到了那令人遗憾的过去。

具有反讽意味的是，他本人反讽式地指出，关于针对城市的特殊的个体阴谋的描述有一个先例：它就是罗伯特·摩西（Robert Moses）作为主要的代理人和恶棍这一身份的转换，这一描述应归功于罗伯特·卡罗所写的杰出传记——《权力代理人》。我们很快就会发现，费什为什么要抵制这个特殊的叙述的原因，他认为这个叙述的作用是使摩西成为这些发展的替罪羊，"只要稍稍回顾一下就会明白，摩西最伟大的城市建设成就不是科利塞姆或琼斯海滩，而是为纽约规划失误的两代人承担责难。"[11]很清楚，每一个原因层面都可以更深地挖掘出另一个层面，并将我们送回到另一个台阶，以建构一个它背后更基本的"原因层面"：摩西真的是世界历史上的一个角色吗？他扮演的就是他自己吗？等等。事实上，在卡罗的多姿多彩的描述的背后，一个纯粹的心理层面终于隐约显现出来：因为摩西就是那个样子，因为他渴望权力和活力，因为他有预见所有可能性的天赋，等等。不过，费什含蓄的批评更多的是表达（他的表达反对他自身最终的叙述观点）：作为个体的摩西不足以作为承担事件的所有责任的代表，这个事件需要有一个既是个人同时又代表群体的代理人。

下面我们再看看尼尔森·洛克菲勒，正是他或洛克菲勒家族本身作为一群个体，为这个神秘的故事提供解释的关键，并作为费什故事的新版本的核心。我将匆匆概述一下这个有趣的新故事：它开始于洛克菲勒家族的部分成员（或者更确切地说，就是小约翰·D·洛克菲勒）犯下的一个灾难性的错误，从哥伦比亚大学取得洛克菲勒中心现在坐落的那块位于住宅区与商业区之间土地的为期 21 年的租约。费什告诉我们，自 1928 年以来，“直到 1988 年他们把洛克菲勒中心抛给日本人，可以理解为洛克菲勒们所希望的是把握城市变化的先决条件”[12]。我们有必要把理解建立在两个事实的基础上。首先，洛克菲勒中心从一开始建造就是一个错误，也就是说 20 世纪 30 年代仅仅只有“百分之三十到百分之六十”[13]使用率应归结于它所处的位于住宅区与商业区之间的比较偏僻的地理位置。许多作为贵宾的承租人是洛克菲勒们通过特殊安排吸引来的（实际上或许带有强迫的性质）。“正是尼尔森受家族的委托通过对运输的研究找出了洛克菲勒中心空缺的原因。顾问们解释说，主要原因是洛克菲勒中心缺乏便利的交通。它离时代广场太远，离格兰特中心也太远。便利的交通是事业兴旺发达的关键，而总是需要乘汽车则扼制了它的发展。”[14]正如我们已经指出的，这类发展背后的动机在于对已建好的地产的巨大增值的期待：但是，在大量房间的空置与偿付哥伦比亚大学租金的双重压力下，洛克菲勒们不可能对未来的前景作出乐观的估计。

按照费什的说法，第二个关键的事实可以从理查德·迪沃斯在 1974 年关于尼尔森·洛克菲勒副总统的听证会上获得的证据中得到证实[15]，其中不仅揭示了“这个家族 13 亿美元财富的绝大部分来自住宅区与商业区的中间地带——洛克菲勒中心的价值”，而且揭示了家族财产“急剧下降”的程度，实际上到了 20 世纪 70 年代中期，“已缩小了三分之二”。于是这项特殊的地产调查标志着洛克菲勒们财产的巨大危机。这一危机只可能用四种办法加以补救：或者修改与哥伦比亚大学的租约以减少损失（可想而知，大学不会同意），或者完全放弃，这意味着更大的损失。或者，由洛克菲勒们自己立即对中心周围的地区进行合理地开发：而这个解决办法意味着要投入更多的资金。再则，既然“其他的障碍似乎都无法克服，只有改变城市的布局，……而这正是这个家族一直在努力的。最终，事实证明市政官员比哥伦比亚大学的资产托管人或 30 年代的房地产市场容易控制得多”[16]。这是一个令人瞠目的和普罗米修斯式的命题：改变整个世界以适应自我：甚至费什也有点发怵。“这个家族（他们在城市规划和文化上的成就已经历历在目）是怎样施展能量将把那些热狗的经营者赶出第四十二大街的呢?”“必须承认，仅根据一个家族的行为作出解释，似乎缺乏力量。……教条主义的历史决定论者自然会坚持认为，没有洛克菲勒们，纽约‘同样如此’”。“把焦点放在这个家族身上也许激怒了学院派的马克思主义者。对他们而言，资本主义仅仅是抽象资本的体现。他们严肃地指出，在经济分析上对个体的任何讨论都是对民粹主义和经验主义的致命的让步”，等等。[17]

相反，在这里费什为我们提供了一本证明“资本逻辑”的教科书，特别是黑格尔所说的集体的进程为了达到其目的而利用个体的那种“理性的诡计”或“历史的诡计”。这个观念来自黑格尔早期对亚当·斯密的研究，实际上是后来常说的那句著名的市场的“看不见的手”的转义。对黑格尔这一学说的讨论通常认为这里关键在于自觉的行动与不自觉的意图的区别。我想最好在个体（以及个体行为的意图和动机）与集体的或历史的制度逻辑之间作出根本的分离。从他们的观点——和费什自己的解释——来看，洛克菲勒们在他们的规划上是很自觉的，并且是相当有理性的。自然我们也可以自由地猜想，至于这一系统的后果，他们不可能预见出来，甚至他们当时并不关心。但是若辩证地看，那些后果，作为系统逻辑的重要组成部分，根本不同于个体的行动逻辑，后者仅仅偶尔地，并且要付出很大的努力，才能被包含在单一思想的或然性的限定中。

在这里，我有必要扯远一点，就这个问题冒险从哲学的角度谈谈。黑格尔非常自觉地意识到机遇，我们今天称之为偶然性[18]；一个必要的偶然性总是在他庞大的系统叙述中被预见到，但是在他的叙述中又并不总是明确地坚持这一点，以致一些偶尔翻阅的读者忽略了黑格尔的这个观点，这也情有可原。然而，在机遇和偶然性的层面，系统的过程绝不是必然要进行的；它们会被中断，或扼杀在萌芽之中，或转向、减缓等等。应该注意的是，黑格尔的视野是一种回顾，仅仅寻求重新发现必然性和已发生事件的意义：一如黄昏时飞出的密涅瓦的那只猫头鹰。或许由于当代的历史学家已兴致勃勃地重新发现了历史上战争的构成因素，因此我们不妨作一个军事上的类比："不是我们自己创造的条件"也能够像军事部署、地形、兵力分布等一样被划分出来；于是个体在感觉的综合中将所有资料组构成一个统一的领域，而在这个领域中各种选择与机会变得显而易见。最后一步才是相对于历史的个人创造领域，正如我们随后会看到的那样，它既适用于个体资本家也适用于艺术和文化上的创作。[19]虽然在那些著名的历史时期，个人领袖也具有战略和战术上的种种可能的洞察力，但集体的抵抗行动却处在稍微不同的层面上。不过历史的诡计总是有两面性的，如果个体资本家的工作有时有一定破坏作用的话（纽约这个城市的恶化就是一个颇能说明问题的例子），那么，左翼运动有时也无意之间为他们的对手提供了“推动力”（例如，驱使对手从事技术革新）。一个令人满意的政治概念应该要求其间系统和个人两者的某种协调性（或者如果你愿意的话，这里可以用一个费什经常戏仿的流行口号，即全球化和地区化的某种重新联结）。

不过，现在我们有必要立即迅速转向两个方向（也许这些确实都是系统与局部的问题）：一条路把我们引向单个的建筑群，另一条则通向对金融资本和地产投机的未来的质询，我们期望后者能将我们引向马克思主义传统中冠之以“地租”的棘手的理论问题。这幢大楼更确切地说是复合式建筑群的赫然耸现，它最好被视为不可避免性。自然，它就是洛克菲勒中心：它既是所有这些策略中的标志，也是大量有趣的建筑分析的对象。费什在他对建筑问题金盆洗手之前对当下有关建筑的讨论感到茫然，他引用了卡罗尔·科林斯基的“与中世纪大教堂相当的现代建筑”之类的看法，同时又用道格拉斯·赫斯科尔将洛克菲勒中心视为“某个巨大的墓地”的感觉修正了那个似乎肯定的评价，他认为：“没有什么方法可以确认或不确认那些可感觉的符号的价值。”[20]我认为他对这个问题存在误解：肯定有根据社会和历史事实分析这些“可感觉的符号的价值”的方法（我不知道这里的“确认”或“不确认”意指什么）。比较清楚的是，费什对做这些不感兴趣，根据他自己的分析，文化外表的酥皮与焙烤蛋糕的配料成分（以及烤箱的效力等）几乎无关。奇怪的是，这种符号价值与经济活动的分离也被当代建筑理论家塔夫里在一本最微妙最复杂的著作中记载了下来，他用了整整一个专题阐述了如何评价洛克菲勒中心的来龙去脉。

塔夫里的解释方式可作如下描述：前提是，至少在这个社会中（资本主义制度下），一幢个体的建筑将总是处于与其城市背景及社会功能相矛盾的位置上。这些颇有意味的建筑试图通过或多或少精巧的形式和风格上的创新解决这些矛盾。这种解决方式是必定要失败的，因为它们仅仅停留在美学领域而脱离了产生这些矛盾的社会背景；也因为社会或系统的改变必定是整体性的而不是零碎的。因此，塔夫里的分析只是一种失败的祈祷，“想像的解决”经常在抽象的高层次上被描述，展示出“各种主义”或缥缈的风格相互作用的图景，留给读者的是重建具体的感受和概念。

然而，在洛克菲勒中心这个例子中，我们会再次面临这一情境：塔夫里和他的同事们似乎认为美国城市的情况（和城市里修建的建筑）也带有某种双重的矛盾。这里，我引用了他们合著的《美国的城市》一书。历史的缺乏、移民的浪潮、混凝土的建筑：这些确定无疑的特征都是人们希望意大利观察者坚持的。但是美国人对此却面临双重的矛盾，并双倍地注定要这样表达，因为加之他们形式上的素材都是借鉴欧洲风格，他们只能用各种方式将这些风格加以协调和混合，而似乎不可能发明任何的新东西。换句话说，新东西的发明已经不可能，且与资本主义的总背景相矛盾；不过，美国通过对那些已经不可能运用的风格的折衷主义的运作，使其在迁移中重现了那种不可能性和那些矛盾。

塔夫里对洛克菲勒中心的讨论夹杂在关于美国摩天大楼的符号价值的更大讨论之中，一开始摩天大楼就构成了“一个本质上藐视一切均衡规则的有机体”，它希望高耸于城市之上并作为一个“独一无二的偶然事件”与城市相辉映[21]。可是，随着工业城市和企业机构的不断发展，“摩天大楼作为一个‘偶然事件’，一个‘无政府主义的个体’，通过将它的形象设计为城市的商业中心，创造了一个介于单个企业的独立性与集体资本的组织化之间的不稳定的平衡，从而不再似乎是一个完全适宜的结构。”[22]

当我追随塔夫里勾勒的复杂而详细的历史（跨度从1922年《芝加哥论坛报》大厦的竞赛一直到30年代初期洛克菲勒中心的建造），我似乎感到在阅读某种辩证的叙述，摩天大楼从“独一无二的偶然事件”的形象逐渐演化为“飞地”这样一个新概念，身处城市之中又远离城市，现在又小规模地再生产着城市中的某些复杂性：“被施了魔法的山”，在它的失败的经营中，城市的结构又有了某些新的创新的形式，于是，它注定把自己移进城中小城，因而抛弃了需要解决的基本矛盾。洛克菲勒中心现在就代表着这种发展的高潮。

> 在洛克菲勒中心的建造中（1931—1940），沙里宁的超前构想、纽约的区域规划方案、费里斯的想像和胡德的各种追求最后都被综合进来。这个说法并非夸张，尽管洛克菲勒中心完全脱离了地域的观念，忽略了城市的全盘考虑，在市郊的边远地带矗立这个建筑群。事实上，它是一个有选择的综合，准确地说，其重要意义就在于它的选择和排斥之中。从沙里宁式的芝加哥湖畔，洛克菲勒中心仅吸收了它的宏大的规模和由并列的摩天大楼建筑群的整体组合为公众提供服务的开放式空间。从近来形成的适应国际风格的时尚中，它接受了内空的单纯，但又没有放弃对繁复的装饰艺术的追求。从亚当的新曼哈顿形象中它吸取了包容和合理的集中的观念，形成一个井然有序的绿洲的观念。而且，所有这些被接受的观念都被褪去了乌托邦的特征；洛克菲勒中心决不与既成的体例或城市流行的时尚一争高下。事实上，它只是耸在曼哈顿作为一个“均衡投机”的小岛，并处处强调其封闭的内部协调的特征，而其目的是

起典范的作用。[23]

现在这个寓言式的解释越来越清晰了：洛克菲勒中心是“颂扬托拉斯的协调和城市规模的集体性的尝试”[24]。这不是文化上的炫耀，而是这些建筑物的符号意义；它对各种风格的折衷运作——对塔夫里与对费什一样，都是表面意义上的装饰——而对普通公众而言，具有表明“集体文化”和用以证明该中心致力于关怀公众等功能，从而确保商业和财政目标的实现。

然而，在转向另一个关于洛克菲勒中心的更近的分析之前，回顾一下该中心对现代传统本身的象征意义是很有价值的。的确，它形象地体现了这些年来建筑上的现代主义的一个重要文本和意识形态的陈述，即西格弗里德·吉迪恩（Siegfried Giedion）的《空间、时间和建筑风格》，书中在仿效科比西埃的基础上创立了新的时空美学，以创立一个生机勃勃的当代建筑以替换过去城市规划的巴洛克传统，吉迪恩把洛克菲勒中心的十四幢大楼组成的建筑群视为城市设计的新观念在曼哈顿的弹丸之地（对他而言是无法忍受的）扎根的一次独一无二的尝试。这些颇具创意的十四幢大楼占据了“大约三个街区（约十二英亩）的面积……从纽约纵横交错的道路中分离出来”。这些错落有致的大楼，其中至少有一个——RAC 大厦——一幢用混凝土砌成的七十层高的摩天大楼，“空间被设计得非常宽阔，还围起一块空地，洛克菲勒广场，它冬天被用作溜冰场”[25]。

根据已经提到的材料，洛克菲勒中心也不一定不适合表现吉迪恩的时空观，至少在美国社会背景中，像罗伯特·摩西的美学一样，就他的主要例子是首批大型的车辆专用道（在这一时期是崭新的）而言，他盛赞这种动力的体验：“乘车沿着连绵的斜坡来回急驶，产生的兴奋是双重的，与大地紧密相连又在大地上翱翔，这种感觉就像高山滑雪那样仿佛从山的一侧飞驰而下”[26]。

塔夫里的解释的苍白，表现在他的著作对任何可能的未来美学和任何对资本主义城市窘境幻想的解决办法缺乏基本的原则，同时他对那些希望为世界的变革作出贡献的先锋派艺术也表现出这一点。这里世界的变革在他看来仅仅是政治和经济的。显而易见，现代运动本身准确地说就意味着所有这些东西，而现在已离我们较远、并令人想起往日时光的吉迪恩的时空观就是一个综合了各种趋势的有影响的尝试。

在汽车和飞机的世界里，这意味着对个体经验的超越，也可假定为允许个人经验的扩展。因而，关于洛克菲勒中心，吉迪恩这样说道：

> 粗略地扫过大楼的分布图之后就会感到没有什么新的或有意义的东西可以看了。土地规划没有揭示出任何东西……实际的安排和大楼的布局完全让人捉摸不透。一幅鸟瞰图显示了各种各样的高层建筑的开放式分布……就像风车的叶面一样，不同体积的建筑在光线的照射上都安排得互不影响……在楼群的中间横穿着洛克菲勒广场……人们会意识到它们之间一些新的异乎寻常的关联。它们不能在任何单一的位置或单一的视角来理解和把握……［这产生了］一个不同寻常的新效果，有点类似于舞厅里那个多面镜的旋转球，能够从所有方向和所有层面反射出旋转的光点。[27]

这不是全面评价现代主义美学的地方，而宁可说是观察它的时机——无论吉迪恩的美学热情有多大的意义——它似乎已经被遍及整个曼哈顿的这些高楼和空间的大量耸立浇熄了。或许人们应该用否定的态度谈这些，并揭示现代主义的自我陶醉依赖的正是这些相对罕见的新的规划、空间和建筑物：洛克菲勒中心在20世纪30年代，由此也在吉迪恩的那个时代是适宜的，是一种新奇的事物，但现在看来有些东西已不再适宜。

当这个空间被塞上过多的建筑物时，于是，像现在一样，需要提出一种完全不同的美学，但正如我们所看到的，塔夫里拒绝提供。不过塔夫里感到哀叹的和吉迪恩没有预见到的——过量修建和堵塞的混乱状况——这就是受到称赞和接受的雷姆·库尔哈斯（Rem Koolhaas）的独创性。因此，《疯狂的纽约》热情地欢迎着塔夫里所谴责的这些矛盾，并创造了一个完全不同于吉迪恩的、具有坚定的不可解决性的新美学：不过，这种美学使洛克菲勒中心再次成为一个特有的核心教程。

自然，库尔哈斯对洛克菲勒中心的解释夹杂在他就曼哈顿街区的可能性结构提出的更全面的主张中；但这里我想强调的是，他归纳的塔夫里的理论特征仍是对基本矛盾的非常抽象的阐述（就我所见，这两个讨论是完全独立地各自发展，并且没有互相参照）。现在它成了雷蒙德·胡德所表达的内在的“精神分裂”，例如，在俄亥俄州哥伦布市，他把一个巨大的停车场与一个肃穆的大教堂捏合在一起，这使得他一跃成为关于曼哈顿“理性的诡计”的最适合的黑格尔派的工具，使他“同时既从曼哈顿得到非理性幻想的能量和灵感又按照一套严格合理的步骤建立起前所未有的原理”[28]；或者采取一种略微不同的说法，他完成一件人工制品（如麦格劳-山［McGraw-Hill］大厦），这个制品“仿佛是冰山中的烈焰：现代主义冰山中的曼哈顿式的火焰”[29]。

但是，更明确的、相反的看法提出了“密集”这个术语，与胡德的“城中之城”的不同寻常的解决方式一道，即“通过制造更大的密集来缓解密集”，并且通过建筑群自身使这一观念生根。[30]密集的概念现在浓缩了多种不同的含义：使用、消费、城市、零碎的商业开发、与土地租赁相伴的交通，还有团体和民众的前景、民粹主义者的呼吁。我们发现它是迄今为止，所有这些现象的突出特征和问题之间的中介，犹如将库尔哈斯那更一般化的说明，作为塔夫里的抽象性与用建筑学或商业的术语所描述的具体的建筑群之间的中介一样。相对的另一个术语则很少被明确地表述出来，可能因为它有赞同洛克菲勒中心的品味或美学的危险：有时在库尔哈斯的描述中它仅仅是“美”（“最大限度的密集同最大限度的美相结合的悖论”）[31]，就像在塔夫里的著作中它经常仅仅是“精神性”的一样。不过很清楚，这种姿态是朝向文化领域的，它的功能就像巴尔特的“标志”或内涵一样，本身能够被延长和不断地被界说。关键的运作是建立能够向任一方向转换的中介：使它能够在城市建筑中起决定因素的经济层面上起作用，同样也能够为美学分析和文化解释提供方向。

换个角度而言，这些分析似乎是对传统的美学上的学术问题——审美价值——的追问和回避。作为艺术作品，洛克菲勒中心怎样被评价；当然，这个问题在当今语境下提出是否恰当还是个问题。塔夫里和库尔哈斯都将他们的讨论集中在建筑师本身的实践上：关于他所面对的地点，且不说原材料和形式；关于为了建造大楼他必须解决的更深层的矛盾——特别是城市结构或总体布局与个别建筑或有纪念价值的建筑（这里指摩天大楼的特殊作用和结构）之间的张力。这个分析能够中断任一通路，就像现实花园中想像的癞蛤蟆这个由来已久的程式一样；或如肯尼思·伯克喜欢做的那样，“符号行为”这个口号的有兴味的特征正是你只能和必须在必要的二元中选择重点。于是，作品也许就是一种符号行为，一个在符号领域中现实的实践形式；但它也可能证明仅仅是一个符号行为，一种在现实领域不可能并且本身不存在的行动的尝试。我因而有这样的感觉，对塔夫里而言，洛克菲勒中心是最后的——也是仅存的一个符号行为，它必然不可能解决其矛盾；反之，对库尔哈斯来说，具有符号意味的创作和生产行动这一事实才是审美刺激的来源。不过，由于这两者的关系，也许问题在于我们研究的是一批糟糕的或最多只是中等的建筑：因此价值问题一开始就不在我们讨论的范围之内。然而，在这个语境下，单个的建筑寻求的是设法保证它在城市里并且是在一个已经存在的现实城市里的位置，在这个意义上，是否意味着所有的建筑都很糟糕或至少是失败的产物？或者说，是否单个建筑的美学意义与城市的问题——通过每一个属于和存在于分隔的建筑群（或者说独立的部门）提出问题的方式——完全脱节了？

不过，在对建筑风格与当今金融资本之间的关系作出某些假设之前，现在我想暂时转向另一个基本的问题，即“地租”问题。土地价值问题充其量只是为古典政治经济学提出了一些几乎难以逾越的障碍，这不是因为在那个时期（18 世纪和 19 世纪初期）西方资本主义的发展相当不完善，由传统和群体支撑的进程正逐步商品化和私有化：这包括基本的历史和结构趋势正向着农场劳动的商品化转变，换言之即从农民到农业工人的转变，这是一个远比马克思的时代、更不必说李嘉图的时代更为完整的过程。可是农民这个封建阶级或社会群体的消失并不等于土地价值和地租的问题就不存在了。这里我必须感谢戴维·哈维（David Harvey）的《资本的限度》，它不仅是最近出版的描述马克思经济思想轮廓的著作中最透彻和最充分的一种，而且也许是惟一一本抓住马克思的地租难题的著作。马克思关于地租的研究因他的离世而中断，遗作由恩格斯修订出版。我不打算深入探讨这一理论，只想提出这些问题。根据哈维颇具权威的评论和理论重构（他给我们提供了似乎可行的更复杂的方案，马克思如果活着，也许会精心制定)，地租和土地价值对于资本主义的发展动力以及它的矛盾的根源来说都是必不可少的：如果太多的投资滞留在土地上，就会出现问题；如果土地的投资被设想为抽逃出来，同样在另一方面也是非常严重的问题。因此，地租的问题，以及聚集在其周围的金融资本的问题，都是制度中持久的结构性要素，有时它们处于无关紧要的次要位置，有时，如在我们这个时代，尽管它们曾是资本积累的基点，如今又处于显著的地位。

不过，关于哈维的书，我想提请各位注意的是他对土地价值的性质的描述；我们还记得，或很容易推断出来，如果土地具有价值，就很可能被劳动价值理论解释。劳动能够以不断改进的方式增加价值；但劳动不可能如同它在工业生产中的价值一样被想像为土地价值的来源。但是土地仍具有价值：如何解释这个悖论呢？哈维认为，在马克思看来，土地价值就像某种结构性的必要假设。哈维简明扼要地把它称为“虚拟资本”——“货币资本的流动不受任何商品交易的牵制”[32]。这种可能性仅仅是因为虚拟资本可以适应未来的价值期待：由此一举揭示出土地的价值与普遍的信用制度、股票市场和金融资本的密切关系：“在这种条件下，土地被作为一种根据它的租金可以买进卖出的纯粹的金融资产来对待。像所有这种形式的虚构资本一样，用来交易的是未来收益的所有权，也就是说根据土地的使用获得的预期利益的所有权，或更直接地说，未来劳动的所有权。”[33]

现在，我们的一系列的中介就完整了，或者至少比以前更完整：时间与作为必要的收益期待和资本积累的未来空间的新关系——或者，若愿意承认的话，时间本身通过结构上的重组进入某种期货市场——这是从金融资本经由地产投机，到美学和文化产品即我们时代的建筑这一长串链条的最后连接。所有那些有思想的历史学家都不知疲倦地向我们谈论这一点，其中现代主义的各种未来形态的出现不仅取代了过去和传统的老经验，而且建构了我们这个时代历史性的新形式。在历史观念中其影响是显而易见的，而且，我们会发现，在叙述本身的结构中影响更直接。所有这些难道能够在它对建筑和空间领域的影响中被理论化吗？据我所知，只有塔夫里和他的哲学上的合作伙伴卡奇亚里论及了“未来的规划方案”，然而他们的讨论却限于凯恩斯主义，换句话说，即限于自由资本和社会民主的范围。不过，我们已把这种未来的新殖民化作为资本主义本身的基本趋势，并认为它是金融资本和地产投机不断重现的持久的源泉。

我们确实可以就这些问题进行恰当的美学上的探讨，关于具体的“期货”的方式——现在指在金融和时间的意义上——开始成为比较新的建筑的结构特征：有些东西类似于人为的商品废弃，或者说，可以确定，建筑不再有任何恒久的感觉，并且在原材料中含有对它未来的自我损坏的必然性。

但我至少需要作出一副履行我最初计划的姿态——进入从基础结构（地产投机、金融资本）到上层建筑（美学形式）这一系列中介链的位置；我打算走捷径，拆用查尔斯·詹克斯在他的符号学中对所称作的“后期的现代性”（late modernity）（在当前语境下这个区分与我们并无特别关系）的精彩描述。詹克斯首先是让我们观察这种方式而不是去实践它：那就是主题的自我参照，就像在巴米·达亚（Bumi Daya）“所暗指的白银规则和银行资金可能趋向的投资领域”中安东尼·拉姆斯登（Anthony Lumsden）的分行计划。[34]

不过随后他又找出了至少两个特征（最基本的特征），它们也许可以很好地被用来说明晚期金融资本主义特有的形式意味的东西。正如他所论证的，它们是现代特征的极端发展，充满活力的变形通过将这一工作与现代的精神对立而趋于结束，这仅仅强化了一般的论争：现代主义的第二动力完全不再像现代主义，而是全然处在另外的空间。

我所考虑的两个特征是“极端等距空间”[35]，和无疑更容易推测出来的不是玻璃外壳而是它的“含壳体积”[36]。等距空间不管它从现代主义的“自由规划”中获得多少，现在已成为迷恋均衡的真正的要素，甚至货币媒介也不存留其间，并且，不仅仅是内容还包括框架现在都可以自由地作无穷的变形：“密斯（Mies）的无边无际的宇宙空间逐渐变成现实，短暂的作用转瞬即逝，没有陷入绝对建筑的困境”[37]。于是，“含壳体积”说明了晚期资本主义抽象化的另一个方面，一个使它非物质化而没有表示任何传统方式中的精神性的途径，正如詹克斯所提出的，“将一幢五十层的大楼分解成质量、密度和重量”[38]。间壁的变化“减少了质量和重量，同时增加了空间和轮廓线——这正是砖块和气球之间的区别”[39]。就发展而言，重要的是这些原则——现代特征被投射到整个新的富有独创性的空间世界中——不再按照老的现代的二元对立操作。随着重量或具体化的逐渐减弱，它们不再将非实体或精神视为对立面；以同样的方式，自由规划假定旧的资产阶级的空间将被取消，而非限定性的新的等距类型则不存在取消什么，仅仅是在它自身作为新层面的推动下有所发展。这里我们不打算作过多的说明，它给我留下的最深的印象是：抽象的层面或金融资本的唯物主义升华已享受着作为电子空间的同样的半自律性。

“就第二动力而言”：这是根据我们设想的超越现代的新的文化逻辑所产生的一个大概的公式；这个公式肯定能够通过许多不同的方式达到具体阐述：例如，巴尔特式的内涵，或关于反映的反映——提供的不是像在数学级数中那样逐渐增加的“第一动力”的重要性的解释。也许斯梅尔对观淫癖的比较并非是恶作剧[40]，特别是他只研究“最初”或“标准”的金融资本主义，而不是研究从当前的多样性中产生的抽象的强化形式，由此，甚至那些易受偷窥快感影响的对象也消失了。无疑，这出自古老的影像说的复活，犹如某种抽象是对已被抽象的形象的超越。让·博德里拉的著作显然是对悖论和余像这个事物的新层面的最富于创造的探索，然而我认为他没有将它们与金融资本认同；我曾经提到过电子空间，这是一种对不能被表现的东西的完全不同的表现形式，然而——至少在像威廉·吉布森那种电子朋克的科幻小说（SF）中——它比旧的现代主义的立体派的抽象或古典科幻小说更具体。

然而，当我们被这个古怪的幽灵纠缠时，也许正是在这个幽灵故事本身——特别是它的后现代的多样性——中，一些暂时的类比能够在结论中发现。幽灵故事实际上是一种非常杰出的建筑类型，它既是事实上的房间和大楼，又是无法消除的那些可憎的事件和过去的“梦魇般压在心头”的物质结构。不过，正如由于缺乏能够把完整的事件传授给下一代的讲述故事的长者，过去和历史的感觉会随着家族的繁衍渐渐被遗忘，城市的革新也是如此，到处似乎都处在一个消除古老的幽灵出没的走廊和卧室的进程中。（一些露天场所令人难以忘怀，诸如执行绞刑的斜坡或神圣的墓地，仿佛展示出一幅更早的依旧处于前现代的场景。）

可是，时间仍然是“脱节的”：德里达恢复了幽灵故事，恢复了以前也许从未有过的新的现实的哲学尊严这个难以释怀的问题，为海德格尔的存在论（海德格尔出于他的考虑，也引用了哈姆雷特的同样的字眼）推荐了替代物，一种新的“鬼魅学”（hauntology），过去氛围中那种不易察觉的焦虑正被社会和群体所消除，不过它仍试图努力再生。（颇有意味的是，德里达在幽灵中包括了未来。）[41]

这一切是如何想像出来的？通常人们很难将高层建筑与幽灵

联系起来，尽管我曾听说过香港多层公寓大楼有鬼怪作祟；[42]然而关于“第二动力”的幽灵故事和相应的后现代的幽灵故事的更基本的叙述，是受金融资本的幽灵而不是那种古老的具象性的幽灵控制的，这种叙述要求探寻出最初有鬼魂出没的建筑的记载。《胭脂》里肯定保存了传统的幽灵故事的历史内容：[43]将过去与现在对照，在这个例子中要正视的是当代的生产方式——香港今天的公务和商务（也可以说是昨天，即1997年以前）——它仍是一个充塞着富有寄生者和色情场所的旧制度（如果不是十足的封建主义的话），到处是赌博、自助酒会和色情里手。在这一明显的并置中，现代人——官僚和秘书——都充分意识到他们的资产阶级劣势；为爱情而自杀和20世纪30年代颓废的浪漫一样并不代表任何基本的叙事张力。只是说花花公子没有死，他意外地得救了，而最终勉强追随他那迷人的伴侣进入永恒的来世。可以这么说，他并不希望被纠缠；的确，像现实中被抛弃的老人一样，他几乎不可能被置于首要的位置。传统的幽灵故事肯定不需要相互征得同意才来探访——这里也是如此；而且鬼怪作祟的成败在相当程度上不是依赖于当今观察家的中介，香港现在的情况也是这样。梦想与幽灵相遇；渴望现在拥有只存在于过去的强烈情感；自然，也包括幸存在资产阶级的现实中的仅仅作为异国情调的化妆品和服饰，作为纯粹后现代的“怀旧”的饰物，作为在老套空洞的形式中可任意选择的内容：首先是从具体对象中抽象出来的“古典的”怀旧之情，紧接着第二或更“后现代”的是为怀旧本身而怀旧，一种对抽象过程再度成为可能的情境的渴望：这是我们情感的来源，更新的时期是现实主义的回归——情节、和谐的建筑、装饰、美妙的曲调，等等——然而，事实上它仅仅是所有那些事情的空泛的陈规的回响，一个对现实主义的丰富性的模糊记忆。

【注释】

[1] 更为全面的讨论，参阅我即将发表的论文：《理论踌躇：本杰明的社会学先驱》。作为一种后现代现象，我想提及理查德·丹斯特论债务的相关规划。例如，《期货市场》，见《阅读世界形态》，H. 斯克沃兹和 R. 丹斯特编辑，（巨石公司，1996）；还有当今克理斯托夫·纽菲尔德的企业文化设计，参见他在《社会文本》第 44 期和 51 期中的论文，分别载于 1995 年秋季号和 1997 年夏季号。

[2] 乔治·斯梅尔：《个性与社会形态》，D. N. 列文编辑（芝加哥，1971），324～339 页。

[3] 参见我在“文化和金融资本”一文中的论述。

[4] 斯梅尔：《个性与社会形态》334 页。对此我想补述如下：

> 金钱的灵活性，和它的众多特性一样，在股票交易中最为清晰有力地表现出来。股票交易中的货币经济被视为一个独立结构，就像国家中的政治组织一样。交易价格的波动常常显示出主观心理上的动机。在不成熟的状态和独立的运作中，它们与相应的客观因素完全不成比例。然而，认为价格波动与股票性质的真正变化很少相符，并以此解释上述现象，肯定是肤浅的。对市场而言，这一特性的重要意义不只体现在政府或酿酒厂、煤矿或银行的内部状况中，而且与市场上所有其他股票及其行情有关。因此，它不影响它们的实际基础，例如，阿根廷的大量亏空压低了中国债券的价格，虽然中国债券的安全性就像发生在月球上的事件一样不受影响。为了这些股票的价值，为了它们外部的稳定性，人们依然依赖这个市场的总体情况，以及在任何一点可能造成这些投入的未来利润减少的波动。即使它们预示着某一对象与其他对象的合并仍旧是客观造成的，但股市的波动还是存在着一个源于投机自身的因素。在一种股票的未来报价上的这些赌博本身就拥有对此价格最巨大的影响。举例而言，一旦一个强大的金融集团对其感兴趣，其原因与股票品质无关，它的报价也会上升；相反，一个集团仅仅由于操纵的失误就可能会导致报价的下跌。此时对

象的真实价值似乎是不相关的浮云，在它的上面，市场价值的升降仅仅因为与一些事物甚至一些名称有关。对象真正的最终的价值与其经由债券表现出的价值之间的关系，完全失去了稳定性。这清楚地显示出价值这种形式绝对的灵活性，显示出这是一种通过金钱获得客体对象的形式，一种与其真正基础相分离的形式。现在，价值几乎毫无抵抗地追随着由情绪、贪婪欲望，以及毫无根据的想法引起的心理冲动，而且自从这些客观环境存在以来，它就以这种惊人的方式运行甚至提供估价的准确标准。这样价值以货币形式使得自身独立于其根本和基础，使之完全听从于主观的精神。这里，投机本身可以决定投机对象的命运，在这个最严格的意义上，价值的货币形式的渗透力和灵活性通过主观性发现了投机最有效的方式。

斯梅尔：《货币哲学》，D. 福莱斯白、T. 巴特摩翻译（伦敦，1978），325～326 页。

［5］罗伯特·费什：《纽约的暗杀》（伦敦，1996），40 页。

［6］同上书，60 页。

［7］同上书，xii 页。

［8］参见阿里吉的著作《漫长的二十世纪》（伦敦，1994）；要对此有更多的了解，请参见我的“文化和金融资本”一文。

［9］这两部著作详细论述了存在于他们分析的信息发展与当代城市中不断增长的结构性失业以及贫民区之间的因果关系。参见曼纽尔·卡斯泰尔：《信息城市》（牛津，1989），228 页；或萨斯基亚·萨塞：《全球城市》（普林斯顿，1991），186 页。

［10］最著名的著作是恩斯特·曼德尔的《晚期资本主义》（伦敦，1975）。

［11］费什：《纽约的暗杀》，149 页。

［12］同上书，xvi～xvii 页。

［13］同上书，86 页。

［14］同上书，94 页。

［15］同上书，189页。

［16］同上书，191页。

［17］同上书，189页、226页、xvii页。

［18］参见丹特·亨里奇："黑格尔关于偶然性的理论"，见《文本中的黑格尔》（法兰克福，美因，1971）。

［19］普鲁斯特在军事策略上的兴趣就是与此相关的最有启迪作用的例子：参见他服兵役后期访问圣鲁普的描述，出自《追忆逝水年华》（巴黎，1954）。

［20］费什：《纽约的暗杀》，186～187页。

［21］见《美国城市》一书（剑桥，麻省，1979），389页。

［22］同上书，390页。

［23］同上书，461页。

［24］同上书，483页。

［25］西格弗里德·吉迪恩：《空间，时间和建筑》（1941；剑桥，麻省，1982再版），845页。十分感激查尔斯·詹克斯提醒我注意到这一基本的著作。

［26］同上书，825页。

［27］同上书，849～851页。

［28］雷姆·库尔哈斯：《疯狂的纽约》（牛津，1978），144页。

［29］同上书，142页。

［30］同上书，149页。

［31］同上书，153页。

［32］戴维·哈维：《资本的限制》（芝加哥，1982），265页。

［33］同上书，347页。

［34］查尔斯·詹克斯：《新现代》（纽约，1990），85页。

［35］同上书，81页。

［36］同上书，86页。

［37］同上书，81页。

［38］同上书，86页。

［39］同上书，85页。

[40] 参见斯梅尔：《货币哲学》，327 页：

这样，金钱带来了个性的一种独特的膨胀，它不打算用占有商品来装饰自己。这样一种个性对控制对象不感兴趣；它只满足于对它们施用一下权力，而不向个人提供任何事实上的膨胀和满足，仿佛避免与客体发生任何实质的关系，而购买行为本身就是一种满足感的体验，这是因为客体绝对服从于金钱。由于金钱和作为货币价值的东西是随着个人的冲动实现的，因此他沉浸在一种象征性地控制而不是实际拥有对象的满足中。这种纯粹的象征性带来的享受已近乎于病态，如一位法国小说家所描写的情形。有个英国人是波西米亚团体的成员，他生活中的快感就是赞助最野蛮的纵欲活动，尽管他自己从不参加这类活动，但他却总是为每个人付账——他来了，不说什么，不做什么，付清每一笔账，然后离开。这些令人疑惑的事件的一个侧面——为每一件东西付款——在这个男人的体验中，想必代表了这些事物本身。人们也许会猜想，这是一个近乎性变态的某种不正当满足的例子。与普通的放纵相比，它仅止于占有、享受和浪费金钱的最初阶段，这个男人的行为特别怪异，因为这种如此强烈和直接地诱惑他的快感在这里是通过其货币等价物的形式表现出来的。一方面缺乏对事物绝对的拥有和使用，另一方面是购买行为仅仅作为个人与事物的关系，作为一种个人的满足被体验。人们将这种现象解释为消费行为给个人带来的膨胀。金钱在人与物之间搭起了一座桥梁。穿越这座桥，即使事实上没有获得，心灵也体验到占有的快感。

[41] 参见我在《马克思的失窃的信》中的讨论，载《新左派评论》，209 卷，4 号，1995，86～120 页。

[42] 凯文·海勒在未出版的论文考察了《鬼怪 2》（乔·丹特，1990）中更复杂的类似之处，而与唐纳德·特朗普所拍摄的塔不一样。

[43] 香港，斯坦利·黄，1987。这一资料的使用得益于周雷的建议。

（胡亚敏　陈　源　译）

后现代性的二律背反

通常人们总把二律背反与矛盾区分开来，这绝不是因为人们的知识包含后者容易解决或消除，而前者不容易解决或消除。在那种意义上，二律背反是一种比矛盾更清楚的语言形式。由于它，你知道自己的处境；无论接受与否，它都表明两种基本上不可调和的观点，实际上是根本不可调和的观点。而矛盾是个不公正和不全面的问题；其中只有一部分与相关的观点不可调和；实际上，它更多地涉及力量或者事物的状态，而不是词语或逻辑的含义。从长远看，矛盾被认为是生产性的；而二律背反——如康德的经典例子：世界有一个开始，世界没有开始——根本不提供什么解决的办法，无论你如何翻来覆去地认真考虑。

所有这一切可能的意思是，矛盾是个单一的存在，围绕它可以说出多种不同的、看似矛盾的东西；稍作努力，稍微有些独创性，就足以说明两种矛盾的事物以某种方式互相关联，或者相同——一种事物包含着另一种事物，或者不容怀疑地由另一种事物引起。在那种情况下，恰恰是境遇说明不同，其本身的不完整性引发出多种观点，使我们觉得手边的问题现在是X，或者是Y；或者更确切一些，同时又像X又像Y。然而，二律背反明显地、毫不含糊地是两个不同的事物：X或Y；而且两个事物完全不同，境遇或语境根本不能说明问题。

非常明显，时代更适合二律背反而不是更适合矛盾。甚至在后者的精神故乡马克思主义当中，最先进的思想倾向也表现出对矛盾的困扰不安，就像对某些无法最终消除的唯心主义残余感到困扰不安一样，而唯心主义能够以某种致命的旧方式（如幻想或头脑发热）再度使体制受到影响。因此，最杰出的马克思主义评论家鲁西奥·考莱蒂便开始利用康德来反对辩证法，并说服他自己（和我们）相信矛盾不是自然存在，因为自然里的一切现象都是确定的。就康德而言，我认为他在这里是错误的，因为按照康德的看法，显然只有“在自然里”（或更确切一些，在他所说的“真实现象”里）才真正存在对立；事实上，考莱蒂这里卖弄的批评观点被称作实证主义，而这使他完全离开了马克思主义。（不过，毫无疑问，今天再回到康德，一般都有一种反辩证的意义。）

一位更伟大、更有影响的马克思主义理论家——路易·阿尔都塞——似乎已经把他的使命设想为一种坚定不移的现代化（或后现代化）的使命；其目的是清除马克思主义中一切多余的黑格尔的东西——也就是说，德意志的和唯心主义的东西。他走得如此之远，以至怀疑调和的概念（实际上，这个概念必要时可以被转换符码的概念代替），但人们有足够的证据认为，他的意思是加速前进，最终压制并消除关于矛盾本身的概念：事实上，他的这种考虑曾引起他的更间接的反马克思主义的追随者英迪斯和赫斯特的不断思考。他们的实例使人们感到疑惑，不知道是否还有其他的处理方式也能够使马克思主义如此地完好无损。

如果这些是马克思主义内部正在发生作用的最先进的思潮，那么也许不需要去想像马克思主义之外正在发生的情况。与矛盾的一般概念相同的情形在各种精神分析里依然存在；甚至当列维-斯特劳斯继续强调马克思主义和弗洛伊德的矛盾概念对他的重要性时，结构主义本身以及伴随出现的符号学，也倾向于推进使矛盾的范畴转向更合逻辑的二律背反的范畴。但对这第二个术语的流行（它本身对居优势的实证主义形式同样无关紧要），我们似乎主要归功于解构主义，在解构主义当中，尤其在保罗·德曼的手里，它变成了一种工具，用以揭露同时对某种思想及其语言自相矛盾的一切事物，而其语言本质上的瘫痪性和非生产性在某种概念的凝固的框架里被突现出来。不过，对矛盾的某种回归，似乎在黑格尔式的拉康主义中已经列入今天的日程，其中斯拉沃·齐泽克（Slavoj Zizek）关于“症状”的概念，提出了一种对弗洛伊德和马克思的重新思考。

我自己的感觉是，不应假定一种我们必须在这两个范畴之间进行选择的境况（或许矛盾意味着现代主义的选择，而二律背反更多的是提供一种后现代的选择），而应根据每一个范畴以其独特的方式在最重要的意义上使另一个受到怀疑的情况，同时运用这两个范畴并使它们彼此相对。确切地说，两者本身并不形成一种对立（如果假定它们形成对立，并试图决定它们的差异是否等于一种二律背反，或差异本身是否只是另一种矛盾，那倒是一种引人兴趣的逻辑训练）；相反，它们意味着彼此心里的愧疚，意味着固执于概念本身的一些怀疑。疑惑二律背反是否真的不是一种掩饰着的矛盾；怀有挑剔的想法，认为我们当做矛盾的东西真的与二律背反没有多大差别——这些互指的怀疑不仅不会伤害思想，甚至可能对思想有益。

说过这些之后，我将相应地组织我的“症状学”（symtomatology），并按照一种二律背反好像是某种矛盾的一个“症状”来运作：这可能要预设一种多维度的模式或形象，也可能要对我们自己的时代提出一种多维度的概念。我们的时代——技术实证主义或经验唯名论的时代——是历史发展决定的一个时代，同样也是由选择决定的一个单维度或二维度的时代。这就是为什么那种深度形式（如果有这种形式存在，如像史前期的怪物那样）倾向于以一种难以辨认之余象的失真的单调性在表面上突现出来，以一种逻辑悖论或文本不合逻辑的形式在会议桌上发光。我们不得不同时在这两种世界里游泳；学会在污染的房间里操纵遥控的手套；假定一个纯精神直觉之客体的影子世界，就像用精密的细铅笔的线条微妙地在图上把自己刻画出来的地震仪的运动和记载。

这些比喻表明，关于矛盾概念的更深层的问题——一个无法解决并在二律背反概念周围没有任何东西与之对应的问题——是表征的问题。矛盾总是先于再现一步：如果你在它冲突的时刻展示它，你就会刻板地将它冻结，使它倾向于采取二律背反的形式。反之，如果你期待矛盾的解决，你就会使它失去它所有的否定性，使人们觉得它像是一种操纵的选票、一种骗局、一种虚假的冲突，其结果已经预先作了仔细的安排。或者，你也可以认为，每一只脚踩在一个不同的、无法调和的世界里的绝对事实（如安提戈涅对克里奥）意味着，要对那些特殊世界及其法则保持真实的再现，只能展示它的信任并记录其真实性，因为它无法提供某个第三种再现的语言，使两个世界在这种语言里看似虚假地调和起来。不过，这种境况意味着说明矛盾的哲学语言将永远是不充分的，并且会引起恰恰是哲学上的不满：甚至黑格尔宏大体系的一些阶段，也可能倒向中心张力的这边或那边，一方面似乎会强化一种戏剧性或历史性的基本上是叙述的场景，使之成为画面，另一方面会使它们缩减为那些同一性和差异的形式抽象，而它们最终也是二律背反的范畴而不是矛盾本身的范畴。

这样一些倾向在当代思想里无处不在，它们可以被解释为我在前面说成是实证主义和唯名论的后一种基本思潮的结果和影响（抛开了这两种主义之间关系中的有趣的问题，而它们可以被分别视为客观的和主观的，作为系统的领域和主体的领域）。当然，人们经常要匆匆忙忙地补充说，在这种语言里，这种“解释”只不过是我们关于当前境况能说出的多种叙述之一。但这是一个好的故事，通过阿道夫·鲁斯对建筑和设计中的装饰所作的臭名昭著的攻击，它可以得到预示，因为在他的攻击中，这种图案装饰一方面可以比作罪恶和反社会的，另一方面又可以比作退化堕落的（在那个时期仍然是个流行的概念）。实际上，在实证主义和实用主义之后，抽象本身开始被视为某种与装饰相似的东西：它是多余而不实用的，自我放纵的，“思辨的”和形而上的，是一种懒散的、不道德的悠闲和特权的迹象和标志。取消旧的名称，取消所有那些仍然带有普遍性或一般性的抽象，以更大的决心坚持经验和实际，诬蔑残存的旧事物是坏的意义上的哲学，即纯粹的唯心主义，但并不因此而陷入一种同样玄奥神秘的唯物主义——这些是后现代的格言，它们曾是以语言的健康和纯洁为由的维特根斯坦式的政治迫害的指南，但现在却像在你房角的超级市场交货那样毫不费力地在经济中传播。

这是一种可能不大会成功的归纳；但它当前的统治地位不仅意味着大量表示经典哲学特征的东西必然消失，而且还意味着再不会有什么东西以同范畴的抽象将一套唯名论和分裂的观点中的根本不同的词语结合在一起。这就是当前的境况和危机，两种源于古代的大而不细的分类体系有可能于中重新出现，像是被压制的东西得到恢复似的。它们是一切抽象中最宏伟而又最空洞的抽象，其早期（在西方）的体现，可以在苏格拉底之前对世俗思想的早期形式基本不作区分的事实中找到说明：它们是最刻板的同一性和差异性的范畴（康德和黑格尔把它们作为概念或“反映”的范畴），它们现在保存下来构成最后尚存的进化的、概念的物种，因为它们的优势是本身不提供任何内容，不进行任何哲学的走私，像技术或市场一样中立而不作评价。

这些是非辩证的范畴，你必须以某种暴力使它们弯曲变形，才能把它们用于黑格尔的“同一性和非同一性的同一性”。同一性和差异性毋宁说是二律背反本身的领域和范畴，也就是它们以毫不费力的、不要任何借口的彼此转换而随时证实的某种东西。由于它们不是辩证的，甚至不是受到抑制或瘫痪了的辩证，所以最好以一种把弗洛伊德的（现代主义的）“原始话语对立感”的观念颠倒过来的方式来表现它们的特征，也就是使我们注意一个独特的术语，通过词源学上的透视，如何证明在它自身内部，伴随着其原始的意义，载有后者的否定或对抗（例如，非常明显，“heimlich”的意思是最熟悉的和个人的，结果竟也表示与“unheimlich”相同的事物，即最不可思议的、神秘奇怪的东西）。但这里正好相反，关于那种特殊后现代二律背反中的例子，即其中反乌托邦的东西转而在其最基本的意义上成为乌托邦的，恰恰是（我们将会看到）对立的东西转变成“相同”的东西。不过，在后现代的话语中，这种性质的悖论并不是常常引起对整个范式重新思考的那种拨弄是非的恶意中伤或反常之举（一个星球不可能与它事先预测的轨道丝毫不差）。确切地说，这里它们提供了一切所谓当代理论（或理论话语）的日常概念，提供了对艺术状态中精神体育的训练；正如利奥塔所指出的，这种精神体育与诡辩家演示的文字游戏和逻辑技巧毫不相关。

但是，下面我们将收集一些这样的悖论作为“症状”来考察，而不是对这种精神本身或其语言在结构上的无能作某种说明。这将采取简单地提出四种截然不同的后现代二律背反的方式，当然，对这些二律背反，人们可以自由地怀疑它们是否完全不是基本相同的东西——在本章的结论里我们将返回来讨论这种可能。在四种二律背反当中，前两种涉及康德的“超验的再现”，即时间和空间问题，我们一般都以历史的方式认为它是隐在的形式框架，然而这种框架会依照生产方式发生变化。于是，从我们倾向于考虑变化和永恒、多样性和同质性的方式里，即证明与空间和时间同样相关的方式里，我们可能会学到一些关于我们自己生产方式的东西。

因此，后两种二律背反似乎与我们幻想我们整个制度改革的可能性时所用的空间方式有更多的联系。实际上，第三种二律背反提出了严格意义上的自然主义问题，即自然和人性的问题，或这种限制和约束不出现的问题；而最后一种二律背反，正如我所许诺的，提出了乌托邦（作为一切变化的目标）的问题，以及许多它的当代批评家和敌人的问题，今天这些人甚至比早期更热情地试图说服我们，使我们同意这确实是可能有的最美好的世界。

一

但是在今天，时间是一种速度功能，显然只有按照它的速率或速度本身才能理解：仿佛旧的柏格森关于量度和生命的对应，即时钟时间和生命时间的对应，已经与虚假的永恒性或滞缓的持久性一起消失，而若无这种持久性，瓦莱里认为一部作品本身的真正思想很可能消亡（他似乎在思想上已经认定了这件事情）。于是出现了某种没有其对立面的变化的观念：这样说等于无助地目睹我们前两种二律背反的互相交迭，因为从变化的有利地位它变得无法区分空间和时间，也不可能区分客体和主体。内心的时间（以及它的器官或“内心深处”的时间感）的消失，意味着我们从外部事物读出了自己的主体性：普鲁斯特的旧旅馆房间，像老仆那样，每天早晨满怀敬意地使他想到他是多么老，他是在度假还是“在家里”，还是在什么地方——就是说，它们会告诉他他的名字，给他提供一种身份，如像银托盘里的一张名片。至于习惯、记忆、认识，那也是物质的东西为我们做的（根据维里耶·德·理斯勒·亚当的看法，其方式就像仆人为我们准备生活起居)。主体性是一种客观事物，只要改变场景和背景，重新布置房间或在一次空袭中摧毁它们，就足以使一个新的主体，一种新的身份，在旧的废墟上神奇般地出现。

不过，主客体二元论的终结——长期以来许多理论家都渴望这种终结——本身隐含着回复的悖论，像是隐蔽的炸弹似的：例如维里利奥的悖论表明，看似外部世界的速度何以本身是再现需要的一种功能。也许并不是某种新的主体的速度观念，将自己抛到外部无生气的事物上面的结果，如像在古典唯心主义的旧框框中那样，而是与自然相对的技术的结果。器械——尤其是照相和电影器械——对现实提出它自己的要求，正如在海湾战争中那样，现实便争取实现这种要求（例如一个用慢转速拍摄而后用一般速度放映的片子，从中可以看到摄影师本人在一排已经摆好的面孔末端滑了进来)：“在加速移动的弥补过程中，相近效果的消失使它必然创造出一个模仿得完全一样的外貌，充分恢复这一信息的三维性。现在，对军事指挥官的不动性的一种全息摄影的修补就会传递给观看者，通过不断地闪现使他的面孔在时间和空间里延伸，出现在这里和那里，出现在今天和昨天……这种时间顺序意义的缩微，先在闪回中显现，然后又在回授中显现，它是一种军事技术的直接效果，其中事件总是在理论的时间内展开。”(维里利奥，《战争和电影》，原书59～60页。)

这样一种“被压制的恢复”（无疑是一个旧式的、现在相对而言是个隐喻的名称）意味着取消主体并不会给我们留下客体，好像它真实存在似的。相反，它留给我们的是大量的仿真幻影。维里利奥的论点与今天其他许多人的论点相似，他认为正是电影才是真正分散了的主体，实际上也许是惟一分散了的主体：德勒兹式的分裂症只是一种伴随这种器械的混乱而矛盾的观念，而这种器械将先前的主体—客体这一极成功地吸收到它自身之中。但这提出了令人困惑的第二个问题，即在那种情况下，开始是否有一个（处于中心的）主体：是否我们不得不等待？是否厌烦与永恒同样是一种想像的虚构？是否事物有某种看似不变的时间？在机器出现之前我们怎么办？芸芸众生都是草：古代城邦里的生命使我们觉得它比现代城市的任何东西都更脆弱短暂，尽管我们应该能够记住现代的城市经历了多么多的变化。这仿佛是对更缓慢的持久性的一种暗示，它伴随着实际经历的现在，犹如一种视觉的投影，掩饰着一种只有在时间框架之外时才能看见的变化。

但是，这样说就是要衡量一种差距，使我们在后现代体制当中，确信一切与现代主义的形式—投射和现代主义的“时间感”根本不同的东西。在后现代体制里，先前的经典本身已经被揭示为纯粹的时尚，虽然更缓慢、更大世界的时尚，要经过车运船载，通过它厚重的时间，几个世纪才能跨越，就像通过一个黏滞性的环境，一点点慢慢地遗传下来，才能达到一种长时间形成的习性，将它们的偶然性转变成一种富有意义的传统的必然性。对于世界上的人口，彼里克勒斯的雅典语言再不可能比其他部落风格的语言更加规范（虽然很容易想像一种文化的联合国安理会式的运作，其中“伟大的文明”集中了它们各种古典的传统，企图提出某种更普遍的“人类的”经典准则）：因此时间也变成了多元文化性的，而迄今封闭的人口统计学领域和工业动量领域则开始互相渗透，仿佛大量的人民和令人晕眩的速率之间有某种类似之处。于是两者都意味着“现代”在某种更新的、自相矛盾的关联中的结束，正如当新的风格因其激增而显得穷尽时，它们的培育者，个体的创造者、预言者、天才和观察者，突然发现自己因绝对的人口密集（即使没有实现民主精神）而变成了不必要的。

于是，新的绝对的时间性与城市有着我所提及的种种联系，但在那种情况下并不强调必须恢复关于城市本身的传统观念，以便使它的后自然性既适应通讯技术又适应生产技术，说明几乎是全球规模的关于城市安排的一向无中心的状况。现代仍然与城市人对乡下人的傲慢有某些联系，无论这是农民的地方性，其他殖民化的文化，抑或只是前资本主义的过去本身：当现代技术无处不在，不再有什么乡下，甚至过去也开始像是一个交替的世界而不是这个世界某一不完善的、缺乏某种性质的阶段时，那种对“绝对现代”的更深层的满足也烟消云散。另一方面，前几十年那些“现代的”城市居民或大城市的人，本身也来自于乡下，至少仍然会记着同时存在有不平衡的世界；他们能够用那种一旦现代化相对地完成（不再是孤立的、不自然的、令人不安的、突出而刺眼的过程）就变得不可能的方式来衡量变化。正是一种不平衡性和一种共生性才会在失落感中被记录下来，就像波德莱尔的巴黎缓慢的局部变化和毁灭，几乎完全可以作为他对时间消逝的经验的客观关联：在普鲁斯特的作品里，虽然这一切明显更具有强烈的悲哀性（无论如何，比波德莱尔的作品本身要多得多），但却已被主观化了，仿佛真正令人感到遗憾的是自我及其过去而不是房子（但普鲁斯特的语言更清楚明白：“楼梯的侧墙——我在那里靠她闪耀的烛光上楼——早就不存在了”［1～36 页］，他的空间的情节构成同样也更加清楚）。今天，拆毁本身的真正意思随着建筑的意思已被修改：它已变成一种一般化的后自然的过程，这过程使人怀疑变化本身的概念，也怀疑伴随变化的传统的时间概念。

在哲学和批评领域里，这些悖论也许比在美学领域里更容易戏剧化，更不用说在城市居民的文化生活方式当中。因为拆毁已经明确限定了现代知识分子的使命，即自从古代政体以来，他们便倾向于认为自己的任务是对既定的体制和观念的批判和反对：

从启蒙哲学一直到萨特（他被称作最后一个古典式的知识分子），即使不说更远的，有什么更好的形象能表明文化知识分子这种有力的形式特征？这是一个看来已经假定“错误”无处不在的形象，它以各种方式限定错误，如迷信、神秘、无知、阶级意识形态和哲学唯心主义（或“形而上学”）等，其所用的方式表明，通过非神秘化的运作消除错误会留下一个空间，在这个空间里，治疗的焦虑与提高了的自我意识和多种意义上的反应联结在一起，即使事实上并不与“真理”本身联结在一起。沿着这种否定的传统，瑞古尔试图恢复知识分子旧的恢复意义的使命，他把它称作“怀疑的阐释学”的各部分共有的一切，从启蒙运动及其与宗教的关系直到解构主义与“西方形而上学”的关系，统统都鲜明地突现出来，并首先强调马克思、尼采和弗洛伊德三个伟大的构成时期。对于这三个时期，甚至后现代的知识分子也仍然以这种或那种形式表现出共同的真诚。

因此，已经改变的也许是实现这些运作的范畴的特征：正如在贵族和教士的古代政体社会与大众—民主的工业资本主义社会之间，其过渡期远比我们可能相信的时间更长更慢（阿诺·梅伊尔提出，前一社会的一些重要残余在欧洲一直延续到第二次世界大战结束），同样，知识分子实现现代化的文化革命的客观作用，也仍然长期保持着一种进步的作用。但是这个过程本身，由于其自身长期存在的、实际是自我吞噬的能量，常常可能给观察者和参与者同样的印象。并非只是革命才吞食它的孩子；从黑格尔对自由和恐怖的论述，到法兰克福学派把“启蒙的辩证”作为一种恶魔似的机器的冷酷理论，大量纯粹否定的看法都集中于灭绝一切超越的迹象（包括批判和否定本身）。

这种看法对于像我们自己这样的单维度社会似乎更加中肯，在这种单维度社会中，以旧生产方式的习惯和常规而出现的残余已经被有倾向地消除，因此才有可能在意识形态—批判本身的真正功能中假定一种修正或替代。这至少是曼弗雷多·塔福里的观点，他提供了一种关于先锋派知识分子的机能主义的分析，其“反机制的阶段”本质上包含着“对陈旧价值的批评”（原书70页）。不过，这样一种使命的真正成功与资本本身的现代化的斗争相连，“有助于准备一个打扫干净的讲台，从那里出发去发现新的知识分子工作的‘历史任务’”（原书70页）。并不令人惊奇的是，塔福里把这些新的现代化的任务与理性化本身等同起来：“先锋派的意识形态作为对社会行为的一种建议所引进的，就是将传统的意识形态转变成乌托邦，作为抽象的最后发展阶段的某种预示，而这种发展与全球的理性化相一致，与辩证的正面实现相一致”（原书62页）；塔福里认为，凯恩斯主义应被理解为未来本身的计划化、理性化，如果人们明白了他的这种看法，那么他的系统阐述就不再那么神秘隐晦了。

这样看，在当代时期，非神秘化具有它自己神秘的“历史误导方法”，它自己的内在的功能和隐蔽的世界—历史的使命；就是说，通过摧毁传统的社会（不仅教会和旧封建贵族，而且最主要的是农民和他们的农业生产方式，他们共同的土地和他们的村庄），为大公司的经营管理把地球打扫干净：准备一种完全“可以替代”的现在，其中空间和心智都可以随意加工和再造，具有一种“灵活性”，而忙于铸造鲜明的形容词来描绘“后福特主义”潜力的理论家，其创造性则因这种灵活性而难以为继。在这些条件下，破坏开始带有新的、不祥的城市主义的色彩，并开始含有开发者的思考，远远超过以前对抗的知识分子的英勇斗争；另一方面，正是这种对破坏本身的反对和批判被降低到一种令人厌倦的教化，而且由于它们将过时的思想生动地戏剧化，它们也破坏了自身，而那种过时的思想无论如何都应该被废除（“无论如何，出现的东西/是有价值的，但它已经消失”)。

这些现在是传媒的悖论，它们产生于批评发展过程的速度和速率，也产生于一切意识形态和哲学观点本身在传媒世界中如何被转变成它们自己的“再现”的方式（如康德可能说的那样）——换言之，即转变成它们自己的形象和漫画的方式，其中可辨识的标语代替了传统的信念（信念确实已被迫将自己转变成纯属这种可辨识的意识形态的观点，以便在传媒市场上进行运作）。在这种情境中，更容易理解保守的或残存的抵制新事物的方式的进步价值，而不是评价一系列明显是左翼—自由主义的观点（按照塔富里的模式，这些观点常常从功能上证明可以与系统本身的结构要求区分开来）。这种分析判断还投射出某种可能的音障幻景，像一条警示线在茫茫的天际模糊不清；实际上，关于人的有机体能承受多大速度这个明显的问题，在自然主义的复活中会发挥它的作用（关于自然主义的复活，在本章第三节将会谈到）；而新的事实本身也确实好像会暂时但生动地将恩格斯关于从量变到质变的旧法则（或至少那种“法则”的余象）戏剧化。

在这种形式里，我们必须作为出发点的悖论是，社会生活各层面空前的变化速率等同于一切事物空前的标准化——感情与消费商品，语言与建筑空间——而这似乎无法与仅只这样的可变性相调和。这是一个仍然可以被概念化的悖论，但采取反比的方式：例如在标准性的概念里，剧烈的变化由标准化本身来实现，事先制定的标准，从传媒到后来标准化的个人生活，从商品化的属性到设备的一致性，处处都使神奇的重建随意地互相接替，就像分段的录像似的。因此标准在一个信息世界里构成客体的新的形式（新的物化的结果）：这也是康德的观点，根据这种观点，原始材料按照类别会被突然组织成一种适当的统一体。

但悖论也会使我们重新考虑我们对变化本身的概念。如果我们社会的绝对变化由街面商店的迅速转换充分地再现出来，激发起关于录像机商店被 T 恤衫商店代替时真正改变的是什么这样的哲学问题，那么巴尔特的结构主义的系统阐述就有许多可取之处，就是说，关键是区分什么是系统本身固有的、由它自己设定的变化节奏，什么是整整一个系统完全被另一个系统代替的变化。然而，那是一种恢复芝诺（Zeno）式悖论的观点，它产生于帕米奈迪斯的（Parmenidean）关于存在本身的观念，这种存在靠解释形成，但却不能认为它会在瞬间出现，更不用说不能在最短的时间内延续。

对这一特殊悖论的“解决”，当然在于了解（阿尔都塞和他的门徒强烈坚持这点）每一个系统——更确切地说，每一种“生产方式”——产生一种对它是特有的时间性：只有当我们接受一种康德式的、非历史的时间观，把时间作为某种绝对的、空洞的范畴，我们自己系统中奇特地进行重复的时间性才可能变成一个困惑的客体，并导致对这些旧的逻辑的和本体论的悖论作新的系统阐述。

然而在一个长时期内，继续被视为是帕米奈迪斯的看法所困惑也许不无其治疗效果。帕米奈迪斯的看法对自然来说无论多么短暂，但却完全可以认为它抓住了我们社会和历史阶段的某种真理：一种闪光的科幻小说似的停滞，其中一些表象（仿真幻影）虽然不断地产生和衰败，但一切事物都没有重大的停滞，一切事物都有最短暂的闪光，甚至它的本体论的声望也暂时闪烁。

这里，仿佛关于时尚的逻辑，伴随着它无处不在的形象的多种渗透，已经开始以某种最终无法摆脱的方式，与社会和心理的结构结合并与之认同，并可能使之成为我们整个体制的逻辑。因此不断变化的经验和价值便开始支配语言和感情，完全像这一特定社会的建筑和服装那样，甚至不平衡的发展（或“非共时性的共时性”）所允许的相对的意义也不再能够理解，而关于新颖和创新的最高价值，则如现代主义和现代化对它的把握那样，因一种从外界看似稳固不动的力量和变化的稳定趋势而逐渐消失。

于是开始出现这样的认识：迄今没有任何社会像这个社会这么标准化，人类、社会和历史时间性的溪流也从来没有如此均匀地流动。甚至经典现代主义的巨大苦闷也需要系统之外的某种优势地位或幻想的主体地位；然而我们的季节具有后自然和后天文的电视或大众传媒的多样性，通过它们的“民族地理”或“天气预报”等频道的形象的力量，成功地变成了人为性的：于是它们的大循环——在体育运动、新型轿车、时装、电视、新学年或开学等诸多方面——为了商业上的便利模仿以前的自然节奏，令人难以察觉地重新发明一些诸如周（星期）、月、年等古老的范畴，但丝毫没有法国革命历法创新的那种新颖性和狂烈性。

因此，现在我们开始感觉到的东西——作为后现代性的某种更深刻、更基本的构成而开始出现的东西，或至少在其时间维度上出现的东西——是现在一切都服从于时尚和传媒形象的不断变化，今后再没有任何东西能够改变。这是恢复那种“历史的终结”的感觉，亚力山大·科捷夫认为他在黑格尔和马克思的著作里能够找到这种感觉，并认为它们代表了美国资本主义和苏联共产主义当中民主平等（以及个人的经济和法律主体的价值均等）的某种最高成就，只是后来才在他称之为日本的“势利主义”中辨识出一种有意义的变化，但这变化我们今天却可以认为是后现代性本身（或随意玩弄没有内容和实质的面具和角色）。当然，在另一种意义上，这只不过是彻底的旧的“意识形态的终结”，是在特别保守的市场气候里玩世不恭地利用正在消失的集体的希望。但是，历史的终结也是我们试图在这里突出说明的时间悖论的最后形式：就是说，一种绝对变化（或者是某种新的追随潮流的浮华意义上的“永远革命”）的修辞，对后现代而言，并不比由大公司制造的绝对同一性和不变的标准化的语言更令人满意（但也并不更令人不满意），后者关于变革的概念，通过在建造的空间、“生活方式”、合成的文化以及心理安排等领域里使用的新词、标示语及其等同物得到了最好的说明。坚持通过绝对“差异”的“相同”——具有不同建筑的同一街道，经过巨大蜕变的同一文化——等于推翻变化，因为自此以后惟一可想像的根本变化将在于使变化本身终止。但这里二律背反确实导致思想的停滞或僵化，因为只有取消这个系统才能思考另一个系统的事实，最终会怀疑乌托邦想像本身，正如我们将在后面看到的，它被幻想成我们凭经验所知的一切事物的消失，包括从我们的性本能力量的投入到我们的心理行为，尤其是对消费和时尚的人为的兴奋。

可以肯定，帕米奈迪斯的停滞或存在至少知道一种无法取消的事件，即死亡和一代一代人的交替：假定帕米奈迪斯的幻影或幻觉系统是最近出现的一种，由我们所称的后现代性构成，那么一代一代人的时间性尽管以死中断，但除了采取回溯的方式并作为一种唯物主义的编史规则，其结果是看不见的。然而死亡本身作为绝对变化的暴力行为，以其非形象的形式——甚至不是指肉体从舞台上腐烂消失，而是指某种持续性的东西，例如通过这个明显不变的世界而无时无刻地散播的气味——既是不可避免的也是没有意义的，因为一切用以解释个人死亡并为其定位（至少是为其幸存者定位）的历史框架都已遭破坏。因此一种绝对的暴力——暴力死亡的抽象——对这个世界是某种没有时间或历史限制的、类似于辩证关联物的东西。

但是，在结束这一节之前，最好谈谈这种时间的悖论——绝对的变化等于停滞——与全球新制度原动力的关系，因为我们在这里还可以看到，那种似乎支配着现代性、现代主义和现代化的一个更早时期的时间性已经消失。因为在那个更早时期，大部分第三世界社会都遭到西方现代化渗透的分裂，这种渗透转而反对它自己——以各种各样代表那些截然不同社会的文化形式——形成一种一般可以称之为传统主义的对抗立场：对一种文化的（有时是宗教的）创始性的肯定具有抵制被西方现代性同化的力量，实际上也比西方的现代性更容易接受。当然这种传统主义是其自身的一种构成，因为它是根据实行现代化的人的真实活动形成的（在某种比现在普遍接受的这种更有局限、更具体的意义上，一切传统和历史的过去本身也必然是创造和构成的）。无论如何，人们今天要肯定的是，传统和传统主义中这第二种反应和反现代的条件，在以前的第三世界或殖民化的社会现实中都已经消失；在这些地方，一种新的传统主义（如最近中国对儒学的某些恢复，或宗教上的原教旨主义）现在宁可被设想成一种审慎的政治和集体的选择，在其所处的境况之中，一种必须彻底重新创造的过去留下的东西甚少。

这就是说，一方面，在第三世界的社会里，此后只有现代的东西存在；另一方面，它也是有条件地纠正这种说明，即在这样的情况下，在那些只有"现代"存在的地方，"现代"现在必须经历后现代的重新洗礼（因为我们称之为现代的东西是不完整的现代化的后果，必须对照一种非现代的残余来对它本身作出限定，而这种残余在后现代性里已不复流行——或者毋宁说，它的消失限定了这最后的情况）。这里，在社会和历史的层面上，现代化（以其多种资本主义和共产主义的生产论的形式）所允诺的时间性，同样也因一种新条件的利益而被淹没，在新的条件下，那种旧的时间性不复存在，留下的是随意变化的一个表象，而这些变化又只不过是停滞，是历史终结之后的一种混乱。与此同时，通常所说的第三世界仿佛已进入第一世界的空隙，好像后者也在非现代化和非工业化，使从前殖民地的他性获得从前宗主国的某种中心的身份。

通过把时间的悖论扩延到全球范围，另外一些事情也变得清晰起来，一种第二次的悖论或二律背反，开始在第一次之后甚或第一次之内使人感觉到它的存在。实际上，这里对时间性的空间特征的反复论述——从普鲁斯特到沿街商店，从城市变化到全球的“发展”——现在开始使我认识到，如果确实后现代性具有某种基本的空间化的特征，那么我们这里根据时间性试图寻求的一切，必然会首先经过一种空间的基质才能达到表达的目的。如果时间事实上已被归纳为一种抽象死亡的最严守时刻的暴力和最小的不可改变的变化，那么也许我们可以肯定，在后现代当中，无论如何时间都已变成了空间。于是，后现代描述中基本的二律背反在于这样的事实：这种先前的二元对立以及同一性和差异性本身，不再是这样的一种对立，而且它不断表明自己曾以一种大不相同的方式，一种不同于旧的辩证法的前后投射的方式，一种从本质上改变经典辩证法的方式，与它的另一极相一致。为了找出这种二律背反的内涵，现在我们有必要转到另一种空间的二律背反（显然我们一直在和它的时间形式一起阐述），以期决定空间性是否真正在主题上具有优先地位。

二

至少可以肯定，对立面中的一面必须通过另一面的修辞来表现自己的形式，或时间必须以空间的方式来表现自己的形式，在这里并没有重现；两面对称或可颠倒的时间—空间的对立，在这种意义上也没有重现。空间看来确实不需要一种时间的表现；如果空间不是绝对不需要这种时间修辞，那么至少可以说，为了其他的修辞和代码，空间绝对压制时间性和时间的修辞。如果差异和同一性在时间和空间两者的二律背反中存亡攸关，那么在对空间考虑中非常明显的差异，并不是在对形式的时间理解中的变化的差异，而是多样性和无限性，转喻或换喻，或者说异质性——以此达到某种更有影响的、看似确定并包罗万象的形式。

历史地看，关于同质性和异质性空间的冒险做法，最常见的是根据数量不等的神圣数量和信徒数量来叙述：不过，关于被称作与它相反的数量，即世俗的数量，人们则认为它是一种在后神圣的（postsacred）、商业人的时期向后的投射，旨在想像它本身是任何一种单独的事物或质量（或毋宁说是非质量）；事实上，这种投射认为，像世俗和神圣这样一种简单的二元论，从一开始就一直这样存在。因为可以设想，神圣一开始就已经意味着异质性和多样性：一种不在的价值，一种超越，或某种不能归纳为系统或思想的东西，不能归纳为同一性的东西，它不仅分解自己，而且分解与它相对的数量，不仅假定空间是正常的村庄，与地下精灵“污秽的”（勒费弗尔语）垃圾堆并存，而且假定空间是荒芜或荒漠的空的空间，是使许多自然表现的风景中断的贫瘠空地。因为毫无疑问，一定还有与权力一样多的神圣的类型或种类，而人们只有穷尽这些词语隐晦的古代联想，才会认识神圣或权力这样的抽象，面对以它们来表示的现实，它们差不多与表示各种强度、引人凝视的“色彩”的抽象具有同样的表现力量。

这点也影响到风景画的意义，正如德勒兹或卡拉塔尼这些解释者常常提醒我们的那样，世俗的、色彩鲜明的风景画是非常晚近的发展。我不太想陷入像鲁格（P. O. Runge）这样的浪漫艺术家的幻想之中，包括他用的植物的语言；但那些幻想无疑是吸引人的，至少在它们以矫揉造作的形式（以其“花的语言”）在社会上稳定下来之前是如此。对于一个以某种方式有意组织安排并即将说出来的空间，对于一种明确表达出来但未能在命题、概念或信息方面达到最终转化的思想，这样一些看法在列维-斯特劳斯于《野性的思维》里对前哲学的“感性科学”的描述中，最终找到了它们的根据和理论上的辩护；与此同时，在这位人类学家对太平洋西北岸印度的《亚斯迪瓦尔的史诗》的经典解读中，它们的美感至少达到了一种高潮，因为在太平洋西北岸的印度，从内陆冰冻的不毛之地到河流和海滨，各种各样的风光说出多种多样的语言（包括经济生产方式本身的语言以及亲属结构的语言），并发出大量明确表达出来的信息。

通过在先于概念抽象之前的文本中确定意义的原动力，这种分析有效地使旧的理性和非理性的对立（以及所有以它为基础的附属的对立——原始对文明，男对女，西方对东方，等等）中和起来：于是多种多样的层面同时展开，再不能纳入韦伯的理性化，工具论思想，以及对狭隘的理性或观念的具体化和压制。因此它的特征应该是异质性；而在“亚斯迪瓦尔”的活动的风景里，我们可以继续将客体在感觉上的连接说成是异质性的空间。正如德里达在一篇后来被称作后结构主义的创始性文献中所明确指出的，列维-斯特劳斯的分析仍然以某种方式集中于同源的意义周围：它未能触及最终的偶然性和不可决定性；它坚持为了可爱的生活而依附于意义本身的特殊概念；在应该终止那种概念的情境里，它甚至不能达到巴赫金的多声部或众声喧哗的开放性，因为仍然存在一个透过它的多样性说话的集体的代理——部落。

但是，那又会变成列维-斯特劳斯无法达到真正异质性的失败，而不是后者这一概念本身的历史性欠缺。关于这点，巴塔耶一生的著作表明，它存在于情境之内，而且像它于其中产生并对其否认的超现实主义一样，是一种反对现代事态的战略反应。这会使人们感到疑惑：在同质性历史地形成之前，在赋予它一种特殊反对策略的价值和力量之前，异质性究竟能否表示任何具有适当破坏性的事物。因此，必须描述的并不是多样性和超越性这种形式的声誉，因为这些形式超出了理性的现代精神并对它进行指责，构成它们反对它的一些反应的价值，而现代精神对过去的投射又至多是一个可疑和不可信的问题。确切说，描述的首要客体是完全由那种同质性逐步使世界殖民化的过程，而对此进行挑战则是巴塔耶（和其他许多人）的历史使命：如它的征服倾向，同一性形式的安排，而这些只有依照事实才使不合时宜的异质性和差异性的幻觉显现出经过它们安排并展开的那些事物的逻辑。

就空间而言，那个过程无疑可以比较精确地加以确定：它是这样一个时期，其中西方关于不动产的个人财产制度，代替了在它不断扩大过程中所遇到的种种土地占有权制度（或者，在欧洲自身的形势下，它第一次自发地从中逐渐形成）。然而，一种暴力的语言——本来完全适合这些替代，并在今天以色列这样的移民者殖民地的进程中仍然可以见到，在东欧各种各样“向资本主义的过渡”中也可以见到——并不会传播一种替代的方式。因为一种法律体制代替另一种更常见的法律体制的方式，是一个认真计划和精心构想的政治策略问题（参见古哈［R. Guha］）。毫无疑问，当运用于土地时，这种暴力总是隐含在所有制这样的观念当中；但对此一种特别含混的情况是，终有一死的人类，一代代消失的有机体，竟然都想像他们能以某种方式首先拥有“自己的”部分土地。土地占有权更早的形式（以及最近的社会主义的形式——同样因国与国而异）至少假定集体是永恒的管理者，土地的某些部分被置于他们的管理之下；同样，要解决那些社会关系问题，用表面上更明显、更易驾驭的那些以个人所有制和等同主体的司法制度为基础的社会关系代替它们，也绝不是个简单或容易的问题——在这一方面，今天的民主德国更像当年美国南北战争之后北方对被征服的南方的关系；而以色列人的定居常常使人想到在美国西部对土著社会的野蛮取代。

不过，这里的要点是，在引起异质性和同质性主题对立的地方，它只能是成为最终指涉的这种野蛮的过程：从商业力量和资本主义本身产生的结果——就是说，纯粹的数字，现在被剥去它自己魔力般的异质性并被变成等值的数字——采用一张风景画的方式，将它展开，重新安排进以恒等的小块组成的地图坐标，使它处于现在以恒等的价值重新安排的空间，接受市场动态力量的影响。但资本主义的发展实际上极不平衡地分配这种价值，直到最后在它的后现代时刻，纯粹的思考作为类似精神对物质的胜利，或者使价值形式摆脱它从前一切具体或世俗内容的解放，竟至高无上地统治并蹂躏在它早期发展过程中所创建的城市和农村。但所有这样一些抽象的暴力和同质性的后来的形式，都产生于最初的地块划分，而这种划分将市场的货币形式和商品生产的逻辑重又转回到空间本身。

我们自己的时代也教导我们，应该将这种为摧毁旧的、习惯的、集体的土地占有形式而重新安排空间时的基本矛盾（那种占有形式以宗教或人类学关于“神圣”或古代异质性的观念形式回游到现代历史的想像之中），视同为我们过去同样常常称之为农业本身的东西，那时它与农民甚或自耕农联系在一起。在一种后现代的全球体制当中，迄今占压倒多数的农业人口降到整个国家人口的百分之七或百分之八的趋势，在正全面实现现代化的国家和在“发达”国家一样，处处都可以看见，而其中农民农业和传统文化之间的关系，也变得非常清楚：后者随着前者的消失而消失，而且除了以奴隶制为基础的地方之外，所有前资本主义的伟大文化都证明它们曾是农民的文化。（同时，关于迄今一直认为是资本主义文化的东西——即一种特殊的资本主义的“高级文化”——同样也可以视为是资产阶级模仿其封建贵族前辈传统的方式，它们也趋向于随着他们的记忆一起被淹没，并和旧的古典资产阶级的阶级意识一起让位于大众文化——事实上，让位于一种特殊的美国的大众文化。）

但是，一种新的全球化（资本扩张超出了它早期在第二阶段或“帝国主义”阶段的限制）的真正可能性，依赖于农业的重新组织（由于农业技术尤其是农业化学和生物学的发明创新，有时也称作绿色革命），即有效地使农民转化为农业工人，使大的种植园或庄园（以及村庄飞地）转化为农业综合企业。实际上，彼埃尔-菲力普·雷已经提出，我们认为生产方式彼此之间的关系是一种交迭或连接的关系，而不是一种简单的替代关系：在这一方面，他提出资本的第二时期或“现代”时期——即帝国主义阶段——在农业中保留着一种更早的前资本主义的生产方式，它不使这种方式遭到破坏，并以辅助的方式对它加以利用，通过强化的劳动、非人的工作时间和工作条件，从本质上属于前资本主义的关系中获取资本。因此新的多国资本阶段的特点是，以工资方式的劳动和工作条件清除了这样的飞地，将它们完全纳入到资本主义之内：至此，农业——文化上截然不同，在上层建筑里被认同为“自然的另一面”——现在变成了与其他工业一样的一种工业，农民也完全变成了工人，他们的劳动像古典资本主义那样以等价的方式被商品化了。这并不是说商品化在全球均匀地分布，也不是说一切地区都已同样地现代化或后现代化了；而是说，全球商品化的倾向比现代时期更清晰可见，更容易想像，因为在现代时期，顽固的前现代生活的现实仍然存在，妨碍着商品化的进程。正如马克思在《基础》（Grundrisse）里所表明的，资本必然倾向于一种全球范围的市场，而这又是它最后危机的所在（因为进一步的扩展不再可能）：这一学说今天对我们远不像在现代时期那么抽象；它指出了一种观念上的现实，无论理论还是文化，都必须马上把它提到自己的日程上来。

但是，这样说会导致抹杀世界范围的差异，传播一种幻觉，即空间的同质性必然胜过根据全球空间所想像的一切异质性。我想强调这是一种意识形态的发展，它包括在我们这个时期唤起的生态学上的担忧（污染以及伴随它的后果也可以作为普遍商品化和商业化的一种标志）：因为在这种境况里，意识形态不是虚假的意识，而是知识的一种可能性，而我们在想像一个超越全球标准化的世界时的基本困难，恰恰是那种标准化的现实或存在本身的标志和特征。

这样一些意识形态的界限带有某种像是非理想社会的感情恐惧，因此它们要通过其他一些意识形态的可能性来补偿，而当我们不再把乡村而是把城市和城市生活本身作为出发点时，这些其他意识形态的可能性便显现出来。当然，这是一种已经在科幻小说或乌托邦的传统中留下重要痕迹的对立：乡村乌托邦和城市乌托邦之间的对立，尤其最近几年，农村或部落乌托邦的形象（1985 年厄秀拉・勒奎恩的《总是回家》实际上是那些形象中的最后一个）被难以想像的（但仍以某种方式进行想像的）密集的城市现实的幻觉所代替。密集的城市现实或者被公开置于乌托邦的日程之中，如像在萨缪尔・德拉尼的《蝾螈》中那样（或像雷蒙德・威廉斯有先见之明的预言：社会主义如能实现，绝不会比这一切更简单，而是要复杂得多），或者被掩饰在一种非乌托邦的外表之下，但这外表之下更深层的本能力量的兴奋无疑是深刻的乌托邦精神（如像在最新流行的“网虫”［cyberpunk］中那样）。

不过，我们必须再次解决观念上的困难。由于失去以前发生作用的二元对立的条件之一，我们陷进了这种困难。“自然”的消失——全世界乡村的商品化以及农业本身的资本化——现在开始破坏它的另一个条件，即以前的城市。今天世界的体制趋向于一种庞大的城市体制——倾向于更全面的现代化造成了那种趋势，但它现在已被认可并以一种预想不到的方式通过通讯革命及其新技术的发展获得了实现：这种发展引起的直接物质幻象，从波士顿到里奇蒙德“蔓延”的梦魇，或者日本城市的聚集，都是彻头彻尾的寓言——城市本身的概念和古典城市的生活失去了它的意义，似乎不再提供任何精确界定的研究客体，或任何经过特别区分的现实。相反，城市生活变成了整个社会的，它们两者都同时构成自己又失去自己，因为这个地球并不真正是它们的对立面（如像在更早的旧制度中那样），而是它们外延的问题，是它们向一种新的无限性的延伸。

从意识形态上看，传统的城市界限和古典城市生活的消解所能实现的，是旧的意识形态和本能力量的内涵在新条件下的一种移动，一种替代，一种重新安排。城市似乎总是保证自由，如像中世纪的城市生活观念那样，城市是逃离土地、摆脱封建劳动和农奴地位、摆脱封建地主专权的空间；根据这种看法，对于马克思所明确指出的“农村的愚昧”、农村风俗习惯的狭隘性、农村的地方性、农村固执的观念和迷信及其对差异的憎恨，“城市的空气”现在恰恰变成了它的对立面。这里，与农村压抑的一致性相对（不管多么不确切，农村也被幻想为性压抑的地方），城市在传统上允诺多样性和冒险，并且常常与犯罪相关，就像伴随享乐和性满足的想像，不可能脱离越轨和犯法。

那么，当那种基本上是地方性的农村现实消失并变成标准化的，像以前的大城市（旧时这些同样的乡下人像渴望基本解放一样渴望到大城市去）那样听同样的英语，看同样的节目，消费同样的消费品时，又会出现什么样的情况呢？我认为这里正在失去的第二个条件——乡下的压抑，农村的愚昧——被保留了下来，但只是被转换到一种不同的城市和一种不同的社会现实，即第二世界的城市和一种非市场或计划经济的社会现实。大家都记得冷战景象的巨大力量，在冷战结束之后，在当前市场宣传和修辞的猛烈攻势之下的今天，这种力量也许已经证明比它在恐怖想像更活跃的斗争形势下更加有力。不过今天，这是对想像中的典型的第二世界城市的单调性的回忆——包括没有广告色彩的空荡荡的中心商场里贫乏的消费品货架，失去小商店的街道，标准化的服装时尚（在毛主义的中国最典型）——这种回忆在私有化运动中仍然在意识形态上发生作用。简·雅考伯关于真正的城市结构和街道生活与小商业基本一致的看法，不断在意识形态上重复出现，但没有任何暗示表明她认为这个判断完全适合北美或资本主义的城市，而在资本主义的城市里，大公司以不同的方式迫使小企业消失，建造起由机构大楼形成的峡谷，根本没有任何城市生活的个人特征。

不过，这种表示第一世界特征的城市的退化，已经转变成一个被称作后现代主义的、独立的、意识形态的隔间。在这个隔间里，后现代主义在对现代建筑及其理想的一系列攻击中适时地获得了它的地位。对于第二世界的城市，它的想像则被用来服务于一种极不相同的运作，即用作对一个世界的视觉和经验的“类比”，这个世界完全由人的意图规划和支配，因此由这个世界产生机会的偶然性便被排除——由此冒险和现实生活的希望以及性欲本能满足的希望也被排除。于是有意识的目的、“计划”和集体控制，被想像成与压制和拒绝相一致，与本能的匮乏相一致：正如在后现代的有关辩论中那样，第二世界城市装饰的消失——仿佛它是不情愿地实施阿道夫·鲁斯的计划——可以作为一幅严厉的漫画，表现一和革命社会的清教徒式的乌托邦的价值（正如在另一次运动里，它曾作为这种漫画，表示高度现代主义同样是清教徒式的乌托邦价值，而在东欧某种新近的理论里——特别是鲍里斯·格罗伊斯的《总体艺术的斯大林》——它以指导和揭示的方式与这次运动有着明显的联系）。

在这一特殊的意识形态策略中，只有其空间特征才是新的：当然，是埃德蒙·伯克首先提出了伟大的反革命的形象，按照那种形象，人们有意识地、集体地做的事只能是破坏性的，是致命的傲慢的一种标志：传统和制度只有缓慢地、"自然地"发展，才能相信它们形成一种真正的人类世界（一种对意志和无意识的意图的深刻怀疑，而这意志和意图在美学中演化成某种浪漫主义的传统）。但是，伯克对雅各宾派的开拓性攻击，针对的是市场社会里中产阶级的构成和形成，而对这个社会的商业主义，它基本上表现的是一个旧的社会构成在其被取代过程中的恐惧和焦虑。不过，为了维护市场社会——在某种程度上它现在被认为是"自然的"并深深扎根于人的本性——今天市场社会的人们会作出同样的幻想；他们这样做旨在反对人类普罗米修斯式的努力，即力图将集体的生产置于自己的手里，并通过制定计划，支配或至少影响并改变他们的未来（在一种后现代性里，这似乎不再有什么特殊的意义，因为在这种后现代性里，对未来本身的真正经验已经开始削弱，即使还不能说缺乏这种经验）。

但确切地说，这是意识形态和想像的背景，依靠这个背景，才能把当代资本主义的城市作为一种几乎是巴赫金式的对异质性的狂欢来推销，作为对差异、性欲本能的亢奋和极度个性的狂欢来推销，而极度的个性通过个人的极度消费有效地破坏了旧的个人主体的中心。现在，关于乡间的痛苦和被弃的联想或内涵，关于小资产阶级贫困的联想或内涵，以及关于文化和性本能狂欢的联想或内涵，在我们对第二世界城市空间的形象中被系统地赋予了新的内容，它们被强行用作反对社会主义和制定计划的论据，用作反对集体所有制和想像中的中央集权的论据，同时它们也作为对东欧人民的强有力的促进因素使他们投入西方的消费自由。鉴于它面临的困难，这是巨大的意识形态的成就，它提出了由社会群体以否定的方式集体控制他们的命运，并赋予那些自律形式以所有的担心和焦虑、厌恶和性本能的恐惧，亦即弗洛伊德所说的逆投入或反对情感能量集中于一个客体，而这必然构成任何成功的反乌托邦思想的主要效果。

因此，也正是在这一点上，关于这里讨论的二律背反的空间形式，一切最自相矛盾的事物都变得非常清晰而无法避免；如果我们开始问我们自己，历史上最标准化的、最一致的社会现实，通过纯属意识形态的简略闪现，或者说最难发现的替代，何以能再度出现，何以能像油彩丰富的光辉，表现出人类自由的绝对多样性和最难想像与分类的形式，那么我们展示的概念就会更鲜明地显现出来。这里，在一种互补的运动中，同质性变成了异质性，其中绝对的变化变成了绝对的停滞，而真实的历史丝毫没有改变，虽然这历史曾被认为就要终结，但在这里却显出最终要实现自己。

三

但正如所可能预料的那样，“自然”以其传统形式作为社会空间的消失，在某种程度上也在整个事物的另一面恢复了被压抑的另一种“自然”；可以想像，这种再现会产生一些悖论甚或二律背反，它们无疑与先前的那些对称，但却具有完全不同的特征，并导致大不相同的后果。因为“自然”的问题——“自然”的概念问题——深深寓于两种颇有影响而又密切关联的当代意识形态立场的核心，不仅在哲学领域是如此，而且在更一般的见解中也是如此。由于它们本身并不真正是哲学运动或学派，实际上人们很容易把它们说成是关于见解本身所持立场的某种新的见解——我指的是反基础论以及与之间接相关的反实在论。事实上两者都集中于“自然”的问题。这首先可以从科学研究的客体上进行考虑，围绕它可以构成一种保证知识的哲学认识论；其次可以在人的本性意义上进行考虑，其特殊的多样性可以进行规范的演绎归纳（因为在它与世界和存在以及和非人性客体的关系中，关于本质的学说是亚里士多德式的，可以说由于那些真正的——现代的——认识论的形成，这学说已经遭到怀疑和破坏，而反基础论的任务反过来又是对这些认识论进行挑战和破坏：在理查德·罗蒂的《哲学和自然之镜》里，这种情况常常极富戏剧性地以范式的方式显现出来）。诚然，在这两种截然不同的语境里，对“自然”这一术语普遍存在的状况，需要作为一种富于意义的征象来分别讨论，即使不是作为任何确证来说明两种观点真的都有同样的问题。

通过回忆现在实际上已被忘却的存在主义哲学的冒险，它们的密切关系可以用另一种方式来表明。萨特的存在主义以一个共同的问题把两种观点结合了起来——实际上，它的基本的哲学政治在马克思主义和另一种“政治”之前就已出现。因为第一次萨特存在主义的伟大运动便从正面对“自然”的概念提出了挑战，并特别证实了不存在任何像基本人性那样的东西；正如我们今天可能说的那样，一切实质都是“构成的”；对先在的精神概念，对性格或形而上学规范的概念，任何要求都会遇到警惕和怀疑，而规范——极其特殊地在其伪装之下作为这种或那种人性的概念——是那种自从远古以来就有的切割工具，依靠它，不正常和软弱、女人气、变异，或者边缘、罪孽和病态，从视为永恒和自然的社会秩序中被分离出来。无疑，萨特比海德格尔更有效地使我们认识到这一巨大的教训，因为很难把对这样一些问题的任何重要的考虑归之于海德格尔；这一教训后来发展成一种自我对其他的完整的辩证法——更确切地说是一种受约束的辩证法，它一方面在西蒙·德·波伏娃的女权主义中得到了丰富的延伸，另一方面在弗朗兹·法侬对殖民主义和种族的分析判断中也得到了延伸，直到在福柯的作品里才达到了某种稳定（还不能说具体化），而这稳定本身又产生出新的悖论。因为，对自然自我的肯定所产生的这种压抑效果倘若被视为一种意识形态对立的组成部分，那么就会出现一个关于那种神秘的其他条件或"他者"本身的性质的新问题。这种"他者"使我们进入一种漫无止境的镜像游戏，在一座充满镜子和视觉幻象的没有尽头的房子里，对某些最终的、基本的他性的追求，胜过萨特对资产阶级标准性所作的相当不同的批判。即使伟大的萨特对人本性观念的抨击应该甚至必须因每一代新人而更新和发展，上述情况也说明为什么存在关于某些口号的误导问题，如关于"反实在论"和"反基础论"这类口号的误导问题；"反实在论"和"反基础论"意味着将反标准的偏见或哲学习惯地转变成一种依据自身的标准，转变成一种崭新的、广泛接受反对意见的哲学观点，因为它本身已经变成了某种教条的基础，并开始含有某种新的人类本质的东西。尽管这种温和的反对无疑是真实的，但我觉得它并不像其他关于这些新的哲学价值的观点那样富于意义。这些新的哲学价值提出了关于它们可能的历史条件问题。

实际上，如果我们遵循利奥塔的方式，在考虑两种策略时都使自己习惯于不采取哲学姿态，而是根据欲望——称作反基础论的欲望，反实在论的欲望——来考虑，那么我们就能更好地将这些观点暂时搁置起来并转向更有历史意义的问题，即在当代社会中，知识分子或社会各个阶层为什么发现新的伦理见解既适宜又有用的问题。而这是一个惟一能使我们增强集体性的自我认识的问题。

确实，正是通过美学当中同类的“欲望”，我们才能最好地把握这一哲学抱负的特征，用尼采的话来说，这是危险地生存的抱负；它试图不要根据或预设地进行思考，以特殊而无系统的方式处理问题。在美学当中，所有这一切——看上去将非常不同——可以说采取了“纯”艺术作品的理想形式，这种作品只是形式，它以某种方式吸收或排除了一切是内容的东西。“使我觉得美的东西，我想写的东西，”福楼拜在其著名的致路易斯·考莱的信中写道：“是一部不写任何事物的作品，一部无外部联系的作品，它由纯属自己风格的内部力量聚合在一起，恰如空中悬浮的灰尘没有任何支撑它的力量，它是一部实际上没有任何主题的作品，即使主题可以被想像出来，至少在作品中实际上是看不见的。最美的作品是包含内容最少的那些作品……”（1852 年 1 月 16 日）。在那种情况下，一切事物都取决于在这种新的美学情境中，即后来的现代主义中，人们认为素材或“内容”意味着什么；或者它在作品中的存在，它在作品中的持续，为什么人们会觉得是一种艺术的缺点或瑕疵，是一些取消对其争论便会设定全新审美程序的痕迹。全面回答这些问题会把我们引到现代主义本身的真正核心，使我们对某些制品作出更充分的评价，例如马拉美大量的独立的句法，一个句子单凭自身就变成一种完整自足的事物，又如迈厄西的结构的透明性，其中存在着经过提取的残余和柏拉图的界限或框架，仿佛是最稀薄的阴影或瞬间瞥见的昏暗。不是创新而是禁止，以及最严格的戒律和方法论的程序的产生，才是这种现代目的论的关键，尤其是形成看似专门针对一般内容的某种特殊禁律的关键。

关于这种现代主义禁律的更深刻的根源，在卢卡奇的《小说理论》里可以找到一种预示的线索。这部作品集中于形式问题，而这些形式问题产生于小说必须加工的各种不同的社会内容，把它们作为某种开放的或未确定的叙事；尤其个人生活的那些部分，它们本身并不怎么“富于意义”，因此不可能被吸收到小说能够获取的形式格局之中：这种判断是否完善无关紧要，因为“富于意义”在这里只是表示不能作为形式纳入小说的东西。卢卡奇的讨论使我们认为，“内容”是偶然性本身的残酷事实：在某种程度上内容是个人生活中一切偶然的事物，现代主义美学力图把它像炉渣一样抛弃，以便使某种“纯粹的”作品或形式能够从这一过程中产生出来。不过，偶然性在这里还不是各种存在主义的荒诞性，还不是根本没有意义的东西；相反，它更接近于亚里士多德的个人自足性或实质的反映，正如福楼拜信中的词语本身所告诫我们的——本身即是意义或富有意义的东西，以其自身的方式存在，不需要外部或外在的解释——对新的现代主义美学来说，只有那种东西才是偶然性的对立面。

因此，确切地说，内容是一系列的外部解释（包括因果关系但不限于因果关系），在现代主义语境里是偶然性的美学标志；这样说是为了能够把现代主义的冲动理解为对个人经验统一性的象征期望（根据其自身条件完全可以理解），其可能实现的条件是旧的传统社区或群体的消解和个人主义及反常状态的出现。只有这种孤立的个人，在失去他们曾被置于其中的旧的家庭或村庄结构的情况下，才能为纯粹的作品或超越偶然性的小说形式提供足够的素材（正如让·勃里在一部经典作品中所提出的，这种孤立的主体性必定是一个男人和一个鳏夫的主体性，因为妇女在那种情境里仍然深受语境的束缚）。后来当公众本身被纳入分析时，这种判断便被转向信号和代码（例如萨特所做的那样，或罗兰·

巴特在《写作的零度》中所做的那样)，使作品可以为一个特定的群体接受和理解，并由此排除其他的群体：于是内容在这里被视为属于一个特殊群体或阶级的标志，而幻想一部没有内容的作品则是一种乌托邦的梦想，其中纯粹的作品——现在有些像巴尔特的白色或漂白的写作——可以不分阶级地以一种普遍的方式发生作用。

在这种语境里，代替没有基础和本质而行事的哲学计划——诚然是一种后现代的而非特殊的现代的计划——似乎具有启示性和启迪作用。在审美意义上，对哲学话语而言，“内容”的等同物可以置入那些“绝对的预设”，R.G. 科林伍德认为这种预设是哲学的任务，在任何时代都应发掘并突出这种预设。这一限定形式问题的特殊方式，其优点在于科林伍德理解绝对预设时所用的那种仍然相对传统（或现代）的方式：就是说，这不可能是或绝不会是一种取消那种预设的问题，一切思想和行动都基于这样一些深刻的意识形态、信仰、范式和认识，哲学家的任务就是要揭示并阐述它们，由此在某种意义上提供对它们的辩解并在意识形态上对它们辩护。但是，这样说等于在鼓励一种更先锋的哲学态度，按照这种态度，显然下一步就是要完全取消这样的预设，以高度的启蒙精神消除对继承的观念和态度的无限迷信。

因此，在哲学的现代主义里（如果我们可以认为是哲学的现代主义)，这是可以看到的一种逐渐形成的运动，对此人们渐渐开始感到——从尼采到现象学，从维特根斯坦到实用主义者——如果能轻装前进，将那些包袱抛在后面，不受继承的预设或无意识的预设这些外来因素的拖累——不考虑酒里的渣滓或酒糟，不想你口袋里的钱包，你拥有的房屋和你仍然要付的账单——那么他们就会取得某些成果。罗蒂的反基础论首先是后现代的，其方式是它把这些倾向形式化，在互相连贯的一对孪生计划中将它们集中起来（可以象征性地认为维特根斯坦和海德格尔、杜威和德里达是特定的先驱），一方面取消对主体性本身的分析，同时也取消哲学体系中相关的观念。不过，他的作品仍然含有这样的意思：按照科林伍德的想法，你可以写这种“预设”形成的历史，就像康德那样，主体的观念以回溯的方式使“哲学的历史”成为可能（罗蒂认为，这是几个世纪以来在哲学讨论中假定基本连续性的一种错误和一种意识形态）；然而，他又奇怪地对人们写这种哲学史（一种关于可能形成幻觉条件的共时性历史，而不是康德的历时性历史）的方式含糊其辞——在这一点上，他与科林伍德同样含混，很难确定一个了解绝对预设的哲学家是否不会突然变成一个历史学家，而不只是为他自己时代的绝对预设进行辩护的又一个代言人（但也许那些人最初就是历史主义者）。

无论如何，从现代到后现代，从杜威这样的实用主义者（他仍然有一种体系或方法，即使只能被称作“解决问题”的方法）到罗蒂企图使自己彻底远离哲学机制，哲学观点的发展提供了一种轨迹，它可以按照社会条件来理解，可以理解为后现代性当中一种新的、失去中心的个人主体走向更大的个性化的运动。

因为在更早的时期，如维多利亚时期或第三共和时期，这样一些使思想脱离其“内容”的努力——叶芝的“精神的气球”极力与系住它的东西脱离，或砍断系住它的绳索——与消除旧的前资产阶级的生活方式的残余内容有关，并且与启蒙运动的“现代化”相一致，旨在拆除乡下的教士学校并保持农民的执拗气质。这在很大程度上符合启蒙运动的精神：因为，正如阿诺·迈耶尔告诫我们的，在现代化和资产阶级远未取得社会统治地位的情况下，宗教仍然是过去那种束缚意识的象征，而“那种教会的精神”仍然被视为是使现代意识陷入混乱的东西。

存在主义阶段以其各种形式构成了后来这项计划的某种变

化，但处于一种新的社会境况之中，其时出现了对工业组织和工人阶级民主的更先进的看法，甚至中产阶级的启蒙思想也开始被认为是一套预设和偏见，应该破除它们本身的神秘性并将它们消除。在这个时期（正如萨特自己从存在主义到马克思主义的轨迹所表明的），辩证法被认为是一种与它的内容相一致的形式，它可以在其取消阶级和群体“内容”的基础上获得某种普遍性。

“历史的终结”的论点——它已经被推进到说明为什么这不再是我们自己的历史境况——在我看来是一种发展的征象，其中辩证法经历了所有其他哲学或意识形态概念在后现代时期的命运，而相关的“意识形态的终结”所达到的程度，则是所有那些概念的预设和那种常常被视为“意识形态”的精神稳定因素，不再是社会秩序本身再生产的主要方式，也不再是支配其运作结构并使之合法化的主要方式。正如阿多诺后来认为的那样，如果当前的社会根据实践和习惯再现自己，如果技术统治和用户第一主义不仅不再需要形成概念的基础，而且旨在完全消除隐含在观念和概念之中的最后残存的距离——换言之，如果某种彻头彻尾的后现代的实证主义（看上去不再像它的第三共和时期的前辈）已经取代了今天的哲学和意识形态的合法地位——那么意识形态的批判就失去了它的使命，而对思想错误的究根和修正，并不像完全消除哲学活动那样是一种急切的意识形态和政治活动。

正如在塔夫里的怀疑解读中那样（他把现代主义的非神秘化和意识形态批判阶段，或“怀疑的阐释”本身，解读为一种共同资本主义的“理性的策略”，而这种资本主义既需要消除过去的思想残余，也需要消除过去的社会残余），同样我们在这里也可以冒险对后现代的反基础论作一种解读，即把它作为一种重复后期实证资本主义原动力的策略，而无论它在其他方面多么想破坏这种资本主义。于是，它变得诱人地要回到我们的空间和城市的类比，并在某种称作反基础论的欲望中看到一种原动力，一种颇像在经济生产和销售中、尤其在清理库存的推销中所谓的后福特主义的原动力。

实际上，后福特主义的理论通过说明这些技术赋予产品的新的灵活性，试图对今天由控制论和计算机化形成的工业生产进行限制。诚然，福特公司曾提供一种普遍性的产品，但这种产品缺乏可变性，大量进入福特消费系统的人必须消费完全一样的黑色汽车，正如后来在更国际化的发展中，资本主义的福特主义阶段强行将完全一样的西方商品销售到各种各样的外国市场，而不必在文化上与那种特定的消费协调一致。但是，在后福特主义当中，在已经被广泛称作后现代的推销当中，控制论和信息技术使产品可以在最小方面都按照消费者的文化需要和规格来定做；与此同时，同样的通讯技术又允许一种能够清除实际库存的新的供货体制——库存不仅占据有价值的房地产的空间，而且在式样迅速变化的形势下有可能变成过时的东西。这些新的发展在意识形态上也是有益的，因为它们使重点从生产本身转移开来（值得探讨的论点是，生产力现在可以看作与一种旧的、已经过时的、基本上是工业生产的现代形式相一致）；它们还模糊了三个范畴中的另两个范畴，即销售和消费，从而使新的销售方式（基本上限定了后福特主义作为一个概念的特征）作为一种意识形态的价值可以有效地进入消费和市场的修辞。

无论如何，后福特主义的多样性和销售的观点——尤其就其超出旧时昂贵的仓库空间和那些更老的仓库建筑而言，就其展现出那种放慢土地投机的销售并暴露出更传统的城市的遗址和残余而言——似乎奇怪地与更富理智的灵活性和取消反基础论理想的策略性恰相一致，因为它对一种思想的看法没有第一位的原则，可以用不经中介的技术统治的方式直接处理手边的事务，没有偏见，没有精神储备，也没有棘手的意识形态的库存。

这并不是说，后福特主义在思想领域里比它在后期资本主义里更切实可行，也不是说它最终不存在矛盾；因为内容的问题并不会消失，实际上它会以更新的深刻性为自己提出一种自由主义或社会民主，再次被迫历史地面对它只能认为是某种类型的法西斯主义的东西。这是一个至少可以回溯到萨特的存在主义的哲学问题，然而它已经取消了本质和人的本性，虽然仍是一种哲学体系，但却首先取得了反基础论的地位，所以它急需说明为什么冒险的法西斯主义的自由选择，作为一种承诺（或约束）形式将不像其他事物那样在哲学上是站得住的。

当然，大部分经典存在主义的“解决办法”都是经过修正的康德的办法：范畴规则的观念确实为我们提供了一种形式主义的最佳范例，它通过将自己的形式作为所选择的伦理态度的寓言，试图赋予它自身以内容。因此，在康德的著作里，道德法的观念被认为隐含着普遍性，并因此要求像对待自己一样对待他人；在萨特的著作里（至少在建立一种萨特伦理的最初尝试中），自由的事实被认为导致对他人自由的某种基本的承认，而这反过来会排除一系列的行为（例如法西斯主义或霸权统治）；在哈贝马斯的著作里，交往范围的首要性被认为隐含着首先从根本上承认交往本身的必要性，并因此承认以平等的方式努力理解我的对话者的必要性；在拉克劳或穆夫的著作里，能指符号群组之间的可能的活动性，被认为隐含着消除与单独一组相联系的任何特殊的内容，并因此被认为构成对政治民主原动力的一种承认。但是，在所有这些情况里，恰恰是一种深刻的形式主义的态度决定着解决方法本身的策略，它不可能存在于具体内容的领域——如历史境遇的领域，具体群体的价值领域，或特殊选择的领域——因此必须被转换到更合逻辑的运作，从哲学概念本身特殊的形式特征中推断出某种看似内容的东西（一种具体化的伦理或政治）。

在卢卡奇的《历史与阶级意识》里，通过对比可以看出一种完全不同的策略，其中哲学和概念的界定——主体（资产阶级知识）商品化和客体商品化之间的对立——以社会的方式加以验证，而商品化的某种自我意识的具体形式，则与一个特定的阶级、即工业无产阶级相对应。相反，在让-弗朗索瓦·利奥塔的《力比多的经济》（Economie libidinale）里，对立的策略完全模糊不清，而且以某种蓄意挑衅的态度不无恶意地断言，一切欲望和政治观点"以力比多的方式等同"。在另外一些体系里，有人提出一种左右之间的结构差异，由此（例如在德鲁兹和加塔利的著作里）右翼的欲望被说成具有妄想狂的特征，而革命的欲望则被说成具有精神分裂的特征；但是大部分这些区分式的解释都带有像是事先拼凑的危险。我自己的"解释"——常常被认为像利奥塔的解释那样令人反感——肯定一切集体经验的乌托邦特征（包括法西斯和各种种族主义的经验），但强调对于与某个特定群体的密切关系需要作一种存在主义的选择：因此，根据这种非形式主义的观点，社会的团结一致必须先于伦理政治的选择，而不可能从它演绎出来。

在这些各种各样的解释当中，卢卡奇的解释——尤其当人们强调与前面描述的小说观的密切关系时——最接近一种辩证的非形式主义，其中，在某种特定的社会内容和充分发展的群体或集体的构成之间，假定存在着某种程度的和谐；但是，这种和谐不能简单地在抽象中选择，而必须从具体的历史发展中形成。不过，在当前的语境里，重要的并不特别是这种解释，而是形式主义的冲动——或者说形式主义的诱惑——和反基础论本身之间的关系，这种关系在许多方面都是它的最高形式，即使它经常通过完全放弃问题而达致其形式的纯洁性（像利奥塔那样）。

因为可以肯定的是，真正的新实用主义若要对群体伦理或政治的性质和理论检验问题加以论述，惟一合乎逻辑的方式就是放弃这种作为抽象和虚设问题的特殊渴求，根据问题的价值及其所处的语境（如果这样的东西可以被想像出来）来处理每一个问题；然而罗蒂也常常试图提出某种更深刻的意识形态的关系，即他自己的哲学观和某种自由主义或社会民主政治之间的密切关系。也许他可以表明这种或那种“基础论”同这种或那种非自由主义或反自由主义政治之间的密切关系；但很难看出，如果不诉诸我已经说过的形式主义策略，他如何能达到相反的、肯定的论断。

至于反实在论，它也经历了一种类似的形式和内容的转换，在各种女权主义的观点中尤其如此，因为它们在一种女权主义的实在论（无论是不是“策略性的”）——妇女在她们的主体性和她们的写作方面，在她们的感情方式和行为能力方面，根本不同于男人——和一种反实在论的平均主义之间转换变化，而平均主义的目的是破坏被片面断定为妇女独有的东西，以便达到一种无视性别的、民主的社会平等。但正如保罗·史密斯所论证的，女权主义表现出对意识形态领域的哲学兴趣，而在这个领域，这样的对立并不能得到解决，而且这些观点没有一个可以放弃而又不引起政治和社会方面的损失：妇女确实有独特的经验，对任何人来说，要压制这种经验就要整个失去历史的内容，但同样清楚的是，对平等的要求也绝不能放弃。因此，戴安娜·福斯认为，在这些观点之间转换既不可避免又合乎需要；而保罗·史密斯更明确地提出，两者必须同时保持（由于某种原因，这些作者都没有求助于辩证法）。所以，如果想像女权主义可以是惟一一种反实在论的运动，那将是错误的；但同时人们又极想知道，是否某种像保罗·史密斯所提的那种不对称的共存，某种由看似处于形式主义事业核心的外在事物和内容所引起的严重不纯和污损，也不可能为反基础论本身创造出来。

但是，如果这样一种结构是可能的，那么只有根据与反基础论相关的二律背反才能想像出来。概述二律背反是本章的任务，但它的另一方面我们迄今尚未触及。不过，通过从整个后现代性中系统地抹去“自然性”，我们一直在为它的出现进行准备：不仅有把传统的农业生产改造成工业生产，而且还有对“构成”远非自然的身份和传统的时代的强烈意识。实际上，对于符号和象征、信息、思想、价值、文化表现和情感的非自然的、任意性的结构，或者说对于构成人类世界的一切事物的非自然的、任意性的结构，信息技术都已经表现出微妙而广泛的敏感性，而在构成人类世界的事物背后，旧的自然世界物质的被动性和对抗性大部分都已被抹去。因此，“自然”无疑是任何反基础论或反实在论的最大的敌人：无论是本质还是公理，无论是终极设想还是形而上学，也无论是限制还是命运，自然对于任何可以假定的东西都是强有力的最后的条件和内容。要消除“自然”的最后残余以及自然性本身，无疑是一切当代或后当代、后现代思想的隐蔽的梦想和渴望——即使它是后者以“自然”本来就不曾真正存在为隐蔽条件而想像的一种梦想。

因此在这个时刻必须看到，后现代性也是“自然”大量引人注目地恢复的时刻，但绝不是在代码或象征的意义上对被压制事物的回归。我在这里的论述中略去了女权主义和宗教的原教旨主义，因为两者都可以以更复杂的方式表明是后现代的，而任何对“自然”或形而上学和传统的再肯定，虽然可以偶尔为之，但总是以一种矛盾的后现代的透明性来完成，就像那两种事物的纯属构成的特征。但是，毫无疑问生态学完全是另一个问题；虽然它对自然范围的再发现和再肯定是后现代的，达到了消除现代化的现代主义和伴随早期资本主义而出现的生产力论的精神的现代主义，但它同样也必须拒绝任何自然观念本身隐含的普罗米修斯主义，即人类历史的另一面，以某种方式由人构成的一面。因此，反基础论何以能与强烈地从生态上恢复的自然观念共存，乃是处于我视为基本后现代二律背反核心的基本的奥秘；我不怀疑这种共存，在我们周围到处可以看见这种正发生作用的共存。不过，正如我将尽量表明的那样，它并不一定是一种单纯的共存——完全不想把生态学已经重新发现的真理置于困境，或者把我们与星球的灾变性关系所最终唤醒的改革焦虑限制到最低限度。

我们首先必须知道的是，这种特殊的"自然"——其强烈的变化最终使我们认识到工业资本主义和整个现代化的进取性——是否在某种程度上被认为以某种方式与那种旧的"自然"相同，因为一切启蒙思想和后启蒙思想（post-enlightenment thought）即使不是消除后者，也都极力使它归化。阿多诺/霍克海默的《启蒙辩证法》好像以一种几乎是生态学的和后现代的方式肯定了这点，但在其后并不是没有放弃普遍的科学，使社会革命和体制变革的重要性——在那部著作中仍不时受到称赞——受到怀疑。如果不只是更高度的资本主义——虽然属于一种技术上更复杂的、更全球化的资本主义——那么在马克思所说的"自然"（naturwuchsige）生产方式之外还能有什么呢？于是关于自然这个词还有另一个问题，即在什么程度上（前面已经提到）它必然以某种方式也引致一种**人类**本性的观念，虽然这种观念本身不会被确切地说明，但却必然隐含在那种不可避免的、伴随出现的关于范围的观念之中，而范围的观念很难与生态学的基本特性分开。关于一种新的后艾滋病（post-AIDS）的自我约束的概念，一种必须针对自我及其欲望和冲动的戒律的概念；关于低微、节俭、谦虚之类的新习惯的学习；一种阻碍满足的对他性的尊重——这都是些伦理观念，是（后现代的）生态学所提出的对于个人和集体的新态度的修辞方式。它们需要与现代时期的那种普罗米修斯主义和生产力论历史地加以比较，也需要与欲望和绝对满足（这种满足在20世纪60年代和70年代初曾得到特别强烈的表现）的修辞加以比较，以便了解新的社会精神在什么程度上也可以得到解释，因为这种解释的根据是对欲望的一种必然压制，是对动机和本能满足的一种自律态度，也是约束、讽刺性的谦虚和怀疑集体抱负的一种新的风格，而这些在普罗米修斯式的乌托邦主义中，在极其广泛的不同类型的革命政治中，都已经表现了出来。

重要的是辨识当代生态伦理中这种压制的方面——至于它是否是自愿的或自我控制的并不特别重要（或许人们应该提出，如果是自愿的和自我控制的它就会更坏）——以便把握两种政治间的密切关系：一种是我们大多数人都觉得应该肯定，在意识形态上愿意接受的；另一种则大不相同，这就是当代的权力主义。

因为非常明显，我们必须等待简·科克帕特里克令人感到奇怪地称之为“权力主义”的统治的崩溃，才能衡量其他一切政体——特别要包括大多数议会民主的政体——究竟在什么程度上属于她的纯“权力主义”的范畴。一种普遍的悲观主义，政治上的冷漠，福利国家或各种社会民主的失败——全都可以列为各地普遍赞成必须实行法制政体的原因。对此广泛的看法是：正是社会暴力的普遍上升，才使它们在很大程度上显得合乎情理（即使这“犯罪行为”本身是对政府失败的反应，也为该政府的重新武装提供了基本借口）。在当前几乎普遍存在的权力主义国家的政体中，真正区分民主和不民主的恰恰是民主公民们的冷漠所提供的被动的默认：整个情况可以作为萨缪尔·亨廷顿宣言的一种极好的例证，就是说，在过分民主和大众参与的情况下国家不可能发生作用。

我想提出的是，这些纯政治和社会的发展，也伴有一种自然主义的复发，尤其是旧的人性本身的意识形态的复发：因此从历史上说它是合适的——尽管从其他方面看并不合适——它们应该历时地伴随着一种生态政治的觉醒，而生态政治同样也会使“自然”的观念复活。因为，今天“权力主义”的政体至少依赖于一种勉强的共识，一种深刻的本能的感觉，即认为法律和秩序必须是与“财政收缩”一起作为首先考虑的问题，而且某种坚定的态度也是必要的——值得以更多的参与性和放纵本能的政治自由为代价来换取与秩序不可分离的某种繁荣；因为，虽然我们根本不再相信有什么超凡的领导人，但我们还是愿意抛弃早期的反权力主义，学会顺从最不讨人喜欢的无能的政治官员。这样的权力主义政体——说它们是新儒学的也许并非不宜，因为它们不仅尊崇秩序并习惯顺从，而且它们愿意重新考虑家庭和道德与政治条件本身之间的关系——最终证明是以一种更新的人本性观念为基础的，按照这种观念，人的本性原是罪恶的、好斗的，因此为了它本身的利益（以及那些支配它的人的利益）需要加以扼制；这里权力以一切社会改良运动隐在的权力意志的信条为名而终于得到了确证。甚至左派——无疑是自由主义的核心——在很大程度上也同意有条件地接受这种消除人的兽性的观点，对此20世纪60年代的情况及其所产生的后果，以追溯的方式变成了例证和原因，变成了证据和足资教训的实例：随意性、性的转换、吸毒、否定家庭和权威、纯粹无政府主义的热情、要求无限的自由、要求一切可能的乌托邦条件，以为人类只要有一半机会就可以使自己达致乌托邦的境界——所有这一切现在都被解读为混乱、反抗、暴力、憎恨、社会分裂，甚至我们当前所经历的预算赤字的根本原因，而新的新儒学的自然主义允诺把我们从这一切当中解救出来。

但是，情况正好相反！因为恰恰是 20 世纪 60 年代运动的失败，才导致了这些关于人本性的局限和罪恶性的旧信念的复归。这绝不是说 20 世纪 60 年代出现的任何政治运动都没有缺陷：大部分都有些过分：意识形态上构想错误，而且实行不力，它们缺少领导，采取教条主义的态度，将希望寄托在不该寄托的地方，没有形成充分的特征，更不用说地域上的褊狭和敌人生产基础的压倒力量。但是，这些运动分别引起的热情弥漫着整个时期，而热情本身就是一种强大的、客观的力量，其绝对的失望凭其本身便会产生客观的后果：从伟大的民族解放战争中出现的新国家停滞不前，大部分西方社会民主政府照例向商业投降，勃列日涅夫时代的共产主义政权陷入"萧条时期"——所有这一切，在随后出现的新的、高技术的、多国资本的情况下，只能证明人类感到无法获得集体成就或个人变化，因而只能强调某种狭隘的、令人厌恶的基本的人性因这些不可逆转的倒退而必应遭到谴责。

因此，伴随现代主义的结束不仅出现了后现代主义，而且还在两种意义上出现了对自然意识的复归：从生态学来看，它处于令人悲伤的状况，因为追逐利益的技术探索已经离开了地球；从人本身看，它处于幻灭状态，对人们以集体实践的方式来改变、行动或获取任何实质东西的能力产生了幻灭。

但是，若要坚持这种对人的本性信念中恶的一面，很可能会不攻自破，因为它知道有一种更慈祥、更熟悉的看法，这种看法并不常常与更富宗教性的形式认同，但却假定人类是一种具有不可估量的暴力的动物，需要驯化和控制，需要以同等程度提供胡萝卜加大棒的约束机制。实际上，直到重新征服东欧使许多同样的论点和修辞（现在大约已有 300 年之久的一种修辞的重负）得到恢复，我们才再次听到这样的语言，例如关于贸易和商业的和平后果，关于市场使前资本主义的巨大热情变成可以控制的需求的作用，关于市场构成“文明社会”的稳定性的作用（这里所谓的“文明社会”未必比直译的“城市社会”[burgerliche Gesellschaft] 更好）。正如 A. O. 赫希曼系统地论述的那样，我们必须直面这些旧的论点，以便把握在何等程度上市场修辞也普遍基于这样的观念：人本性是罪恶的和侵略性的，但通过人类做生意和赚钱的一种平等的自然倾向，它本身可以得到平衡和驯服。因此市场及其论证有些像这种后现代自然主义的最后形式：市场既是一种实在论也是一种基础论，它提供了整个后现代形而上学的景观，与常说的商业和初期资本主义使旧封建社会非神圣化的情况形成奇怪的对照。

但是，这无疑是一种基础，与其他任何一种基础并无二致。罗蒂非常清楚地知道，康德以人类精神范围为基础来建立认识论的努力，与他的前辈笛卡尔的整个事业依据普罗米修斯精神同样都是基础论的。因此，我们必然仍对这样两种同时代的、看似互不相容的运动的共存感到惊讶：一种极其敌视自然的残余以及任何形式的自然性的存在，另一种过于接受更新的自然观和限制观，而无论其基础是否依据的是失败和幻灭。我自己的论证不会有多大意义，除非我们同意我们后现代的人能够同时持有这两种态度，同时持有这两种形式的见解，无视它们的不一致性，更不考虑它们在逻辑上的不可调和。真的，如果在这些观点之间找出（无论什么样的）隐含的关系，例如把它们看作是互补性的，以此使反基础论的形成与各种自然主义的恢复处于特殊对立的状态，那么我的论证并不会产生任何说服力。或许可以论证一种更深刻的征兆上的联系，其中反基础论本身表现了自然主义所表现的同样的幻灭。但是，我觉得这两种解读有些像是“解决”二律背反并使它变成可以驾驭的、不那么令人反感的、比例均衡的方式。或许，在自然终结之际，我们会做得更好一些，为另一个时期将它强化，为失去能力的种种迹象对它检验，把它作为被迫停滞的一种象征，作为无法进入对抗关系并由此发展自己的一种对立事物的标志。无论如何，在最后时刻，在后现代性常常被指责（或赞扬）的那种普遍脱离政治的情况下，人们会发现二律背反处于那种停滞本身的真正核心。

四

乌托邦向来是一种模糊的理想，它鼓励某些人拼命实现这种不可能的理想，并反复使其他人确信那些人永远不可能一开始便会实现：于是它驱使激情主义者和教条主义者进入疯狂，同时又使自由主义者的半心半意获得一种停滞性的心智宽慰。结果那些急于行动的人能够坚定地抛弃乌托邦，就像不想行动的那些人一样坚定；当然反过来也同样如此。

看来时间对反乌托邦是有利的；尤其在东欧，除了一直清除对法国大革命的反动的修正（曾在西欧盛行一时）之外，对乌托邦冲动的邪恶进行批判和分析已经变成了一个迅速发展的行业。这是艾德蒙·伯克和 19 世纪其他一些人共同做过的一种批判（我们曾错误地认为这是些尼采之类的人，然而他们只是表现了尼采思想中最富衍生性的一面，浸透了标准的反革命的看法），在这种批判中，雅各宾主义被视为一种以愤怒的破坏来表现自己“不满”（最经常的是知识分子的不满）的形式。至于乌托邦，并不是如此隐秘地假定它表现为一种对所有个人的权力意志（人们为个人策划一种坚实的集体幸福），因此在最近这个时期，那种分析判断取得一种坏的审美维度，就像在鲍里斯·格罗伊斯杰出的《斯大林的总体艺术》中所突出表明的，专制者被认为是最伟大的现代乌托邦主义者，更具体地说，是治理国家的现代主义者，他的不朽的“苏联”与《为芬尼根守灵》和《追忆逝水年华》同样是一种宏伟的观念。

于是，在这一点上，反乌托邦迎合了后现代主义，至少迎合了对高度现代主义本身所作的毫不宽容的后现代的批判，即认为它是压迫性的、总体化的、男性中心的和权力主义的，带有某种更极端的、非人性的傲慢，比伯克对他同代的雅各宾派所能设想的特征更甚。因此，这一不可避免但却适宜的第二步，使当前的政治见解与后当代的审美态度协调起来，它们同时存在，可是从未完全结合成一种新的意识形态体系。于是，我们发现一种非常古老的（但迄今仍是西方的）冷战被表现出来，而且，正如我们刚刚看到的，关于傲慢和人的罪恶（又是我们的老朋友人的本性）的市场修辞也得到重演，它着眼于试图从头创造某种新社会所包含的危险，明确警告在创造一种新社会的任何乌托邦的努力中，甚至在对这样做的任何想像中，隐含着不可避免的伯克的雅各宾主义和斯大林主义。正如奥斯卡·王尔德所说，社会主义承受了太多的衰落期；人们不可能忍受绝对政治的持续要求，于是他们人性的脆弱招致雅各宾-斯大林主义的国家暴力，力图威胁他们维持这种不可能的力量。因此在没有国家暴力或实际行动的情况下，艺术上的现代主义以意象表达这种同样的权力意志：勒考比西埃会威胁他的顾客以大致相同的、无法摆脱的单一思想性采取一种健康向上的高度现代的生活方式，而乔伊斯或马拉美则以更微妙的尼采式的掩饰和间接性，通过提供漫无止境的解释和一种类似宗教的奉承，试图强行占用其读者存在的时间。也许为时过早，还不宜补充说这些分析判断常常是些镜像，是对常常被人们抛开的不满的谴责，而人们自己实际上已被不满所吞噬；更确切地说，这种情况带有政治承诺的一些形象，例如通过革命和乌托邦的同情所表达的形象，在对它们认真思考的非政治的或不再是政治的人们身上，它们似乎具有一种激起罪恶感的强大力量。

另一方面，这里我想再进一步，我想论证说明——作为我的第四种二律背反——反对乌托邦的最有力的论点，实际上正是乌托邦的论点，是一种被忽视的乌托邦冲动的表达。假如人们真的相信乌托邦的欲望无处不在，某种个人的或前个人的弗洛伊德的性本能通过一种社会欲望领域得到扩大和完善，并且在社会欲望领域里对理想化的集体关系的渴求也同样强烈而无处不在，那么对这种特殊政治无意识的认同几乎不会使人们感到震惊，甚至在它受到最强烈的贬抑和谴责的地方也是如此。然而那并不完全是我这里要提出的论点，因为处处存在的东西实际上等于是处处不在的东西（顺便说一下，这也是我们奇怪的题目的精髓）。

我还想告诫人们不要随便运用乌托邦和反乌托邦之间的对立：这些形式的概念或普遍的概念——由于科幻小说的作用它们已变得非常流行——似乎使自己得到一种相对简单的对立作用，其中乌托邦的敌人可以很容易地与它的朋友区分开来——奥威尔被分派到那个角落，莫里斯被分派到这个角落，而他们当中的一些人（例如威尔斯自己）则毕生在柔弱与坚强或鹰与鸽这样的两极间徘徊。于是出现了更富戏剧性的干预：德勒兹那样的人在考察一种历史悠久的类似的对立时，即在考察那种称作施虐狂和受虐狂的对立时，出人意料地得出它们并非对立的结论，认为它们彼此之间实际上毫无关系（德勒兹的结论是，施虐狂并不真正是受虐狂寻求的一方，他不会以任何非常令人满意的方式参与后者的游戏；反过来在当前的实例中同样也如此）。我想以差不多同样确定的方式来分开乌托邦/反乌托邦这对对立（虽然可能是一种更复杂的运作）：这不仅仅是因为梦魇的乐趣——邪恶的僧侣、古格拉群岛、警察国家——与傅立叶之类的伟大的乌托邦主义者的轻浮气质没有什么关系，他们很可能根本无意于享乐，而是致力于其他某种形式的满足。

对此稍微再作补充的是，对次生形式的看法，即认为反乌托邦一般是一种叙述，它对一个具体的主体或人物发生，而乌托邦的文本大部分是非叙述性的，或毋宁说缺少主体或立场，虽然无疑走马观花者在整个文本中不时闪现，且有不少的轶事释放出来。按照我的看法（但在这种形式里只是一种意见），反乌托邦基本上是科幻小说批评语言中所说的“关于最近未来”的小说：它叙述某种即将到来的灾难的故事——生态学、人口过剩、瘟疫、干旱、偏离轨道的彗星或核事故等，这些灾难将在我们自己最近的未来出现和转化，而在小说的时间里则迅速地提前（即使那种情况作为远离我们的银河时代的某个被压迫社会而掩藏起来）。但是乌托邦的文本根本不叙述故事；它描绘一种机制甚或一种机器，它提供一种蓝图，而不是对在乌托邦条件下可能发现的种种人类关系徘徊不定，也不是想像我们期望的种种生活能够在某种稳定的、几乎总是可以达到的情况下达到；虽然伟大的乌托邦主义者也那样做过，并且卑劣地（最突出的又是傅立叶，他几乎是彻头彻尾的乌托邦主义者，充满柏拉图精神的乌托邦想像家）获取偶尔出现的这种或那种田园生活的报偿，这种或那种天真或不那么天真的快乐。不过，在大多数情况下，他们都细心地记下精确的机制，而单是这些机制的构成便会使那些关系和快乐、那些田园生活的景象成为可能。因为乌托邦生存的理想包含着在一种矛盾的计划中的想像，因为它们的目的全都可能是说明并实现那种被大量滥用的自由的概念，而自由的概念单靠定义和它自身的结构不可能事先加以限定，更不用说以实例来说明：如果在一种尚不存在的自由里你已经知道你渴望实现的是什么，那么人们就会怀疑它表现的根本不是真正的自由而是重复；与此同时，对规划的担心，对我们自己目前畸形的、被压抑的社会习惯会污染开放的未来的担心，也永远威胁着对未来集体性的幻想的迷恋。

一切真实的乌托邦都已隐约地感觉到这一更深刻的修辞困难和结构矛盾，无论其各种各样的作者——如傅立叶本人——多么想为我们提供一幅他们认为生活真应该是什么样子的图画（多么想观察我们富于同情的惊讶和赞美）；他们大部分都把自己的文本生产严格限定于一种极不相同的运作方式，也就是建构物质的机制，以为单是这种机制就能够使自由围绕着它们形成。但除了释放自由之外，机制本身与自由毫不相干；它的存在使阻碍自由的东西中立化，如物质、劳动，以及伴随它们的人类社会机器的种种要求（如权力、教育和纪律、强制、顺从的习惯、尊重，等等）。

实际上，作为机制，乌托邦的机器也许被期待着把所有的非自由吸收到它自身之中，在能够最好地运用它并控制它的地方将它强化：在古典哲学的意识形态里，机制和机器总是以某种方式作为精神和自由的对立面而发生作用，因而精神和自由同样会以古典意识形态的方式表现出唯心论或唯灵论的特征，从而使它的修辞不可避免地趋向于一种天使主义。于是，通过以绝对和强化形式来体现必需事物——劳动、约束和物质——的乌托邦的机制，使一系列的自由在它自身之外蓬勃发展。

按照瑞姆·库拉亚斯的《发狂的纽约》中对电梯和城市网络的论述，这个过程可以以比喻的方式象征地表现出来；《发狂的纽约》首先根据工程技术的组合提出了一个**必然性**的问题，即什么东西必须包括在建筑之内但又不能成为象征也不能升华（如像感伤主义的海亚特旅馆的吊盒式电梯，它在不停的运动中轻轻地升降)。不过，库拉亚斯认为，那种占现代建筑40%的大量的管道和电线（它们只能在特殊情况下用作装饰，如蓬皮杜中心的外壳)，代表一种习惯上无法同化的外体，必须以一种有待发明的新的方式来处理（瓦莱里曾说，艺术作品中必需的东西，永远不可能以价值来补偿)。《发狂的纽约》根据城市的发展水平提出了一种解决办法，它指出（19世纪中叶）电梯的发明和曼哈顿城市网络的创造（按照1811年的计划）是一些这样的机制，它们把那种必然性集中到一个单独的结构之中并使之浓缩，就像把多项债务合并起来使你只需付一份账单。于是，这些孪生的纵向和横向的机制，使纽约各种发狂的自由围绕着它们发展：它们像是对物质和物质性（如果不是精神本身）付出的代价，是最低限度的工作时间，正如马克思所说，只要超越它们就会看到“自由的王国”。因此，乌托邦的文本将这种机制作为它表现的客体，而在那种意义上，关于可怕的机器的对应的文本——卡夫卡写地狱机器的《流放地》，或者普拉东诺夫的《基础陷阱》——严格地说都是对乌托邦的结构的颠倒，在形式上与非乌托邦的叙述本身大不相同。（不过，后者很可能包括它自己的逻辑与颠倒的乌托邦的逻辑之间的矛盾：正如在《1984》当中，前提——即任何科学的或真实的思想都是不可能的——与反乌托邦的国家机器监督中的纯科学的完美相矛盾，因为这种监督被迫用作一种因果关系的解释，用于说明任何科学都不可能于中实现的那种非乌托邦事态。）

这些机制可以达到极端详尽的状态，就像在傅立叶的一系列复杂的作品当中以及他为它们设想的大联合那样；但是，它们都以这种或那种方式与马克思在《资本论》里的政治设想相一致，即都表明社会主义不是一种想像的虚构，而是遵循自然的规律，是一种像质量或能量、像地球引力或元素表一样的事实。使人产生误解的（因而好像是反乌托邦的）是马克思表明这种情况的方式，其中说社会主义在资本主义自身的空隙中已经在形成，如合作和集体劳动的增多，出现了越来越大的非个人的联合体和工作或生产单位，出现了后个人的（post-individual）所有制形式，等等（所有这些在我们自己的时代比马克思所处的时代甚至更加真实）；但是，他对空想社会主义者不充分关注他们计划的实施和实现所作的否定，只在政治上是正确的，在社会和本体论上并不真实。傅立叶从未从政治革命方面考虑，实际上他的看法本质上是反雅各宾派的，他只能在完成法郎吉（即法伦斯泰尔）当中想像对著名的“捐助人”的干预；然而傅立叶作品中的一切可以说都集中于表明乌托邦思想处于自然之中，从最小到最大的各种可以想像的人类集体的形式，由于其自身的内在力量都倾向于某种“联合”，而这在某种程度上则是宇宙的本体论法则。因此，至少在这种意义上，傅立叶懂得他的再现必须是现实主义的，必须诉诸存在而不是想像，必须基于经验上存在的现象，即只需一种新的诗人的眼光在我们周围世界上所看到的现象。与此同时，马克思本人将必然王国和自由王国完全分开也是乌托邦的，这种区分在前面已经提到，而且还勾勒了一种古典的机制，根据那种机制，劳动可以大幅度减少，价值法则（在马克思的著作里，至多是一种关于“客观现象或幻觉”的理想主义的、拜物主义的、唯灵论的原则）被更多的物质计算所代替。

不过，要唤起这种乌托邦的机制（其中必然性的部分被投入精巧的机器，以便使已经将它除去的空间充分扩展），等于是突然承认另一种熟悉的当代的意识形态，这就是市场本身，或者说诸多反乌托邦方式中的主要表现。因为市场的交换机制非常确切地构成必然性的某种组织，某种纯机械需求的总和，至少从理论上讲，这种市场组织应该释放更狂热的自由，远远超过库拉亚斯那种类似超现实主义的宣言所能归之于纽约的任何东西：即个人生活的实现要有代表制或议会制民主的稳定，要有法律和秩序，要驯服人的兽性，还要保持公正的延续。无论今天对市场修辞的运用多么卑劣，也无论在东欧这些地方它的效果多么有害，最好的策略可能是宁可直率地承认这些乌托邦的维度，把市场幻想与其他壮丽的乌托邦思想—实验一起分类，从而在另一种意义上保证这一切仍然是——并被理解为仍然是——一个根本没有的地方和一个根本不知道的地方。赞颂后期资本主义必然要依靠与它对等的修辞方式，即乌托邦的话语，而为了彰显它自身并传播它极不相同的信息，又必然要运用它的主要对手的武器——这就是我想在这里概括的第一个二律背反的后果。

但是，那种二律背反也可以通过对乌托邦的批判来认识；也许现在值得在事物的另一方面采取这种方法，以便看看它是否同样不会使我们回到某种中心的位置。诚然，很难把思想上对乌托邦的否认和对乌托邦的恐惧分开，前者既有公开的形式也有秘密的形式，而后者是在巨大变革过程中面对不得不失去的一切所产生的一种十足的焦虑——这种变革如此巨大，甚至在想像中，也会认为它严重影响到当前的情感、习惯、实践和价值。实际上，基于从一个体系跳跃到另一个根本不同的体系（甚至是想像的）所包含的困难和悖论，这样一些焦虑在很大程度上有助于为“不满”的指责进行辩护，而我们已经看到，这种指责被反革命的传统用来反对乌托邦思想：因为事实上，在我们体系内部很少有什么东西激起如此绝对的变化，因此不可避免的是，那种可以这样分离出来的促动力量，或将旧体制中存在的价值与新体制引起的变化相联系的促动力量，必然会显得像是不惜任何代价的一种固执地追求破坏和变化的欲望。在这一方面，将萨特简明地概括的结构上的困难——即个人在欲求从一种对存在的绝对或原初选择到另一种选择的变化中所面临的困难——转移到集体的层面，深入思考萨特关于权力意志的概念在这种情境里毫无意义的结论，无疑会产生启示的意义。因此，乌托邦的想像必然是一种立体透视，它同时将乌托邦的幻想置于两个截然不同的世界，通过它所提出的看似不可调和的要求产生出一种独特的不安，即彻底脱离人们同时坚持作为某种极限的世界的存在。

我认为，在第一世界，进步人民最迫切的任务是不懈地分析判断乌托邦自身之前的恐惧和焦虑：这一相对内省的、自我批评的过程无需等待关于未来的新看法的出现，当新的世界秩序及其后民族（postnational）阶级体系的轮廓稳定之后，这样的新看法必然会出现。对非政治化的受害者本身有一种可以实施的集体疗法，这是一种对我们幻想的一切事物的严厉的看法，如对社会秩序根本转变的种种可能的想像，我们幻想它们是支离破碎的、个人的、压迫的、悲哀的、消沉的事物。我的看法是，这样的感情从总体上构成混乱而真实的、有活力的、反乌托邦主义的事实，它们并非真正产生于现时个人的巨大幸福和满足，也不是产生于现时个人的实现，而是完全用于阻止对现时不满的经验感受，在其所用的方式里，“满足”在逻辑上是一个迷惘的观察者所能作出的惟一判断，而更深层的无意识的迹象则对他隐蔽起来。

然而，除了世界人民今天在政治上显得疲劳和士气低落之外，并不容易看出有什么肯定的价值可以用来支持反乌托邦的市场修辞：人们以为某种“后政治的”（postpolitical）集体会退居其中的空间——当前在发达资本主义国家里，以一种早已不复存在的文明社会为名而受到不合时宜的赞扬——显得毫无意义，完全被消费及其代码和语言所占据。这是实现马克思关于日益扩大集体化的预言的一种否定的结果，因为这个过程取代了过去一向是个人领域中的存在经验的最后残余，将以前个人的创造精神转变成如此多的暗指共同产品的隐喻，转变成如此多的由广告形象所引起的模拟行为和欲望。传统的家庭形象（与其他传统生活方式的形象一样）很难吸引某种后现代性的主体，这种主体只能以集体的方式想像个人的生活，把个人生活作为一些新型的部落网和组织起来的爱好，但为了使它们与其他类似的社会结构区分开来，又必须标明它们是非官方的和非公众的。

不过，这正好使我们可以找到当代意识形态中最有力的动机，而对于当代意识形态，一切列为公共的东西都无可挽回地受到腐蚀，一切带有机构色彩的事物都引起反感并以阈下的、几乎是巴甫洛夫的方式进行抵制，一切被视为表现国家以及围绕国家的附属机构的事物都被非常明确地以否定而有力的方式唾弃：这是些国家权力本身试图恢复的东西，它试图把它与美国边界文化传统和个人主义联系起来（由于这种传统和个人主义，尽管当代历史经验中存在着绝对断裂，除了依靠形象和联想的启示它也不可能做任何事情），以此赋予它一种能够用来反对其他民族传统的民族精神。但是，这种反机构主义只能以从属的方式被视为是反社会主义的或反斯大林主义的，因为它所针对的更基本的客体是整个资本主义，包括它贫乏的语言和虚构的结构，它的创造的等级和模拟的心理。这是西方人民对至高无上的、非个人的权力结构所获得的惟一经验，是后期资本主义系统地对之发生作用的一种经验——后期资本主义远比任何左派或人民运动更微妙、更精明地对之发生作用，它改变了这些反对“大政府”和“官僚政治”幻想的方向，仿佛在第一世界资本主义国家中联合企业本身并不是一切官僚政治的基本所在。同时，旧的阶级官僚政治中的正面特征——在庞大的封建官僚政治中关于服务的伦理道德；在资产阶级时期的启蒙精神，例如第三共和时期的教员；在当代美国那些社会服务人员的道德——在当前的宣传中遭到系统的贬抑而黯然无光，因此任何人如果碰巧看到马克斯·韦伯关于官僚主义政治是最现代的社会组织形式的言论，只能被如此奇怪反常的见解惊得目瞪口呆（这种见解无论如何产生于一个遥远的、外国的过去）。然而，正是用这种方式，对于像今天那些大企业之类的真正反社会的、异化的结构的憎恨——通常认为这种憎恨会促使产生正当的乌托邦的沉思和幻想——才转而反对乌托邦本身，其中伴随它的是市场社会能够产生的种种关于满足和消费的正当的乌托邦幻想（关于这些幻想，我在《后现代主义，或后期资本主义的文化逻辑》里曾试图说明，它们自身在直感上绝不是唯物主义的，在本质和形式上都依靠资本主义销售本身的具体化的形象）。

至于对抗乌托邦所采取的更加深奥的形式，尤其是其更加高度理性化的形式（其中的危险是关于权力和统治主题的“总体化”和具体化的错误观念），重要的是在这里重新引进各种群体的力量，因为不像公共或霸权性的宣传那样，左派或激进的理论通过“再现”这种或那种集体的要求（或至少用并肩而行的同路人的那种同情为他们讲话），明确地证明它自己合法合理。这种基本的集体认同和反乌托邦观点的基础，已经表明这种论证中的一些更深刻的矛盾，它们最终并不只是自由主义的、个人主义的、反政治的观点的反响。

这里还必须援用小团体政治中的一种基本的连续性，凭借一种连续效果，每个团体一直运用它自己特有的影响形式并炫耀威胁，同时又想像自身是被另一个团体压迫的少数（另一个团体也会有同样的感觉）。举一个最能说明问题的例子：白人男性多数在发展其作为一个群体的自我意识时，会觉得它是一个进行斗争的少数，受到那些将自己的文化价值强加于它的边缘群体的压迫。显然，这种镜像反映和投影作用所要求的，并不是对权力和统治做进一步分析，而是一种关于权力幻觉的精神病理学，一种关于传媒如何以一种无限回归的方式保持并发展这种幻觉和投影的精神病理学（这是萨特开始用前面用过的“连续性”来描述的一种现象）。

我自己的感觉是，当各个群体全都达致彼此战略关系中的共同问题和必然性时，即从葛兰西的“历史团体”通过联盟政治的方式直到当前由“怪异理论”所提出的“人民阵线”和“边缘性”等许多历史条件都对其适用时，群体政治才开始向一种激进的方向发展。只有对斯大林主义特殊时刻的扭曲的记忆才促使人们相信，总体化的概念意味着压制这些群体的一切差异，将它们以前的追随者重新组织成坚不可摧的军事或党派团体——长期以来对这种团体惯用的修饰最终总是“坚如磐石”；但相反的是，根据任何有意义的惯用方式——就是说，对于这种惯用方式，总体化是一种设想，而不是表明已经存在的某种机构的一个词语——这样设想必然意味着对所有这些个体差别的综合处理，就我们这一代而言，也许拉克劳和穆夫已经在他们的作品《霸权和社会主义战略》里作了最好的描述，虽然作者相信他们的作品是针对“总体化”而发。无论如何，团体或人民阵线所提的这种团体之间关系的困境及其令人痛苦的调整，在任何地方都不像在乌托邦传统中那样得到持续的再现和思考，它在傅立叶的著作中达到的高峰，全面展现了团体间的综合联系，将拉克劳和穆夫较短的接合链条远远抛在了后边。因此傅立叶所展示的是最令人激动的、大规模的总体化（不过也可以看看吉姆·斯坦利·罗宾森的火星三部曲［即《红火星》、《蓝火星》、《绿火星》］，它无疑是20世纪90年代伟大的政治小说，其中对各种激进或革命团体的相互关系的描写，最生动地表现了我们自己的时代）。

但是，关于差异政治（也常常称作身份政治）在结构上的奇特性，还有更多的东西要说：这更比纯粹通过否定的说明更加危险，比通过多种群体的身份而必然产生的差异也更加危险。然而，我认为可以肯定的是，在相当大程度的社会标准化形成之前，就是说，在基本上获得普遍的同一性之前，关于差异的政治不可能出现。哥伦布和他遇到的民族之间所保持的真正的、根本的差异，永远不可能连接成一种政治：情况最好时是进行奴役，最坏时是种族灭绝，偶尔也有些像是富于同情的尝试，企图达到某种不可能的宽容（这宽容本身也是一种以保护人自居的恩赐）。马克思曾断言，我们自己时代的社会革命是基于同等感的普遍化，基于对平等的不可压制的要求，而现在这种法律平等已不再产生平等；在这一点上，所有反对革命的思想家都同意他的看法，他们都清楚地看到了一点，即这种意义上的"民主"——对平等的强烈要求——由于它能够在现代社会中保持下来，对社会秩序是最具破坏性的威胁。只有以那种同一性为基础，"差异"才能有效地转变成一种政治计划；这种计划是否能够将要求平等与肯定分离主义的文化同一性（＝差异）协调起来，仍然有待于观察。但这些二元抽象的可逆性力量，对这样一种计划肯定不是一个很好的出发点。

现在我们需要再后退一步，探讨一下单个的小群体运动本身的乌托邦使命，因为它们在一种特殊的压迫传统和一种（必然已构成的）历史过去当中，通过确定常常不确切地称之为一个群体或集体的"身份"，试图针对更大的霸权统治结构来限定自己。这是一种必须充分以团结为基础的身份，同样也是必须充分以异化和压迫为基础的身份，它必须依靠那些原始或部落的内聚力的形象，而这些形象却一直是乌托邦传统本身的精神财富：包括曾经被称之为"原始共产主义"的东西，在部落或部族、氏族、村庄、甚至庄园家族的图画中从文化上折射出来的东西——无论什么样的集体结构组织，似乎都抵制现代工业国家反常的社会状态，提供某种否定和批评的力量，反对当前对这种群体实行压迫的更大更广泛的人口统计。

但是，这种对小群体本身价值的坚持——卢梭是它的第一个理论家——是一切乌托邦想像的力比多的源泉，无论在当代条件下它对重构乌托邦的观念会提什么样的理论问题（包括对卢梭本人的批判）。因为坚持乌托邦构成中的其他类型的政治激情会不合逻辑——法西斯主义或其他右翼运动对集体修辞的盗用，对那些表明现代职业特征的（从男性交往到英文系）各种神秘的集体冲动的确定——而在小群体政治的力量方面，也不会为一种更深刻的乌托邦思想的有意识或无意识的作用留出同等的位置。

同样，根据无政府主义的历史对立面来重新限定这一特殊的反乌托邦思想——无论根据无政府主义与“称作马克思的欲望”的对立，还是根据它与雅各宾传统的对立（那种传统好像已经表明了从法国革命一直到苏联革命的政治体现）——也是没有任何意义的；因为这种对中央集权制和中央集权制之下的经济体制的否定，其不同之处就是它充分表现了它以为自己正在谴责的乌托邦思想。无论如何，前面已经说的足以证实这样的结论：任何积极的或有效的从政治上反乌托邦思想的形式（并不只是掩饰起来的自由主义），本身迟早都必然表现为乌托邦思想的一种富于活力的形式。这是本章旨在论证的二律背反的最后的形式。

从这些陈述中得出的第一个结论是，整个关于当代思想和政治见解的一系列流行的看法，不仅软弱无力而且根本没有进行充分的构想。我们今天根本没有超越左右的对立，现在这个时代也不是一切旧的联盟和联合因新的、或许更灵活的联合而完全被抛弃的一个时代；这种特殊的“意识形态的终结”，比其在艾森豪威尔时期短暂的体现也绝不会更加持久，艾森豪威尔时期之后，紧接着就出现了美国社会史上最政治化的时期。这种表示特征的描述试图说明的东西——它们并不只是低下地受制于那种使未来可能的政治彻底中立化的意图——毋宁说像在这里概述的那样，是二律背反的结构所造成的后现代思想的瘫痪，它以一种静止的颠倒和重复来面对思想，其中同一性变成差异，差异又变成同一性，采取一种非生产性的方式，从而可以理解地使某些人完全抛弃理论著作（而且同样肯定的是，当前的情境已经经历了一种倒退的、传统主义的运动——这一运动反对一切理论研究，它由向后现代性的那种转变引起，而后现代性要求首先从理念上重新思考传统的构成）。

在这种探讨的开始我曾警告说，二律背反肯定比矛盾具有更强的修辞能力和表现能力：这就是说，它更容易表现我们在这里作为效果展示而提供的那些形式效果，而不是对它们必定隐含的原因提供任何满意的说明。每个人都会本能地感到，这些新的思想类型，这些新的、紧迫的、我们于中被控制的反常情况，这些像是处于激流之中或银河时代的反常情况，与我们称之为后现代的事物是一致的，它们的历史创造力与后期资本主义本身的机制有着某些密切的联系。但是，这种感觉只是作为一种初步运作的前提，而不是任何实质性的结论：这种联系可以突现出来的方式——同源、中介、参与、征象——非常模糊；它会相当自然地导致人们对问题本身进行初步的思考，以此作为解决无法直接把握的问题的一种间接的方式。

不过，与现代科学的类比可以提供一种松散地把握表征问题的方式，仿佛这问题来自于外部，没有自己的解决办法：我们被告知，在爱因斯坦的观念革命之后，牛顿的定律仍然有效，但发现这些定律的应用在结构上已经减少，只适用于爱因斯坦所发现的宇宙整体的一个小小房间的小小的角落。因此，牛顿的定律支配我们自己的历史世界和实际经验的现象领域——无疑是一种客观现象，绝不是纯粹的错误或迷信——而爱因斯坦的前提则指向超出我们所及范围的某种事物，只有明显歪曲我们自己的坐标才能对它重构。这是在哲学上正确运用总体性概念的一次尝试，即总体性宁可作为某种明显无法了解的事物，也不要作为认识论的权威所特有的某种形式，有些人极力为自己保持这种权威，其目的是为了奴役他人（如旧的启蒙运动的宗教观念）。可以设想，后期资本主义在全球的急剧扩展，促使它达到了这种无所不在而又不可知的状况，就像二十年前一些资本—逻辑学家所论证的那样：除非作为一种总体化的力量在世界市场上总有其最终的范围（马克思），否则它会永远占据我们迄今简直无法理解的这种至高无上的地位。那么，在总体的力量以再现的方式回避我们的历史当中，作为个人或实际上作为历史的主体和阶级，究竟如何才能协调我们颇受局限的立场？这种教训可以追溯到斯宾诺莎这位无疑最受人关注的总体性的思想家，当时，他对那种庞大的存在的整体或自然（我们只是其最片面的反映），根据其组成部分或构成因素，提出了一种禁欲主义的调整；接着，它由弗洛伊德精神分析实用的一面再次提出——不是作为一种治疗，而是根据治愈本身不可能实现作为对我们自我认知的一种调整——热情地选择并坚持齐泽克称之为症状的东西。托尔斯泰也远不是没有这种政治智慧，他曾嘲讽地表现了世界历史上最伟大的领袖急于保持同样地位的过程，他们证实必然和不可回避的事物，仿佛那完全是他们自己的策略。然而这些想像没有一个确切地构成对必然的顺从；在这种认识论的调整过程中，每一种想像都假定某种智慧，单凭这种智慧，无论让我们进行什么样的实践，这实践最终都可能实现。

所以人们可以设想，承认后现代的二律背反并不是一种徒劳无益或虚无主义的自我拆台的实践，而是必然会产生出无意识的结果，只是对这种结果我们现在还不能有多少猜测。我已经指出，总体性的思想本身——我们至少可以**命名**的某种庞大体制在我们周围存在的那种紧迫感——明显有助于迫使我们至少去构想选择其他体制的可能，也就是我们现在可以认为是老朋友的乌托邦思想。关于二律背反，也许我们还可以得出更多的结论，就是说，它们在同一性和差异性之间的不停的转换，应该归诸于一种受到阻碍的机制，而在我们的认识当中，这些范畴未能得到发展，未能通过它们自己的相互作用改变自己，就像它们在过去其他时期似乎能够做到的那样（不只是在黑格尔的辩证法当中）。倘若如此，那种阻碍只能与对最近的未来和可以想像的变化无动于衷相关（以特殊的含义运用这种表达时，雷蒙德·威廉斯给这些词限定了一个“可知的群体”）：对我们来说，时间存在于一种永恒的现在，更远一些，存在于一种不可避免的巨变，这两个时刻在记录仪上清晰地显示出来，没有交叠或过渡的阶段。真正失去的是时间的下一个瞬间；我们像是只能记住其遥远过去的人，这些人完全失去了最近的和最熟悉的维度。实际上，即使作为一种原因，这种不能想像变化的情况（其本身也必须想像成集体的脑子有一叶瘫痪了）也完全可以作为对我们这里概括的困境的比喻：一种现在的同一性面对一种不可能的、未来的、巨大的、不可想像的差异性，两者的共存就像人的一对眼球，每一个都记录一种不同的范围。这是一种使等待有些喘不过气来的境遇，仿佛我们等着听钟表失去下一声嘀嗒，或者没有出现的第一步更新的实践。

（王逢振　译）

全球化中的恐惧和厌恶

对威廉·吉布森的《模式认识》的反思：一种当代风格的辩证

《神经漫游者》的作者真的改变了他的风格？是否像一些老式的批评家所说的那样，他已经"停止"写科幻小说，因此准备向他道贺？然而相反，他也许正在进一步接近"虚拟空间"，他常常与之相关，而在有时与他合作的布鲁斯·斯特林的作品里，这种虚拟空间似乎得到了更典型的发展。无论如何，科幻小说的再现方法已经经历了数代的科技发展，几乎从该运动的一开始就经历了巨大的变化，因此要比已经枯竭的现实主义（还有已经枯竭的现代主义）向当代世界回授更多的可靠的信息。

威廉·吉布森，《模式认识》的作者，无疑更经常地表现了另一种创造物——"虚拟空间"，以及它内部的全球信息交流的网络系统，比之最近一些小心翼翼地探索后期物化直观世界的小说的表现更胜一筹。[1]诚然，斯特林赞扬了黑客，赞扬了对虚拟空间的英雄式的盗窃，但却没有吉布森那种悲剧式的强烈感——把他们描绘成未来边疆的怪人或边缘人。他的作品的紧张和兴奋与更冷静的吉布森相当不同，我觉得总像是产生于全球性的企业家似的，而制造的对金钱的兴奋，仿佛产生于妄想狂。

但是，那种兴奋也表现了正在形成的全球化的真实性，因此斯特林在这里不应该只是一笔带过。他的长篇小说常常是插曲式的，但短篇故事，例如收集在《美好的旧式未来》里的故事，则是典型的后现代性的作品，它们本身是一些小的杰作，描写一个厨师沿着全球驿站进行的旅行，以及有趣的旅行者与他们突然发现自己身居其中的未来城市的明显的不和谐。东京（现在的东京和永远的东京!），可以肯定，在那里，一个来自罗德岛普罗维登斯的日本—美国人的联邦检察官，发现她卷入一场通过瓷猫发起的阴谋；但在加利福尼亚州，一种新的生产人造（和空中）海蜇的过程，使得得克萨斯地下剩余的石油面临着全都被变成无用清水的威胁。接着，芬兰提供了一个并不令人惊讶的欢快的猎场召开会议，参加者有 20 世纪 60 年代的恐怖主义者和以前的克格勃，还有无情而年轻的生态民族主义者，老工业间谍，以及一个年长的儿童文学作家——他的作品在日本非常流行。[2]

与此同时，逃避印度税收制度的宝莱坞（Bollywood）的演员，正好碰到位于英格兰波利顿的历史上最大的坟墓，那是在鼠疫中大量死去的人的墓地，现在是只能用于拍摄廉价片的场地；然而在德国，在都塞尔道夫，文德的新机构受到探究，在那里——在一个来自查塔努噶的“顶级”推销员看来——当时一切破坏性的集体运动，从足球流氓到反对现代道德的多数人，时断时续地以某种仪式似的“骚乱”配合一致。实际上，正是查塔努噶，它那被烧毁的、位于市中心的未来的庞大建筑（现在到处都是鼠窝），变成了一种更复杂、更有特点的冲突的舞台：一方面是一个无性别的自行车修理工（新的性别运动在这个未来激增，包括性的评议运动，它人为地消除了性驱动力），另一方面是一个长期服务的私家警察，现在是衰老的国会的忠实成员，他的人为的身份置换，面临着因邮件中多余的邮包而被揭露的危险。最后，回归到经典科幻小说，由于 21 世纪追逐利益，在中亚荒漠中发现了一个巨大的人工地下洞穴，在这个洞穴区（旧的东亚共荣圈最近的未来形式，现在由中国管理），有三个世界规模的作为试验的人类社区，以检验400年之久的空间飞行的可行性。我只是偶尔提到在这些故事里被视为想当然的一些稀奇古怪的科幻技术：更有意义的是全球虚拟空间的首要地位，在这种虚拟空间里，托夫勒那种旧的对技术的推测和幻想，对于有关新的地缘政治想像的更富历史性的原创文学的使命便处于次要的地位。

纸皮本地震仪

这就是为什么这种亨特-汤普森式的全球旅行具有真正的认识价值：虚拟空间构成一种实验室的试验，其中记录着新体制的地理文化的光谱和带宽。真正被一种体制在扩展中抛弃的是陈规旧制的文学，这种扩展像新星爆炸，散发出多种不明确的关于新生社区和新的人为地区分的种族的信号和符号。陈规旧制是我们与其他集体相联系的绝好的工具；如果没有它们作为中介，任何人都不会正视另一个团体。它们是一些寓言式的漫画，不再传递旧的帝国主义的种族蔑视，而且常常（像齐泽克评论以前南斯拉夫流行的种族笑话那样）成为包容和团结的富于感情的形式。

确实，对这种文学的审视已经提供了某种关于新世界体制的原始资料：日本的巨大作用——在吉布森的描述中，一直到《模式认识》本身，都有表现——是第一世界的科学技术和第三世界人口爆炸的警示性的象征结合。俄罗斯也显得非常突出，但主要呈现为各种政治恐怖组织（源自先前的各个共和国），这使我们想到无政府主义和暴力犯罪，也使我们想到阴谋网络和未来的失业，而这些都潜伏在资本主义的表面之下。它还提供了一个过去曾与第一世界平等的国家遭到可怕地破坏的更具当代性的戏剧。欧洲形象的模糊——一种高雅的博物馆或旅游游乐场，同时也是一种进化和经济的终结——非常具有启示性；而伊斯兰的消失同样也有启示性。在这样一个时刻，真正以那种特殊的陈规旧制为基础而发生作用的是现实而不是文化或文学。

这种新的地缘政治资料标志着这些商业冒险故事和早时的冷嘲热讽的新闻写作之间的某种重要的历史差异；实际上，20 世纪六七十年代和 90 年代以后文化产品之间的相似和区别，很值得做进一步探讨。同样重要的是，这些主人公——尽管他们忙于确定优秀产品的地位，确保奥秘的新的发明，超越竞争对手并与本土产品进行交易——并不特别需要毒品的刺激（在最近某种世界—历史的表达中，例如在大维·福斯特 1996 年的《无限的嘲笑》里，仍然是一种占优势的存在，人们甚至可以说是一种形而上学的存在）。

eBay 的想像

但是，正是通过它的风格我们才能更好地根据某种时间的连续来衡量这种新的文学。这里我们也许最终会回到《模式认识》的独特性，在《模式认识》里，这种风格达到了一种经典的完美。我想把它解释为一种经过渲染的、拉大旗做虎皮的方式，而对主人公（凯丝·鲍拉德）第一天在伦敦挑选的衣服的描写是一个可靠的标示：

> 一件新鲜的水果牌 T 恤衫，她的黑色的 Buzz Rickson's MA-1，从塔尔萨旧货店买的无名的黑色裙子，皮雷特牌的黑色长筒袜，黑色的 Harajuku 牌学生鞋。她的模拟钱包是一个信封，是由民主德国的黑色薄片做的，在 eBay 买的——虽然不十分准确，大致也差不多。

我不知道所有这些东西是否真的存在，但对于当前的集体意识，eBay 肯定是个合适的词，无论你是否知道产品是不是真的，或者是吉布森虚构的，eBayde 指涉显然是“适用的”。另外非常明显的是，提出的名字是一些商标的名字，它们本身的力量既传递瞬间废弃的意思，同时也表明今天世界市场在时空中的渊源和新的异国情调。

另外一点是，在当前的世界上，一切事物都在慢慢地被逐渐命名。这与旧的亚里士多德的普遍论毫无关系，按照那种普遍论，椅子的概念涵盖了它所有单个的椅子。这里“高靠背的工作站的椅子”与 BA747 里的座位几乎属于完全不同的种类，它“使她想到一条小船，一条用柚木抛光板做的小船”。但也有锻炼用的椅子，称作或名叫“改革者”：“很长，很低，模糊地显得不祥，看上去像魏玛时期有弹簧的家具”，也可以被翻译成另一种语言，在这种语言里，它变成了“日语解释的黑漆木仿古椅，带有看上去像是鲨鱼皮的垫子”。这些东西当中的每一种都在走向拥有自己名称的最终目标，但不是我们熟悉的名字，如像我们说“密斯椅”或“巴塞罗那椅”时那样。它不是产地的问题，而是名称的形象问题，因此“安迪·沃霍尔的电椅”也许是一个更好的参照。

然而，在这种后现代的唯名论当中，名字必须表达新颖和时髦：旧的、过时的东西的用处只能是一种文化标示：“冷饮柜前那种旋转的空着的镀铬凳非常低，摆在同样很低的围栏前面”，正是这种“低”、“非常低”意味着日本。而在莫斯科，桌子“两侧摆着两个巨大的、空着的、翼背式的安乐椅”，它只能代表落后。这就是吉布森的俄罗斯插曲不那么有意思的原因：他把残余的冷战思想带到了这个组合的空间，“仿佛一切都是由某个人设计，此人一直在观看八十年代西方一家旅馆房间里的画，但从来没有见过一幅原作的样品”。当苏联和中欧的怀旧艺术，远比这种情况更有活力和生气，它考虑某种可以替代的世界，其中一整套大众生产的工业产品，从马桶座到窗玻璃，从淋浴喷头到汽车，都是白手起家发明出来的，虽然它们不同于实际存在的西方产品。这仿佛是阿尔特克人打败了科尔特斯，生存下来，发明了自己的无线电广播和电视，自己的动力机车，自己的电影风格和流行文化。

无论如何，这里的前提是，在这个领域，俄国没有任何新的东西提供给我们（斯特林的审美方式提供了更多的机会来欣赏东方怀旧艺术中真正新的东西，或世界历史上的创造）；而要作出的结论是，提出名牌加以炫耀也是一个知识问题，由于那些东西回流到西方的时装店或跳蚤市场，它表明对世界范围的时尚在各个方面都非常熟悉。因此，我所称的“提出名牌加以炫耀”也可以理解为自己人的团体风格：商标名称对于知道它们的读者是一种熟悉性的闪现。甚至愤世嫉俗（这个词援引斯劳特迪耶克的用法，而不是“后水门”中的意思）也是一种群体团结的欢快的标志，窃笑是开怀大笑的一种形式，阶级地位是了解真实情况的问题，而不是拥有金钱和权力。我认为，自己人团体的风格是托马斯·品钦的创造（或更确切地说是发现），早在他的小说《V》里就已经出现，尽管伊恩·弗莱明也应该作为参考（“谢谢你，邦德上校，”凯丝低声说，甩了一下头发，跨过公寓的大门）。但是，正如我们不再需要毒品，我们也不再需要品钦的种种偏执狂和阴谋把它包装起来，因为全球资本主义会更有效地完成它。我们听到的就是如此。

一种审美的诞生？

然而，《第 49 号签的呼喊》仍然是一种基本的范式，如像亨特·汤普森那样，这种差异确实在历史上很有启示性。因为交通标志和其他指示的涂画已经被某种类似“艺术的作品”替代：其暗示不是指向社会世界中不可想像的某种现实，而是指向某种（尚未出现的）不可想像的美学。这是某种尚未确定的性质的电影的问题，在圈内人当中，它已经逐渐被视为是“连续镜头”的问题，它在最不可能的地方以布景和剪贴表现出来（广告牌、电视广告、杂志、互联网络），成为“一百三十四个以前发现的碎片……通过一系列最疯狂的调查，无休止地修订，打破，重新聚合”。实际上，正如人们可能期待的那样，围绕着影片神秘的“连续镜头”形成了一种全新的自己人团体；其中一个人物评论说，我们正在经历“一种新的亚文化的诞生”。于是，逐渐形成了一个世界性的组织，它赞同这种新的客体，充满激情地交流和论述关于它的矛盾的理论。这样，连续镜头使《模式认识》变成类似布洛赫的艺术家的小说的概念，而这种小说像黑洞一样在它本身内部带有不为人知的、未实现的艺术作品，一种未来的不确定性突然在现在闪烁，而不在的乌托邦的崇高突然展开，像是空洞的每天之内的蛀洞：

> 光和影。情人的颧骨像是要拥抱。
>
> 凯丝颤抖。
>
> 现在这么久了，不曾看见他们触摸。
>
> 绝对的黑暗在他们周围因肌质而减弱。具体吗？
>
> 他们穿着他们常穿的衣服，这种衣着凯丝已非常熟悉，因其长期流行而着迷，这点她知道也理解。那非常困难。还有头发的式样。
>
> 他可能是个水兵，踏上了一条1914年的潜艇，或者是个爵士音乐家，走进一家1957年的俱乐部。但缺

少证据，也没有风格方面的线索，凯丝认为那是武断的。他的黑色大衣通常被认为是皮的，虽然它也许是暗色尼龙的或橡胶的。他总是把领子竖起来。

姑娘穿一件长外衣，也是黑色的，但像是织的，垫肩仿佛有上百个支撑棍儿。女人外衣的垫肩结构应该属于可能的时期，或特定的时代，但没有一致的意见，总是争论。

她没戴帽子，这既可以认为是一个明显的标志，说明那种结构不属于特定的时代，也可以只是表明她具有自由精神，甚至不受她自己时代的最基本的常规的约束。她的头发也是常常被谈论的话题，但总没有确定一致的意见。

对于围绕着这种制品形成的群体，实际上对于所有群体的形成，问题都是普遍性和特殊性之间的矛盾——在这个实例中是趣味的普遍性，以及使我们脱离其他人并把我们限定于自己特定的集体的独特价值的特殊性。一个政治派别（我们现在似乎这样称呼它们）希望同时肯定它的战略的普遍实用性和它的最终目的，并同时只为自己保持它们，排斥外来者和后来者，排斥那些被怀疑对它不够忠诚或缺乏激情和信念的人。换言之，连续镜头网站和对话框的实践者的深层焦虑是，它可能变成公众的：CNN 会获悉这种有趣的发展；正如他们所说，连续镜头，或整个影片，或确定和重构的艺术作品，会变成人类的遗产，换句话说，只是另一种商品。最终，这种恐惧只能得到过分的证实，但我省略了细节，因为我不喜欢那些告诉你结局的人；除非要表达我的复杂感受，因为我觉得品钦的解决办法也许是更好的一种，就是说，当奥迪帕正要进入拍卖大厅时，在即将揭示的关键时刻突然中止了第 49 号签。

在这一切之后，人们可能开始惊讶地认识到连续镜头并不是小说的主要问题，即使它提供了叙事的框架。然而应该已经清楚的是，我们已经描述的风格和连续镜头本身之间，存在着一种惊人的、戏剧性的矛盾，它的“没有风格线索”表明了一种名副其实的巴特的“空白写作”。实际上，恰恰是这种矛盾才是《模式认识》的深层主题，它投射出一种新艺术的乌托邦的期待，而其前提是“符号的中立性”，在一种不可救药的、腐败的语境中，系统地取消名字、时间、时尚和历史本身。因此，小说中提出名牌进行渲染的那种自己人团体的语言，迷恋于连续镜头力求中立的一切事物：作品变成了一种流沙，使我们在自己努力逃避的东西中陷入难以自拔的困境。然而，这并不只是一种抽象的解释，甚至或许也不只是一种审美；它还是女主人公自己的存在的现实，是从事她那种职业的“才能”的源泉。

商品的贪婪和厌恶

凯丝·鲍拉德的天才尽管处于心灵感应和旧式的审美感性中间，但事实上却是吉布森的小说在科幻小说和现实主义之间悬而未决的东西。简单说（正如她做的那样），凯丝的工作是“追‘酷’”；换句话说，她漫游在现在和未来的消费者大众之间，在年轻人群体之间，在周末阻塞坎姆顿大街交通的“儿童运动”的人群之间，在六谷目大量涌现的人群之间，在全世界大城市各种各样聚集的人群之间，以此在精神上寻求可能成为一种潮流或新时尚的某种东西的第一刺激。事实上她已经取得了某些令人难忘的成就，其中我最喜欢的之一有些使人联想到德里洛，也就是确定为世界上第一个倒戴棒球帽的那个人（他是个墨西哥人）。但这些“成就”在很大程度上都是商业命题，而凯丝像是个未来的商业间谍。“我请教如何设计……厂商利用我掌握大街上的时尚”；这些有节制的方式显得有些过于单调，冲淡了这种才能的纯物质性，但那种才能使她可以确定“样式”，然后“指定一个对它物化的人”。

毫无疑问，这里有一些绘画鉴定和古代家具收藏的专业化的训练，但它不可思议的时间指向却表明凯丝不可救药，尽管她有系统的黑色和无风格的全套服装，她也被指责属于更大的算命和占卜的范畴——偶尔还会使她面临实际的肉体危险。于是，这种新的**职业**不知不觉地把我们的世界拉进了科幻小说的未来世界，至少拉到了它的边缘，而那里的细节无法达成一致。其中一个人物的职业是传播谣言，热情地在酒吧和夜总会提出一些产品和文化制品的名字，以便使品钦小说里的那种阴谋发生作用，但在这里却只是另一种时尚和风气。

但是，凯丝的才能通过身体本身又被拉回到我们的真实（或现实）世界；为此她必须因厌恶和焦虑的打击而付出代价，对商品的迷恋和厌恶是她的预感不可避免的代价——无疑这是由不明不白的创伤造成的，其中最近的一次是她父亲 9 月 11 日上午在曼哈顿神秘地消失。这仿佛是“引起注意”的另一面，它的物化和一度是积极的消费过程和欲望本身的最终的结果，都只不过是标示语而已。创造和创造物或过程和结果这两个极端的调和无疑在于名称本身。我曾经论证说，在后现代的商业唯名论里，一切独特而有趣的东西都倾向于有其专用名称。实际上，在商标名称内部，整个关于普遍性和特殊性的矛盾的辩证，始终都像是视觉认识和我们可以称之为消费品之间的战争较量（就像弗洛伊德所谈的哀伤的作用）。然而，如果借用爱默森的意思，名字依然存在，名字仍然消失；商标名称逐渐僵化成的标示既会吸干毒性也会保持毒性。

对于这些无处不在的标示，凯丝的整个身体是一个共鸣器，然而在某些空间（和地方）比在其他空间更响亮、更沉重。例如，在哈威·尼克尔斯身上寻找某种非同寻常的东西是一种奇怪而危险的活动：

> 这里的下面，挨着汤米·希尔费哥的陈列，她身边的一切都开始上了边道，都是商标之类的东西。比平常少了警告的气氛。许多人吃一种花生，他们的头胀得像是篮球。凯丝遇到这事时，它就成了她的心理问题。汤米·希尔费哥每次都这么做，尽管她觉得她现在是安全的。他们说他在纽约曾达到顶峰。像本尼顿那样，名声会远播，但对她来说，真正的毒素将已被吸收。……这种东西是幻影的幻影的幻影。这是一种淡化了的拉尔夫·劳伦的药酒，劳伦自己淡化了布鲁克斯兄弟公司光辉的时期，而后者曾践踏杰米恩大街和萨维尔街的成果，用自由的毛织品和军用斜纹布增添色彩。但汤米肯定是零分，是黑洞。一定存在汤米·希尔费哥事件的某种视域，在这个视域之外，不可能更有衍生性，更脱离根源，更没有灵魂。

这些憎恶是凯丝航行仪器的组成部分，它们向后延伸到某些仍然存在的最古老的标示，例如她最坏的梦魇，米齐林人拜苯德姆，它们像一条裂缝，通过这条裂缝，拉康的真实世界形成它灾难性的显现。另一方面，“民族的偶像”“对她总是中立的，只有纳粹德国的是例外……一种可怕的超常的设计天才”。

现在，可以比较容易地看出连续镜头对凯丝的深层意义：它的毫无风格是一种本体论的凸现，就像通常拙劣的彩色影片滥殇之后的黑白影片，或像整天充满嘈杂声音的传心术者的孤寂沉默。连续镜头是一种休息的时刻，是从眼花缭乱的商品本身的一种逃避。正如马克思经常认为的那样，商品最终会成为有生命的实体，掠夺与之共存的人民。但是，吉布森的小说并不像连续镜头那样，它为我们提供的是顺势疗法，而不是解毒药。

如果回到未来，回到一切关于这部小说自动指涉的东西，似乎并不算虎头蛇尾。这部小说主要人物的名字与《神经漫游者》里的主要人物的名字相同。实际上，性别改变暗示着一切其他类型的陈规旧制的记录的转换，例如从积极到被动的转换（从男性黑客到未来的女性顾客）。不过，凯丝对未来新颖性的预示，是否也可以作为“新的吉布森小说”的寓言？《模式认识》确实构成了对吉布森的一种模式认识，实际上对科幻小说来说普遍如此。

（本文原载于 *New Left Review* 23，September-October 2003.）

【注释】

[1] William Gibson，*Pattern Recognition*，Putnam，New York，2003.

[2] Bruce Sterling，*A Good Old-Fashioned Future*，New Ycrk，1999.

（田晓南　译　王逢振　校）

全球化和政治策略

人们对全球化的界定，似乎常常多是些意识形态的挪用——不是讨论它的过程本身，而是讨论它的结果，而且无论这些结果是好是坏。换言之，他们本质上是进行总体化的判断；而对作用的描述则倾向于把特定的因素分离开来，而不是把它们互相联系起来。[1]因此，也许更有效的是，把所有这些描述结合起来，完全接受它们的含混性——也就是说，像讨论幻想和焦虑那样，讨论事物本身。下面我们将探讨全球化五个迥然不同的层面，以便证明它们最终的内在联系，并连接一种对抗的政治。这五个层面是：技术的、政治的、文化的、经济的、社会的，并基本上依照这个顺序。

一

例如，人们可以从纯技术方面来谈论全球化：新的传播技术和信息革命——当然，创新不仅是限于狭义的传播层面，而且包括它们对工业生产和组织的影响，以及对商品营销的影响。大部分评论家似乎认为，全球化至少在这方面是不可避免的："卢德运动"的政治在这里是不适用的。但在对全球化的任何讨论当中，这种论点都使我们想到一个迫切的问题：它是否真的不可避免？它的过程是否可以停止、转向或逆转？地区甚至整个大陆是否可以排除全球化的力量，与它分离或"切断"与它的联系?[2]对这些问题的回答，会对我们的策略的结论产生重大影响。

二

在政治层面上讨论全球化时，最重要的是民族—国家的问题。民族—国家是否已经过时或已经终结？是否仍然要发挥重要的作用？假如关于它消亡的报道是天真的，那么全球化本身又该如何？也许它应该理解为只是诸多对国家政府压力中的一种——等等？但是，我相信，在这些讨论背后，潜存着一种更深层的恐惧，一种更基本的叙事的思想或幻想。因为当我们谈论全球化不断扩展的权力和影响时，难道我们实际上不是指美国不断扩展的经济和军事力量？而当我们谈到民族—国家的削弱时，难道我们实际上不是在谈其他民族—国家对美国权力的屈从？这种屈从或者通过赞成和合作，或者由于残酷的武力和经济威胁。这里在焦虑背后隐约表现的东西，是过去所称的帝国主义的一种新的形式，而帝国主义本身已经经历了各种不同的形式。一种是旧的、第一次世界大战之前的殖民帝国主义，它包括许多欧洲国家和美国及日本；第二次世界大战以后，随着非殖民化浪潮的高涨，殖民帝国主义被取而代之，出现了一种不太明显但同样有害的冷战形式的帝国主义，它通常采取经济封锁和威胁的手段（包括派遣“顾问”和暗中颠覆，如在危地马拉和伊朗），这种帝国主义现在以美国为首，但仍然包括一些西欧强国。

现在也许出现了第三种帝国主义，在这个阶段，美国追求萨缪尔·亨廷顿所说的一种三叉式的外交策略：只有美国拥有核武器；人权和美国式的选举民主；以及（不那么明显的）限制移民和劳动力的自由流动。[3]人们在这里还可以加上第四种关键的政策：在全球推广自由市场经济。最后这种帝国主义形式只包括美国（和完全依从它的卫星国，如英国），它充当世界警察的角色，通过在各种所谓的危险地区进行有选择的干预（大多是轰炸）来强化它们的统治。

在这种新的世界秩序之下，其他民族—国家失去的是什么样的民族自治？这种丧失是否真的与殖民化时期的统治相同，或者与冷战时期强制的结盟相同？对这个问题可以作出一些非常有力的回答，它们基本上可以归结到下面的标题之下：文化和经济。然而，最常见的集体尊严和自尊，事实上却并不常常导致对社会的考虑，而更多的是导致对政治的考虑。因此，在民族—国家和帝国主义问题之后，我们会面对第三个令人感兴趣的问题——民族主义。

但是，难道民族主义不是一个文化问题么？毫无疑问，人们一直从文化方面讨论帝国主义。而民族主义，作为一个完全是内部政治的计划，通常并不是诉诸于个人的财物利益，或者对权力的欲望，甚或科学的骄傲——虽然这些可能是附带的好处——而是诉诸于某种并非科技的东西，某种实际上既非政治亦非经济的东西。然而由于我们缺少更好的词语，所以我们倾向于把它称为“文化”。那么，是不是总是民族主义抵制美国的全球化呢？美国认为是如此，并要求你也同意这种看法，此外还要求你承认美国的利益是普遍性的。或者，这是不是只是不同民族主义之间的一种斗争，而美国的全球利益只代表美国的民族主义？后面我们将对此进行更详细的讨论。

三

许多人认为，全球化的真正核心问题是世界文化的标准化，地区流行的或传统的文化形式被逐出或沉默无语，从而使美国的电视、音乐、食品、服装和电影取而代之。这种对美国模式现在正取代其他一切模式的担心，现在已经超出文化范畴，扩散到我们剩余的两个范畴：因为这个过程在一个层面上显然是经济支配的结果——是地区文化工业因美国的竞争而倒闭的结果。在一个更深的层面上，这种焦虑变成了一种社会的焦虑，而文化的焦虑只是一种征象：换言之，这种恐惧是，特定种族—民族的生活方式本身将遭到破坏。

但是，在转向这些对经济和社会的考虑之前，我们应该更仔细地看看对文化恐惧的某些反应。这些反应常常低估文化帝国主义的力量——在那种意义上，玩的是代表美国利益的游戏——它们使我们相信，美国大众文化在全球的成功并不全都那么坏。以此为根据，它们会肯定一种身份，例如印度的身份，以为这种身份会顽强地抵制盎格鲁-撒克逊进口文化的力量，而这种文化的影响仍然只是表面上的，甚至可能存在一种固有的、永远不会被真正美国化的欧洲文化；如此等等。永远不清楚的是，这种仿佛是反对文化帝国主义的“自然”的防卫，是否需要公开的对抗行为，是否需要一种文化—政治的计划？

是不是在怀疑这些不同的、非美国的文化的防卫力量时，人们是在触犯它们或侮辱它们？是不是由此隐含着印度文化太过软弱，无法抵抗西方的力量？根据过分强调帝国主义的力量就是降低它所威胁的国家、社会和文化的地位，是否低估帝国主义的力量就更为适当？这种对政治正确性的特殊反映，提出了一个有趣的表征问题，对此可以作以下简要的论述。

一切文化的政治都必然面对一种修辞的选择：一方面是在肯定文化群体力量中的过分自负，另一方面是对它的策略性的降低。这是由于政治的原因。因为这样一种文化政治可以突出英雄性，体现出次等人的激动人心的英雄主义的形象——强壮的妇女、黑人英雄、法侬式的对殖民化的抵抗——以此鼓励所说的公众；或者，它也可以坚持该群体的悲惨状况，对妇女、黑人或被殖民者的压迫。这些对悲惨状况的描绘也许是必要的——以便激起愤怒，使被压迫者的境遇更广泛地为人们了解，甚至使统治阶级某些人转而支持他们的事业。但这里的危险是，你越是坚持这种悲惨和无权的状况，它的主体就越显得是软弱和被动的受害者，越显得容易受人支配，因而被当做令人生厌的形象，甚至可以说是剥夺了他们所关心的那些人的权力。在政治艺术里，这两种表征的策略都是必须的，而它们彼此不可能调和。也许它们对应于斗争中的不同历史阶段、发展地区的机遇和再现的需要。然而，除非人们以那种政治和战略的方式来考虑它们，否则就不可能解决政治正确性中这种特殊的二律背反。

四

我已经论证过，这些文化问题倾向于弥散在经济和社会问题之中。让我们首先看看全球化的经济方面。事实上，经济似乎不断地消融到全球化的其他各个层面：控制新的技术，强化地缘政治的兴趣，并最终因后现代性而使文化融入经济之中——而经济也融入文化之中。商品生产现在是一种文化现象，你购买产品不仅因为它的直接使用价值，而且因为它的形象。为了设计商品的形象和推行销售它们的战略，一种整体工业——一种经济机制——已经形成：广告变成了文化和经济之间的一种基本中介，并且肯定可以纳入大量的美学生产形式（无论它的存在使我们对这种情况的看法产生什么争论）。色情是这个过程重要的部分：广告宣传的策划者是真正的弗洛伊德式的马克思主义者，他们懂得性本能投入的必要性，懂得必须使这种投入伴随着商品并使它们吸引人。连续性也有它的作用：其他人的汽车或花园机械的形象会在我购买那些东西的决定中发生作用（由此也可以使我们看到文化和经济折回到社会本身）。在这种意义上，经济变成了一个文化问题；也许我们还可以推断，在庞大的金融市场上，我们抛出或购入股票的公司的形象也有一个文化的方面。盖·狄保德很久以前就把我们的社会描写成一个形象社会，一个以审美方式消费的形象的社会。他以此表示这种将文化和经济分开同时又将这两者连接起来的接缝。我们随意地谈到许多有关政治的物化，观念的物化，甚至感情和私人生活方面的物化；现在我们必须补充的是，今天的物化也是一种美学化——商品现在也以“审美的方式”消费。

这是从经济到文化的运动；但也存在着从文化到经济的运动，而且它同样重要。这就是娱乐业本身，它是美国庞大的、最赢利的出口产品之一（与食品和武器相似）。我们已经谈到反对文化帝国主义的问题，但只是根据地区的趣味和身份谈的——例如根据印度人或阿拉伯公众对某些好莱坞电影的“自然的”抵制。事实上，很容易使非美国公众对今天好莱坞产品的暴力、时间和身体直接性的风格形成爱好，而这些风格的声誉只能靠美国的现代性或后现代性的某种形象来提高。[4]那么，这是否是为西方的普遍性——或至少美国的普遍性——及其“文明”进行辩护？虽然是无意识地，但这无疑是一个被广泛坚持的立场，因此值得认真地、以哲学的态度正视它，即使它显得有些荒谬。

然而，事实上，经济问题先于这种模糊的作为公众趣味的文化问题。自从第二次世界大战结束以来，美国作出巨大的努力来确保它的影片在外国市场上居支配地位——一般通过将条款写进各种条约和一揽子的援助计划来实现。在大部分欧洲国家，除了坚持抵制这种特殊形式的美国文化帝国主义的法国，民族电影工业在战后因这种约束性的协议而被迫处于守势。美国这种试图摧毁所谓“文化保护主义”政策的系统努力，只是一种更普遍的、日益全球性的兼并战略的组成部分（现在这种兼并战略在WTO及其所做的类似流产的MAI计划的努力中备受推崇），它极力以有利于美国公司的国际机制代替地方法律，无论是在知识产权方面还是在专利方面无不如此（例如热带雨林资料和地方发明），更不用说蓄意暗中破坏国家在食品方面的自足了。

这里文化已经绝对变成了经济性的，而这种特殊的经济还明确地设定了政治日程，并支配着政策。显然，在今天的世界上，仍然存在着为争夺资源的斗争，例如为争夺石油、钻石和其他原料的斗争：谁敢说这些是帝国主义的现代形式，与以友好的政府（即从属的）代替抵抗的政府那些更早的纯政治的和外交的或军事的努力相同？但是，今天更独特的后现代的帝国主义形式——甚至文化帝国主义的形式——似乎是我一直描述的那种形式，它通过北大西洋自由贸易区、关税和贸易总协定、国际销售协定和世界贸易组织等发生作用。这并非因为这种形式的帝国主义提供一种关于不加区分的教科书似的范本（一种新的教科书！），说明经济、文化和政治独特的不同层面之间的汇聚融合，尽管它们是后现代性的基本特征和全球化的基本构成。

全球化的经济范畴有一些其他方面也应该简要地加以考察。跨国公司——20世纪70年代只称作多国公司——是新的资本主义发展的第一个迹象和症候，它引起对可能出现某种新的双重权力的政治恐惧，以及对这些跨国巨大实体可能胜过政府的政治恐惧。这种恐惧和幻想的疯狂的一面，被政府本身与这些公司的商业活动的共谋所缓解，仿佛这两部分之间有一个旋转门似的——尤其就美国政府的人员而言。（具有讽刺意味的是，自由市场的雄辩者总是谴责日本政府干预民族工业的模式。）新的全球合并在结构上更令人不安的特征是，它们能够通过把自己的活动转到海外更便宜的劳动力市场而破坏本国的劳动力市场。迄今为止，还没有可比的劳动力转移的全球化与这种情况相对应；外籍人的流动也许表现一种社会和文化的运动性；但还不是一种政治的运动性。

金融资本市场的巨大扩展是这种新的经济全球化的一个引人注目的特征——同样，这种情况之所以成为可能也与由新技术创造的同时性相关。这里我们不再一定要涉及劳动力或工业能力的流动性，而是资本本身和投资的流动性。最近几年，对外国货币的破坏性的思考标志着一个更重要的发展，就是说，第一世界以外的民族—国家绝对依赖外国资本，包括借贷、援助和投资。（甚至第一世界国家也有些脆弱，例如密特朗执政初期法国因较左的政治而受到的打击。）此外，全球化进程还破坏了许多国家在农业方面的自给自足，不得不依赖于进口美国的食品，然而可以想像，这也可以说成是新的世界范围的劳动分工，正如亚当·斯密所说，这可以看作是生产力的提高而不是降低。不过，对新的全球金融市场的依赖，却不能再以同样的方式来说明。最近五年大量的金融危机以及政治领导人（例如马来西亚总理马哈蒂尔）或经济界人物（如乔治·索罗斯）的公开声明，都使人更清楚地看到新世界经济秩序这种破坏性的一面，在这种经济秩序中，资本的瞬间转移可以汲干国民劳动力多年生产积累的价值，使全球的某些部分整个贫困化。

美国抵制引进那种控制国际资本转移的策略，因为这种方法可能使金融和投机导致的破坏受到遏制。当然，美国一向在国际货币基金组织中发挥着主导作用，而后者长期以来被认为是新自由主义企图的推动力量，它以威胁撤回投入的资金把自由市场的条件强加于其他国家。但最近几年，金融市场的利益与美国的利益绝对一致的情况变得不再那么明显：这里的焦虑是，这些新的全球金融市场——像最近科幻小说里有知觉的机器一样——可能转变成自治的机制，造成谁都不希望的灾难，甚至最强有力的国家政府也无法控制。

不可逆转性一直是这个过程的一种特征。不可逆转性最初表现在技术层面上（不可能回到更简单的生活或更简单的生产），但在政治领域里，就帝国主义的统治而言，我们也面临着这种不可逆转性——尽管世界历史的变化在这里表明，任何帝国都不会永远存在下去。在文化层面上，全球化可能导致地方文化的最终毁灭，除了以迪斯尼的虚构形式，地方文化不可能复兴，就是说，只能构成人为的幻象或者幻想化的传统和信念的意象。但在金融领域里，那种似乎笼罩着全球化公认的不可逆转性的毁灭气氛，使我们面对着自己无力想像出任何可能的替代，或者无法设想与世界经济“松散联系”何以首先是可行的政治和经济计划——尽管“松散联系”的民族存在形式仅仅几十年前还以社会主义阵营的形式盛行。[5]

五

经济全球化的另一个方面，即所谓的“消费文化”——最初出现在美国和第一世界其他国家，但现在却系统地在全世界蔓延——最终把我们带到社会领域。苏格兰社会学家莱斯利·斯科莱尔曾用这一术语表示由晚期资本主义商品生产衍生出的一种特殊的生活方式，这种方式可能危及其他文化中种种可选择的日常行为——而反过来，它也成为种种特殊抵制的目标。[6]但在我看来，更有用的不是从文化方面来考察这种现象，而是在这一点上经济进入到社会，因为作为日常生活的一部分，“消费文化”实际上是社会结构组织的一部分，很难与社会分开。

但是，问题也许并非是所谓的“消费文化”是不是社会的组成部分，而是它是否标志着我们迄今所理解的社会的一切的终结。这里的论点联系到以前对腐蚀传统社会群体的个人主义和社会分裂的谴责。社会对群体：现代非个人的社会破坏了旧的家庭、世系、村庄等“有机形式”。因此这里的论点是，消费本身是个人化的和分裂的，其逻辑是破坏那种常常被隐喻化为日常生活结构组织的东西（实际上，日常生活只有开始遭到破坏时，它才会被从理论、哲学和社会学上来认识）。这里对商品消费的批判，与传统上对金钱的批判相似——其中金钱被认为是最具腐蚀性的因素，破坏社会的契约关系。

六

在他的著作《虚幻的曙光》（False Dawn）里，约翰·格雷追溯了在全世界不同国家境遇中全球化的影响，从俄国到东南亚，从日本到欧洲，从中国到美国，等等。[7]在评价自由市场体制全面实施的灾难后果时，他遵循卡尔·波利亚尼（《伟大的变革》）的观点，但他发展了波利亚尼的观点，提出了自由市场思想中的基本矛盾：这就是，建立完全脱离政府的自由市场包含着大量的政府干预，实际上强化了政府的集权力量。自由市场不会自然地发展；它必然要通过决定性的立法和其他的干预措施才能形成。这是波利亚尼所处的时代——19世纪早期的情况；而格雷认为这也正好是我们自己时代的情况。

对这个问题他还补充了另一种反讽的辩证的扭曲：撒切尔的自由市场试验的社会破坏力量，不仅对那些因之贫困化的人造成恶果，而且还分裂了支持她的计划并构成她的选举人基础的保守党群体的“人民阵线”。格雷从这种辩证的颠倒中得出两个结论：

第一，真正的文化保守主义（就是他自己的）与自由市场政策的干预主义是不相容的；第二，民主本身与自由市场的政策也是不相容的，因为大多数人必然反对其招致贫困、破坏性的后果——总是如此，只要他们能够认识它们并拥有这样做的选举手段。

对许多关于全球化和美国自由市场的赞美的修辞，这是一付绝好的解毒剂。正是这种修辞——也可以说新自由主义的理论——构成了格雷著作中基本的意识形态目标，因为在他看来，对于今天世界上的灾难性变化，那是一种真正的力量，一种积极的具有塑造力的影响。但我认为，这种对意识形态力量的强烈感觉，最好不要看作是唯心主义的对观念重要性的肯定，而应该看作是话语斗争力量中的一种教训（或者用另外的术语说，是能指的物质主义力量中的教训）。[8]

这里我们应该强调的是，格雷视为日益强大的自由市场全球化的那种新自由主义的意识形态，是一种特殊的美国现象。（撒切尔夫人虽然把它付诸实践，但正如我们看到的，在实践过程中，她自己毁了它，也许还毁了英国自由市场的新保守主义。）格雷的观点是，被美国的普遍主义（在“西方文明”的掩饰下）所强化的美国信条，在世界的任何其他地方都得不到共鸣。在对“欧洲中心主义”的指责仍然流行之际，格雷提醒我们，欧洲大陆（甚至英国）的传统并不总是欢迎这种绝对的自由市场价值，而是倾向于他所说的“社会市场”——换句话说，也就是福利国家和社会民主。而日本和中国的文化，东南亚和俄国的文化，本来就都不欢迎这种新自由主义的计划，虽然它可能成功地摧毁那些文化。

在这一点上，格雷回到了我认为非常可疑的两种标准的社会科学概念：文化传统的概念和［尚未提到的］现代性本身的概念。这里，附带讨论一下另一篇论今天全球形势的有影响的著作也许是有益的。这就是塞缪尔·亨廷顿的《文明的冲突》。在这篇著作里，尽管可能出于各种错误的理由，亨廷顿也表现为一个强烈反对美国普遍主义主张的反对者，尤其反对美国当前在全球进行警察式的军事干预的政策（或习惯?）。一方面因为他是一个新型的分离主义者；另一方面因为他相信我们认为是普遍的、适用于世界各个地方的西方价值——如民主选举、法制和人权等——实际上并没有扎根于某种永恒的人性，而是文化的特质，是诸多价值中一些价值（如美国的价值）的特殊的聚合的表现。

亨廷顿这种类似汤因比的看法假定当前存在着八种世界文化：西方文化；俄罗斯东正教文化；伊斯兰文化；印度文化；日本文化——局限于那些岛屿，但非常独特；中国文化或儒家传统文化；最后，虽然在概念上有些问题，但还是提出了一种公认的非洲文化，以及带有某种综合特征或可能并非我们期望看到出现的一种拉丁美洲的文化。亨廷顿这里的方法令人想到最早的人类学理论：社会现象——社会结构、行为等等——的典型表现是“文化传统”，这种传统反过来通过它们在特定地区的根源来加以说明，而后者作为原动力则不需要进一步的历史或社会学的解释。人们也许认为，世俗社会所提出的观念上的难题会使亨廷顿止步不前。但绝非如此：因为某种所谓的“价值观”显然会在世俗化的过程中生存下来，并说明为什么俄罗斯文化不同于中国文化，而它们都不同于当前北美或欧洲的文化。（后者在“西方文明”之下归结在一起，其“价值观”当然被称作基督教文明——在公认的西方基督教的意义上，明显不同于东正教，而且在潜在的意义上也不同于残存的地中海区域的天主教，即亨廷顿在“拉丁美洲”文化的标签下期望实现的宗教。）

亨廷顿在论述中确实附带地谈到马克斯·韦伯关于新教徒工作伦理的论点似乎把资本主义等同于某种特殊的宗教—文化传

统；但是除此之外，“资本主义”一词几乎没有出现。实际上，这种明显是对世界全球化进程对抗性概括的最惊人特征之一，就是完全没有提到任何重要的经济问题。这是真正的政治科学，属于那种最乏味的、专门化的类型，全部都是外交和军事冲突，丝毫没有暗示独特的经济力量，而经济推动着自马克思以来的历史创造性。毕竟，在格雷的著作里，对文化传统多样性的坚持引人注目，它描述了它们可能产生或接受的各种资本主义；这里文化的多样性只是表示非中心化的、外交和军事的混杂，而“西方的”或“基督教的”文化不得不考虑如何对待它们。然而，归根到底，任何对全球化的讨论都必须以这种或那种方式服从于资本主义本身的现实。

在结束我们对亨廷顿及其宗教战争的插叙之际，让我们再回到格雷，因为他也谈到了文化和文化传统，但在这里考虑的是它们提供不同形式的现代性的能力。关于“世界经济的增长”，格雷写道：

> 并不一定引起普遍的文明，如像斯密和马克思所认为的那样。相反，它允许种种本土资本主义的发展，它们不同于理想的自由市场经济，彼此之间也互不相同。它造就的政权通过恢复自己的文化传统来获得现代性，而不是模仿西方国家。因此有多种不同的现代性，就像在现代过程中有多种失败的方式一样。（原书 195 页）

值得注意的是，所有这些所谓的“现代性”——格雷所追溯的中国侨民的家族式资本主义，日本武士精神的资本主义，韩国的集权资本主义，欧洲的“社会市场”以及俄罗斯黑手党似的无政府主义的资本主义——全都假定某些特殊的、先在的社会组织形式，它们以家庭秩序为基础——无论是家族还是延伸的网系或者在更传统意义上的形式。就此而言，格雷描述的对全球自由市场的抵制最终也不是文化的（尽管他不断用文化一词），归根到底还是社会的：各种“文化”的关键特征可以汲取不同的社会源泉——集体、群体和家族的关系——从而反对自由市场产生的意识。

在格雷看来，最可怕的非理想社会就在美国：剧烈的社会两极分化和贫困化，中产阶级遭到破坏，毫无福利保障系统的结构性失业，世界上最严厉的监狱统治，城市污染损坏，家庭解体——这些就是被引上自由市场道路的任何社会的前景。格雷不像亨廷顿那样，他不必寻求某种独特的文化传统来归类美国的社会现实：毋宁说它们产生于社会的分裂和破坏，其结果使美国成为世界其他国家的一个可怕的、足资教训的实例。

“有许多不同的现代性”：正如我们看到的，格雷赞扬“通过更新他们自己的文化传统来获取现代性的那种政权”。人们究竟如何确切地理解现代性这个词呢？在许多人称之为“后现代性”的东西当中，在冷战结束之后，在对西方和共产主义的不同“现代化”都进行怀疑之际，究竟是什么造成了它的巨大财富——就是说，地区的发展和重工业出口？

现代性的词汇——或者更确切地说现代化的词汇——肯定在全世界有重复的情况。这是否意味着现代技术？倘若如此，世界上几乎每一个国家早就现代化了，它们都有汽车、电话、飞机、工厂，甚至计算机和地方的股票市场。如果不够现代——这里一般的含义是落后，而不是真正的前现代——是否只是意味着这些东西不够多？或者不能有效地运用它们？或者成为现代的是否就意味着拥有宪法和法律，像好莱坞电影里的人们那样生活？

这里用不着怎么犹豫我就会贸然提出这样的看法：“现代性”在这种语境里是一个可疑的词，在社会主义受到怀疑之后，它完全被用来掩盖任何大的集体的社会希望或目的的缺失。因为资本主义本身没有任何社会目标。大肆宣扬“现代性”取代“资本主义”，使政治家、政府和政治科学家可以自称它具有社会目标，从而掩饰那种可怕的缺失。这在格雷的思想里表示出一种基本的局限：他被迫在许多策略性的时刻使用这个词。

格雷自己对未来的设想是特别蔑视回到过去的集体计划：他一再重复说，全球化在当前的意义上是不可逆转的。共产主义是邪恶的（就像它的镜像或自由市场的乌托邦一样）。社会民主今天被宣称是行不通的：社会民主政权“预设一种封闭的经济……［它的］许多核心政策在开放的经济中无法坚持”，在开放的经济中，“资本的自由转移使它们难以实施”。相反，国家将不得不尽量缓和自由市场的苛刻性，忠实地坚持自己的“文化传统”：于是必须以某种方式发明出全球性的系统规则。整个方法在很大程度上依赖于话语斗争——就是说，依赖于打破新自由主义意识形态的霸权。对于错误意识在美国的统治，格雷有许多话要说，而要打破这种统治，显然只能靠大规模的经济危机（他深信这样一种危机会出现）。市场不可能自我调控，无论是不是全球性的；然而“若无美国政策的根本转变，一切全球市场的改革计划都会流产”。这是一种凄凉而现实的图画。

至于原因，格雷不是把全球自由市场的先决条件和它的不可逆转性归之于意识形态，而是归之于技术；而这样一来，我们就回到了我们的始发点。在他看来，一个跨国公司胜过其竞争对手的决定性优势，最终来自于它发明新技术并有效地应用它们获取利润的能力。同时，“工资下降和失业增加的根本原因是新技术在全世界的扩展”。技术决定社会和经济政策——“新技术充分利用传统的难以行得通的政治”。最后，“一种真正的全球经济的形成，靠的是新技术在全世界的扩展，而不是自由市场在全世界的扩展”；“这种［全球化］进程的主要动力是新的、消除距离的、信息技术的迅速扩展”。格雷的技术决定论被他多元“文化传统”的希望所掩盖，被他反对美国新自由主义的立场政治化了，因此最终提供的是一种非常模糊的理论，与其他许多全球化的理论家的理论同样模糊，虽然采取“现实主义的”姿态，但提供的是同等程度的希望和焦虑。

七

现在我想看看我们刚才提出的分析系统——分为技术、政治、文化、经济和社会五个不同层面（基本上是这个顺序），并在区分过程中揭示它们之间的联系——是否也无助于决定某种政治的形态，这种政治一如我们所说，能够提供对全球化的某种抵制。因为，以同样的方式探讨政治策略，也许会告诉我们它们把全球化的哪些方面析出并作为目标，同时又忽视了哪些方面。

正如我们已经看到的，技术层面可以引发某种路德主义的政治——破坏新的机器，试图阻止甚至也许使突然开始的新技术时代倒退。路德主义在历史上经常被人嘲笑，但绝不是像人们认为的那样，它是没有思想的“自发的”计划。[9]不过，提出这种策略的真正价值是它造成的怀疑主义——唤醒所有我们根深蒂固的关于技术不可逆转的信念，或换种方式说，为我们投射出其激增的纯体制的逻辑，永远逃避国家的控制（正如看到的，许多政府对技术创新的保护和维持的努力都告失败）。这里，生态批评似乎也找到了它的位置（即使有人提出，控制工业过度发展的意愿也会形成对技术创新的刺激）；而各种控制资本外流和跨国投资的建议（如托宾计划［Tobin plan］），似乎也各得其所。

但是，非常明显的是，正是我们坚定地相信技术创新只能是不可逆转的信念本身（无论正确与否），构成了技术控制的政治的最大障碍。因此，这可以作为在政治层面上“分离”的一种寓言：想像一个没有计算机或电脑——或没有汽车或飞机——的社会，等于试图想像脱离地球生存的可能。[10]

随着这种从先在的全球体制脱离的观念，我们已经陷入到政治之中。这正是民族政治抬头的地方。[11]我认为帕萨·查特基对这一问题的观点是成立的、有说服力的——或者换句话说，假如赞同一种不加修饰的民族主义政治，就应该加以驳斥。[12]查特基表明，民族主义不可能脱离现代化的政治，前者必然包含后者所有不连贯的计划。因此，他认为，民族主义的冲动一定总是一个超越民族主义的更大政治的组成部分；否则它所达到的形式目标，即民族独立，就失去了内容。（这并不一定是说，任何更大的政治没有某些民族主义的冲动也行之有效。）[13]实际上非常清楚的是，民族解放的真正目标已经表明它自己在其实现过程中的失败：许多国家已经从它们以前的殖民宗主国获得独立，但立刻又陷进资本主义全球化的力量领域，服从于金融市场和外国投资的统治。南斯拉夫和伊拉克这两个当前似乎处于那个轨道之外的国家，在追求纯粹的民族主义的道路上并不鼓舞人心：它们似乎以各自的方式证实了查特基的判断。如果米洛舍维奇的反抗以任何方式与保卫社会主义相联系，我们迄今也未能听到；而萨达姆在最后一刻召唤伊斯兰精神，几乎对任何人都不可能有说服力。

这里非常必要的是区分这种民族主义和反对美国帝国主义——或许戴高乐主义[14]——这无疑是今天任何自尊的民族主义的一部分，只要它不蜕化为这种或那种“种族冲突”。种族冲突是边界战争；而单是反对美国帝国主义就构成对体制或全球化本身的抵制。在社会—经济方面最有能力坚持反全球化的地区是日本和欧盟，但它们自己也深深地卷进了美国的全球自由市场计划之中，充满了通常那种“混杂的感情”，主要通过对关税、保护、专利和其他贸易问题的争论来维护它们自己的利益。

最后需要补充的是，今天，民族—国家仍然是政治斗争惟一的具体领域和框架。最近反对世界银行和反对 WTO 的游行，看来真的标志着美国内部开始出现一种新的有希望的对抗全球化的政治。然而很难看出这种斗争在其他国家如何能以“民族主义”之外的其他方式展开——也就是说，以我前面提到的“民族主义”精神或戴高乐主义的方式展开：例如，为劳动保护法进行斗争，反对全球自由市场的压力；或者以民族文化“保护主义”为名的政治的对抗，或专利法的保护，反对美国的“普遍主义”——这种“普遍主义”破坏地方文化和民族医药工业，以及一切仍然有效的福利保障体系和社会化的医疗制度。然而在这里，民族保护又突然变成了福利国家本身的保护。

同时，这一非常重要的斗争领域也面临着机敏的政治反应和对抗，例如美国利用民族自我保护的语言，维护美国的童工法和环境保护法，反对“国际”的干预。这就使反对新自由主义的民族抵制变成了对美国“人权”普遍主义的保护，从而抽空了这种具体斗争的反帝内容。在另一种扭曲中，这些为国家主权而进行的斗争与伊拉克式的反抗混同起来——后者被解释为争取生产原子武器的权利的斗争（另一种美国“普遍主义”的证据，它把原子武器限制为“大国”的权利）。在所有这些情形当中，我们看到的是要求特殊性和要求普遍性的话语斗争——证实了查特基所确认的民族主义立场的基本矛盾：力图使特殊性普遍化。应该明白的是，这种批判绝不是意味着同意普遍主义，因为我们已经在后者当中看到，美国的普遍主义事实上是在维护它自己特殊的国家利益。普遍与特殊之间的对立，实际上是在全球体制内部民族—国家现存的历史境遇之中的内在矛盾。这也许是反全球化的斗争——尽管可以部分地在民族领域展开——不能完全从民族或民族主义方面成功地进行到底的更深层的哲学原因，虽然按照我对戴高乐主义的看法，民族主义的激情可能是不可或缺的动力。

那么，由于文化层面以这种或那种方式包括对我们“生活方式”的保护，政治抵制在文化层面上又是如何呢？这可能是一个有力的否定的计划：它保证连接并突出所有可见和不可见的文化帝国主义的形式；它允许敌人得到确认，使破坏力量变得可见。在民族文学被国际或美国的畅销书取代之中，在民族电影工业被好莱坞的重压摧毁之中，在民族电视被进口的美国产品淹没之中，在地方咖啡馆和餐馆随着大快餐公司的进入而关闭的情况里，人们可以首先而且非常明显地看到全球化在深层次上对日常生活的无形的影响。

但这里的问题是，如此受到威胁的“日常生活”本身却更难再现：虽然它被分裂的状况可以看得见、感觉得到，但被保护的、肯定的、实在的东西却可能把自己变成人类学上的各种怪癖，而其中许多则会被归纳为这种或那种宗教传统（而我想在这里提出质疑的正是这种“传统”本身的概念）。这使我们重又回到亨廷顿的世界政治；附加的条件是，真正表现出抵制全球化或西方化力量的“宗教”或“宗教传统”——完全可以预见——只有伊斯兰。而在国际共产主义运动消失之后，在世界舞台上，只有某些伊斯兰的潮流——一般被称作“原教旨主义者”——才真正有计划地抵制西方文化，或至少抵制西方的“文化帝国主义”。

但同样明显的是，这些力量不可能再像伊斯兰早期做的那样，构成一种真正的普遍性的对抗；如果我们从文化领域转到经济领域，这种倒退的弱点会变得更加清楚。事实上，如果在全球化的破坏形式背后真正的动力是资本主义，那么它一定在于它们使这种特殊的剥削方式中性化或使之改变的能力，而人们最好检验一下对抗西方的各种不同的形式。对高利盘剥的批判显然无济于事，除非像阿里·沙里亚蒂那样，把它延伸到彻底消灭金融资本主义。但是，传统的伊斯兰对西方跨国公司掠夺地方矿产资源和剥削地方劳动力进行的旧式批判，仍然把我们置于旧的反帝国主义的民族主义范围之内，难以与新的全球化资本的巨大的侵略力量抗衡，而事实早已发生了变化，无法按照四五十年前的情况来认识。

不过，在政治反抗里，任何宗教形式的具体力量，都不是产生于它的信仰体制本身，而是产生于它在某种实际存在的社会中的基础。这就是为什么任何纯经济反抗的建议，最终都必须把注意力从经济转到社会（这种注意力保留着所有层面）。先在的社会凝聚力形式，虽然它们本身已经不够有力，但对任何有效的、持久的政治斗争，对于任何伟大的集体努力，都依然是必不可少的先决条件。[15]与此同时，这些凝聚力形式本身也是斗争的内容，与任何政治运动利害攸关，仿佛是它们自己的投射的计划。但无须把这种计划——保留集体以反对分散的个体——看作是往后看或（真的是）保守的。[16]这种集体的凝聚力本身可以在斗争中形成，例如在古巴和伊朗（但在那里，新一代的发展似乎对它构成了威胁）。

实际上，表示劳工组织的旧的术语“联合”，对于最终在社会层面上的争论，提供了一种绝好的象征意义；各地劳工运动历史的大量实例表明，在积极的政治工作中可以形成新的团结形式。这样一些集体并不总是受新技术的左右：相反，新的抵制全球化的政治（例如反对 WTO 的游行）无论在什么地方出现，电子信息交流似乎一直非常重要。当前，我们可以用乌托邦一词来表示一切表达集体生活要求的计划和表征——无论它们以多么扭曲或无意识的方式表达出来——并在对全球化所作的真正进步或创新的政治反应里，确认社会的集体性是最重要的核心。

原载《新左派评论》(2000 年冬季号)

【注释】

[1] 作为这些看法的实例，见 Masao Miyoshi and Fredric Jameson，eds，*The Culture of Globalization*，Durham，1998。

[2] 这里暗指 Samir Amin 的有用的术语，*la deconnexion*；*see Delinking*，London，1985。

[3] Samuel Huntington，*The Clash of Civilizations*，New York，1998.

[4] 在 *The Culture Turn*（London 1999）里，我曾探讨过这种分析；亦见 chapter 8 of *Postmodernism*，*Or*，*The Cultural Logic of Late Capitalism*，London，1991。

[5] 我采取的是不太流行的观点，即苏联的“解体”不是因为社会主义的失败，而是因为社会主义阵营放弃了松散联系。见“Actually Existing Marxism”，in C. Casarino，Rebecca Karl，Xudong Zhang，and S. Makdisi，eds，*Marxism Beyond Marxism*?，*Polygraph* 6/7 1993. 这种直觉得到了权威性的确认，见 Eric Hobsbawn，*The Age of Extremes*，London，1994。

[6] See Leslie Sklair，*Sociology of the Global System*，Baltimore，1991.

[7] John Gray，*False Dawn*，New York，1998. 应该注意的是，他的主要目标并不是全球化本身（他把全球化视为技术的和不可避免的），而是他所说的“全球自由市场的乌托邦”。格雷是一个公认的反启蒙的思想家，对他来说，所有的乌托邦（包括共产主义和新自由主义）都是邪恶的和破坏性的；但他并没有说出“好的”全球化是什么样子。

[8] 关于撒切尔战略思想的这种一般的教训，见 Stuart Hall，*The Hard Road to Renewal*：*Thatcherism and the Crisis of the Left*，London，1988。

[9] See Kirkpatrick Sale，*Rebels against the Future*，Reading，MA，1995.

[10] 绝非偶然的是，当人们以这种方式想像松散联系时，总是媒体技术处于危险之中，同时强化旧的看法：“媒体”一词不仅表示传播，而且也

表示运输。

[11]“民族主义”和“民族主义者”这两个词一向含混模糊，常常误导，甚至可能是危险的。在我看来，肯定的或“好的”民族主义包含亨利·勒费弗尔喜欢说的“伟大的集体计划”，而其采取的形式是努力建设一个国家。掌握权力的民族主义更多的是“坏的”民族主义。萨米尔·阿明对政权和国家、获取政权和建设国家的区分也许在这里是中肯的（Delinking，p. 10）。政权是“民族资产阶级统治”的“坏的”目的，而建设国家最终一定会在这种“伟大的集体计划”中动员人民。同时，我相信把民族主义与类似地方自治的现象混同是一种误导，它使我觉得像是（例如）印度的身份政治，尽管它确实是在大的、民族的范围内的展开的。

[12] Partha Chatterjee，*Nationalist Thought and the Colonial World*，London，1986.

[13] 一种具体的民族主义可以通过社会主义的计划来完成，古巴和中国也许是这种方式最好的相反的例子。

[14] 这并不是他的确切反应，但无论如何还是看看 Regis Debray 的充满刺激和同情的 *A Demain de Gaulle*，Paris，1990。

[15] Eric Wolf 的经典的 *Peasant Wars of the Twentieth Century*（London，1971）在这方面仍然具有启示。

[16] 从左派观点提出关于社区或集体的最终价值的任何人，都必须面对三个问题：1）如何从根本上把这种立场与公有社会制度分开；2）如何把集体计划与法西斯主义或纳粹主义分开；3）如何把社会和经济层面相联系——就是说，如何运用马克思主义对资本主义的分析，证明在那个制度内部进行社会解决是行不通的。至于集体身份，在个体的个人身份被揭示为多元立场的一个无中心的所在的历史时刻，当然可以要求某种类似的东西在集体层面上概念化。

（王　珊　译　王逢振　校）

论作为哲学问题的全球化

一

关于我们的论题逻辑上似乎可以采取四种立场。第一种立场证实这样一种观点，即没有全球化这种事（有的仍然是民族—国家和民族环境；天下没有什么新鲜事）。第二种也证实全球化并不是什么新鲜事；全球化始终存在，只要翻一翻埃里克·沃尔夫的《欧洲与没有历史的人民》就足以看到，早在新石器时代的贸易路线在规模上就是全球的：玻利尼西亚的艺术品落脚非洲，而亚洲的陶器碎片则遍布新大陆。

那么，我认为还可以加上两种：一种证实全球化与作为资本主义终极视域的世界市场之间的关系，但只是附言说现行的世界网络只在程度上有所不同，而非在种类上；而第四种（我发现比前三种都有趣）则假定新的或第三阶段的跨国资本主义，全球化这一阶段的本质特征，不管我们愿意与否，我们现在大多都愿意将其与后现代性联系起来。

同时，比所有这些都更重要的是各种判断：人们可以悲叹全球化，也可以高扬全球化，正如人们欢迎后现代时代新的自由和后现代世界观、尤其是欢迎新的技术革命一样，或另一方面，挽歌式地哀悼正在逝去的现代辉煌：现代主义艺术的各种荣耀和可能性，人类存在于其中的作为基本因素的**历史**的消失，而同样重要的，还有本质上属于现代主义的政治斗争的结束，在这种斗争中，大意识形态仍然拥有此前各个时代伟大宗教的力量和权威。但是，我的确认为，至少暂时把这种现已熟悉的后现代争论与全球化问题区别开来是对我们有利的，与此同时应深刻地认识到这两个问题是错综地交织在一起的，关于后现代的各种立场终究要回到这两个问题上来的。

我们先从这样一个原则开始：我们似乎已经知道全球化是什么，并试图集中探讨全球化的概念，探讨其意识形态结构，如果愿意的话（事先需要说明的是，意识形态一词并非是贬义的，一个概念既可以是意识形态的，又可以是正确或真实的）。我认为，全球化是一个通讯概念，交替地掩盖和传播文化或经济意义。我们感到，今天，更加密集和更加广延的通讯网络遍布全世界，这些网络一方面是各种通讯技术显著革新的结果，另一方面是以世界各国更大程度的现代化或至少在各大城市里的现代化为基础的，其中包括这种技术的培养。

但全球化概念的通讯焦点从本质上说是不完整的：我蔑视完全从媒体或通讯角度看待全球化的人；我们可以在 20 世纪初期，即在现代主义时期找到媒体形象的对比和区别。那时，似乎的确存在着媒体发展的半自治性：广播似乎的确第一次渗透到遥远的地区（国内和国外）；世界范围内电影的进步迅速而惊人，似乎带来了一种新的大众意识；同时，新闻和报道就其波及的深远地区而言乃是英雄行为，放射出新的光明，同时带回新的信息。没有人预感到电脑革命会是那个样子，如果它仅仅建立在最初的、已经确立的网络之上的话。今天的通讯发展就其全部内涵而言已不再是一种“启蒙”，而是新技术的发展。

这就是人们何以在全球化的通讯概念中发现其他潜在维度的原因。因此，如果新现象通过技术而非信息从本质上区别于旧的、现代的现象（尽管信息这个术语在今天已得到广泛使用并在意识形态上长足发展），那么，所发生的就是技术和电脑人所说的信息开始不知不觉地转入广告和公关方向，转入后现代市场，最后是电视节目的出口，而非回归从遥远地区发出耸人听闻的报道。但这就是说，其表面概念，即通讯概念，突然获得了整个文化维度：通讯能指已经被赋予了一种更正当的文化所指或指意。现在，对扩大的通讯网络的定位已经秘密地改变为关于一个新世界文化的某种信息。

但这种转向也可以选择另一取向：即经济。因此，在我们思考这个新的、仍然纯粹的通讯概念时，我们已开始用全世界财经转移和投资的幻觉填充这个空洞的能指，而这些新的网络则开始随着某种新的和公认为较具弹性的资本主义膨胀起来（我必须承认我一直以为这是一种荒唐的表达）。我们开始记得，这种新的颇具弹性的生产恰恰是由电脑化（回归到技术的一个循环）促成的，我们还记得，计算机及其程序等等本身在当今各个国家中是最热门的商品交换形式。因此，在这个变体中，这个表面上的通讯概念私下里已经被改造成了对世界市场及其新近确立的相互依赖关系的幻想，改造成了超常规模的全球性劳动分工，由商业和金融等不懈地开辟出来的新的电子贸易路线。

现在，我认为我们已经有了充分的准备来理解关于这个滑动的概念的争论和意识形态的流动，它的两副并非完全相容的面孔现在看来似乎产生出两种不同的立场，但其本身却是可以逆转的。这样，如果你坚持这种新的通讯形式的文化内容，我认为，你就会慢慢地进入后现代对差异和区别的高扬：突然间，世界上的全部文化被置于相互容忍的交往之中，共处于一种巨大的多元主义之中，这个世界很难不去欢迎这种多元主义。除此之外，除了对文化差异的最初高扬之外，而且往往与这种高扬紧密相关的，是对不同群体、种族、性别、弱势民族等一系列新近进入公共话语领域的高扬；这些结构的消解把人口的所有组成部分贬降到沉默和从属的地位；大众民主化的全球性发展——为什么不呢？——看起来与媒体的发展有关，但又即刻在新的世界空间里表现为文化的一种新的丰富性和多样性。

另一方面，如果你的思想转向经济，并使全球化概念濡染上那些符码和意义的色彩，我认为，你就会发现这个概念愈加黯淡，愈加模糊不清。现在首要的是愈加强烈的同一性（而非差异性）：迄今自治的民族市场和生产地带向单一地区的迅速同化，民族性生活必需品（如食品）的消失，和地球上所有国家不得不统一而成为我在前面提到的那种新的全球劳动分工。在此，开始激发我们的全球化思考的是在规模上新的无与伦比的一幅标准化图画；一幅被迫进入世界体系的统一的图画，从此，与这个世界体系"解除关系"（萨米尔·阿明语）已经不再可能，甚至是无法想像的。比之以前关于异质性和差异性的愉快幻想，这显然是远较悲哀的前景，但是，我拿不准这些幻想在逻辑上是否是不相容的；实际上，它们似乎处于一种辩证的关系之中，至少是在难以解决的二律背反的模式上。

但是，由于确立了这对最初的孪生立场，由于在最初的时刻以采取不同类型的内容的方式交替转换了这个概念，使其表面闪光，然后又由于黑暗和影子而变得模糊不清——现在还要说明的是，这些转换可以开始了。现在，在稳定了这些最初的结构可能性之后，你可以把它们的轴相互投放在一起。顷刻间，同一性的令人悲哀的幻想便可以转换到文化领域：而以法兰克福学派的某种模糊方式所要证实的东西，则是全球文化的美国化或标准化，地方差异的消灭，地球上所有民族的集团化。

但你同样有进行逆向转换的自由，把令人愉快的、人们高扬的**差异性**和众多的异质性从第一个文化维度转换到经济领域：在那里，如你完全可以想像得到的，市场修辞学家蜂拥而起，热切地向我们保证全世界新的自由市场的丰富性和刺激性：开放市场将导致生产力的纯增长，人类终于开始掌握交换、市场和资本主义的超验满足，这是最基本的人类可能性和最保险的自由之源。

这就是这个最含混的意识形态概念及其可替换的内容给我们提供的多元的结构可能性和综合，由此，我们可以暂且探讨几条路径。

二

一条明显的路径就是把全球化视为文化的进出口。这无疑是商业问题；然而，这大概也预示了在旧的、缓慢发展的时代里几乎不可想像的民族文化的接触和相互渗透。

想一想全世界的人们都在观看北美出口的电视节目，就足以意识到这种文化介入比以前的殖民化形式或帝国主义或简单的旅游都更加深入。一位了不起的印度制片人曾经描述过他的十几岁的儿子由于观看美国电视而改变了走路的姿势和样子：可以认为他的思想和价值观也必定有所改变。这是否意味着世界的其余地区正在美国化？倘如是，我们如何对待这种美国化？也许应该问一问，世界的其余地区如何对待？美国人如何对待？

我现在必须再次提出关于文化多元主义和多样性，甚至关于语言多元主义和多样性的一个基本观点。我们必须明白，在这个国家里，有些事情是我们难于理解的：即是说，美国不仅仅是许多国家中的一个，或是许多文化中的一种，正如英语不仅仅是许多语言中的一种一样。美国在与世界各国的关系上存在着一种根本的失衡，不仅仅与第三世界，甚至与日本和西欧国家的关系亦然，稍后我将谈到这个问题。

这意味着有一种核心的盲目性，关于全球化的反思能帮助我们纠正这种盲目性。美国的盲目性可以定位在把普遍与文化相混淆的倾向上，或假定在任何特定的地缘政治冲突中，所有因素和价值都似乎是相等和等价的，换言之，都不受不均衡的权力的影响。我碰巧想到，这提出了有趣而相对新的哲学问题，但我想要更具体地说明其结果。

就拿新世界—体系的语言问题来说吧：所有这些语言都是平等的吗？每一种语言组合都可以自由地按其所需生产自己的文化吗？操小语种的人始终反对这种观点；而一种全球的空中传播的跨国文化的出现只能加剧他们的焦虑，在这种文化中，一些（文学的和文化的）国际明星被媒体经典化，得以高度流通，这是竭尽全力挤压出来的地方产品所不可企及的。同时，对我们来说，重要的是要认识到，对世界上的大多数人来说，英语本身并不确切是一种文化语言：它是用于金钱和权力的国际语，你必须出于实用的而非审美的目的来学习和使用。但权力的内涵本身在讲英语的外国人眼里都易于降低所有英语高级文化形式的价值。

同样，与金钱和商品相关的美国大众文化都有一个名声，它对大多数国内文化生产形式都是有害的。这些文化生产形式要么发现自己被扫地出门，如地方电影和电视生产，要么被吞并和改造得面目全非，如地方音乐。这里，我们并未充分地注意到——因为我们不必非得留意——在加特和纳夫塔谈判和协议中文化条款的重要性，和美国大文化财团之间的斗争，他们想要向外国开放电影、电视、音乐等等，而外国的民族—国家仍然注重保留和发展民族语言和民族文化，试图限制美国大众文化的颠覆造成的物质和社会破坏：物质的破坏指涉及的大量财经利益；社会破坏指由过去所说的——当时影响还仍然有限的一种现象的——美国化所带来的价值观的变化。

三

所有这些意味着，我们需要打开一个很长的括弧，来论述加特和纳夫塔协议的意义，这些协议构成了美国要破坏在世界其他各地尤其是在西欧的文化资助和限额的长期努力的不同阶段。

法国对美国这一压力的抵制在此大部分体现为一种文化的离心性，如同青蛙的腿一样。然而，我想要说明的是，它为下一个十年的所有文化工作者设定了一个基本的议事日程，在新的晚期资本主义世界体系中，可能成为重组同样过时的或离心的文化帝国主义观念——实际上是一般的帝国主义观念的焦点。

文化变成经济，经济变成文化，这往往被视作现已广为接受的后现代性的特征之一。无论如何，它对大众文化本身的地位发生了根本影响。加特谈判提醒我们，美国电影和电视仿佛也有基础和上层建筑的分别；它们既是经济的，同时又是文化的，并与农商和武器一起成为美国的主要经济出口——是纯粹利润和收入的巨大来源。因此，不应该把美国坚持打开向外国出口电影的障碍限额看作是北美的一种文化离心性，如暴力或苹果饼一样，而是讲究实际的商业需要，一种无视文化内容琐碎化的正常的经济需要。

因此，我们的加特文化政策也可被视作经济扩张的推动力——一般说来资本的逻辑是推动扩张的一股不可抵制的力量，或为扩大积累提出要求，这种积累在对制度本身不造成致命破坏的情况下是不能被放慢或停止、中止改良的。颇具反讽意义的是，它尤其对于疏远伴随自由的修辞具有重要意义——不仅仅是自由贸易，而且包括自由言论、自由思想和知识“产权”的交流。思想或文化事宜的物质方面始终在于再生产和传播的机关；

然而，今天这些机关举目可见，都是以与信息技术相关的垄断为基础的大公司：所以这些公司的自由（及其主导的民族—国家）几乎与我们作为公民的个人自由不是一回事。同时，与同一种国际政治不可分割并伴随而来的版权、专利和知识产权尖锐地提醒我们，所追求的思想自由之所以重要，因为思想是私有财产，是为了大量的赢利出售而设计的。我将不再讨论后者的这一重要特征（这与试图把衍生于第三世界雨林的化学物当做专利具有相同的生态价值），但我稍后还要谈到自由市场。

然而，我不想评论的这种特殊自由的另一面就在于，从字面意义上，这是一个零度游戏，其中，我的自由导致了他人的民族文化工业的毁灭。认为社会主义政治已死的人——现在顽固地反对国家介入，幻想建立各种非政府组织的人——清楚地反映了政府资助创造任何独立的或民族电影工业的必要性：德国的兰德尔长久以来就是资助先锋的典范；法国规定了复杂而有价值的条款以支持年轻的制片人获得商业影片利润；英国电视第四频道和英国电影协会现行的新浪潮，如果没有政府和旧的英国广播公司和社会主义传统，就不会存在；最后，加拿大（以及魁北克）提供了大量先例证明了国家在文化甚至文化政治中起到的真正的生产和刺激作用。关键在于，加特谈判至少在美国议案活动家的眼里是为颠覆这些地方和国家资助而设计的，他们把这些资助看作“不公平的”国际竞争；这些资助是现已中止的“娱乐界的自由贸易”的直接和明确的目标；我也希望这个领域的成功同时也暗示了各地新的民族文化和艺术生产的绝迹倾向，正如美国电影在世界上的自由运动念动了各地民族电影的死亡咒语一样，也许它把所有其他民族电影都看作绝迹的了。依据目的或意向讨论这个话题似乎是共谋的，但双方无疑要携起手来：保证自己的优势，捣毁敌人的优势；在这个特殊例子中，新的更加自由的市场确实没有导致商业竞争对手营业的增加。早在马歇尔·普兰的时代，美国对战后西欧各国的援助就颇有远见地规定了大量美国电影进入欧洲市场的条款；在英国，德国和最明显的意大利，美国电影吸引潮水般的观众有效地杀伤了它们各自的民族工业，使之不得不专业化或开发第三世界才能求得生存。只有法国工业保留了民族特色，因而也只有在法国，人们才最大限度地意识到这些危险，这绝不是偶然的。

这种对民族电影生产的破坏——以及对整个民族或地方文化的潜在破坏——就是现在在第二世界和第三世界各地所能目睹的一切。不言而喻，好莱坞影业的成功（在此，我不想将其与电视区别开来，电视在今天与电影一样甚至更重要）不纯粹是经济上的成功，而是形式的也是政治的成功。我认为，1985 年波德威尔、汤普森和斯泰格尔合著的《经典好莱坞电影》的发表是一次重要的理论事件，宣布了 20 世纪六七十年代世界各地电影实验的死亡，以及经典好莱坞形式的普遍霸权。在另一种意义上，仅就世界各地独立的制片人都以某种现代主义为导引这一点而言，这当然是现代派相对的终极死亡。但是，这也是政治影片的死亡，作为寓言，它意指想像迥异于我们现在生活于其中的社会的其他可能性的终结。六七十年代的政治影片仍然证实了那种可能性（如整个现代主义以一种比较复杂的方式所证实的那样），发现或发明一种全新的形式与发现或发明全新的社会关系和在世界上的生存方式是同一回事。正是这些可能性——电影的、形式的、政治的和社会的——随着美国的某种决定性霸权的逐渐出现而消失了。

现在，可以说有充分理由证明这一切，即是说，人们喜欢好莱坞的影片，他们也可能最终喜欢美国的生活方式，只要这些影片涉及美国生活方式的话。匈牙利人和俄国人为什么要蜂拥般地拥向好莱坞电影而不是他们自己传统的民族影业生产？为什么担心随着私有化印度迄今封闭的、受保护的电影文化将像雪一样融化，尽管传统印地语喜剧仍然保留其相当的规模和通俗性？美国电影剪辑的迅速和其本质暴力的感性引力可以作为对这些问题的解释，但是，那种形式的解释听起来仍然道德味十足。观看好莱坞影片是很容易上瘾的；我认为我们大家都是容易上瘾的；但是，更可取的也许是从另一个角度看待这个问题，衡量每一种民族文化和日常生活在何种程度上已经成为习惯和习惯性实践的封闭网络，从而构成了一个整体或体系。打破这种传统文化体系是非常容易的，这可以引申到人们的身体和使用语言的方式，以及他们相互对待和对待自然的方式。这些构架一旦被破坏就永远不会再创造出来。有些第三世界国家仍然处于那种构架得以保留的环境当中。美国文化帝国主义的暴力和好莱坞电影和电视的渗透就在于帝国主义对这些传统的破坏上，这些传统远远不是前资本主义或准宗教传统，但却是旧的机制对现代技术的相当新近和成功的容纳。

因此，关键的问题是，与作为意识形态的自由市场一起，好莱坞电影形式的消费是对一种特殊文化的实习，是对作为文化实践的一种日常生活的实习：这种实践的审美表达是商品化了的叙事，这样，所论的人口便同时学到了二者。好莱坞不仅仅是一个商业名称，而且也是一场根本的晚期资本主义的文化革命，在这场革命中，旧的生活方式被打破，新的生活方式已经出现。但这些其他国家是否需要那种……？这仍然是要提出的问题。其隐含意义在于，这是人性所共有的；此外，一切历史都在走向被尊为神圣的美国文化。但这反倒是我们自己是否想要那种文化的问题了：因为如果我们不能想像其他别的什么，那么，我们显然也没有什么可以告诫其他文化的。

四

因此，我们现在必须回到美国的立场上来，强调美国与其他国家之间的根本不平等。换言之，这些地区之间不可能存在着平等：在新的全球文化中根本没有起飞阶段；其他语言绝不能像英语那样发挥同等的全球功能，即便它们始终不懈地进行尝试；其他地方的娱乐业也根本不可能取代好莱坞的全球或普遍成功的形式，这特别是由于美国制度本身吸纳外域异国因素的结果——这里的武士道文化，那里的南非音乐，这里的吴约翰影片，那里的泰国食品，等等。

这的确给人这样一种感觉，对许多人来说，新的世界文化爆炸似乎提供了一个评价的机会；在两种迥异的事物观点之间进行选择也不是可取的，而恰恰应该强化它们之间的不相容性和对立性，这样，我们就能把这种特殊矛盾作为黑格尔的“不愉快的意识”在我们自己时代的历史性体现。另一方面，还有一种观点认为全球化本质上意味着千篇一律和标准化。通过大多数以美国为基地的大跨国公司的中介，美国物质生活的标准形式随北美价值和文化形式一起正在系统地传入其他文化之中。这不仅是机械和建筑的问题，机械和建筑使世界各地越来越相像；也不仅是价值问题——尽管当外国人暗示不必把人权、女性主义价值、甚至国会民主视为普遍的东西时，美国人总是感到震惊，外国人只不过认为这些是作为适于世界各民族的实践而输出到国外的美国文化的地方特色。

我想要说，那种震惊对我们是有好处的；但却没有提到那种高级形式，即美国经济利益与美国文化影响的碰撞导致了一种生活方式本身的输出。人们往往用“腐化的个人主义”和消费主义的“物质主义”来说明新的全球化过程的破坏性。但我认为，这些道德概念不足以完成这项任务，不足以辨别出缘起于北美、由美国今天未受到挑战的优越地位、因而也由于“美国生活方式”和美国大众媒体文化所造成的破坏力量。这是**消费主义**本身，是我们的经济体系的枢纽，也是我们的日常生活模式，在这种日常生活中，我们的大众文化和娱乐业日复一日地、无休止地以历史上前所未有的一种形象和媒体烟幕训练我们。由于苏联共产主义的失败而导致的对社会主义的失望，剩下的似乎只有宗教原教旨主义能提供一种可选的生活方式——上帝保佑，我们还是不要称其为生活方式吧——以替代美国的消费主义。但是，可以肯定整个人类历史像福山等人所认为的那样一直曲折地朝着以美国消费为顶点的方向发展吗？同时可以确定无疑地说，市场受益面如此之广致使地球上的每一个人都能享受这种新的生活方式吗？如果不是，我们就将在未提供任何选择的情况下毁掉他们的文化；但人们一直认为地方和民族主义暴力的复发本身是面对强化的全球化的抵制和保护机制的。如吉奥瓦尼·阿里吉所说：

> 整个群体、国家、甚至大陆，如亚撒哈拉的非洲，都被宣布为“多余的”，对于变化中的全球规模的资本主义经济积累来说是多余的。随着苏联这个世界大国和区域帝国的垮台，把这些“多余的”群体和地区从世界供应体系中清除出去引发了无数的、大多数属于暴力的争斗，斗争的焦点是“谁更多余”的问题，更简单一点说，即对由于这种清除而绝对匮乏的资源的占有问题。一般说来，人们并不把这些争斗当做社会在愈加强烈的世界市场竞争之下抵制既定生活方式的颠覆而进行自我保护的表达。这种竞争就大部分来说也就是这些争斗。

相反，人们视之为世仇或地方霸主的权力争斗的表达，这两者至多都只能起到一种次要的作用。

在此，不管阿里吉的判断是否正确，他至少给我们上了生动的一课，依据当下全球化环境而非依据文化主义者的术语（一般都以种族主义术语告终）来思考当下的事件。

现在，在看到这些灾难之后，如果不对硬币的另一面加以平凡处理就很难表达更加肯定的观点：这就是对全球化和后现代性的高扬。但这也是一种非常有说服力的观点，所以我认为，我们大多数人，尤其是在美国，都在实践上潜意识地赞同这个观点，即我们本身就是新的世界文化的接受者。我们的会议本身就标志着我们现在正得益于全球化，它激活了众多新的知识网络，跨越民族环境进行交流和讨论，而这些民族环境本身已经受到全球化的标准化，这样我们现在才能相互对话。我是说，在殖民化的世界上，主张西化者与传统主义者之间的旧的根本对立在新的后现代的资本主义时刻几乎完全消失了。不消说，那种对立是现代主义的对立，它不再适用仅仅是因为那种形式的传统无论在哪里都已经被清除了。新儒学和伊斯兰教及印度教的原教旨主义本身是新生事物，是后现代的发明，而非古代生活方式的残余。在那个意义上，无论是就个别国家还是全球规模而言，大都市与外省之间的对立也消失了。这也不必有什么充分的理由，从本质上说，抹掉中心与边缘之间差异的正是标准化。尽管说我们现在都处在边缘这可能有些夸张，但就当下这些词的流行用法来说，一切都被解中心了；当然，在这个过程中又赢得了许多新的自由，因此，全球化便意味着一种解中心和差异的生产。你们看到了这种观点是如何以与悲观主义截然相反的方式理解全球化的到来的，在悲观主义者看来，全球化意味着千篇一律和标准化。然而，这些实际上正是我们现在试图盲目地描写的那只大象的两个相对立的特征。

在文化领域，最有力地描绘全球化的宏伟蓝图的莫过于墨西哥理论家奈斯特·加西亚·坎克里尼；他把文化视为杂交化：在他看来，全球化促进的折衷接触和借鉴是进步的和健康的，这些接触和借鉴从正面鼓励了新文化的生产（事实上，我认为这种观点的隐含意义在于，无论如何，文化的运作方式始终是杂质的和无序的综合，而非孤立的环境和有规律的传统）。因此，奈斯特·加西亚·坎克里尼的著作给我们时代最有活力的乌托邦幻想提供了导火索，勾画了一个没有中心，甚或没有主导文化模式的巨大的全球性城市互文化的狂欢庆典。我本人认为这种观点缺乏经济的明晰性，与所谓全球规模的团体文化的性质和贫乏相矛盾。

但我希望，这种观点与前述关于全球化过程的悲观主义观点的碰撞恰恰是将产生火花的那种碰撞，而无论如何，这无疑是当前最重要的争论之一。

（另一个非常重要但却无疑相关的对立观点适合于文化和经济上的自治性和自足性等旧的价值观，也适合于当下幻想的制度的相互依赖性，在这种依赖关系中，我们都是一个网络或全球蛛网上的各个点。对这两方面都可以提出有力的例子，但我仅仅是顺便提到这场特殊的争论，而且是为了将其纳入某一扩大了的议事日程。）

但现在，我需要回过头来谈一谈一种三边的可能性，并阐明，如果奈斯特·加西亚·坎克里尼关于所谓第三世界持续的文化生命力和生产的观点证明是错误的，那么，我们就不可能指望在欧洲和日本这两个大世界中心找到与美国化相抗衡的力量。

在当下语境中，我宁愿提出一个问题而非阐述纯粹的观点：

也就是说，在我们的时代，文化与经济的关系从根本上并没有改变。无论如何，在我看来，新的文化生产和发明——而这是指大众消费文化的领域——的确是某一特定地区的中心性的关键索引，而不说明其财富或生产力。日本最终的战略措施是吞并美国的娱乐业——索尼购买哥伦比亚影业公司、松下买进 MCA，虽然都以失败而告终但却非常重要：这意味着，尽管拥有巨大的财富和技术与工业生产，甚至拥有所有制本身和私有财产，日本人都不能掌握本质上的文化生产，而这又是任何特定的竞争者为稳定全球化过程所必需的。凡是谈论文化生产的人，都谈论日常生活的生产——而没有日常生活，经济体系就几乎不能继续扩大和移植。

至于欧洲——经济上比以往更加富有、文化上比以往更加高雅，是纪念了不起的过去、最直接的现代主义本身的过去的一座闪光的博物馆——我也想要指出，它未能生产出自己的大众文化生产形式乃是一个不祥的迹象。现代主义之死也意味着某种欧洲的霸权艺术和文化的某种结局，这可能吗？我碰巧发现，由欧洲经济共同体激发的构想一种新的欧洲文化综合的努力，以米兰·昆德拉取代 T. S. 艾略特，也同样是不祥的，即便是更具同情心的表征。整个欧洲地方性大众和弱势民族或对抗性文化的出现在世界各地都是后现代性的一个受欢迎的奖赏，但在定义上却拒斥旧的欧洲霸权规划。

同样，以前的社会主义国家似乎大多不能生产一种创新文化和能够作为一种选择的独特生活方式，同时，如我已经指出的，在第三世界，旧的传统主义也同样衰弱和僵化了，只有一种宗教原教旨主义似乎具有抵制美国化的意志和力量。但在此，其运作词无疑是**似乎**；我们仍有待于观察的是这些实验是否提供了肯定的社会选择，或仅仅是反动的和压抑的暴力。

五

高扬市场“自由”如此经常地把这些不祥的发展置于全新的肯定的解释之中，以至于值得在结论中反过来对这个概念加以质疑，并确定由于把全球化与市场本身视为同一而激活的哲学范畴的干预。这些内部的概念矛盾可以首先确定为否则便相互区别的不同社会生活“层面”的多重汇合。

因此，在一部我经常援引的杰出著作中，A. O. 赫施曼文献式地记叙了文艺复兴时期最早的小册子和专论，它们所讨论的是商业的益处和不久就成为资本主义自身所高扬的那种**商业的温情**：贸易对野蛮人或暴力的、不开化的精神的有益影响，宗主国利益和视角的引进，文明向粗野民族的逐渐移植（我还要加上封建时期的欧洲本土的那些粗野民族）。这里，我们已经看到了两个层面的汇合：交换的层面汇入了人类关系和（如我们今天所说的）日常生活的层面，二者之间的同一性已经得到证实。同时，在我们的时代，不可磨灭的哈耶克已经提出了一种类似的同一性，但却以宏大的政治规模：自由企业与政治民主之间的同一性。缺乏后者将阻碍前者的发展；因此，不言而喻，后者——民主——的发展取决于自由市场本身的发展。这是弗里德曼学派热切提出的，最近由自由世界投机取巧的经济学家们所吹捧的一个三段论，他们在 1989 年之后迅速地跑到那些被黑暗笼罩的国家，为如何建设这个特别好的捕鼠器出谋划策。但是，甚至在这个观念同一的体系内，也存在着更基本的含混性，并关系到市场本身：马克思自己对这些范畴的使用意味着，这种思想或意识形态素涉及两个不同范畴的非法汇合，即分配和生产这两个范畴（在修辞操作的不同时刻也许还会滑入消费本身）。

这里一般辩护的是资本主义生产，但却是以分配的名义并在分配的伪装之下进行的——市场交换的各种非同寻常的和异质的变体，对此，我们得知，资本主义的根本危机总是在那些变体不同时发挥作用的时候发生：如过度生产，无人购买的货物在商店里堆积，等等。同时，市场的力比多化，如果我可以这么说的话——现在许多人之所以都认为这个讨厌的过时的东西是色情的，原因就在于此——产生于消费本身的各种意象给这个药片裹上了糖衣：商品仿佛正在变成其自身的意识形态，在莱斯利·史克莱尔所说的新的跨国的“消费文化意识形态”中，商品在改变着传统的心理习惯和实践，把它面前的一切统统扫进了公认为相似于**美国生活方式**的东西。

然而，假定这里被视为同一的相同事物的许多层面事实上是相互矛盾的；比如，假定消费主义与民主相矛盾，后现代的消费习惯和嗜好就阻碍或压抑了各种政治和集体行动的可能性。比如，我们可能记得，历史上大众文化的发明是福特主义的一个因素，是著名的美国例外论的根源：即是说，在美国导致联邦主义、大染缸和对阶级斗争的控制的，与世界上大多数其他国家相比，恰恰是我们独特的大众文化和消费的独特体系，新的被审查所控制的方向成为被错置的能量。因此，当大众文化作为民主化自不必说作为抵抗的一个空间而被提出来时（如许多参与全球化争论的人所有意为之的），就显得颇具讽刺意义了。

但这些混淆有些是可以通过环境本身加以澄清的，另一些则要通过我在这里提出的理清层面的方法。我们再来详细看一看对商业大众文化的解放作用的高扬，尤其是在拉丁美洲特别强调表达的那种高扬，包括乔治·于迪斯在内的学者和理论家，特别是在通俗音乐领域（在巴西则是电视领域）。在文学上，语言保护着伟大的现代文学的生产——如拉丁美洲文学的繁荣——这在许多方面颠倒了方向，战胜了北美和欧洲市场。在音乐领域，观点已经提出，不仅地方音乐战胜了进口的或北美的音乐，而且，甚至更重要的，也战胜了跨国公司在这些音乐中的投资，在地方音乐和唱片业的投资（在巴西是在地方电视网络上的投资）。因此，大众文化似乎提供了一种抵抗模式，以抵制把地方和民族生产普遍吸纳到跨国商业的轨道上来，或在后一种情况下，至少提供了把那种生产归并和转向自己的地方和民族优势上来。另一方面，甚至这一特殊的民族成功的故事也并不构成规则，而恰恰是那个例外，在一些其他国家（不仅在第三世界），电视几乎全部被进口的北美节目所垄断。把区别经济和文化的附属性作为一条规则无疑是正确的：我想要指出的是，甚至这种平庸的区分也重又引入了哲学的困境，尤其是我在此强调的范畴和层面的问题。如我们已经看到的，在今天的美国，当文化——娱乐业——与食品一起成为我们最重要的经济出口时，而且是美国政府准备尽全力加以保护的那种出口，如加特和纳夫塔谈判的内部斗争所示，那么，把文化和经济这两个层面区分开来实际上还有什么道理呢？

同时，从不同的理论视角来看，后现代性理论证实了对这些层面的一种逐渐的反区分，经济本身逐渐变成了文化，与此同时，文化也逐渐变成了经济。形象社会和广告无疑能记载商品向其自身力比多形象的逐渐改造，即是说，改造成近似的文化产品；而高雅文化的消解和与此同时对大众文化商品的密集型投资也许足以表明，在资本主义的早期阶段和时刻，不管实际情况如何（审美领域恰恰是逃避商业和国家的避难所），今天，不受商品形式统治的飞地（无论审美与否）都已经不存在了。

因此，在某些情况下（如巴西电视）文化领域与经济领域（从属性）相冲突，尽管不是不合逻辑的，也不是不可想像的，但这个命题却需要进一步说明，这样一个特征无疑显见于巴西实际上作为大陆范畴的巨大市场的独特地位，我宁愿将此解作更加传统的文化差异思想，民族和语言传统等因素，这些因素本身需要重新被转译成唯物主义的术语。

然而，于迪斯的命题仍有待于检验：在特定情况下，文化——但为简捷起见权且将文化限制在通俗音乐领域——可以通过提供像公民权这样的新概念和对这种概念的实践而充当民主的实验场；换言之，消费选择和个人自治的实践在一种新的自由中培养了否则便是臣属的个人，这种自由（如席勒很早以前就曾说过的）可看作政治自由的准备。这显然是假定文化与政治层面的极端“融合”，而我们所限制的音乐领域（不仅是资产阶级思辨式的聆听，而且包括舞蹈和普遍的音乐实践），比之某个约翰·费斯克就商业性电视广告所演练的批判，听起来要合理得多。我们也不应该忘记，法国社会主义在掌权时未曾制定的伟大的（天哪）流产的乌托邦改革蓝本，却由其主要理论家雅克·阿塔里以音乐模式明确清晰地表现出来。阿塔里本人就是一位音乐家和经济学家（他常常强调这两个“层面”的相近性）。但最有说服力的也许是斯图亚特·霍尔提出的新的文化概念，尤其是他近来的“新时代”（我不愿称其为后现代）时期或转向；姑且不谈霍尔今天的马克思主义或社会主义，他认为后现代新的音乐文化是英国许多少数群体颠覆臣属地位的手段。这一观点极为有力，并经过漫长的跋涉而恢复了艺术的政治潜力，而且与我们习惯上思考的艺术的政治潜力迥然有别。然而，这种文化多元性无疑以两种统一或同一的形式为目标：种族主义国家的同一性和由那个国家所代表的白人（新教）公民的统一性。（现在，我们是在谈论**想像**关系的对抗性结构，而不必谈论英国地区这种或那种经验的社会现实。）

这个模式现在也可以澄清对拉丁美洲文化和市场给予的广泛的理论和政治强调。人们往往强调指出（最有力者莫过于加西亚·坎克里尼本人），在拉丁美洲，文化及对文化的支持是与国家同一的；在墨西哥则与后革命的国家是同一的。在这些国家里，权力本身就是国家，而不是像在所谓的第一世界里，权力就是资本主义本身。因此，在国家权力的环境下强调商业和贸易恰恰等于把一个多元时刻奉为自由和抵抗的空间：因此，交换和商业意义上的市场在拉丁美洲就如同亚洲和非洲的非政府组织发挥一样的功能，即作为逃避国家本身的野蛮统治的东西。但在英美第一世界里，我禁不住要说，国家仍然是一个肯定的空间：其权力是必须保护的东西，以抵制右翼重新将其化解为各种私有经营和运作的企图。国家是福利和社会立法的地方，是一整套重要的法律权力（对就业、卫生、教育等）得以施行的安全网络的保障，绝不能让其受到美国商业的破碎和分解的影响。

然而，有一种方式能把这两种迥异的环境加以比较：在一种环境中，即拉丁美洲，对多元性的高扬是针对压抑性的统一的；在另一种环境中，即北美，对肯定性的统一的辩护是针对压抑性的多元性的。但这只是改变了这些术语的原子价；而评价模式却没有变。我认为，这些变化和相似性当解作结构特征，它们还不是全球化本身，而恰恰是旧的国际体系：换言之，在抽象和相互关系的层面上，在民族层面上适用的东西在国际层面上被颠倒了过来。如果这听起来相当模糊，那么，姑且举一个我认为最富戏剧性的例子，即 C. L. R. 詹姆斯记叙海地革命的一部了不起的历史著作，他意味深长地将其命名为《黑色雅各宾党人》。这个标题本身是我想到的一个悖论：因为詹姆斯的叙事中所透露的是所谓在国际网络中起到不同作用的历史主体。我们实际上了解到，法国大革命中最激进的力量是过激的共和党人：确切说还不是无产阶级，而是小资产阶级、徒工、学生、破落户之流的混合。这些人构成了雅各宾和罗伯斯庇尔运动的主力军。詹姆斯表明，在海地，过激的共和党人（及其从法国引进的革命文化）形成了反动力量，是反对革命运动的生力军和图桑·卢佛杜尔（Toussaint Louverture）的敌人。在这种环境中，简单的种族主义似乎太容易以至于不能诉诸：我建议最好将其读作辩证逆转，这种辩证逆转本身是由于那种关系的出现所决定的，它已不再是内部民族关系了（我不愿用“跨国”这样的词，其全部字面意义的应用已具有了许多近代含义；正如我不愿用“帝国主义”一词一样，该词也是个时代错误；而奴隶制也不能解作简单的殖民术语）。我认为，在统一性和多元性的问题上，在北美与拉丁美洲环境之间的差异中，从肯定向否定的转化也应得到同样的理论化。

但现在，我想要进一步阐述这个辩证法。在这个特殊的例子中，我们已经看到同一性与差异性的对立中被赋予了统一性与多元性对立的特殊内容。然而，也可能通过符码把这些转换成当下后现代争论的术语；在拉丁美洲的例子中，我认为文化的积极力量并不特指大众或通俗文化，而恰恰包括高雅文化，尤其是民族文学和语言：不妨说桑巴与圭马雷·罗萨相对立，但却与他的文学成就是同一的，并属于一种自治的民族文化本身的骄傲。然而，人们也能辨别出民族环境——我是故意使用这些笨拙的迂回说法的，以防止通常那些无休止的争论，关于是否还有“民族”这种东西，以及“民族”与另一个称作“民族主义”的神秘事物的关系等问题的争论——在这种争论中，对民族自治性的辩护采取了看来更为传统的现代主义形式：对艺术和高雅文化的影响力的辩护，这种艺术现代主义与集体自身的政治权力之间深刻的相近性，不管视作统一的政治权力，还是集体的规划，但都不是分散成民主的多元性和同一性立场。

印度的确是一个辽阔多元的地方，各种现代主义和后现代主义在那里充分发展起来。但我一直特别思考的是把旧的国大党的社会民主规划同尼赫鲁与整个美学和艺术政治的不结盟政策结合起来的一个特殊的幻想，这种美学和艺术政治完全不同于我们在拉丁美洲的环境中遇到的文化研究政治（如果我可以那样说的话）。但这是不是迟到的高度的现代主义？它是否真的保护同一性而反对差异性？在这个意义上，它是否加强了对各地流行的现代主义的攻击？这些现代主义似乎总是在抛弃一种现代主义艺术的同时也抛弃一种现代主义政治，因而像许多人所抱怨的那样使我们在政治上无所适从。

对所有这些差异加以中介和解决，把理论争论和斗争变成和谐，并非出于任何愿望——而恰恰由于我想要展示辩证法本身的力量和益处，为此，我将提出下面的假定：这些差异与其说关系到差异本身毋宁说关系到差异出现的地点或位置。在社会甚或政治的层面上谁能与差异性作对呢？实际上，在这些文章的背后是一种新的（第一和第三世界）民主政治的合理性，这是由农业或工业市场本身的活力激发的一种政治：这是根据已经提到的交换和政治自由为商业和资本主义进行的那种悠久辩护的一种颇具异国情调的社会学变体。然而，一切都取决于一种有害的、标准化的或专制的同一性得以辨别的程度。如果这见于国家本身的存在之中，作为异国民族实体，那么，毫无疑问，市场和文化上一种更加微观政治的差异形式就将得到证实，并作为抵抗千篇一律和权力的一股力量：这里，文化和社会的层面便与政治层面处于根本的冲突之中。而在一些关键时刻，在这种争论中，对联邦主义的证实将成为未来的一个理想，且不管新近的历史发展，对于这些发展，人们也能证实它们记叙的失败和死亡，不是共产主义的失败和死亡，而恰恰是联邦主义本身的失败和死亡（苏联，南斯拉夫，甚至加拿大)。

然而，当把同一性的威胁置于较高的全球层面时，一切就都发生了变化：在这个较高的层面，差异的敌人不是民族—国家的权力，而是跨国体系本身，美国化，以及从此千篇一律和标准化了的消费意识形态和实践的标准化产品。在此，民族—国家及其民族文化突然被召唤扮演一个积极的角色。迄今为止，这个角色一直被赋予与民族文化相对立的区域和地方的实践。与地方和区域市场的多元性相对立，少数艺术和语言的生命力得到了全世界的承认，令人不安地与末日视域和普遍的绝迹相共存，人们惊异地目睹了——在民族—国家本身（自不必说“民族主义”了）成为非常有害的实体和价值的氛围中——对民族文化的诸种辩护的再生，证实了民族文学和民族艺术的抵抗力量。这些辩护者们把艺术和政治这两个层面等同起来，把一个民族和现代主义文化的活力（在此，也许确实可以用一种真正的“民族现代主义”反对葛兰西的“民族—大众”策略，尽管事实上，葛兰西本人在这个问题上也是个现代主义者）与一项伟大的集体或民族的政治规划联系起来，也即现代主义时期左翼和右翼所预见的那种规划。

这一立场事先假定，只有通过这样一种可能性才能抵制世界市场，抵制跨国资本主义以及所谓第一世界的大资本借贷权力中心的侵蚀。在这个过程中，也必须抵制后现代大众文化的扩散，这就与提倡多元性和差异性的人构成了矛盾，后者只有激活真正的多元和差异的草根文化才能首先抵制民族—国家本身，然后抵制在民族—国家之外的外部世界（自相矛盾的是，这些抵制所利用的往往是那个外部世界的跨国大众文化的因素：好莱坞影片有时是抵制内部霸权的源泉，也是外部霸权最终采取的形式)。

现在，我有一点时间总结一下看似永无完结的一系列悖论；这样一种印象已经标志着一个有用的开端，使人怀疑我们提出的问题既在于我们的思维范畴，又在于这些纯粹事实本身。我认为，这将是在今天回归黑格尔的意义和作用，而与阿尔都塞相对立。后者无疑正确地提出了唯物主义辩证法、半自治性层面、结构因果律和多元决定论：如果你在黑格尔那里寻找这些东西，你所发现的是大家久已知道的，即他不过是一个唯心主义者。但那不是正确地利用黑格尔的方式；恰恰因为是一个唯心主义者，他才能对那些事物进行探讨：即那些范畴本身，我们不可避免地用以思考事物的思维模式和方式，但它们有其自身的逻辑，如果我们无视它们的存在和它们对我们的深远影响，我们就会成为它们的牺牲品。因此，在伟大的《逻辑》的最著名的一章中，黑格尔告诉我们如何把这些具有潜在麻烦的范畴当做同一性和差异性的范畴。你以同一性开始，他说，结果只能发现同一性总是依据与其他事物的差异性来界定的；于是你转向差异，结果发现任何关于差异的思想都涉及关于这一特殊范畴的"同一性"的思想。当你开始观察同一性变成差异性，差异性又回过头来变成同一性时，你把二者解作不可分割的**对立**，你学到的是必须总把二者放在一起来思考。但此后，你发现它们并未构成对立，而在某种另外的意义上，它们是相互同一的。在这一点上，你接近了同一与非同一的同一性，而在黑格尔整个体系的划时代逆转中，**对立**突然被揭去了面纱，变成了**矛盾**。

这始终是我们所要达到的那个辩证时刻：我们想要揭示现象，发现现象背后的终极矛盾。而这是布莱希特的辩证观念：在一切事物中牢牢抓住矛盾，矛盾使事物变化和发展。但在黑格尔那里，**矛盾**然后过渡到**基础**，变成我所说的环境本身，总体性的鸟瞰或地图，在这种总体性中，事物发生，历史发展。我以为，正是在这些范畴的这种运动中——它们相互生产，发展成全新的观点——列宁才在第一次世界大战的最初岁月里看到并学到了黑格尔的思想。但我还以为，这些仍然是对我们今天有用的教导，在我们试图理解仍然定义模糊、不断扩大影响的那种现象的努力中，尤其需要这些教导，这种现象开始被我们称作全球化。

（陈永国 译）

图书在版编目（CIP）数据

现代性、后现代性和全球化/（美）詹姆逊著；王逢振主编；王逢振等译. —北京：中国人民大学出版社，2018.5
（詹姆逊作品系列）
ISBN 978-7-300-21607-2

Ⅰ.①现… Ⅱ.①詹…②王… Ⅲ.①后现代主义-研究 Ⅳ.①B089

中国版本图书馆 CIP 数据核字（2015）第 152468 号

詹姆逊作品系列
王逢振　主编
现代性、后现代性和全球化
［美］弗雷德里克·詹姆逊（Fredric Jameson）　著
王逢振　王丽亚 等　译
Xiandaixing Houxiandaixing he Quanqiuhua

出版发行	中国人民大学出版社		
社　　址	北京中关村大街31号	**邮政编码**	100080
电　　话	010－62511242（总编室）		010－62511770（质管部）
	010－82501766（邮购部）		010－62514148（门市部）
	010－62515195（发行公司）		010－62515275（盗版举报）
网　　址	http://www.crup.com.cn		
	http://www.ttrnet.com（人大教研网）		
经　　销	新华书店		
印　　刷	涿州市星河印刷有限公司		
规　　格	150 mm×228 mm　16 开本	**版　　次**	2018 年 5 月第 1 版
印　　张	27.5 插页 2	**印　　次**	2018 年 5 月第 1 次印刷
字　　数	326 000	**定　　价**	88.00 元

王逢振　主编

詹姆逊作品系列

语言的牢笼

[美]弗雷德里克·詹姆逊（Fredric Jameson）著

钱佼汝　朱刚　译

中国人民大学出版社

·北京·

总　序

众所周知，弗雷德里克·詹姆逊（Fredric Jameson，1934—　）是当代著名的思想家和批评家，也是公认的、仍然活跃在西方学界的马克思主义者。其作品已经被翻译成十多种文字，产生了广泛的影响。因此，在“詹姆逊作品系列”出版之际，对詹姆逊及其作品做一简要介绍，不仅必要，而且也不乏现实意义。

一、弗雷德里克·詹姆逊其人

20 多年前，我写过弗雷德里克·詹姆逊，当时心里主要是敬佩；今天再写，这种心情仍在，且增添了深厚的友情。自从 1983 年 2 月与他相识，至今已经 35 年多，这中间交往不仅没有中断，而且日益密切，彼此在各方面有了更多的了解，因此我称他为老友。他也把我作为老朋友，对我非常随便。例如，2000 年 5 月，他和我同时参加卡尔加里大学的一个小型专题研讨会，会后帕米拉·麦考勒姆（Pamela Maccllum）教授和谢少波带我们去班夫国家公园游览，途中他的香烟没有了（当时他还抽烟），不问我一声，便从我的口袋里掏出我的烟抽起来。此事被帕米拉·麦考勒姆和谢少波看在眼里，他们有些惊讶地说：“看来你们的关系真不一般，这种事在北美是难以想象的。”

其实，我和他说来也是缘分。1982 年秋季我到加州大学洛杉矶分校作访问学者，正好 1983 年 2 月詹姆逊应邀到那里讲学，大概因为他是马克思主义批评家，想了解中国，便主动与我联系，通过该校的罗伯特·马尼吉斯教授约我一起吃饭，并送给我他的两本书：《马克思主义与形式》(*Marxism and Form*，1970）和《政治无意识》（*The Political Unconscious*：*Narrative as a Socially Symbolic Act*，1981)，还邀请我春天到他当时任教的加州大学圣克鲁兹分校访问。

说实在的，他送的那两本书我当时读不懂，只好硬着头皮读。我想，读了，总会知道一点，交流起来也有话说，读不懂的地方还可以问。4 月，我应邀去了圣克鲁兹。我对他说，有些东西读不懂。他表示理解，并耐心地向我解释。我们在一起待了一个星期，我住在他家里，并通过他的安排，会见了著名学者海登·怀特和诺曼·布朗等人，还做了两次演讲——当时我在《世界文学》编辑部工作，主要是介绍中国翻译外国文学的情况。

1983 年夏天，我们一起参加了在伊利诺伊大学厄本那-香槟分校召开的“对马克思主义和文化的重新阐释”的国际会议。正是在这次会议上，我认识了一些著名学者，如佩里·安德森（Perry Anderson，英)、G. 佩特洛维奇（G. Petrovic，南斯拉夫)、亨利·列斐伏尔（Henri Lefebvre，法）和弗朗哥·莫雷蒂（Franco Moretti，意）等人（我在会议上的发言与他们的发言后来一起被收入了《马克思主义和文化阐释》[*Marxism and the Interpretation of Culture*] 一书)。此后，1985 年，我通过当时在北京大学国政系工作的校友龚文庠（后任北京大学传播学院副院长）的帮助和安排，由北京大学邀请詹姆逊做了颇有影响的关于后现代文化的系列演讲。詹姆逊在北京四个月期间，常到我家做客。后来我到杜克大学访问，也住在他家里。

詹姆逊生于美国的克里夫兰，家境比较富裕，自幼受到良好的教育，幼年还学过钢琴，对音乐颇有悟性。他聪明好学，博闻强记，20 岁（1954 年）在哈弗福德学院获学士学位，22 岁

(1956 年) 获耶鲁大学硕士学位，接着在著名理论家埃里希·奥尔巴赫的指导下，于 25 岁 (1959 年) 获耶鲁大学法国文学和比较文学博士学位；其间获富布赖特基金资助在德国留学一年 (1956—1957 年)，先后就读于慕尼黑大学和柏林大学。1959 年至 1967 年在哈佛大学任教，1967 年到新建的加州大学圣地亚哥分校任教，在那里，他遇到了一度是法兰克福学派的重要人物和激进学生领袖的赫伯特·马尔库塞。此后，从 1976 年到 1983 年，他任耶鲁大学法文系教授，1983 年转至加州大学圣克鲁兹分校。1985 年夏天，杜克大学为了充实和发展批评理论，高薪聘请他任该校讲座教授，专门为他设立了文学系 (Graduate Program in Literature)，由他当系主任，并决定该系只招收博士研究生，以区别于英文系。记得当时还聘请了斯坦利·菲什 (Stanley Fish)、简·汤姆金斯 (Jane Tomkins)，以及年轻有为的弗兰克·兰垂契亚 (Frank Lentricchia) 和乔纳森·阿拉克 (Jonathan Arac，后来没去)。从那时至今，他一直在杜克大学，2003 年辞去系主任职务，不过仍担任批评理论研究所所长和人文学科教授委员会主任。2014 年才辞去所有职务。

1985 年他刚到杜克大学时，该校给了他一些特殊待遇。正是这些特殊待遇，使他得以在 1985 年秋到中国讲学一个学期 (他的系列演讲即后来国内出版的《后现代主义和文化》)，并从中国招收了两名博士研究生：唐小兵和李黎。唐小兵现在是南加州大学教授，李黎是中美文化交流基金会董事长。由于詹姆逊对中国情有独钟，后来又从中国招收过三名博士研究生，并给予全额奖学金，他们分别是张旭东、王一蔓和蒋洪生。张旭东现在已是纽约大学教授，蒋洪生任教于北京大学中文系。

虽然詹姆逊出身于富裕之家，但因为马克思主义的影响，生活上并不讲究。也许是为了有更多的时间读书，他几乎从不注意衣着，在我与他的交往中，只见他打过一次旧的、过时的领带。他总是随身带着一个小本子，每当谈话中涉及他感兴趣的问题，他就会随手记下来，过后再进行思考——这也许是值得我们学习的方法。在我看来，他除了读书写作和关注社会之外，几乎没有什么业余爱好——当然，他喜欢喝酒，也会关注某些体育比赛（我记得他很关注世界杯足球赛的结果）。他并不像某些人讲的那样，旅行讲学必须住五星级宾馆，至少我知道他来中国旅行讲学时，大多住在学校的招待所里。1985 年他第一次来中国时，当时交通条件还不像现在这么便利舒适，我和他曾一起坐过没有空调的硬卧火车，在小饭馆里喝过二锅头。他与许多衣着讲究的教授形成鲜明的对照。可能由于他住在乡间的房子里，加上不注意衣着，张旭东在杜克大学读书时，他的儿子曾把詹姆逊称作“农民伯伯”。詹姆逊妻子苏珊也是杜克大学教授，是个典型的环保主义者，自己养了许多鸡，还养羊（当然詹姆逊有时也得帮忙），鸡蛋和羊奶吃不完就送给学生。因此，在不甚确切的意义上，有人说詹姆逊的生活也体现了他的马克思主义情怀。

二、詹姆逊的学术成就

到 20 世纪 70 年代中期，詹姆逊已被公认是最重要的马克思主义批评理论家。但直到《政治无意识》出版之后，他的独创性才清晰地显现出来。他在该书的一开始就鲜明地提出自己的主张：“总是要历史化!”并以此为根据，开始了对他称之为“元评论”的方法论的探讨，对于长期存在的美学和社会历史的关系问题，从理论上给出了一种自己的回答。与传统的历史批评形式相对，詹姆逊不仅把文化文本置于它们与历史语境的直接关系之中，而且从解释学的角度对它们进行探讨，探讨解释的策略如何影响我们对个体文本的理解。但与其他现代解释理论不同（例如罗伯特·姚斯［H. R. Jauss］的接受理论），詹姆逊强调其目标是一种马克思主义的意识形态分析，并认为马克思主义包含所有其他的解释策略，而其他的解释策略都是片面的。

《政治无意识》奠定了詹姆逊在学术界的地位。有人说，詹姆逊是“第二次世界大战以来美国最重要的马克思主义文学批评家。只有英国的雷蒙德·威廉斯写出过和他同样重要的作品”①。“詹姆逊是当前文坛上最富挑战性的美国马克思主义思想家。他对法兰克福学派主要人物的解释，他对俄国形式主义、法国结构主义、后结构主义的解释，以及他对卢卡奇、萨特、阿尔都塞、马克斯·韦伯和路易斯·马丁的解释，都对20世纪马克思主义和欧洲思想历史做出了重大贡献。詹姆逊对小说发展的论述，对超现实主义运动的论述，对巴尔扎克、普鲁斯特、阿尔桑德洛·曼佐尼（Alessandro Manzon）和阿兰·罗伯-格里耶（Alain Robbe-Grillet）这些欧洲作家的论述，以及他对包括海明威、肯尼思·勃克（Kenneth Burke）和厄休拉·勒奎恩（Ursula Le Guin）在内的各类美国作家的论述，构成了强有力的政治的理解。”② “詹姆逊是当前杰出的马克思主义批评家，很可能是我们这个时代最重要的以社会历史为导向的批评家……他的《政治无意识》是一部重要著作，不仅文学家要读，历史学家、社会学家以及哲学家都应该读它。”③ “在大量的批评看法当中，詹姆逊坚持自己的观点，写出了最动人的谐谑曲式的著作。”④

---

① *Contemporary Literary Criticism*（University of Oklahoma Press，1986），p. 111.

② *Postmodernism and Politics*（University of Minnesota Press，1986），p. 123.

③ Hayden White 写的短评，见 *The Political Unconscious*（Cornell University Press，1981）封底。

④ *New Orleans Review*（Spring，1984），p. 66.

詹姆逊的理论和学术贡献是多方面的。就文学批评而言，主要表现在历史主义和辩证法方面。他是一个卢卡奇式的马克思主义者，但超越了卢卡奇的怀旧历史主义和高雅人道主义。他所关心的是，在后结构主义对唯我论的笛卡尔主义、超验的康德主义、目的论的黑格尔主义、原始的马克思主义和复归的人道主义进行深刻的解构之后，人们如何严肃地对待历史、阶级斗争和资本主义非人化的问题，也就是说，“面对讽刺的无能，怀疑的瘫痪，人们如何生活和行动的问题”①。詹姆逊认为非常迫切的问题是：对“总体化”（totalization）进行马克思主义的探讨，包括与之相关的整体性的概念、媒体、历史叙事、部分与整体的关系、本质与表面的区分、主体与客体的对立等等，是不是要预先构想一种理想的哲学形式？是否这种形式必然是无视差别、发展、传播和变异的某种神秘化的后果？他大胆而认真地探讨这些问题，但他尽量避免唯心主义的设想，排除神秘化的后果。

在詹姆逊的第一部作品《萨特：一种风格的始源》（*Sartre: The Origins of a Style*，1961）里，他分析了萨特的文学理论和创作。该著作原是他在耶鲁大学的博士论文，由于受他的导师埃里希·奥尔巴赫以及与列奥·斯皮泽相关的文体学的影响，作品集中论述了萨特的风格、叙事结构、价值和世界观。这部著作虽然缺少他后来作品中那种典型的马克思主义范畴和政治理解，但由于20世纪50年代刻板的因循守旧语境和陈腐的商业社会传统，其主题萨特和复杂难懂的文学理论写作风格（那种以长句子著称的风格已经出现），却可以视为詹姆逊反对当时的守旧思潮，力图使自己成为一个批判型的知识分子。如果考察一下他当时的作品，联想当时的社会环境，人们不难看出他那时就已经在反对文学常

① *Postmodernism and Politics*, p. 124.

规，反对居支配地位的文学批评模式。可以说，詹姆逊的所有作品构成了他对文学批评中的霸权形式和思想统治模式的干预。

20 世纪 60 年代，受到新左派运动和反战运动的影响，詹姆逊集中研究马克思主义，出版了《马克思主义与形式》，介绍新马克思主义文学理论的辩证传统。自从在《语言的牢笼》（*The Prison-House of Language*，1972）里对结构主义进行阐述和批判以后，詹姆逊集中精力发展他自己的文学和文化理论，先后出版了《侵略的寓言：温德姆·路易斯，作为法西斯主义的现代主义者》（*Fables of Aggression*：*Wyndham Lewis*，*the Modernist as Fascist*，1979）、《政治无意识》和《后现代主义，或晚期资本主义的文化逻辑》（*Postmodernism*，*or*，*the Cultural Logic of Late Capitalism*，1991），同时出版了两卷本的论文集《理论的意识形态》（*The Ideologies of Theory*，第一卷副标题为"理论的境遇"，第二卷副标题为"历史的句法"，两卷均于 1988 年出版）。随着文化研究的发展，他还出版了《可见的签名》（*Signatures of the Visible*，1991）和《地缘政治美学》（*The Geopolitical Aesthetic*，1992），收集了他研究电影和视觉文化的文章。此后他出版了《时间的种子》（*The Seeds of Time*，1994）和《文化转向》（*The Cultural Turn*，1998）两部论述后现代主义的著作。这期间，他仍然继续研究和阐释马克思主义理论和马克思主义美学，出版了《晚期马克思主义》（*Late Marxism*，1990）、《布莱希特与方法》（*Brecht and Method*，2000）和《单一的现代性》（*A Singular Modernity*，2003）。最近一个时期，他从乌托邦的角度探索文化的干预功能，出版了《未来的考古学》（*Archaeologies of the Future*，2005）。

在詹姆逊的作品里，除了《萨特：一种风格的始源》一书之外，他一直坚持两分法或辩证法的解释方法。应该说，他的著作具有明显的连续性。人们不难发现，从 20 世纪 70 年代初到 80 年代后期，随便他的哪一篇文章或哪一本书，在风格、政治和关注的问题方面，都存在着某种明显的相似性。实际上，今天阅读他的《理论的意识形态》里的文章，仍然会觉得这些文章像昨天刚写的一样。然而，正如詹姆逊在论文集的前言里所说，在他的著作里，重点已经发生了根本变化："从经转到了纬：从对文本的多维度和多层面的兴趣，转到了只是适当地可读（或可写）的叙事的多重交织状况；从解释的问题转到了编史问题；从谈论句子的努力转到（同样不可能的）谈论生产方式的努力。"换句话说，詹姆逊把聚焦点从强调文本的多维度，如它的意识形态、精神分析、形式、神话-象征的层面（这些需要复杂的、多种方式的阅读实践），转向强调如何把文本纳入历史序列，以及历史如何进入文本并促使文本的构成。但这种重点的转变同样也表明詹姆逊著作的连续性，因为从 20 世纪 60 年代后期到 90 年代，他一直优先考虑文本的历史维度和政治解读，从而使他的批评实践进入历史的竞技场，把批评话语从学院的象牙塔和语言的牢笼里解放出来，转移到以历史为标志的那些领域的变化。

因此，人们认为詹姆逊的作品具有一种开放的总体性，是一种相对统一的理论构架，其中不同的文本构成他的整体的组成部分。从结构主义到后结构主义，从精神分析到后现代主义，许多不同的观点都被他挪用到自己的理论当中，通过消化融合，形成他独创性的马克思主义文学理论和文化理论。马克思主义一直是詹姆逊著作的主线，以马克思主义为主导，他利用对意识形态和乌托邦的双重阐释，对文化文本中意识形态的构成因素进行分析和批判，并指出它们的乌托邦内涵，这使他不仅对现行社会进行批评，而且展现对一个更美好的世界的看法。可以说，在马克思主义理论家恩斯特·布洛赫（Ernst Bloch）的影响下，詹姆逊发展了一种阐释的、乌托邦的马克思主义文化理论观。

詹姆逊早期的三部主要著作及其大部分文章，旨在发展一种反主流的文学批评，也就是反对当时仍然居统治地位的形式主义和保守的新批评模式，以及英美学术界的既定机制。20 世纪 60 年代末和 70 年代初，黑格尔式的马克思主义在欧洲和美国出现，《马克思主义与形式》可以说是对这一思想的介绍和阐释。在这部著作中，詹姆逊还提供了其他一些马克思主义者的基本观点，如阿多诺、本雅明、马尔库塞、布洛赫、卢卡奇和萨特等，并通过对他们的分析形成了自己的观点和立场。他偏爱卢卡奇的文学理论，但坚持自己独特的黑格尔式的马克思主义，并在他后来的作品里一直保持下来。

卢卡奇论现实主义和历史小说的著作，对詹姆逊观察文学和文学定位方面都产生了相当大的影响。但詹姆逊一直不赞同卢卡奇对现代主义的批判。不过，他挪用了卢卡奇的一些关键的概念范畴，例如物化，并以此来说明当代资本主义的文化命运。在詹姆逊的著作里，黑格尔式的马克思主义的标志包括：把文化文本置于历史语境，进行广义的历史断代，以及对黑格尔的范畴的运用。他的辩证批评主要是综合不同的立场、观点和方法，把它们融合成一种更全面的理论，例如在《语言的牢笼》里，他的理论融合了结构主义和符号学，以及俄国形式主义。在《政治无意识》里，他广泛汲取其他理论，如弗洛伊德的精神分析、拉康的心理学、德里达的解构主义、萨特的存在主义等等，把它们用于具体的解读，在解读中把文本与其历史和文化语境相联系，分析文本的“政治无意识”，描述文本的意识形态和乌托邦的时刻。

对詹姆逊来说，辩证的批评还包含这样的内容：在进行具体分析的同时，以反思或内省的方式分析范畴和方法。范畴连接历史内容，因此应该根据它产生的历史环境来解读。在进行特定的、具体的研究时，辩证批评应该考虑对范畴和过程的反思；应该考虑相关的历史观照，使研究的客体在其历史环境中语境化；应该考虑乌托邦的想象，把当前的现实与可能的选择替代相对照，从而在文学、哲学和其他文化文本中发现乌托邦的希望；还应该考虑总体化的综合，提供一种系统的文化研究的框架和一种历史的理论，使辩证批评可以运作。所有这些方面都贯穿着詹姆逊的作品，而总体化的因素随着他的批评理论的发展更加突出。

20 世纪 70 年代，詹姆逊发表了一系列的理论探索文章和许多文化研究的作品。这一时期，人们会发现他的研究兴趣非常广泛，而且因其理论功底具有相当的洞察力。他的研究范围包括科幻小说、电影、绘画、魔幻叙事和现实主义与现代主义文学，也包括马克思主义文化政治、帝国主义、巴勒斯坦民族解放问题、马克思主义的教学方法，以及如何使左派充满活力。这些文章有许多收入《理论的意识形态》里，因此这部论文集可以说是他在《政治无意识》里所形成的理论的实践。这些文章，以及《后现代主义，或晚期资本主义的文化逻辑》里的文章，可以联系起来阅读，它们是他的多层次理论的不可分割的部分，表明了文学形式的历史、主体性的方式和资本主义不同阶段的相互联系。

三、政治无意识

应该说，《政治无意识》是詹姆逊的最重要的作品。在这部著作里，詹姆逊认为，批评家若想解释文本的意义，就必须经历一系列不同的阶段，这些阶段体现在文本之中，通过系统地解码揭示出来。为了做到这点，他汲取 20 世纪各种理论资源，从诺斯罗普·弗莱（Northrop Frye）的四个解释层面到拉康的无意识理论，从俄国形式主义到后结构主义，从德里达的解构主义到阿尔都塞的意识形态论述，几乎无一不被加以创造性地利用。在他看来，马克思主义批评不是排他性的或分离主义的，而是包容性的和综合性的，它融合各种资源的精华，因此可以获得更大的“语义的丰富性”。批评家应该考察文本指涉的政治历史、社会历史（按照传统马克思主义也就是阶级斗争的历史）和生产方式的历史。但这些方式不是互相取代，而是互相交叠融合，达至更高层次的普适性和更深层次的历史因果关系。

詹姆逊一向注重对总体化的探讨，包括伴随它的总体性概念、媒介、叙事、部分和整体的关系、本质和表面的区分、主体与客体的对立等等。他认为，总体性是在对矛盾的各阶级和对抗的生产方式的综合的、连贯性的叙事中表现出来的，对这种总体性的观察构成现时“真正欲望的形象”，而这种欲望既能够也确实对现时进行否定。但这种概念的作用不同于后结构主义的欲望概念，它是一种自由意志的结构，而不是存在意志的结果。

詹姆逊对总体性的设想，在他对欲望、自由和叙事等概念之间的联系中，清晰地展现了出来。他在讨论安德烈·布勒东（André Breton）的《超现实主义宣言》（*Premier manifeste du surréalisme*）时写道：

> 如果说超现实主义认为，一个真实的情节，一个真实的叙事，代表了欲望本身的真正形象，这并不过分；这不仅按照弗洛伊德的看法纯心理的欲望本身是意识不到的，而且还因为在社会经济关系里，真正的欲望很可能融化或消失在形成市场体系的那种虚假满足的大网之中。在那种意义上说，欲望就是自由在新的商业语境中所采取的形式，除非我们以一般欲望的方式来考虑自由，我们甚至认识不到自己已经失去了自由。[1]

① *Marxism and Form*（Princeton University Press，1970），pp. 100–101.

詹姆逊认为，当代批评的主要范畴不是认识论而是道德论。因此他不是构成某种抽象的存在，而是积极否定现时，并说明这种否定会导向一种自由的社会。例如，德里达虽然揭示了当代思想中的二元对立（如言语与写作，存在与虚无，等等），但他却没有注意善与恶这种类似的道德上的二元对立。对此詹姆逊写道：

> 从德里达回到尼采，就是要看到可能存在一种迥然不同的二元对立的解释，按照这种解释，它的肯定和否定的关系最终被思想吸收为一种善恶的区分。表示二元对立思想意识的不是形而上的玄学而是道德；如果我们不能理解为什么道德本身是思想的载体，是权力和控制结构的具体证明，那么我们就忘记了尼采思想的力量，就看不到关于道德的丑陋恶毒的东西。①

詹姆逊把西方哲学和批评从认识论和形而上学转向道德的这种观点，给人们留下了深刻的印象。他对欲望概念的政治化的阐述，在西方具有重要的意义，因而也比后结构主义的欲望概念更多地为人们接受。

大体上说，詹姆逊在《政治无意识》里所展现的理论思想有四个层次。第一，他坚持对各种事物的历史参照，比如人类的痛苦、人类所受的控制以及人类的斗争等；同时他也坚持对著作文本的参照，比如文本中充满对抗的历史语境，充满阶级和阶级矛盾的社会条件以及自相矛盾的思想意识的结构等。采用这种方式，他既接受后结构主义的反现实主义的论述，同时又否定其文本的唯心主义；他承认历史要通过语言和文本的解释进行思考，

---

① *The Political Unconscious*, p. 114.

但他仍然坚持历史的本体存在。第二，他坚持自己的解释规则，即资本主义社会物化过程的协调规则。这种协调采取谱系的结构形式，既不是遗传的连续性，也不是目的的一致性，而是一种"非共时性的发展"（nonsynchronous development）。按照这种观点，历史和文本可以看作一种共时性的统一，由结构上矛盾或变异的因素、原生的模式和语言等组成。因此詹姆逊可以把过去的某些方面看作现时物化因素的先决条件。第三，他坚持一种道德或精神的理解，遵循阿尔都塞的意识形态概念，认为再现的结构可以使个人主体想象他们所经历的那些与超个人现实的关系，例如人类的命运或者社会的结构等。第四，詹姆逊坚持对集体历史意义的政治理解，这一层次与第三个层次密不可分，主要论述超个人现实的特征，因为正是这种超个人的现实，把个人与某个阶级、集团或社会的命运联系在了一起。

实际上，《政治无意识》包含着他对文学方法的阐述，对文学形式历史的系统创见，以及对主体性的形式和方式的隐在历史的描述，跨越了整个文化和经验领域。詹姆逊大胆地建构他的马克思主义文学批评，他认为这是广阔的、最富包容性的理论框架，可以使他把各种不同的方法融入他自己的方法之中。他在从总体上考察了文学形式的发展历史之后，通过对意识形态和乌托邦的"双重阐释"（坚持乌托邦的同时对意识形态进行批判）的论述，确立了真正的马克思主义的解释方法。受卢卡奇启发，詹姆逊利用历史叙事说明文化文本何以包含着一种"政治无意识"，或被埋藏的叙事和社会经验，以及如何以复杂的文学阐释来说明它们。在《政治无意识》里，詹姆逊还明确谈到了资本主义初期资产阶级主体的构成，以及在当前资本主义社会里资产阶级主体的分裂。这种主体分裂的关键阶段，在他对吉辛、康拉德和温德姆·路易斯的作品的分析中得到了充分表现，并在他对后现代主义的描述里得到了进一步深化。

《政治无意识》是理解詹姆逊著作的基础。要了解他的理论，必须读这本著作，或者说读懂了这本著作，就克服了他的著作晦涩难懂的问题，就容易理解他所有的其他著作。

四、后现代主义文化研究

詹姆逊对后现代主义的研究，实际上是他的理论计划的合乎逻辑的后果。他最初对后现代文化特征的分析见于《后现代主义和消费社会》一文，而他的综合思考则见于他的《后现代主义，或晚期资本主义的文化逻辑》。根据马克思主义关于资本主义的理论，他对作为一种新的“文化要素”的后现代主义进行了系统的解释。

詹姆逊根据新马克思主义的资本主义发展阶段论的模式，把后现代文化置于社会阶段论的理论框架之内，指出后现代主义是资本主义新阶段的组成部分。他宣称，后现代主义的每一种理论，都隐含着一种历史的断代，以及一种隐蔽或公开的对当前多国资本主义的立场。依照厄尔奈斯特·曼德尔（Ernest Mandel）在其著作《晚期资本主义》（*Late Capitlism*）中的断代方式，詹姆逊提出，资本主义有三个基本阶段，每一个阶段都标志着对前一个阶段的辩证的发展。它们分别是市场资本主义阶段，垄断资本主义阶段或帝国主义阶段，以及当前这个时代的资本主义（通常人们错误地称作后工业资本主义，但最好称作多国资本的资本主义）阶段。他认为，与这些社会形式相对应的是现实主义、现代主义和后现代主义等文化形式，它们分别反映了一种心理结构，标志着某种本质的变化，因而分别代表着一个阶段的文化风格和文化逻辑。后现代主义的主要特点是商品化的思想渗透到各个文化领域，取消了高雅文化和通俗文化的界限；同时，由于现代传媒和电子计算机的广泛应用，模仿和复制也广泛流行。与这两种情况相关，人们开始产生一种怀旧情绪，出现了怀旧文化。詹姆逊指出，后现代主义还是一个时间概念，在后现代社会里，时间的连续性打破了，新的时间体验完全集中于"现时"，似乎"现时"之外一无所有。在理论方面，后现代主义主要表现为跨学科和注重"现时"的倾向。

在《后现代主义，或晚期资本主义的文化逻辑》、《可见的签名》和《文化转向》里，詹姆逊进一步发展了他的主张，从而使他成为著名的马克思主义文化理论家：他一方面保持和发展马克思主义的理论，另一方面对极不相同的文化文本所包含的政治、意识形态和乌托邦思想进行分析。他的著作把文学分析扩展到通俗文化、建筑、理论和其他文本，因此可以看作从经典文学研究到文化研究这一运动的组成部分。

《时间的种子》是詹姆逊论后现代主义的一部力作，是他根据在加州大学欧文分校一年一度的韦勒克系列学术演讲改写而成的。虽然篇幅不长，但因那种学术演讲十分重要，他做了精心准备，此后还用了两年多的时间修改补充。在这部作品里，詹姆逊以他惯有的马克思主义辩证观点和总体性，提出了后现代性和后现代主义的种种内在矛盾：二律背反或悖论。他关心整个社会制度或生产方式的命运，心里充满了焦虑，却又找不到任何可行的、合理的方案，于是便发出了这样的哀叹："今天，我们似乎更容易想象土地和自然的彻底破坏，而不那么容易想象后期资本主义的瓦解，也许那是因为我们的想象力有某种弱点。"然而他并不甘心，仍然试图在种种矛盾中找到某种办法。出于这种心理，詹姆逊在《时间的种子》里再次提出乌托邦的问题，试图通过剖析文化的现状，打开关于未来世界的景观。确实，在《时间的种子》里，每一部分都试图分析判断文化的现状，展望其未来的前景；或者说，在后现代的混沌之中，探索社会的出路。

詹姆逊对后现代性和后现代主义的理论阐述，其基本出发点是对美国后期资本主义文化的反思和批判，是对后现代之后社会形态的思考。这在《时间的种子》的最后一节表现得非常清楚。他这样写道："另一方面，在各种形式的文化民族主义当中，仍然有一种潜在的理想主义的危险，这种文化民族主义倾向于过高地估计文化和意识的有效性，而忽视与之同在的经济独立的需要。可是，在一种真正全球性的后期资本主义的后现代性里，恰恰是经济独立才在各个地方又成了问题。"

从总体关怀出发，詹姆逊认为，现在流行的文化多元主义应该慎重地加以考虑。他以后福特主义为例指出，后福特主义是后现代性或后期资本主义的变体之一，它们基本上是同义词，只是前者强调了跨国资本主义的一种独特的性质。后福特主义运用新的计算机技术，通过定制的方式为个人市场设计产品，表面上似乎是在尊重各地居民的价值和文化，适应当地的风俗，但正是这种做法，使福特公司浸透到地方文化的内心深处，传播其消费主义的意识形态，从而难以再确定地方文化的真正意义。詹姆逊还通过对建筑的分析指出，跨国公司会"重新装饰你们自己本地的建筑，甚至比你们自己做得更好"。但这并不是为了保持自己已有的文化，而主要是为了攫取高额的利润。因此詹姆逊忍不住问道："今天，全球的差异性难道会与全球的同一性一致?"显然，詹姆逊认为，美国所谓的多元文化主义只不过是一种策略，其目的是推行消费主义的文化意识形态，因此必须把它与社会生产关系联系起来加以审慎的考虑。

詹姆逊的所有著作都贯穿着他的辩证思想。但他只能比较客观地面对后现代资本主义的现实，而没有提出解决现实社会问题的办法——这也是当前普遍关注的一个问题。尽管如此，詹姆逊的探索精神仍然是值得尊敬的。也许，一切都只能在实践中求取。

进入古稀之年以后，詹姆逊仍然孜孜不倦，从理论上对资本主义及其文化和意识形态进行探索。在全球化的形势下，他关注世界经济的发展变化，关注全球化与政治、科技、文化、社会的关系，揭露资本主义的内在矛盾，并力图从理论上阐述这些矛盾。在他看来，资本的全球化和高科技的发展可能会导致新的社会和文化革命，出现新的政治和文化形态，但马克思主义的原理并不会过时，而是应该在新的条件下进行新的解释和运用。他仍然坚持乌托邦的想象，认为随着全球化的发展，可能会出现新的世界范围的“工人运动”，产生新的文化意识，而知识分子的任务就是要从理论上对这些新的情况进行描述和解释，提出相应的策略，否则谈论文化研究和文学研究就像空中楼阁，既不实用也没有基础。《未来的考古学》，就是他的一部论述乌托邦的力作。而《辩证法的效价》（*Valences of the Dialectic*，2009）则是他对自己所依托的理论的进一步阐述，该书根据辩证法的三个阶段（黑格尔、马克思，以及最近一些后结构主义者对辩证法的攻击），对从中产生的问题进行理论探讨，把它们置于商品化和全球化的语境之中，借鉴卢梭、卢卡奇、海德格尔、萨特、德里达和阿尔都塞等思想家的著作，通过论述辩证法从黑格尔到今天的发展变化，尤其是通过论述“空间辩证法”的形成，对辩证法提出了一种新的综合的看法，有力地驳斥了德勒兹、拉克劳和穆夫等人对辩证法的攻击。詹姆逊自己认为，这本书是他近年来最重要的作品。（原来他想用的书名是《拯救辩证法》，后改为现在的名字。）

随着年事增高，詹姆逊开始以不同的方式与读者分享他的知识积累，近年来先后出版了《黑格尔的变奏》（*The Hegel Variations*，2010）、《重读〈资本论〉》（*Representing Capital*，2011）、《现实主义的二律背反》（*The Antinomies of Realism*，2013）和《古代与后现代》（*The Ancients and the Postmoderns*，2015）。这些著作虽然不像《政治无意识》或《后现代主义，或晚期资本主义的文化逻辑》那样富于理论创新，但他以自己深厚的知识积累和独特的视角，对不同的理论和文学及艺术问题所做的理论阐发，仍然对我们具有明显的启示意义。

五、詹姆逊的历史化

在某种意义上，文学批评与现实世界的关系取决于文学作品的价值。因此，爱德华·萨伊德不止一次说过，这种关系贯穿着从文本价值到批评家的价值的整个过程。在体现批评家的价值方面，詹姆逊的批评著作可以说是当代的典范。2003 年 4 月，佩里·安德森在一次和我的谈话中也说，在 20 世纪后期和 21 世纪初期，詹姆逊的著作非常重要，不论是赞成还是反对，都不可能忽视，因为他以重笔重新勾画了后现代的整个景观——带有宏大的、原创的、统观整个领域的气势。这里安德森强调的是詹姆逊的大胆创新，而这点对理解詹姆逊的著作以及他的学术经历至关重要。

如果全面审视詹姆逊的著作，人们肯定会对他的著作所涉的广阔领域表示赞叹。他的著作运用多种语言的素材，依据多国的民族历史，展示出丰富的文化知识——从城市规划和建筑到电影和文学，从音乐和绘画到当代的视觉艺术，几乎无不涉及。他最突出的地方是把多种不同的思想汇聚在一起，使它们形成一个整体。这种总体化的做法既使他受到赞赏也使他受到批评，但不论是赞赏还是批评，都使他的作品充满了活力。由于他的大胆而广泛的融合，在某种意义上他成了当代设定批评讨论日程的人文学者之一。

因此，有人说，詹姆逊的著作历史体现了对一系列时代精神的论述，而对他的著作的接受历史则体现了对这些论述的一系列反应。对詹姆逊著作的接受大致可分为两类人：一类根据他对批评景观的一系列的测绘图，重新调整自己的方向；另一类继续使用现存的测绘图或提出自己的测绘图。第一类并不一定是不加批判地完全接受詹姆逊的著作；相反，他们常常采取质疑的态度。例如，在《后现代性的起源》里，佩里·安德森虽然基本上同意詹姆逊关于后现代主义的看法，但对他的阐述方式还是提出了批评。第二类基本上拒绝詹姆逊总体化的历史观，因此不赞成他的范式转换的主张。这一类的批评家认为詹姆逊论后现代主义的著作只不过是一种风格的批评，因为它们无视后现代主义更大的世界历史的含义。换句话说，他们忽视了詹姆逊的主要论点：后现代主义是深层的历史潜流的征象，需要探索它所体现的新的社会和政治组织的状况。

对这两种不同的态度的思考可能使我们想到詹姆逊著作的另一个重要方面。也就是说，几乎他每一本新的著作都介入一个新的领域，面对一些新的读者。这并不是说他无视过去的读者，而是他不愿意老调重弹，总是希望提出一些新的问题和论点。就此而言，这与他在《文化转向》里对齐美尔的评论有些相似："齐美尔对 20 世纪各种思潮的潜在影响是无法估量的，这在一定程度上是因为他拒绝将他的复杂思想整合到一个单一的系统之中；同时，那些非黑格尔派的或去中心的辩证法式的复杂表述经常由于他那冗长乏味的文体而难以卒读。"当然，詹姆逊因袭了黑格尔的辩证法，除此之外，就拒绝铸造特定体系和以沉重的散文隐含思想观念而言，他对齐美尔的评价显然也适合他自己。此外，在某种意义上，詹姆逊的影响也常常是潜在的。

总的来说，詹姆逊的影响主要在方法论方面。在他第一部作品《萨特：一种风格的始源》里，他的一些解读方法就已经出现。该书出版时正值冷战时期高峰，单是论述一个马克思主义者本身就具有挑战性，但今天的读者似乎已经没有那种感觉。因此一些批评家认为那本书缺乏政治性，至少不像它的主题那样明显地具有政治性。确实，詹姆逊没有论述萨特哲学的政治内容，而是重点强调他的风格。不过，他实际上强调的是风格中的“无意识的”政治，这点在他第二部作品《马克思主义与形式》里得到进一步发展。无论是其目的还是内容，《马克思主义与形式》都具有明显的政治性，而且改变了政治问题的范围。这两部作品预示了他后来著作发展的某些方面，他对风格的分析不是作为内容问题，而是作为形式问题。

对形式的强调是詹姆逊把非政治的事物政治化的主要方法。正如他自己所说：“艺术作品的形式——包括大众文化产品的形式——是人们可以观察社会制约的地方，因此也是可以观察社会境遇的地方。有时形式也是人们可以观察具体社会语境的地方，甚至比通过流动的日常生活事件和直接的历史事件的观察更加充分。”① 在这种意义上，形式批评为詹姆逊独特的辩证批评提供了基础。在构成这种方法的过程中，他融合了许多人的思想，如萨特、阿多诺、本雅明和卢卡奇等等，但很难说其中某个人对他有直接影响，然而他的著作中又都有这些人的影子。可以说，他的著作既是萨特式的、阿多诺式的、本雅明式的或者卢卡奇式

---

① Fredric Jameson, “Marxism and the Historicity of Theory: An Interview with Fredric Jameson,” *New Literary History* 29 (3), 1998: 360.

的，但同时也不是他们任何人的。有人简单地说他是黑格尔式的马克思主义者，但这种说法也不够确切，因为他的立场更多的是挑战性的综合。1971 年，他的获奖演讲“元评论”（Metacommentary）所提出的“元评论”的概念，实际上就表明了他的方法。虽然最近这个术语用得不那么多了，但它一直没有消失。“元评论”的基本活动是把理论构想为一种符码，具有它自己话语生产的规律，以及它自己的主题范围的逻辑。通过这种符码逻辑的作用，詹姆逊寻求揭示在这种文本和文本性的概念中发生作用的意识形态力量。

在《马克思主义与形式》之后，詹姆逊出版了他的最重要的著作《政治无意识》。这是一部真正具有国际影响的著作，据我所知，至少已有十种语言的译本。该书刚一出版，就在大西洋两岸引起了强烈反响，受众超出了传统的英文系统和比较文学系，被称为一本多学科交叉的著作。当时多种杂志出版专号讨论他的作品。《政治无意识》产生了多方面的影响，对当时新出现的文化研究领域影响尤其明显。它通过综合多种理论概念，如黑格尔、马克思、康德、弗洛伊德、阿尔都塞、德里达、福柯、拉康等人的，为文化研究的实践者提供了一种有效的方法，使他们可以探索和阐述流行文化和大众文化文本的意识形态基础。

就在詹姆逊写《政治无意识》之时，他已经开始构想另一部重要著作，也就是后来出版的那本被誉为具有划时代意义的论后现代主义的作品——《后现代主义，或晚期资本主义的文化逻辑》。《政治无意识》出版于 1981 年，同一年，他在纽约惠特尼现代艺术博物馆发表了“后现代主义，或晚期资本主义的文化逻辑”演讲。正是以这次演讲为基础，他写出了那本重要著作。在他出版这两部重要著作之间，詹姆逊在许多方面处于“动荡”状态，1983 年他离开了耶鲁大学法文系，转到加州大学圣克鲁兹分校思想史系，1985年又转到杜克大学文学系，其间于1985年下半年还到北京大学做了一个学期的系列讲座。这种“动荡”也反映在他的著作当中。这一时期，他的写作富于实验性，触及一些新的领域和新的主题，而最突出的是论述电影的作品。在此之前，他只写过两篇评论电影的文章，但到20世纪80年代末，他完成了两本专门论述电影的著作：一本是根据他在英国电影学院的系列演讲整理而成，题名《地缘政治美学》；另一本是以他陆续发表的与电影相关的文章为基础，补充了一篇很长的论装饰艺术的文章，合成为《可见的签名》。与此同时，他至少一直思考着其他四个未完成的项目。

有些人可能不太知道，詹姆逊对科幻小说很感兴趣，早在《政治无意识》的结论里，他对科幻小说和乌托邦的偏好已初见端倪，而且在20世纪80年代确实也写了不少有关科幻小说的文章。后来由于其他更迫切的项目，他搁置了一段时间，直到2005年才出版了专门研究乌托邦和科幻小说的著作《未来的考古学》。当时他想写一本关于20世纪60年代的文化史，虽然已经开始，但由于种种原因而未能完成，只是写了三篇文章：《六十年代断代》（“Periodizing the 1960s”）、《多国资本主义时期的第三世界文学》（“Third-World Literature in the Era of Multinational Capitalism”）和《华莱士·史蒂文斯》（“Wallance Stevens”）。尽管他说前两篇文章与他论后现代主义的著作相关，但他从未对它们之间的联系进行充分说明。关于华莱士·史蒂文斯的文章是他的“理论话语的产生和消亡”计划的部分初稿，但这项计划也一直没有完成，只是写了一篇《理论留下了什么?》（“What's Left of Theory?”）的文章。

在探索后现代主义的同时，詹姆逊对重新思考现代主义文本仍然充满兴趣，尤其是与后殖民主义文化相关的文本，如乔伊斯、福楼拜和兰波等人的作品。2003 年他出版了《单一的现代性》，以独特的视角对这些作家进行了深入探讨。随后，他将陆续写的有关现代主义的文章整合、修改、补充，于 2007 年出版了《现代主义论文集》（*The Modernist Papers*，该书由中国人民大学出版社以《论现代主义文学》为名于 2010 年出版）。这些著作仿佛是对现代主义和后现代主义之间的过渡进行理论阐述，但奇怪的是它们出现在他的论后现代主义重要著作之后。关于这一点，也许我们可以认为，他试图围绕后现代主义从各种不同的角度进行验证。

20 世纪 90 年代中期以后，以他的《文化转向》为始，詹姆逊开始从文化理论方面阐述新出现的世界历史现象——全球化。简单说，詹姆逊认为，全球化的概念是"对市场的性欲化"（libidinalization of the market），就是说，今天的文化生产越来越使市场本身变成了人们欲求的东西；在今天的世界上，再没有任何地方不受商品和资本的统治，甚至美学或文化的其他方面也概莫能外。由于苏联的解体和东欧的剧变以及社会主义遇到的困难，资本主义觉得再没有能替代它的制度，甚至出现了"历史的终结"的论调。实际上，詹姆逊所担心的正是这种观念，就是说，那种认为存在或可能存在某种取代资本主义的社会制度的看法，已经萎缩或正在消亡。正如他自己所说，今天更容易想象世界的末日而不是对资本主义的替代。因此他认为当前最迫切的任务是揭露资本主义的内在矛盾以及掩饰这些矛盾所用的意识形态方法。就此而言，詹姆逊的项目可能是他一生都完不成的项目；而我们对他的探讨，同样也难有止境。

此次"詹姆逊作品系列"包括十五卷，分别是：《新马克思主义》《批评理论和叙事阐释》《文化研究和政治意识》《现代性、后现代性和全球化》《论现代主义文学》《马克思主义与形式》

《语言的牢笼》《政治无意识》《时间的种子》《文化转向》《黑格尔的变奏》《重读〈资本论〉》《侵略的寓言》《萨特：一种风格的始源》《古代与后现代》。这些作品基本上涵盖了詹姆逊从1961年至2015年的主要著作，其中前四卷是文章汇编，后十一卷都是独立出版的著作。考虑到某些著作篇幅较短，我们以附录的方式补充了一些独立成篇的文章。略感遗憾的是，有些作品虽然已在中国出版，但未能收入文集，如《可见的签名》、《未来的考古学》和《辩证法的效价》等，主要是因其他出版社已经购买中文版权且刚出版不久，好在这些书已有中文版，读者可以自己另外去找。

对于"詹姆逊作品系列"的出版，首先要感谢中国人民大学出版社，在几乎一切都变得商品化的今天，仍以学术关怀为主，委实令人感动。其次要感谢学术出版中心的杨宗元主任和她领导下的诸位编辑，感谢他们的细心编辑和校对，他们对译文提出了许多建议并做了相应的修改。当然，也要感谢诸位译者的支持，他们不计报酬，首肯将译作收入作品系列再版。最后，更要感谢作者詹姆逊，没有他的合作，没有他在版权方面的帮助，这套作品系列也难以顺利出版。

毫无疑问，"詹姆逊作品系列"同样存在所有翻译面临的两难问题：忠实便不漂亮，漂亮便不忠实。虽然译者们做了最大努力，但恐怕仍然存在不少问题。我们期望读者能理解翻译的难处，同时真诚欢迎读者提出批评和建议，以便今后再版时改进。

王逢振

2018年5月

译者前言

《语言的牢笼》是詹姆逊较早的一部专著，发表于 1972 年，和前一年出版问世的《马克思主义与形式》形成鲜明的对照。尽管这两部论著都涉及马克思主义的基本思想，但它们在内容上评述的却是两个有着完全不同传统的思想和理论体系，两套迥异的概念和术语以及两种本质上对立的方法论。

20 世纪 70 年代初，美国的思想界和学术界对俄国形式主义和法国结构主义都还比较陌生。虽然维克托·埃利希的《俄国形式主义：历史与理论》早在 1955 年就向美国和英语国家的读者详细介绍和评价了这一对 20 世纪西方文学理论产生重大影响的理论流派，但俄国形式主义的核心人物（除早已移居国外的人如雅可布森等外）的主要论著却一直到 60 年代中期之后才陆续译成英语，且以单篇文章居多，种类也很有限。结构主义的情况可能稍好。1966 年在约翰斯·霍普金斯大学召开的“批评的语言与人类的科学”学术讨论会是当时美国的学术生活中的一件大事，它把法国结构主义的主要代表和他们的理论以及他们之间的分歧集中带到了美国，但当时能加入这场讨论的美国人不多。法国结构主义的经典著作的英译本和详细介绍结构主义的来龙去脉和基本理论的专著到 70 年代中期，甚至更晚才出现。

介绍结构主义的书大致有三类：一是论文集，如雅克·埃尔曼所编《结构主义》（1970）、迈克尔·莱恩所编《结构主义论文集》（1970）和戴维·罗比所编《结构主义引论》（1973）；二是以介绍为主的专著，较突出的有罗伯特·斯科尔斯的《文学中的结构主义》(1974) 和乔纳森·卡勒的《结构主义诗学》(1975);詹姆逊的《语言的牢笼》则属第三类,它是以一定的意识形态为框架在思辨的层次上对结构主义整个理论体系进行的观照。这在当时是相当"超前"的。詹姆逊认为,"以意识形态为理由把结构主义'拒之门外',就等于拒绝把当今语言学中的新发现结合到我们的哲学体系中去"。他还认为,"对结构主义的真正的批评需要我们钻进去对它进行深入透彻的研究,(以便)〔才能〕从另一头钻出来的时候,得出一种全然不同的、在理论上较为令人满意的哲学观点"。

詹姆逊在《语言的牢笼》中确实这样做了。他是从俄国形式主义和法国结构主义的理论基础,或曰"思维模式",即索绪尔的结构主义语言学这一头钻进去的。他的"指导思想和自始至终的任务是澄清索绪尔的语言学提出的共时方法和时间与历史现实之间可能发生的各种关系",并对这一理论"作为一种模式和比喻在文学批评、人类学以及最终在哲学本身这些领域中所产生的解放思想的巨大影响"作出评价。

众所周知,索绪尔对语言学的贡献是多方面的,但最富独创性的是,他明确提出的语言和言语、共时和历时、能指和所指、组合和聚合这四组区分以及贯穿于他的全部理论的双项对立方法论。詹姆逊对索绪尔的理论的评价是把它放在和英美传统的哲学思想和语言观的比较中进行的。他首先指出结构主义语言学就其彻底摆脱英美传统中根深蒂固的经验论和实体论,转向强调关系的系统论这一点而言,是值得肯定的。索绪尔明确指出,"语言学恰恰是一门以没有……实体为特点的科学","在语言中却只有差异,没有可从正面肯定的东西"。詹姆逊认为,这种强调相互关系而不是实体的思想是辩证的,因为它可以靠系统内部的关系产生意义而无须像瑞恰兹和奥格登的理论那样到系统外面去找指涉物。这就是说，“不是单个的词或句子‘代表’或‘反映’了现实世界中的具体事物，而是整个符号系统、整个语言系统本身就和现实处于同等的地位”。

然而，索绪尔的理论也暴露出许多固有的缺陷。詹姆逊指出共时和历时这一对区分索绪尔的理论的支点。当初，索绪尔提出共时概念，针对的是赫尔曼·保罗的唯历史研究是科学的观点，意在扭转这种偏向。不过，詹姆逊认为，把结构研究和历史研究相对立、共时和历时相对立的做法“同样是武断的，其方法论的前提也是一种同样武断的价值判断：‘任何东西只要有一点意义，它就必定是共时的’”。在詹姆逊看来，共时和历时是一个问题的两个方面，是不能分开的。他所举的一系列例子都想说明这一点。“尽管索绪尔的理论中暗含的历时模式，突变的理论，能够对历史变化作出复杂的和有启发性的生动解释，但最终还是不能解决把历时和共时在同一个系统中重新结合起来这一根本问题”，因为索绪尔把它们看成“一种纯粹的对立，是一对永远不可能以任何形式调和在一起的绝对的对立面”。双项对立正是这样一种对立。詹姆逊认为，“这种双项对立和我们通常所说的辩证法中的对立，更确切地说就是矛盾，是不一样的。前者是静止的对立，不像后者那样与自身以外的东西发生联系”。于是他甚至怀疑在这些永远互不相干的对立面的基础上能否建立起什么系统。即使能够，这些系统也只能让你看到它们所依赖的模式允许你看到的东西。俄国形式主义和法国结构主义的局限性概源于此。

詹姆逊对俄国形式主义的评述是围绕着两个问题展开的：一是结构主义语言学的基本理论在俄国形式主义中有哪些体现，二是俄国形式主义理论本身有哪些无法摆脱的困境。

20 世纪初，欧洲的语言学和文学研究几乎同时经历了一场反传统的思潮。在语言学中，是以索绪尔为代表的强调即时和整体的共时语言学对以新语法学派为代表的强调历时和个别的历时语言学的反抗；在文学研究方面，则是以俄国形式主义为代表的“科学主义”、“客观主义”对以别林斯基、车尔尼雪夫斯基、杜勃罗留波夫和波杰布尼亚等为代表的历史主义和象征主义的批评。这两股潮流的共同特点，用詹姆逊的话来说，就是“分离出事物的内在因素本身，将其特定的研究对象与其他学科的研究对象区别开来”。这样语言学应该研究语言系统，文学研究则应以“文学性”为对象。

俄国形式主义者认为文学性主要是形式的问题，通过“陌生化”的手段而获得，而形式又主要是语言问题，因此索绪尔的语言理论对他们有极大的吸引力。詹姆逊指出俄国形式主义关于诗歌语言是日常语言的一种变体，是“对普通语言有组织的暴行”的理论，以及作为陌生化这一手法的心理学基础的“自动化”和“非自动化”的对立都借鉴了索绪尔的语言理论中关于差异和双项对立的理论，即在差异中寻求自身，在否定中确立肯定。这样，正如语言学中意义的确立需要同时考虑在和不在的因素，俄国形式主义的文学性的概念必须包括文学和非文学的两个方面，陌生化也必须要有不陌生为其存在的前提。詹姆逊还指出俄国形式主义提出的诗歌与散文不同的陌生化方式，即通过选择改变个别成分的“微观”陌生化和通过组合改变排列顺序的“宏观”陌生化，特别是普洛普的叙事理论中的纵横两个结构层面的理论，都和索绪尔的聚合/组合理论有密切关系。此外，俄国形式主义认为文学的演进不是连续的发展而是断续的取代这种文学史观，和索绪尔的共时理论中暗含突变的思想也十分相似。

陌生化可以说是俄国形式主义理论的核心，詹姆逊对俄国形式主义的批评也集中于此。首先他认为，“只有事先存在的东西——实物、习俗、某种类型的单位——才能被陌生化，这就像只有本来有名称的事物才能失去它为人所熟知的名称，并突然在我们面前变得令人吃惊的陌生”。那么什么是俄国形式主义者认为事先存在并已为大家所熟悉的东西呢？答案当然是文学的形式和内容两个方面。然而詹姆逊指出，俄国形式主义者不仅一贯排斥内容，而且总是将一切内容视为形式的投射，所以“在什克洛夫斯基的著述中从来也没有说清楚被陌生化的到底是内容还是形式”。詹姆逊认为：一切艺术都多少会让人有新鲜感，但不是所有的艺术都会像什克洛夫斯基所推崇的斯特恩的《项狄传》那样把“暴露”自己的“手法”作为自己的全部内容。因此《项狄传》没有典型意义。陌生化作为通向文学性的唯一道路也是站不住脚的。那种认为文学作品表面上有指涉、有内容，实际上谈的是自己的形成、自己的结构的看法才真正是幻视。这也是法国结构主义的一大错误。

詹姆逊对法国结构主义的评述占全书一半以上，显然是本书的重点。他首先指出俄国形式主义和法国结构主义虽然都源于索绪尔的语言理论，但是它们的研究对象和研究方法却不尽相同。结构主义更关心的是形成系统，建立模式，强调整体性。结构主义者认为，实物或表面现象的历史这种观念已经被模式的历史这一观念所取代，因为在他们看来，“一切自觉的思维活动都是在特定的模式的范围之内进行的，并且……是由该模式决定的”。詹姆逊认为，这一转变“和整个科学的中心内容的历史转向相一致……〔而〕科学上的这种从感性认识到建立模式的逐渐过渡符合社会生活本身的一种转变”。由此可见，詹姆逊对结构主义的基本思想是持肯定态度的。

要对结构主义这样一个在人文和社会科学中已得到不同程度的应用并产生出不同理解的哲学问题进行评述，必须从宏观和微观两个方面入手。宏观上，詹姆逊把结构主义理论放在上层建筑和基础结构对立统一这一马克思主义的思想框架中加以审视，认为结构主义研究的是“上层建筑”，是“意识形态”，但不能也不可能脱离对基础结构的研究。微观上，詹姆逊“按照符号本身的内部结构……区分三种不同的研究：主要针对能指的组织的研究，以所指为对象的研究，最后还有试图单独提出指意活动本身，开始在能指与所指之间建立初步关系的研究”。詹姆逊把主要力量放在微观研究上，用大量篇幅分节探讨了这三个方面的问题，涉及到列维-斯特劳斯的神话学、人类学，阿尔都塞和福柯的社会历史学，弗洛伊德和拉康的精神分析学，巴特的符号学，格雷马斯的语义学，托多洛夫的叙事学，《泰凯尔》（见本书 134 页注）的文学批评，还有德里达的解构主义理论等，从不同的角度阐述结构主义语言学有关能指/所指、共时/历时双项对立的理论在这些领域中的体现。

正如在评述索绪尔的语言学和俄国形式主义理论时强调历时和共时不可分一样，詹姆逊十分强调能指与所指也是不可分割的。他批评了割裂二者的做法，因为“我们最终不可能用任何在方法上或概念方面有意义的办法使所指脱离能指”。詹姆逊特别指出结构主义强调能指，强调系统的内指性所造成的后果：即尽管“所有的结构主义者，包括列维-斯特劳斯及其对自然的认识、巴特及其对社会和思想问题的关心、阿尔都塞及其历史意识，都承认在符号系统本身之外本有一种最基本的存在；这种存在，不管它是否可被认识，都起着符号系统的最后参照物的作用”，他们却坚持类似胡塞尔的现象学中存而不论的“悬置”方法，拒绝指涉物的介入。詹姆逊认为，“这不仅是我们从外部对结构主义所作的一个评价，而且也是它自身的一个矛盾，因为它的关于符号的概念不允许我们对它外面的现实世界进行任何研究”。这种现象在文学批评理论中的反映就是一味排斥内容，或混淆内容与形式的界限。詹姆逊说，“结构主义独有的错误就在于它把自我或者主体当作实体”。只有这样，它才能避免将外部内容引入纯粹表示关系的系统中，才能避免进行解释，最终使结构主义的形式（语言模式）又转变为一种新的内容（语言成为最终的所指）。因此，建立在这种理论基础之上的“结构主义批评的最典型的特征就在于一种从形式到内容的转变”，这样，“每一部作品、每一部小说都通过自己的情节结构讲述自己构成的故事，自己的历史”。于是“在结构分析层次上又出现了形式回归到自身的现象和我们在形式主义批评中看到的那种荒谬的自我指定：形式主义批评将作品的形成看作自己最根本的内容，而现在结构主义者又把一部作品的内容视为语言本身”。詹姆逊认为，“这并不是个别批评家的偶然所为或独有的癖好，而是这个模式自身固有的一种形式扭曲”，所以“最好把结构主义理解为一种哲学上的形式主义，是现代哲学中无处不在的那种脱离具体内容，脱离各种能指理论的普遍趋势的极点”。

最后詹姆逊又回到宏观审视上，从认识论的高度回顾语言模式这个根本问题。显然，“一种哲学如果自身不包括有关其自身特点的理论，如果不在意识到它所涉及的对象的同时也给某种起码的自我意识留有余地，如果在认识它应当认识的事物的同时不对认识自己作出某种基本解释，那么它必定落到画了自己的眼睛还不知道的下场”。结构主义虽然是一个强调内指的系统，似乎应该有一套自我意识的理论，可以用元语言来谈论自己，然而詹姆逊却认为结构主义的语言模式是一个“在结构上无法产生自我意识理论的体系”，因为语言符号的所指的“无穷退行”“表明有一种最基本的对象语言是评论的语言永远不可能企及的，这种对象语言就是语言本身”。因此，“用各种语言系统来说明现实，用新的语言学术语来亘新表述哲学问题，这一选择必然是一个专断的决定，必然使语言本身成为一种享有特殊地位的阐释方法。……应该老老实实地承认一切皆语言的观点无可辩驳，但也无法辩护”。我们应该冲出“语言的牢笼”，寄希望于一种新的、真正能将形式与内容、符号和指意结合起来的阐释学和语符学。

詹姆逊对俄国形式主义和法国结构主义的评价是有倾向性的，但也是比较实事求是的。这主要表现在方法上，詹姆逊并没有采取简单化的肯定或否定的做法，而是钻得很深，对这两种理论的积极一面给予充分肯定，对它们固有的缺陷则进行尖锐的批评。在这一过程中，特别是在对结构主义的评述中，在某种意义上来说，詹姆逊也许钻得太深了一点，超出了当时广大读者的接受水平。这也是这本书不及卡勒的《结构评论诗学》那样普及的原因之一。书中，詹姆逊多处将对结构主义的评论引向社会层面，与垄断资本主义向消费社会和后工业社会的发展相联系，预示了詹姆逊后来，特别是 20 世纪 80 年代中期，在其著述中反复论述的一个重要思想。

本书第二章为朱刚所译，由我审校。在翻译过程中我们曾得到南京大学外文系法语和德语专业部分同志的帮助，在此表示感谢。由于本书涉及面颇广，部分概念、术语尚无可资借鉴的译文，原著的文字也较艰涩，加上译者水平有限，错误难免，恳请专家和广大读者指正。

钱佼汝

如果我们拒绝在语言的牢笼里思考,那我们就只好不思考了;

因为我们最远也只能走到怀疑我们所见到的极限是否真是极限这一步……

尼采

目　录

序 言

思想史是思维模式的历史。经典力学、有机体、自然淘汰法、原子核或电子场、计算机等，这些都是最初用于总结我们对自然界的认识，后来又用来说明人类世界的许多的实物或理论体系中的几个例子。

任何一种模式的一生都表现出一种有规律可循的节奏。开始的时候，新的观念释放出大量新的能量，产生许许多多新的观点和新的发现，并引发出一大堆新的问题，从而导致大量新的工作和研究。在整个初始阶段中，模式本身保持稳定，主要提供一种思维方法，使一种新的宇宙观得以形成并载入史册。

在模式生命的暮年，相对来说要花较多的时间来对模式本身进行新的调整，使它和自己的研究对象再次协调起来。这个时候的研究往往偏重理论而不是实践，往往抛弃自己原来的一些预设（模式本身的结构），为日益陷入模式的缺陷所导致的谬误和困境而感到苦恼。这使我们想起以太或集体意识这样一些例子。

最后，老的模式被新的所取代。本书所涉及的某些思想家曾把这件大事称为“突变”（这本身就是用一种模式来比喻一个性质完全不同的研究领域的极好的例子）。毫无疑问，这一取代尽管无法像进行一次革命性的实践或出版一部关键性的著作那样清楚地说得出具体的时间，但它标志着一次决裂、一件事情的彻底结束和另一件前所未有的事情的开始。此外，就像不满旧的范式的人无法靠苦思冥想凭空臆造新的范式一样，新的模式看来也是无法有意识地准备的。

上面所说的这一过程正是有机体模式的历史。这个把有机体作为原型的想法曾像星星之火，一下引发出整个浪漫主义哲学和19世纪的科学思想。有机体这一概念的优点在于历时和共时这两个方面在它身上得到了活的结合，更确切地说是尚未分家，因为正是历时研究（对有机体渐变的观察）把观察者的注意力引向共时的结构（那些经过衍变的器官在有机体身上同时共存的情况）。于是，诸如“功能”这类概念便出现在这两个方面的交叉点上；有了它们，历史才能自称是一种有权独立存在的认识方法。

然而有机体模式后来过于依赖实体论思想。如果它的研究对象不是事先确定的独立的实体，它就虚构一些实体来满足方法上的需要，各种社会或文化方面的有机论都有这个毛病。在对这种实体论思想的反拨中，在“场域”理论或关系理论的各种形象中，最彻底的就是现在提出的这种把语言作为它的基本模式。

以语言为模式按语言学的逻辑把一切从头再思考一遍！奇怪的倒是过去竟不曾有人想到这样做过，因为在构成意识和社会生活的所有因素中，语言显然在本体意义上享有某种无与伦比的优先地位，尽管其性质尚待确定。有人会提出反对意见，说这样来描述结构主义等于承认它在重蹈哲学史的老问题的覆辙，又回到了马克思主义之前，甚至是黑格尔之前那些我们今天已无须再操心的思想窘境和谬误之中。不过，正如我们下面要在本书中看到的那样，这种意见对结构主义的根本矛盾来说较为中肯，而对其具体的一般任务却不尽然。后者以语言的组织和状况为其内容，它提供一批新的材料，使老问题以新的、未曾预见过的方式重新提出。因此，以意识形态为理由把结构主义“拒之门外”，就等于拒绝把当今语言学中的新发现结合到我们的哲学体系中去。我个人认为，对结构主义的真正的批评需要我们钻进去对它进行深入透彻的研究，以便从另一头钻出来的时候，得出一种全然不同的、在理论上较为令人满意的哲学观点。

这当然不是说结构主义的根本出发点，即把语言模式放在首位，就和我们即将谈到的思想困境毫不相干，因为这一出发点为了显得有特色，同样有任意性，而且由此产生的思想方法也不可避免地要对自身形成和存在的前提最终作一番痛苦的，但未必能解决问题的反省。

这里我们不禁想起苏格拉底之前的思想方法自相矛盾之处。这种思想试图找出构成这个世界的唯一的元素，例如水或火，结果却发现水或火的构成又必然是另外一个样子。毫无疑问，今天当我们说一切归根结蒂都是历史的、经济的、情欲的或者是语言的时候，我们的意思不是说所有的现象骨子里就是以这些东西为原材料构成的，而是说可以用这些不同的方法对它们加以分析。

然而，这样说也会产生类似的矛盾。我们总以为把语言学的方法用于文学研究是再合适不过的事情了，因为文学本身本质上就是一个语言结构。但是老的文体学，也就是施皮策[①]和奥尔巴赫[②]，或者是稍近的 J. -P. 理查德[③]所从事的那种文体学，却更多地在作品本身的文字结构上下工夫。最后我们只能得出这样的结论，即把文学作品视为语言系统实际上是用了一个比喻。

这种辩证的颠倒在语言结构的外缘也有所表现。譬如我想到了格雷马斯[④]把他的结构语义学的研究对象说成是一种“意义效应”这个例子；似乎在把一切意义都当作我们的研究对象之后，我们就再也无法从指意本身这个角度来谈论它们，好像不得不置身于意义这个领域之外才能确定它们之间在形式上有哪些共同之处，而不论其内容是什么。

---

① 施皮策（Leo Spitzer，1887—1960），奥地利语言学家，1936 年移居美国。

② 奥尔巴赫（Erich Auerbach，1892—1957），美籍德国文学理论家、历史学家。代表作《模仿：西方文学中现实的表现》（1946）详尽地论述了自荷马至普鲁斯特的西方文学中的现实观的变迁，为西方比较文学经典著作之一。

③ J. -P. 理查德（J. -P. Richard，1936—），美国文体学家。

④ 格雷马斯（A. J. Greimas，1917—1992），法国结构主义语义学家、叙事学家。主要著作有《结构语义学》（1966）、《论意义》（Ⅰ：1970，Ⅱ：1983）等。

结果，内容的表达反而要以印象为其形式；到头来，明明是一个智力结构的理性问题，我们却只好用思考时“感觉如何”这类话来说明它。

我认为，用语言作模式或以语言为比喻的更为深层的理由必须在是否具有科学性或是否代表科技进步这些问题以外的其他地方去寻找。实际上，它就在当今所谓先进国家的社会生活的具体性质之中。这些国家给我们展现了这样一幅世界图像：在那里，真正的自然已不复存在，而各种各样的信息却达到了饱和的程度；这个世界的错综复杂的商品网络本身就可以看成是一个典型的符号系统。因此，在把语言学当作一种方法和把我们今天的文化比作一场有规律的、虚妄的噩梦之间存在着非常和谐的关系。

本书研究的目的不是对各种新的语言学门类从社会学的角度进行分析，甚至也没有想过对所涉及到的那些潮流的发展作一个以主要事件为线索的历史的综述。有关俄国形式主义者的这种综述，已经由维克托·埃利希①在他那部权威性的《俄国形式主义》（海牙，1955）一书中给懂英语的读者作出。该书记述了俄国形式主义从一批研究语言学和文学的学生于第一次世界大战期间在彼得堡和莫斯科两地聚会开始一直到它在灾难性的1929年丧失举足轻重的论战力为止这段时间内的命运。

关于结构主义却没有一本可与《俄国形式主义》相匹敌的著作。结构主义，为了方便起见，可以说是从1955年列维-斯特劳斯②发表其《悲惨的热带》一书起发展成为一场“群众运动”的；

---

① 埃利希（Victor Erlich，1914—2007），美籍俄国学者、耶鲁大学比较文学教授。主要著作《俄国形式主义：历史与理论》（1955）为对俄国形式主义理论公认的最全面的权威述评。其他重要论著有《果戈里》（1969）、《二十世纪俄国文学批评》（1975）等。

② 列维-斯特劳斯（Claude Lévi-Strauss，1908—2009），法国人类学家、神话学家、哲学家。他首先将语言学中的结构主义原则应用于神话和人类学的研究，极大地丰富和发展了结构主义的理论和实践。主要著作有《悲惨的热带》（1955）、《亲属关系的基本结构》（1949）、《结构人类学》（二卷本，1958、1973）、《神话学》（四卷本，1964—1972）等。

（在经过 1960 年《泰凯尔》杂志的创办和 1962 年列维-斯特劳斯的《野蛮人的心智》的发表这样一些重要的里程碑之后，）结构主义在 1966 年至 1967 年间可以说达到了某种顶峰；这段时期内同时出版了拉康①那部传世的佳作《文集》和德里达②的三部巨著。至于“结构主义”这一术语，我是从把语言系统作为一种比喻或模式这一做法的最严格和最狭窄的意义上来理解它的，因此它不适用于让·皮亚杰③或吕西安·戈德曼④，因为他们两人都借用过这个词来为他们自己的理论体系服务；它和美国某些社会学流派对这个术语的用法也没有任何关系。我还应当补充的是，我在本书中有意不涉及尤里·洛特曼⑤和他的同事们在塔尔图大学发展起来的苏联结构主义的极为丰富的内容。

我的计划是对这两股潮流作一个概括的介绍，同时也可以说是对它们的基本方法论的一种批评。毫无疑问，这一定会同时招致

---

① 拉康（Jacques Lacan，1901—1981），法国精神分析学家、哲学家。提出对弗洛伊德的精神分析理论重新解释，认为无意识的结构像语言，主张从语言学、人类学、符号逻辑等角度进行精神分析研究，其理论晦涩艰深，令人费解，但对文学、哲学、语言学均产生极大影响。主要作品收入《文集》（1966）中。

② 德里达（Jacques Derrida，1930—2004），法国哲学家，解构主义的代表人物。主要反对和批判西方哲学中的形而上学和理性主义思想，有怀疑主义色彩。主要著作有《语言和现象》（1967）、《写作与差别》（1967）、《文字学》（1967）、《撒播》（1972）、《哲学的边缘》（1972）等，涉及自柏拉图至胡塞尔的西方哲学中有关意识、存在、意义、认识等问题，在当代西方后结构主义思潮中有很大影响。

③ 皮亚杰（Jean Piaget，1896—1980），瑞士心理学家，主要研究儿童思维和心理发育过程。主要著作有《发生科学认识论导论》（三卷本，1950）、《儿童早期逻辑发展》（1964）、《结构主义》（1968）等。

④ 戈德曼（Lucien Goldmann，1913—1970），法国结构主义马克思主义文艺理论家，原籍罗马尼亚。深受卢卡奇、皮亚杰影响，为“发生学结构主义”的创造者，主张从历史、社会根源的角度研究文学作品的结构与作者的“世界观”之间的关系。主要著作有《隐蔽的上帝》（1956）、《人文科学与哲学》（1952）、《小说社会学》（1964）。

⑤ 尤里·洛特曼（1922—1993），苏联符号学家。主要著作有《诗歌文本的结构》、《文化类型学》等。

支持者和反对派两方面的攻击。（当然是指结构主义的支持者和反对派，因为形式主义如今还有反对派吗？还有支持者吗?）我的这一述评不打算对细节问题评头品足，也不准备对有关的著述作出褒贬，而只想把作为完整思想体系的形式主义和结构主义中科林伍德①必定会称之为“绝对前提”的东西拿出来亮相。这样，这些绝对前提便可以不言自明，并且像所有这类基本前提或基本模式一样，由于特别重要，不能简单地全盘接受或全盘否定。

我的研究结果主要与共时思维所产生的种种观点和曲解有关，也不会叫人感到惊讶，但是我相信还没有任何地方像我这样详尽地分析过共时方法的各种后果。

我必须一上来就对我要进行的评述加以说明，并把大家在下面将会看到的、某些结构主义者一贯坚持的真实的历史和历时思维之间的区别作为自己的观点。本书中我的指导思想和自始至终的任务是澄清索绪尔②的语言学提出的共时方法和时间与历史现实之间可能发生的各种关系。这种关系在任何地方都没有像在文学分析领域中那样不合情理，而形式主义和结构主义正是在这一领域取得了最有实质性和最持久的成就。我指的是从什克洛夫斯基③和普洛普④到列维-斯特劳斯和格雷马斯的一系列对叙事结构所作的分析。当然，所谓不合情理指的是共时方法竟能对恰好是

---

① 科林伍德（Robin George Collingwood，1889—1943），英国历史学家、哲学家。认为历史不是史实，而是历史学家的产物，是需要解释的话语。主要著作有《宗教与哲学》(1916)、《哲学方法》(1933)、《自然概念》(1945)、《历史概念》(1946) 等。

② 索绪尔（Ferdinand de Saussure，1857—1913），瑞士语言学家、现代结构主义语言学的奠基人。代表作为《普通语言学教程》(1916)。

③ 维克多·什克洛夫斯基（1893—1984），苏联文学理论家、小说家，俄国形式主义领导人之一，“诗歌语言研究会”的创始人。主要著作有《散文理论》(1925) 等。

④ 弗拉季米尔·普洛普（1895—1970），又译普罗普，俄国文学理论家、叙事学家。主要著作为《民间故事形态学》(1928)。

用以表现随着时间的发展而发生变化和事情的形式提出如此丰富和如此有启发性的见解。

假如能够超越这一步又会怎样呢？在他们较为理智的年代里，形式主义者（并非完全由于斯大林的压力）在不到别的地方，不到历史小说和电影中去找出路的时候，就变成了很难说是传统式的文学史家。读者将会发现他们把文学史当作突变的看法在哲学上是不尽如人意的，但能够激发人的想象力。

说到结构主义，谁又能说像列维-斯特劳斯这样一位思想家没有对我们的历史观产生影响呢？有了他，卢梭那些似乎早已过时的关于自然和社会契约的思想才再次风行一时；有了他，人们对文化的最早起源的思考才能在一个令人窒息和矫揉造作的文明社会中得以复苏。本书中，我们想提出这样一个看法，即如果结构主义有什么基本的和专门的研究领域的话，那么它很可能就是一种新的、非常严密的思想史。

总之，当我们说共时方法无法从理性认识上充分解释时相现象的时候，并不等于说我们不能通过这些方法提高对历时性的神秘性的认识。我们已习惯于把时间性看成是天经地义的；然而，当什么都是历史的时候，历史这个概念本身似乎也就失去了意义。也许这就是语言模式最基本的价值：即重新激发我们对时间这一基本因素的强烈兴趣。

1972 年 3 月

于拉荷耶

第一章　语言模式

强调意义抑或强调语言？诉诸逻辑学还是诉诸语言学？这两项关键性的重大抉择构成了当今英国哲学和欧陆哲学之间的巨大差异，也构成了分析语言学派或普通语言学派和几乎就在我们眼皮底下发展起来的结构主义之间的悬殊区别。事情的由来往往和事情的结果一样具有典型性，因此一开始就花点时间把费迪南·德·索绪尔于1916年（也就是他去世后三年）发表的、由一套经过加工整理的讲稿组成的《普通语言学教程》这部著作和C. K. 奥格登[①]及I. A. 瑞恰兹[②]两人合著的、初版于1922年的《意义的意义》这样一本具有英美传统特色的代表作放在一起作个比较是十分适宜的。

这两部著作影响都极大，对各自影响所及的文化领域都能说出一些颇能说明问题又有代表性的东西。我们很想把它们看做互相排斥的两种思维方式，把它们看做分析思维和辩证思维构成的对立面，但这样做并不十分确切。较为妥当的办法或许是通过它们的研究对象所固有的某种模糊性，即通过语言本身的特殊结构来说明它们之间的分歧。语言有两个方面，关于这一点，索绪尔曾用一个著名的比喻形象地说过：语言“好比一张纸，思想是其正面，声音是

---

① 奥格登（Charles Kay Ogden，1889—1957），英国心理学家、语言学家。曾与瑞恰兹合著《美学基础》（1922）、《意义的意义》（1923），提出“指称”（科学）语言和“情感”（诗歌）语言之分，对英美“新批评”产生一定影响。

② 瑞恰兹（Ivor Armstrong Richards，1893—1979），又译理查兹，英国文学评论家、语言学家、诗人。主要著作有《意义的意义》（1923）、《文学批评原理》（1924）、《实用批评》（1927）、《修辞哲学》（1936）等。

其反面；我们切割一面的时候，不可能不同时切割另外一面。同样，在语言中，我们既不能使声音脱离思想，也不能使思想脱离声音”[1]。

然而，这两个方面中的任何一个方面都不仅是一种不同的哲学，而且也是一个完全不同的学科领域的出发点。语言学曾作为一门科学宣布自己独立于文学和哲学；本书中，如果我们必须谈到语言学作为一种模式和一个给人以启示的比喻重新回到文学和哲学领域这一点的话，那么可以同样肯定地说，它的确是像一门真正的科学的样子而堂堂正正地回来的。同样，和它构成选择对立面的哲学也以符号逻辑克服了在黑格尔死后系统哲理化的废墟上形成的方法论上的独立性。

英美派的哲学根源和思想根源当然都深深植根于英国长期的经验主义传统之中；从某种程度上来说，这一派还在延续这一传统。根据同样的道理，如果不首先了解语言学在索绪尔开始研究它的时候是什么样子，以便弄清他到底改变了什么，那么要对索绪尔的创新作出评估是非常困难的。

在语言学中，就像在其他学科中一样，中产阶级奉为圭臬的浪漫主义运动标志着必须用新的、历史的眼光对所有的重大问题和解决办法进行一次彻底的重新评价。在语言学中，对强调永恒不变的、符合规范的法则的古典主义思想的偏重造成了把语言和逻辑几乎等同起来的后果，这种逻辑具体化为法则之后，就是我们大家所说的语法。浪漫主义时代用历史比较语言学取代了语法，其特点表现为重大的历史发现突然之间层出不穷（如格林法则①、博普②对原始印欧语的重构，特别是德国学者对罗曼语和

① 格林法则（Grimm's Law），又译格里姆定律，为雅可布·格林（1785—1863）在《德语语法》（1819—1822）一书中提出的有关印欧语系的语言中辅音变化的规律。

② 博普（Franz Bopp，1791—1867），德国语言学家，其代表作《比较语法》（1833—1852）为对印欧语系诸语言的亲属关系进行系统研究的权威论著。

日耳曼语历史语言学的重要流派所作的阐发等），以及这些发现最后由新语法派，特别是赫尔曼·保罗①总结为语言的规律。保罗的思想可以说是索绪尔开始从事学术研究的那段时期内在语言学中占统治地位的思潮。

I

我们往往认为一种新的信条的出现和阐发总是在迫不得已的情况下发生和进行的。不管是否有道理，索绪尔的创新也许首先应当理解为对新语法派的清规戒律的一种反抗。对演变和进化的兴趣，对重构原始语言和划分语系及确定语系之间的内在联系的兴趣最终导致保罗作出这样的断言："语言学中，凡是非历史的都是非科学的。"[2] 针对这一点，索绪尔把共时性和历时性加以区分，把历史研究和结构研究也加以区分；但这一做法同样是武断的，其方法论的前提也是一种同样武断的价值判断："任何东西只要有一点意义，它就必定是共时的。"[3]

不过，索绪尔的出发点不止是一种反抗，它同时也是思想上的大解放。由于有了历时性和共时性这一区别（这两个术语似乎是索绪尔发明的，尽管在他之前，它们早就以别的意义出现在地质学中了），他便也能证明两种互相排斥的认识方法的存在。由此看来，历史比较语言学只以个别的变化、孤立的现象作为其研究对象，就连它的那些规律也似乎是片面的和有条件的。我们不妨说这些规律是科学的，但是毫无意义的。索绪尔的创新就在于他坚持认为语言是一个有系统的整体，任何时刻都是完整的，不管其内部在片刻之前发生过什么变化。这就是说索绪尔提出的时

① 赫尔曼·保罗（1846—1921），德国语言学家。

间模式是一个一系列完整的系统顺时相继出现的模式，也就是说，在索绪尔看来，语言永远是此时此刻的存在，每一时刻都蕴含着产生意义的一切可能。

索绪尔的观点从某种意义来说是一种存在主义观点。谁也不否认历时性这一事实，不否认语音有自己的历史，意义会发生变化。只是对于说话者而言，在语言的历史中的任何一个时刻，都只有一个意义，即当时的意义。词是没有记忆力的。有人试图借助辞源学来驳倒这种语言观，但正如让·波朗①在一本颇有新意的小册子中所指出的那样，其结果适得其反。这是因为辞源学，就像它在日常生活中被使用时一样，往往更多地被认为是一种修辞形式而不是科学事实，是盗用历史因果关系来为逻辑推论服务的。（“这个词本身就说明这一点：etymology，etumos logos，真正确实可靠的意思。因此辞源学自我标榜，把我们带回到它自身，也就是其本原身上。”[4]）

我们还可以用另外一种方式，即通过说明共时性和历时性的本体基础是很不相同的这一点来表明这一切。前者的基础在本族语使用者即时的切身经验之中，后者则基于一种智力产物，是一个超越时间的局外人，因而也是一个用纯粹是想出来的连续性代替实际的连续性的人对一个又一个的即时进行比较的结果。总之，我们可以提出这样的问题，例如：说“辞源”和“真正确实可靠的意思”是一回事到底是什么意思？对谁来说是一回事？这一等同经历了一代又一代人的个人生活和不计其数的具体发音的消亡，它又是建立在什么原则基础之上的呢？这个问题听起来如果有点别出心裁的话，那是因为我们还没有跳出各种实证主义观念的窠臼，因为我们仍然认为观察者的观察位置是无可非议的，

---

① 让·波朗（1884—1968），法国作家。

还没有意识到它可能有问题。

因此，索绪尔所从事的工作的第一条原则就是一条反历史主义的原则。我们只要看看这条原则的新发现在索绪尔的一生中起了什么作用，便能更好地理解它的意义。索绪尔似乎是一个很勉强的革命者。他的革新并不是一个本能地与时代格格不入的人的作为，也不是一个从一开始就对自己年轻时发现的占统治地位的思想方法感到别扭和不满的人的作为，而恰恰是一个一辈子从事教学和宣传那些历时的、新语法派的学说的人的作为，但他的遗作却又是反对这种学说的。索绪尔生前的主要论文《论印欧语言中的原始元音系统》是其成名作，发表于1879年他22岁的时候。这篇文章可以说是新语法派登峰造极的成果之一，它是根据历时的原理所作的推断，其主要内容是证明迄今被成文的“规律”视为“例外”的某些语音定式也有隐秘的规律。因此我们不妨作这样的猜测，即索绪尔是在对自己和历史所打的交道越来越不满意，对他认为历史可能提供的种种想法和解释越来越不满之后才产生把共时和历时加以区分这一关键性的想法的，或者用更肯定一点的话来说，他是在这种情况下才提出“系统”这一概念的。这种不满的原因倒不是因为没有通用的规则，而恰恰是因为规则太多，且空洞无物，无裨于事。总之，我们完全可以想象，索绪尔如何面对一张张音变图表一点一点地悟出一种现象的外因和其内因之间的区别。这个区别可以用来解释系统这一概念，但关键的问题是规律这个概念本身是否能够作为一种令人满意的、有意义的解释。当然，历时变化的形式都是有规律的，是可以用可预计的、反复出现的定式来表示的；索绪尔在前面提到的那个出色的例子中就是这样做的。但是这种规律不过是凭经验得出的，在语言系统中是没有意义的，因为它是从语言自身以外的种种原因中推导出来的，如地理上的障碍、大迁徙和人口转移等。因此，我们可以说规律体现了从一个系列（语言的定式）的具体情况向另一个系列（地理法则或人口流动）的具体情况的转移。

我们用从历史本身中找出的例子也许能够更加清楚地说明这种不一致的现象。例如，我想到了皮埃特·盖勒①对信奉新教的尼德兰和信奉天主教的比利时之间在宗教和文化上的分裂的传统解释所作的修正。[5] 毫无疑问，引起争议的问题是，是否必然会产生这条国界线。大家都知道，在历史问题上，我们可以把“必然”这个词作为一个标志，但它并不指任何带有决定论性质的假设，而只指某一特定的事情完全可以用历史主义的认识方法来理解。对于那些较早的历史学家来说，这一分裂似乎是一种“必然”的分裂，因为它反映了两边的人们之间基本的文化差异。在北面，新教徒因宗教原因抵制了西班牙人；在南面，反对君王的天主教反叛分子则没有那么顽固，比较容易驯服。后来出现了皮雷纳②和以他为代表的学派，我们又得到了对同一问题的另一种说法，具翻新的理由反映了亲法国的感情而不是前面一种理论中显而易见的亲新教徒的感情。皮雷纳指出在佛兰德③存在着一个一直可以追溯到中世纪的、真正独立的文化传统；他的这一理论最后得出的也是那个普遍的结论，即最终定下来的国界不过是对这两个地区之间早已存在的深刻分歧的一种认可而已。

盖勒毫不费事地揭示了这些不同的理论在荷兰和比利时历史上那些关键时刻提出时所抱的直接的政治目的和论战目的。他本人的解决办法，正如我们猜想的那样，是一种兜底翻的办法。他

---

① 盖勒（Pieter Catharinus Arie Geyl，1887—1966），荷兰历史学家，主要著作有《荷兰人民史》（三卷本，1930—1937）、《与历史学家商榷》（1955）等。

② 皮雷纳（Henri Pirenne，1862—1935），比利时学者，中世纪文化专家。

③ 佛兰德为中世纪的伯国，是当时欧洲经济最发达的地区之一。曾为尼德兰的一个省。现分别划归比利时、法国和荷兰。

通过指出大家实际上早就了解的情况来否定那些较早的理论，就是说北面新教派的势力并不见得比南面更加集中。他还指出今天两国之间的宗教和民族边界与地理上的边界是一致的，是从北面的大河流域开始形成的地方划起的，新教派的军队曾驻扎在那里，而帕尔马①的军队又无力渗入。有了这条自然屏障构成的停火线，两边的文化迅速稳定下来。这样，今天的比利时或荷兰在宗教上出现相对的同一性就不足为奇了。

我举这个例子，不是为了评论例子中提到的那些历史上出现过的论点，而是想强调不同的历史解释对人的思想的不同影响。我认为盖勒的理论作为历史的历史，从历时的观点来说是令人满意的。就其本身能够解开一个由过去的各种历史观点相继提出又相继否定构成的历史之谜这一点来说，它是很有思想高度的。不过，从共时的角度来看，它本身也存在着令人深为不安的地方，因为它的主旨在于把历史可被认识的根本的原因置于人类自身的活动之外，置于非人类的环境的偶然现象之中；把因果关系链中最根本的原因置于历史之外，置于地质现象之中，置于地貌特征的布局这一无可争辩的自然现象之中。这后一种情况当然也有自己的历史（地球形成早期大河的发源、三角洲的形成、该地土壤的化学成分等），但这个历史是与完全由人类活动构成的历史根本不同的一系列事情，是一个完全不同的系列，一个规模更大、简直大得无法相比的系列。我甚至认为这种系列概念本身，这种内因和外因的区分，读者也许觉得是偷偷塞入讨论之中的未加分析的前提，但实际上在盖勒的理论中已经是心照不宣的了，因为他那巧妙的结论靠的正是从人为的成因转为非人为的成因。

① 帕尔马，帕尔马公爵，真名为亚历山德鲁·法尔纳塞（1545—1592），西班牙国王腓力二世军队的将领，1577年在比利时、荷兰参加镇压反西班牙的叛乱，1578年被任命为荷兰总督。

当然，我并不主张回到盖勒的理论所批驳的那种唯心史观上去，这种唯心主义的历史观试图把人类的活动和地质上的大变动这样风马牛不相及的两件事纳入同一个思想框架。但是，值得指出的是，大河这一事实从来就不可能被两边的人们视为偶然，而早在它以这里所说的外界影响的更新的偶然性被他们意识到之前，就肯定已经作为一种意义结合到他们各自的文化中去了。偶然性这个概念本身使我们想起和索绪尔的这场革命同时发生的各种“纯诗”理论，还有美学界为从诗歌语言中消除外在的和偶然的东西的最后痕迹所作的努力。突出索绪尔的语言学解决办法的价值的最好办法就是，指出即使对历史编纂法来说，除了盖勒的方法和他所批评的元历史学方法外，还可以有一种解决办法，这将是一种结构主义历史学。根据这种学说，荷兰与佛兰德之间的关系将放在一系列的对立面（如天主教对新教、佛兰芒语对瓦隆语等）中加以研究。这些对立面然后又在一系列的变更或特定的相互关系中组合或调整。从这种观点来看，前面的组合与后面的没有什么关系，就像掷骰子时，前一掷与后一掷毫不相干一样。

不管怎么说，索绪尔在提出自己的理论时，脑子里也一定充满了类似的想法，觉得各种不同的解释方法实在相去太远。当然，这还是从反面来说的；在这层意义上，索绪尔的思想不过是当时许多反实证主义的思想之一。但他提出了系统这一概念，正是这一点使他有别于19世纪晚期的宗教复兴和柏格森[①]与克罗齐

① 柏格森（Henri Louis Bergson，1859—1941），法国哲学家，生命哲学的主要代表，直觉主义理论大师。1928年获诺贝尔文学奖。其非理性主义哲学观点表现为反对机械决定论、强调主体直觉经验。其有关时间、意识的理论对普鲁斯特的意识流创作方法有较大影响。主要论著有《论意识的直接材料》（英译为《时间与自由意志》，1889)、《物质与记忆》（1896)、《创造进化论》（1907)、《论笑》（1900）及《道德和宗教的两个来源》（1932）等。

的理论以及从这些理论产生的语言学潮流中所表现出来的唯心主义的、人文主义的、反科学的反叛。索绪尔的观点与胡塞尔①的观点有许多类似之处，因为和胡塞尔一样，他不满足于仅仅指出，和科学的、定量的思想方法并行，还有一种同样有价值的人本主义的、定质的思想方法，而且还从方法论上把这种思维的结构确定下来，以便进行各种新的、具体的研究。

索绪尔对以往的语言学的不满本质上是对方法和术语的不满。当我们想到索绪尔生前默默无闻，看到他的出版的论著寥寥无几并了解到他的手稿在他身后的情况之后，我们不禁觉得索绪尔的缄默是有一定的历史渊源的。这就是以兰波为典型的那种业已传为佳话的沉默寡言的姿态，这种姿态在现代派早期也以不同的面貌和不同的形式一再有所表现，如维特根斯坦②的沉默、瓦莱里长期放弃诗歌去从事数学研究、卡夫卡的信仰声明和霍夫曼斯塔尔③的《尚多爵士的来信》等。所有这些都证明语言本身中能发生地质学上那种转变，证明在向新的思维方式转变的过渡时期，传统的术语，甚至是传统的语法和句法都在逐步退化。“不能言传的就只能心想”。然而这句名言能够说了出来，本身就是

---

① 胡塞尔（Edmund Husserl，1859—1938），德国哲学家。现象学创始人。认为应该对一切事实存在“存而不论”，去直接分析意识本身，因为只有在主观意识中才有绝对的客观性。主要著作有《逻辑研究》（1900—1901）、《纯粹现象学的思考》（1913）、《欧洲科学的危机和先验现象学》（1936）等。

② 维特根斯坦（Ludwig Wittgenstein，1889—1951），奥地利哲学家，1938年入英国籍。早年师从罗素。主要著作《逻辑哲学论》（1921）、《哲学研究》（1953）、《论数学的基础》（1956）等均有极大影响。

③ 霍夫曼斯塔尔（Hugo von Hofmannsthai，1874—1929），奥地利诗人、剧作家。德语文学中唯美主义和象征主义的重要代表，深受尼采、弗洛伊德的影响。主要诗作有《生命之歌》、《早春》等，主要剧作有《埃勒克特拉》（1904）、《每一个人》（1911），以及为理查德·施特劳斯的歌剧作词，如《蔷薇骑士》（1911）、《没有影子的女人》（1919）。

自相矛盾的。因此我们不是通过早已失去意义的正规的艺术形式，而是通过间接的、非永久性的途径，通过回忆和片断的对话，通过书信和其他零碎材料了解到这些人沉默寡言的原因的。索绪尔的焦虑不安就是在给安托万·梅耶的一封信中为我们保存下来的，他写道：

> 我对这一切、对没法子就语言现象写上十行常识性的东西感到很苦恼。在长时期孜孜不倦地对这些现象进行系统分类以及对研究它们的各种观点进行分类之后，我越来越感到还必须做大量的工作才能让语言学家明白他在把每一个步骤对号入座的时候**实际上是在干什么**，同时也让他明白最后能在语言学中做到的一切都是没有多少意义的。
>
> 说到底，也只有每种语言都是别具一格的这一点还能使我继续对它抱有兴趣。每种语言都属于具有特定渊源的特定的民族，使它有别于其他各种语言；这相当于研究语言与人种有关的那些问题。但是我恰恰再也不能毫无保留地从事这方面的研究了，再也不能从某一特定的社会环境来理解和评价某一具体的语言材料了。
>
> 目前使用的术语完全词不达意，必须加以改造，必须说明语言总的来说是什么东西。这些问题一再让我在进行历史研究时感到扫兴，尽管就我本人来说，根本就不想为这些总的语言等问题操心。
>
> 可是事与愿违，我最后还是想写一本书，平心静气地解释为什么当今语言学中使用的术语对我来说没有一个是有意义的。我觉得只有这样，我才能把丢下没做完的工作继续做下去。[6]

索绪尔经历的这一转变，也就是前面提到的那些好似说话有困难的著名例子所生动说明的那种转变，可以说是由实体论的思想方法向强调关系的思想方法的过渡，这在语言学中表现得尤为突出。索绪尔发现语言学术语有问题的原因在于这些术语试图给具体的实体命名（如“词”、“句子”等），而语言学恰恰是一门以没有这些实体为特点的科学：“在别的地方我们能找到事先就存在的事物，你可以随便从哪一个视点去观察它们。可是这里却先有视点，当然有正确的也有错误的，但肯定是先有视点；然后你再靠它们去创造你所要的东西。当你的视点是正确的时候，这些创造物就与实际相一致，当然也有不一致的情况。但不管是一致还是不一致，任何时候都没有任何东西是事先就独立存在的，即使是你认为最为物质的东西，如一连串的语音这种最明显能够自己证明自己的东西，也是如此。”[7]

因此，索绪尔是由于语言作为研究对象时有这种特殊性才想到要另辟蹊径的。当然，我们会又一次看到语言学的困境不过是所有科学的更大的危机的一部分而已。例如在物理学中，光波理论和光粒子理论之间的交替就让人开始对原子是一种物质的观点产生怀疑。另外，物理学中所谓“场”的概念与索绪尔的系统这个概念倒真是不无相似之处。在所有这些领域中，科学研究已到了感性认识的极限，其研究对象已不是被各自有形的结构互相分隔开来，或者是可以用不同的方法进行解剖和分类的东西或有机体。索绪尔关于“系统”的观念暗示了在这个新的、无形的、非物质的世界中，内容就是形式；你只能看到你的模式允许你看到的东西；方法论上的出发点不只是简单地指出了研究对象，而实际上是创造了对象。

从个人的或心理学的角度来说，这种方法论的观点也反映在存在主义哲学中。存在主义的核心思想——存在先于本质——实际上和这一观点有异曲同工之妙，是换一种方式来表示我们切身体验的现实是如何根据我们对它作出的“选择”或我们对它进行解释的本质，换句话说，是如何根据我们观察和体验世界的“模式”来改变的。从更大的范围来说，这种思想显然对人文学科的研究会产生重大的影响，如历史学和社会学，因为它们的研究对象和语言一样捉摸不定，不可名状。索绪尔对此自然很清楚，他说：“当一门科学没有直接的、明确的和具体的单位时，那么可以说这种单位对这一门科学来说是可有可无的。例如，历史学中的基本单位到底是什么呢？是个人、时代还是国家？谁也说不准，可这又有什么关系呢？在这个问题上没有定论也照样可以进行历史研究。”[8]

因此，单位也好，整体或实体也好，都表示代用的价值和关系，“所有这一切都意味着在语言中只有差异。但事情并非到此为止。一般来说，有差异就意味着有一定的可以从正面确定的东西来构成这个差异；然而在语言中却只有差异，没有可从正面肯定的东西”[9]。这里，索绪尔对价值的看法可以用一个经济学上的比喻来说明，即某种货币单位的作用总是不变的，不管它是金币还是银币，是指券①还是木制镍币；也就是说，使用的物体的可肯定的特性不如它在系统中的作用来得重要。

从某种意义来说，价值和实物之间的这一区分实质上有点像心与身的对立，即精神与物质之间的对立。它对索绪尔的语言学的好处之一就在于，有可能把单纯的声音（如一个说我们根本听不懂的话的人所发出的声音）和有意义的声音，也就是索绪尔所说的音响形象从方法论上加以区分；这种音响形象就是一种语言在我们还没有掌握得很好的时候就开始形成的一些声音定式，它们能使我们辨认，也许还能凭想象认出或拼出一个外文单词，即

① 指券为1789—1796年法国大革命时期发行的作为通货用的纸币。

使还不知道它是什么意思。这一区分在索绪尔之前就有两位波兰语言学家克鲁谢夫斯基①和博杜安·德·库尔特奈②指出过（后者后来成了彼得堡的俄国形式主义者的老师）[10]，他们预见到必须有两类完全不同的科学，一类研究声音的纯物理属性（语音学），另一类则探讨构成意义的规则（“音系学”或音位学）。下面我们会看到这一区分的后果；这里只指出一点就足够了，那就是我们从中又一次看到了历时与共时在一个新的层面上的对立，因为语音学主要研究历时的变化，而研究共时系统则是音位学的任务。

因此，从哲学上来说，我们看到的是以变化和物质为一方与以意义和无时间性为另一方的一种非常特殊的认同。应当指出的是在哲学上最恰当的比拟不是心身问题那些老的、比较简单化的翻版，而是从现象学的角度作出的较新的解释，在这里物质就是胡塞尔所说的“hylé”；用本体论来做的最佳表述就是萨特提出的“自在”与“自为”之间的对立，就是实在性与超验性之间的对立。

然而，即使在我们把纯物质的基础抽象化之后，系统这一概念的根本问题还是得不到解决。如果说物体不是像正常理解的那样存在的话，那么各种各样的关系是怎么起作用的呢？价值是由什么构成的呢？又表现在哪里呢？问题是对索绪尔来说，最基本的、最小的单位，也就是构成系统的基本成分，似乎是能够自己确定自己的，即不管它们最终是什么，只要它们都是基本的意义单位，从逻辑上讲，是不可能超出它们去下更加抽象的定义并以此把它们当作一个类别的组成成分来对待的。这就是索绪尔在一

---

① 克鲁谢夫斯基（N. Kruszewski），波兰语言学家。

② 博杜安·德·库尔特奈（Jan Baudoin de Courteney，1845—1929），波兰语言学家。研究语音构成系统，首次提出“音位”这一区分意义的最小语音单位。

句名言中表达的意思，他说："这种单位的特点就是这种单位本身。在语言中，就像在任何符号系统中一样，赋予符号特色的东西就是构成符号的东西。差异构成价值和单位本身，也同样构成其特点（或特征）。"[11] 奥格登和瑞恰兹对这一点也非常清楚，他们曾懊恼地说："这种说法的缺点在于……解释的过程在给符号下定义时就包括在符号中了！"[12]

所有这一切的实际意思其实很简单，这就是说 ng 在一种语言中可能是一个区别性特征，而在另一种语言中它即使出现也未必有任何功能性价值。因此从这一意义来说，对语言过程中的个别的成分进行概括是不可能的。关键是前后左右的情况，而且最后还得靠本族语使用者的直觉来确定有还是没有区别性特征。

当然，从另一意义来说，我们还在继续抽象地、泛泛地讨论这些现象。如果需要什么证据的话，那么"普通语言学"这门学科本身就是证据。不同的是抽象的方法已有所改变：原来的实体论思想把抽象概念基本上当作实体的名称（如"名词"），但是这些新的抽象概念则瞄准产生意义的过程本身，说明人的头脑如何区分符号，并全部可以由"同一"和"差异"这两个词来概括；它们明显地反映了与老的语法范畴完全不同的一个认识层次。（值得指出的是，在索绪尔的理论中，凡是还保留相对来说是实体论范畴的地方，如在"音位"这一词中，都是引起各种争议和谬误的地方。）

因此这一切——系统的观念、把语言视为同一和差异的概念——早就包含在共时与历时开始分家这一事实中了。索绪尔的许多追随者曾想证明这一根本性的区分并非真像其界限初看时那样泾渭分明，那样绝对，而希望调和折衷，但这对于索绪尔的思想却无济于事。明摆着的事实是我们不可能两者兼而有之。实际上，正是由于这一根本对立壁垒分明、绝无妥协之处才对后来的发展富有启示，才成为这一理论后续各部分的基础。当你一旦把历时和共时分开之后，你就一发不可止，换句话说，你就别想再把它们合在一起了。如果这一对立最终证明是错误的或者是容易引起误解的话，那么唯一的解决办法是把整个问题提到一个更高的辩证水平上，选择一个新的出发点，按新的范畴把有关的问题彻底重新提出。

但是，断定索绪尔提出的模式中不可能有任何历时发展也是错误的。关于这一点，我们看看罗曼·雅可布森①在他的《历史音系学原理》[13] 一文中对这一问题所作的解释是有益的。他在文中谈到了历时变化——如某一个音的消失——如何使共时结构失去平衡，使它不得不重新调整，以适应新的情况。比如说，原有a、b、c、d这几项以各种形式互相组合，失去c后，则原有的全部组合须在余下的a、b、d之间重新搭配。这种由一个接一个的，调整过的共时系统构成的模式成了约斯特·特里尔的词汇研究的基础，其最著名的例子是13世纪中古高地德语中“艺术/诡计”（两者均属“智慧”这一总的范畴）这一对立被“知识”这一概念所取代，它代替了“诡计”，但不再是“智慧”的一部分，所以现在一直是三个词共存而不是早先的双项对立；这样二合一成了三合一。[14]

然而，尽管这些反映历史变化的模式内容丰富，非常有趣，但从理性认识的角度来说，它们还不能令人满意。雅可布森指出：“如果对系统的平衡的破坏先于某一突变，如果这一突变的

---

① 罗曼·雅可布森（1896—1982），美国语言学家，原籍俄国。俄国形式主义和布拉格语言学派的创始人，西方现代语言学界公认的大师。一生著述面广量大，涉及语言学、心理学、美学、文艺学各领域，均产生极大影响。代表作有《儿童语言、失语症和语音普遍现象》（1941）、《语言基础》（1956）等。另有《雅可布森选集》（六卷本，1962—1982）。

结果恰恰掩盖了不平衡，那么我们就不难发现这一突变的作用：它的任务就是重建平衡。但是，当突变在系统中某一处重建平衡之后，它有可能在别处又打破平衡，产生新的突变的需要，从而形成一系列起稳定作用的突变。……”[15] 不好办的是，这里所用的“突变”这个词有两层意思，或者也可以说这里涉及两种突变，而不是一种。第一种是历时变化的起始本身（“对系统的平衡的破坏”），第二种是系统被调整以接受所发生的变化的方式（雅可布森所用的“突变”显然指这种调整）。因此很清楚，这种解决办法只是把问题暂时搁置起来，推到另一个层面上去。毫无疑问，最初的语音变化本身是可以从历史事件、人口迁移或者通过生理语言学的各种规律来理解的。但是，正如在我们前面提到的荷兰历史上那个例子中看到的情况一样，这种解释实际上借助于一套不同的因果关系，把发生变化的根本原因仍置于音系结构之外，仍置于历时的和纯语音的范围内。这样，从纯共时的（雅可布森所谓“目的论的”）角度来说，仍然是没有意义的。因此，尽管索绪尔的理论中暗含的历时模式、突变的理论，能够对历史变化作出复杂的和有启发性的生动解释，但最终还是不能解决把历时和共时在同一个系统中重新结合起来这一根本问题。实际上，“突变”一词本身，尽管借自老的进化论模式，却已成为索绪尔的模式推到外缘极限时矛盾层出不穷的征兆。

这一矛盾在索绪尔那里就已存在，这一点还可以通过仔细分析他的有名的比喻之一来证明。他说过：语言好比一盘棋。这个比喻第一次出现时谈得较为详细[16]，它是一种直截了当的比较，用来说明“系统”这个概念。总的意思是这一游艺本身，连同其各项规则，就是一个共时系统。至于其起源于波斯这一事实，或者曾用一枚普通棋子代替丢失的象牙棋子等这类外部事件，对共时均毫无影响。只有当那些规则本身发生变化时，系统内部才会出现真正的共时活动。然而第二次用这个比喻时[17]，指的却是棋子在棋盘上依次的位置，即走过的一连串步子，与语言演变过程中各个共时时刻之间的比较。很明显，这一比拟，从历史的角度来说是顺理成章的，因为它把一个接一个的共时状态看成一种有意义的延续；但是它和索绪尔的思想的基本精神是相悖的，因为在下棋中规则从未变过，而在语言的演变过程中，改变的正是规则。索绪尔本人对此很清楚，也觉得自己这一比喻难以自圆其说，因此他不得不说：“为了使下棋这一游戏跟语言这一游戏在每一点上都相似，我们看来还得有一位思想不集中的或者是棋艺不太高的棋手”。我们可以把这句话颠倒过来，说这一比喻的意思正是想说语言中的历时变化似乎自身就有意义，就是“目的”，是语音发展史上有意义的内在力量引起的变动。

Ⅱ

把共时和历时加以区分这一举动是索绪尔的理论首先能够成立的唯一基础。毫无疑问，这一区分是不顾历史的，也是不符合辩证法的，因为它的基点是一种纯粹的对立，是一对永远不可能以任何形式调和在一起的绝对的对立面。然而，我们一旦承认它是一个新起点，一旦进入到共时系统本身之后，我们就会发现那里的情况大不相同。这里占主导地位的对立是语言和言语之间的对立；前者是任何一个时刻语言的可能性或潜在力的总和，后者则是个别的说话行为，是一部分潜在力个别的和部分的实现。看看奥格登和瑞恰兹对这一区分的评论，对我们是有帮助的，因为两种思想方法之间的区别再也没有比这里表现得更为显著的了。他们写道：“索绪尔这时也不停下来问问自己到底在找什么，也不想想到底有多少理由非要这东西不可。相反，他走上了所有的科学开始时常走的道路：自己虚构一个适用的东西，叫做'语言'，即所谓有别于说话的语言。……像'语言'这样一种复杂的虚构物无疑是可以通过和怀特黑德①博士的大名联系在一起的那种强精神涣散法相类似的方法来求得，但是把它作为一门新兴科学的指导原则，那是不可思议的。再说，这种在可验证的范围之外虚构语言实体的做法也等于拆了后面提出的符号理论的台。"[18]

这样一段文字清楚地表明了奥格登和瑞恰兹对索绪尔的理论真正不满的地方正是他的辩证法思想。英美经验主义的劣根性就在于它顽固地把研究对象彻底孤立起来，不管它是一件实物，还是维特根斯坦所说的"活动"，还是一个单词，一个句子或一个"意思"。[19]（我认为这种可以回溯到洛克的思想方法从根本上来说出于政治考虑；而且按照卢卡奇在《历史与阶级意识》一书中使思维合理化和普遍化的观点，也不难看出这种思想如何以佯装不见和偏爱零碎及孤立的东西为其特点，以避免审察那些大的整体性的东西，因为这些东西如果非看不可的话，最终会迫使人得出令人不愉快的社会和政治结论。）

索绪尔提出的这一对立是辩证的，因为它指出了部分与整体之间一种互相牵制的力量，没有一方，另一方也不能存在。由于它强调的是相互关系而不是实体，它击中的正是经验主义思想希望的那种分离出一件似乎是独立的东西（如一个"陈述"）这一要害。但是即使是为索绪尔"假想的虚构物"所作的辩护，也必然是辩证的，因为很清楚，最基本的逻辑问题不在索绪尔所用的

---

① 怀特黑德（Alfred North Whitehead，1861—1947），又译怀特海，英国数学家、哲学家。曾与罗素合作完成《数学原理》（三卷本，1910—1913）。后专事哲学研究，提出所谓"过程哲学"。主要著作有《自然的概念》（1920）、《科学和现代世界》（1925）、《过程与实在》（1929）。

术语中，而在这件事情本身中。语言是一种很特别的东西，它从来不会在任何地方同时全部用上，也从来没有在任何地方见诸实物或实体，然而又使我们觉得它无时无刻不存在于我们的思想和我们每一具体的言语行为中。正因为如此，给它命名的这个词不可能像指具体实物的名词那样妥帖。（这使人们自然想到与此相仿的社会这一概念。阿多诺①曾指出[20]，社会这个概念中自相矛盾的地方来自社会自身的矛盾而不是因为我们在认识上有什么不可克服的毛病。不管怎么说，这个比方本身又一次说明索绪尔的模式为什么对其他领域也有启示。）

索绪尔的这一对立还有另外一层意思，奥格登和瑞恰兹似乎没有抓住这一点，但从方法论上讲，它却有重要意义。这一新的对立的特点首先在于它与众不同，尽管它也用了同样的措辞，甚至也不过是同一基本事实的不同侧面而已。这种术语上的模棱两可常常被认为是索绪尔的理论不够斩钉截铁，是因为他那拼凑在一起的教案和讲稿是在不同时期写的，以及他的遗教不够完善、不够系统等，但我本人却倾向于认为这是由他所从事的工作突出相互性这一特点决定的。我们在前面已经看到在任何具体的例子中给语言的基本单位（如词、句子、符号、音位、句段等）下定义远不如掌握相互关系这一点重要。这当然不是说索绪尔的理论最后变得像燕卜荪②所指的含混一样无法确定，而说它只有在讨

---

① 阿多诺（Theodor Wiesengrund Adorno，1903—1969），德国哲学家、社会理论家、音乐评论家。法兰克福学派继霍克海默之后的主要代表人物。在《否定的辩证法》（1966）等主要论著中系统阐述其绝对否定的怀疑主义思想，既反对柏拉图、黑格尔及现代实证主义的理性主义原则，也反对存在主义的非理性主义原则。他的“批判理论”实为否定一切理论。

② 燕卜荪（William Empson，1906—1984），英国诗人，批评家。曾两度在中国任教（1937—1939，1947—1952）。主要诗作收在《诗集》（1955）中，主要理论著作有《晦涩的七种类型》（1930）、《复杂词的结构》（1951）。

论具体问题时才显出其精确性。从这一意义上来说，我认为他的工作似了未了的特点并非偶然；事实上他根本不可能在传统意义上完成他的工作。在这一点上，就像在其他许多方面一样，如为人谦虚、涉猎广博等，他和马拉美非常相像。

部分和整体的关系反映了较老的一个模式，即有机体模式的逻辑，但是这个模式在解决语言的特殊性所提出的那些新问题方面已没有什么用处。因此这一新的对立形式将发挥把语言中搅和在一起的各种不同性质的系统互相分开的作用。例如言语，这一个别的说话的行为，对索绪尔的理论来说是无关紧要的，不仅因为它总是并且必然是不完整的，而且还因为这是体现个人之间的差别、个性和个人风格的地方。但是，把言语和语言的关系看作一类事物中个别和全体的关系或部分和整体的关系、物理现象和物理法则的关系，等于重新抬出新语法派的实证主义模式，而这恰恰是索绪尔想要取而代之的模式。

索绪尔解决这个矛盾的办法实在是绝顶聪明，我们可以说它是一种由情景决定的方法，甚至是现象学的方法，因为它是把言语的具体结构当作一种“话语回路”加原文免误解（circuit of discourse），一种两个对话人之间的关系来看待的。当常识在对我们说语言和言语的关系是我们内在的东西，在各自的意识中，是我刚说出的一句话和我组织句子的能力，即我已经内化的语言形式的总储存之间的关系的时候，我们常常会忘记这个回路。然而在一个不同的地方是可以切断这一话语回路的，并得出一个在方法上更能说明问题的模式。这就是索绪尔的创新；他把说话人的言语和听懂他的话的人的语言分开；对后者来说，言语是说话的主动一面，而语言则是被动的一面；的确，对他来说，正如苏联语言学家斯米尔尼茨基指出的那样[21]，语言与其说是说话的能力，还不如说是听懂言语的能力。于是，所有的纯发音问题，所有关于地方口音、错误发音、个人风格等问题一下子全部从这一新的研究对象中排除了，成为另一门叫做言语的学问的问题，对语言的研究自然仍可以是具体的，因为我们可以通过确定任何一个本族语使用者的理解范围和特殊方式来研究它；不过这个时候的研究不会再因为有具体的东西（如一个句子）而产生麻烦，因为它和这里的具体东西的关系等于一条物理定律和它的实验结果的关系。[22]

如果我们把这一新模式和杜尔克姆①的社会学中似乎是它的来源的东西作一比较就能看出它在理论上略胜一筹。[23] 不仅是后者坚持认为社会现实本质上是一种表征这一看法与索绪尔的符号理论非常相似（下面还要细谈），而且杜尔克姆的思想的核心，即试图把个人的和个别的与客观的和社会的分开这一点，和我们刚才分析过的索绪尔关于语言和言语的区分也是很一致的。只是杜尔克姆为了使他的研究有一个方法论基础，才提出有一种集体意识，并认为这种集体意识是集体表征的基础，正如个人意识是个别表征的基础一样。显然，这一假设的虚构物才应受到我们所见到的奥格登和瑞恰兹对索绪尔的那种批评，因为它暗示有一种有机的集体存在。但是请注意，当杜尔克姆不得不求助于一种想象的集体存在物的时候，索绪尔提出的“话语回路”的特殊性却使他根本无须借助这类实体论的幻想，连作为方法论上的假设也用不着。奥格登和瑞恰兹反对索绪尔的意见是不对的，因为索绪尔的模式的结构本身就不可能考虑什么“集体思想”[24]，而恰恰迫使我们把注意力转向完全不同的和与此无关的方面。我认为也

---

① 杜尔克姆（Emile Durkheim，1858—1917），又译涂尔干、迪尔凯姆、杜尔凯姆。法国社会学家，现代社会学的创始人，主张集体表象论，著有《社会分工论》（1893）、《社会学方法论》（1895）、《论自杀》（1897）、《宗教生活的基本形式》（1912）等。

正是因为这一点，社会科学家才觉得索绪尔的模式比杜尔克姆的模式更有用，因为它可以防止他们犯杜尔克姆的错误。

通过与这个模式的另一具体表现进行比较来衡量它的创造性也是很有启发的，这就是我们在文学中见到的情况。雅可布森和鲍加季廖夫[①]把“话语回路”的概念“作为一种特殊的艺术创作形式用于民间传说”，产生了与萨特在《什么是文学》一文对大众的作用所作的分析很不一样的结果，确实能够说明一定的问题。对萨特来说，“话语回路”的另一个方面，即大众已包含在作者本人之中，并且必然来自完全是作者个人对材料的选择和风格的特点所作的决定。这并不是一种心理上的选择；或者可以这么说：萨特的分析是在排除真正的心理因素的层面上进行的，因为它仅仅说明对材料的某种选择本身（包括罗列一长串某些东西而对其他东西则一带而过，好似他的读者对这些东西早已一目了然）实际上就是对读者的选择，把他们看成是具有一定的社会特征、一定的熟悉范围和一定的知识面的群体。他举了黑人文学作为例子，说明黑人文学在面向自己人和面向白人时势必在风格和语气上有所不同，因为对白人首先要解释许多典故和许多他们不熟悉的东西。因此萨特的模式是一种比较强调个人的、受康德影响的模式。在这种模式中个人与外部群体或者与社会的关系的性质可以从内部对个人自己的态度和思想在多大程度上构成自己的天地进行分析来决定。

相反，雅可布森和鲍加季廖夫则根据索绪尔的模式来研究个人创作和个人风格同那些集体的、没有具体作者的东西，即民间传说之间的关系。毫无疑问，民间传说中的一切都来源于个人，

---

① 鲍加季廖夫（当为彼得·鲍加特列夫，1893—?），俄苏民间文学研究家，人种说学者，戏剧理论家。

就像所有的音变必定来源于个人一样；但是这个到底由谁首先创作出来的基本问题在民间文学中却最不重要。民间文学显然是靠众口相传流传下来的，一个故事在被听众接受并保留下来继续往下传之前不成其为真正的民间故事。因此对民间故事来说，关键不是言语，不在于它是如何创造或创作出来的（这和中产阶级艺术不一样），而在于语言；而且我们还可以说，不管民间故事的起源多么富有个人特色，它从本质上来说永远是缺乏个性的，或者说是集体的。用雅可布森的话来说，民间故事的个性是一个多余的特征，它的无个性才是一个区别性特征。

然而尽管语言和言语之间这一新的区分很有启发性，但是部分与整体的关系问题显然还会以这样或那样的形式提出来，我对某一具体的句子的理解和我的总的理解力之间的关系就是其中之一。换句话说，现在有必要更加深入地探讨语言构成一个系统的具体途径。

Ⅲ

如果我们再一次把奥格登和瑞恰兹所用的术语和索绪尔的相应的术语进行比较，我们就能找到这些构成的特点的初步线索。前者是语义学家，他们把词当作象征来研究，而后者则坚持把语言界定为符号系统。对于外行来说，也许一下子很难理解索绪尔用的这一术语不仅在语言学家中而且在其他方面所具有的重要性。但是，和前面说过的一样，创新的价值只有以被它改变的东西为背景才能看得清楚。

索绪尔对符号作了如下定义：“语言符号不仅把一件东西和一个名称联系在一起，而且还把一个概念和一个声音形象联系在一起。”[25] 这后两个用语后来又被一对新的概念所取代，即“所指”和“能指”。随后他进一步指出符号完全是任意的，其意义完全是一种社会的约定俗成，本身并无所谓与“自然”对应的问题。[26]

因此，提出符号的概念这件事本身就似乎能让我们通过它去回顾它准备取代的一个个老的理论。且不说别的，它首先明确地否定了最古老的语言理论，也就是诗人偶尔还让它起死回生一阵子的理论，即词与物之间存在着不可分割的联系；这就等于说应该把语言理解为名称和命名。但一旦语言绝对的任意性这一点弄清楚之后，就再也不会有这种内在联系的问题了。但从诗歌的角度来说，马拉美对这一较老的理论的否定则更富有成效。在马拉美看来，诗歌不是为了恢复亚当取的那些旧名字，而是为了反抗语言这种任意性和为了使那些本来完全是“无目的”的东西变得“有目的”才写出来的。他说：“语言之所以不完美是因为世界上不止一种语言，而且又没有至高无上的语言。由于思维是不用辅助物，甚至不用低声自语，不用上帝说话的声音进行写作，世界上有各种各样的语言就意味着谁也不能说出带有真理本身的化身这一神奇的印记的语言。这显然是自然法则（我们毫无办法，只能含笑接受），说明我们没有足够的理由把自己比作上帝。然而，从审美意义上说，当我想到语言不能用某些能使事物重放光彩的秘诀，那些不属于人类发声器官，也不属于各种语言，有时甚至不属于一种语言的秘诀来表达事物时，我感到很失望。‘黑暗’一词在与‘昏暗’一词所表示的暗度相比较时就不显得很暗，因此把色调的明暗比作‘白天’和‘黑夜’这种反常和矛盾的做法是多么叫人难以理解！我们希望的是在意义和音色两方面同时表示明暗的词。但是我们必须记住，一旦实现这一愿望，诗歌便不复存在，但是以其智慧弥补语言缺陷的诗歌，必然挺身前来营救。”[27]

因此，符号是任意的这一理论打破了存在着一种天然语言的神话。同时它又把语言的心理因素推到了一个不同的层面，因为现在可以说人类之所以有别于其他动物不再是因为他有能说话这一特殊技能或天赋，而是因为他有创造符号这一更全面的能力。有了这种解释，从语言学通向人类学的康庄大道就畅行无阻了。

还要说的是英美用的那个术语，即"象征"这个词，总想把我们的注意力引向词和它们所表示的东西或者是现实世界中的对应物之间的关系。的确，"象征"这个词本身就意味着词与物之间的关系根本不是任意的，在最初把它们联系起来的时候是有一种基本的对应关系的。从这一观点出发，语言研究的根本任务自然是逐句地、一对一地寻找对应物，是从语言中清除所有的非指称词和纯文字建构。这个模式的特性或者说怪癖直接导致"基本英语"的出现、通俗语言哲学的盛行和把语义学视为有规律的科学的看法。这种方法低估了语言中历史惯例和惯性的力量，但同时又过高地估计了"缺乏交流"和人类活动中所谓的语言障碍的重要性。

相反，索绪尔却因为用了他自己的术语，避开了整个关于语言符号最终代表什么对应物的问题。在他的体系中运行路线都是向两侧的，从一个符号到另一个符号；而不是正面的，不是从词到物，因为这一运动方向已经包含并内化在符号自身之中了，即从能指向所指的运动。因此，尽管没有明说，但符号这个术语有助于强调符号系统自身的内在联系，强调它能靠内部关系产生意义，强调它的自主性，而不是我们在奥格登和瑞恰兹的理论中所看到的那种常常要到象征系统外面去找象征所代表的事物的情况。正如后者暗示语义学为基本研究领域一样，前者展望符号学为其最终目标。

所有这一切的哲学含义就在于，不是单个的词或句子"代表”或“反映”了现实世界中的具体事物，而是整个符号系统、整个语言系统本身就和现实处于同等的地位。换句话说，有组织的语言这个整体就像现实世界中任何有组织的结构，我们是通过从一个整体或者叫格式塔完形到另一个整体或格式塔完形来认识事物的，而不是一对一建立联系。当然。这么说就足以使整个现实这一概念本身突然变得含糊不清。的确，对符号学来说，现实要么是一片混乱，不可名状，要么本身早已是一系列互相连接在一起的符号系统，有非语言的，也有语言的。

Ⅳ

现在我们必须找出单个符号之间是怎样互相联系的，因为正是这种联系方式才能使语言系统成为一个整体。显然，首先一定是从语音开始，它是语言的物质一面。但是如果我们还记得索绪尔和他在斯拉夫语国家里的思想上的同代人都坚持的那个区别，即“纯粹”的声音和音响形象之间的区别，可测量的但无意义的响声和那些互相构成我们能感觉到有一种规律的响声之间的区别，那么问题该怎么提出就已经很明确了。声音在什么情况下变成音响形象？语音现象需要什么条件才转变为音位结构或系统？

这样提出问题后，答案也就在其中了，因为这里所说的转变的确是感觉上的，而且必须首先要放弃那种只顾一点不及其余的、那种只凭主观经验来观察孤立事物的习惯，如只看一个和其他任何东西都没有联系的声音，而代之以一种强调相互关系的观察方法，这种方法和格式塔心理学把形式放在场的范围内研究，或者和部分与整体之间那种辩证的对立相类似。但是后面这两种情况在这里都不太合适，因为这里的关系的特点不是与整体而是与对立面的关系。

能指的音响形象是由一系列显示差异或区别的特征构成的。我们对某一个音位的感知是一种以差异为基础的感知，这就是说我们在确定某个词是单数的阳性名词时，不可能不同时意识到它不是复数名词或阴性名词，也不是形容词。这种一面肯定一面找差异的意识活动直到单词的最小意义单位，即音位及其特定的区别性特征，都是如此。

因此，语言中的认识过程遵循黑格尔的肯定即否定的法则，但最能说明其特点的也许是萨特的内在否定和外在否定之间的区分。外在否定主要存在于分析思维中，存在于一件件并置的物体构成的物质世界中。因此，说桌子不是长颈鹿，虽然是事实，但并不重要，因为这既不影响桌子的本质也不影响长颈鹿的本质，也就是说它对两者性质的界定都不起什么作用。但是人类现实是由内在否定决定的；因此，我不是工程师，不是中国人，不是60岁的人，这些实话说的是与我本人的真实存在关系很大的事。语言也是这样：每一个音和它所在的系统中的其他成分之间的关系是一种内在否定的关系。

我们可以说语言的特点就在于差异、区别和对立这些在别的理论体系中未必总是一个意思的概念在语言中却合在一起成为一个意思。索绪尔的思路也许可以归纳如下：语言不是一种客观存在，不是一个实体，而是一种价值，因此语言就是发现个性。但是在语言中，发现个性也就是发现差异；因此在语言中每看到一件东西必然同时在这一感知过程中觉察到它自己的对立面。

尽管区别性特征可以是各种非常复杂的结合，但它们最基本的形式是一系列的双项对立。这种对立的最简单的但同时又是最富有辩证意义的形式，则是有和无之间的对立，正符号和负（或零）符号之间的对立；在这种对立中，对立的双项中的一项“被认为肯定具有某一特征，而另一项则被认为缺乏这一特征”[28]。

这里，音位的辨认和语音的辨认之间的区别看得最清楚了，因为在前者，可以说是什么也没有（换句话说，不会说俄语的人在听俄语的时候根本就不知道可能会有哪些声音）；但是在后者，则可以明确地听出或感到没有的声音。这里的要害是不好区别不是某样东西和某样东西不存在，就像不好对根本不存在的东西形成一个格式塔一样。

对于不太了解这一切的人来说，证明我们的思维有赖于这些双项对立的最好的例子也许莫过于那个明显的例外。在这个例外中，我们对根本不存在差别的东西照样看出差别。例如先用单数然后用复数很快地来回想“鱼”和“羊”这两个词，我们脑子里好像就本能地产生一种有对立面的感觉，尽管实际上不存在任何对立。

索绪尔关于系统的理论在实践中完全应用的是音位学，特别是在特鲁别茨科伊[①]和雅可布森的著述中。但同时我们必须指出研究的领域越趋向专门化，普通语言学分裂为独立的、相互无关的部门的危险性也越大，索绪尔坚持语言是一个整体现象的观点也就更站不住脚了。我们可以换一种说法，指出这种双项对立和我们通常所说的辩证法中的对立，更确切地说就是矛盾，是不一样的。前者是静止的对立，不像后者那样与自身以外的东西发生联系。从这一意义上来说，我们可以怀疑在这些永远是互不相干的对子的基础上能否建立起什么系统；即使能，那么除了像雅可布森所说的是一“堆”对子、是在永远否定的大符号下所有对立的累积之外，是否还可能是别的什么东西。说实在的，我认为双项对立这种静止的结构不过是作为索绪尔的整个理论的出发点的

---

① 尼古拉·特鲁别茨科伊（1890—1938），俄国语言学家，布拉格语言学派的创始人。受索绪尔的结构主义理论的影响，建立了音系学理论。主要著作有《音系学原理》（1939）等。

那个基本对立在整个系统中的又一种形式，在这里，那个基本对立再次出现、再次被内化，并对本来就是由它自己引起的活力加以限制。

V

但是索绪尔对他的系统的描述还有一个方面我们尚未触及。这一描述层面已不是单音和音式的层面，而是在传统语法中一直被称为句法的较大的单位，即词和句子的层面。这一老术语当然已不适用，因为我们已经看到它的前提是固定的度量单位和不变的实体这类实体论观念，但这些既不符合语言易变的特点，又不能提出一个纯形式结构来说明后面这一点。不过正如我们在前面能够说出我们认为已无法自己界定的那些单位的认识方式的特点（认同和找差异），因此现在，在必然是没有句子或词类的确切定义的情况下，我们还是能够说出它们是如何结合在一起的以及它们所能组成的各种形式。

索绪尔认为，符号或意义单位一般构成两大类不同的关系：串联关系和联念关系（为了对称，也为了和语符学家保持一致，我们将把联念关系称为并联关系）。句段是一种横向的组合，是按出现时间的先后排列的一连串意义单位或词。因此句子是句段的一种形式，句子中决定各单位之间的关系的都是时间上的前后照应关系。例如动词“反映”就要求我们回到它前面去找主语，但同时又预示最后有一个宾语。在像英语这样的非屈折语言中，我们一看到名词就会想到马上要有动词出现了。

但是，“反映”这个动词同时还有一层关系，我们不妨称它为纵向的关系，因为它使我们想起我们认为和它有联系的其他词，例如名词“反映”和以同一词干构成的所有其他的词，又如动词“偏转”和与它押韵的或者内部结构相似的所有其他的词，还有许多其他的联想，多得简直就跟围绕这个动词所能构成的各种横向的句子或句段那样不计其数。

这里，我们又一次见到了以另一种面目出现的索绪尔提出的那个根本区分，即历时（时间上连续发生的、横向的层面）和共时（同时存在的并且有系统组织的、纵向的层面）之间的区分。就像在《普通语言学教程》全书中一样，在这两种关系的主次这个具体问题上，索绪尔明显偏重共时性、联念关系或并联关系，而不是历时性或串联关系。实际上，前者必定处于优先地位这一点在这个模式中已经是不言而喻的了，因为看来很清楚，要使人的大脑能够觉察到像“反映”这样一个词的串联成句的语言功能，唯一的办法就是脑子里首先必须有全句所有的并联可能，必须通过联念链首先掌握语言总的功能和发挥功能的方式。

换句话说，只有当我们对句子或句段中的个别的单位分开加以研究时，串联关系这一层面才显得更为重要；在这种情况下，这些单位似乎是根据某种时相知觉按时间先后一个接一个地组织起来的。但实际上，我们从来也不把它们分开来看；我们总是把“动词”看成是一个较大的单位，即句段本身的一部分；而这个较大的句段现在既然已经不是一系列的小单位而本身就是一个整体，便又产生联念，使得它必须通过与其他句段之间的相似之处才能理解。

这里涉及的是早在洛克、休谟和康德的经典论述中就暗含的联想的两大基本原则，即相邻和相似之间的基本区别。这些区别都用于分类，最终目的是发现和形成纯粹的思维规律，发现和形成人的思想，甚至是人的大脑照着进行思维的那些最根本的范式和范畴。

不管怎么说，我觉得如果双项结构的理论从形式上反映了索绪尔的思想的基本出发点是要建立对立的话，那么联念和串联这两种形式的关系之间的区别则反映了这一基本对立的内容；这个区分最初并非系统的一部分，只是使系统有可能成立，但现在却进入了系统并在共时范围内一再出现。这样就提出了一个问题，即我们的研究对象在多大程度上是语言学家自己的，而不是语言的思维定式；同时我们也更清楚地看到了索绪尔的出发点的新意如何反过来限制他所得出的结论，因为否定历史这一基本立场最初只是无法把变化纳入系统，除非把它看成是毫无意义的和附带的资料，而现在却在系统最核心的地方重新提出，变得连句子本身也无法对付了。

这就是索绪尔的理论的总的特征，在匆匆作了一个概述之后，我们就要和正式的语言学告别了。这里也许有必要补充一句，说明我们对这些问题的态度和语言学家的态度是完全不一样的。后者注意的是指涉物，是各种索绪尔派的理论称之为对象的东西，而我们的兴趣则一直放在整个系统自身的统一性上，放在它作为其他思维方式的一个模式或一种比喻所能提供的启示上。语言学家已经把索绪尔的整个体系推向其必然的结果，到了乔姆斯基①，就把它完全颠倒过来了，提出了一个全新的语言模式。而我们从现在开始则要研究这一原始理论后来在其他知识领域的情况，特别是它作为一种模式和比喻在文学批评、人类学以及最终在哲学本身这些领域中所产生的解放思想的巨大影响。

【注释】

[1] 索绪尔：《普通语言学教程》，巴黎，1965，3版，157页。

---

① 乔姆斯基（Noam Chomsky，1928—），美国语言学家、哲学家，转换生成语法理论的创立者。主要著作有《句法结构》（1957）、《句法理论概要》（1965）、《语言学理论的逻辑结构》（1975）等。

［2］转引自 M. 伊维奇：《语言学的趋势》，海牙，1965，61 页。

［3］转引自 E. 比桑斯：《索绪尔的共时语言学》，见《索绪尔研究》，第 18 卷，1961，17～33 页。

［4］让·波朗：《辞源学之佐证》，巴黎，1953，12 页。

［5］见 P. 盖勒：《民国与尼德兰史的编撰者》，见《与历史学家商榷》，伦敦，1955，179～197 页。

［6］给安托万·梅耶的信，1894 年 1 月 4 日，见《索绪尔研究》，第 21 卷，1964，93 页。

［7］转引自埃米尔·邦弗尼斯特：《普通语言学问题》，巴黎，1966，39 页。

［8］《普通语言学教程》，149 页。

［9］同上书，166 页。

［10］见伊维奇：《语言学的趋势》，97～100 页。

［11］《普通语言学教程》，168 页。

［12］C. K. 奥格登和 I. A. 瑞恰兹：《意义的意义》，伦敦，1960，5 页，注 2。

［13］重印于 N. S. 特鲁别茨科伊：《音系学原理》，巴黎，1964。

［14］见伊维奇：《语言学的趋势》，196～197 页；莫里斯·勒鲁瓦：《现代语言学主要流派》，巴黎，1966，166～167 页。由于本书中那篇权威性的引言尚无译文，我附上几段摘录。文章的第一段谈到了他自己的方法，他说："说出的词在说话人和听话人的意识中没有一个是像它的发音那样使人觉得是孤立存在的。我们说出的每一个词都包含其意义的对立面。不仅如此，在一个词说出时一下涌现出来的全部意义关系中，相反的关系或意义对立关系不过是其中之一，而且还不是最重要的，在它周围还同时出现许许多多在意义上与所说出的那个词多少密切相关的词。这些词就是它的意义家族，它们一起并和刚说出的那个词构成一个互相联系的整体，一个结构，我们不妨称它为词义场或语言符号场……"（1 页）

下面一段讲的是历史问题，他说："这种方法并不构成对历史和发展的否定。仅仅因为反对现代思想中历史主义一统天下的局面就要把静态的存在放在比动态的成为更加重要的地位是不对的。今天仍然需要对永无止境的成为长流作越来越精确和科学的解释，问题在于我们如何把对各个‘场’的研究和对成为本身的研究结合起来。一个‘场’的结构如果只有在言语的静止状态（或者是假想的静止状态）下的纯存在中才能看到的话，如果只考虑语言和意义单位以及意义相互依存的关系的话，那么历史只有以这样的条件才能进入存在，即作为各静止状态之间的比较，作为一种从一个断面断续推向其他断面的描述，它必须一直把整个‘场’作为其对象，不停地把它和同一对象的前后的结构进行比较。至于能在多大程度上贴近成为的实际长流本身，则要看并置的断面的密度。真实的时间永远无法在成为过程中被认知是这种方法的一大缺陷，不过所有其他的方法，就连以研究单词为出发点的纯历史主义方法，也是如此；因此不能以此非难这种方法。……”约斯特·特里尔：《理解意义范围内的德语词汇》，海德尔贝格，1931，13页。

［15］引自特鲁别茨科伊：《音系学原理》，334页。但是，突变这一概念本身可以说是与索绪尔的共时概念同期产生的，因为直到1900年被德·弗里斯重新发现之后，它才开始被广泛使用（见格特鲁德·希默尔法布：《达尔文及达尔文革命》，纽约，1959，268页及其后若干页）。

［16］《普通语言学教程》，43页。

［17］同上书，125～126页。

［18］《意义的意义》，4～5页。

［19］参见维特根斯坦：《蓝皮书和褐皮书》，纽约，1958，42页：“句子只有作为语言系统的一分子时，就像是微积分中的一个式子一栏，才有意思。我们现在往往把这个‘微积分’想象为我们所说的每一句话的永恒不变的基础，并以为写在纸上的或说出来的句子虽然是孤立的，但在想的时候，那个‘微积分’却是存在的，而且是整整一大块。这一思想活动似乎在用一种奇妙的方式完成无法用符号完成的事情。但是一旦我们不再认为在思考的同时从某种意义上来说必然存在整个‘微积分’的话，那也就没有必要在我们表达出意思的同时再假定有一种特殊的思想活动存在。”

［20］T. W. 阿多诺：《社会》，载《什锦》，第10－11期（1969年秋—1970年冬），144～153页。

［21］N. 斯卢萨列瓦：《苏联语言学家对索绪尔的思想的评论》，见《索绪尔研究》，第 20 卷，1963，23～41 页。

［22］乔姆斯基的转换语法的新意似乎来自对索绪尔的模式的颠倒，是一种否定之否定，它把语言的结构机制又重新置于言语或个别的说话行为中。见乔姆斯基对索绪尔的评论："因此他没有办法解决句子构建背后那些反复出现的程式，而且他似乎把句子的构建看成是言语的问题而不是语言的问题。"（N. 乔姆斯基：《当前语言学理论中的问题》，海牙，1964，23 页）

［23］见 W. 多罗谢夫斯基：《略论社会学和语言学的关系：杜尔克姆和索绪尔》，载《心理学杂志》，第 30 卷，1933，82～91 页；并见罗伯特·戈德尔：《索绪尔的普通语言学教程的原始材料》，日内瓦，1957，附录，282 页。

［24］当然也应该指出，"集体精神"这一词组在《普通语言学教程》中出现了两次（19 页和 140 页），但都没有真正的哲学含义。

［25］《普通语言学教程》，98 页。

［26］索绪尔本人并未用"自然"一词，而是其遗作的编辑者加上去的（见勒鲁瓦：《现代语言学的主要流派》，106～108 页）。埃米尔·邦弗尼斯特对索绪尔关于符号是"任意"的理论的有名批评，我一直认为是既对又不全对的。对说话者来说，这一关系当然不是任意的，只有分析者才这样认为。关于能指的任意性这一理论在我看来起着使整个结构主义理论得以成立和运用的作用（试与德里达关于印迹的理论相比较）。这一作用，我们在下面将会看到，与精神分析中假设无意识大体相似。

［27］《马拉美全集》，巴黎，1945，363～364 页。

［28］特鲁别茨科伊：《音系学原理》，xxvii 页。

第二章 在形式主义中的体现

俄国形式主义者的独特主张，便是顽强地坚持内在文学性，以及固执地拒绝脱离“文学事实”而转向其他的理论形式。因此，不论他们的系统思维的最终价值如何，文学批评只能从他们的起点开始，马克思主义对他们的最有条理性的抨击（如托洛茨基与布哈林对他们的指责）也从未否认过他们在起始时这种方法论上的正确性。[1]

与索绪尔语言学一样，俄国形式主义者一开始便分离出事物的内在因素本身，将其特定的研究对象与其他学科的研究对象区别开来，并对雅可布森称之为 literaturnost（文学性）的东西，即文学自身的区别性要素，进行系统的考察。这种方法已经很辩证，因为它事先并不知道任何预先确定的内容，而是依据经验去鉴别一部文学作品所展示的独特的主要成分。这是一种辨别过程，只有将该作品中甚至该时代本身的其他成分与之相联系，才能成功地完成这个辨别过程。因此，文学作品的中心成分这样一个定义便是一个关系性的或是功能性的定义。它需要我们知道这个成分是什么，也需要我们知道它不是什么以及作品中略去了什么。因此，形式主义者的研究对象可以是情节或形象结构，也可以是 19 世纪小说家们的铭文习惯或他们的人物的姓名体系：任何引人注目之处，任何突出自身之物，或任何硬挤入被感知领域的东西都是他们研究的起点。这样，这个方法一开始便告诫人们要注意它自己，要人们防止过分机械地套用这种方法。

也像索绪尔语言学那样，俄国形式主义者一开始的做法不得不是否定性的，目的在于把文学体系与其他外在体系分别开。这些抨击与争论可以分成三大类：(1) 抨击把文学当作哲学寓意或哲学内容载体的观点；(2) 抨击用发生学或我们现在所说的历时方法（传记式的，或通过研究起源，等等）分析文学的企图，例如亚历山大·维谢洛夫斯基①试图说明民间故事的各种主题发端于宗教仪式和原始信仰，这样，作品便分解为从非文学角度分析出来的各种不同的成分[2]；(3) 反对在这种种主张中或许是最有"文学性"的主张，即把文学作品归结为单独一种技法或单独一种心理冲动的倾向——形式主义者在此指的是诸如别林斯基的那种程式，即诗歌就是"形象思维"。

(从狭义上讲，这第三个抨击目标是形式主义者对象征主义所支配的上一代人所作的批评的一部分。但从更广的意义上来讲，它指向所有非辩证的文学研究，所有如苏格拉底之前的哲学一样天真的文学分析，这种文学分析企图从缤纷复杂的文学现象中分离出某种最终的不变的成分：文学的某种最终本质，或是反讽，或是隐喻；或是悖论，或是突变；或是张力，或是 Erhabenheit，即"庄严"，或是其他什么东西。)

美国新批评派只赞同这三类争论目标中的头两类。既然人们常将他们与俄国形式主义者相比较，或许有必要提一下他们之间的基本区别。显而易见，这两个流派反映出文学与哲学思潮中随着 19 世纪的结束而出现的一种较为广泛的历史转变。这种通常被认为是反实证主义的转变，往往因其发生地的民族与文化环境的结构不同而异，也因年轻作家所反抗的居支配地位的意识形态的不同特点而有所不同。

因此，虽然美国与俄国的这两个批评流派都与一场规模巨大

① 亚历山大·维谢洛夫斯基（1838—1906），俄罗斯文学理论家。论述甚丰。

的现代派文学运动处于同一时代，尽管两者崛起的部分原因都是想在理论上阐述这个文学运动，但形式主义者的同代人是马雅可夫斯基与赫列勃尼科夫①，这两个人在艺术上与政治上都是革命者；而美国新批评派的最有影响的同代人却是 T. S. 艾略特与埃兹拉·庞德。这就是说，大家所熟悉的那种先锋派艺术与左派政治之间的割裂并非是一种普遍的现象，而仅仅是一种局部的、英美的现象。

然而，即使这种现象本身也只是这两个流派间一种更深层的历史文化分歧的反映而已。新批评家追随像欧文·巴比特②与查尔斯·莫拉斯③这样一些前辈，公开指责英国浪漫主义及其偏激的传统，并回到玄学派诗与骑士诗那里寻找楷模。而形式主义者只是批评了普希金及其同代人的那种功利主义的与社会学的批评传统，但同时又将这些人保留了下来，作为他们自己那种独特的文学分析与文学再评价所关注的对象。因此，形式主义者更愿意为了自己的目的而利用俄国文学中这一重要的形成时期，而不愿否定它。这个形成时期以文学及政治的动荡不安为特征，大多数名作家们在这个动荡中都同情流产的十二月起义，“俄国历史中彼得堡参政院广场上那著名的一刻”[3]。

这种同情对文学批评的形成也产生了影响：新批评派最推崇的叙事模式是伊丽莎白时代的诗剧与但丁的《神曲》。所以对他们来说，叙事中的那些具体问题便模糊起来，并与更合适的词语

---

① 赫列勃尼科夫（1885—1922）：俄国诗人，与马雅可夫斯基共为俄国未来主义诗歌流派的创始人。

② 巴比特（Irving Babbitt，1865—1933），一译为白璧德，美国文学批评家，哈佛大学教授。发起反浪漫主义的“新人文主义”运动，主张返回古典主义理想，对 T. S. 艾略特和“新批评”曾有影响。

③ 莫拉斯（Charles Maurras，1868—1952），法国作家、政治活动家，纳粹主义支持者。

的或诗学的问题混合在一起：他们分析的只是某个人物使用诗的语言的时刻，或但丁的诗中某种情景或命运在某一单独的诗句中突然得到体现的时刻。但是，普希金却是现代俄国诗歌与现代俄国故事叙述体裁的开创者。他所创造的不仅是诗歌以及由此转化而成的某种诗歌艺术化了的散文，而且是两种全然不同的文学模式，其中每一种都遵循自己内在的形式规律。因此，普希金这个典范对形式主义者们总有一种双重教益：诗与散文叙事严格遵循不同的规则；但从另一种意义上说，可以认为这些规则（即诗歌语言或句法的规则与散文叙事或情节的规则）形成相类似的系统，虽然它们完全不同。无论如何，在他们对待历史的态度上，在他们对待文学史的态度上，在他们对待叙事与情节这个文学内部的历时性的态度上，在所有这些方面，我们都可以认为，形式主义者具有远比美国新批评派更积极、更辩证的态度。

我们不能说俄国形式主义者都持有同一种态度，同一种文学主张，但他们的工作是集体性的，其发展在时间上是一致的。托马舍夫斯基①告诉我们："'诗歌语言研究会'从来就不是一个拥有一定成员、一定的集会场所及一定的章程的规范的组织。但在它最多产的年代中，它以一种委员会的形式给人以某种组织的外貌，维克多·什克洛夫斯基是其主席，鲍里斯·艾亨鲍姆②是他的副手，尤里·蒂尼亚诺夫③是秘书。"[4] 和德国浪漫主义者与超

① 鲍利斯·托马舍夫斯基（1890—1957），俄国文艺理论家，俄国形式主义主要人物之一。主要著作有《俄语诗歌韵律》（1923）、《文学理论》（1925）等。

② 鲍里斯·艾亨鲍姆（1886—1959），俄国形式主义主要代表人物之一。主要著作有《俄罗斯抒情诗的韵律》（1921）、《论果戈里的〈外套〉是怎样写成的?》，以及为俄国形式主义理论进行辩护的总结性论著《文艺学中的形式方法》（1926），另有关于托尔斯泰的论著等。

③ 尤里·蒂尼亚诺夫（1894—1943），俄国形式主义创始人之一，重要理论家。主要著作有《论诗歌语言问题》（1924）、《仿古者和创新者》（1929）等。

现实主义者等其他文学流派一样，诗歌语言研究会似乎也发展了一套“聚会”规则来证实自己是一个统一的集体。什克洛夫斯基本人也与处在相似的大融合与大组合时期的其他文学流派的带头人，如庞德、弗里得里希·施莱格尔①、布勒东②等有许多相似之处：他们集中体现了刚刚冒头的新观念，无所顾忌的思想大解放以及零星的艺术实践，这种实践导致这一零星部分成为经典，成为一种文学类型。这一切或者是明显地表现在施莱格尔身上及超现实主义者们对实际经验的一些不连贯的看法中，或者是含蓄地表现在《诗篇》使用表意文字的实践中，以及什克洛夫斯基用单句组成段落与有意并凑各种不同的情节和材料这些做法之中。但与此同时，认为存在诗歌语言研究会或形式主义批评小组这个观点本身却又是狭隘的，容易产生误解的。因为什克洛夫斯基也与马雅可夫斯基，后来又与爱森斯坦密切共事过，并和其他的形式主义者们一起，与“谢拉皮翁兄弟小组”③ 的小说家们过往甚密，后一小组的文学实践反映了形式主义者的看法。因此，要对作为一个具体的文学现象的形式主义作出最终的评价，一定会使它更接近于诸如德国浪漫主义或超现实主义这样一些真正的文艺创作流派，而不是像美国新批评派这样的纯批评理论。

什克洛夫斯基本人的观点既是俄国形式主义的出发点，也是

---

① 施莱格尔（Friedrich Schlegel，1772—1829），德国文学理论家、作家、语言学家。德国浪漫主义美学奠基人，强调文艺的主观性。主要著作有《片断》（1797、1798、1800）、《印度人的语言和智慧》（1808）及悲剧《阿拉尔柯斯》（1802）等。

② 布勒东（André Breton，1896—1966），法国诗人，法国超现实主义运动的领袖，曾三次发表《超现实主义宣言》（1924、1930、1942）。受弗洛伊德精神分析理论影响，作品多表现梦幻、无意识、压抑的情绪。主要著作有诗集、散文集多部和自传体小说《娜佳》（1928）。

③ 谢拉皮翁兄弟小组：1921 年在俄国彼得格勒由一群矢志创新的青年作家组成的松散团体，在早期苏联文艺界有很大影响。

它自身内部矛盾的发源地。我们将会看到，为什么没有什克洛夫斯基最初的贡献，就不可能出现一个前后连贯的文学理论；同时又为什么只有消除了什克洛夫斯基个人留下的印记之后，这种理论才可能最终付诸实践。

I

1. 这个理论的首要任务是析离出明确的文学事实本身。什克洛夫斯基那部最重要的著作的名称《散文理论》就很能说明问题：在已经提出了一种诗歌理论之后，现在的任务是要开拓新的领域，把已经在诗歌研究中获得的成果应用于一个迄今仍未开发的领域，即短篇故事与小说本身。这种诗歌理论基于诗歌语言与日常交际语言的绝对分离，这一区分马拉美已用他那特有的经济学的例子说明过：

> 无可否认，我当时怀有一种愿望，想把话语的双重状态（即在某种场合是随便的或即时的，在另一场合却是必要的与本质的）区别开来，从而赋予不同的含义。
>
> 叙述、讲解乃至描写还是需要的，虽然对每个人来说，有时只需在别人手中默默地取走或放上一枚硬币就可能起到交流思想的目的。讲话的基本用语也适合于一般性的报道，除文学外，当代写作诸体裁中都有所反映。[5]

形式主义者首先表明，相对于日常语言，诗歌语言在许多方面犹如一种方言，受其本身特有的规划所支配，甚至常常发音也不同（如“法国喜剧”中哑音 e 的发音及词首 h 的送气音）。更深一层的含义便是，诗歌并不仅仅是日常语言的一个专门化的部分，而是一个完全有资格独立存在的完整的语言体系。

在英美批评中，用于区别文学语言与日常语言的模式基于理性的本质这一前提，依赖于认知（或指涉）语言与情感语言的区别。因此，关于艺术与科学相对来说谁有价值的那些无休无止而又徒劳无益的争执，已经蕴含在这种起点中，并使科学借助其本身术语的力量占了上风。

但随着认识论作用的降低，理性模式与非理性模式、认识模式与情感模式间的区别似乎不再像以前那么泾渭分明。现象学及出自现象学的存在主义思想便认为这种区别是人为的分离而予以抛弃，并完全以意识作用的观点作为其出发点。依据这种观点，情感与观念都是存在的模式。其实，存在主义可以说更倾向于作为具体体验的感情与情感（即海德格尔①的“心境”），而不是抽象的纯粹知识。

因此，旧认识论哲学一贯倾向于突出知识，将其他意识模式统统贬到感情、魔力及非理性的层次，而现象学固有的倾向却是将它们联合为存在（海德格尔）或知觉（梅洛-庞蒂②）这一更大的统一体。形式主义语言观必须在这种哲学氛围中加以理解。

2. 作为方言的诗歌语言是这样一种语言，它将注意力引向自身，这种注意力导致对语言本身的物质性的重新感知。因此，形式主义者们用以建立他们的理论的这个新模式基于习惯与感知的对立之上，基于一种机械迟钝的行为与一种对世界和语言的组织及外表的顿悟之间的对立之上。这种对立超出了传统的行为与

① 海德格尔（Martin Heidegger，1889—1976），德国哲学家，存在主义哲学的重要代表。早年师从胡塞尔，深受现象学影响，认为哲学的根本任务是在时间性中突出“此在”，并对它进行“存在状态”的分析。主要著作有《存在与时间》（1927）。

② 梅洛-庞蒂（Maurice Merleau-Ponty，1908—1961），法国现象学和存在主义哲学家、美学家。主要著作有《知觉现象学》（1945）等。

思维、实践与认识的对立，明显地将举证责任从作为具体存在形式的文学转到了科学的抽象上。

什克洛夫斯基把艺术定为陌生化（ostranenie）①，即使事物变得陌生，使感知重新变得敏锐。这个著名的定义是一条心理法则，但伦理含义深远。什克洛夫斯基为了说明这一点而摘录的一段托尔斯泰的日记表明他从未这样接近于采取一种真正的形而上或道德的立场："我在清洁房间，四下打扫时，来到了长沙发面前，但我记不清是否曾经掸过它。既然我的这些举动都是习惯性的，无意识的，我记不清并感到也不可能记得清——这样，要是我已经掸过了但却把这事给忘了——也就是说，要是我是无意识地掸过它，那么这也就和我未曾掸过它一样。如果有一位有意识的旁观者一直在注意着我，那么，这件事就可以说得清了。但如果没人在一旁观察，或只是无意识地观看，如果许多人都是无意识地过着复杂的一生，那么，这种生命就犹如从未存在过一样。"[6] 在这种情形下，艺术就是一种恢复有意识的体验的方法，一种打破迟钝机械的行为习惯（捷克形式主义者后来称之为"自动化行为"）的方法，使我们得以在这个存在着清新与恐惧的世界中获得新生。

但这里暗含的这些纯心理规则和形式主义者所批评的波杰布尼亚②的那些心理规则（艺术即隐喻，隐喻即能量储存）其实是不同的，因后者有内容，而什克洛夫斯基取而代之的那种新的心理机制只涉及形式。"陌生化"这个新概念无意说明任何已变成

---

① "陌生化"是什克洛夫斯基早期在《艺术即手法》一文中提出来的。但他当时在造词时"犯了语法错误"，按他的本意应该是"奇特化"（见他于 1983 年出版的《散文理论》）。

② 亚历山大·波杰布尼亚（1835—1891），俄国语言学家、文艺理论家，在对诗歌的语言与形式的研究方面颇有建树，对俄国形式主义的基本理论的形成有一定影响。

习惯并有待更新的感知的特性。它对文学批评的独特用处在于，它描述了适用于所有文学的一种过程，却绝不暗示一种特殊的文学成分（如隐喻）或某个特殊的文学类型优于其他文学成分或类型。

“陌生化”作为一个纯形式概念具有三个明显的长处，这些长处有助于解释什克洛夫斯基本人的批评实践为什么反倒显得丰富多彩，而实际上他的这些批评实践不过是这一观点的无数种变异而已。首先，正如我们所见，陌生化起到了把文学（即纯文学系统）与任何其他的语言使用形式区别开来的作用。因此，它首先是使文学理论得以建立起来的先决条件。

但同时它也使文学作品内部得以建立起一种等级。由于艺术作品的最终目的现在已经事先确定，即更新感知，突然间以一种新的眼光、一种新的未曾有过的方式去观察世界，所以作品的各个成分及技法或手法现在都以此为目的分成等级。次要的手法用什克洛夫斯基的话来说成了那些首先使感知更新的主要手法的促动因素。因此，在托尔斯泰的《霍尔斯托密尔》中，社会生活的许多方面不知怎么突然带有兽类的感觉，显得不自然，这种对习以为常的事物的本质的陌生化然后由故事的视角予以促成，即不是通过人的眼睛，而是通过一匹马的眼睛来进行观察。

最后，陌生化这个概念在理论上还有第三个长处，即它提示了一种新的文学史观：这并不是唯心主义历史观所持有的那种根深蒂固的传统无限延续的观念，而是将历史视为一系列的突变，即与过去的一系列断裂，其中每一种新的文学现实都被看成是与上一代占主导地位的艺术准则的决裂。这与马尔罗在《沉默的声音》中所提出的艺术史模式颇为相似，只是马尔罗的理论是根据创作心理及后继的一代必须反抗他们的前辈这一点而阐发的。形式主义者则把这种不停的变化，这种艺术上永恒的革命，看作艺术形式自身的性质所固有的。某种一度引人注目、清新活泼的艺术形式，一旦变得陈旧之后，就必须由新的艺术形式以从未有过与不可预见的方式予以替代。

但我们同时应该看到，形式主义的模式比这种毫无休止的变化的假设更为复杂，它包含一整套复杂的突变和调整，与雅可布森的历时语言学模式不无相似之处。文学演变不仅仅是与文学主流和现行标准的决裂，它同时也建立新的标准，或者说是将迄今认为是最通俗平淡的形式或只流行于打笑逗乐的娱乐圈子或新闻界的那种未入流的次要形式提到文学尊严的高度（试想一下侦探故事是如何变成罗伯-格里耶①的小说的）。用什克洛夫斯基喜欢用的一个比喻来说，这是一个古怪的变动，尤如象棋中马的走法一样。他的一句名言是："在一个文学流派被另一个文学流派所取代时，遗产并非由父亲传给儿子，而是由叔父传给侄子。"[7]

因此，从陌生化这个基本概念产生出了一套完整的文学理论，这种理论的建立首先是通过析离出纯文学系统本身；其次是通过建立起存在于这个共时系统中的各种关系的一种模式；最后，正如我们刚刚所见，是通过在对一种共时状态转变到另一种共同状态中所发生的那种变化的分析中所表现出的向历时返归。现在，让我们来评价一下这些结果，特别是它们与时间和历史问题的联系。

Ⅱ

1. 公正地说，这种把艺术作为感知的更新的观点并非为形

---

① 罗伯-格里耶（Alain Robbe-Grillet，1922—2008），法国小说家，新小说派的领袖。主要小说有《橡皮》（1953）、《嫉妒》（1957）、《在迷宫里》（1959）等。

式主义者所独有，在现代艺术与现代美学中它处处以这种或那种形式出现，并在新理论中占据首要地位。因此，普鲁斯特在把塞维尼夫人的书信与他的印象派画家埃尔斯蒂尔的技法进行比较时，对塞维尼夫人的风格是这样说的：

> 我在贝尔贝克意识到，她向我们展示事物的方式与埃尔斯蒂尔是相同的，是按照我们感知的顺序，而不是首先就以其起因来解释事物。那天下午，在那节车厢里，我反复读着出现了月光的那封信时，已经心花怒放了："我无法抗拒这种诱惑，我戴上帽子，穿上颜色鲜艳的上衣，其实并非必须如此。我来到网球场上，那里的空气非常温馨，与我卧房一样。我看到千百种莫名其妙的东西，着白衣黑衣的修道士，数位着灰衣和白衣的修女，散乱各处的内衣，挺直身体紧靠大树躲起来的男子……"这便是此后不久我称之为《塞维尼夫人书信》中的陀思妥耶夫斯基的一面（难道她描写景物和性格的方式不和他一模一样的吗？）的东西。[8]①

抽象认识（即通过因果关系所做的解释）很难代替感知，对事物的理性认识不同于对它的真正的、自发的、感性的经验，这种看法当然是普鲁斯特小说整个结构的基础。这同时也是现代世界中人们的一种一般感觉，即生活已经变得抽象起来，理性与理论知识已经使我们无法对事物和世界有任何真正的依据存在经验的接触。这种情况不但在文学中如此，在批评中亦然。因此，在上面那段文字中，普鲁斯特与形式主义者不仅说的东西相似，而

---

① 此处译文据《追忆逝水年华》（译林出版社）第2卷，197～198页。与原来引文略有出入。

且说的方式也近乎一致。把塞维尼夫人与陀思妥耶夫斯基相比较已经是一种陌生化，它所引起的这种惊人的效果在于使我们似乎是第一次以一种新的、从未有过的眼光观察了她的风格。

2. 但当我们仔细分析一下所看到的事物时，我们发现，它们总的来讲可以分成两大组。因此，当斯威夫特把矮小的格列佛置于巨人之中来激发他的表现手法时，他让这个人物说了下面这样一段话："我得承认，还没有哪样东西像见到她那个硕大的乳房那样让我感到厌恶。我还不知道用什么来比喻这东西，好让好奇的读者能略知它的大小、形状与颜色。那东西突起有 6 英尺，乳围不会少于 16 英尺，**乳头**大约有我的**头**那般大小，乳房与乳头的颜色因众多的斑斑点点与丘疹结块而混杂不一，没东西比这更让人恶心了：因为我是在近处看她的，她坐下来好更方便地喂奶，而我正好就站在桌子上。这使我回想起我们英国太太们的细腻的肌肤来。她们在我们的眼中如此迷人，只是因为她们和我们一样大小，她们的缺陷只有通过放大镜才能见得着。在实验中我们发现，哪怕是最光滑白皙的皮肤在放大镜中看上去也粗糙不平，颜色丑陋。"[9] 这种感知基本上是一种与自然相联系的方法，也可以说是在自然状态面前展现出厌恶与恐惧，以形成一种相对来说是形而上的观点，也就是迫使我们去注意人类生活与人的肉体有关的那些问题。

但在同一时期，特别是在法国，类似的文学陌生化的技法被用于十分不同的政治和社会目的。我们回忆起孟德斯鸠的《波斯人信札》中的波斯人。他们在路易十四统治的末年观看他的宫殿，由于脑子里事先没有印象，所以看到了宫殿表面的一些比较古怪和令人难以置信之处。同样，孟德斯鸠的《波斯人信札》中那些来自外星球或新世界原始森林的客人无疑都比一般人更能看到并记下欧洲生活方式的特点。但是，拉布吕耶尔①下面的这段话虽然从时间上来说更早一些，却可以作为这种陌生化的最明显的例子："人们见到一些凶狠的动物，有雌有雄，散布在田野中，黑色的，青灰色的，暴晒于烈日下，紧贴在土地上，顽强地、固执地挖掘着，翻刨着。他们能发出一种清晰的声音，直立时并可现出一副人的面孔，实际上他们就是人，夜晚他们回到窝穴中，靠黑面包、水、植物根度日。他们能使他人免除为了生存而从事播种、耕作、收获等辛勤劳动，因此不该使他们不能享用自己播种的麦子做成的面包。"[10] 这段令人毛骨悚然的文字是近代法国文学中对农民生活的最早的直接描写之一。它不再将我们的注意力引向人类生活自然的和形而上的境况中，而是指向人类生活的不合理的社会结构，而我们则已经把这种结构理所当然地视为某种自然的、永恒的东西，所以急需对它进行陌生化处理。这种陌生化的技法在社会现象中的应用是与历史意识的普遍产生同时开始的。

毫无疑问，形而上的看法与社会批评这两种形式并不像我们所描述的那样互不相容。通常（例如在最近体现这种技法的一个明显的例子，即萨特的《恶心》中）它们是互相联系的，并且我们可以发现这两种形式的实例。[11] 但显而易见，这两种趋势中的每一种都想为了自己而吃掉对方。因此，萨特在这部早期小说中，对资本主义社会批判的力量被他关于一切人类生活皆荒诞无稽这种十足的形而上的、非政治的看法所削弱。但同样显而易见的是，这两种模式中的任何一种模式最终都不会与什克洛夫斯基的文学观相一致，因此它们都意味着要突出某个方面的内容，或

---

① 拉布吕耶尔（Jean de La Bruyere，1645—1696），法国作家，主要作品是《品格论》（1688），针砭时弊，发人深省。

是形而上的，或是社会的。对什克洛夫斯基来说，内容只是一种口实，以便能以任何可能的方式更新感知。因此，斯威夫特的愤世嫉俗仅仅只是为了“激发”起他的以句子为基础的具体手法效果；伏尔泰与孟德斯鸠的社会反讽也如此，萨特的本体论亦然。事物的先后被颠倒了过来：一切事物——人格、社会意识、哲学——都是为文学作品得以产生而存在的。

但是，这个问题还可以用另一种方式来提出。将什克洛夫斯基的理论与名称相同的贝托尔特·布莱希特（Bertolt Brecht）的理论加以比较特别具有启发意义：布莱希特的理论称为“陌生化效果”理论（德文 Verfremdung 的字面意思是陌生化，与什克洛夫斯基的俄文对应词相同）。布莱希特理论的独创性在于，它以一种新的方法沟通了社会的与形而上的两方面的对立，并使人们对这种对立获得一种完全不同的看法。布莱希特认为，最主要的区别不是事物与人类现实之间的区别，也不是自然与人工制成品或社会制度之间的区别，而是静态与动态之间的区别，是那些被认为是永恒不变的、无历史可言的事物与那些被认为是随时间改变的、从本质上来说是历史性的事物之间的区别。习惯产生的结果在于使得我们相信现时的永恒性，并强化我们对生活中的事物与事件是“自然的”感觉，也就是说，是永恒的。因此，布莱希特的陌生化效果的目的是一个彻头彻尾的政治目的。正如布莱希特一再坚持的那样，它要使你意识到，你认为是自然的那些事物与制度，其实是历史的：它们是变化的结束，它们本身因此也是可以变化的。（此处马克思的思想，即《关于费尔巴哈的提纲》的影响，是显而易见的。）同时，这个真正的历史观点甚至回到了迄今似乎是永恒的种种形而上的感知上，也同时使它们具有效果而不是原因的性质。因此，从这种关系上讲，上文中引用的斯威夫特的那段话便是源自社会的性变态，并通过对白皮肤的喜好来反映其社会性。

什克洛夫斯基把文学变化当成一种一成不变的机制，认为它在任何时间、任何场所都始终如一。这种理论本身无疑与文学生产的存在情况是一致的（因为在任何一个特定的时刻只存在一种真正重要的变化），但同时它也最终将历时性变成仅仅是一种表面现象，破坏了对形式变迁的任何真正的历史意识。但我们也看到，如果我们把注意力从任何的历史转向感知本身的历史，如果我们试图对神秘化或感知麻木（一部文学作品便是消除这些的一种努力）的独特类型与明确模式做出解释，则并不难使什克洛夫斯基的模式重新具有真正的历史感。

Ⅲ

1. 但这个问题还有另外一个方面，它涉及我们所说的内部的而非外部的历时性。除了文学中各种具体的陌生化历史实例在时间上有意义的接替这个问题以外，在一部具体的文学作品中，还存在陌生化技法与事件、事物在时间上的运动与变化之间的关系这个问题。因此，诗歌与散文之间的那种对立便重新表现为对一个单独存在的形象的奇特化处理与对一系列事件，或简言之，对情节或叙述本身的处理之间的一种区别。

看来，什克洛夫斯基认为，这两种方法只有范围上的区别，而在它们的基本机制上则不会有什么差异。对事物的感知与对行动的感知都含有一种时间上的延宕，一种翻来覆去细细玩味："为什么从爱本身创作出《爱的艺术》的奥维德要劝告我们享乐时要从容自在？艺术之路是一条曲折的路，你的双脚踏着路上的每一块石子，这是一条弯弯曲曲的小道。词与词汇合在一起，一个词擦着另一个词，犹如一个人的脸颊擦着另一个人的脸颊一样。词与词又被分开，出现的不是一个单独的复合体，不是像自动售货机中冒出巧克力条那样不由自主地说出来的话，而是一个只有声音的单词，只是一个纯粹的发声动作。同样，芭蕾舞也是一种让人感觉的活动，或更确切地说，这是一个设计得让你非这样去感觉它不可的活动。"[12]

因此，情节陌生化的技法与抒情诗陌生化的技法是相似的，犹如宏观之于微观一般。更确切地说，在语言与句子暗含的隐喻中（在谈到结构主义者时，这种隐喻会更加明显），重新审视一种事物的基本方法是："将该事物置于新的语义系列中，置于属于另一范畴的概念系列中。"[13] 要做到这一点，可以通过隐去事物的名称而只在其经验所及的范围内描写它；或通过从某个不寻常的角度或从某个遥远的距离上来描写它；或把事物置于显微镜下，如上文所引的斯威夫特的那段描写；或采用慢镜头动作，如《项狄传》中描写的许多动作姿态甚至基本动作本身那样；或采取平行描写，将被描写的事物和另一个与它不同的事物并列，使前者从未被注意到的性质得到突出的表露（如庞德的表意文字）；或改变传统的因果期待（如萨特对荒诞文学所作的分析）；等等。

这些手法中的大多数（但并非全部）均可转用于叙事情节上，这时主要的陌生化类型表现为延宕，分步合成（即将一件事分解成一段段的情节），双重情节（包括将不相干的情节与故事相互穿插），以及"展示技法"（即有意识地将读者的注意力吸引到叙事本身的基本手法上，但这一类型与前面各种类型略有不同，我们将在下一节中单独讨论它）。

我不大情愿指出当这些类型或技法用电影摄影术语来表达时会失去多少新奇感。在电影摄影术语里，很多这类技法大家非常熟悉，如蒙太奇、剪接等。一方面，用老的习惯词汇来重新说明陌生化这一理论似乎有些自找麻烦；另一方面，也完全可能是这些概念的提出者爱森斯坦在理论探索中受到他的老搭档维克多·什克洛夫斯基的影响，而不是后者受前者的影响。与电影这种叙事形式有相似之处的主要意义在于，它暗示形式与内容本来就是分离的。电影的“情节”是事先定下的：或是某个人的观点，或是某本待改编的书，甚至是已经拍摄好的镜头，然后对它进行剪辑，选编，再按适当的顺序衔接起来。我们很快将会看到，“技法”这个概念所暗含的这种基本的内在分离是否最终会限制什克洛夫斯基对总的叙事所做的努力。

这个问题与对索绪尔语言学提出的问题十分相似。我们已经知道什克洛夫斯基能够依据某种类似于语言符号的东西来有效地处理基本的文学整体。他认为这就是一个习惯的感知被突然地更新这样一种时刻。此时，我们用一种新的眼光去看一件事物，与我们对它的旧的思维模式形成感知上的对立，并在同一时刻同时感觉到了同一与差异。但在符号问题之后接着出现的是句法问题，而这个问题连貌似有理也谈不上，特别是如果我们想到卢卡奇的观点，即叙事是使我们能够意识到时间本身及具体的历史的基本方法。

2. 因此，上文列举的技巧与手法并没能解决情节问题。第二个也是更为困难的一个问题，即技巧与手法的组织问题，仍然存在。简言之，这是有关作品总体的最根本的问题：“一个故事要让我们感到完整需要些什么？”[14] 换言之，对任何情节理论的基本要求之一，便是它必须包括某种手段以区别出哪些东西不是情节，哪些方面不完整，哪些不起作用。一个完美的定义必须既能起肯定的也能起否定的作用，正如要求生成语法理论既能产生真正的语句也能排除非语句一样。

在这种情况下，什克洛夫斯基对非故事（如勒萨日的《跛足魔鬼》中未完成的故事）的关注很有启发性，因为它使我们试着对同一故事材料作出种种不同的解释，并凭感觉去判断哪几种解释听起来完整，哪几种则不成功。因此，如果在果戈里的《伊凡·伊凡诺维奇和伊凡·尼基福罗维奇吵架的故事》的结尾部分加上一段渲染气氛的风景描写，就使原来可能会像勒萨日小说中某些情节那样毫无意义的东西变得完整。的确，在我看来，诸如由肯尼思·伯克①或伊沃·温特斯②所提出的那种质的连续这样的观点[15]，正因为如此才不仅仅只是分类上的概念或道德判断，也因此才具有真正的结构上的价值。

但是，如果陌生化的种种手法类似于词汇与预料所及或预料未及的种种上下文间的关系，如果叙述顺序总的说来类似一个句子，那么更准确地说就是，什克洛夫斯基认为，完整的叙述，即一个好的并有一定意义的故事，与文字游戏相似。因为打结或解结就如同双关语中两组词的吻合。这就像颠倒了的通俗词源学，而什克洛夫斯基则表明许多原始故事是如何以一种通俗词源学的形式而产生的（如这种或那种事物是如何获得各自的名称的，等等）。欺人的预言或神谕（“如果克罗伊斯国王③进攻波斯人，一个强大的帝国便会灭亡！”）在它们那些出人意料的结局中也具有相同的作用，这些结局使人感到犹如两个完全不同的系列的一种结合。许多神话故事也以这种方式构成（出乎意料地解开谜语或做成一件无法做的工作）。在最抽象的层次上人们可以将这种情节—结局说成是多重性（包括至少两个语义序列）被突然地、

---

① 伯克（Kenneth Burke，1897—1993），美国文学批评家、哲学家。虽不属于“新批评”派，但长于文本分析及语义研究，有哲学高度。主要论著有《逆陈述》（1931）、《文学形式的哲学》（1941）、《起象征作用的语言》（1966）等以及诗歌、小说和散文作品多种。

② 温特斯（Yvor Winters，1900—1968），美国诗人，文学评论家。主要论著为《为理性一辩》（1947）。

③ 克罗伊斯（？—约公元前546），吕底亚最后一代国王。

出乎意料地重新统一起来的一种表现。“出乎意料”这个词似乎是一个起着主要作用的词，但其实它在定义中早已事先提出了，因为我们必须首先确信一开始的时候是有阻力的，是多重性的，而且在那个时候，我们是万万想不到会有任何妙法从中求得统一的。

但是，这种结局并不需要完全说出来。“一种特殊的形式就是具有‘否定结尾’的故事形式。但首先我想解释一下这个术语。在 stola、stolu 这两个词中，元音 a 与 u 构成词尾，而词根 stol -是词干。在主格单数中，stol 这个词没有词尾，但在与其他词尾变化形式的比较中，我们将这种词尾的缺少视为一种格的标志：我们称其为一种‘否定形式’(这就是福尔图纳托夫①使用的词汇)，或用博杜安・德库尔特奈的术语，则为‘零度’。我们经常在短篇小说中发现这些否定形式，尤其是在莫泊桑的小说中。例如：一位母亲去看她在农村中长大的私生子，这儿子已成了个愚笨的农民。在绝望中，她转身跑开并跌入河中。儿子用竿子在河中打捞并将她的尸体捞起，但并不知道她是何人。故事至此便结束了。读者会无意识地将这个故事与具有‘结尾’的传统故事进行比较。此外（但这只是一种看法而不是一个论点），福楼拜时期的法国风俗小说经常使用未完成行为这种技巧（如在《情感教育》中）。”[16]

3. 弗拉基米尔・普洛普的《民间故事的形态学》是形式主义最富有成果的研究之一，我们可以把它作为一种情节分析方法来研究它。促使普洛普进行这一研究的始因与什克洛夫斯基的差不多，他也反对研究民间故事中孤立的内容，特别反对艾尔纳主

① 费・福尔图纳托夫（F. Fortunatov，1848—1914），俄国语言学家，为欧洲新语法派主要代表人物。

题分类体系[17]，在此体系中，民间故事是根据故事中的主要角色到底是动物、妖怪，还是有魔法的人物或幽默人物等来分类的。他毫不费力地说明，某个特定的故事可以保持不变，不管其中的主要角色是狼，是龙，是巫婆，是妖魔，或者甚至是某件事物。

因此，普洛普建立了横向与纵向间的一种区别。一方面，这有些类似于索绪尔的联句和联想这两个分类，另一方面，也有些类似于什克洛夫斯基关于基本技法（即实际的陌生化）与动机之间的区别。故事的情节被认为是一系列抽象的功能，各种功能所表现出来的形式（如某个特定的人物或景色的样子、特征，或障碍的性质）并不重要，它从文化和历史关系中获取其内容。这就像动机这个概念，只要巴巴·亚加①这个人物在俄国观众眼中足以代表邪恶，而其他文化中的听众则会更好地理解龙、巨人或其他的东西。

让我们来更仔细地研究一下普洛普基本的故事情节，这是一个又长又曲折的由一段段情节构成的分子。它使人想起十二音阶系列。或按后来结构主义的说法，它使人想起印入脑细胞的某种复杂的代码结构。最基本的故事或以对受害者的伤害，或以缺乏某种重要事物而开始。因此，故事的结局在一开始便已经给出：它必然是对伤害的惩罚或是所缺事物的获得。如果主人公本人未卷进来，就把他请来，此时便发生两个关键性的事件。

他遇到施予者（一个令人生厌的家伙，或一个女巫，或一个有胡子的老头，等），后者在考验了他是否反应恰当（如是否谦恭有礼）之后，便赠予他能使他胜利地渡过难关的某件有魔力的东西（戒指、马、斗篷、狮子等）。

---

① 巴巴·亚加（Baba Yaga），俄罗斯民谣中专门偷食孩童的女怪，能腾云驾雾、呼风唤雨，是死亡和魔力的象征。

这以后，他当然就遇到恶魔，并与恶魔决斗。但矛盾的是，这个看来是最主要的情节却并非不可替换。还有一条途径是，让主人公面临一系列的任务或艰巨的工作，然后在魔物的帮助下，最终圆满完成这些任务。普洛普强调了这两组事件的相互排斥性：要么是恶魔，要么是一系列任务，两者不会同时出现。[18]

故事的后半部只不过是一系列的延缓技法：主人公返家途中的经历，某个假主人公可能的插入，对假主人公的揭露，以及最终主人公本人转入顺境，他的婚姻和（或）加冕。建立起这个基本的情节链，普洛普本人的研究便到此为止。就这一点而言，它是一个依赖于经验的发现，因为有事实存在，所以站得住脚。[19]但我认为，有了一个旨在确定某一特定故事怎样才算是完整的形式观点后，就不难得出一些更有普遍意义的结论。

正如我们已经指出的那样，故事的结尾无疑已暗含于它的开头中（伤害→惩罚，缺乏→获得），因此，故事只要进行到结尾并随即结束便似乎已经足够了。但这种抽象的图式并不是故事或情节的图式，而只是一种欲望满足的图式。只要想一想把欲望满足说出来或说给别人听是多么没有意义，其个性又是多么难以概括，我们就足以明白，像这样的东西根本不可能是故事，同时也认识到，尽管这种欲望的结构可能是形成故事的必要前提，但还不够。

在这里，我们可以回顾一下阿瑟·丹托①对历史叙事的定义，即历史叙事是对一种特定的事态 A 如何转变为一种特定的事态 B 所作出的任何一种“因果”解释。所使用的因果解释的类型的重要性仅在于区别出历史的不同种类或类别：神正论，编年史，道

---

① 丹托（Arthur Danto，1924—），美国哲学家，主要著作有《历史分析哲学》（1965）、《知识分析哲学》（1968）、《神秘主义与道德》（1972）等。

德史，经济史，伟大业绩史，等等。被叙述的事件的中心并不在于变化这一事实本身，而在于对这种变化所作出的解释，在于一种状态向另一种状态转变的中间阶段（丹托明确地把这比作辩证过程）。[20] 如此看来，显而易见，我们指出的民间故事的抽象图式中缺少的东西，就是施予者。因此，施予者是对故事中所描写的变化作出解释的因素，他提供一种足够的非对称力量来使故事讲起来饶有趣味，因此，他在使故事首先具有"故事性"这一点上也起一定的作用。所以，故事给人的满足感与完整感并非来自主人公最终设法救出了公主这一事实，而在于赋予他这么做的手段或魔力（如，一只告诉他应该对女巫说什么的小鸟，一件把他带上塔顶的有魔力的斗篷，等等）。这就不只是说故事中吸引我们的是"怎样"而非"什么"，而且普洛普的发现中暗示每一个"怎样"（魔物）中总隐藏有一个"谁"（施予者），在故事本身的结构的某个地方隐藏着中介者的人影，即使在那些更为复杂和成熟的形式中，他也仍然存在，只是用更为有理的动机掩盖起来。

我们还可以用另一种方式来表明施予者存在的必要性，即指出这样一个事实：故事开始时主人公总是不够强壮，不足以靠自己去取得胜利。他开始时总有本身存在的缺点：要么是不够强壮或不够大胆，要么是太天真或太单纯，不知如何使用自己的力量。施予者是对这种根本的本体弱点的补充与纠正。

因此，在民间故事和英雄故事中，总暗含有"另一位人物"，但他并不在我们预料会发现他的地方：他不以公主的身份出现，因为公主可以被红宝石、盛宴或任何其他令人羡慕的事物所替代（的确她本人基本上也就是一件令人羡慕的东西，是一种容貌上的美丽与可能有的财产和权力的结合）；他也不以坏人的形式出现，其原因我们等一下再分析。因此，叙事故事这种基本的人际间的戏剧关系既非正面、直接的相爱的关系，也非仇恨、冲突的关系，而是主人公与施予者这个非中心人物之间的那种侧面的关系。[21]

现在当我们来讨论坏人这个问题时，我认为，问题的答案就在普洛普曾强调过但未解释过的那两个体系既相等同又相排斥这一点之中：这就是说，我们面对的是一个现象的两种形式，即同一种基本情况的两个方面，它既可以是某种有意识的力量的恶意威胁及伤害，也可以是一系列困难与复杂艰巨的任务。人际间的竞争或艰苦工作：我认为萨特的《辩证理性批判》给了我们有关这两个体系等同的线索。它反映了一个贫困世界的基本现实，在这个世界中，我不仅不可能不通过劳动就满足我自己的基本需求，而且我的生存本身也是对他人生存的一种威胁。[22] 这个贫困的世界中有一种根本的善恶对立，正是这种贫困才使得这“另一位人物”作为我的主要敌人出现在我面前。神话故事的叙事程序所反映的正是这种艰苦劳动与对一切陌生人或“另一位人物”的强烈不信任与敌视的相互交替甚至相互等同。在这里，恩斯特·布洛赫①的观点值得一提。他认为原始神话反映的是武士与教士，而民间故事叙述表达的则是贫困阶级。[23]（显然。在更加高级的艺术产品中可能有更为复杂的结合。因此，在中世纪传奇中，一连串的任务和与“另一个人物”的斗争这两个可供选择的系列便统一于比武这一惯例中。）

4. 我想说明的是，依赖于经验发现的一套特定的功能不足以把民间故事解释为形式或完整的叙事。[24] 正如我们已经指出索绪尔的联句层面（即句子中各种功能的水平序列）被重新纳入联想或共时层面，使一个句子被理解为只是某个特定的句法结构或

---

① 布洛赫（Ernst Bloch，? —1977），德国哲学家，西方马克思主义者，认为马克思主义是一种“希望哲学”，一种“具体的乌托邦”，提出所谓“希望神学”。主要著作有《乌托邦的精神》(1918)、《希望的原则》(1949)、《未来的哲学》(1963)。

单位的无数可能的表现形式中的一种；因此，这里似乎也表明，除非被叙述的事件的历时顺序（即叙述的句法）被以某种方式转移到一种共时结构中，否则就不可能有故事或民间传说的真正的规律。这便是我们对普洛普所作出的十分黑格尔式的分析的目的之所在——把一个个单独的事件归结为某个基本思想的各种表现形式，诸如另一物、另一工作等，并最终将这些思想归结为某种中心概念，而这些思想统统不过是这个中心概念的部分表现而已。这样，那些开始时似乎是一系列时相的事件最终变成了自我表达过程中的一种单一的不受时间约束的概念。

这种近乎空间上的统一已经以一种不同的形式暗含于什克洛夫斯基的情节分析及构成其基础的陌生化观点之中。陌生化本来是出自抒情诗或至少是抒情感受的一种方法，在将它应用于情节时，它保留了自己原来相对来说更加静止的某些痕迹。[25] 只有事先存在的东西——实物、习俗、某种类型的单位——才能被陌生化。这就像只有本来有名称的事物才会失去它为人所熟知的名称，并突然在我们面前变得令人吃惊的陌生。因此，什克洛夫斯基在托尔斯泰的小说中发现的这种技法的大量例证并没有真正对小说的形式说出什么东西，因为它们是一些残缺不全的、静止的感受，并且依赖于托尔斯泰的社会中早已习以为常的东西。因此，只有当我们对歌剧已经非常熟悉，把它看成是一种很普通的形式，并已对它习以为常时，才可能使歌剧显得特别、不大可能或不真实。同样，所有其他可能进行陌生化的事物也如此，如战争（斯丹达尔，托尔斯泰），婚姻（《克莱采奏鸣曲》），中间阶级礼节（《恶心》），艰苦工作（卓别林的《摩登时代》）。我们对这些事物都给以名称这一事实表明，我们已经事先用一种统一的、无时间性的方式把它们看成是这种类型或那种类型的事物。

因此，共时思想重又悄悄地回到了历时性研究中。我认为正因为如此，什克洛夫斯基的方法只能应用于短篇故事，而不能处理长篇小说本身。他一向把小说看成一种组合而成的形式，一种人为的混合物，而不是其他任何东西。在这一方面，他的论《堂吉诃德》的那篇文章特别能说明问题。在那篇文章中，什克洛夫斯基想要打破关于堂吉诃德本人的“神话”，即他的“哲学内容”。他足以令我们信服地表明，这部小说的存在决非只是为了突出堂吉诃德这个人物，相反，这个人物是虚构出来的并被逐渐展开的，目的是为了构成情节，为了使那些不这样就会分崩离析、变成一堆互不相干的小故事和片断的东西成为一个整体。（因此，我们同样可以说，让哈姆雷特发疯也是个技术手法，目的是以此将莎士比亚来源不同的各个情节合在一起，构成一个表面上的整体。所以，那些看上去像内容的东西变成了动机因素。）尽管这一点很正确，但它却和什克洛夫斯基刚刚才竭力加以驳斥的发生学批评毫无二致：因为《堂吉诃德》的起源，即它的“形成”，不应与它的统一性或与使它感到自己是完整的那些东西有任何联系。

我们可以用一种不同的方式来说明这一点，即普洛普的研究缺少一种普遍性。它根本不可能用民间故事以外的其他形式来说明民间故事的形式和它的基本“规则”，也不可能用有规则的形式这个概念来抵制结构上没有这些规则的形式的概念。列维-斯特劳斯在他的《神话学》诸卷中的观点更为重要，因为他感到有必要在神话与某种其他东西的交界处来研究叙事题材，这些叙事题材已经开始抛开它们“内在的组织原则。（这种叙事题材的）结构内容是分散的。我们现在发现，真正的神话的那种强有力的转变已经为那些微弱的转变所代替了。……过去我们在外部就能看到社会学的、天文学的和解剖学的规则是如何发生作用的，现在这些规则却转到了表层之下，结构降到连续状态。当对立变为简单重复时，这种蜕化便开始发生：情节片断按时间依次发生，但都以同一形式构成。当重复本身代替了结构时，这种蜕化便完全了。这样，形式的形式即重复便看到结构本身的死亡。既然神话现在几乎无话或无更多的话可说，便只有通过重复自己来维持生存”[26]。

列维-斯特劳斯把这种转变和对时间本身的感知中的一种更为广泛的变化相联系，这一点很重要。因此，作为一种严格的形式的神话表明自己是太阳周期的反映，这种周期表现在年或季的这种较长的循环中；而神话的分解可以被定在一种较短的月时到来之时，这种月时表现为月乃至日的循环。如果我们再加上这样一种观点，即列维-斯特劳斯敌视小说，正如他敌视历史的（或“热的”）社会一样，而小说作为一种历时形式出自于这个社会，那么在我看来，我们便能更好地了解共时性及神话或民间故事的严格的形式化与历时性及小说的尚站不住脚的形式理论之间的关系。

我们可以假定下面这一说法是条不言自明的真理（在这一点上我们暂时更忠实于卢卡奇的《理论》① 的精神，而不是什克洛夫斯基的精神），即小说作为一种形式，是一种解决无法事先界定或用其他办法解决的时相经验的方法。换言之，在一部真正的小说中，有关的基本主题不可能有任何名称，也不可能有早已存在因而可以对它进行陌生化的普通事物。用另一种方式说，我们只能给发生在其他人身上的事情定名称，而我们自己的生活经验、我们的存在以及我们对时间流逝的感觉等都离我们太近了，使我们无法从外部或客观地去观察它们；它们成了以叙事为主的小说的主要对象，因为叙事小说也能唤起这种无法比拟的、不可

① 当指《小说理论》。

名状的、独一无二的经验与感觉。

由此可知，不存在可以对小说的形式进行描述的现成规则：每一部小说都与众不同，都是虚无中的一个跳跃，都同时创造内容与形式。正是因为与小说相对的短篇故事、神话或民间故事的特点是具有一个特定形式的内容，所以它们的规则才可能成为研讨的对象。因此，在某种意义上规则取决于共时性，而且我们已经看到，短篇故事或民间故事是怎样具有一种不受时间限制的、客体般的统一性，这种统一性表现在它们将存在转化为两种体系间的一种突然的偶合之中：即化多重性为统一性，或是某个单独愿望的实现。这就是说，虽然我们可以轻而易举地辨认出非故事，即那些不符合故事形式的内在规则的作品（正如我们能辨认出非句子一样），但小说却没有这种意义上的对立物，因为它不像悲剧或喜剧、抒情诗或史诗、民间故事或短篇故事那样是一种文学类型。那些确实存在于世的小说也不是某种普遍概念的体现，而是依据一种历史的而非逻辑的或分析的模式相互联系在一起的。（那些小说的种种亚变种——我指的是诸如侦探小说或历史小说——确有规则，但它们只是小说演变过程中的畸形产物，是死胡同，不能说明小说的任何普遍趋向。）

但是，要表达作为一种历时现象的小说与体现共时性的故事这两者间的基本区别，另一种方法便是回顾一下爱伦·坡的主张，他的“写作哲学”与什克洛夫斯基把作品悬置起来的办法非常相似。爱伦·坡认为，抒情诗与短篇小说的实质便是短，只能占一页的篇幅，或读起来不超过一个小时，并认为这不是一个可有可无的要求，而是一个实质性要求。在某种意义上，两者都是超越时间，将一种无形式的时间序列转变成我们能捕捉并掌握得住的一种共时状态的方法。如果说这个观点不适用于小说，这是因为小说特有的真正的时间展开是无止境的。

但是，什克洛夫斯基对短篇故事所作的研究对小说理论也并非毫无用处。他的研究告诉我们小说必须否定的是什么，有助于我们把小说理解为一种超越轶事这一小说最初特征的形式。从这个意义上讲，小说可以说是被取消并被上升（aufgehoben）为一种更高、更复杂的形式的短篇故事，它具有短篇故事的规则，但把这些规则作为这个有机体必须加以否定的内部环境。下面这一点很能说明问题，即许多现代小说（人们立刻会想到《尤利西斯》与《魔山》①）开始时在它们的作者的头脑中也都是短篇故事的形式。不管怎么说，在我看来，只有这么去做，即在头脑中把诸如卢卡奇在《小说理论》中及什克洛夫斯基在《散文理论》中所提出的那些完全不同的甚至是相互矛盾的方法统一起来，才可能获得一种真正辩证的叙事观。

不过，形式主义者至少能够正确地抓住小说形式的一个方面：即小说的结尾，此处时间（durée）与历时性突然中止，因此可以按共时方法将其暂时捕捉到。艾亨鲍姆在论欧·亨利的文章中说："小说的特点在于有一个尾声：一个不是结尾的结尾，一个可以看到未来的总结，或讲述主要人物随后命运的总结（见屠格涅夫的《罗亭》或《战争与和平》）。这便是曲折复杂的结尾在小说中自然成了罕见现象的原因（如确能发现这种复杂的结尾，也只说明是短篇故事的影响）……"[27]

Ⅳ

1. 以上是"陌生化"这个概念在共时方面的一些固有的局限，这个概念还具有我们迄今仍未触及到的一种很难分辨的含

① 分别为爱尔兰作家乔伊斯和德国作家托马斯·曼的小说。

混。陌生化既可应用于感知过程本身，也可应用于表现这种感知的艺术方式。即使假定艺术的本质就是陌生化，在什克洛夫斯基的著述中从来也没有说清楚被陌生化的到底是内容还是形式。换言之，一切艺术似乎都含有某种感知的更新，但并非一切艺术形式都以其独特的技巧引人注目，或有意识地“暴露”或展现其本身的“手法”。而且，正是在这一点上描述变成了规定：根据什克洛夫斯基开始时的认识模式（即一方面把感知与陌生化联系起来，另一方面把动机与习惯性或惯性联系起来），我们不难看出他为什么倾向于一种完全排除“动机”的艺术，一种将自身作为自己的题材，并将自己的技法表现为自己的内容的艺术。

这样一种自我意识的文学的典型便是斯特恩①的《项狄传》。什克洛夫斯基在一句引起很大争议的话中把它说成是“世界文学中最典型的小说”[28]。我相信，且不去管它如何冒失，这句话并非言过其实：《项狄传》是部最典型的小说，因为它在所有小说中最具有小说性，将故事讲述过程本身作为自己的题材。《项狄传》中将叙事手法作为其内容的程度可能通过与传统的第一人称小说做对比而看出来。在这种传统小说中，人物与作者、主人公与传记作者、“马赛尔”与“普鲁斯特”之间是有区别的。在普鲁斯特的小说中，作者的介入一直较抽象，我们从未直接见到这位第二位的、沉思的“我”，因为我们是通过他的思维来观察这位年少者的。在《项狄传》中，每当我们想注意内容中的时间或小说中所述的事情的时间，即特瑞斯特莱姆本人的生平时，小说中的句子便把我们引到句子本身的时间上，即把它们写下来的时候（“这个月我比十二个月前的这个时候大了整整一岁，如您所

① 斯特恩（Laurence Sterne，1713—1768），英国感伤主义小说代表人物。代表作有《项狄传》（1759—1767）、《感伤旅行》（1768）等。

见，在几乎已经进入到我的第四卷的一半的时候——还没讲完我第一天生活中的事情——这说明我现在比我开始动笔时又多了三百六十四天要写了。因此，我不是像一般作家那样总是往前写，相反，我倒退了好多卷”[29]），还把我们引到我们阅读的时间（“从我伯父托比摇铃要奥巴蒂亚备马去叫男接生员斯洛普大夫到现在，读者已经惬意地读了大约一个半小时。因此，没人可以有理由说我没留给奥巴蒂亚足够的时间”），等等。[30]

此外，即使我们能够在没有这种作者介入的情况下直接读到内容，我们也会意识到词语与经验、模式与实际存在是完全不一样的，因为故事中的动作是以慢动作的方式一点一点描写出来，直到这种细微的记录变得让人无法忍受；还因为故事中的事情被分裂成许多部分，其程度足以使人类在时间上的经验的无限可分性成为一个可以证明的事实。[31] 这样，《项狄传》可以被认为是第一个辩证的模式图：表明现实无论根据它被叙述的方式如何无限地扩展或压缩，却总在你在标题中所赋予并归纳出的“生活”这两个无穷和纯“即时”这一可被叙述的人类时间的最后的不可再分的单位之间。

因此，对形式主义者来说。《项狄传》占据着整个现代派或先锋派文学的先驱地位：它是什克洛夫斯基以罗扎诺夫①为典型的“无主题文学”的先驱，我们对这种文学极为熟悉，称其为一般的无情节小说（什克洛夫斯基也确实用“sujet”这个词来泛指情节）。罗扎诺夫表明了小说怎样分解为其原始材料，即分解成由杂志内容、剪报、信件以及零散信封与碎纸片上的文字等等组成的某种语言的拼接物。从内容的观点说，他的多重人格使他可

① 罗扎诺夫（1858—1936），俄罗斯文学理论家。

被视为俄国的皮兰德娄或费尔南多·佩索阿①（他曾以真名作为《新时代》的一名保守的专栏作家，以笔名作为《俄罗斯语言》的一名自由派专栏作家）。值得指出的是，什克洛夫斯基认为，即使这种意识形态的内容也不是主要的，它只是形式的结果，是由形式引起的："'是'与'非'并立于同一张纸上——传记事实上升为风格事实。'黑色的'与'红色的'罗扎诺夫同时出现以进行艺术比较，就像'肮脏的'与'纯净的'罗扎诺夫间的对立一样。"[32]

什克洛夫斯基本人的文学实践是怎样遵循这种方式的，这一点几乎无须赘述：譬如回忆录般的原始材料，其间掺杂着种种其他的故事，离题的叙述以及作者的介入；再如把这些作品的历史当作什克洛夫斯基一生中不同时期所写的各种手稿的有意识的整理比较；又如他的由支离破碎的段落构成的文体，它在很大程度上依赖单句段所引起的类似报纸那样的震动（高尔基曾批评道："维克多·什克洛夫斯基的'文体'就是既短又干巴巴，加上自相矛盾的词语"）[33]，以及低调陈述与反讽克制这样的沉默，这已经是在内容中贬低"内容"。从什克洛夫斯基的这些作品来看，我们有理由认为陌生化理论本身已成为他本人特有的技法的一种"动机"。

我们已经把这种内容中的陌生化向形式中的陌生化的滑动称为什克洛夫斯基理论中的一种模糊，但我们不清楚这种模糊究竟是由于疏忽引起的还是有意造成的。毫无疑问，《散文理论》中一句关键的话使这个问题比以往任何时候都更令人困惑不解："艺术是重新体验创造事物的一种手段，而已经创造出来的事物

① 佩索阿（Fernandc Pessoa，1888—1935），葡萄牙诗人。重要作品有《使命》和《作品全集》（九卷本），此外还有《哲学读本》（1968）等。

对艺术却并不重要。”[34] 我们是否应该认为，一切形式的艺术之所以存在仅仅是为了“暴露自己的手法”，为了让我们看到艺术是怎样创造的以及事物是怎样向艺术转变，怎样成为艺术的？（果真如此，那么只有所谓的“现代”艺术才有价值，或对什克洛夫斯基来说，甚至传统艺术在本质上也确实隐含有现代性。）还是我们应当认为有某种更为形而上的含义，即感知本身便是对被感知的事物的一种创造，因而对事物的重新感知在某种意义上便是意识到我们自己的“创造”活动？在这一问题上，我们想起了维柯①的理论，即人只能认识他所创造的东西。但什克洛夫斯基的特点是不做结论，他在性格上厌恶形而上的论断。

2. 把什克洛夫斯基所认为的陌生化的基本形式即“暴露手法”和在许多方面与之相似的德国浪漫派的反讽作一比较是颇有启发性的。浪漫派反讽的含义比与这个术语相联系的通常的那种作者的介入要广泛得多。的确，这种介入在很大程度上只是被拉回到内容之中并被重新吸收：非物质的艺术作品不会被撕裂或遭到伤害，而是毫不费力地再次愈合，不留任何痕迹，而介入的“作者”只是成了众多人物中的一员。

这种含义更广的反讽观与唯心主义的总的精神是一致的，弗里德里希·施莱格尔就很清楚地借助当时的科学来证明这一点。它要求我们逐渐消除维柯所主张的历史（由人创造的，因此人可以理解它）与自然（由上帝创造的，因而对我们来说是完全陌生的）之间的区别；要求我们逐渐感到我们也同样有非人性的一面，或者说，“我”与“非我”一起被统摄于一种类似超验自我

① 维柯（Giambattista Vico，1668—1744），意大利哲学家。提出“历史循环论”，认为人类社会必定经历三个阶段：神的时代、英雄时代和凡人时代，然后再回到起点。主要著作有《新科学》（1725）等。

或绝对精神的更大、更无所不包的统一体之中；感到人类意识因此也在它所思索的一切事物中重新发现了它自身的种子。因此，艺术作品显而易见地变成了这种形而上的唯心主义的有形的表现：并非看作者如何通过创作表面表露自己，而恰恰是看他如何躲避于其后面，半隐半现，半明半暗。

> 高耸入云的森林
> 决不会衰亡，却在衰亡着，
> 飞泻的瀑布，静止凝固，
> 每一个转角的窄缝处
> 风在相互撞击着，迷茫凄凉，
> 激流发自碧蓝的天空，
> 岩石在我们耳旁低语，
> 黑色滴水的山崖在路边发出声响
> 似乎在说着什么，狂乱的河流
> 使人目眩头晕，不敢窥视，
> 无拘无束的云与辽阔的天际，
> 喧闹与宁静，黑暗与光明——
> 这一切全像同一个大脑的思维，
> 同一张脸上的特征，同一株树上的花朵。……[35]

尽管我们知道我们面前的景象是想象中的表现，是他人劳动的结果，但只要我们对它入了迷，把它当成真实的，是幻觉与冷漠寡欢的退缩间的一种状态，那么，反讽便是我们与艺术作品的关系的特点。反讽也同样决定了我们与外部世界的关系，因为一件事物乃至整个世界都有某种自相矛盾之处。顾名思义，外部世界是外在的，因为我们必须与它保持一种关系；但它同时又与我们同质，因为我们能够与它保持一种关系。

超现实主义者存有“客观巧合性”（le hasard objectif）的主张以及对欲望计谋的情感——欲望在外部世界迷人的事物中具体化这种方式，无意识投射进工业场景这个巨大的“跳蚤市场”的招牌与杂货中这种方式——他们也许在形式上是最接近于这一早先的浪漫主义观念的了。

相比之下，什克洛夫斯基的观点似乎与手工业生产有更多的共同之处。与庞德一样，他对技法的强调似乎反映了一种对旧日手工文化的怀念，他对技能的重视似乎是要使艺术与文学像补鞋或制陶那样具有扎实的手工技能。（如果需要进一步的证明，只要看一下他对自己第一次世界大战时在装甲车师的技术水平上所表现出的自豪感，或看一下他在 20 世纪 20 年代后期指出马克西姆·高尔基不懂亚麻生产时那种沾沾自喜的样子就可以了。）[36]如果在形式主义分析与亚里士多德式的文学方法之间似乎存在某种偶合的话，则完全是因为双方具有将艺术作为工艺或技法这一共同模式。

这种从强调本体到强调技法的转移，同样可以在对浪漫主义和形式主义都至关重要的对民间素材的重视这一点上得到证实。将格林兄弟与普洛普相提并论在这里是有代表性的，因为利用民间故事和大众想象对双方都意味着回归到最严格意义上的某些基本与原始的东西。但对浪漫主义者来说，这种基本与原始的东西是历时性的，而对形式主义者来说，它则是结构性的：原始的语言，讲故事的起源，与之相对的是话语的基本结构和以最简单的方式说明情节的基本规则。要了解形式主义的精神，可以想象一下新批评家一块儿热火朝天地把鹅妈妈的童谣拆得鸡零狗碎的情景！

3. 形式主义者对技法的看法的独到之处还可以从它的反面来看。亚里士多德及新亚里士多德主义者认为，艺术作品中的一切都为了某个最终目的而存在，这就是作品本身作为消费品所具备的特有的感情或独特的愉悦。然而对形式主义者来说，作品中存在的一切首先是为了使作品得以形成。这种方法的优点在于，亚里士多德式的分析最终跑到了作品之外（如心理学以及有关一般感情之类作品之外的问题），而什克洛夫斯基则认为，诸如怜悯与恐惧这样的感情首先应该被认为是作品的组成部分或成分。以下面这段对《项狄传》中的感情的讨论为例：

> 就算没有别的理由，就凭艺术首先没有单独的内容这一点，感情因素就不能成为艺术的内容。从“感情的角度”表现事物是一种特别的表现方法，它和从一匹马的角度（托尔斯泰的《霍尔斯托密尔》）或从一个巨人的角度（斯威夫特）来表现事物很相似。
>
> 艺术在本质上是超越感情的……无同情心的——或者说超越同情的——除非怜悯感是作为艺术构造的材料。但即使如此，在考虑感情时必须从建构的角度去考虑，正如为了了解马达，必须把传送带视为机器的一个部件——从机械师的角度——而不是从素食者的角度。[37]

这种对艺术作品中主次顺序的彻底颠倒是批评中的一场革命，类似索绪尔抛开所指物的做法，或胡塞尔在现象学中使用的悬置法，其意图是要大家放弃把艺术作品作为模仿（即包含有内容）或作为“感情”的根源或感情的供给者这种惯常的看法。这种悬置法的优点便是构成一个由内在的文学要素或事实组成的系统：我们已经看到，在考虑诸如对一个极其高尚或极端邪恶的人所受到的磨难作出的正常心理反应这类问题时，亚里士多德主义为何总是跑到纯文学系统之外。同样，认为作品中必须先有内容的种种美学主张往往从文学转向哲学与社会方面，从而忽视一部文学作品中某个特定事实的纯文学功能性，不管这同一个成分在另一个系统中会有什么样的价值。

形式主义主张的优点最明显地表现在鲍里斯·艾亨鲍姆的《论果戈里的〈外套〉是怎样写成的?》这篇经典论文中。他把果戈里的这篇故事视为非常巧妙的文学模仿，即是把传统的 skaz[①] 即民间故事的手法与故事叙述步骤向复杂的艺术技法的层次上的移置（形式主义者们喜欢指出，这种口头传奇是美国夸张故事或马克·吐温的故事在俄国的对应物）。skaz 的技法——我们将这种技法的总和称为 skaz 的文体——在这部作品中是首要的成分，我们可以将这种方法自相矛盾的前提总结如下：果戈里并不是因为想表现某种类型的内容才使用 skaz 这种文体的，相反，他想创造出一种基于 skaz 之上的文学风格，他想以某种语气说话，然后，以此为出发点，再行四处搜寻适用于它的材料、轶事、姓名、细节，使它像模像样地展开，使故事讲述的声音具有最大的内在效果。但如果确实如此，许多争论激烈的问题便不复存在了。比如，果戈里作品中的浪漫主义与现实主义之争这个问题便确定无疑了。问题的关键不在于断定“现实主义的”成分（圣彼得堡、贫困、小人物等）是否压倒了荒诞的或浪漫的成分（小说结尾时的鬼魂，即亚卡基·亚卡基耶维奇这个人物本身）。相反，skaz 这种主要风格对两者都需要，这样才能体现它们突然的变换与对照。此外，这个故事就不再适合于传达哲学的或心理学的真理。我们不能再谈果戈里开创了一种普通城市人的文学，也不能再谈作者作出了心理上的创新与洞察力。这些都只不过是内容产

---

① skaz，俄文为 skazat，是民间口头创作，内容为过去或当代的故事，由讲故事人以第一人称叙述。此处译为民间故事。

生的幻象，是艺术创作过程本身产生的“真理”或“洞察力”的幻觉。

艾亨鲍姆在《论托尔斯泰的危机》一文中将他的方法作了更进一步的发挥，说明托尔斯泰皈依宗教这件事在某种意义上如何可以被视为一种“技法的动机”，因为它为一种濒临枯竭的艺术实践提供了新的原始材料。（我们已经从什克洛夫斯基对罗扎诺夫的研究中见到了类似的主次地位的颠倒。）这种方法的颠倒起始于不承认心理的、传记式的以及哲学的分析的权利，但它也许不可避免地最终将把这些分析吸收进来，将它们及作家的全部生活与经验（现在这些都被认为是为文学作品的产生做准备）拉回到艺术作品中去。

用了这种悬置法，我们便深入到了形式主义方法的核心。或许现在该对如下事实表示惊讶了，即在维克多·埃利希用英语发表了对形式主义的权威性的评述后的十五年中，这一文学运动对美国批评实践的影响竟如此之小。也许专门化的习惯根深蒂固，以至形式主义仍朦朦胧胧地被认为是斯拉夫学者的精神财产；也许形式主义者那种结构主义的研究方法在这个国家不合乎时宜，因为在这里文学构造本身似乎已经加入了那些已经消失或正在消失的手工技术及其他技能的行列。但形式主义却提出了深远的见解，这些见解结构独特，与传统“方法”提出的见解全然不同。

让我们用但丁的《天国》来说明形式主义方法的独特性。这部诗的内容，不管是从它作为对最完美的现实的一种想象描写，还是从它作为一种旨在表达无法表达的事物的语言来讲，都可以被认为是一个作家创作的顶峰。但当《天国》中的事情与《神曲》其他两篇中描写的事情相比较时，它们却奇怪地指向自身。我指的不仅是在这些事情中事物本身缺乏任何真正的抵抗力或坚定性——这一缺乏为它们与其他形式的科幻作品所共有，不管是崇高的、神学的，如在弥尔顿或温德姆·刘易斯①的作品中，还是平常描写星际故事的那类作品，其结果在作者方面是一种双重虚伪，即他正在努力精确地描绘一个“世界”，而这个“世界”则是刚刚由他本人凭空编造出来的。

在《神曲》的前两篇中，作为诗中人物的但丁的思考，他对维吉尔及罪人们所提的问题，以及这些人向他提出的问题，都同样频繁地涉及到世界本身的现实及个人过去或将来的命运——这种现实超出或越过了诗中所描写的那个游历的范围。而现在，这位游历者主要关注的是他面前的那块天地中的秩序以及天堂本身的性质，因此，《天国》的内容可以说是关于一种秩序的秩序，但是甚至这种秩序本身也只是一个外形或一种表象：

> Qui se mostraron，non perchè sortita
> sia questa spera lor，ma per far segno
> de la celestïal c'ha men salita.[38]

因此，但丁所见及所途经的只是一种制图学意义上的天国的投影。实际上，灵魂本身都集中在最高天上，置身于一视同仁的至福之中，然后，这些有福之魂被分成等级，似乎是为了迁就但丁的世俗头脑与世俗经验中的时间与差异的概念。或者换一种说法就是，这些灵魂似乎是要使自己能够适合于但丁的随时间而发展的叙述语言。

因此，在这一点上，庞加达·杜纳底的那句名言——“他的

① 刘易斯（Wyndham Lewis，1882—1957），英国画家、小说家、批评家。旋涡画派的发起人，欧洲现代派艺术的主要人物之一。主要作品有《被统治的艺术》（1926）、《时代和西方人》（1927）、《爱情的复仇》（1937）、《人类的时代》（1955）等。

意志给予我们安宁”[39]——便具有了某种不同的意义。一般认为，这行诗表达了放弃愿望以及灵魂在顺从中得到解脱。它部分地构成了这种顺从的一个范例，意在解释为何身处天堂低层的灵魂不求在受福之魂的王国中向上升迁。因此，这行有名的诗句起到激发《天国》的多义性，从表面相似的原始材料中产生出差异，以及从本来是统一的至福中产生出多样性的作用。

从神学的层次上来说，需要解决的问题是基督教中个性与最终的精神升华如何和谐一致，这种情况在其他宗教中已经预见为一种灵魂的神化，或灵魂的一种极乐的消失。要说明《天国》中的每一个故事、每一回议论、每一次遭遇、每一种反应如何以这种或那种方式说明和解释它们各自的多样化是不困难的，例如查理·马特对人类遗传差异所做的解释；圣弗朗西斯与圣多米尼格象征性的并列；那段有关所罗门的世俗智慧与神赐的智慧间的关系的冗长的讨论；那只成千上万的人通过其喉咙用一种声音说话的鹰；把创造天使的根本理由解释为上帝近乎无须报偿地复制他自己等。

从政治的角度来讲，这个问题便成了重建帝国的问题，将它建成一个能够克服意大利新兴的资本主义的道德混乱并使得人的各种才能在国家这个统一体中和谐地施展的政权。人们常常指出，《神曲》在从《地狱》向《天国》的过渡中，越来越明显地变得具有政治意义。

但从形式主义的观点看，所有这些显而易见的内容，不论是从神学的还是从政治的角度表达的，不过是文本自身那些独特的结构问题在文本的创作中不断得到解决时产生的一种视觉幻象。换句话说，但丁在《天国》中所遇到的形式问题是要在有限中讲述无限，是用存在着差异的语言讲述同一性的问题，是使单一性通过多样性得到表达的问题。对这个问题的解答也同样出人意料。即使当作为诗中人物的但丁对天堂中的情况提出疑问并试图理解天堂如何会有等级存在时，作为诗人的但丁却继续写他的诗篇。因此我们可以说，《天国》的内容成了对天国如何会有内容的一系列探究，我们还可以说，诗中的事情“仅仅是”对使这些事情首先成为可能的那些先决条件的一系列戏剧性描写。诗的主题便是诗本身的形式。这一规则无疑隐含于形式主义方法之中，尽管它有待形式主义的继承者法国结构主义来把它理论化为形式主义的纲领性主张。[40]

毫无疑问，这种分析本身内在的或者说在结构上夸大的某种东西实在令人难以接受，因为它居然自始至终排斥内容，甚至企图将所有这些内容一概解释为形式的产物。胡塞尔的悬置法也同样是对常识经验的一种悬置，但在括号括起后，常识经验却又以其平日所具有的力量与常理再次发挥作用。但形式主义者却不大情愿将这个括号括起来。

其含义为，一部作品只是看上去有指涉物，或只是想要有一个确定的内容。其实它说的只是在作品得以构成的特定的情况下或形式问题中作品自身的形成或自身的构造。我认为，在某种程度上这种观点本身倒是形式主义方法投射出的一个视觉幻象。在结构主义部分中谈到类似的问题时，我将更详细地论述这类投射。

但我也相信，在某种意义上这种说法确也属实，即在某种意义上所有文学作品在用指涉语言说话时，同时也从边上发出一种有关其自身形成过程的信息。换句话说，阅读活动虽然像在羊皮纸上写字一样重叠在前面的写作活动之上，但它只是部分地抹去了写作活动。我想，在作品是劳动的结晶、产品是生产的最终结果这个范围之内，这便是形式主义作为一种方法的社会基础。

4. 与此同时，在形式主义的实践中，我们一直在描述的这种矛盾的颠倒导致对它本身起始点的一种奇特的贬抑。它的前提本来是，“暴露手法”的这种文学，将自己的手法陌生化的这种文学，除了像《项狄传》这样的少数作品外，是一种奇特的现代文学，它以这种方法将自己根本地区别于那种有意隐藏手法的旧文学。但现在看来，“暴露手法”似乎是一切文学的特征，因为现在一切文学结构都可以最终被理解为以自身作为自己的目标，都是“有关”文学本身的。因此到了这一步，现代派文学的那种独特的结构便成了所有文学的基本结构了。

我们可以用另一种更明确的方法来阐述这种矛盾，即通过指出陌生化这种观点现在是并且永远必定是一种有争议的观点：它依赖于对现有的思维习惯或感知习惯的否定，就这一点来说，它受到它们的约束，同时也成了它们的附庸。换言之，它本身并没有资格成为一个完整的概念，而是一个可转变的、自我消除的概念。这一点在形式主义批评中很清楚，在其他地方也很清楚，因为读者必须首先相信原来的“内容”，新的启示才有力，而这种力量的大小又是依据读者见到果戈里或《堂吉诃德》中的哲学、心理学含义被粗暴地予以抛弃，而一种纯艺术、纯工匠意义上的模式受到青睐时所感受到的内心震动来确定的。的确，不仅形式主义如此，整个现代主义的大部分理论也如此：如布莱希特的“陌生化效果”。这种理论是针对一个还不习惯于德国表现主义的那套花哨程式的观众提出的。但是，对从小就耳闻目睹现代主义及程式化艺术与装饰的一代人来说，对这些认为这种程式化看上去完全自然因而不需要辩护的人来说，一种内在的矛盾与动力似乎已经没有异议了。

这个矛盾也存在于什克洛夫斯基本人的文学创作中，或许这也是他本人之所以一直具有黑格尔式的忧郁意识这种独特的历史形式的原因。因为他把“暴露手法”作为文学中陌生化及技法更新的一种独特的现代的方式，因而完全把自己独特的个人的与历史的境况等同于新事物本身。但形式主义有关无止境的艺术变化和不停的艺术革新这种观点中所包含的“生活的悲剧感”同时也要求承认变化，承认一度时新的方法不可避免地会变旧，一句话，必须承认自己的死亡。合乎逻辑的发展必定是读者对什克洛夫斯基本人从事的并由他的理论所推动的那种自我意识艺术感到厌倦。但是，“暴露手法”并不仅仅是种种可以替换的手法中的一种，而是逐步意识到艺术首先是陌生化。所以，如果它消失了，则整个理论也会随之消失，而那种使自己成为普遍法则的东西则随着岁月流逝而表明仅仅是当时观念的伪装而已。

V

1. 但这还不是事情的结束。如果从什克洛夫斯基提出的基本理论中排除那些由于他的艺术与个人方面的问题而造成的走了样的东西，那么剩下的就是一个类似索绪尔语言学的纯洁的模式。只有像尤里·蒂尼亚诺夫这样有水平、有才能的人才能成为对形式主义观点进行非常清晰和非常精确的重构的理论家。

人们总想从我们在解释什克洛夫斯基的失误时所采用的那种文学史的角度来解释蒂尼亚诺夫的成功：蒂尼亚诺夫提出的更新文学的那种文学方式不是什克洛夫斯基采用的那种独特的、自相矛盾的、自我意识的“暴露手法”，而是从具有相同功能的许多技法中选择出一种技法，从可能采用的同样重要的形式中选出一种形式——即探险小说，特别是历史探险小说，这是到那时为止在俄国文学中还未被充分利用过的一种文学类型。因此，蒂尼亚诺夫通过采用这一形式，一定能够看到自己不过是参与了真正的历史发展中的一个瞬间的活动，而不是在完成文学史。此外，这些小说的内容——其中大部分是关于普希金时代以来的作家及普希金本人的小说化的传记——是一种标志，表明有一种感情或许比什克洛夫斯基的作品中到处可见的那种纪念性、自传性的感情更具历史意义。

通过排除技法这个概念以及我们在上文中论及的那种工艺式的方法必然存在的曲解，蒂尼亚诺夫在分析单部文学作品时仍能保留系统的概念。技法这一概念的目的论方面的含义引发出作品中的哲学内容及其他内容的地位这个难以解决的问题——即究竟是后者的存在“为了”产生出前者，还是前者的存在“为了”产生出后者。但是，如果我们摒弃了技法及目的概念，只谈论主要成分与次要成分，或只谈论一种主要的构造原则，即“不顾其他因素以突出一种因素”[41]（或只谈论“前置”一组成分，这是布拉格学派后来使用的一个非常说明问题的术语）[42]，那么立刻就会建立一种模式，它具有什克洛夫斯基理论早期的所有优点，而没有它的任何缺陷。

在这种新的模式中，被前置的或主要的技法在与被后置的或次要的技法所形成的一种对照中得到理解，因而它是很辩证的。但是这种把艺术感知作为对规范的一种偏离的新审美观的优点在于，它可以把规范作为被推到后台的旧成分包含在文学作品本身之中，这样旧成分就不再流到作品之外，构成各种本质上是社会问题的东西，即某个时期主要的鉴赏情趣或主要的文学形式。在这种意义上，作品的共时结构包含了历时性，因为它把上一代那些占主导地位的形式作为一种被否定或被取消的成分包含在自身之中。它与这些形式构成一种决裂，但它本身的新奇与独创之处却只有在与这些成分的对照中才能被理解。

2. 于是，文学体系这种内在的纯正性首次使得它与其他非文学体系的关系这个问题得以清晰地提出。这个问题便是如何最终建立某种相互关系尚不明确的体系的体系（依据辩证思维，这个最终的体系的体系就是历史本身，而对结构主义来说，它便是语言。这一点我们不久在下面就会见到）。这种情况有时被说成是形式主义者试图取悦于马克思主义，其实这只是他们本身思维的一个合乎逻辑的结果。

蒂尼亚诺夫确实对系统的两种不同的演变作了区分，一种是依据系统本身的内在规律及活力而改变，另一种是由于其他系统从外部作用于这个系统而迫使它不得不改变。这里所指的历史情况与政治背景是显而易见的。但是，他所说的其实是从一个体系到另一个体系间的两种可能的关系运动：当纯文学体系（一种“力图兼并尽可能大的地域的帝国主义”[43]）将其他体系的成分吸收进来并按它自己的法则应用它们时，我们仍然可以继续说文学体系在独立演变。但当文学被别的体系吸收时，不论基于何种原因，则文学体系独立的演变必定会中止，甚至被改变。

蒂尼亚诺夫认为，在某一特定的历史时刻各种体系相互间保持比较固定的距离。因此，相距最远的那些体系间的关系便由它们之间的体系来协调，特别是由那些距文学体系本身最近的体系（即“日常生活”体系及其语言表达这一分体系）来协调。因此，假如在一个社会中，写信是一种特别引人入胜且又十分有趣的活动，这个社会就能提供一种独特的言语原材料，在某种特定的情况下这种原材料便会以书信体小说的形式吸收到文学体系中。同样，假如在一个社会中人们普遍喜好并推崇言词口才，并将此作为其社会经济结构的一个不可缺少的、有实际作用的组成部分，如在阿拉伯国家与爱尔兰（乔伊斯的《尤利西斯》!），这个社会便会提供一种言语原材料，一种事先规划好的诗与散文之比，一种比喻与修辞手法的延续，它们与西方世界大众传播媒介中词汇的境况全然不同。根据这一点，我们便能够重新估价艾亨鲍姆发现的果戈里与 skaz 的关系，这种关系已成为艺术散文吸收文化中残存的大众词语的一个主要例证。

形式主义者看来并不真的愿意比这走得更远，以达到一种文学社会学。他们往往把那些使文学和与之相距最远的那些体系（如经济学）相联系的明显的企图斥之为折衷主义。[44] 当然，在所谓的关系与影响被解释为直接的而非经过协调的或间接的时候，他们这么做是十分正确的：因为他们自己的体系已考虑到后面这种情况。并且从长远的观点看，这是有可能建立起一种真正的文学社会学，即形式社会学所需要的唯一条件。

3. 这种形式主义模式与诸如卢卡奇那种真正有关文学内容的理论在强调重点方面的主要区别在于，艺术作品的发展在多大程度上受是否有合适的原材料的影响。作为一名有创作实践的小说家，蒂尼亚诺夫对这个问题很清楚。下面这段影射什克洛夫斯基的评论就可以说明这一点："让我们以俄国探险小说的可能性为例。有情节小说的原则是作为无情节小说的原则的一种辩证的对立面而出现的。但这种新的构造原则还未得到充分的应用，因此暂时只能满足于外国材料。为了与俄国材料相结合，必须首先满足某些先决条件。但是，这个要求却不那么容易满足，只有当主题与文体相结合以后，我们才对使这种结合得以发生的条件有所了解。如果缺少这些条件，这种新的现象便只会停留在试验阶段。"[45]

这段文字中对一定的内容或原始材料的先决作用的强调，以及对文学分析的事后性与无法预测性的强调，与卢卡奇对历史小说所做的那种社会学分析及马克思主义分析是相当吻合的。在这些分析中，历史小说这一形式的发展也同样有赖于其原始材料是否合适，是否充足。按标准的形式主义观点，这些原始材料并非简单地指有关过去的知识、可以得到的文献、地方色彩等等，而是指对过去的意识及历史感，这种意识与感受在司各特时代就已经存在，但到了福楼拜时代已发展成某种更加靠不住且不那么好用的东西。我认为，在下面这种条件下是可以把文学演变及其与其他文学外系统的关系描述清楚的：即不把内容、可获得的原始材料看成仅仅是死气沉沉的混杂物，而把它们看成是可以促进或阻碍使用它的文学形式的发展的东西。这时，我们便可以对最近一个有关的文学外体系与其相邻体系的关系进行研究。那么，回头再看前面举过的一个例子，我们便可发现，某个特定的社会保持其口头表达（如保持演说方面的修辞用语及价值）的程度本身便是这个社会的经济和社会发展的一种作用，因此是可以对它进行研究的。

4. 我们迄今一直在讨论的是一种相对的共时现象，是在某个特定的时刻或历史瞬间文学体系和总体经验中与其相邻和相距较远的体系之间的关系。形式主义中实际的文学历史、实际的文学变化的情形仍然很成问题。就连蒂尼亚诺夫也保留了索绪尔的基本变化模式，在这种模式中，起作用的最基本的机制是同一性与差异性这两个基本的抽象概念。但只要历史被理解为某个单一机制的作用，那么它又被转变回共时状态，时间也就成了一种无历史的、相当机械的重复。

我们还是让这一派中最爱争辩、最富斗争性的艾亨鲍姆再一次作形式主义的这种最极端的反历时倾向的代言人。下面这段话在表明形式主义理论与方法的根本的内在局限性的同时，也预示了阿尔都塞[①]的观点：

---

① 阿尔都塞（Louis Althusser，1918—1985），法国结构主义哲学家，主要用结构主义的理论和方法解释马克思主义。在《保卫马克思》（1965）和《读〈资本论〉》（1965）等主要论著中，试图用马克思所著《1844年经济学哲学手稿》中的人文主义观点重新阅读和解释马克思的《资本论》和历史唯物主义观点，在西方有很大影响。

真正的莱蒙托夫是历史的莱蒙托夫。为避免误解，我必须说明我并非借此认为莱蒙托夫是时间中单独的一件事——一件只要我们事后将其恢复的事。时间以及与之相随的对过去的理解并不构成历史知识的基础。历史中的时间是一种虚构，一种起辅助作用的惯用手法。我们并不研究时间中的运动，实际上，这和运动是一个能动的过程，既不能以任何方式再分割，也从不会被中断，因而它与实际时间完全无关，并且也不能用实际时间来衡量。对历史的研究能揭示事物的运动，揭示那些不仅在某个特定时期的范围内而且在任何时间任何地方都在起作用的规律。从这个意义上说，尽管听上去似乎矛盾，但历史就是一门关于永恒的、不变的与静止的事物的科学，即使它涉及变化与运动也还是如此。它之所以能被称为科学，只是因为它成功地将实际运动转变为各种型式或模式。历史的抒情性，即毫无道理地偏爱这一个或那一个时期，成不了科学。研究一个历史事件根本不是孤立地去描述它。似乎它只有在它那个时间环境中才有意义。这是一种妨碍科学研究的幼稚的历史观。真正的任务不是简单地回到过去之中，而应该是了解事件的历史真实性，是决定它在历史能量的发展中所起的作用，这股历史能量（从其本质上说是永恒不变的）既不出现也不消失，因此是超越时间发生作用的。一件被历史地理解的事情就是从时间中抽出来的事情（着重号为我所加）。历史中从未有过的任何重复，就是因为事物从不消失，而只是改变形状而已。因此，历史比较不仅可能，而且必不可少，不可能的倒是在历史活动之外来研究历史事件，将它们作为独特的、“不可重复的”、有它们自己孤立的系统的事件，因为这种研究与这些事物的性质是相悖的。[46]

【注释】

［1］见列·托洛茨基：《文学与革命》，纽约，1957，180页："形式分析的方法是必要的，却又是不够的。"除了已经见诸出版物的姓名与书名外，俄文单词已全部按国会图书馆音译法予以直译，未加发音符号。

［2］见艾亨鲍姆：《"形式方法"的理论》，见《文学（理论、批评、争论）》，列宁格勒，1927，129页："维谢洛夫斯基把史诗中的重复解释为原始演唱中的一种机制（作为最基本的歌词）。但对这样一种现象的发生所作的解释，即使真实，也不能清楚地说明这种现象是一种文学事实。维谢洛夫斯基和人类文化学派的其他成员曾通过把文学与风俗相联系来解释民间故事（skaz）独特的主题与情节。什克洛夫斯基并不反对建立这样一种关系，仅对用这种关系来解释民间故事的诸特点表示疑问——他反对将它作为对特定的文学事实的一种解释。文学发生学的研究只能说明一种技法的起源，仅此而已。"

［3］尤里·蒂尼亚诺夫：《在波斯的死亡与外交》，伦敦，1938，224页。

［4］鲍利斯·托马舍夫斯基：《俄国文学史的新流派》，见《斯拉夫研究期刊》，第8卷，1928，227页，注1。

［5］《马拉美全集》，368页。但是，这样一种分离显然只是把诗学从语言学中分离出来，方法是将前者的目的与后者的目的加以区别。但实际上，正是这第一步才使诗歌语言成为应有的一种特定的语言表达类型（而不是一种装饰，一个语言的原始阶段，或其他什么事物），从而将诗歌语言的研究重新纳入语言学本身。罗曼·雅可布森的工作是这种结合的最有力的证明。

［6］什克洛夫斯基于《艺术即手法》一文中引用这段文字，见《俄国形式主义批评：论文四篇》，12页。

［7］维克多·什克洛夫斯基：《散文理论》，莫斯科，1929，227页；比较什克洛夫斯基的《情感旅行记》，理查·谢尔登译，伊萨卡，纽约，1970，233页："艺术中的新形式是由将未入流的形式变为主要形式而创造出的。""普希金起始于歌词这种不登大雅之堂的形式，小说起始于恐怖故事，涅克

拉索夫起始于歌舞杂剧，勃洛克起始于吉卜赛歌谣，马雅可夫斯基起始于幽默诗。”

[8] 马赛尔·普鲁斯特：《追忆逝水年华》（巴黎，1954，三卷本），第1卷，653～654页。

[9] 乔纳森·斯威夫特：《格列佛游记》，见《散文作品选》，伦敦，1949，189～190页。对陌生化技法（作者称之为“反面比喻”）的一个有用的历史概括可在季米特里·西茨耶夫斯基的《夸美纽斯的世界迷宫》一文中找到，见《哈佛斯拉夫研究》，第1卷（1953），主要见117～127页。

[10] 转引自埃瑞希·奥尔巴赫：《模仿》，威拉德·特拉斯克译，普林斯顿，新泽西，1968，363页。

[11] 形而上的：“我忘了它是一个根。词都消失了，事物的意义及其使用，即人们在它们的表面留下的所有那些微弱的印记，也随之消失了。我耸着肩坐着，孤独地伴着这块多节的、乌黑的极其粗糙的东西，它使我感到恐惧”（《恶心》，巴黎，1962，179页）。社会的：“教堂中。在烛光的映照下，一位男子站在跪着的女人们面前喝酒”（《恶心》，63～64页）。关于萨特其他著作中的有关例子，请参阅我的《萨特：一种风格的起源》，纽黑文，康涅狄格，1961。

[12]《散文理论》，24～25页。

[13] 同上书，245页。

[14] 同上书，63页。

[15] 见肯尼思·伯克：《词汇修辞》，见《反陈述》，芝加哥，1953，123～183页；另见伊沃·温特斯：《美国诗歌中的试验流派》，见《为理性辩护》，纽约，1947，30～74页。

[16]《散文理论》，73～74页。

[17] 关于对艾尔纳分类法的描述，参阅史蒂斯·汤普森：《民间故事》，纽约，1967，413～427页。

[18] 弗拉基米尔·普洛普：《民间故事的形态学》，奥斯丁，得克萨斯，1968，101～102、108～109页。

[19] 因此，普洛普评论了什克洛夫斯基认为“故事是根据迄今仍不清

楚的规则编制起来和加以展开的”这一看法。他以肯定的口吻说：“这个规则是很明确的。”（《民间故事的形态学》，116 页，注 6）

［20］阿瑟·C·丹托：《历史的分析哲学》，剑桥，英国，1965，236～237 页。

［21］雷内·吉拉德假设（见《浪漫派的谎言与小说的真实》，巴黎，1961。译名：《欲望，欺诈，及小说》，巴尔的摩，马里兰，1965）在现代社会中欲望并非天生，而是后天学到的；小说中的故事讲述的是向某个中介者或第三者学习欲望。这种假设也可以用这里所说的施予者以及他对主人公的本体支持来重新表达。

［22］见拙著《马克思主义与形式》，普林斯顿，新泽西，1971，特别是 233 页及以后几页。

［23］见《毁灭，用光明拯救神话》，见《陌生化》，第 1 卷，法兰克福，1963。

［24］这基本上就是《结构与形式》一文中对列维-斯特劳斯的批评，载《应用经济学学会学报》，第 99 期，1960 年 3 月。

［25］必须公正地指出，在什克洛夫斯基看来，感受本身并非是静止的，而是能动的：“为了使某件事物变为艺术品，必须把它与一系列现实生活中的事实分开。要做到这一点，必须要‘使它动起来’，就像伊凡雷帝‘阅兵时从军队前走过’一样。必须将这件事物从你发现它所处的那种习惯联想系列中分离出来，应当去拨动它，就像拨动炉火中的木柴一样”（《散文理论》，79 页）。但恰恰是抒情诗的静态感受中这种固有的运动才使得故事中的事情的运动能在现在这种情况下与它相比。

［26］列维-斯特劳斯：《进餐礼仪探源》，巴黎，1968，105 页。

［27］兹维坦·托多洛夫（编译）：《文学理论》，巴黎，1965，203 页。

［28］《散文理论》，204 页。

［29］劳伦斯·斯特恩：《项狄传》，纽约，1935，191 页。

［30］同上书，67 页。

［31］例如：“因为我父亲的印度手帕在他上衣的右口袋中，所以他就根本不应该用他的右手去干任何事情：他不应该用右手去取下头上的假发，相

反，他完全应该用左手去干这件事。那么，当我父亲感到挠头需用手帕时，他只要将右手伸进上衣右口袋里把它取出来就行了——这样，他做这件事时动作就不会猛烈，整个身体中任何一块肌腱或者肌肉也不会有哪怕是最微小的不优雅的颤动。”（同上书，105页）

[32]《散文理论》，234～235页。

[33] 理查·谢尔登：《维克多·鲍里索维奇·什克洛夫斯基：文学理论与实践，1914—1930》，安阿伯，密西根，1966，50页。

[34]《散文理论》，13页。

[35] 华兹华斯：《序曲》，第6卷，624～637行。

[36]《情感旅行》，270页；谢尔登：《维克多·鲍里索维奇·什克洛夫斯基》，51页。

[37]《散文理论》，192页。（或《一部戏仿小说：斯特恩的《项狄传》，W·乔治·艾萨克译，收入《劳伦斯·斯特恩：批评论文集》，约翰·特劳戈特编［英格尔伍德·克利夫斯，新泽西，1968］，79页。）

[38] 但丁·阿利吉耶里：《神曲·天国》，第四歌，37～39行：“他们出现于此，并非因为他们真的出现于各自（在最高天中）所处的位置，而是为了提供一幅天界最低层的视觉图景罢了。”

[39]《天国》，第三歌，85行。

[40] 读者如果把这一形式主义的分析与菲力浦·索勒斯在《但丁与创作之路》中所做的结构主义解释作一比较，也许会有所启发。见《逻辑学》，巴黎，1968，44～77页。

[41] 尤里·蒂尼亚诺夫：《诗歌语言问题》，列宁格勒，1924，10页。

[42] 见保罗·加文编：《布拉格学派论美学、文学结构与文体》，哥伦比亚特区华盛顿，1955，特别是21～25页。

[43] 尤里·蒂尼亚诺夫：《仿古者和创新者》，列宁格勒，1929，24页。

[44] 主要见艾亨鲍姆的文章《文学的期待》，见《文学（理论、批评、争论）》，291～295页。

[45]《仿古者和创新者》，19页。

[46] 鲍里斯·艾亨鲍姆：《莱蒙托夫》，列宁格勒，1924，8～9页。

第三章 在结构主义中的体现

> 但是，“相同”和“相异”这两个词是什么意思？尽管它们总是与那三个［存在、静止、运动］结合在一起，但它们是与那三个相异的新种类吗？是否我们一定要有五种而不是只有三种？或者说，当我们说“相同”和“相异”时，我们无意识地说了前三种当中的某一种？
>
> ——柏拉图：《智者篇》

法国结构主义和俄国形式主义的关系与其说是什克洛夫斯基所谓的叔侄关系，还不如说是同族通婚的亲属系统中的表兄弟关系。两者说到底都源于索绪尔提出的语言和言语这一根本区分（当然也源于这一区分背后的关于共时和历时的区分），不过它们采用的方法却不尽相同。形式主义者最终关心的是如何以整个文学系统（语言）为背景来区别看待每一部艺术作品（言语），而结构主义者则将作为语言的部分表现形式的个别单位重新融入语言，以描述整个符号系统的结构为己任。

因此，我们不妨把结构主义的总体方法理解为对上层建筑的研究，或者从较小的范围来说，是对意识形态的研究。它的最主要的研究对象是支配各个层次的社会生活，是不自觉的价值系统或表意系统，它们是个别的、自觉的社会行为和社会事件得以发生和为人们所理解的基础。易言之，我们可以说作为一种方法，结构主义也许是人们为了建立一种（类似语言的）模式理论所作的最早的不懈和自觉的尝试之一，其前提是一切自觉的思维活动都是在特定的模式的范围之内进行的，并且从这一意义上来说，是由该模式决定的。必须实事求是地补充一句，那就是结构主义者自己多半不会用这些话来说明他们自己的工作，因此下面所谈的必须设法证明这些说法是有一定道理的，既是为了说清问题，同时又是一种间接的评价。[1]

I

1. 特别是像“上层建筑”和“意识形态”这样一些字眼，听起来似乎是有意要把结构主义的研究方法和马克思主义的一些传统的问题相提并论。不过，值得指出的是索绪尔对马克思似乎并无很深的了解，形式主义者也不过把苏联式的马克思主义作为论战的起因和意识形态上的对手而已。相反，法国结构主义者，就从他们再也无法忽视马克思主义传统提出的那些理论问题这一点来说，却大大得益于马克思主义。的确，他们对马克思主义了解得那么透彻，几乎到了随时都可以歪曲马克思的地步（下面我们将会看到对弗洛伊德也是如此）。

因此，尽管列维-斯特劳斯的许多理论性的讨论比较零乱，甚至自相矛盾，但是当他声称他所从事的工作旨在“丰富马克思草创的上层建筑理论”[2] 的时候，我想我们就必须认真对待他。实事求是地说，马克思主义本身大体上只是把意识形态非常简单和笼统地视为一种神秘的东西或者是一种蓄意的阶级偏见，并没有对上层建筑进行过真正的系统研究。另一方面，正如我们在别的地方指出的那样[3]，对上层建筑的把握的基本标志在于迫使这一表面上看来是独立的意识形态问题又回过头来与基础结构联系起来的思维活动之中；这一思维活动使上层建筑具有独立性的假象，连同那种当思维只和精神现象打交道时所特有的天生的唯心论一起化为乌有。因此，提出上层建筑这一概念本身就是要提醒我们它所指的那个东西具有依附性的特点。提出这一用语的目的就是要指向它的指涉物之外不是它自己的东西，即指向它的实质存在，也就是物质和经济状况。因此看来我们在说明和分析上层建筑时不能既把它放在括号里，同时又不改变这一用语背后的真正用意。即使像列维-斯特劳斯所认为的那样，整个上层建筑的结构形式就是他所指出的语言结构形式，情况还是一样。现在倒是研究的方式依然是唯心的，因为它把上层建筑与所有跟基础结构有关的问题完全割裂开来，造成上层建筑看上去是独立的这种幻觉。[4]①

对于这种不同的意见，列维-斯特劳斯倒有一个说法，用的还是恩格斯的原话："为了彻底弄清楚塔西佗②的日耳曼人③和美洲的红种人间的相似之点，我从你的那部班克罗夫特著作的第一卷里作了一些摘要。这些相似确实特别令人感到惊奇，因为生产方式如此不相同——这里是渔业和狩猎业，没有畜牧业和农业，那里是向农业过渡的游牧业。这正好说明，在这个阶段，生产方式不像部落的旧的血缘关系和旧的两性相互共有关系之解体程度那样具有决定性的作用。……"[5]④ 因此，列维-斯特劳斯的方法也因为他主要的研究对象比较特殊而显得有道理，因为从某种意义上来说，他对他们的上层建筑进行研究的那些部落并不真正具有现代经济学意义上的基础结构。至少我们可以这么说：在那些物质生产和其他活动尚未分家的社会里，有一个单独的上层建筑

① 此处据《马克思恩格斯全集》（中文 1 版，北京，人民出版社，1958），第 4 卷 144～145 页译文。

② 塔西佗（Publius Cornelius Tacitus，约 55—约 120），古罗马历史学家、政治家。

③ 指塔西佗的《日耳曼尼亚志》。

④ 此处据《马克思恩格斯全集》（中文 1 版，北京，人民出版社，1971），第 35 卷 120 页译文订正。

这种想法看来是有问题的。对基础结构来说也是如此。对于同时又是一种宗教仪式的耕种来说，我们最终如何区分什么是它的物质的一面，什么又是它的精神的一面呢？

这里的问题是结构主义希望用一种新的对立来取代老的、继续构成上层建筑和基础结构之间的传统区分（一为物质资料和物质需要，一为精神活动和文化产物）的心—身对立。我们在前面已经试图说明索绪尔的这场革命是和整个科学的中心内容的历史转向相一致的；这一转向使特定物体的可见的、有形的独立存在（动物的有机组织、化学元素的特点）似乎不再能够用来确定恰当的研究单位，并从此把确定方法或建立模式作为科学的首要任务，使基本的概念单位（原子、音位等）从一开始便确定下来，并用它们来组织材料。科学上的这种从感性认识到建立模式的逐渐过渡符合社会生活本身的一种转变，即进入垄断资本主义时期之后，第一产业和第二产业之间的区别已变得模糊不清；同样，满足基本需要的物品和通过广告来人为地刺激消费的奢侈品之间的区别也难以分清。

因此，心—身对立这时就转变为以意义为一方和以决定这一意义的无意义的物质基础为另一方的一种结构上的或者是概念上的区别。从此以后，本来是用来区分精神或文化现象和物质现象的外部分界线便成了内部分界线，说明任何现象自身都既包含上层建筑又包含基础结构，既包含人为的产物又包含自然的存在，既包含意义又包含原材料。到了这一步，上层建筑问题必定比列维-斯特劳斯想的要复杂得多。

2. 然而还有一层意思可以说明结构主义注定要和意识形态打交道，并不是因为它愿意这样做，而是出于一种内在的必然。因为我们一定还记得，索绪尔语言学的主要的思想武器就是符号这一概念，其独创性在于它从语言现象中分离出了三个，而不是两个成分。即不仅有词和它在现实世界中的指涉物，而且在每个词或符号内部还有能指（或音响形象）与所指（或概念）之间这一层关系。正如我们已经指出的那样，对这一关系的强调往往会忽视实物本身，即忽视“现实世界”中的指涉物。我们也曾把语言学这种宣布独立于纯语义问题的做法比作现象学中胡塞尔的存而不论的方法。正是这种语言学上的“悬置”（epoche）使得俄国形式主义者能够掀起一场颠倒主次的批评革命，使意义、世界观、作者的生活这一切从此都为作品本身得以形成而存在。

在结构主义中这一基本思想起到了加强事物自身内部本已存在的脱离实际的倾向和促使上层建筑与现实隔绝这样的作用。这不仅是我们从外部对结构主义所作的一个评价，而且也是它自身的一个矛盾，因为它的关于符号的概念不允许我们对它外面的现实世界进行任何研究，但同时又把所指说成是某件实际事物的概念，从而并不放弃存在着一个现实世界的观点。

对这一矛盾研究得最有成果的人反而是一个从正统的辩证唯物主义的立场来研究它的人，因此他的研究可以看成是列宁在《唯物主义和经验批判主义》一书中所阐述的观点与索绪尔的传统之间的一种调和。阿尔都塞的新颖之处在于颠倒了老的唯物主义认识论的观点，这种观点认为现实存在于“人的头脑之外”，符合现实就是真理，但这似乎又很难证实。不过在阿尔都塞看来，从某种意义上来说，我们实际上从来也不可能跳出自己的头脑。思想意识和真正的哲学思辨，或者是他所说的“理论的应用”都是在人的头脑这一封闭的密室内进行的。因此唯物主义观点是靠认定一切思维本质上都是唯心的这一点才能成立。的确，在某一个层次上，意识形态和理论之间的区别在于后者承认自己是唯心的（或者根本就是一种意念），而前者则总想冒充实际。但在另一个层次上，意识形态则似乎是决定我们的行动的方式、常规和信念所构成的支架，而理论则是一种完全不同的自觉的知识的产生。因此，即使在社会主义社会，意识形态仍有作用。[6]

因此有两类具体的现象：具体的现实和具体的思想。“在认识层次上产生一件具体的事物的过程完全是在理论应用的范围内进行的。当然，它也与现实中的具体事物有关，但这一具体的现实‘任何时候都是独立存在于人的头脑之外的’（马克思），是从来也不会和作为对它的认识的另一类‘具体事物’相等同的。”[7]因此，如果理解正确的话，理论也是一种生产：它以已经产生的实物（以前的理论或具体的思想）为原料。然后就像物质世界中的生产一样，把它们转变成新的东西。阿尔都塞的研究对象主要是科学史（包括马克思的发现）；在这一范围内，我们不难看出为什么他把知识的产生理解为基本上是对已有思想的加工：即把后者，也就是意识形态或者是不成熟的概念（他称之为通则Ⅰ）通过理论应用（通则Ⅱ）的作用转变为精确的科学知识（通则Ⅲ）。（下面我们将会看到当《泰凯尔》派把这种相当于产生“思想中的具体”产物的认识方法用于文学创作或者叫“文本的生产”中时将是什么样子。）

如果我们问在纯精神生产和物质世界之间能建立起什么联系的话，那么看来阿尔都塞有两种答案：一种站在思考对象一边，另一种站在思考者一边。第一种我们在下面还要详细谈，它给我们指出了思维和实际之间的中间物，即所谓的“问题结构”，或者叫问题的分层结构，它把外部的历史现实中的种种变更转移到在用头脑进行思考的理论家身上，因为它正是“历史给意识形态提出的客观问题”[8]。但是，从思考者的角度来说，只有把理论应用和政治应用区别开来才有可能对一个真实的，尽管是间接认识的世界产生作用。乌姆贝尔托·埃科曾指出阿尔都塞对这个问题的看法最终可追溯到斯宾诺莎身上。他说：“马克思主义哲学之所以能够对客观世界起作用，因为，归根结底，思想之间的规律和关系就是事物之间的规律和关系。”[9] 不管怎么说，由于阿尔都塞认为我们只能间接地进入真实的历史时间，对他来说我们的活动就像是一种盲目的行动，一种远距离操纵；在这个过程中，我们最多也只能像在镜子里看自己的动作一样，从为适应外界情况的变化所产生的各种意识调整的角度往回看。

这一错综复杂的答案不管有什么优点，问题的基本性质现在已看得很清楚了。它本质上就是康德的自在之物不可知论的翻版。列维-斯特劳斯在谈到上层建筑的本质时有意用了康德的一个术语。他说："我们认为在应用和实践理性（pratiques）之间总夹着一个协调者，即能够使都不能独立存在的内容和形式成为两个结构的认识图式。……上层建筑的辩证法，和语言的辩证法一样，在于提出基本的组成成分，这些成分如果界定明确，就只能起到这一作用，即通过对他们一对一对地进行比较，以便用这些组成成分构成一个系统，这个系统最终将起到把思想和事实合成一体的作用，把它变成一个符号。"[10]

因此，就像康德的理论一样，这些思维活动与现实的分离促进了对思维本身的固定的结构，也就是人的头脑用以认识世界、使本无意义的东西获得意义的那些组织范畴和形式进行详细的研究。以结构主义不承认有自在之物，只承认按不同的结构组织起来的语言表述为理由就认为这个问题根本不值一提是不够的，因为这种看法只是把问题从康德那里转移到了他在德国客观唯心主义方面的继承人身上，而并没有解决它。不管怎样，实际上所有的结构主义者，包括列维-斯特劳斯及其对自然的认识、巴特①及

① 巴特（Roland Barthes，1915—1980），法国文艺理论家、符号学家、作家、社会学家。法国结构主义理论、符号学和"新批评派"的杰出代表，对西方结构主义和后结构主义的思潮的形成和发展产生过巨大影响。主要著作有《写作的零度》（1953）、《米舍莱自传》（1954）、《神话》（1957）、《符号学基础》（1964）、《服饰体系》（1967）、《S/Z》（1970）、《文本的愉悦》（1973）、《恋人的话语》（1977）等。

其对社会和思想问题的关心、阿尔都塞及其历史意识，都承认在符号系统本身之外本有一种最基本的存在；这种存在，不管它是否可被认识，都起着符号系统的最后参照物的作用。

毫无疑问，结构主义本身的基本特点也包含着其他可能的解决办法。其中之一认为，整个符号系统似乎和全部现实相对应，然而具体的成分在任何时候、任何地方却未必一一对应。按另一个更具实证主义性质的观点，也就是列维-斯特劳斯的观点以及上面归在阿尔都塞名下的斯宾诺莎式的解决方法，在思维的结构（最终还是大脑的结构）和外部世界的规律之间有一种“先天的和谐”。但是，目前只要指出这一认识论上的困境是结构主义框架的外缘或边界就足够了，本书的结尾部分还要涉及这个问题。

3. 不过在涉足具体的结构主义研究这一领域的时候，我们不妨继续使用符号这一概念及其各种阐述，作为一种进行探索的导图。的确，巴特已经在这一概念的基础上作了初步的分类，得出结构主义的三种基本类型，或者也可以称为符号学的三种主要形式，即象征型，主要涉及能指与所指之间的关系；聚合型，主要指出整个一类符号相互之间的相似之处；以及组合型，主要管某一特定的符号及其环境的相互作用和符号之间的相互作用。（这后两种类型分别和符号的隐喻和转喻这两种性质相对应。）[11] 但是这一分类对我们想要讨论的问题来说是一种内部的分类，而且和符号学本身的要求似乎也联系得太紧。

总之，为了说明下面将谈到的问题，我们选择了一种粗线条的分类法。按照符号本身的内部结构，我们将区分三种不同的研究：主要探讨能指组织的研究，以所指为对象的研究，最后还有试图单独提出指意活动本身，开始在能指与所指之间建立初步关系的研究。

Ⅱ

只有一个能指与另一个能指之间的关系才能产生能指与所指之间的关系。

——拉康[12]

1. 结构主义的新意在于强调能指。它的第一步就是把能指和它所指的东西分开，作为自己的研究对象，因为有能指互相组织的地方才谈得上有结构。但也就在这一点上，提出了符号学作为一门科学的范围问题：到底是像索绪尔认为的那样，把语言学视为一种更广的符号和符号系统的科学的一个分支，还是像巴特后来认为的那样[13]，把符号学本身看成是语言学的一个分支呢？众所周知，结构主义主要的研究对象通常是非语言的符号系统，最著名的例子就是列维-斯特劳斯关于亲属关系的理论。这一理论提出："婚配规则和亲属系统都被视为一种语言，即一套用以确保个人之间和群体之间特定交际形式的法则。尽管这里的'信息'是由在氏族、王朝或家庭之间流通的特定群体的妇女构成的（而不是像语言中那样由流通于个人之间的特定群体的语词构成的），但这一点并不影响这两种情况中这一现象基本相同之处。"[14] 因此，在这一非语言的符号系统的例子中，突出了语言的模式；不过，即使在关系较远的现象中，例如在巴特对服装式样的复杂的剖析中或在列维-斯特劳斯把各种不同风格的烹饪分解为由熟的、生的和烂的构成的一系列对立的"烹饪三角"（一个本身又可以重新组合成各种不同的二元体的三元体）中，似乎也都突出语言，把它作为一个模式或一种中介。当我们谈到所指本身的情况时还会涉及这个问题，目前只要提一提巴特的疑虑也许就可以了。他问道："有没有不需要用语言来表达就可以存在的由各种事物组成的不同规模的系统？言语不正是一切指意过程必然的传递者吗？"[15]

因此我们这里的例子将局限于那些本质上就是语言的符号系统，即神话和文学。但是这里有必要回顾一下，首先由索绪尔提出的，结果产生了两类，或者说是两个层次上的，语言分析的一对方法：一个是语音层次的分析方法，它以词为单位，以构成意义的最小单位音素为材料，当音素分散孤立时便没有任何可理解的意义；另一个是在句子或符号组合这一层次上进行的组合和聚合分析。

2. 列维-斯特劳斯对神话的分析特别像是在我们所说的语音层次或微观层次上进行的分析，因为在他看来，神话与其说是句子还不如说是单独的一个符号。[16] 因此，神话的各个成分，如巫师、虎豹、蛇蝎、茅屋、妻妾、花草等，本身都不是有意义的单位，不像单独的词，而像单独的音位。它们自身不具有内在的价值。列维-斯特劳斯和普洛普一样，认为以这些神话成分为基础得出的任何分类方法都是白费力气，并且容易引起误解。不过普洛普由于没有超出他自己的文化材料的范围，尚能得出一个基本的公式或结构，无须一直深入到神话思维本身的基本机制中去，而这些机制对列维-斯特劳斯来说，本质上就是类似音系学中的各种双项对立。

由此可见，双项对立首先是启发式的，是一种分析手段，神话的阐释就建立在这种分析方法的基础之上。当我们面对一大堆已经熟视无睹，甚至是麻木不仁的，看上去似乎大同小异的材料时，我们也不禁会把这种分析方法当作一种促使我们的目光更加敏锐的技巧，一种迫使我们自己用连声音还分不清的全新的语言去观察差异和同一的方法。这是一种译码的手段，或者也可以说是一种语言学习的技巧。同时这种方法必须有大量原材料或资料，因为按照交际理论的一条基本原理，某一信息的交流成败与其所含的重复量成正比。因此，列维-斯特劳斯在他的分析中，总是把某一神话所有可以找到的不同变体全部考虑进去，而不去确定其中哪一种从历史的角度来说最早或最可信。

《神话》这一系列著述大量介绍了南北美洲的印第安神话。但是列维-斯特劳斯在此的目的主要不是分析任何个别的神话，而是研究那些使神话的结构得以重新组合，或者使它以不同的变体表现出来的转换机制，这些转换机制最后构成一个由相关结构组成的大群体，而这些相关结构又很像生物王国中的一个个亚种。无疑，这种对个别的言语的消释，对系统本身的强调从一开始就隐含在结构主义中了。

这里，我们也能够清楚地看到列维-斯特劳斯的阐释技巧和弗洛伊德在《释梦》一书中所提出的技巧的相似之处。它们在分析和解释各自的“文本”中的具体成分时所采用的方式都非常强调背景情况。弗洛伊德认为梦是一种言语，只有把它放在梦者的过去和现在，也就是他个人的历史上所发生过的事情和他的生活经历中的偶然联想，所构成的独特的和私人的语言这个背景下才能被理解。同样，列维-斯特劳斯也认为一个神话的某个特定的成分的意义总是和有关的那个部落的独特的社会和地理情况，如它的分类规则、它的历史上的偶然事件（如果能了解其历史的话）以及气候、社会组织等紧密联系在一起的。对于这两种阐释方式来说，“象征”就是一个有很大任意性的符号，这个符号如果保持当初产生它时所特有的推理和抽象的推测的话，倒还是容易理解的；但是现在它成了一种速记符号，已失去推理和抽象推测能力，就只能孤零零地存在了。因此，在特定的情况下，虎豹可以被认为用于表现火的主题，甚至用于体现火的起源，因为虎豹食肉，而肉又必须用火烧过才能吃；因此它被认为掌握了火的秘密。同时，现在掌握火的显然是人，而不再是虎豹，所以必须有一个（以叙事为形式的）解释来说明为什么给人带来火的虎豹自己却失去了它。[17] 因此虎豹这一形象是整个被掩盖的或无意识的演绎推理的一种图式表现。这个例子也可以用于说明这两种依靠背景情况的阐释方法都很难直接搬用到文学阐释中去，因为在文学中（像由病人或由提供资料的本地人提供的）那种外部情况不是通过同样的途径获得的。

现在当我们从对神话的原材料或有联系的一组组事物的研究转向对单个的神话的分析时，我们发现双项对立起着更加严格的形式上的作用，它既是基本的结构，又是展现这个结构的方法。列维-斯特劳斯在他那个后来成为经典的对俄狄浦斯神话所作的分析中[18]，首先把各种组成成分分类整理成各有特点的对立的组合。例如，和“过分强调血缘关系”的例子（不仅指乱伦，也指安提戈涅①违反禁令埋葬其哥哥的尸体）相对的是一系列反映所谓“忽视”这样一层关系的例子，如弑父、兄弟相斗等。于是，这两组事物构成一个基本的双项对立；这里我们也必须指出，正是因为有了由对立构成结构这样一个概念，我们才能够试着去证实这些情节的类别和组合情况。假如这些都是任意选定的，比如这个例子中随便决定以丧葬这个概念为一组，那么就无法在这些情节中找到它的对立面。因此，这里体现了一种深刻的强调相互性的思想；决定类别的首先是对立或差异，而不是像一般的分类法那样，由两件或更多的事物之间的相似或同一的地方来决定是

① 《安提戈涅》（约公元前441年上演），古希腊悲剧作家索福克勒斯根据古希腊神话所作悲剧，描写底比斯王俄狄浦斯之女安提戈涅违抗新王克瑞翁之禁令，按古希腊习俗埋葬了在为争夺王位而兄弟互相残杀中阵亡的哥哥波吕涅克斯，因而被囚禁在墓穴，继而自缢身亡的故事。

否可以构成一个类别。

在俄狄浦斯神话中，和上面谈到的这对对立相对的是另一对对立；它的构成更能说明问题，因为通过后面这对对立，我们希望归纳出这个神话中其他一些不好分类的成分，其中有俄狄浦斯的名字（跛足）及其先辈们相类似的名字，还有斯芬克斯、卡德摩斯[①]等等。我先把答案告诉大家，然后再说明过程。在这些成分中，我们将看到人类战胜妖魔鬼怪（卡德摩斯屠龙、俄狄浦斯战胜斯芬克斯）和人类在魔力下部分处于残废的状态之间的对立。我们可以把这一对立大致说成是地生说，即人是大地生出来的，依附于大自然和人从大地或自然力量中解放出来之间的对立。因此，就血缘关系这些主题而言，这一神话主要说明两种有关人的起源的观点之间的区别。一种是植物型的，认为人是从地里长出来的，或者说人是以大地为本原的；另一种则认为人是父母的结合生出来的，这后一种观点主要用来否定前一种。我在这里想强调的是得出或者组成这对对立（我还不能把它当作一种解释）远不如得出第一对那样轻松，因为前面一对的内容（各种家庭关系）是显而易见的。然而在这里，我们却是从具体的细节开始，通过一层又一层的概括慢慢往上去，直至某一抽象的高度，足以使怪异这一概念与畸形这一概念等量齐观，因为两者毕竟同属非正常这一总的概念。从这一点，我们也许能最清楚地看到双项对立这一思想怎样通过我们刚才所描述的范围越来越大的概括从杂乱的材料中理出秩序。

这个神话的意义就在这两对对立的交叉点上，就在它们之间后来被列维-斯特劳斯称为矛盾的那个对立的平方上。我们暂时

---

① 卡德摩斯（Cadmus），古希腊神话中的英雄，腓尼基国王之子，底比斯城的缔造者。

不去考虑这个意义，放到本章稍后部分再谈，因为一谈意义实际上就是在对这个神话进行解释了。目前，我们只想指出这位神话学家自己的认识方法或启发方法是如何与神话思维本身的认识和启发方法一致起来的。在这些对立中，并通过它们（也就是他分离出这个神话的结构的方法），列维-斯特劳斯看到了原始的神话创造者所有的一种科学前思维，一种对更为笼统的范畴的思考，对血缘关系、自然和地生等问题的思考。神话就是原始人思考这些问题的方式之一，而且在神话中理性层次（即统辖这些对立的范畴）和感性或具体的层次结合成为一种象形文字般的或者是像画谜一样的语言，和文明人经验中的梦或者是儿童的幻想相似。

因此在列维-斯特劳斯看来，神话从某种意义上来说和起初的叙事正好相反。这一点也许从被糟蹋的神话蜕化为被他比作编年史或原始小说的故事形式这一情况中看得最清楚了。[19] 在这些形式中，神话不再取消时间性和确立间断性，不再把切身的体验仅仅作为构建一套法则所需的象征成分的来源，反而让人注意时间和连续性，从一个结构变成主要人物对结构（意义）的寻求，于是产生了小说这一形式，对这种形式来说，“小说的主人公就是小说本身”。

但是最早的神话在更大程度上不是叙述（或构成一个名字）而是传达（作用像单个的符号）一个信息或价值系统。因此，神话作为潜在的概念范畴的一种复杂的结构，最后不是在更为成熟发达和历史的（或有时间意识的）社会的叙事中，而是在一种原始形态的科学中实现自己。列维-斯特劳斯曾用“原始心智”一语来概括这种原始形态的科学（“心智”一词用得很妙，既指野花，也指思维在其自然环境中滋蔓），它的基本特点在于其分类方法和我们的方法迥然不同，它们依据的是具体的感性认识和基本特征，而不是西方科学那种可以用数量表示的理性认识。

这种原始科学的发展可以用神话内部不断升级的概括所形成的一个个结构来衡量："为了构建这一关于烹饪的各种神话的系统，我们不得不用一些多少都是从感性特点得出的词之间的对立，如生的和熟的、新鲜的和腐烂的等。现在我们看到我们的分析的第二步中仍然有成对的对立项，但性质已不同，因为它们涉及更多的不是性质方面的问题而是形式上的问题，如空的和满的、盛器和内容、内部和外部、包含和排除等。"因此神话从本质上来说是认识论，而不是存在论方面的问题；对神话的分析表明，"神话所利用的差异更多的不在事物本身而在一组共性之中，这些共性的东西可以用几何方式表示，而且都可以通过已经是代数的各种变化方式互相转化"。因此神话思维可以说是一种不自觉的哲学思维；或者，反过来，我们可以从古希腊哲学的诞生中看到"神话思维超越自己并不再拘泥于与具体经验相联系的形象，而是去构想一整套摆脱了这种束缚的概念，这些概念的相互关系现在可以自由地界定自己了"[20]。

我们不禁要问，这种观点到底是隐伏在原始人的思想中的呢，还是在这位神话学家自己的思想中？因为他发现自己用来进行思维的范畴以有形的和可感知的形式反过来否定他自己了。不过我们暂时只谈双项对立这一概念本身。把它看成是一种静止的辩证法，是一个多面概念在一个平面世界中的投射也不算离题太远。双项对立就其是动态的这一点，就其涉及区别审视这一点而言是辩证的；但当它僵化为所有结构的一种静止的、在很大程度上沦为实证主义的成分之后就变成分析性的了，它也就成了一种加法，把各种对立累计在一起。我们可以用另一种方式来说明这一切，即双项对立的两个对立面都是肯定的、都是实在物、都是肉眼能见到的，而构成真正的辩证对立的两面中有一面是否定的、是不存在的。因此，当列维-斯特劳斯在把作为一种实在物的神话和通过证明自己不是神话来界定神话的叙事，如小说，进行比较时，他已接近真正的辩证思想。辩证对立的双方中的一方总是在作品之外；针对历史而言，它是作品的另一面，是它的表面或他性。这一超越与之相关的个别现象的运动和辩证思维的自我意识是一致的，和客观的科学思维把自己的对象假设为实体的做法很不一样。从这个意义上来说，列维-斯特劳斯对原始文化和神话的怀恋不过是他的方法反映出来的形式上的变形；我要补充的是苏联的符号学由于明确把双项对立看成为在场和不在场的辩证关系，所以不会有这种矛盾。

3. 现在我们要从对符号系统的微观分析中，从双项对立的结构中走出来，进入对较大句法的分析。这里的问题是要设计一整套范畴或成分（如双项对立），使句法的各个以经验为根据的范畴可以用它们表现出来。任何层次上的符号——陈述基本上与语言的修辞手段是相同的，这一点，本身是没有什么问题的。下面雅克·拉康把弗洛伊德的理论范畴用于修辞范畴，这也许可以作为一个很有力的例证：

> 再回顾一下弗洛伊德在《释梦》中所作的研究，你就会想起梦有着像句子一样的结构，或者用该书中的话来说，像画谜一样的结构。这就是说它的结构像一种写作形式，小孩的梦就是这种写作形式最初的表意文字式的显现；到了成年时期，这种形式又重现指意成分在声音和象征两方面同时运用；这种现象在古埃及的象形文字和现在仍在中国使用的汉字中都能找到。
>
> 不过这个也只是对手段的解析而已。重要的部分始于解释文本，弗洛伊德告诉我们，这个重要部分就在［用语言］对梦进行的解释中，或者说，就在其修辞手段中。省略和烦

冗、倒置或兼并、退行、重复、并列——这些都是句法上的移置；隐喻、误用、换名、讽喻、转喻和提喻——这些都是语义上的凝缩，弗洛伊德教我们用它们来分析主体从中构成其梦境的各种意图；虚饰的或实指的、拐弯抹角的或直截了当的、报复性的或勾引性的。[21]

（这种用语言学的理论来解释弗洛伊德的关于梦的机制的做法后来当阿尔都塞把它用于解释历史事件时就加倍突出了；这些历史事件从因果关系上来说被认为是弗洛伊德的学说中所说的过度决定，构成各种移置作用——从一种结构转向另一种结构——和凝缩作用——当革命来到时，历史结构中一直是分散的各个部分这时便带上浓厚的政治色彩并互相一致起来——这时政治革命本身就被看成是像叙事一样的东西，或者是基础结构中那些最终要"表现自己"的那些深刻矛盾的反映。）

然而这一等同尽管使弗洛伊德的理论能当作一种阐释方法来用，但此时也只是使解释成为可能而已，是根据经验把某个非语言的符号归入这个或那个修辞范畴。但是除非能证明所有各种语言或修辞手段都源于某一个功能，在此之前，这种等同并没有真正的用处。拉康在罗曼·雅可布森那个影响深远的关于隐喻和转喻相对立的理论中就发现有这种统一[22]，这一对立指出了共时存在方式（迭加、共存、聚合）和历时模式（接续、组合）之间一种普遍的对立。拉康式的分析就是试图用这两种基本的语言功能来解释心理活动，把症状的起因解释为隐喻（因为它用一个能指代替另一个），并把欲望的起因解释为转喻。（"是能指和能指的联系产生了这个空当，使能指得以通过它，并靠着指意功能的'回指'力使事物关系中出现空缺，以便填入准备填补这种关系所造成的空缺的欲望。"）[23]

但是，即使这一基本对立也成了凭经验得出的东西，只能起分类作用，除非能把它统摄于某个单独的、更为重要的功能之下（换句话说，除非能够证明究竟为什么所有的修辞格都逃不出这两个最基本的手段）。我认为这一对立的统一应该到两者各自与言语有关的共同点中去找，特别要考虑语言与实际不相符这一点，也就是语言永远无法真正表示任何事物，只能表示关系（索绪尔语言学）或干脆是空白（马拉美）。因此语言就不得不靠拐弯抹角，靠冒名顶替；本身就是一种替代物的语言必须用别的东西来取代那个空心的内容，它的办法要么指出内容像什么（隐喻），要么描述它周围的情况及其空白的外缘是什么样子，列出四周与它相邻的东西（转喻）。因此，语言就其本质而言，不是类推的就是拜物的；用弗雷泽①（在描述原始巫术的各种形式中同样的普遍对立时）的话来说，语言的运用不是顺势的就是传染的。[24] 把这两个比喻还原到它们的最初状态这一点和拉康的关于基本缺失的理论十分吻合，并且还提出一些意想不到的办法来解决各种老难题。因此，像最近由皮卡尔②对巴特的攻击[25] 重新挑起的关于传统的与现代的文学研究方法之间的关系这一棘手的问题便可以用这样一种假设来解释，即内在文学批评方法是隐喻的，因为它试图用对作品的结构的描述，用一种与作品相似的新的“元语言”来取代作品，而老的文学史方法则本质上是转喻的，因为它总想唤起围绕那个不可能再复现的创作时刻的具体环境、各种影响以及历史时期，以期使这些不复存在的东西魔术般

① 弗雷泽（James Frazer，1854—1941），英国文化人类学家、民俗学家，专门从事人类思想文化的发展研究。代表作《金枝》12卷（1911—1915）详尽地描述了原始宗教、巫术到科学的发展过程，对神话批评的形成起了重要作用。

② 皮卡尔（Raymond Picard），法国文学批评家。主要作品有与巴特进行论争的《新批评抑或新骗局?》（1965）。

地短暂重现。

但说到底，隐喻和转喻这两个概念是不能分割的，不能在我们眼前不断地变来变去。作为一种最基本的双项对立，它们最多不过是作为索绪尔语言学的发端的“同一”与“差异”这一基本的辩证关系的基础。

4. 对能指的构成在句法层次上最详尽的分析要数 A. J. 格雷马斯和巴特、克劳德·布雷蒙①和茨维坦·托多洛夫②等批评家一起进行的叫做“情节语法”的分析。这种分析与乔姆斯基的生成语法大抵相同，它提出将文本的各个表面的叙事层次约简为格雷马斯称之为“行动单位模式”的深层结构。正如格雷马斯所说，这个深层的“行动单位模式”本质上是一种“句法结构的延伸”[26]，而且可以被认为是包含了一种语法的双重隐喻。在这种语法中，那些老的范畴（主语、谓语、宾语）在种类繁多的话语这一舞台上又重新担任起某种重要的角色，他说：“如果我们还记得在传统句法中，所谓功能指的不过是单词扮演的角色——如主语是‘执行动作的人’宾语是‘承受这个动作的人’等等——那么根据这种观点，整个论点便成了会说话的人自己让自己观赏的一幅图景。”[27] 因为对格雷马斯来说，各种话语，无论是哲学的还是文学的，说理的还是动情的，所共有的正是这一基本的“戏剧”结构。他说：“这幅图景的特点就在于它是永远不变的：行动的内容总是在变，行动者也在变，但叙述图景却永远是一样的，因为其永久性是由那些基本角色的固定的分工决定的。”[28]

---

① 布雷蒙（Claude Bremond），法国结构主义叙事学家。主要著作为《叙事的逻辑》(1973)。

② 托多洛夫（Tzvetan Todorov，1939—），法国结构主义文学理论家、叙事学家，原籍保加利亚。主要著作有《〈十日谈〉的语法》(1969)、《文学与意义》(1967) 等。

正是为了把叙述图景的表面内容（它涉及一般的叙事中的人物，同样也可以涉及哲学概念或抽象事物）和这一深层的基本结构加以区别，格雷马斯才提出行动单位这一概念，它既可以被理解为一种功能（如执行某类行动的可能性），也可以被理解为一种性质（如赋予某些特性）。这一区分能使我们立刻用一种不同的方式来阅读作品文本，并看到表面现象之下有更为重要的机制在起作用。因此，举例来说，某一叙事作品中的某个人物或行动者有可能实际上包含两个不同的、相对独立的行动单位，或者说故事情节中的两个行动者，两种独立的人物性格和两个不同的人物不过是在两种情况中结构一致的某一行动单位的两种交替的体现而已。

格雷马斯把行动单位可能起的作用初步分为以下几种：一是用作主语或宾语，在这种情况下，叙述图景的基本内容是渴求获得某物；二是用作授予者或收受者，在这种情况下，基本内容则以一种交流为其形式；最后是用作行动中的帮手（adjuvant）或对手（opposant）。这后面的两个作用可以看成是情态的或辅助的，它们所起的句法作用和单独的句子中诸如“费尽九牛二虎之力”或“不费吹灰之力”这类表达法非常相似。

在这个问题上，似乎用谈过程的语言比用谈本质的语言，把“行动单位的约简”说成对作品文本进行的一种操作比把“行动单位模式”说成一种静止的结构更能说明问题。这种约简从语言学中借用了交换或者叫系统变化的基本技巧；根据这一技巧，分析者有条不紊地用一个又一个可供选择的可能性去取代作品中的各个成分，直到他最后得出一组再也不会变化的功能。因此，假如表层叙述的具体内容是死者用他自己的领带勒死的话，那么我们可以用一系列的不同情况来代替它（如吊死、刺死或用枪打死），而这些情况本身又构成伤害（如监禁、掠夺、杀戮、强奸）

这一更大范畴的具体内容。托多洛夫还特别提出了一系列可供参考的方法，说明表层叙述经常用这些方法构成某一基本语言功能语法意义上的一种语气。因此，在《十日谈》中，热恋激情可以看作为祈愿交媾的动词，而清心寡欲则可被认为是表示这一祈愿的反面的动词；此外，条件式经常表现为神话故事或中世纪传奇故事中常见的那些艰巨的使命，而虚拟式的伤害则可能表现为一个赤裸裸的威胁，等等。[29]

在此我们必须强调一下我们已经看到在形式主义中一个相似的情况下也起作用的倾向，而且我们必须把这个倾向理解为这种方法在结构上固有的一个缺陷。这就是把历时发展的事情转变为共时的范畴，用静止的概念代替生动的事情，用生造的新词语代替动词。格雷马斯本人也曾提到过这种倾向，说它犹如笼罩在语言分析之上的一团妖雾，"使我们一张口谈关系时，就把各种关系像施了妖术一样，立刻变成独立的实词，或者说变成一些我们必须提出新的关系才能否定其意义的词项，等等。结果，凡是我们能够想到的用来谈论意义的元语言到头来不仅是一种指意的语言，而且还是一种用来表示实际存在的语言，把所有的意向活动凝固为一套表示概念的术语"[30]。

在我看来，正是这个原因使得把行动单位的约简纯粹用于分类这一点（即根据这些用法中占主要地位的不同的抽象范畴来区分叙事种类的用法）不那么尽如人意。实际上，格雷马斯的模式，和生成语法一样，暗含一种分析和综合的双重活动，并构成萨特在有关另一问题上所说的一种既进又退的方法。因此，只有当分析者在摆脱了基本的深层结构之后，能够回过头来从中得出不单单是原来的文本，而且还有连这个范本也不得不受其影响的所有其他的变体时，这一模式才能说是完全用上了。结构主义者称之为联结的正是这种能够孳生的机制。因此，最为理想的是这种分析事先有大量的文本。

不用说，在某一特定的文本中，行动单位的约简可以起一种双重作用：横向的是，把非常分散的，像中世纪传奇这样又长情节又曲折的片断组织起来，并最好表明故事结尾时某件特别离奇的事情不过是故事开头时某件较为明显的事情在结构上的一种重复或颠倒；纵向的是，表明在语篇的各个层次上有同一种机制在起作用，有的地方表现为行动，有的地方表现为一个形象，还有的地方则表现为一种心理活动或一种文体风格。我们在后面将会看到格雷马斯给意义的这一基本核心又提出了一种不同的机制，这种机制抛弃了现在这个模式中与戏剧所做的比较。

要像格雷马斯本人在研究有关一个小男孩希望了解什么是害怕[31] 这样一个故事在立陶宛流传的那种变体时所做的那样全面说明叙事联结或产生故事的机制，需要界定这个机制基本的结构范围，或围墙（clôture）。这些范围可以用内部或外部两种方法加以说明。从内部来说，这个结构范围就是有关这个模式中固有的全部交换和结合的总数；而外部的范围则要由历史来定。历史预先选好一定数量的能起结构作用的可能性，并加以实现，但同时排除另一些可能性，认为它们在某个特定地区的社会和文化气候中是不可能存在的。因此，在信奉罗马天主教的立陶宛，这个故事绝对不可能有这样一种合乎逻辑的变体，即其中父亲的身份和上帝的身份这两个功能合一于一个行动者或人物身上，因为神甫做父亲是不可想象的，所以只能用一些较为复杂的办法来代替，如让兄长当神甫，要不就是让父亲把儿子托付给一个正好是神甫的人代养。

现在我们可以提出用这种模式来研究某一个作家的全部作品（这就是莱奥·施皮策和让-皮埃尔·理查德的旧式的文体学的用

武之地，格雷马斯在他的关于贝尔纳诺①的著述中给了我们一个这种文体学的例子）[32]，也可以用来研究文学史上某一个文体风格统一的时期的不同作品（这种情况下，这些材料就有一个艺术史家要解决的如何划分时代的问题，还涉及到与吕西安·戈德曼这个名字相联系的那些同源体）。

情节的语法这一概念说明在文学中，就像在思想史中一样，我们可以用某一特定的模式（或者叫基本的情节范式）来看待整个一代或一个时期的作品；然后这个模式便发生变化，并以尽可能多的方式表达出来，直到它筋疲力尽的时候被新的模式所取代。这一概念有利于把新奇和创新这样的观念（我们已经看到形式主义者把这些视为文学创作中十分重要的动力）建立在文学作品的结构之上，而不是其作者的心理活动之上。

巴特那个不合常理的倒置把历时性区别于真正的历史（使它有点像是非常稳定的、处于时限中的共时性），其意义也就在这里。在谈到“新小说”和它所取代的卷入文学的关系时，巴特说：“依我看，我更倾向于把两者之间的交替看成是时装中最为典型的那种纯形式的花样翻新：一种言语筋疲力尽之后就转向它的反面；这里差异是动力，但不是历史的动力，而是历时的动力。只有当这些小节奏失调时，当这种不同的形式演变意外地被一整套历史功能阻挠时，历史本身才进行干预。需要解释的是持久的东西，而不是‘轮转’的东西。我们不妨用一个比喻作为例子来说明这一点，我们可以说亚历山大格式的诗歌的（稳定的）历史比三音步诗的（短暂的）风尚更重要。形式越持久，它们就

① 贝尔纳诺（Georges Bernanos，1888—1948），法国作家，虔诚教徒，主要小说《在撒旦的阳光照耀下》（1926）、《罪行》（1935）、《一个乡村教士的日记》（1936）都贯穿着善与恶的斗争这一主题。此外，他还著有多部小说和大量政论文章。

越接近那种可在历史中被理解的状态；在我看来，这才是今天一切批评的对象。”[33]

当然，这就是说结构主义者认为实物或表面现象的历史这种观念已经被模式的历史这一观念所取代。过一会儿我们还要回过头来谈这一看法。

5. 在前面几节中，我们已经看到对能指从结构上进行分析有两种方式（我们曾把它们分别称为语音的方式和句法的方式）。结构这个词用得最恰当的地方正是这一方面；同时，拉康的精神分析中称为“象征阶段”的也就是这个方面。这个概念在促使我们过高估计能指的重要性这一点上起过很大的影响，本节将专门讨论这个问题。

拉康认为象征阶段就是儿童在逐步学会语言时从一种生物学上的无名状态中脱离出来后所进入的阶段。它是非个人的，或者说是超个人的，但又是使自我意识得以形成的东西。因此，正如我们马上就会看到的那样，意识、个性、主体等都是由更大的语言结构或象征结构决定的，后来才出现的现象。拉康选择了爱伦·坡的《被窃的信》这个故事的回旋式的情节作为说明这一情况的例子。在这个故事的情节中，同一件事就像犯了重复强迫症一样出现两次，每一次中人物所处的位置都不同。故事的核心就是那封信，它象征着总的被中止或被延迟的交际，也可以说它象征着能指的独立性；这能指我行我素，无视赋予它的新意义和让它起的新作用，好像这个世界上一件自由漂浮的东西，凡有新的意义，就被它吸收进去。这封信被女王藏在最为明显的地方，即国王面前的一张桌子，它先被厚颜无耻的大臣偷走，接着杜宾（Dupin）又从大臣那里把信从大臣所藏的最为明显的地方偷走。这样大臣本人就成了他所处的、与基本的语言回路有关的处境的一种功能。他，还有其他的人物，都没有自己的实质性的性格，没有本质的存在；相反，他们的存在来自他们在语言情况或象征阶段中所处的位置。[34]

不过，是列维-斯特劳斯用能指相对于所指来说更为重要这一理论重新阐述了这个过程。只有在这个时候我们才能看到本来只是一种方法的东西（把能指孤立起来以便进行结构分析）如何慢慢变成几乎是一种形而上的关于能指更为重要的前提，这也就是他在谈到萨满教①时首次提出来的所谓“能指的过剩”这一概念的意思。列维-斯特劳斯认为萨满教能“治好”病是因这萨满教的巫师在他的宗教仪式中和神话的符号系统中提出了一个空的由纯能指组成的体系，使得病人的那种捉摸不定的、未曾表达的而且也是不可表达的感受能够突然表达出来，得到宣泄。这就是他所说的“象征性的效验”，他说：“这种治疗就在于把一种一开始只是调动情绪的情况变得可供思考，把肉体不愿忍受的痛苦在精神上变得可以接受。”[35] 但是，必须指出的是这一分析涉及的不是我们正在谈的这一思想的内容，而是其形式。病人的思想得到放松，并不是因为萨满教巫师提出了什么特别令人满意的妙谛。相反，其所以会出现这种情况首先是因为有了一个使思想（而不是无言的病痛）得以表达出来的空的符号系统。

“能指的过剩”这一概念意义远远超出了萨满教的范围（尽管列维-斯特劳斯通过把它和精神分析这种现代“萨满教”进行比较之后已经有意扩大了它的范围），这些意义涉及到我们与将会遇到的一切新的符号系统的关系。列维-斯特劳斯说：“只有象征功能的历史才能使我们正确对待人的这种思想状况，这就是说世界永远不可能充分表示它的意义，我们的思想总是给那些它能够附加意义的东西安排太多的意义。”[36] 从此以后，思想活动本

---

① 萨满教（shamanism），流行于亚洲和美洲北部一些部族中的一种原始宗教。萨满巫师靠巫术为人驱邪治病、预言未来。

身成了一个形式问题。例如，我们把结构主义作为一个自成一体的体系来研究时，更多的不是去验证一些理论和假说，而是去学习一种新的语言。这个语言中到底有多少东西要学要看我们在对它进行研究的过程中能够从老的术语中把多少东西搬到新的术语中去。同时，这也是为什么这样一种新的体系能够产生智能大爆炸的原因，为什么可以用它来确定我们所说的思潮这样一种概念。遗憾的是释放出来的这种智能只有一小部分变成新的理论，大部分的工作仅仅是不知疲倦地把老的术语全部转变为新的术语，不停地使已经麻木的知觉和思维习惯通过强迫使用新的、不熟悉的思维方式，通过全面应用新的思维范式得到恢复和更新。[37] 当出现新发现时，我认为这是新模式使那些老的术语所遗忘或被认为是想当然的现实部分得到放大并重新成为焦点的结果。不过，这种发现也只能算作一种转变而已。

"能指的过剩"这一概念也可以用来解释文学本身的功能在起变化这一问题。大家都很清楚，即使到了 19 世纪，作家仍被看成是一种特殊产品的提供者。根据这种看法，如果说狄更斯有什么"风格"的话，也不过是一种包装形式，一种套式，是对狄更斯根据自己应发挥的社会作用所提供的那些以小说为形式的产品的一种令人讨厌的或令人愉快的"补充"。可是今天，小说家提供的显然就是"风格"本身，或者是"世界"，或者是世界观。小说家慢慢地开始放弃让这些东西通过一系列互不相干的作品自然形成的做法，而试图在单独一部无法再称为名副其实的"小说"的巨著中一下子把它们体现出来。因此，如果我们认识到小说家是在精心构建一个符号系统，一个我们从历时角度来理解的共时总体，那么风格也好，世界观也好，或者别的什么概念中的矛盾显然都迎刃而解了。正如小说家本人在认识到自己无意识地制造了一个模式或符号系统，并且有意识地决定这样做下去的时候，他的活动势必改变方向一样，读者的活动也不再是通常所说的小说的消费者那种活动，而变得像一连串宗教信仰的改变。阅读过程现在必须包括学习一种新的符号系统；我们再也不能说自己在读一部比如说是 D. H. 劳伦斯的小说，而应该说是通过这部小说去了解劳伦斯的整个体系；另外，我们也不是把这部小说作为真实世界的表现来评价它的好坏的，而是作为一种能指的过剩，使我们能够把真实世界和真实经验中杂乱无章的东西重新组织成一个新的由各种关系构成的系统。这一组织和萨满教巫师的治疗同样有效，起着几乎是一样的作用。（下面当我们来研究《泰凯尔》杂志周围那些人的目的时便会看到这种把文学视为构建模式的观点并非结构主义的唯一的观点。）

思想活动如果最终不是跟实物或实际的指涉物相联系，而是和调整所指以适应能指相联系的话（索绪尔提出的符号这一概念本身就暗含了这一倾向），那么"真理"的传统观念就变得过时了。巴特毫不犹豫地提出用"以内部统一性"为证据这一想法来取代它。他说："如果说整个修辞所指不过是一个构建物的话，那么这个构建物必须是统一的；这个修辞所指的内部或然性和这一统一性是成正比的。在明确论证或实际试验这样一些很高的要求面前，内部统一性这个概念看来是一种令人失望的'证据'，尽管如此，我们即使不给它以科学的地位，也越来越倾向于给它一种实用的地位。现代批评中有一种试图用寻找主题的方法重建创作时的境界（这种方法适用于内在分析），而在语言学中，证明一个系统的实际存在的是它的统一性（而不是它的'用处'）。在无意从历史上低估二者在现代世界的生活中具有的实际意义的情况下，对它们的'效果'进行分析远非要排除马克思主义或心理分析的理论，因为这两种理论的'或然性'绝大部分也来自其系统的统一性。"[38] 我们应当注意巴特在谈"统一性"时，他似乎也想到了与之有关符号系统的范围和复杂性，即它吸收尽可能多的所指的能力及它作为一个系统应有的内部一致性。不管怎么说，这是一种和我们将在本书结尾部分谈到的格雷马斯把真理作为一种译码的观点不太一样的标准。

突出能指这种观点（我们已经看到它是一种形而上的预设）在结构主义关于模式的理论中得到了理论上的实现。我们下面很快就会看到。如果主体是一个与人无关的系统或者是语言结构的一个功能的话，那么这个主体提出的各种自觉的问题和哲学上的答案也都因此而贬值。特别要指出的是结构主义意味着彻底否定笛卡尔和萨特的我思的各种意义。

然而，结构主义却并不因此就回到正统的唯物论所固有的彻底贬低自觉意识的立场，因为对正统的唯物论来说，精神不过是物质的产物。在建立新的结构主义模式论方面，阿尔都塞的作用比任何人都重要。他的理论的新意主要在于他把基础结构和上层建筑这一对立又置于思维这一封闭的领域，也就是上层建筑之中，如果真像我们前面所看到的那样，不同的哲学思想不过是以一个特定的范式或模式为基础的有规律的变化的话，那么重要的就不是每一种思想本身（好比大上层建筑中的一种上层建筑），而是这个模式的认识极限，这个模式于是成了思维的基础，成了“理论实践”的基础，成为思想史的基础结构。阿尔都塞把这种实际存在的模式或观念的基础结构称为 problématique 或问题结构，它能“决定”在其范围内进行的思维活动，因为它可以说就是思维、思维给自己提出的各种认识问题及其解决办法的极限。这也就是我们前面在一个不太一样的情况中所看到的所谓“围墙”，或者叫决定一代人的思想的那个模式或范式所固有的认识上限，意思是这一代人会整个置身于一个特定的问题结构中，而且这个问题结构与历史情况是一致的。这样，真正的历史变革便在更大的程度上被认为是一种新的问题结构突然取代老的问题结构，而不是发展，因为有了模式之后，脑力劳动不外乎应用它或研究它。因此，正是通过问题结构所起的调节作用（特别是在问题结构转变的这种时刻；阿尔都塞按照巴什拉尔[①]的提法也把这种转变时刻叫做“认识论上的断层”），上层建筑领域才能感觉到外面的真实历史的世界中发生的地质变化。这种历史变革的观念在语言学中对我们已不陌生，雅可布森曾给它取名为突变。上层建筑中的这些突变显然是无法对它们进行分析的，至少不能用它们自身的内在历史来分析，因为它们是外部某个地方发生的地震造成的无法理解的后果。理论家能知道的只是每一种哲学观点或哲学思想与它立足的那个基本模式或问题结构之间的关系。寻找思想背后的模式这一工作就是德里达所说的“解构”。

这一结构主义模式论的创新之处在于它把历史上向来没有多少关系的两个领域，即正规的哲学和思想史，又结合到一起；或者换一种方式来说，它为思想史的方法和应用打下了一个系统的甚至可以说是哲学的基础。从此以后，思想史就不再仅仅是潮流问题和各种思想之间表面上是否相似的问题了，而是对思想背后的客观的系统进行相当严密的和有计划的研究，像这样的研究，巴什拉尔或科瑞[②]这样的科学史家早就进行过；他们的原材料自然地分成两类，一类是解决办法或不同的变化，另一类是基本模

① 巴什拉尔（Gaston Bachelard，1884—1962），法国哲学家，提出对认识进行精神分析，认为科学的发展无须经验主义或实证主义认识论，主张思辨哲学，对法国学术界，包括《泰凯尔》派有一定影响。

② 科瑞（Alexandre Koyré，1892—1964），法国科学史、哲学史家，原籍俄国。曾师从胡塞尔。主要著作有《伽利略研究》（1939）、《天文革命》（1961）、《从封闭的世界到无限的宇宙》（1957）等。

式。这种结构主义模式论的最好的阐释之一是T. S. 库恩①的《科学革命的结构》一书。这是独立提出的一套理论，因此本身就证明存在着一个建立结构或模式的问题结构，这一问题结构以一种与正规的结构主义理论或潮流的影响没有多少关系的方式决定了我们这一代人的思维方式。不过，要对阿尔都塞这一解释的唯心论性质进行评价，最好是把它比作和它十分相似的R. G. 科林伍德的关于"绝对前提"的理论。作为一种理论，它的优点在于解决了索绪尔的言语和语言之间那种比较不稳定的关系，办法是使后者（模式或系统）成为一种总的情况，而前者只是对它的一种可能的回应。

6. 现在，当我们根据结构主义对系统，或问题结构，或象征阶段的重要性的这一强调重新估价意识或主体的地位时，不可避免的是"无意识"这个词，它指出了需要我们去探索的那个领域。对于结构主义者来说，无意识与意识的关系既不是物质与精神的关系，也不是身与心的关系，甚至主要也不是所指与能指的关系。拉康认为，无意识的内容不为主体所知这一事实是"无关紧要的。……这一能指链结构表明的是，只要它的语言和我以及其他主体的语言是通用的，我就可以用它来说和它所说的东西很不一样的东西。在说的时候这一功能比伪装主体的（大部分为难以确定的）思想更值得强调，因为它指出了主体在探求真理中所处的位置"[39]。因此，拉康的无意识并不完全像我们通常所理解的弗洛伊德的伊德（id）那样是一个隐秘在内心的欲望和本能的集中地，会偶然闯入意识部分或通过改头换面的梦巧妙地进入那里。相反，拉康的无意识是完全透明的；它之所以是一种无意识

① 库恩（Thomas Samuel Kuhn，1922—1996），美国科学哲学中历史主义学派的代表人物。认为科学发展不是连续的积累过程，提出科学循环往复的发展模式。主要著作有《科学革命的结构》等。

状态完全是因为它比我们每个人的思维范围不知要大多少，还因为我们的思维都来自无意识。拉康说："以为无意识之所以存在是因为存在着无意识的欲念，存在着某种发自内心深处的、本能的，因而需要上升到较高的意识层次的朦朦胧胧的、难以摆脱的、丑恶残忍的甚至是充满兽性的无意识的欲念，这种想法是错误的。恰恰相反，欲念是因为有了无意识，也就是说有了在结构和效果方面都不受主体约束的语言之后才存在的，还因为在语言这一层次上，总有超出意识的东西，而欲念的作用恰恰就应该在这里。"[40] 因此，对拉康来说，心理的或情感的深度不在主体和他本人的内心世界（他自己的内心世界，或过去，或别的什么东西）的关系之中，而正如我们马上会看到的那样，在他投射的那种与语言回路所包含的他者的关系之中；只有在这个时候，才构成与他自己的关系，犹如和另一个自我或和镜像的关系。

因此，意识是类似语言学中一种"转换者"的东西（这是雅可布森用来指那些表明信息发出者的地点，并且把它们的参照物和环境对调的人称代词的一个用语）。[41]

我已经是字母中的一个词。丹尼斯·罗歇就是这样把主体，或意识的这种感受说成是一种构建而不是一个实体，是各种关系集中的地方而不是老的意义上的一种自我。[42] 因此，在某些结构主义者看来，对神经病和精神病之间的区别存在着一种道德上的重新评价。现在二者显然是完全不同的两种现象。神经病成了自己意识不到的一种压抑，它试图通过盯住某一个能指，通过为自己选定这样或那样一个超验的所指，或者是一个上帝，来阻止从一个能指到另一个能指的飞跃。而精神病则是写出某一特定的范式可能有的所有变化："大家都知道弗洛伊德认为妄想症的各种不同的表现来源于对一个基本的命题：'我爱他'的不同的否定方式。……因此，妄想症患者的精神错乱（或文本）以及从中产生出来的各种主题都取决于表述的语法形式的确立方式。……如果弗洛伊德告诉我们说观淫癖、裸露癖以及施虐狂、受虐狂这些变态心理都是同一本能的不同的对立形式，那么我们也许就可以把它们看成是改变某一特定的表述的不同方法。这样，施虐狂和受虐狂的结合便是突出文本和语法功能而不是任何仰仗主体的某种基本的'天性'或莫明其妙的决心的东西的结果。不存在什么施虐狂或受虐狂这类天性，只有说法可以变换的一个单独的表述的特殊效果。"[43]

结构主义思潮最为声名狼藉的一点——在马克思主义者（阿尔都塞）和反马克思主义者（福柯）① 那里都能找到的强烈的反人本主义思想——必须从观念上理解为对过去的关于人性的种种断语的否定，对人（或其意识）是一个可以理解的实体或研究领域这种观点的否定。[44] 但是，从伦理学或心理学的观点来看，必须指出的是，对象征阶段及其伴存的对老式的主体或个人和个别的意识的蔑视这样一种支持，并非像其某些代言人让我们相信的那样毫无问题。特别是如果象征阶段是一切意义的源泉的话，那么它同时也是一切陈词滥调的源泉，是所有那些充斥我们的文化不登大雅之堂的"意义效应"的源泉，是海德格尔所谓的不真实的所在地。这也许是这一理论由于强调对资本主义出现之前，甚至是以个人为主体的思想出现之前的材料，如民间传说和神话进行结构研究而被忽略的一个方面，使我们忘了在我们这个社会上与不复存在

---

① 福柯（Michel Foucault，1926—1984），又译傅科、富柯，法国哲学家、社会历史学家、思想史家。在代表作《癫狂与文明》（1961）、《词与物》（1966）、《知识考古学》（1969）、《监督与惩罚》（1975）、《性史》（1976）等中从社会制度、权力机构、知识结构等方面对西方文明史、思想史、社会发展史等作了与众不同的解释，是对各种传统观念的颠覆。

的社会或原始文化的“神话”或“野蛮的心智”相对应的东西既不是乔伊斯也不是胡塞尔，而是畅销书、广告口号和巴特式的“神话”。[45] 因此，我们被语言所掌握这一点，也就是说我们以为自己在写语言而实际上是被语言“写”出来的这一点，并不是对资产阶级主观主义的一种彻底的摆脱，而是我们必须每时每刻都要努力突破的一种限制。因此，象征阶段只能说是站在它所取代的那个幻想阶段的有利地位上所取得的心理上的胜利，因为主体的消亡，即使能够算作未来的社会主义世界的集体结构的特点，实际上和后工业垄断资本主义在思想、文化和心理方面的衰败这一特点没有什么两样。

但是我们也可以不把结构主义这一基本精神看作自己可以成立的一种内部发现，而看成结构研究中一种更为重要的倾向，即强调解码的动因。

的确，有代表性的比喻，如地质大变动、知识的考古学，都反复强调结构主义研究的这一特点是，超越已知事物的表面现象，推演出现象背后的实际存在，推演出性质完全不同的现象或意义。谁也没有像列维-斯特劳斯那样清楚地说明过对解码的这一强烈的兴趣。在谈到“从小就让我喜欢上地质学的那股强烈的好奇心”时，他提到：“沿着朗格多克①一条石灰岩的一侧寻找两个地质层的交接线。……在每个村子你看到的是一堆杂乱无章的东西，使你可以随便选择你希望给予它的任何意义。但是透过那些农业实验、地形变化和历史，甚至是史前的各个阶段，难道这个先于其他意义，主宰并在很大程度上解释其他意义的意义不是在其他所有的意义中很重要的吗？那条灰白色的、模糊不清的交

① 朗格多克（Languedoc），原法国南部一省，深受罗马文化的影响。现为法国一行政区。

接线，那种在岩屑的形式和一致性方面几乎察觉不到的差别证明了一件事，那就是在我今天看到干旱土地的地方，很久很久以前曾有两个大洋在这里汇合过。为了跟踪它们万古滞留的迹象，你不顾道路崎岖和艰难险阻一直往前，越过陡峭的山崖、凹地、灌木丛和耕地，你似乎不知道自己在做什么。然而，这种不妥协的目的是要重建一个更高一级意义（支配性的意义），尽管它无疑还很含糊和遥远。但是其他每一个意义都不过是这一意义的部分或变形的转移。让奇迹发生吧，因为奇迹有时是会发生的。让这条模糊的断层线的两边各出现一株种类不同的绿色植物，选好最适合自己生长的土壤。与此同时，也让岩石本身中隐约闪现两块复杂程度不同的菊石，并且各自以自己的方式证明一跃就是好几万年过去了。这样，时间和空间竟突然交融在一起；即时的活生生的多样性与各个时代并列在一起并且使它们永存。……我觉得自己沉浸在一种更为深刻的领悟力中，发现不同的时代和地点互相呼应并用最终协调一致的语言说话。”[46]

对现实这种犹如密码般的奥秘本质的偏爱说明列维-斯特劳斯为什么坚持认为，和（以有意识的行为为研究对象的）历史学不一样，人类学的研究对象是无意识及其规律，这些规律是它从供它使用的资料中通过解码得出的。[47] 这还说明为什么马克思和弗洛伊德在理论上不仅对列维-斯特劳斯，而且对整个结构主义都有吸引力。原因是弗洛伊德的理论代表了“一种以地质学构成其原理的方法在个人身上的应用”[48]；此外，弗洛伊德主义和马克思主义都和地质学一样，坚信“人的认识就在于把一种真实转变为另一种真实，真正的真实根本不是表面上呈现出来的样子，真理的本质可以从它使你感到困惑的程度来衡量……［切身的体验和真实］这两类情况之间的转换是不连续的，为了达到真实，我们必须抛弃存在经验，目的是为了以后使它重新能够在一个排除了一切感情成分的客观的综合中结合进去"[49]。

这里我们又一次见到了我们在别的地方已经更加详尽地论述过的[50] 那个有关象征的理论和有关符号的理论之间的对立，那种认为能指和所指、各种不同的符号系统相互之间，以及符号和它的指涉物等都似乎是类似的观点，与另一种坚持认为这些层次之间基本上是无关的、坚持认为不仅是符号，甚至连符号系统本身都是任意的观点之间的对立。在这种情况下，我们不妨把我们认识上的主次关系颠倒过来，同时把弗洛伊德关于无意识的概念看作符号具有任意性这种理论的最有影响的说法之一，或者用拉康表示法来说，看作他那个著名的有关精神的公式[51]：$\frac{S}{s}$中把能指（S）和所指（s）分开的那一条"杠"。不管怎么说，显而易见的是在文学分析中，这两种观点——有关无意识的观点和语篇各层次之间存在着一种任意关系的观点——本质上都是用来说明一种独特的阐释活动的方法，在这种阐释活动中，前面的不带偏见的阅读被后面的带分析的阅读所取代，已经预见甚至指出这两种方法从一开始就存在的根本性的区别。因此，如果说老的、"内在"批评方式的二次阅读仍然忠实于它只是希望说清楚并使之更为精确的那个初步印象的话，那么新的、结构主义的解释方法在二次阅读中注意的则是在对文本的"普通的"阅读中被忽略的那些不起作用的、似乎是不重要的成分。这种解释由于完全是超脱的、不带感情色彩的，因此它可以一点一点地研究和分析文本，就像精神分析医生一点一点地分析别人的梦一样，并且还注意到一些细节，如正面人物有一专横跋扈的母亲（还有一连串的离婚），而一间谍则有一妹妹，并让她在化装舞会上扮演他的妻子。这种解释所具有的让人出其不意地感到惊奇的效果（如我们原以为这是一个惊险故事和爱情故事，但实际上讲的不过是两种不同的亲属关系）全靠我们在初次阅读作品时就忽略了构成主要的双项对立的那些细微的指意成分。

当然，关于能指和所指之间存在着本质区别的理论对福柯和德里达来说，最终都可以成为激烈批判西方哲学和形而上学的传统的武器，这一传统一贯强调经验与知识、语言与思维之间的一致性，并且一直在绝对的存在这一理想以及把理念当作最终的单义概念这一幻想的旗号下起着作用。[52] 正由于这一原因，开始时原为一个主要以口语为基础的语言模式的应用却要在关于书写的理论中得到最终的实现。

Ⅲ

1. 对所指这一方面的研究就是所谓的（有别于语言学的）结构语义学或符号学语义学；但是它并不因此就不是一项有悖常理的任务。所指这个概念本身似乎意味着它早已结合到一个有权独立存在的能指系统中去了，也就是说已经作为所指化入并重新被组织或吸收到它自己的符号系统中去了。在说话这一起组织作用的、能使所指变得明确的行为发生之前，我们无法不把所指看成“一堆杂乱无章的概念，与一大块无一定关节和外形的海蜇非常相似”[53]。因此不管用什么方法，只要谈到它，即使是为了描述的需要而把所指单独分离出来，总好像有它已经找到一定组织形式的意思；换句话说，我们原以为是所指的东西，即原来在某个层次上对于某一类能指来说确实是所指的东西，却在一种无穷退行中自己变成了另一个层次上对于更低层次的所指来说的指意系统。在这个问题上，我们暂时还只能指出能指与所指这一对子在结构上是多么不对称，前者似乎可以作为一种不固定的独立的结构存在，而后者则是肉眼永远也看不见的。

2. 然而，罗兰·巴特在结构主义潮流中的特殊地位是由一种不容易说清楚的情况造成的，因为，众所周知，结构主义有指派角色和特殊任务的特点；在这种分工中，列维-斯特劳斯得到了人类学，拉康和阿尔都塞两人分别负责对弗洛伊德和马克思重新进行解释，德里达和福柯各自担负改写哲学史和思想史的任务，而格雷马斯和托多洛夫则致力于将语言学和文学批评本身变成科学；在这种情况下，梅洛-庞蒂要是还活着的话，就很可能主管哲学。这样，剩下来让罗兰·巴特扮演的角色看来基本上就只有社会学家了。的确，正是巴特对一个充斥着广告宣传和意识形态的文明社会的虚构的事物和文化现象从一种基本上是社会学的角度进行了研究；例如他的《神话》，这是一部由当时的报刊中选出的最精彩的东西组成的奇妙无比的图书（有拳击比赛、某人的新的《菲德拉》①、比利·格雷厄姆②在冬季赛车场、蓝皮指南或牛排炸土豆条的神话、脱衣舞、新式汽车等）；又如他在《服饰体系》中研究时装的结构；在《符号帝国》中，他研读了以遍及日本群岛各地的人肉以及格局雷同的花园，滑动开闭的屏风和学生戴的防护帽，茶道和半导体收音机等为词写出的那幅巨大的卷轴；最后还有他提出的把文学符号和文学视为社会现象的理论。

当然，大家主要还是把巴特看作一位文学批评家。上面我们对他所作的多少有点神奇的描述主要是想说明文学作品的结构本身具有某种固有的多重性，说明文学的文字结构中有某种东西是可以供别的、真正是社会学方面的符号系统借鉴，甚至作为其范式的。这一点，只要我们把巴特必须与之打交道的那类所指，也

① 《菲德拉》（*Phèdre*，1677年上演）是拉辛取材于古希腊神话的悲剧，描写古希腊英雄忒修斯的妻子菲德拉与养子希波吕托斯之间的私情败露后，一个被忒修斯处死，另一个服毒自尽的故事，揭露法国宫廷和贵族社会腐化堕落的生活。

② 格雷厄姆（Billy Graham，1918—），美国传教士。常在世界各地万人大会上或通过广播、电视等媒介进行使命性布道。

就是他的主要研究对象，或者按老的说法叫做使他着迷的问题或原材料，分离出来，就非常清楚了，因为我们已经看到，只有内部结构非常特别的所指才能这样和它的能指分开，以供研究。

我觉得巴特的最典型的认识对象的特点是所指的事物表现出一种二重性，即由在安全不同的层次上起作用的、不能互换的也无法比较的两个功能构成的结构。似乎只有这样一种结构模棱两可的所指，一种似乎能体现两类不同的能指并且处于它们的交叉点上的所指，才能使大家意识到表面上一目了然的符号实际上也并不是那么清晰和容易看清的。巴特在一部近作中非常清楚地阐明了这种二重结构：如时装涉及的东西，即一件件衣服，同时表示上流社会和新款式这两个方面（至少在时装杂志中是这样的）。每一件衣服都有两种可能的用途，而且可以同时起作用，即一方面使人产生自己也是有钱人、和他们过着一样的生活的假想，另一方面又作为时新的一个标志，时刻体现着当时流行的一切。

不过，巴特的早期著述也暗含着同样的二重结构。例如，在关于米什莱[①]的那本书中，巴特提出任何时候的历史著作都同时有两个方面：一方面是顺序的和正统的历史叙述（巴特没有谈这一方面），另一方面是各种大小主题的一种组合或相互作用。用说明巴特本人这一时期的特点的一个比喻来说，就是横向和纵向两个方面的交叉。另外在《论拉辛》中，这位批评家在把戏剧作为一种社会仪式和一种司空见惯的东西之间造成一种能力，在把标准语言作为代表社会实际的一种固定下来的符号和那些由弗洛伊德所说的强迫症以及由象征性满足和心理空间构成的深层次

① 米什莱（Jules Michelet，1789—1874），法国作家、历史学家，主要著作有《法国史》（1833—1867）、《法国革命史》（1847—1853）等。

的、个人的领域之间造成一种能力。实际上，巴特最近对《萨德[1]—傅立叶—罗耀拉[2]》的研究表明，他又开始讨论符号和人体之间的对立这类问题了。因为这三位显然毫无共同之处，但被放在一起的作家都试图创造新的语言或符号系统（萨德对纵欲行为所做的各种数学组合，罗耀拉为激发内在的和戏剧的想象力而提出的机械解决办法，傅立叶制定的对各种冲动及其和谐的相互作用进行分类的方法），但这些符号系统都是空的，三者都需要用语言来表达的生理内容或实质作为补充。

但是，巴特是在他的《S/Z》这部评论巴尔扎克的《萨拉辛》的著作中找到这种二重结构最为明显的证据的，表现形式就是故事套故事。巴特对它的研究既提出了一种批评理论，又是对一件引人入胜的东西的深思和细考。巴尔扎克这部中篇小说在给我们讲述它自己的同时，也讲到了它的主题，讲到了艺术和欲望；这两个方面在大故事的框架和里面的小故事中都在主次颠倒的情况下同时存在。在大框架中，叙述者讲故事为的是勾引听故事的人，而在小故事中，一位艺术家毁于他所思慕的人桑比内拉，在最后的悲剧性的结尾中，仅留下有关这个人的两件艺术作品：一尊塑像和一幅肖像。这股激情就是自恋情结和阉割情结：那位堕入情网的艺术家实际上在他爱上的那位去势的人身上看到了自己的影子，因此象征性的阉割或克制性欲这类表示在这里被说成是艺术创造的本源，就像它在这个故事的其他地方成为兰蒂家族神秘的好运（桑比内拉成为出色的歌剧女主角）的根本原因一样。因此，这个故事谈到了古典艺术的起源和资本主义的开始以及它们之间的关系。然而它对自己所在的那个大框架也并不是毫无影

---

① 萨德（Sade，1740—1814），法国作家，以品德败坏及所写淫秽小说而闻名。

② 罗耀拉（Loyola，1491—1556），西班牙人，天主教耶稣会创始人，1528年后曾在巴黎居住多年。

响的；恰恰相反，它既影响到讲故事的人，也影响到听故事的人，使二者最后在一种没有性欲并继续使人失去性欲的气氛中，在他们的欲望没有得到彻底满足的情况下分了手。

对于这样一部作品，我们显然要涉及格雷马斯会称之为目的轴和交际轴相重合的那种情况，也就是说某一篇章同位义素或叙述层次涉及对某一客体的欲望，另一个则涉及信息的发送。我们下面即将看到，这种情况的反面（即由信息代替事物本身，并变成似乎是关于一件不复存在的事物的信息），是所有结构主义阐释方法的典型特征；把它像荷兰派绘画的纵深结构一样在这里提出来，对它进行一番研究是非常适时的。

所指一旦被如此分离出来供研究（如果的确可以办到的话）之后，那么它自己也就自然而然地变成了一个符号系统。正如索绪尔告诫我们说："不管我们研究所指还是能指，语言不会涉及先于语言系统的思想或声音，而只能涉及这个系统所产生的概念或声音两方面的差异。"[54] 我们不妨下这样一个结论，即我们之所以能够谈论所指，要么是因为它仍然带有被能指组织在一起的痕迹，要么是分析者本人把它暂时组织到了一个新的符号系统中，为的是让我们看到它。

因此，我们在所指中又一次看到了那个用于组织能指或语言本身的表示差异的对立和差异中的同一所组成的结构。例如，在巴特对米什莱的研究中（尽管这一结构在此尚未明确提出），我们已经看到用一组又一组的双项对立来组织一些基本主题的做法：如赦免与惩罚、基督教教义与革命等；一方面是迷惑、麻醉、无生命、"死亡"的组合，而另一方面则是流血、女人、英雄人物、活力。这些组合任何时候都可以变得更加复杂（要是能够看到后来的巴特怎样把它们变成符号学上的公式，那想必是很有意思的），不过它们构成的基本上就是索绪尔所说的不停地在叙事本身这条串联轴上起作用的纵向的联想层面。因此，在巴特看来，那些主要的事件都因这些双项对立而变得更加精彩和紧张激烈。他写道："米什莱认为血是历史的本质。请看罗伯斯庇尔①之死吧，这里有两种针锋相对的血：一种十分贫乏，稀薄得需要像电池充电一样进行一次人工补血；另一种是热月党②（按：热月即历史上的太阳月）妇女的血。这是一种优质血，集中了优质血的全部特点：热烈、殷红、纯净、富足。这两种血誓不两立。最后女人血舌噬了神父猫。……罗伯斯庇尔之死反映出来的这种干涸的（电流般的）血和富足的（女性的）血之间的全面对抗……在米什莱笔下被描绘成一种肉体上受侮辱的景象：一个衣衫褴褛、几不蔽体、冻得瑟瑟发抖、耷拉着脑袋的男人，被置于一群身披红绒、营养充足、兴高采烈、满面红光的有钱女人的众目睽睽之下；这就是说无生命力的这种血在沸腾的热血面前毫无抵抗能力，只有彻底认输。"[55]

巴特后来的发展清楚地表明原先（甚至对巴特本人也是如此）看上去一定是像对心理的或实际存在的问题的研究实际上是对一种话语，也就是对人体本身的描述。[56] 米什莱在人体描写方面，以及在对他笔下的历史人物的古怪外表所有的那种特别的敏感或像对周期性偏头痛那样的反感方面，确实是非常突出的。巴特写道："米什莱所用的形容词是很独特的；它能恰到好处地点出某个人物的基本特征，使我们再也无法靠换一个别的形容词来改变对这个人的看法。米什莱一面称干瘪的路易十五、冷冰冰的西埃耶斯，一面就通过这名称对物质本身的一些基本现象，如液

① 罗伯斯庇尔（François Marie Isidore de Robespierre，1758—1794），法国大革命时期雅各宾派的领袖。热月政变后被处死。

② 热月党（Thermidor），法国大革命时期将公历的第七、八月称为热月。1794年热月九日（公历七月二十七日）推翻罗伯斯庇尔的一派称为"热月党"。

化、黏稠、空乏、脱水、电流等作出自己的判断。”[57] 按老的批评术语的说法，这一纵向层面就在无意识中，而现在则在人体中。的确，对巴特来说，风格是一种个人现象，一种改不掉的习惯和“不为人知的、隐秘的情欲的装饰音”[58]，它完全来自人体。不过，只要我们把无意识和人体两者都理解为所指的基本形式，这两种说法之间实际上并不矛盾。

一切感性认识都是一种语言的构成，这种说法是有一定的道理的。这一点比其他任何原因更能说明梅洛-庞蒂晚年为什么对当时刚刚兴起的结构主义持赞同态度。我们只要想一想下面这些情况也就明白了：梅洛-庞蒂的心情好比一个训练有素的博物学家看到杂乱丛生的灌木突然自我分类，使每一种叶子独特的外形成为各自所属类别的明显标志；也好比一幅陌生的风景画在一个外行看来不过是乱糟糟的一片，而对一个有鉴赏力的内行来说，却犹如一种尚无具体词句的语言，但从画中清晰的草木已可以看出它的结构和规律。毫无疑问，这就是德国浪漫主义者在研究有机的语言的奥秘时隐约感到的东西，也是巴什拉尔的研究方法背后没有公开的理论依据。巴特偶尔也用这种方法，不过对其价值似乎还不置可否。[59] 他说：“巴什拉尔把水看成是酒的对立面无疑是正确的。从神话的角度来说，这是对的，但从社会学的角度来看就未必那么肯定了。由于经济上和历史上的种种原因，这一功能已落到牛奶头上。现在牛奶才是酒的真正的对立面……凭着它的分子密度、它表面那层皱衣富有奶油因而也具有镇静作用的特点，（牛奶）成了火辣辣的烈性东西的对立面。酒有杀伤力，像外科手术，能使事物蜕变并遏止生命；而牛奶则像整容术，能将东西联在一起，封好，使之恢复原样。此外，牛奶像儿童般的天真一样纯洁，这是有力量的表现，这种力量不一定非表现为猛烈的分离或集合，而是平和的、洁白的、清澈的和真实处于平等地位的。”[60] 正如所指这东西永远不可能完全彻底地分离出来成为纯一的东西一样，要想在这一方面区分自然的和人为的，区分属于真正的巴什拉尔式的“对事物的精神分析”的东西和在感知层次上起着文化上或观念上的神话这种作用的东西，都是办不到的。巴什拉尔所从事的工作尽管影响很大，也发人深省，但它缺少的最主要的东西就是语言理论；他把感性认识和语言表达混为一谈，殊不知一切认识方法本身就已经是各种各样的语言了。

然而，正是所指的这种似乎基于无须用言语表达的和与人体有关的东西，似乎基于体质和有机的体液的纵向深度说明巴特自己的语言的意思为什么特别密集、丰富。巴特的风格是试图让所指获得另一个声音，试图在所指在文本的首要的能指中找到最后的和正式的结构之前就指出其结构这样一种风格。他的风格是喜好用名词和形容词，喜好造新词或旧词新用。他非常清楚地知道：“概念是构成神话的因素；假如我要解释神话，我必须提出概念。字典中有一些，如善良、慈悲、健康、人性等。不过，它们既然来自字典，从根本上来说就不可能是历史的。我最需要的是一些临时应急的概念，用于有限的一些特殊情况。在这种时刻，新造词或旧词新用是不可避免的。中国是一回事，一个法国小资产阶级不久前对中国的看法又是一回事；可是除了中国性这个词外就没有别的词来表示这种由小铃铛、黄包车、鸦片馆组成的典型景象了。”[61] 因此，新造词是用于指出实质的词，就像形容词（镇静催眠的、静电的）的作用是赋予整个所指这一大结构某一特征，也像定冠词和大写字母通过强调和重复使事物组成新关系。（“作为语言，嘉宝①独一无二的地方在于它是精神方面的

① 嘉宝（1905—1990），瑞典女影星，曾主演《克利斯蒂娜女王》（1933）、《安娜·卡列尼娜》（1935）等20余部电影，1941年息影，1954年获奥斯卡特别奖。

东西，而奥黛丽·赫伯恩①的则是物质方面的。嘉宝的脸是思想，赫伯恩的是情节。”[62]）

说穿了，这种风格的目的就是要从文本的表面内容中产生新的、似乎是编造的东西，下面所举的尼禄的“爱抚”（来自对《布里塔尼库斯》② 的讨论）就是一例：“尼禄③是一个大权独揽的人，因为大权独揽不到高度集中是不会罢休的。这一‘过程’置人于死地的替代物是下毒。流血是一件高尚的、戏剧性的事情，剑是修辞上死亡的一种手段；但是尼禄希望干净利落地除掉布里塔尼库斯，而不是大张旗鼓地把他处死；和尼禄的爱抚一样，下毒巧妙地介入；另外，也和爱抚一样，它只产生效果，不产生手段；从这一意义上来说，爱抚和下毒同属直接的一类，使阴谋和犯罪之间的距离大大缩短。尼禄下的毒手本来就快速果断，它好就好在不拖泥带水，而是赤裸裸的，不喜欢演血戏。”[63] 因此，在这种华而不实、佶屈聱牙的风格中，意思不是一点一点展开的，而似乎是靠词汇本身的物质性从侧面引出的，结果形成了不稳定的概念，即所指本身的各种表现形式；同时它们又使语言的另一面变得模糊，不停地在我们眼前分解，变换。这种矫揉造作的风格的作用就是让大家看到它是一种元语言，通过自己的非固定性来表明事物本身从本质上来说是无定形的，是昙花一现、稍纵即逝的。

巴特在其早期著述中就已经提出了一套理论来说明我们在前面谈到的那种双功能现象。这套理论（所谓“文学符号”理论，

---

① 赫伯恩，又译赫本（1929—1993），美国影星，生于布鲁塞尔。曾在《天堂的笑声》、《罗马假日》等 20 余部电影中任主角。

② 《布里塔尼库斯》（*Britannicus*，1669 年上演），拉辛取材于古罗马史的悲剧，描写克劳狄一世（公元前 10—公元 54）之子布里塔尼库斯（41？—55）被其同父异母兄弟尼禄（37—68）下毒杀害的故事。

③ 尼禄（37—68），古罗马暴君，最后自杀。

但这一用语必须比它在索绪尔的理论中理解得窄得多）是在他的最有影响的理论著作《写作的零度》中提出来的。文学，作为一种程式化的活动，一种他后来称之为“主体意识规范化”的东西，正是那些既有一个意思，同时又带有一个标签的、模棱两可的双功能事物的典型。巴特写道：“我是法国一所公立中学的五年级学生；我打开拉丁文语法课本，读到里面借自伊索或菲德洛斯①的一句话：‘因为我的名字是狮子’。我停下来想：这句话意思有点含糊：一方面，这几个字的意思是够清楚的：‘因为我的名字是狮子’。然而另一方面，这句句子显然还在对我说别的意思：既然是对我说的，对一个五年级学生说的，它的意思很清楚，即我是一个语法例子，用来说明定语必须一致这条规则。”[64]因此结构复杂的文学不像语言研究的一般对象那样显而易见，而是一件更高级复杂的构建物：在文学中，能指/所指的正常关系因另一种与整个规则的性质有关的指意活动而变得复杂起来。这样，每一部文学作品，除了其自身特定的内容外，也说明整个文学总的情况。那句拉丁文句子也一样，除了它实际的意思外，它还说：我是文学。这样，它等于告诉我们它是文学作品，并使我们参与到文学的消费这一特殊的社会历史活动中去。因此，在19世纪小说中，一般过去时和第三人称叙述都是标志，用来提醒我们面前看到的是正规的文学叙事；而这些特殊的标志或“符号”的性质却与这种语言在某一特定的历史时期内的整套语言规则有所不同（这些规则似乎还“够不上文学”）；另外，它与我们前面所说的风格也不太一样，这种风格“几乎超出了文学：有各种比喻、一种魅力、一套来自作者本人的自身和过去的词汇”[65]。

---

① 菲德洛斯（公元1世纪），罗马寓言家、作家，曾将伊索寓言改写成散文流传后世。

这样这些文学“符号”的历史就使我们有可能用一种历史的方法来研究文学，既不同于语言史，又不同于风格的发展史。相反，就文学“符号”揭示了任何一个时期都存在的读者和文学产品之间以及作者和产品之间必要的距离这一点而言，它倒构成了文学惯例本身的一种历史。巴特是这样总结他的发现和提出这种符号的历史轨迹的：“先是一种手工艺匠所具有的那种文学创作意识，精益求精、煞费苦心去追求达不到的境界（福楼拜）；后来是决心把文学和有关文学的思考结合到一部著作中去的可贵精神（马拉美）；接着是希望通过不断地把文学创作推迟到明天一样地拖着，通过一再表明自己要写，但最终只是把这一声明变成文学来成功地避免文学中的赘述（普鲁斯特）；然后是通过蓄意地和系统地无限增加词义，决不停留在任何一个明确的所指上面来破坏文学的诚意（超现实主义）；最后是这一过程逆转，即尽量使意义纯化，以求文学语言能够达到一定的浓度，得出一种洁白无瑕的写作风格（但又不是简单无知）——我想到的是罗伯-格里耶的作品。”[66]

这一理论基本上是对萨特在他的《什么是文学?》一书中的基本观点的引申和阐发。在那里，该书是靠其结构提出，甚至可以说是选择其基本读者的；而这里，真正选择读者的恰恰是文学“符号”，这里有一整套符号或指示结构，通过它，畅销书能使自己一眼就被自己的读者看出，共产主义小说能让自己特定的读者群认出自己，正统的、先锋派文学则将自己的特性以及所需的阅读方式和应保持的距离同时公之于众。不过，巴特和萨特之间在方法上的区别在于前者区分了这样两个方面：一方面是根据内容作出的选择（这基本上是萨特的方法的实质），另一方面是这些本身并无意义的特殊“符号”的作用（这就是说一般过去时并不表示不同于其他过去时态所表示的过去，而只说明有“文学性”)。这种表示关系的语言(最赤裸裸的往往就是某个圈子内部通用的词汇)就是英美文学批评中通常所说的“语气”;然而英美文学批评却坚信其读者群一贯比较单纯,从不把这种符号系统和实际的风格截然加以区分(而实际的风格对巴特来说似乎具有诗歌在萨特的理论框架中的作用,因为它取消了符号,最接近语言作为一个实体应有的真正的浓度)。

巴特的理论之所以有新意就在于它得出了和萨特的那部著作中预计的结果不太一样的结果。在萨特看来,只有当文学面向每一个人时,只有当通过社会革命读者群不分虚实的时候才能有真正的文学。对巴特来说也是如此,文学“符号”是一股强烈的政治和道德恶感的对象[67]:就其标志我隶属某一社会群体这一点而言,它也表明其他所有的群体均被排除在外——在一个由不同的阶级组成的、充满暴力的世界上,即使是最无害的群体隶属关系也带有侵犯别人的消极作用。然而客观情况使我不得不属于这个或那个群体,即使这些群体都是希望最终消除群体的群体。我的存在这一事实本身说明我做了把别人排除在我所隶属的群体之外这种不该做的事。因此“符号”的作用是一种历史的必然,并表明我已堕入而且接受了阶级社会。正是这一原因,我们这个时代的文学本质上是无法实现的事情,是一种自我拆解。它一方面自称有普遍性,然而它为此所用的词语却说明它们与使普遍性无法实现的思想有密切联系。

然而在巴特那里,文学“符号”这一概念尽管继续用来预示萨特提出的那个最终的理想风格,但至少在逻辑上也提供了另一种较为临时性的解决办法的可能性。这一解决办法就是从作品中强制性地消除文学“符号”,也就是采用一种“白描”的写作手法,接近一种文学语言的“零度”;在这一状态中,我们觉察不到作者和读者的存在,严格的中性和简朴的风格充满了对文学实践中固有的缺点的宽恕。[68] 在我看来，这种状况无异于社会生活中的一种绝对的孤独，其中一种毫不含糊的政治观点可以把我们和压制性的社会制度联系在一起的一切（包括自身内部的和外部的）都受到压抑。

这一概念的价值可以从它所具有的观测能力这一点来衡量，因为在巴特提出这个概念的时候还没有真正的“白描”的例子。他所举的当代文学中的主要例子是加缪的《局外人》，但在我们看来，这部小说的风格也很俗套，并充满修辞手段，恰恰是充满标志的写作的典型。（从另一意义上来说，这一评价当然只能起到证实巴特的关于不可能有文学这种直觉的作用：因为写作不可能一直是白的，开始时没有特色的东西渐渐地变成了一种特色，没有标志的本身成了一个标志。）此后，罗伯-格里耶便被视为更加彻底的和更加令人信服的消除符号的化身，因为至少他的作品中是找不到主体的。但是我却更倾向于可在尤韦·约翰松①的小说中，或者是乔治·佩雷克的《事物》中找到的政治性更强的那种中性风格。

巴特的总的观点的改变（我尚不愿称它为认识论上的断口）可以通过这一狭隘的文学符号理论被一种基于叶姆斯列夫②提出的“涵义”和“元语言”之间的区别的更为复杂的理论所取代这一点得到证实。在这两种语言现象中，都涉及两个不同的但互相之间又有一定联系的符号系统，只是元语言把另一个语言作为自己的对象，并且作为另一个语言的能指，使另一个语言成为它的所指。这样，巴特所作的评论都是元语言，因为它窃取了另一个

---

① 约翰松（Uwe Johnson，1934—），德国小说家。“47小组”成员，受法国“新小说”派影响。主要作品有《对雅科布的种种揣测》（1959）、《两种观点》（1965）等。

② 叶姆斯列夫（Louis Hjelmslev，1899—1965），丹麦语言学家，“哥本哈根”学派主要代表。主要论著有《语言理论导论》（1943）。

更为主要的语言（如米什莱或拉辛的语言）的结构，并使它以一种新的和不同的形式出现（在这种形式中，正如我们所指出的那样，新造词和旧词新用的作用就是要提醒我们要和一种元语言打交道，而不是主要语言，或者是对象语言）。然而在涵义这一方面，根据叶姆斯列夫给这个词所规定的有限的和专门的意思，应该是整个语言系统本身才是某种更为基本的所指的能指。这样，那个主要语言系统实际上有两个所指：一个是，其正常内容，也就是当文本展开时我们不断接受的东西；另一个是，由作为一个整体的形式给予我们的总的信息。因此，对福楼拜的风格的批评应该是一种元语言，但是福楼拜自己的语言这个整体构成它自己的涵义系统，因为它说明文学本身，并一次又一次地对我们说：我是一种工艺师型的文学，我是风格工艺师的杰作。

下面我们还要谈到元语言这个概念。这里，我只想说尽管把有关的文学符号的局部理论和语言学的总的理论相结合可能很有好处，但我总觉得我们能够更加直接地看到涵义这一现象的个别的表现，因为我们可以明确地把它们当作个别的符号和标志，而不是什么总的信息或内容。然而这一转变最为严重的后果还在于新的术语本身就排除了零度符号的可能性，而这种可能性，虽然是一种幻想，却仍然保持了其政治含义。以为结构主义（相对于萨特的存在主义和“卷入”文学而言）是一种不带政治色彩的现象，是高卢法国的思想意识的一种反映，那就太简单化了。且不说别的，这首先就等于忘记了围绕《泰凯尔》[①] 杂志形成的那个

① 《泰凯尔》（*Tel Quel*），由小说家、文艺评论家菲利普·索勒尔（Phillipe Sollers，1936—）于1960年创办的影响极大的文学期刊，活跃于法国思想界、学术界和政治界。核心人物多为结构主义的代表人物和政治、学术方面的激进分子，如巴特、德里达、克里斯蒂娃、福柯等。主张用一种革命的写作理论和实践改造旧的语言、文学、哲学和社会。1968年出版的《泰凯尔：总体理论》集该派主要观点之大成。

富有战斗力的左派团体。不过，随着结构主义新的地位的逐渐确立及其对法国的大学制度的渗透，看来那种老的、绝对的、孤独的可能性已不复存在，而且所谓零度这一概念本质上的政治对抗性也会慢慢冷下来，成为老的科学客观性：一度被认为是一种无差别的状态现在却一点一点变成一种没有记录的、不起作用的空白。

3. 当我们几乎是不知不觉地从把能指作为一系列的双项对立这一概念滑向把能指视为解决这些现在被认为是矛盾的对立这样的概念时，我们就在把所指和能指分开这个问题上，也就是在假设能指本身就是从它转化而来的那个更深的和独立的层面这个问题上迈出了重要的第一步。我们可以暂时不去回答巴特的双重目标本身是否能按这些要求被重新审视这个问题。的确，我们首先是在列维-斯特劳斯所从事的工作中看到这种变革的作用的。因此，当我们再次回顾对俄狄浦斯神话的分析时，我们看到构成这个叙事的双重对立（过高估计对过低估计、家庭对大地）证明自己是原始思维中一种更为重要的矛盾的表现，即一个人怎么会是两个人的产物而不是大地独自的产物。列维-斯特劳斯正是在这个问题上提出了他那个有着许多可变因素的公式作为一种形式，使特定的神话素材通过它把不太可行的开头转变为令人满意的结果。[69]

然而，在纯思辨的层次上，或者在上层建筑的层次上被认为是不一致的东西，从具体的社会整体这个角度来看则可能被视为一种矛盾。列维-斯特劳斯对俄狄浦斯神话的解剖是一种假说，正因为他把这一神话的社会内容加以抽象化（而且我们也许还记得列维-斯特劳斯用了恩格斯的权威论述来为人类学家不从技术和经济组织的角度而从婚姻规则和民族结构的角度来描述上层建筑这种做法进行辩护）。

这就是列维-斯特劳斯在把注意力转向卡杜维奥①印第安人文面这类现象时所出现的情况。整个考察的内容十分丰富，无法在此详述。我只想指出一点，即列维-斯特劳斯认为这些时而对称，时而又不对称的面部装饰花纹是一种“与两重性的两种矛盾形式相对应的复杂的现象，其结果是由一件实物的轴心和它所代表的图案的轴心之间的第二位的对立所造成的妥协”[70]。这一对立，虽然在视觉形式方面可以按其自己的方式并用其自己特殊的图形手段来解决，但在本质上却反映了卡杜维奥社会中三合一和二合一这两种不同的社会组织形式之间的对抗，这一点是卡杜维奥人所解决不了的：“既然他们意识不到这一矛盾，无法理解它，就只好臆想它。”[71] 因此艺术，还有神话故事都可以被看作是一种文化无法具体解决的东西的形式化，或者用我们现在通用的话来说，就是这种观点认为艺术是一个符号系统，是在能指这一级上一个基本上被认为是一种对立或一种矛盾的所指的表现。这一观点必定导致我们去思考“对立”和“矛盾”之间的关系这个问题，也必定能在对把这些矛盾理解为从自身产生出更有意识的语言的机制所作的说明中找到答案。格雷马斯对“指意活动的基本结构”的研究就是为了作出这种说明。这就是我们所说的相对于列维-斯特劳斯的“烹饪三角形”而言的“语义四边形”，它是为用图式表示整个意义产生的可能性这样一个结构，甚至是整个意义系统如何从任意一个起点 S 推导出来而设计的。

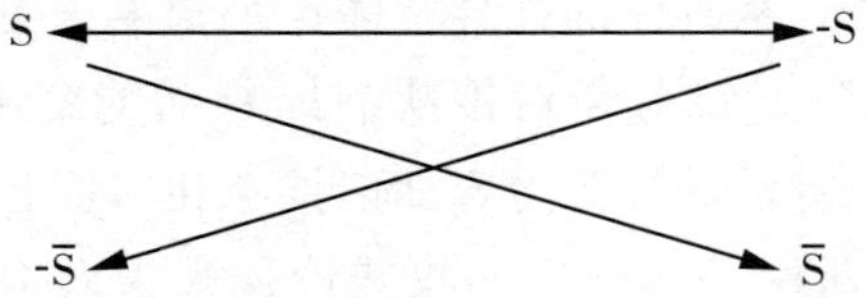

① 卡杜维奥（Caduveo），居住在巴西南马托格罗索的印第安人和他们的语言。

就拿格雷马斯那个现成的例子来说[72]，如果我们把S作为某一社会的婚姻规则，这个语义四边形就能让我们得出这个社会常规的和可能发生的两性关系的全部内容。这样，一S便可被视为代表那些被禁止或被认为是不正当的两性关系的一个符号（如乱伦），而简单的否定 $\bar{S}$ 表示那些婚外的两性关系，即有效的婚姻制度所不允许的或不承认为合法的两性关系：这些包括女方主动通奸。这样第四项一$\bar{S}$便可被理解为那些不正当的、被禁止的关系的简单否定，换句话说它代表那些既不算不正当也不是明文禁止的两性关系，如男方主动通奸。

因此格雷马斯的四边形基本上是对矛盾和相反这样一些传统的逻辑概念的阐发。我们可以说 $\bar{S}$ 就是简单的非S，而一S则必须更加肯定地看作为反S。确实，从这一意义上来说，我们的出发点（选定S的内容）实际上是一个双项对立，因为它必定包含其自身的反S这一概念，也就是其辩证的对立面。换言之，婚姻法的条文在其本身的结构中就包含了应被禁止这样的思想。因此格雷马斯这一机制的第一个作用就是要求我们必须把任何表面上看来是固定的、独立的概念结合到双项对立中去，这种双项对立是这个概念在结构上就决定了的，也是它本身能够有意义和被理解的基础。

这一机制中不言而喻的下一步就应该是对某一特定项的对立面（一S）和它的简单否定（$\bar{S}$）之间的差异进行不自觉的思考。从这个意义上来说，“阐明”这个机制就意味着反复试验一项又一项，以便找出它们之间的差距。这种阐发就和叙事形式完全一致起来了，要求人的头脑处理一连串的能想象得到的可能性。但它也可以采取另一种形式，即想出一个调和的概念来消除这个差距（来“解决”这个无法解决的矛盾）。最后，这一机制当然也可以作为一种静止的价值系统，让来自外部的基本素材（如某一情节必需的东西）既在这个四边形结构中找到自己的位置，同时又转变为这一系统内部象征性的指意成分。这基本上就是格雷马斯指出的在贝尔纳诺的作品中所发生的情况，他还指出贝尔纳诺的语义系统说明了生与死之间根本的象征对立。当我们用贝尔纳诺的作品的具体内容来代替这个抽象的结构时，我们就能得出下面这张关系图表[73]：

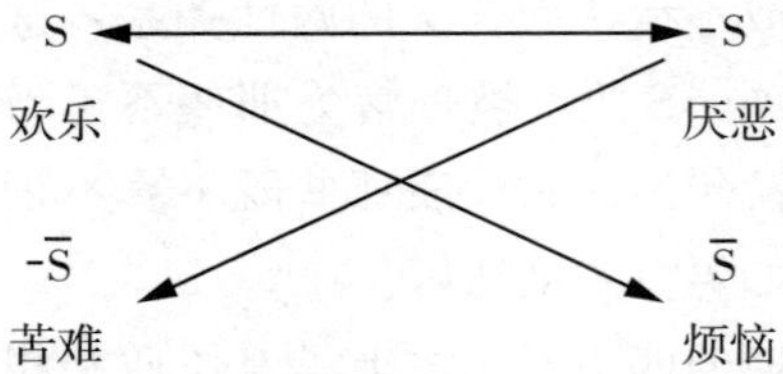

然而，就贝尔纳诺小说中的人物和情节可以说是一直在以各种方式试图弥合这些义项这一点而言，我们可以指出一些复合的结构或一些可能出现的调和。按理说，这后者应表现为四边形的四项之间可能组成的全部二元关系，但我们可以特别强调“中性”这个概念，作为那对基本对立的一种调和以及它的两个否定项的结合；这个结合自然后于那对基本对立，但它是后者的零度和休止状态。在贝尔纳诺的作品中这无疑将表现为某种根本的、决定性的麻木不仁。对于这个四边形的另一主要方面来说，文学和神话中都有许多起协调作用的人物，如小丑、魔术师等[74]，他们的作用主要是把肯定的和否定的结合在一起，通过他们自身复杂的个性或通过他们机灵的动作来解决这一对立。因此，想象中的景象本身就是一种合乎逻辑的证据或证明：听众如果能够想象出这样一个起协调作用的人物，那就等于他已经默认有可能用具体的办法来解决他的抽象问题。

然而，实际上我们却常常只能说出一个特定的概念应有的四个位置中的三个；最后一个，也就是$-\bar{S}$，则是要我们破译的一个密码或解开的一个谜。因此，前面提到的列维-斯特劳斯那个著名的烹饪三角形[75] 便可以很方便地用我们那个“基本结构”的四个基本项中的三个来表示：

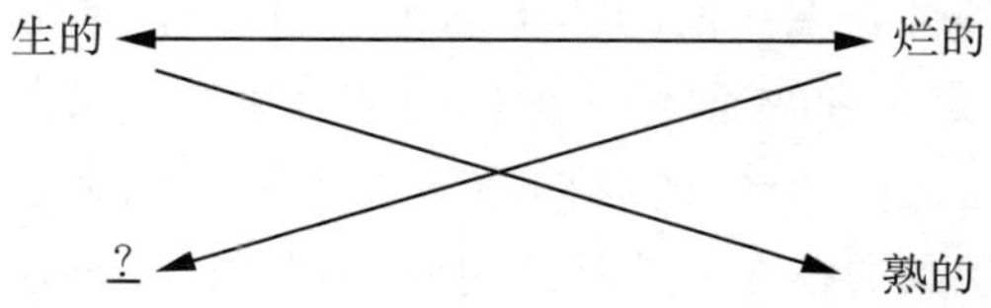

这里，这个模式可能朝两个不同的方向发展。它可以用具体的内容（熏肉、煮肉、烤肉）来代替抽象的术语，使它以特定的方式从这个基本系统中获得意义。另外它也可以表现为寻求待补的那一项（新鲜的），我们现在可以看到这一项不是别的，正是辩证法中常见的“否定之否定”。事实上，正因为否定之否定是具有决定性的一步，能产生新的意义，我们才如此频繁地遇到上面这种不完整的系统（只有四项中的三项）。在这种情况下，否定之否定就成了这个机制应该完成的首要任务。

为了举一个文学批评中的例子，我们可选狄更斯的《艰难时世》，不仅因为大家对它很熟悉，而且它也比较短，还因为，而且主要因为它作为狄更斯唯一的一部说教小说或“主题”小说，其思想内容早已由其作者以双项对立为形式为我们定下。在《艰难时世》中，我们看到了可以说是两种针锋相对的思想方法的对抗：格拉德格林德先生的实用主义（“事实！事实!”）和以茜茜·朱普及马戏团为代表的反事实的一方，也就是幻想。这部小说讲的主要是教育教育者，是格拉德格林德先生从原来非人道的一面向其对立面的转化。因此，这部小说是针对格拉德格林德先生的一系列教训，我们可以把这些教训分成两组，并把它们视为对两类问题的象征答复。小说的情节为了产生 $\bar{S}$ 和 $-\bar{S}$ 这两项，似乎不过是为了给下面这些问题找出答案所作的一系列努力：这些问题包括当你否定或否认想象时会出现什么情况？相反，当你否定事实时又会发生什么情况？格拉德格林德先生的那种思想方法的后果逐步让我们看清了这种否定之否定，这种不要想象的做法可能有的各种表现：他的儿子汤姆（偷窃），他的女儿路易莎（通奸，至少是未遂的通奸），他的模范学生布利策尔（告发和总的精神毁灭）。这样空缺的第四项便成为关注的中心，情节就是设法给予它想象的存在，就是试用一系列错误的办法和不能成立的假设，直到叙事素材得到恰当的体现。找出了这项之后（格拉德格林德先生的教育、路易莎拖到后来才获得的家庭幸福），这个语义四边形就完整了，小说也就结束了。

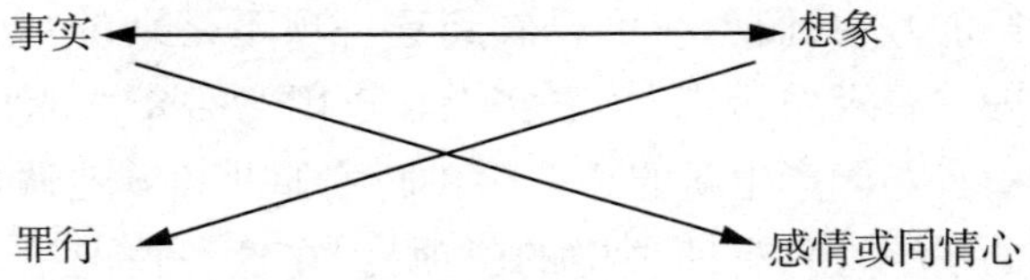

Ⅳ

那么我们必须承认，并且不能反对说，运动是一样的又是不一样的，因为我们不是按同一意义来使用“一样”和“不一样”这两个概念的；我们说运动是“一样”的，指的是它与自身的关系，因为它具有同一性；我们说它“不一样”，因为它与自身以外有了联系，与同一性也就无缘了，有的只是自身以外，因此完全应该叫“不一样”。

——柏拉图：《智者篇》

上面这一节告诉我们最终不可能用任何在方法上或概念方面有意义的办法使所指脱离能指。有了这一认识，就出现了结构主义的第三阶段。这一阶段把注意力转向整个符号本身，或者说转向构成符号的过程；能指和所指实际上都是这一过程的阶段，即指意的过程。然而，能指和所指在概念上难以分开，这一点在方法上倒很有好处，因为指意本身作为一种现象正是在二者分离的一瞬间，在二者之间我们尚未来得及看见就立即消失的十分短暂的空当中才能找到。不过，只要有关的事物不是静止的，不是通过其外部来研究的，而是一种感知，是对自身和自身以外不断的相互作用的一种认识，那么对指意的强调就表现为一件非常神秘的事情，即用语言体现意义的奥秘；这样，对它的研究就是一种内心活动。那些研究这个问题的人所写的东西特别晦涩难懂，原因就在这里。这种诡谲的意思可以被理解为巴特所指的那种符号，是一种表明一定的程式和高深莫测的办法，是一种通过程式化的语言顺时展开来强调事物本身的神圣性的办法。因此拉康的风格像马拉美的风格，德里达的风格像海德格尔就不足为怪了，他们在各自的时期的发展过程中都把文本的本质说成是启发。

1. 拉康体现在他的小组讨论中的、并以治疗过程为其目的的理论明显是启发性的，我们至多也只能大略谈谈对它的总的趋势的看法。我们已经指出，这一理论就是用语言学的范畴来转述弗洛伊德提出的形态结构，以便弗洛伊德研究过的所有那些显然是经验方面，甚至是存在方面的问题（欲念、焦虑、俄狄浦斯情结、死亡本能）最终都能用语言学的模式重新加以阐述。

精神分析对于指意及其体现的重要性可以从下面这一事实看出，即精神分析的研究对象更多的不是具体的事情本身，如性欲本身，而是性欲形成的过程或没有形成的原因。因此，通过精神分析的认识本质上已经是对同一和差异、存在和不存在以及对某一类指意既在又未在的朦胧状态这些问题的一种更强的意识。[76]我们记得拉康认为幼儿（infans：无语言的）学得语言标志着他进入了象征阶段（symbolic order）；这种情况的发生使拉康得以像列维-斯特劳斯把天然和人为对立起来那样把需要对立于欲望，因为二者从某一意义上来说都不过是供使用的概念而已。纯粹的肉体上的需要和天然状态一样是不存在的，它在通过象征阶段时立刻变成欲望，从而被赋予一种社会意义，而且更主要的是以其各种不同的形式与非我联系在一起。

使拉康的观点复杂化的是，他认为语言既是产生主体的本能冲动或无意识（“它所在，我所为”就是弗洛伊德本人的典型）同时也是他所进入的那个象征阶段，也就是他最后用来确定自己的地位和作用的那组坐标。因此，俄狄浦斯情结最后是靠拉康称之为“父亲的名义”这种心理来克服的；拉康的意思是主体会发觉自己不愿成为自己的父亲（本来也只是想象中的愿望），而只要在那个象征界中起他父亲所起的作用，或用他的“名义”；在象征阶段中父性本身就被界定和标明一个特定的功能。想象阶段和象征阶段的对立可以理解为两种情况之间的区别，即在前一阶段中，主体把精力花在自身的形象上，而在后一阶段中，他最终不得不承认对于语言这一层次来说，意识处于次要地位。

至于语言和无意识互为你我的问题也许最好从拉康那句有名的纲领性口号：“无意识就是非我的话语”入手进行探讨。这句口号在我看来就是一句句子，而不是一种思想，我的意思是它指出了内心活动的地方并把自己作为阐释的对象，而不作为某个概念的表述。[77] 无意识被认为是非我的话语这种观点立刻给我们提出了一套范畴，我们的任务就是按照它们可能有的全部排列把它们重新组合起来。大体上我们可以说使用语言的情况不仅包含了先于非我的全部经验的他性这一抽象范畴，不仅还要有一个实际存在的、具体的他人，而且除了这两者以外，还包含一个第三者，即本人自己的另一自我，或者说是自己的形象（可一直追溯到婴儿时期的镜像阶段，即幼婴首次发现自己还有一个自身以外的形象的时候)。当我们开始考虑非我的语言经验也表现为这些不同的方面时，我们就渐渐认识到言语这一行为包含着最为复杂的（想象的）投射和相互自居等心态，在言语行为中他性本身就为我们通常所说的无意识空出了一个重要的位置。

然而，拉康的这种理论的含义是我们必须去切身体验这些东西，而不能光是抽象地了解它们。的确，梦或妙语之所以重要，正因为我们只有靠再次参与它们构成的表意过程才能真正理解它们。同样，当我们再来看拉康的小组讨论的内容时（例如那次用来演示如何从数字或基本单位中产生语言系统的讨论会的内容[78]），就很难避免这样一个印象，即不管这种方法中意识或我思的真正意义是什么，拉康的做法主要是激发前意识，并使它表现为对同一和差异的一种直觉，或者是对我们所说的指意活动的一种直觉。

但是，我们至此还只谈到了这套理论中与哲学或认识论有关的问题。现在，当我们来看那些被认为更有弗洛伊德主义特色的现象，如各种神经病和欲望的成因的时候，我将不揣冒昧，对拉康的这套理论体系作如下简述：与母亲的关系是婴儿最早的也是获得最大满足的经验，但婴儿必定会被粗暴地剥夺这种关系。这样，与母亲的分离就造成了一种根本性的匮乏感或张大的口(béance)，即一个“缺口”；正是这一造成创伤的经验通常（被女孩和男孩）感觉为一种阉割。要注意的是，正如语言是一种张大的口或通往非我的开口处（语言从来就不是自足的东西，它的结构决定了它永远是一个有意构成的不完整的东西，总在等待着非我的介入)，阳物也应该被理解为象征阶段的东西，而不仅仅是男性生殖器本身。因此阳物是一个语言学范畴，是失去了满足的象征；而性欲，就其试图复得那种满足、复得阳物这一点而言，也是对其所失的一种认可。这就是说，神经病在拉康看来主要是无法接受阉割和无法接受根本的匮乏感这一生活中最关键的事实，它是对那个最早的基本满足的一种徒然的眷恋，相信人完全可能以某种方式重新找回阳物。真正的欲望反倒是对不满足的认可，对时间以及时间中欲望的重复的认可，而各种不正常的欲望是试图保存最大的满足这种幻想和虚构的结果。由此看来，拉康的禁欲思想正好和威廉·赖克①的性乐观主义相反，后者关于性高潮的理论相当于结构主义者确实期望的绝对的满足这一神话，相当于德里达所批判的那个关于绝对的此在的神话。下面我们将会看到把神经病视为追求最终的必然这一观点和德里达对西方哲学传统中冀求某种终极的、超验的所指所作的批判之间的关系。在此，我认为把拉康的理论中的阉割看成是一种零度的精神现象，即整个意义或语言系统必然围绕着它组织起来的那个基本的、充满强烈感情的空白，也不算过分荒唐。

2. 德里达在结构主义中的特殊地位是建立在对前面一节中提出的基本问题的否定之上的，这个问题就是所指在与能指的关系方面最终所处的地位，或者用更加通俗一点的话来说，就是思维和语言之间的关系。然而对德里达来说，这个问题是有用的，因为它虽然是错误的，却说明了整个西方哲学中一个很大的问题。正是在这一方面，他所从事的工作最接近海德格尔对历史的批判，尽管他在提出自己的理论时所用的概念并不是海德格尔用来表达他的思想的那些概念，如对存在问题或对存在的思考的神秘感的消失。德里达也借鉴尼采，后者对超验和对西方形上学的批判与他本人的观点有一定相似之处。思维和语言之间的关系这个问题本身就暴露了“此在”这种形而上的观点，并且还隐含了

① 赖克（Wilhelm Reich，1897—1957），美国精神病学家，原籍奥地利。性开放的倡导者。主要著作有《性高潮的功能》（1927）、《性格分析》（1934）等。

一种幻想：即单义的物质是存在的，绝对的此在是存在的，因而我们可以直接面对事物；意义也是存在的，而且应该有可能“断定”它们到底是语言的还是非语言的；此外，还存在着一种叫知识的东西，我们可用一种明确的或一劳永逸的方法来获得它。所有这些观念从根本上说都是那个关键的有关绝对的此在的形而上论的实质的各种表现；这一形而上的观点促使主体（在这一点上与萨特的那个虚幻的“自在”不无相似之处）坚信无论自己的经验多么支离破碎，别的地方肯定存在着绝对的完整，正是对此在的这种信念构成了西方思想的“围墙”或认识极限；德里达本人的问题就在于他自己也属于这个传统，无法摆脱它的语言和惯例，并且必定陷入困境（与巴特所说的文学的困境十分相似），即用来批判此在这一形而上论的词句和术语本身一经使用便立刻僵化，并成为支持它们原先准备打消的此在这种幻想永远存在下去的工具。

因此就不得不采取对语言做点手脚的办法；通过这种办法，德里达（跟海德格尔一样，而两人又都以柏拉图的辞源辨义为榜样）希望在他所用的词的内部以某种方法专门空出一处，以使他的用语无法明确地归入名词和实词这些使人产生错觉的类别。这也就是德里达提出的差异或延异的概念，旨在强调在英语中分别为相异和推延这两个意思之间的密切关系。差异（诚如我们所见，是构成语言的基础，并且在某种意义上来说与同一是一致的），是一种延异或者说是时间本质意义上的推延，其结构完全是过程，永远不可能让它停下来成为静止的此在，也就是说在我们刚意识到它的时候，它就在我们身旁一闪而过；因此它的此在既是即在又是不在。

这种延异在语言中的表现形式被德里达称为“印迹”。他也正是通过印迹这个概念抛弃了我们在前面提到的词意相对的错误观点。因为要想追溯业已存在的词句背后的东西和业已用语言形式表达出来的思想背后的东西就等于屈服于“万事有源这种神话”的威力，就等于人为地将自己置身于过去之中，而那时还没有这种有机的结合，还只是像世界创建之前的那种乱七八糟的仓库中一样，声音就是声音，意义或思想就是意义或思想。说一切语言不过是一种印迹就等于强调指意是自相矛盾的：即我们要想知道意义的话，这个意义必须已经产生；它永远是过去，哪怕是一刻之前发生的事情。在此，我们不妨借用黑格尔的一句话，这也是存在主义者从他们自己的需要出发非常喜欢的一句话：“本质即已存在的东西。”黑格尔凭借这一观点把静止的知识范畴变成具有深刻历史和时间意义的、不断运动的现象，联系到我们现在所谈的问题，我们不妨把这一观点改说成：“意义的结构本身就决定了它永远是一种印迹，是已经发生的事情。”

这种观点导致的结论是符号似乎总是不太明确的。我们对它把握不准，它自身也模棱两可，一会儿清晰明白，一会儿障碍重重，使我们脑子里交替出现纯声音和纯意义；这一切倒不完全是因为我们对这一现象知之不多，而是语言的结构本身造成的结果。认为符号必定是印迹的说法等于承认任何符号都可以集中表现为物质的一面或思想的一面，也就是说符号既是又不是物质，而且包含着一种必然的外在性。在这一意义上，此在这一神话，和单纯的言语这种神话或说话优于书写的观点是一致的。德里达在一系列对（柏拉图、卢梭、索绪尔、胡塞尔）的研究中给我们指出了我们出自本能赋予口头语言的那种优势最终可以追溯到以为意义完全是清清楚楚的，或者说绝对的此在是存在的这种错误认识上面。因此，德里达的这套理论和麦克卢汉①所推崇的东西

① 麦克卢汉（Herbert Marshall McLuhan，1911—1981），加拿大作家、文化理论家、教育家。主要著作有《机械新娘》（1951）、《理解媒介》（1964）、《媒介即信息》（1967）等。

完全相反；然而后者这一派的主要成就，如沃尔特·J·翁[①]的《词的存在》，连在把写作的演变和性心理的发展阶段联系在一起这一点上都和德里达如出一辙，并且完全可以和德里达的著作放在一起来读，从而看出对同一方面的文化现象一正一反的两种对立的观点何其相似。

根据德里达对口说语言毫无根据的重要性的批判，我们可以看出德里达认为一切语言的基本结构，即使是有文字之前的口说语言的结构，本质上都是书写语言的结构，也就是德里达所说的原书写笔迹（archi-écriture），目的是强调一切语言都具有的，也是作为后来一切实际的书写体系的依据的基本外在性或与自身的距离。别的不说，这至少意味着文本和它的意思之间总有一道鸿沟、对文本的评论或阐释都出自文本本身缺乏意义这一点。不过它也意味着文本可以没有确定的意义；阐释过程，把所指一个接一个地带出来，并让每一个所指继而变成有效的能指或指意系统的过程完全是无止境的。

德里达对形而上学的批判与海德格尔对此的批判十分相似，甚至可以说受到了后者很深的影响，他的这一批判跟《泰凯尔》杂志周围的那伙人一起的政治影响就在这一方面。说实在的，我真想把《泰凯尔》这一圈子里的人叫做左派海德格尔分子（好比马克思本人从中脱颖而出的左派黑格尔主义者一样），因为他们把独裁主义和神中心论与坚持某种绝对的所指混为一谈。然而这些与共产党有着密切联系的作家的政治观点和30年代初的超现实主义以来的任何人的政治观点一样激烈，一样新颖；这样说一点也不算过分。

---

① 沃尔特·J·翁（Walter J. Ong，1912—2003），美国学者、教授、牧师。其研究常融哲学、文学、神学、社会心理学于一体。主要著作有《拉米斯、方法与对话的衰落》（1958）、《词的存在》（1968）、《修辞、传奇故事与技术》（1971）等。

这是因为德里达对书写这一概念的解释能力所持的独到的见解可以说已经给马克思主义留有一席之地。不过，就弗洛伊德主义本身包含对语言的书写问题的看法这一点而言，我们可以说它肯定已经把弗洛伊德主义包括进去了。我们只要想一想弗洛伊德用来表示意识和无意识的关系的那本神秘的拍纸簿[79]，就可以感觉到精神分析的模式中有关书写的比喻多到什么程度。相对于他的实际的体系而言，德里达在方法上的特点可以说是由这些东西构成的：对哲学或文学文本进行“荧光检查”、对词汇或句子中出现的与书写笔迹有关的比喻，无论细微到什么程度都决不放过。这成了一条原则，认为这类比喻，甚至明显是无关紧要的，都是很重要的，并且能说明作者与书写的关系，换句话说，能说明作者在西方形而上学的传统的思想框架中相信此在这种神话。为了证明这种看法有各种可能性，我们可以举纪德的“蔑视道德的人”复活后指出自己重新发现老亚当时的话为例：“这‘老亚当’是基督福音要求摈弃的，也是我周围的一切：书、老师、家庭，甚至我自己一直想要压下去的。尽管他很消瘦，而且在那么多的印记下很难看清，我觉得更有必要、也更值得去重新发现他。从那时起我就蔑视教育在他身上画上的那种后天的、普通人的特点。我不得不剥下那一层层刻在他身上的印记。”

> 我把自己比作（可以刮去旧的字迹供重新书写的）羊皮纸；我知道当一个学者在同一张纸后来写上去的一行行字的下面发现以前的、珍贵得多的文本时是何等兴奋。那个隐蔽的、秘密的文本是什么呢？为了读到这个文本是否还必须抹掉后来写上去的那些文本呢？[80]

这样，《蔑视道德的人》就成了一个解读文本的故事：它那典型的景色，那些绿洲以及草木繁茂的诺曼底农庄，这些都是一个可见的文本的许多形式；在这些形式中，以春天或年降雨量出现的自然和表现为耕作方法的人为合写成人本身这个词。这种分析方法的其他方面也并非离题万里，因为这部著作从某一方面来说是对私人财产和私有制的自相矛盾的地方的一种相当审慎的批评，而另一方面，同性恋这个问题则可以说是通过羊皮纸这个形象本身引发出来的. 因为文本最深的那一层——“执意从恶”[81]——必须与它上面的各层有所不同才能做到把它和它们区别开来这第一步。萨特曾说过，道德败坏就是失败的滋味；在纪德的作品中（例如米歇尔最后帮助偷猎者偷他自己这种情况），它就是对相信存在着某种绝对的和正宗的此在这种神话的惩罚。

必须指出的是，这一方法（的确在这一点上是忠实于纪德的那个寓言的结构的）本质上是一种形象化的比喻。读过德里达自己的分析的人无不诧异地注意到这些分析似乎经常回复到最老的弗洛伊德式的阐释方法上去，即采用所谓的阳物象征手法。因此德里达在对弗洛伊德早期的“科学心理学计划”的研究中[82]，把意在强调精神的各个部分之间的结构关系“Bahnung”一词（即“穿透”的意思，但在弗洛伊德全集的标准译文版中却被很不恰当地译成“通畅”）解释为一个既表示书写文本的行为，又表示性交行为的双重比喻。这样，弗洛伊德其人便被用来还治其身（尽管他深知写作具有性象征，因为写作时“有汁液从钢笔中释放出来，流向白纸”[83]）。不过，把写作与性行为之间这种象征关系说得最详尽的一个例子在德里达的《论文字学》一书中；在这里，德里达指出卢梭把文字说成只是口语的“替代物”，这种说法实际上包藏了不自觉地把写作和手淫等同起来的看法（卢梭把后者也称为一种“替代”，因为它代替了天性）。

把这种分析说成是比喻并不等于说它是错的。事实上，对卢梭的分析在这一方面是非常有说服力的，而且在两个方面得到证实：一是对卢梭本人的内心世界的独立的研究，二是18世纪文学基本上是一种挑逗的和色情的描写这种普遍情况。然而，以某种概念联想作用为依据来为德里达的方法辩护，认为某一特定的词（如卢梭的替补物和柏拉图的毒药）是各种基本内容的象征体现，因而可以作为探究整个作品的一种征候，那是不对的，尽管不能说是错的。我们不妨这样认为，即那些关键的词，作为一个符号，自身包含着能指与所指之间的根本性的差距，或叫差异或延异，以致我们永远无法获得其“终极”意义，即那个可以成为绝对此在或与自身完全一致的意义。因此符号的结构本身就是比喻性的，因为它是在永无止境的复归中从一个“层次”的所指向另一个层次，接着再向下一个层次推移的无穷的运动。

《泰凯尔》这一派人物可以说正是在这一点上完善了，而不是篡改了德里达的基本思想。的确，可以作为他们的共同努力的丰碑的著述，即让-约瑟夫·古的《钱币学》一书简直就回到了教会领袖们所倡导的中世纪的四层次分析法那种无所不包的体系论上。在这一论著中，让-约瑟夫·古企图说明各种价值系统，无论是经济的、精神分析的、政治的还是语言的，都有一个基本的共同点，即“（价值）的等级结构是怎样建立起来的。这是一条决定等次和从属关系的原则，按照这条原则，绝大多数（复杂的、多形式的）‘符号’（产品、行为和姿态、主体、客体）都排列在它们之中某个神圣的权威之下。在某些凝聚点上价值似乎积聚起来，形成资本，集中在一起，赋予某些成分特有的代表性，甚至是它们本身组成的那个丰富多彩的集合体中垄断的代表性。这时晋级的神秘起源已经消失，而使这些成分在起着价值的标准和尺度这一超验作用时有绝对的（独立的和无限的）垄断权”[84]。

对不同的东西的价值分别进行的研究所得到的十分相似的内容，如马克思对货币和商品的研究，弗洛伊德对情欲的研究，尼采对伦理学的研究以及德里达对语言的研究，本身就是决定这些不同对象的东西：黄金、阳物、父亲或君主或上帝，以及口说语言（parole pleine）相互之间的隐蔽关系的一个标志。这些绝对标准的产生的范式就是马克思所说的交换机制的四个阶段：简单阶段（一对一的时期，等于拉康的镜像阶段），高级阶段（一种多形态的价值系统），概念阶段（出现了共同价值这一抽象概念），以及最后一个货币的或绝对的阶段（这时黄金已从商品流通中排除，成为绝对的标准，就像父亲被杀，转为父亲的名义，也像拉康的精神分析中象征性的阉割把性欲定在生殖器阶段一样）。这一过程中另一个重要现象，也就是使我们的说明具有政治和革命内容的现象，是这一发展过程本身的淡化和消失，使资产阶级能够掩盖价值来自真正的劳动这一事实，把性成熟的其他各个阶段都笼统地说成是变态、消除弑父的一切痕迹，把一切表现为书写文字形式的语言等同于口说语言的"替补物"。

德里达的理论中所隐含的，但在《泰凯尔》小组的观点中所公开的那种政治性表现为"对起源抹杀后的实际结果的斗争"[85]；这样说是为了认识这种观点在马克思主义的框架内的价值和极限。我在其他地方[86]对庸俗马克思主义所采用的经济模拟论，即基本上套用马克思主义经济学的术语，和那种试图把思想意识重新基于阶级斗争的具体实际的真正的革命努力作了区分。在这种情况下，《泰凯尔》的政治态度本质上可以说是一种在各个层次上反对存在着超验的能指或最终的实在的意义或绝对的此在这种观点的富有战斗性的无神论。它也可以被认为是萨特在写《存在与虚无》时所从事的工作的继续，只是存在本身的说法和概念现在已被抛弃，而且《泰凯尔》派的人物还提出了一种对时间或过程的认可，对一种整体性的文本生产或实际上就是产生现实本身的印迹的形成的认可，来取代萨特这部著作的道德结论，即相对来说一成不变地坚持不存在。朱利亚·克里斯蒂娃①是在文学领域中最系统地阐述这些观点的一个人，她建议用把文本视为一种自生机制、一种无止境的文本生产过程的观点来取代过去关于文学形式的那些形而上的观点。

因此，对这种生产力的压制便来自对上面谈到的永无止境的复归过程，也就是意义从能指向所指无穷的接替的一种担心。资产者或神经病患者（萨特所指的“不正常的人”）是无法接受延异的这种纯时间性的，他们最终必定要求助于任何一个层次上某种有关超验的所指这种使人安心的理论，可能是有关上帝，也可能是有关政治权威、阳刚气概、文学作品或者就是意义本身的理论。因此，在《泰凯尔》派身上集中了拉康和德里达的各种分散的思想，形成了一股力量，即使不算真正具有革命性，但至少在资产阶级的传统中是有很强的批判力的。

但同时，我们也必须指出作为这股力量的基础的理论体系本质上是自相矛盾的。就在否定一切最终的或超验的所指，否定一切能够决定现实的最根本的内容的概念的过程中，德里达最终也创造了一个新的概念，即文字这个概念。从文学的角度来说，我们可以说德里达本人的一些分析（更不用说是让-约瑟夫·古的那种复杂的引申了）之所以有力，是因为它们把文字作为一种特殊的内容分离出来并如此对待它；这样，文字就成了最基本的阐释或解释的标准，一种被认为是比它在阐释活动这个等次结构中

---

① 克里斯蒂娃（Julia Kristeva，1941—），法国结构主义符号学家、女权主义者，原籍保加利亚。主要著作有《关于中国妇女》（1974）、《诗歌语言的革命》（1974）、《语言中的欲望：文艺符号学研究》（1980）、《爱情故事》（1983）等。

所支配的下面各层次上的其他内容（经济的、情欲的、政治的）更为重要的标准。否则我们就无法解释下面这样一段相当典型的德里达式的论证语言的威力："文字、字母、有意义的记号等在西方传统中一直被认为是精神、生命、神谕和理念之外的躯体和物质。而心与身的问题无疑又来自文字的问题，这时前面一个问题似乎（倒过来）把自己的比喻用到了后面一个问题上面。"[87] 这种颠倒是骗人的东西，因为它只提供了对各种可能性的简单选择；因为很明显的是，如果强调心身问题，那么我们就可以把整个关于印迹和延异的概念看成是生命必须有所体现这一基本思想的表现形式之一（语言层次上的）而已。在此，我们必须在表示同一事物的两种方法之间、两种相似的标准或阐释方法之间作出选择，那就是语言的标准和生命或有机体的标准。这个时候的选择颇似一种形而上的选择，德里达关于印迹的概念也颇似原本试图批判的那类本体论之一。

但是我并非暗示德里达这套体系与马克思主义是格格不入的。事实上，在强调此在或直接意识的结构是自相矛盾的，是永远已经存在并到位的，并似乎永远在时间和存在上先于它们自身这一方面，德里达的思想和阿尔都塞关于"永远已经确定"的思想是一致的。阿尔都塞说："马克思主义抛弃了本源说及其种种有机论思想这种观念上的神话；作为其指导原则，马克思主义确认每一件具体'事物'的复杂结构都是确定的；这个结构既决定该事物自身的发展，也决定认识该事物的理论应用的发展。因此我们无须理会那些最早的本质，而只须涉及永远是事先确定的东西［un toujours－déjà－donné］，不管对其了解可回溯到过去什么时候。"[88] 由此看来，"印迹"便成了马克思那个一直招致非议的论断的一种有力的、象征的表示方式；这个论断就是："不是人们的意识决定人们的存在，相反，是人们的社会存在决定人们的意识。”[89]① 这一决定表现在“已经确定的”之中；作为已确定之物，它总是超越意识，无论你把它设想得多么周到，就像它能在语言的地矿中找到文字这种可见的表现形式。这一点可被认为是所指最根本的基岩，即那个自身永不构成概念或能指，因而也是前面谈到的那种不自觉的神学般的固恋永不可及的基础结构或“社会存在”的层次，但这个层次却为能指的无限复归和飞迁垫了底。不过，如果真是如此，那么德里达批判的那些实质更确切地谈应该叫超验的能指，因为它们相当于对单独一种符号或思想范畴的固恋。但我们提到的所指的最本质的一面却不能用这种方法来实现（尽管庸俗马克思主义的经济主义试图做到这一点），因为它总是超越个人的意识，是个人意识产生的基础。

然而，这一困境本身还只反映了结构主义的立足点的问题，这在本书序言中已提及：即用各种语言系统来说明现实，用新的语言学术语来重新表述哲学问题，这一选择必然是一个专断的决定，必然使语言本身成为一种享有特殊地位的阐释方法。指出今人与前人越来越多地使用语言模式这一点即使不是赶时髦，也符合“时代精神”；另外也应该老老实实地承认一切皆语言的观点无可辩驳，但也无法辩护。

德里达深知这一点，以至最后得出的结论是结构主义本身也摆脱不了此在这类神话的影响。他说：“此在这种形上说的基础已被符号这个概念所动摇。不过人一旦想证明……超验的或特殊的所指是不存在的，而且到了这一步，指意的范围或活动又是无止境的，那么他就必须放弃符号这个概念和词，但这一点正是他办不到的，因为‘符号’的含义一直被认为是所指的标志，

① 这两句话出自马克思：《〈政治经济学批判〉序言》，见《马克思恩格斯选集》1版，第2卷，82页，北京，人民出版社，1972。

是返指所指的能指，是不同于所指的能指，它的意义也就是这样确定的。现在，如果我们抹去能指和所指之间的根本区别，那么我们就应该放弃能指这个反映形而上学思想的词。当列维-斯特劳斯在《生的与熟的》一书的前言中声称他‘通过直接置身于符号这一层次上已经设法解决了可感的与可知的之间的对立’时，我们可不能因为他这种做法有必要，而且有理有力而忽视符号这个概念本身无法解决可感的与可知的对立这一事实。符号的概念本身是完全彻底地、自始至终地由这个对立决定的。它的生命力正来自这一对立，来自它所建立起来的体系。然而我们又无法不要符号这一概念，我们在批判它与形而上学相通这一点时，不可能不同时批判我们正在对它进行的批判，也不可能不冒这样的危险，即把一个已经和自己的能指相结合，或者同样也可以说已经完全把它排除在外的所指在内在特性方面的差异消除殆尽。”[90]

因此，德里达的思想并不说明它已经轻而易举地超越了它所批判的形而上学，已经摆脱老的模式，进入这种批判已暗示存在某种未知的领域。相反，他所用的哲理语言却沿着它自己构成的思想牢笼的四壁摸索前进，从内部对它进行描述，好似它不过是各种世界中其他世界不可理解的一个世界。

V

1. 结构主义这一要害问题，或者说是对结构主义的结构主义批评的核心问题使我们在符号这一固定不变的概念中看到了时间性这一事实和对它的感受的破坏性，这种破坏性把老的系统的外壳一点一点地破开，并使自己一点一点地展现在人们的眼前。这里，我们不禁要提到结构主义对历史的再创造；而且在我看来，“延异”这个词是想用来指最小的差别，用来在最小的时间单位内找出时间的奥秘。德里达本人对此一清二楚，如果说他不大愿意用“历史的”一词来说明这个基本作用的话，那是因为他认为黑格尔是个形而上学论者，而“历史”（作为直线型的接续、理想主义的延续以及一系列的“此在”这样一些错觉）依然是西方传统中形而上学思想的一部分。他说：“如果‘历史’一词本身不包含从根本上消除差异这种想法，那么我们就可以说只有差异才能从一开始就具有彻底的‘历史’性。”[91]

这种再创造是和我们对时间的一贯看法的深刻改变相一致的，特别是和用德里达的语言来表达叫做对此刻这种思想的彻底批判相一致的。由于某种尚待确定的原因，真正的历史性只有在抛弃绝对的此刻这种幻想的条件下，在此刻对来自其他方面的时间流动重新开放的条件下才有可能。这再一次说明为什么在这种情况下艺术作品是最好的研究对象。德里达说：“作品的这种历史性不仅在于作品有过去，在于它先潜在于其作者的意图中，而且还在于它永不可能存在于此刻中，永不可能在任何绝对的同时性或即时性中重新开始。”[92] 因此，索绪尔的理论中关于同一和差异的问题的最根本的表现形式就是对时间的一种新的、历史的认识，即此刻中在场与不在场并存，在我们眼前从静态中产生出时间。

这样，结构主义就达到了它的外部极限；值得指出的是，时间性从结构主义的角度来说，在此已成为直观的，这是因为它指的是符号内部潜在的时间性，而不是客观事物的时间性，也不是实际存在，或历史的时间性。

这种分离在结构主义关于历史的最详尽的论述中，也就是阿尔都塞的观点中，也有所强调。我们已经指出，阿尔都塞认为观念上的世界必须和真实的世界绝对分开，因此历史这一概念的问题本质上是用什么模式的问题，而不是现实世界的问题。他说："对那种偏见的巨大力量我们切不可掉以轻心；它仍然控制着我们，它是当前历史真实性的核心，企图通过让认识对象表现出它所认识的具体事物的主要'特点'使我们混淆认识对象和具体事物。对历史的认识并不比知道糖是甜的更具有历史性。"[93]

这就是格雷马斯在提醒我们认识尽管以历时事件为对象，却本质上是一种共时现象时用一种不完全相同的方式强调的东西。[94] 这意味着就我们能够抽象地"认识"历史这一点而言，这种认识必定已经把货真价实的历时性变成了共时性的东西。因此，真正的历时、真正的历史是我们头脑外的一种不可直接获得的"事物自身"，时间成为一种不可知的东西。

阿尔都塞持相似的观点，但他在使用术语方面也许更加注意连贯性。他指出历时和共时都是概念上的范畴，不可知的是"切身的"历史（个人的经验）和"客观的"历史（集体的命运的渐现）。因此在他看来，历时观作为一种思想方法成了"一种时间的时间，一种我们无法在生命时间或钟表时间的延续中读出的复杂的时间，它必须由我们从生产本身的具体结构中构建出来"[95] ——也就是一套虚构的或假设的变化模式。共时观也是如此，在阿尔都塞看来，它是对纷繁的现时和复杂的"主导结构"的一种抽象；在这种结构中，不同层次的现象按相互之间的关系分层次组织在一起。

这样，阿尔都塞的观点既反对经验论或唯实论的历史观，也反对黑格尔的或唯心论的历史观。他把二者联系起来，视为辩证对立的双方，他说："这样，我们就处于明显的经验历史的两极，这里所有历史的时间都是简单的时间的延续，所谓'内容'都不过是在这种时间内发生的事情的空架子，而历史学家则试图通过各种不同的编辑技巧把这些事情编排起来，以便给这个时间的延续‘划分时期’。我们必须与之打交道的当然不是构成一般的平淡无奇的历史的延续和断续这样一些概念，而是每一种历史特有的、复杂得多的概念；这里有新的逻辑形式的介入，而且黑格尔提出的那些只不过是‘运动和时间的逻辑’这些概念的升华的思想除了有很高的近似值外就什么也没有了，而即便是这一点，也是有条件的，那就是根据它们的近似值近似地（象征地）运用它们，因为假如我们真把黑格尔的那些概念看成是可以成立的话，那么它们的运用在理论上就是荒唐的，简直是徒劳的，甚至会是一场灾难。”[96]

2. 由此看来，我们似乎把位置颠倒过来了，这本身就很辩证，因为这时历史似乎对自己的历史性这一点已坚信不疑，以至不再把自己当历史，而突然变成一种非历史的认识对象。这一点在列维-斯特劳斯那里已经比较明显地表现出来，他认为把现代的或西方的（“热的”）社会视为历史，就必然要把原始的或冷的社会视为无历史的，而且还必须提出一个较大的第三项（结构）把两者都纳入。这种做法至少是把观念上的历史和能够作为社会本身的历史变化的能动的、内在的规律的历史混为一谈。其结果是，一方面历史（也就是西方）的出现在列维-斯特劳斯看来完全是偶然的，是根本不应该发生的事情[97]；而另一方面，实际的变化则与事物而不是人类的活动联系在一起，于是历史成了事物的历史：“（神话思维和逻辑思维）之间的区别与有关的思维活动的性质关系不大，而更多取决于这些思维活动的对象物的性质。技术专家们在各自的专门领域中早就意识到了这一点：铁斧比石斧好，并非因为它比后者‘做得更好’。两者实际上都做得很好，只是铁与石头就是不一样。”[98] 列维-斯特劳斯赞同卢梭，表明两人基本的哲学观点惊人地一致。

然而，最能说明“历史”成了不过是许多同样重要的思维方式中的一种这个过程的，也许是米歇尔·福柯所做的工作。他的《词与物》一书力求得出我们已经看到结构主义似乎有希望得出的那种模式史。

德里达的理论中最重要的思想是“此在的形而上论”这一批评概念，在福柯的理论中，具有同等地位的概念则是表征这个概念，也就是有关主观意识与客观存在，或者说是词与物之间的关系的一个观念，根据这一观念，前者总是以某种方式对后者的模仿。福柯的目的是想证明：“整个古典主义时期（当然指 17、18 世纪）表征理论和语言、自然分类纲目以及财富和价值的种种理论是相一致的。可是到了 19 世纪初，这种情况完全变了，表征理论作为一切可能成立的体系的总基础这一点已不复存在，语言作为一种自发的现象和以实物为基础的文字体系、作为表征和事物本身之间必不可少的一种联系也随之消失。一种深刻的历史性深入到事物的核心，把它们孤立起来并根据它们自身的严密结构来确定它们，把日久天长形成的规律强加于它们身上；对于交流和流通的研究让位于对生产的研究，对有机体的研究优先于对分类特征的研究；最主要的是语言丧失了其特殊地位，只成为与其自身丰富的过去相一致的历史的又一种表现形式。不过随着事物逐步以自身为中心，努力寻求自身发展中可被理解的规律，同时抛弃表征这一层面，西方认识史上第一次出现了人……从此产生了各种离奇古怪的新人文主义思想和一种对人进行总体的、半实证主义的、半哲学的审视的‘人类学’的全部轻而易举的解决办法。不过想到人还只是一种新发明，不足两百年，只是我们的认识中的一褶，而且在后者获得新的方式后将会消失这一点，还是令人宽慰的。”[99]

我们可以这样来总结这种新的历史理论，那就是看看它所指出的有关语言的命运，这也是这一理论的主线：从文艺复兴（那时世界基本上就是《圣经》、文本、文字符号）开始，经过古典主义时期（主要将语法等同于逻辑）一直到现代（主要是历史语言学或发生语言学）。这说明历史表现出话语逐步消逝的特点，而现在，随着结构主义的出现，历史似乎快要回到突出语言（或总的象征界）来压倒历史或我思这些过时的思维方式这种观点的地步。

这种范式已为大家所熟悉，不熟悉的是用作例证的材料（语言学、生物学、经济学），因而使这本书也许就更为有趣。福柯较早的一部书《疯狂与非理性》，虽然不如本书系统，却在提出癫狂史这一点上更为令人瞩目。然而几个关键"时期"都是一样的：中世纪，这时疯人像吉卜赛人一样自由游荡于欧洲，乘着真正的"愚人之舟"穿梭于河道，船上的愚人则被认为具有神赐的特权和智慧（莎士比亚的剧作中仍可见到）；古典主义时期，这时刚刚出现的理性思想同时产生了其可怕的对立面，这时首次使疯人与世隔绝的最早的疯人院与笛卡尔的我思是同时出现和存在的；浪漫主义时期，这时在夏朗东①，疯人成了19世纪慈善业的对象，癫狂也不再被认为是罪行，而是一种疾病；最后是当代，这时大狂人尼采、荷尔德林②或安托尼·阿尔托③都似乎被认为是绝对经验的化身，掌握着人的品质和思维的极限的奥秘，甚至

① 夏朗东（Charenton），法国地名。位于法国西部，盛产葡萄。在那里有关押犯人的监狱和精神病患者的疯人院。

② 荷尔德林（Friedrich Holderlin，1770—1843），德国诗人。主要作品有《许佩里翁》（二卷本，1797、1799）和大量诗作，还翻译过索福克勒斯的《俄狄浦斯王》、《安提戈涅》。

③ 阿尔托（Antonirl Artaud，1896—1948），法国演员、诗人，戏剧理论家。20世纪20年代曾卷入超现实主义流派的演出和创作活动，后受象征主义影响，形成所谓"残忍戏剧"理论，并著有《残忍戏剧宣言》（1932）、《戏剧及其替身》（1938）等理论作品，对西方荒诞派戏剧有较大影响。

是存在本身的奥秘。

这两部著作中显而易见的方法问题与所述各时期的内容并无多少关系，但与一个时期向另一个时期的过渡有关。福柯用于描述相邻两个时期之间这种突变的比喻（地震、大动荡、地震学上的断裂）是对下面这一问题的认可，而不是答案："也许提出问题的时间尚未成熟：我们很可能要等到思想的考古学这门学问基础更牢固、更确切地估算出自己直接和正面地进行描述的能力，并描述它所研究的各种独特的体系及内在联系之后，才能看到它从外部绕过思想并对它避开自己的方向提出疑问。眼下，只要在这些突变所处的或隐或现的经验层次上来理解它们就足够了。"[100] 然而模式理论应当以其特殊地位认识到，模式的形式是不受其所获感性材料的众寡的影响的。

实际的情况似乎是同一和差异这种理论除了指出绝对差异外并无其他任何作用这一点在此已暴露无遗，我们必须接受一种极端的突变观念，把它看作从一个内部统一的共时时刻向另一个时刻的剧烈的、无意义的转移。福柯的理论框架使我们看到为什么必然如此。换句话说，我们不能把历史降格为许多认识方式之一，然后又希望从历史的角度来认识这些方式之间的联系。这使我们想起蓬日①所说的树的情况：树一再想逃避其树性，却以长出更多的枝叶告终："人们不可能通过树本身的途径来摆脱树。"语言作为超验的所指只能把历史视为一种特殊的话语模式，面对在历史看来不过是从商业资本主义到后工业资本主义的生命周期这一系列形式，语言只能目瞪口呆。

---

① 蓬日（Francis Ponge，1899—1988），法国诗人。作品多描写生活中实物。主要作品有《肥皂》（1967）等。

Ⅵ

1. 我们曾提出最好把结构主义理解为一种哲学上的形式主义，是现代哲学中无处不在的那种脱离具体内容，脱离各种能指理论的普遍趋势的极点。即使是弗洛伊德和马克思两人是否能成为结构主义大师这样的问题，也可以通过对结构主义的基本倾向的这种认识加以澄清，因为他们都身处黑格尔之后西方分类哲学解体的时期，因而他们的理论忽而被认为是新方法，忽而又被认为是新内容：一方面是历史唯物主义和精神分析阐释法，另一方面又是辩证唯物主义和性本能的理论。我们已经看到，结构主义试图将这两种方法加以结合，把它们看作能指和所指之间的差距的一对表现形式，同时结构主义又往往忽视这两种方法的具体内容，或者用象征手段对其加以解释。

结构主义的形式主义倾向还可以从另一方面，即罗兰·巴特对文学科学和文学批评之间所作的区别中明显看出，这是弗雷格①和卡尔纳普②两人较早对一句特定的话的“意思”和“意义”之间所作的区别的翻版，即这句话的固定的结构形式及一代又一代的读者赋予它的意义或变化无常的评价。这样，作品便成为一个等式，我们可以随便选择任何内容或译码来充当其变量。[101]毫无疑问，巴特本人一直是信守这一规则的，他在批评实践中运用各种不同的批评方法，时而用精神创伤来解释作品，时而用弗

① 弗雷格（Gottlob Frege，1848—1925），德国数学家、哲学家，现代数理逻辑奠基人。

② 卡尔纳普（Rudolf Carnap，1891—1970），德国哲学家，逻辑实证学派创始人和代表人物。主要著作有《世界的逻辑结构》（1928）、《语言的逻辑句法》（1934）、《概率的逻辑基础》（1950）等。

洛伊德学说中的“图腾与禁忌”，时而又用拉康的有关理论，或是《泰凯尔》派的文本解释法。这些不同的选择一方面反映了这位阐释者炉火纯青的阐释技巧，但也说明这一方法本身的概念在结构上存在着某种根本性的缺陷，某种近乎不可思议的任意性，因为否定任何特定的内容等于可以滥用任何方法。

与此同时，结构主义和当代其他主要的形式主义（实用主义、现象学、逻辑实证主义、存在主义）一样，也通过它所否定的特定的内容的性质，强调了对一切内容的排斥。结构主义独有的错误在于，它把自我或者主体当作实体。就其试图将主体重新融入纯关系、融入语言或象征的体系而言，结构主义可以被理解为对初见端倪的生活的集体性的一种误解，对由我们的个别存在构成的并非计算机自动化而是大生产化的商业网早已存在的集体结构的一种模糊的反映。从这一意义上来说，对自我及其各种主张的批评显然是一种反唯心论的冲动，然而它又是和建立一种新的客观科学或称符号学这种较为实证主义的要求并存的。这些实证主义的努力，例如试图在人脑结构中找出双项对立思想的根源，都不如我们下面要谈的这一理论体系的其他结构方面的结论那样发人深省。

现在让我们回头再看搁置已久的列维-斯特劳斯对俄狄浦斯神话所作的分析。我们还记得四类基本内容（乱伦、家庭内部的谋杀、残疾、妖魔）组成了两对对立，一对涉及血缘关系（过分强调血缘关系、忽视血缘关系），另一对涉及人与自然的关系（人有时成功地摆脱自然的控制，有时却不成功）。在另一节中，我们又指出列维-斯特劳斯认为神话本质上是通过想象解决实际矛盾的一种方法。因此，俄狄浦斯神话被认为是对以血缘系统为一方和以自然为另一方的矛盾的调和，是对亲属关系规则无法完全涵盖有组织的生活这一点在思想上的一种令人反感的反应，这种反应可以被认为是一种艺术升华和对赤裸裸的兽性的掩饰，与文面的性质是一样的。这个神话“于是表明一个自称信奉人是地生的社会不可能从这种理论转向承认我们每一个人都是一男一女结合所生这一事实。这是个不可逾越的困难，但是俄狄浦斯神话却提供了一种逻辑方法，在两个问题之间架起了一座桥梁，一个是原有的问题，即人是一个人还是两个人所生，另一个则是派生的问题，可以大致说成为：同样的东西是同样的东西还是不同的东西所生？这样，一种相互关系就逐渐脱开：过分强调血缘关系与忽视血缘关系之间的关系和试图跳出地生说与无法做到这一点之间的关系是一样的”[102]。

这种解释确有独到之处，远非对个别具体神话问题的局部解释。因为从本质上来说，上述对立是自然与文化之间的对立；并且就俄狄浦斯神话是文化本身对其起源的一种干预而言，就创造神话并非文化本身可有可无而是必不可少的构成部分这一点而言，得到这样解释的这一神话也涉及其自身的存在问题。因此，说到底，在列维-斯特劳斯看来，对这一具体的神话的解释（和对一切神话的解释一样）表明：“所有神话共同的特点，即夸张，它是一个层次和另一个层次或其他几个层次相乘的结果；另外，这个特点就像在语言中一样，起着表明指意活动的作用。……如果有人问这些指意（它们互相指意，但最终必须与某样东西相联系）最终的所指是什么，那么本书（《生的与熟的》）所作的唯一的答案便是神话通过它自身所属的那个世界来说明构成它们的精神。”[103] 因此，构成巴特的理论的基础的那种双功能性（即符号既有某种意思又表示其作为符号的自身存在）在此简化为一种“内容”就是形式的彻头彻尾的形式主义：神话讲的是神话的构成，正如诗歌讲诗、小说讲小说家一样。只有这样，列维-斯特劳斯才能避免将外部的内容，即吸收的外部“意义”这一异体，引入那些他用来对神话进行结构分析的纯粹表示关系的式子中：只有这样，他才能避免进行解释，不过他这样做的最终结果是把结构主义的形式（语言模式）又转变为一种新的内容（语言作为最终的所指）。

我们还可以用文学批评中的另一个例子来证明这不单单是个人的失误而是对整个系统一种必要的结构上的歪曲。因为至此我们尚未谈到这种新的文学批评中最明显的结构主义特征，尽管其情节结构规则似乎是形式主义者开始进行的研究的继续。结构主义批评的最典型的特征就在于把形式转变成内容，在这种转变中，结构主义研究的形式（故事的结构犹如句子、犹如说话）成了有关内容的说法：文学作品谈的是语言，把语言的作用作为其基本主题。因此，托多洛夫在一系列有影响的文章中指出像《一千零一夜》这样的故事集的根本主题必须被看作讲故事这一行为本身，指出人物的心理活动中（或者是作品立足的心理基础中）唯一不变的东西就是对讲故事的和听故事的着魔：人物之所以成为一个结构单位是因为有故事可讲；从它们最终的命运这一点来看，“叙事等于生命，没有叙事便是死亡”[104]。同样，当我们来看《奥德修纪》这样一首远古史诗时，并且如果把语言的概念扩大到不仅包括叙事，而且也包括祈求、夸口、海妖的歌、谎言（独眼巨人的故事），那么这首诗歌中几乎所有的东西渐渐都似乎成为对语言本身、对说话这件事的一种前置突出。在这一方面，预言更具特殊意义，因为预言总是把将要发生的事先说一遍，它使我们在实际发生的事情中看到的不是它们具体的存在，而是对语言的证实，是已经讲过的事情：“每件事都是预言的；每件预言的事都发生。”[105]

现在，当我们来看像《危险的关系》[①] 这样一种较为复杂的文学形式时，也会发现类似的结构：书信体小说充满了各种各样的标志，它们大多数采取的是一种从所说的事情到所说的话的巧妙的转向；在这一过程中，写信的人把我们的注意力引向他自己的活动或者是他的通信人的话，引向写作本身。这样，写作和阅读的行为便上升到小说中的故事的地位，直到最终取代这些书信本当叙述的"真实"的事情。

然而托多洛夫却从这一无可争辩的结构特点中推导出具有普遍意义的结论，这也是用结构进行阐释这种方法的共同特点。他说："因此，拉克洛代表了文学的一项基本性质：《危险的关系》的最终意义又是关于文学本身的一个命题。每一部作品、每一部小说都通过自己的情节结构讲述自己构成的故事，自己的历史。拉克洛和普鲁斯特的作品只是把存在于一切文学创作中的这一事实公之于众而已。这样，我们就能清楚看到那些企求获得一部小说或一个剧本的最终意义的努力都是徒劳的；一部作品的意义在于讲述自身之中，在于谈论自己的存在之中。因此小说总是把我们带到它自己面前；我们可以说它开始的地方实际上就是它结束的地方；因为小说的存在本身就是它的巧妙安排的最后一环，在此，被讲述的故事，生活的故事正好在讲述的故事、文学的故事开始的地方结束。"[106] 总之，我们在此必须承认这样一个事实，即在结构分析层次上又出现了形式回归到自身的现象和我们在形式主义批评中看到的那种荒谬的自我指定：形式主义批评将作品的形成看作自己最根本的内容，而现在结构主义者又把一部作品的内容视为语言本身。这并不是个别批评家的偶然所为或独有的

① 拉克洛（Pierre Choderlos de Laclos，1741—1803），法国军人和作家。他的书信体小说《危险的关系》（1782）揭露贵族社会的黑暗与腐败。

癖好，而是这个模式自身固有的一种形式扭曲。

我们已经发现《泰凯尔》派的批评实践有着一种复杂的隐喻结构，其最终意义为文本或语言。同样，根据交换所作的各种阐释（如雅克·埃尔曼对高乃依的《西拿》的分析[107]，或托多洛夫对《十日谈》中的故事的阅读[108]）也有一种隐含的语言或交际的内容，其程度和结构主义自列维-斯特劳斯在其对亲属系统的研究中将索绪尔的《普通语言学教程》和马塞尔·莫斯①的《简论礼物》相结合以来一直把交换视同语言回路的程度相一致。在格雷马斯把自我指定描述为一种契约的破坏和重新建立时赋予故事叙述结构的隐含的内容中我们看到自我指定以另一种方式在起作用。[109] 我们且不说这种描述所具有的政治含义，但就社会契约这一概念在此来自列维-斯特劳斯这一点而言，这清楚地意味着笼统的文化的起源是法则，或者简单地说，是语言。这种投射效果或视觉幻觉也可以在其他关系较远的研究中见到，如拉普朗什和蓬达利对弗洛伊德的有关幻觉的概念的研究；由于这一概念起源于原始的诱奸情景，具有特有的阉割的景象，他们两人最终也把它解释为对起源的思考当然也是对它自己的起源的一种思考。[110]

这并不是说这种解释必定是错误的。正如形式主义者从他们自己的观点出发可以声称每一部作品的基本内容“只不过是”该作品本身的形成，因此，也可以肯定每一句话都从侧面谈语言，也就是谈它自己，都在其结构中包含一种自我指定，都表明自己既是一次语言行为又是总的语言的新创造，这些说法也有一定的道理。

① 莫斯（Marcel Mauss，1872—1950），法国社会学家、人类学家。涂尔干的外甥和学生。以对交换形式与社会结构之间的关系的比较研究著称。主要著作有《论馈赠》（1925）。

对这一现象作出最全面的解释的是罗曼·雅可布森，他在完成了从形式主义思想到这种新的结构主义体系的转移之后，把这种自指现象看成是整个交际行为中一种特定的不平衡造成的结果。他把交际行为的结构归结如下：“信息发出者将信息发送到信息接收者。为能实现此行为，信息必须有一特定语境（另一不甚确切的术语为‘指称对象’），必须为信息接收者所掌握，并必须为语言的或可用语言表达的；信息还必须有一套为信息发出者和接收者（或称信息的编码者和解码者）全部或至少部分共有的代码；最后，还须有一种接触，即信息发出者和接收者之间的具体渠道和心灵联系，确保两者进入交流并继续下去。语言交际中这些不可分割的因素可图示如下：

语　境
信　息
信息发出者……………………信息接收者
接　触
代　码

这六个因素中的每一个因素都决定一种不同的语言功能。”[111] 这就是说，任何一句话的性质主要取决于强调哪一个因素而不是别的因素。因此，强调信息发出者的便产生出一种“表情的”或“情感的”语言，而强调信息接收者的则被视为一种呼语或祈使语（即“效应”功能）。趋向语境的侧重指称或明指，而侧重接触或交际渠道的则被雅可布森根据马林诺夫斯基①的理论称之为一种“寒暄”语（“大量程式化套语的交换……整个对话的目的

① 马林诺夫斯基（Bronislaw Malinowski，1884—1942），波兰社会人类学家，功能学派的创始人。主要著作有《超卜连群岛》（1915）、《原始社会的犯罪与习俗》（1926）、《科学文化论》（1944）等。

只是为了延长交际……”[112]）。根据这样一种说法，那么语言的“元语言”功能就是强调所用的代码的功能，是“每当信息发出者和/或接收者需要核实他们是否在用同一代码时”我们所采用的一种“注释”手段；而“对信息本身的倾向（Einstllung），为强调信息而强调信息，则是语言的诗学功能”[113]。

对语言行为或对象如此全面的结构认识使我们得以从历史的和情景的角度来看我们所说的叙事的自指性（如用语言本身作为最终内容来解释叙事），而不是把它看作一切文学所具有的静止的和永远不变的性质。自然，对雅可布森来说，对信息这个因素的“倾向”才是真正的诗歌的真正的特点；不过这似乎更多的是方向性指示，而不是有历史根据的主张。在对叙事进行分析方面，任何一种结构分析现在都必须从历史的角度来认识自指这一现象，或者说使这种解释立足于一定的历史情况。这样做之后，我相信就能看出这种从形式到内容的地质转变是较近期的一种文学和语言现象，不过这种现象在现代从某种意义上来说已是绝对的。于是，我们也可以指出，即使在那些自称内容较旧或较为传统的当代作品中自指性如何不知不觉地也占据着主导地位。我想到的例子有西默农①的小说，这些小说在其指涉方面（西默农的“心理学”，他“对人心的了解”）以及在看上去可以无限重复的情节结构的呆板性这一点，被认为都是相当保守的。这一众所周知的提法使梅格莱处于一项特定的人物或心理的案例研究之中。然而重要的是，他最终破案靠的不是演绎推理或归纳推理，而是发挥想象力，梅格莱的结论都取决于他是否能够在脑子里重现有

① 西默农（Georges Simenon，1903—1989），比利时小说家。一生写有大量犯罪心理分析小说和侦探小说，如《拉脱维亚人皮埃尔》（1930）、《圣福利安的吊死鬼》、《我的朋友梅格莱》等。此外还有《雪是脏的》（1948）、《玻璃笼子》等。《西默农全集》（1967—1973）多达72卷。

关的人物犯下他正要调查的罪行的情景。因此梅格莱是在想象，甚至可以说是在创造他面前的人物，使他成为某些行为可能的执行者：这岂不等于说，小说家本人和他笔下的人物的关系与梅格莱和他想象中的罪犯的关系是一样的吗？梅格莱的“答案”足以再写出一部小说，它实际上不过是西默农当初在构思这部新书，脑子里浮现出主要人物（罪犯或嫌疑犯）时所具有的基本灵感的翻版。这并不只是说梅格莱本质上就是西默农本人，而是说这部作品的创作本身就是作者在创作过程中的无意识的自画像，是那种追求真实、追求某种真实的指涉物的欲望不知不觉撞上一面镜子时的一种奇特的结构上的偏差。因此我们可以说西默农的小说的基本内容就是写小说这一活动，只不过这一内容被侦探小说的形式所掩盖，被用“想象力”和“心理洞察力”等概念取代“写作”本身这一点所隐瞒。

鉴于这种情况发生在结构主义中，我们不难理解这种从形式向内容的滑动为什么会发生。模糊不清的原因正是语言这一概念本身，它既指语言的抽象的结构，又指实际说话时具体的社会关系。这两层意思之间微妙的相互转移也许在拉康的精神分析学中看得最清楚，在这一理论中，我们以象征阶段（也就是纯粹的、非个人所有的语言系统本身）这个概念为基础，然后暗中重新向它引入语言回路这种情况下所有的具体内容，作为自我和非我的一种关系。因此，这种解释的真正的内容不是来自语言分析，而是人际关系。此外，指出语言的特殊结构恰恰在于，它与它所包含的非我的固有关系这一点作为反对意见（“那条规定‘我’和‘你’，即说话人与受语人，总好像在一起的符号学规则”[114]）也是没有什么用的：因为说所有的语言行为都是人际关系，作为一个命题，并不就等于说，所有的人际关系都一定是语言行为。

Ⅶ

> 我总是说："怎么？我什么也没看见。"然后他就会说："再试一次。"于是我又把眼睛贴到显微镜上，可还是什么也没看见，只是时而有一种模模糊糊的像牛奶一样的东西——这是调节不好出现的现象。你本来应该看到轮廓非常清晰的植物细胞的一种活跃的、无休止的规则运动，可我老是对他说："我看到的东西像好多牛奶。"他说这是因为我没有调好显微镜的结果，所以他就过来帮我，实际上是为他自己，重新调节。我再一看，看到的还是牛奶。
>
> 詹姆斯·瑟伯①：《我的一生与艰难时世》

1. 用眼睛作比喻似乎经常为描述认识论方面的问题提供一种特殊的语言。因此马克思和恩格斯就常常把唯心论的错觉，如独立的文化甚至整个独立的上层建筑这种观念，描述为使事物在眼睛的视网膜上颠倒过来的一种倒置作用的结果。[115] 现在我想用一个相关的比喻来说明上面谈到的这些现象：一种无法历史地对待自己的材料的观点，而对于这种观点来说历史不过是许多话语中有可能使用的一种；另外一点是形式转变为内容，形式主义用自己的方法填补结构上内容的空缺这种更有代表性的趋势。

我一直认为瑟伯在上述引文中所描述的事很有代表性，而且不只是对结构主义而言。瑟伯最后告诉我们说，在一番折腾和在

① 瑟伯（James Thurber，1894—1961），美国幽默作家、漫画家。作品有小说集《卧室中的海豹》（1932）、《男人、女人与狗》（1943）等。

这位已经气得“开始像莱昂内尔·巴里穆尔①那样全身发抖”的植物学教师的手中受到折磨之后，他突然发现自己看到了“由星星点点的东西组成的一个色彩斑驳的星座”。可是那位教师对后来画出的示意图却不像那位学生自己那样满意。他大喊道：“那是你的眼睛！你把反光镜调到了反射的位置！你画的是自己的眼睛！”[116]

一种哲学如果自身不包括有关其自身特点的理论，如果不在意识到它所涉及的对象的同时也给某种起码的自我意识留有余地，如果在认识它应当认识的事物的同时不对认识自己作出某种基本解释，那么它必定落到画了自己的眼睛还不知道的下场，我相信这一点是不言自明的。我们只要想到维特根斯坦关于语言的游戏理论就可以举出一个与此无关的例子：在此我们可以明显看到不多一会儿这位哲学家所谈的已不是纯粹的语言，而只是英美派哲学家独特的语言习惯，他们像苏格拉底一样，不按任何规则像翻旧口袋一样挖空心思去找实际例子。

有人无疑会争辩说，结构主义确实有一套自我意识的理论：这就是我们一直拖到现在才开始讨论的元语言这一概念。元语言正是自我意识在语言中的表现形式：它是语言谈论自己，是一套以符号系统本身为其所指的符号。因此它是符号学认识到自己是一种方法的工具，并且作为方法以不同的面目出现在整个结构主义之中（例如在阿尔都塞那里，它表现为相对于简单的意识形态的“理论实践”）。

然而我本人却更倾向于把它描绘为对一个在结构上无法产生自我意识理论的体系的一种自我意识。它不可能起到真正的自我

① 巴里穆尔（Lionel Barrymore，1878—1954），美国名演员，是巴里穆尔戏剧世家的一员，曾在《自由的灵魂》（1931 年获奥斯卡金像奖）和《八点开晚饭》等影片中担任主要角色，深受观众欢迎。

意识的最基本的作用，如做自己该做的事，把观察者的作用也纳入实验，制止使巴特在下面一段话中感到很为难的无止境的倒退：“人类的知识只有通过一系列连续的元语言才能参与这个世界的形成，每一种元语言就在确定下来的一刹那异化。我们可以再一次用正式的语言来表达这个道理：当一个分析者用他自己的元语言来谈修辞意义上的所指时，他便激发了（或重新启动了）一种无止境的知识系统。因为假使有人（别人，或以后他自己）要研究自己的写作并试图揭示其潜在的内容，那么这个人就必须采用一种新的元语言，但这样做他就会暴露自己：这样总有一天结构分析会成为目标语言并被纳入一个能够解释它的更加复杂的系统。这种无限的建构并不复杂深奥，它说明研究为什么只能在短时间内，甚至根本不可能具有客观性，同时还证实了我们也许可以称之为人类知识的赫拉克利特式的特征，任何时候只要它根据自己的对象不得不把真实与语言相等同就能证实这一点。这就是结构主义正希望理解，也就是说希望表达出来的一种必然：符号学家就是用他命名和认识这个世界所用的话来宣布自己未来的死亡的人。”[117] 这样，对共时性的肯定便化成落入相对历史主义的痛苦，而其所以如此，是因为一种模式理论不瓦解它立足的那些前提是不可能把自己当作一种模式的。

正是元语言这个概念的这种独特的退行结构说明了结构主义者的文体特点。他们都这样那样认为自己在对某种更为基本的对象语言进行评论，而这种对象语言虽从未确定，却最终被认为就是语言本身。巴特在《S/Z》中采用了评论形式，德里达出于我们已见到的哲学原因，一贯只愿意把语言当作对别的哲学家的语言（实际上是对他们有关语言的思想）的一种注释来使用[118]，这些不过是所有的结构主义思想共有的注释性的和第二位的结构的最突出的例子而已。因此他们热衷于用数学形式进行表达，热衷于图表和便于观察的格式，这些都是结构主义的“图式文字”，目的在于表明有一种最基本的对象语言是评论的语言永远不可能企及的，这种对象语言就是语言本身。他们的文风也一样：不管是晦涩的还是明白的，不管是列维-斯特劳斯的高雅的仿古风格还是巴特的让人难受的新造词语，不管是拉康那种自觉的和过于花哨的炫耀还是阿尔都塞一本正经的近于恐怖的虚张声势，在这些风格中都有一种与自身的距离感，也就是我们经常所说的文体层次上的不幸的自觉。由于他们自己的原因，他们永远也不可能达到黑格尔的基本语言所具有的那种从容的深度。结构主义者的职业两重性（他们既是结构主义者，又是某一特定领域的专家）只是反映了这种文体和本体的根本消散。

2. 这种认识论上的不确定性的直接后果倒不在理论方面而在实际方面，因为我认为大部分结构主义研究具有的纯经验的框架这一特点就是由这种不确定性造成的，米歇尔·福柯是对这一框架阐述得最清楚的人。[119] 在这种情况下，老的专业学科不能融入结构主义似乎在其他时候提出的那门更广泛的具体科学。相反，它们在一种很不自然的竞争中共存，这就是为什么列维-斯特劳斯对那些针对他认为是纯人类学的观点从哲学的角度提出的批评感到十分恼火，也是格雷马斯对那种把语言学这门独立的学科的独特的方法扩大到显然无关的心理学或政治学等领域的做法感到恼火的原因。

在一般情况下，我们可能注意到防止这类问题产生和公开提出及自行解决的正是对某一具体的文本所作的细致和严密的分析。这种形式的研究将本书中着重提出的那些理论上的矛盾无限期地推迟甚至完全遗忘；因为在对个别的具体作品进行分析时无须理会这些矛盾，还因为它们只是在考虑一个文本和另一个文本之间的关系或一种分析方法与另一种分析方法之间的关系时才成为问题。这就是整个经验主义的基本要旨和动机，无论它是传统的英国派，还是尼采（按照吉尔·德勒兹①的说法，尼采基本上是个反黑格尔、反辩证论的思想家），还是现代的逻辑实证主义：在辩证意义上用抽象的、特殊的去取代具体的，将单独的材料孤立起来，使它与整体的关系永远不必予以考虑，因为从来就看不到整体。这种方法的实际优点在于，它可以在不考虑某个领域的基本的哲学前提上那些令人烦恼的并且多少是玄学的问题的情况下照样在这个领域开展研究。但是它在思想方面的结果是防止专业化的学问最终回归到它必然立足的具体的社会和历史情况中去。这样，一种本来想用辩证论方法来使自己区别于奥格登和瑞恰兹之类的思想家所主张的经验主义方法的思潮在实践中最终证明他也应该受到类似的哲学上的批评。

3. 符号的理论在肯定指称对象的同时又将它括起。因此当我们试图确定指称对象的地位时，同样的本体消散，同样的抽象的和具体的碎裂也会有所表现。特别是当我们提出那些马克思主义必须解决的问题，如上层建筑与基础结构的关系时，这个问题就显得特别重要。我们还要不要考虑语言本身在社会生活中的地位这个问题？这个问题在苏联马尔争议事件期间曾引起过激烈的争论，但被斯大林勾销而不是解决了（“简言之，语言既不属于基础也不属于上层建筑”[120]）。可是在我们这里，却必须批驳这个问题，因为它等于使**语言**成为实在。世界上只有具体的语言和

---

① 德勒兹（Gilles Deleuze，1925—1995），法国哲学家。其研究涉及哲学、文学、社会学及当代政治，为法国 20 世纪 60 年代以来极有影响的思想家之一。主要著作有《尼采与哲学》（1962）、《康德的批判哲学》（1963）、《普鲁斯特与符号》（1964）等。另与瓜塔里（Felix Guattari，1936—）合作著有《资本主义与精神分裂：反俄狄浦斯》（1972）等多部。

语言系统，或者更确切地说，只有具体的语言材料和语言行为，只有业已具体地存在于我们周围的世界并且与这个历史的整体的其他成分保持着各种不同关系的不同的符号。但是对语言（或意义）这个概念本身的否定不就等于否定了结构主义这种研究方式本身的出发点和基本前提了吗？

结构主义最主要的几位理论家都说过指称对象根本就不是问题，因为它总是以新的符号系统的形式重新纳入语言。这样说只是转移了问题，但并未解决它。我们完全同意基础结构本身就是一个名副其实的符号系统，或者是这类系统的组合这种观点，但是尚待确定的是，这些系统与马克思主义认为构成上层建筑的那些较为明显的语言系统之间的关系的真正性质。这里既有共时也有历时的问题：因为这不仅是“同时”协调两个或更多的系统的问题，而且也是在每一个系统中分别和同时发生的变化之间的协调问题。

结构主义在试图解决这个不仅是理论性的而且对实际研究的方式和方向也有非常直接的影响的问题时，似乎提出了两种较为悬殊的策略。第一种方法是两种方法中较为满意的一种，它使我想起了萨特有关基础结构或社会制约因素的概念，他认为这是一种情况，文化方面发生的事情都是对这种情况的一种反应。这也是列维-斯特劳斯把神话或原始艺术视为对某种实际的社会矛盾的一种假想的解决这种观点；我在别的地方曾指出，从实际需要出发这种说法在我看来与马克思主义是完全一致的，因为它要揭示在阶级斗争或经济发展的关键时刻思想上的事物的作用。[121]阿尔都塞的方法要求思想与理论根据这个难题本身的基本层次上产生的变化和重新组合重新作出调整，这和列维-斯特劳斯的观点看上去也是一致的；但它还有一个好处，那就是表明一种可被接受的而且也能解决问题的方法在理论上却不是完美无缺的，因为它本身的情况使我们必须正视这一难题中的变化和“真实世界”中的变化之间的关系这个尚未解决的问题。列维-斯特劳斯也未真正解决这个问题，当我们想到列维-斯特劳斯所说的矛盾应当更确切地叫做悖论时，也就可以理解这一点了；这种悖论是人类思维无法解决的难题，正是它多少“反映了”社会生活中某种最基本的矛盾。不管分析中能得出什么结果，这种“反映”或关系的性质这一理论问题仍然存在。

结构主义者在对待这一问题时用得最普遍的一种方法却是“同源现象”或“同态现象”这个概念。前面一个用语是由吕西安·戈特曼普及起来的，他的工作虽然不完全称得上这里所说的结构主义，却也提出了这种在一个现象的不同“层次”之间进行结构比较的有重要意义的技巧，例如拉辛的悲剧和波尔·罗亚尔女隐修院①的思想之间，19 世纪小说的形式和市场体系的结构之间等等。在我看来，这种有关各个结构层次之间的相互关系的静止的观点，尽管在方法和具体分析上更为严密，却与泰纳和斯宾格勒②的著述中所提出的那种总体的阶段风格没有本质上的区别；不用说，对每一个时期的初步研究都试图以类似的方法去发现这一时期的思想体系的特点，去精确地了解这些思想体系和同一时期的社会和经济生活中盛行的其他一些同样特殊的体系之间的独特的关系。

当然，抽象地宣称这些不同层次的结构是“一样的”并不能解决任何问题。实际上，从已经具有语言特点的文化产品中推断

---

① 波尔·罗亚尔（Port Royal）女隐修院，法国天主教西多会隐修院，建于 1204 年左右，1709 年解散。17 世纪在院长安吉里克·阿诺德主持下，曾为冉森主义（或译詹森主义）和文学活动中心。

② 斯宾格勒（Oswald Spengler，1880—1936），又译施本格勒。德国唯心主义哲学家、史学家。主要著作有《西方的没落》（二卷本，1918—1922）等。

出语言结构要比从经济领域中容易得多。这些一致性往往只是匆匆忙忙地将前者投射到后者身上而已，因此随后得出的两者“一致”的结论也就不足为奇了。即使不是这种情况，但认为这种一致性不适用于具体的实际本身而仅仅适用于从中推导出来的抽象概念这种危险依然存在。就这种理论能够让知识分子相信只要凭小聪明他们就能在自己的头脑中炮制出对历史实际的分析这一点而言，它能通过使意识摆脱基础结构和社会基础的反抗来加强他们这种职业上的理想主义。因此，作为一种方法，寻求同源体的做法在思想上和理论上都会遭到批评。

4. 从认识论的观点来看，有人指出结构主义倒是从来没有摆脱过康德批判哲学的种种困境，不管它自己是否意识到这一点。[122] 在我们即将结束我们的述评的时候，不自觉地回顾一下这一哲学传统看来并不是没有一点好处的，因为从某种意义上来说，我们知道这个故事的续篇是个什么样子，而且也很清楚一种具有历史感的、辩证的思想如何能将康德对思维范畴所作的静止的描述转变为一个不断展开的思维过程中的各个历史时刻，以及至今不可知的“自在之物”如何按这种新的观点突然成了构成经验的主客体关系结构中的一个明确的表述。卢卡奇是这样来描述黑格尔的辩证思想如何去改造这些老的静止的逻辑范畴的：“认识到最为抽象的范畴的指意能力提供了一种在运动中和相互关系中描述这些范畴的手段；认识到在这一意义上形式逻辑‘缺乏内容’，只是形式逻辑的指意能力方面的一种极为特殊的情况，认识到正因为如此，有关客观现实和人的主观认识的各种问题构成了（一种新的）辩证思想的对象……这种成就只能是黑格尔一个人的。”[123] 当然，这种哲学上的反复只能被认为是一种奇妙的辩证的把戏，要说有什么可取之处的话，也只是纯形式的东西，没有任何实际内容。

因此我们才对格雷马斯最近对他认为应该称为语符学而不是语义学或符号学的那门学问所面临的任务所作的思考产生兴趣。这门学问，因其将意义的产生这一点作为其研究对象，就不得不接受我们在前面多次谈到的那种从能指到所指、从语言对象到元语言的无穷退行。现在它干脆把这种无穷退行也包括到它对意义的本质的看法中去："因此指意不过是这种从语言的一个层次到另一个层次，从一种语言到一种不同的语言的换位，意义也就不过是这种'转码'具有的可能性。"[124]

真实就是转码，就是一种代码调换为另一种代码——我本人却更倾向于说（根据格雷马斯一个类似的说法）真实—效果包括或源自这样一种概念变换。这将是对获得真实的方法在形式方面一个非常精确的定义，即使它不会说明这一真实的内容是什么，也不一定会暗示这种转码每一次都能产生同样有力或"有效"的真实—效果。然而这一定则的优点，按照德里达的看法，是能够把结构分析从结构这一神话本身，从事物都有一种永恒的空间般的结构这一神话中解放出来。它将用括号把"事物"括起来，并把分析实践"仅仅"看作一项发生在时间中的活动。这样，它将首次把结构主义的方法描述为一种真正的"阐释学"，尽管这是一种和这一术语从法国的利科①和德国的伽达默尔②那里获得的神学含义不相干的阐释学。的确，这里预见的这种阐释学将通过揭示先在代码和先在模式的存在，通过重新强调分析者本人的地位，把文本和分析方法一起让历史来检验。哲学史上并不一定有

① 保罗·利科（Paul Ricoeur，1913—2005），法国哲学家。当代阐释学代表人物，其研究涉及神话、宗教、历史、语言学、文学诸领域。主要著作有《恶的象征》(1969)、《弗洛伊德与哲学》(1970)、《阐释理论》(1976)。

② 伽达默尔（Hans-Georg Gadamer，1900—2002），德国哲学家、当代阐释学大师。主要著作有《真理与方法》(1960)、《我是谁？你是谁?》(1973) 等。

注定产生这一新方法的道理，但是在我看来，只有以此或以相类似的东西为代价，共时分析和历史意识、结构和自我意识、语言和历史这些东西的成对的、显然是无法比较的要求才能得到妥协。

【注释】

［1］可参见阿尔都塞对模式这一概念的抨击（路易·阿尔都塞：《读〈资本论〉》，第1卷，巴黎，1968，148～149页）；拉康对类比这一概念的抨击（雅克·拉康：《文集》，巴黎，1966，889～892页）；巴特对符号学批评和意识形态批评所作的区分（罗兰·巴特：《神话》，巴黎，1957，245页）。应当补充说明的是，预料对某一特定的观点可能从哲学方面提出反对意见（列维-斯特劳斯和福柯都擅长于此）并不一定等于答复这些意见。

［2］克·列维-斯特劳斯：《野蛮人的心智》，173页。

［3］参见拙著《马克思主义与形式》，特别是4～5页。

［4］试与下面这段马克思论蒲鲁东的话作一比较："这个方法的唯一短处就是：蒲鲁东先生在考察其中任何一个阶段时，都不能不靠其他一些社会关系来说明，可是当时这些社会关系尚未被他用辩证运动产生出来。当蒲鲁东先生后来借助纯粹理性使其他阶段产生出来时，却又把它们当成初生的婴儿，忘记它们和第一阶段是同样年老了。……谁用政治经济学的范畴构筑某种思想体系的大厦，谁就是把社会体系的各个环节割裂开来，就是把社会的各个环节变成同等数量的互相连接的单个社会。"马克思：《哲学的贫困》，转引自阿尔都塞：《读〈资本论〉》，第1卷，121页。

［5］1882年12月8日给马克思的信，转引自列维-斯特劳斯：《结构人类学》，巴黎，1958，372页。

［6］主要参见路易·阿尔都塞：《保卫马克思》，巴黎，1965，238～243页。"很明显，意识形态（作为一种集体的表现形式）为了塑造人、改造人，使他们适应生活环境的要求，在任何社会中都是不可缺少的。……无阶级的社会正是在意识形态中体现其与客观世界是否符合的关系，也正是在意识形态中，并通过它去改造人们的'思想意识'，即他们的态度和行动，以使

他们适应生活环境并胜任肩负的任务。”（242页）

［7］路易·阿尔都塞：《保卫马克思》，巴黎，1965，189～190页。

［8］路易·阿尔都塞：《保卫马克思》，巴黎，1965，64页，注30。

［9］乌姆贝尔托·埃科：《固定的结构》，米兰，1968，360页，注192。

［10］列维-斯特劳斯：《野蛮人的心智》，173～174页。同时参见其对康德的批判哲学的热情赞赏，见《生的与熟的》，巴黎，1964，18～20页。

［11］巴特：《符号的想象力》，见《批评论文集》，巴黎，1964。

［12］转引自A. G. 威尔登：《自我的语言》，巴尔的摩，马里兰州，1968，239页。

［13］罗兰·巴特：《符号学基础》，见《写作的零度》，巴黎，1964，81页。

［14］《结构人类学》，69页。

［15］罗兰·巴特：《服饰体系》，巴黎，1967，9页。

［16］列维-斯特劳斯和罗曼·雅可布森把他们对波德莱尔的诗歌的细针密缕的分析称为“微观分析”。

［17］《生的与熟的》，91页。

［18］《神话的结构》，见《结构人类学》，特别是235～240页。

［19］《进餐礼仪探源》，104～106页；并见本书上文60页。

［20］列维-斯特劳斯：《从蜂蜜到灰烬》，巴黎，1966，406～408页。

［21］译文引自威尔登：《自我的语言》，30～31页。

［22］主要参见R. 雅可布森和M. 哈里：《语言的两个方面及两种失语症》，见《语言的基本原理》，海牙，1956，55～82页。

［23］《自我的语言》，114页。

［24］詹姆斯·弗雷泽爵士：《金枝》，节略本（一卷本），纽约，1951，12～14页。

［25］由巴特发表带有弗洛伊德主义色彩的《论拉辛》（巴黎，1963）一书引起的这场论战的主要证据是雷蒙·皮卡尔的《新批评抑或新骗局?》（巴黎，1965）和罗兰·巴特的《批评与真理》（巴黎，1966）。

［26］A. J. 格雷马斯：《结构语义学》，巴黎，1966，185页。

［27］同上书，173页。

［28］同上。

［29］见茨维坦·托多洛夫：《〈十日谈〉的语法》，海牙，1969，46～50页；或他的《何为结构主义?》（巴黎，1968）中的“诗论”，特别见132～145页。

［30］A. J. 格雷马斯：《论意义》，巴黎，1970，8页。

［31］见《探索恐惧》特别是《论意义》中的《叙事作品的行动单位的结构》，231～270页。

［32］见《结构语义学》中的《描述的一例》，222～256页。

［33］《批评论文集》，262页。

［34］见《文集》中的《有关〈被窃的信〉的讨论》，11～61页。

［35］《结构人类学》，217页。着重点为作者所加。

［36］同上书，202～203页。

［37］这一术语是T. S. 库恩在他的《科学革命的结构》（芝加哥，1962）一书中提出的。

［38］《服饰体系》，237页。

［39］《文集》，504～505页。

［40］转引自《什么是结构主义?》，252～253页。

［41］见威尔登：《自我的语言》，183～184页。

［42］转引自马塞兰·布莱内：《诗歌必须以……为目的》，载《泰凯尔：总体理论》，巴黎，1968，106页。

［43］让-路易·波德里：《文字、虚构、思想》，载《泰凯尔：总体理论》，145～146页。这里谈的是弗洛伊德1971年的文章《论妄想狂的机理》。

［44］“在我们这个时代，尽管尼采仍远远站在那里标志着转折点，但现在强调得更多的不是上帝不在了或已经死了，而是人完了……尼采的思想所宣布的不止是上帝之死，而是上帝死后与这件事密切相关的凶手的灭亡；人脸突然放声大笑，面具的重新使用。……”米歇尔·福柯：《词与物》，巴黎，1966，396～397页。

［45］有关象征阶段中集体迷信及降格的意识的起源和形成这一问题的

极为详尽的研究，请参阅乔治·奥克莱：《〈神力日报〉：社会新闻栏的结构和作用》，巴黎，1970，特别是239页。

[46] 列维-斯特劳斯：《悲惨的热带》，巴黎，1955，48～49页。

[47]《结构人类学》，25页。

[48]《悲惨的热带》，49页。

[49] 同上书，50页。

[50] 参阅拙著《马克思主义与形式》，222～225页。

[51] 参阅《文集》，515页及后面若干页。

[52] 这一观点较早的一种说法是由吕西安·塞巴格在他的《马克思主义和结构主义》（巴黎，1964）中提出的。

[53] 巴特：《服饰体系》，236页。这一比喻来自索绪尔的《普通语言学教程》，155页。

[54] 转引自德里达：《论延异》，载《泰凯尔：总体理论》，49页。（着重号为本书作者所加。）

[55] 罗兰·巴特：《米什莱自述》，巴黎，1965，105、87页。

[56] 同上书，5、86页。

[57] 同上书，82页。

[58]《写作的零度》，14～15页。

[59]“有时，即便在这些神话中，我也欺骗。我对老是淡化真实已感到厌倦，偶尔我故意过分强调它，结果令人吃惊地发现它非常充实；我对此感到非常高兴，并把神话中的东西当作实体作了一精神分析”（《神话》，267页，注30）。

[60] 同上书，85～86页。

[61] 同上书，228页。

[62] 同上书，79页。

[63]《论拉辛》，91～92页。这是被皮卡尔在他的《新批评抑或新骗局？》一书中提出来加以嘲笑的段落之一。

[64]《神话》，222～223页。

[65]《写作的零度》，14页。

［66］《批评论文集》，106～107页。

［67］“从道义的观点来说，神话令人讨厌的地方正是其形式有目的性这一点。因为假如有语言的‘健康’这种东西的话，那么它是建立在符号是任意的这一特性之上的。神话让人感到厌恶的地方是它像那些装得天然有用的东西一样，也倚仗伪装的自然，奢用指意形式。这种以自然为全部理由来加重指意活动的分量的用心实在令人厌恶：神话的内容太丰富了，过多的恰恰就是其动机。这种厌恶感和我在遇到摇摆于‘自然’和‘反自然’之间，以前者为理想，以后者为一种保留的艺术时的感觉是一样的。从道义上说，利用两边反对中间是不光彩的。”（《神话》，234页，注7）毋庸赘言，巴特所谓的“神话”（他的神话学所研究的现代思想观念）在这里与列维-斯特劳斯所研究的那些原始神话是毫不相干的。

［68］零度或否定结尾（在一个词的词尾变化中）的概念已被形式主义者以另一种形式所利用。见前面53页。

［69］参阅《结构人类学》，252～253页。有关这一公式的示例，请读者参阅艾里-凯贾·康格斯和皮埃尔·马兰达合著的《民间传说中的结构模式》一文（见《中西部民间传说》，第12卷，第3期，1962，133～192页）；并参阅路易·马林：《耶稣受难剧的符号学》（巴黎：宗教科学图书馆，1971），107～110页；以及拙著《马克斯·韦伯：心理结构分析》，见斯坦福·M·莱曼和理查德·H·布朗合编的《人文主义社会学新论》（普林斯顿，即将出版）。

［70］《悲惨的热带》，199页。

［71］同上书，203页。

［72］《论意义》（与弗朗索瓦·拉斯迪埃尔合著）中的《符号约束的游戏》，135～155页，特别是141～144页。（此文的英译文发表于《耶鲁大学法国研究》，第41期，1968，86～105页。）有关语义四边形的论述，还可见维戈·布隆达尔：《普通语言学概念》（哥本哈根，1943），16～18、41～48页；及其《介词的理论》（哥本哈根，1950），38～39页；还有罗贝尔·布朗歇：《思维结构》（巴黎，1966）。

［73］《结构语义学》，256页。

［74］见《结构人类学》，247～251页。路易·马林在《耶稣受难剧的符号学》一书中对犹大的分析是对这种协调作用的机制，特别是对抵消作用和对这一交换中的中性因素的出色的研究。这样，耶稣受难的叙事中包含了耶稣（其人、其名，即能指）被上帝（即所指）的取代："这个变节分子……通过使能指中性化来实现这一交换"（见该书，140页）。

［75］见《进餐礼仪探源》，400～411页。

［76］这就是为什么小汉斯的叫喊（"去！滚开！"）的意义，见威尔登：《自我的语言》，163页及其前后。

［77］有关本句中表示所有关系的词的歧义性这一点，请见拉康：《文集》，814～815页。

［78］同上书，46～53页。

［79］《简议'神秘的拍纸簿'》，见弗洛伊德：《普通心理学理论》，纽约，1963，207～212页。

［80］安·纪德：《蔑视道德的人》，巴黎，1929，61～62页。

［81］同上书，171页。

［82］见雅克·德里达：《写作与差异》中的《弗洛伊德和写作的情况》，巴黎，1967，293～340页。

［83］转引上书，338页。

［84］让-约瑟夫·古的《钱币学》共分两部分（《泰凯尔》，第35期，秋季号，1968，64～89页，及第36期，冬季号，1968，54～74页），此处见第一部分，65页。

［85］《钱币学》第二部分，见《泰凯尔》，第36期，74页。

［86］参见拙著《马克思主义与形式》，375～381页。

［87］雅克·德里达：《论文字学》，巴黎，1967，52页。着重号为我所加。

［88］阿尔都塞：《保卫马克思》，203～204页。

［89］马克思和恩格斯：《政治与哲学的主要论著》，L. S. 费厄编，纽约，1959，43页。

［90］《写作与差异》，412～413页。

［91］雅克·德里达：《论延异》，载《泰凯尔：总体理论》，50页。

［92］《写作与差异》，26页。

［93］《读〈资本论〉》，第1卷，132页。

［94］见格雷马斯：《论意义》中的《结构与历史》，103～115页。

［95］《读〈资本论〉》，第1卷，125～126页。

［96］同上书，129页。

［97］“因为假如产生于新大陆上最最落后的文化的神话能直接使我们进入那个重要的意识层次，而这种情况在我们的文化中，不像在其他的原始文化中那样，却标志着先是哲学，然后是科学的开始的话，那么从这一差别中我们必然得出这样的结论，即这种转化无论在这里或在那里都不是必要的，同时互相交织在一起的各种思想也不是自然而然地互相接续的或者以某种必然的因果关系联系在一起的。”见克劳德·列维-斯特劳斯：《从蜂蜜到灰烬》，408页。

［98］列维-斯特劳斯：《结构人类学》，255页。

［99］米歇尔·福柯：《词与物》，巴黎，1966，14～15页。

［100］同上书，64～65页。

［101］见《批评与真理》，特别是56页。另见《论拉辛》中的《历史或文学》，145～167页。

［102］《结构人类学》，239页。

［103］《生的与熟的》，346页。着重号为我所加。

［104］托多洛夫：《〈十日谈〉的语法》中的《叙事人》，92页。

［105］托多洛夫：《散文的诗学》，巴黎，1971，77页。

［106］托多洛夫：《文学与意义》，巴黎，1967，49页。

［107］雅克·埃尔曼：《〈西拿〉中的交换结构》，见迈克尔·莱恩编：《结构主义：论文集》，伦敦，1970，222～247页。

［108］见《〈十日谈〉的语法》，77～82页。

［109］见《结构语义学》，207～208页。

［110］见让·拉普朗什、J. B. 蓬达利：《最早的幻觉、起源的幻觉、幻觉的起源》，载《现代》，第215期（1964年12月），尤其是1854～

1855 页。

［111］罗曼·雅可布森：《结束语：语言学与诗学》，见托马斯·A·西比奥克编：《语言风格》，剑桥，马萨诸塞，1960，353 页。

［112］同上书，356 页。

［113］同上书，357 页。

［114］托多洛夫：《文学与意义》，89 页。

［115］参阅拙著《马克思主义与形式》，369～372 页。

［116］詹姆斯·瑟伯：《瑟伯文集》，纽约，1945，223 页。

［117］巴特：《服饰体系》，293 页。着重号为我所加。

［118］所以德里达在《论延异》（载《泰凯尔：总体理论》）一文中对其“体系”唯一的一次直接阐述用了一种评论他本人的形式。

［119］尤见其《知识考古学》，巴黎，1969。

［120］约瑟夫·斯大林：《马克思主义与语言学问题》，纽约，1951，33～34 页。

［121］参见拙著《马克思主义与形式》，375～384 页。

［122］利科曾把结构主义描述为“没有超验主体的康德主义”（见保罗·利科：《阐释的争议》，巴黎，1969，55 页）。

［123］乔治·卢卡奇：《青年黑格尔》，柏林，1954，508 页。

［124］A. J. 格雷马斯：《论意义》，13 页。

附录　辩证法的三个名称*

介绍辩证法的文章不计其数，尽管今天写这类文章的速度似乎减缓了。大量传统的“呈现”，还有在这些滚滚而来的证明之后发生的历史变化都表明，进行一次新的尝试或许是有益的，尤其是这种尝试将自表现批判（critique of representation）（海德格尔）和结构主义以来所创立的所有关于思维的新思想都考虑在内。此外，黑格尔的复兴，它在今天与在将来一样充满活力，也预示着诸多不可或缺的“神学研究细节”一定会被包括在内，某种马克思主义遗漏或删减掉了这些细节，这种马克思主义在黑格尔那里尚处在天然状态。

传统的呈现方式一直倾向于将辩证法一方面表现为一种体系，另一方面又将其表现为一种方法——这种划分隐约使人觉得时而强调黑格尔，时而强调马克思。两者都遭到当代甚至现代思想的严肃质疑：因为自尼采以降，哲学体系之理想便一直深受质疑——如果连自我或主体在结构上都是不统一的或离散的，如何还能继续宣称存在一个统一的体系？——作为方法，因为其明白无误的工具化，同时因为其自身必定存在手段与目的之间的严重对立，它也颜面大失。如果辩证法仅仅只是一种手段，那么它的目的会是什么？如果它是一种形而上的体系，那么在形而上学结束之后，它又可能具有怎样的重要性？

---

* 本附录选自 Fredric Jameson，*Valences of the Dialectic*（London：Verso，2009），pp. 3—70。

不过，我们还是想返回到那两个诱惑，它们暗含了辩证法本身某些更深层次的特性；而且我们想要添加一些新的选项，如辩证法同时间性的关系。因为即便表现为黑格尔的形式，难道辩证法就没有打算将时间和变化铭刻在我们的各种概念本身当中？难道它不打算表明对无时间状态过于人性化的渴望如何掩盖了我们在精神范畴方面的不足，而且也遮蔽了此类矛盾那炫目的光芒（马克思将用不同的意识形态学说在日常层面上进行概括的一个诊断）？非辩证法哲学中时间性的省略或许也可以用来确认后者的哪些特征使其成为日常生活意识形态的最“自然的”形式，而且使其成为辩证法注定要最常批驳的那种常识（亚里士多德和康德当时全面论述了常识性思考和主体—客体经验论）。

辩证法的这种非自然性（un-naturanality）向常识提出了带有挑衅性的荒谬挑战，它自身或许会被它的天敌归纳为某种定义。难道这些不是与寻常的、非哲学性的常识一样一方面是教条主义，另一方面又是经验主义吗？一边相信固定的概念，一边又相信真实事物的确定性——这些就是各种最根深蒂固的反辩证法立场的源头，也是形形色色理想主义和实证主义的源头，黑格尔会把它们当作诸多知性（*Verstand*）形式来批判，而马克思的具体化诊断则从一个不同然而相关的方向对它们进行了批驳（两者都不认为知性，或常识，甚或具体化本身可能被永久驱散，仿佛它们仅仅是某种幻象）。

难道我们此时不是已经开始重复那些我们开始时的老生常谈，并且开始接近某种类似于辩证体系的东西？这种接近有一个内容，它相当于时间性和矛盾，而贬低非辩证性态度和哲学这一形式上的任务则开始慢慢地变成辩证方法的一个新版本。事实上，必须要说的是，这一对立本身就是辩证的：用这种或那种方法来解决它正是一种非辩证性的诱惑；而对这一替代的每个方面进行解构，而不是导向辩证法的自我毁灭，应该能够提供一种视角，在此视角下，问题便成为其自身的解决之道。

的确，这是一个我们有理由尝试将我们自己目前的问题本身——对辩证法的呈现——变为一种解决之道的视角，即详述那些不同的词语，利用这些词语，我们力图辨认和分析某些我们尚未论证的东西。因为词性可以提供诸多摄像角度，可以从这些角度去捕捉和审视那些未被怀疑过的功能和含义；是否它们本身实际上并没有它们的那些呈现为无可避免的结构性歪曲形而上学含义。

所以，在说到辩证法时加上表示确定意义的定冠词只能强化那些断言，即这一哲学更具普遍性，它是一个统一体。同时，这种认同也突出了它的独一无二，就是在模仿一个专名；而事实上，除了黑格尔、马克思以及试图发展与他们有渊源关系的思想方法的那些人，对于其他任何思想家，这种辩证法都很少被想起。

但一个表示不确定的冠词便改变了一切；而且主要表现为这样一种形式，其他作家那里的辩证时刻：例如康德或德勒兹，维特根斯坦或柏格森，也就是说，非辩证法哲学甚至反辩证法哲学中的辩证时刻被发现和认同。在有着完全不同的特性的宇宙中，这类认同作为特殊或孤立区域的法则出现在我们眼前；并且趋向于以回溯的方式来确定我们的印象，即定冠词（在先前的理解中）试图传达某种统一的场理论（field theory），并且要确立所谓的科学规律性。然而，不定冠词一般而言似乎要包含对二元对立的多种局域性模式的发现，事实上我们很快就会看到。

最后，还有这个形容词“辩证的”，它一般用来澄清非辩证困惑时刻，也用来批驳已经成型的思维过程（例如非矛盾法则中某种没有底气的自信）。将某种现象或方法认定为辩证的就是或明或暗地在指责参与者有用常识偷懒的习惯，而且警醒我们注意存在于至少两种思维之间的区别。

这个词语的三种形式恐怕足以组织一个关于辩证法的更为庞大的论述了吧。

1. 辩证法（The Dialectic）

说起这个辩证法，带一个定冠词或有一个大写字母，随你喜欢，它是将所有不同类型的辩证思维都归在一个单独的哲学系统之中，而且很可能在这个过程中便将这个系统确定为真理，并使其最终成为唯一切实可行的哲学——某种诸如“无法超越的思想地平线”之类的东西，萨特要求马克思主义在我们这个时代享有这样的地位。[1] 我有时也这样认为；但是没有什么东西是不可超越的（*indépassable*），眼下，我只想让我们大家明白，这样一种地位必定会产生问题。

它首先预设这种哲学是不容置疑的，而不容置疑性自尼采起便受到怀疑，而且自我们称之为理论的东西出现之时起，它便已经是十分靠不住的。如果黑格尔的思想是伟大的传统哲学的终结，是最后一个哲学体系（这是他最喜爱的一个词），昨天还铺天盖地袭来的对黑格尔的攻击以及尖锐的反黑格尔主义流派很可能与对哲学和系统的不信任脱不了干系，就像它们不相信辩证法一样。（它们也与理想主义有相当大的关联，我不久就会回到理想主义这个问题上来。）

i

至于马克思主义，很显然，已经有太多的流派试图将其自身的哲学思想攀附其上，从实证主义到宗教，从实用主义到结构主义，历史主义和存在主义也正在向马克思式的分析哲学和马克思式的社会生物学转变。但是，马克思主义作为一种哲学体系，它最重要的一个形式当然是官方哲学，它在西方被称为正统马克思主义，甚或庸俗马克思主义或斯大林主义，阿尼特·麦克尔逊（Annette Michelson）巧妙地称其为通俗马克思主义；不过，它的正式名称在老牌社会主义国家里实际上是辩证唯物主义。

在这一点上，回忆一下那三个基本点是很有助益的，所谓西方马克思主义[2] 正是凭借它们将自身同这一意识形态上的姻亲区别开来，这位姻亲已经在世界三分之一地区作为官方的国家哲学在发挥其效力。首先，各西方马克思主义流派重申自己是历史唯物主义，也就是说，是世界观，这些世界观并不假定自然或科学有辩证之特性。因此，它们也就自然乐意去拥抱精神分析学说，辩证唯物主义向来坚决反对精神分析（在某种程度上，这种对精神分析学说的包容不仅修正和丰富了各种西方马克思主义流派所发展起来的意识形态概念，而且赞同它们将文化和上层建筑置于一个与经济同等重要、同样具有决定意义的平面上——即便从另一个角度看，它们也是趋向于彻底否定和放弃基础、上层建筑之间的区别）。最后，西方马克思主义流派就恩格斯在马克思主义传统发展过程中的作用提出了合理的怀疑，尽管他们也承认他的成就，尤其是他对当时的科学著作以及军事理论了然于心。

我想要强调第一点和第三点中隐含的辩证唯物主义。作为一个哲学体系，或实际上就是唯一的哲学体系，辩证法中带定冠词的辩证法这个概念很显然将你固定在这样一个位置上，即辩证法对一切事物，对任何事物都是万金油，而我故意用了“万金油”这个贬义词。为了可以称得上一门真正的哲学，换言之，这门哲学也必须有专属它自己的形而上学理论，也就是说，自然哲学，它必然包括一种认识论，或换言之，一种科学的辩证哲学。这里，我想对研究之科学概念的辩证法和自然的辩证法本身加以区别，前者在我看来比后者更加可信。的确，西方马克思主义本着《新科学》（*Scienza Nuova*）的“真理即成事”（*verum factum*）精神表明了所谓的维柯式立场：我们只能明白我们造就的事物，因此，我们只能处在一种拥有历史知识而非拥有自然本身的位置，自然是上帝的事。

具有讽刺意味的是，辩证唯物主义对科学和自然的挪用——这当然是恩格斯开的先河——最终却可以追溯至黑格尔本人，他的哲学在苏维埃国家从未得到提倡，即使列宁非常喜欢《逻辑学》。的确，有人认为，自然辩证法这个概念本身就是一个理想主义概念，这一论点本身需要片刻的反思，主要是由于阿尔都塞及其他人在近些时候发起了对黑格尔和理想主义的批判。让我们注意自柏拉图以降的诸多理想主义流派中反复出现行动主义政治学（activist politics）恐怕没有什么用处；最好是从两个不同的视角来理解这个问题，第一个视角便是意识本身这个哲学问题。

这个问题必须同那些所谓处于中心地位的自我、个人身份以及个体性等问题严格区分开来；也必须同精神及其结构（精神分析问题）区分开来；或者实际上是同那些自我意识或自反性（与现代性的意识形态相关的问题）区分开来；最后是同形形色色的唯心论区分开来。理想主义表面上的根深蒂固在这种意义上起自这样一个事实，即人类只能够想象意识的这个元素，我们一直淹没在意识当中（甚至在沉睡的时候）；因此不能在它不是什么这一点上将其理论化——根据是规定即否定法则（斯宾诺莎）。这种不可知论不是在维护作为一种哲学的理想主义，而是承认它的局限性，它必须将一切哲学置于这种局限性之下。

可是，经常以唯物主义的名义批判理想主义的那种唯物主义又是怎么一回事呢？这是我们关于理想主义问题的第二个视角，而且在这个视角下，理想主义者欢庆他们所取得的概念上的胜利，同时也表明，理想主义的立场本身并非一个实质性的立场，而是一种唯物主义批判，它反应性地获取自己真正的力量，并找到自己真实的使命。因为，正如自贝克莱（Berkeley）以降的思想家们所揭示的那样，物质的概念并非前后一致，德勒兹称其为坏概念：根据这一概念，无论理想主义立场在哲学中如何令人难以忍受，唯物主义立场这一替换者都是站不住脚的。我们可以对贝克莱这个有趣的（几乎是德勒兹式的）观察加以补充，即唯物主义剥夺了我们的存在性生活，剥夺了我们的身体对其鲜活性和强烈程度的感觉与知觉，代之以物质本身这样一种无形的和非直接（non-immediate）的、在感官上无法证实的基础。[3]

这个问题最容易的解决办法很显然是将理想主义和唯物主义之间的替代物等同于二元对立，这个解决办法因而支持这样一个结论，即急于在唯物主义和理想主义之间进行抉择是因为受到"非矛盾法则"（law of non-contradiction）的鼓动，所以它本身就可以被判定为是非辩证的。事实是，在这些替换物之间做出的选择仅仅是被强加于渴望成为一种体系或哲学的思想之上：我们在这个前提下转向将要阐述的所谓西方马克思主义的第三个特征，不仅涉及黑格尔，也涉及马克思本人。我要说的是，他们都与建构一种哲学没有关系。对马克思而言，这在历史上已经够清楚了：因为，不是马克思，而是恩格斯创立了马克思主义并建构了这个体系，使它本身可以看似一门哲学，或者至少需要这种或那种哲学来加以实现。

ii

如果这个问题关乎黑格尔这样一位在哲学上著述甚丰的思想家，而且他对各种互为补充的亚领域（逻辑、科学、人类学、法律和政治、历史、美学、宗教、哲学本身的历史，等等）的阐述非常有系统性，这种论断便似乎显得更加荒谬。但是，对黑格尔，我只想声明，《现象学》完成之后，是黑格尔本人将他的思想变成了一门哲学或一个体系；换言之，他，加上他的追随者的共同努力，创造了我们或许可以称之为黑格尔主义的事物，与我们在1807年首次出版的这部大作中看到的辩证思想的丰富实践形成反差。这一显著区别有助于我们的理解，事实上，当代对黑格尔的各种攻击全都是对作为哲学的黑格尔主义，或类似事物，即意识形态的控诉。的确，“主义”（ism）这个后缀总是表示这两个方面的意思，此外，也暴露了拉康称之为“大学话语”（discourse of the university）的操作[4]，这就是说，有一种无法抑制的渴望，它要将所有的思想都等同于一个有名有姓的根源（就如同我们谈论黑格尔的辩证法或谈论马克思主义时一样）。

所有这一切都与哲学本身制度性的复生机制（self-perpetuation）是一丘之貉。看到从黑格尔到阿尔都塞或德勒兹这些职业哲学家都迫不及待地将他们宝贵的精力浪费在哲学辩护和哲学辩解上当然很好笑。毫无疑问——皮埃尔·布尔迪厄（Pierre Bourdieu）的著作也在提醒我们这一点——我们当中那些研究其他由来已久的学科的人也同样像我们一样被迫进行着见怪不怪的自我证明；但是过去若干年里出现的理论似乎已经在常规之外，在重复这种迫不得已的合理化之外提供了一个空间，而且正是这些理论主张（如果不是它已经实现的真实性）使我们能够掌握哲学的局限性，在很大程度上包括辩证哲学。我相信理论将被理解为一种永远且不可能的努力，对思想语言进行解具体化（dereify）的努力，它优先于所有的体系和意识形态，它们无可避免地都是这种或那种固定术语建立起来之后所产生的结果。解构因此是拆解各种术语这一理论过程的正确范式，它通过对那种过程所需要的术语做出详细的阐述而成为一种哲学，紧接着成为一种意识形态，然后凝固成恰恰是它试图破坏的那种体系。理论当中专有名词的顽固性——就像我们辨别德里达、阿尔都塞或哈贝马斯的不同文本时一样——仅仅是暴露出理论书写逃离具体化和今天知识市场商品化这一无望实现的目标，即便它是无可避免的目标。

然而，理论提供了一个有利的位置，哲学系统的商品化由此变得清晰可见和不可逃避。这种“哲学的终结”也可以用另一种方式来加以论证，从它渴望封闭以及它作为时下新潮的通俗科学公式之一，亦即被称为歌德尔定理（Gödel's Law）的公式的例证这个角度来论证，该定理应该是要排除任何体系固定自身或将自身的建立包含在其自身公理之内的可能性。我实际要说明（在本书的第二节）的是，黑格尔的哲学不是一个封闭的或循环的目的论系统；我们也不能将**绝对精神**看作某个历史瞬间，更不用说看作“历史的终结”，就如同我们不会将公民社会和君主国中伦理意义上的个人视为黑格尔眼中社会发展的顶峰一样。所以，不能将黑格尔理解为提出了一个封闭的系统，即便黑格尔主义或许的确如此：但我们仍然需要拒绝封闭系统对开放系统这样一种古老的意识形态范式，如果确曾有过这样的范式，它也是冷战的一个发明，其关键部分与“极权主义”一样是一个荒谬的概念。

你或许愿意接受时下反原教旨主义和反实在论的口号——并且参照它们对我们的要求重新解读马克思本人和黑格尔——却不会忽略那些显而易见的东西，即那些最具理论性的口号和计划已经将自身主题化和具体化了——换言之，已经使它们自身开始变为原教旨主义和哲学体系本身了。

说到这种类型的哲学和理论批判，的确，我认为按照它们计划要满足的形式来评判它们的政治内容，对它们进行重新评价，这样做始终是最好的。例如，攻击黑格尔对欧洲左派具有非常不同的意义，对他们而言，这些攻击发挥了批判共产主义和辩证唯物主义的作用，在美国则不同，在美国，反共产主义是冷战主题，而且在美国，“黑格尔”——连同我们一般所谓的理论——其极为不同的功能是攻击整个英美经验主义的传统和常识。哲学在削弱这一传统方面所做的努力当然有它自己的政治意义，不过是一种激进的意义，与欧洲国会外左派（extra-parliamentary Lefts）形形色色的反共产主义极为不同，不管你如何评价后者。

关于将辩证法看成一个统一的体系是不明智的这一点，我说得已经够多了，这不仅仅是因为我们不大可能于各种科学的发展中在这一点上接受一种自然哲学，而且因为在这个理论时代，我们不再受到哲学本身的传统修辞及其哲学式自我证明的诱惑。现在该是探索其他可能性的时候了——一方面是大量的局部辩证法概念，另一方面是辩证思维所造成的巨大断裂之类的概念。

但是，在转向那两个其他的可能性之前，值得提出的不是将对当代理论的更进一步描述，甚至也不是将辩证法的一个更加全面的理论同哲学区分开来，而是将能够表示弗洛伊德和马克思，精神分析和历史唯物主义之独特性的局部特征同哲学区分开来。我并非受到阿兰·巴丢（Alain Badiou）反哲学概念的引诱，他针对拉康时用到的一个术语，也被他用在那些似乎没有系统性或不完整的思想家身上，如帕斯卡尔和尼采。你明白他的意思，但这种表述意在恢复反哲学的某种中心性，这种思维据称已经成为对那一哲学的批判或否定。

但是，在马克思主义的传统中至少存在着这样一个古老的公式，它尚未提出一个新的概念，即便它指出了精神分析和马克思主义超越哲学的系统性封闭的途径。这个公式就是理论与实践相结合；不过它并不是在当代意义上使用“理论”一词，它只是生动地表达了这两类概念的形成方式，概念从来都不能自行存在，而是必须始终对其外部完满的现实保持开放姿态：因此，精神分析的概念性（conceptuality）最终只有通过外在于个体意识的分析性情境本身，通过**他者**一端，即通过分析者才是充分具有意义的：而在马克思主义当中，意义最终只有通过我们确切的阶级状况和行为——个人的或集体的——才能在阶级历史本身内部得以实现。因此，这些理论和实践的统一与哲学概念所暗示的自主性是有所区别的，而且在任何意义上都不能通过哲学而只能经由实践来实现。

iii

至于马克思，在将他的思想改造成一种哲学（或方法）的过程中，无论他发挥了怎样的作用，我们都不能轻率地或带有相对论意味地、非辩证地放弃马克思主义是一个体系这类主张，它会将辩证法与其他哲学之间的争论贬低为一种仅仅是词语意义上的副现象（epiphenomena）。各种主义之间的竞争使这类争论不受意识形态分析的限制，也怀疑双方都与某个团体的动力学及其特殊实践有着某种关联。如果是那样的话，对“马克思主义”的自我认同很显然是选择了一种团体附属关系，是一种政治行为（就好像避免使用这类一目了然的语言也是一种政治策略一样）。同样清楚的是，这个词语会受到欢迎，它会成为一面旗帜，成为一个新的能指，围绕着它会形成新的团体和集体，就像这个词语已经聚合起来的历史关联在特殊的民族情境中也会拒人于千里之外一样。

同时，围绕一个专有名词而形成的这个新能指在消费社会中也不再是一个特别的进步，与它曾经有过的境遇不同：它曾取代了各种不同主义的从属关系，但现在它意味着商品化而非“世界观”（*Weltanschauung*）。的确，被称为马克思主义的事物似乎尴尬地立于这两种历史趋势之间：它表明有名有姓的理论出现了（例如德里达思想或阿尔都塞思想），但同时也显然在寻求避免现代美学或理论商品化以及现代消费公众的市场定位碎片化等传递的知识或半宗教宗派别方面的含义。尽管如此，马克思主义本身内部的意识形态斗争已经产生了它们自己的有名有姓的派别（托洛茨基主义，毛主义），卢卡奇和阿尔都塞只是用自己的名字命名特殊理论运动的两个最著名的哲学家，这些运动仍然声称是代表了马克思主义。这种斗争看上去只是在总结某种古老的宗教分裂分子的思想，同时，齐泽克思想中那些纷繁复杂的以拉康替代马克思的做法也反映出一个巨大的他者问题或革命政治中有感召力的中心领导人问题，还提出了按照那些意识形态内容组织集体的诸多问题。

无论怎样，“马克思主义”这个专有名词的出现都相当于在第一次接受“辩证法”一词时使用了定冠词；在从这第一个视角掉头之前，需要考虑这一实践的最后一个理由。实际上，这一词语的作用是阻碍换码的发生；阻碍用另一种方式重申那些已经用更加贴切的词语和较少历史及意识形态意味的术语描述过的要点：换言之，是阻碍在不引人注目的条件下使那些哲学或政治要点“蒙混过关”，不让它们瞒天过海。萨特曾睿智地观察到，分析并不是辩证的，除非你这么说，并且你这么认为。[5] 在某个政治层面上，詹姆斯·维因斯坦（James Weinstein）指出，无论他们在其他方面存在怎样的差异，美国左派的三个重要关头——第一次世界大战前的德边社会主义（Debsian socialism）、1930 年代的共产党以及 1960 年代的新左派——都具备一个至关重要的共同特征，即都坚信不能对美国民众公开谈论社会主义和革命；这一信念不一定是要挑起这两件事中的某一件。[6]

另一方面，就词语而论，可以说“社会主义”一词与资本主义制度中的“民主”一样都染上了历史的色彩：社会主义背负着与苏联有关的每一件含有压迫性或徒劳无获事物的包袱（如果不是这样，对共产主义者而言，则带有违背社会民主的种种含义)。那么，给这个词一个名称就会立刻引起怀疑，会唤醒所有历史上的异议，将那些异议与完美标准联系起来是不公平的，但尽管如此，实际上它们也不可能被完全抛弃。这恰恰把我们置于一个矛盾当中，不用这个词不可避免地会在政治上失利，而用这个词则等于提前排除了获胜的可能。这难道不是意味着要改变这种政治和意识形态的语言，用另一种语言取而代之，有效地将古老的马克思主义换码为一种新的事物？不过，我认为还有第三种可能性，那就是调用这样一种语言，其内在逻辑精确地将这个名称悬搁起来并且为可能性保留一个开放的空间，这就是乌托邦的语言，它既不排除社会主义一词最终会卷土重来，也不提供一个明确的替换性词语（如“激进的民主”），这个替换性词语可能会以一种完全不同的、受操控的方式被挪用。

iv

但是，对“辩证法”和“马克思主义”提出科学的或形而上的虚荣要求，其有益的一面不在于这些要求声称建构一个绝对的哲学体系，而在于这两种说法的负面功能——坚持保留那些在不对其进行彻底改造，不损失其原创性和最激进含义的情况下不能从义理中省略的东西。关于那个仍然令人反感的概念，即意识形态概念，可以举一个低层面的例子：对于 1960、1970 年代替换“实践”这个更具认可度的概念的努力，只能通过对转换过程中获得了什么、遗失了什么做出详细阐述才能进行评价（最重要的是在这个过程中，对社会阶级的看法发生了怎样的变化)。葛兰西用“霸权主义”代替“意识形态”是一件更加复杂的事情，他的探索不无裨益地丰富了整个辩论。

至于“辩证法”，在就其展开的论战所产生的影响中，最普遍的危险似乎是对常识或非辩证思想的信赖：“知性”（*Verstand*），它在马克思主义中成为更加特殊、更加有限的现象，被称为物化。但在马克思主义中，排外主义的范围更加宽泛：毫无疑问，它被归结在“资产阶级意识形态”这个短语当中，对非马克思主义或反马克思主义主题思想的认同是一项至关重要的操作，它可以从古典政治经济学家缺乏历史性转移到对社会阶级的掩盖上来。

尽管如此，两者都未像在恩格斯对辩证法三原则所做的著名概括那样被主题化，这一概括值得在这里全文引用，作为“辩证唯物主义”的定义，它还远没有过时：

> 量变到质变（反之亦然）定理；
> 对立双方相互渗透定理；
> 否定之否定定理。[7]

诚然，恩格斯的这些定理本身并非完全没有内容（也就是说，它们带有情境的痕迹，在这种情境中，它们的形成是一个政治行为）。在马克思的经济学分析当中，黑格尔式的语言和概念特别被用来包括对各种时刻的回忆；它们故意被当作一种信号来表示黑格尔主义对经济领域的一般适用性，也意味着恩格斯在这里宣扬的作为哲学的马克思主义获得了哲学上的入场券和名望。同时，这些“定理”也有意暗示了它们与恩格斯时代（也是赫尔姆霍茨和其他人的时代）的科学之间有直接相关性，因此便也通过科学的威信为它们增添了高贵的血统以及其对自然的适用性，即便不是出自自然。至于历史和政治，那是一个所有这一切都会被运用的领域：我们需要浏览的第三个领域，目的是大致了解相同规则的运作情况。而且还有许多方式可以将这些“定理”进一步系统化[8]：的确，就像康德将亚里士多德的范畴缩减为他的四组三段式一样，所以，任何雄心勃勃的哲学家都有望论证这些三段论的一体性，并且提出更具一般性的抽象概念，从而将这些三段论归入其下（事实上，我们在下一节就要试着做这样的事）。

但最严肃的问题恰恰是同“定理”范畴一道出现的，对黑格尔的《现象学》中相关章节的任何细心阅读都间接提到了这一点。[9] 法则以内部世界和外部世界的概念为基础，一个表象或现象的世界，它们与包含其中的内在本质有关。众所周知，法则涵盖了多种实例，因此需要借助于决疑论（涉及法律研究和法律传统），在“案例中”[10]，应该是对事实中的经验性偶然因素进行整理，使其适应定理的抽象普遍性——如果与心理或主观定理，甚至历史决策方面的定理——“心灵定理（law of the heart）”有关，事情就更麻烦了，它是一种内心的狂乱，肯定涉及个体性和普遍性，不过，或者更糟糕的是理性的诈术，在这种诈术当中，世界—历史的个体简直就是超历史（suprahistorical）**定理**手中的一枚卒子，超历史定理更像是一个巨大的他者或超验主体。无论如何，黑格尔本人的分析似乎表明，辩证法正是要摧毁定理的概念而非创造机会以规划新的定理。（但如果是那样的话，黑格尔本人的一系列形式处于什么样的地位呢？难道它没有以一种形式催生另一种形式的方式暴露出符合定理的规律性吗？）

无论如何，不管恩格斯的这份清单在哲学意义上多么实用，还是应该注意到，它没有将马克思主义者想要包含在他们关于马克思主义的基本定义中的主题思想包括进来，也就是社会阶级、矛盾或基础结构和上层建筑之间的差别。无可否认，希望将其自身描述为马克思主义者的人如何阐述他们心中这一学说的核心“信念”是分拣出马克思主义（它或许不再包括历史必然性）可能出现的变体的必由途径。它是否会包含革命（或者那个概念的缺席表示修正主义或异端邪说）？我们已经谈及意识形态；生产方式又会怎样呢？等等，等等。这些表述牵涉一个必要条件：没有它，某种政治或经济的意识形态便不能真正地被看作马克思主义的意识形态。将所有这些不可或缺的主题重新组织成为一个体系或一种哲学（甚或是一个连贯的“信念”体系）完全是另外一项任务，是行家或思想家的事：但排他性的行动、咒逐以及革除等却正是因为有这类系统存在。

至于辩证法中隐含的对哲学体系的强调，它可以被看作对一种完全不同的辩证需求的歪曲表达，即总体性需求。换言之，关于整体的哲学论断结果成了更深层论断或对总体性本身之渴望的一种症候变化，对此，有大量的错误概念需要处理。此时此刻，足可以说总体性不是结束，而是开始；还可以说作为一个新的全球体系的资本主义正体现了总体性和一元化的力量（所以我们也可以说，直到资本主义出现，辩证法在历史上才成为可见的事物）。

所以，我们得到了一个意想不到的结论：作为系统的辩证法概念有利也有弊；因此，在深层意义上，将关于辩证法的这种明显非辩证的描述（连同其对应物，作为方法的辩证法，或许会在下一节得到确证）从关于这种辩证法的任何真正的辩证描述中排除掉可能是非辩证的。

2. 众多辩证法

定冠词的逻辑结果就是不定冠词：如果我们在非辩证法或反辩证法的思想家如尼采或德勒兹、柏格森或维特根斯坦的著作中将辩证的瞬间分离出来，我们就是在谈论局部辩证法，这是再清楚不过的了。无论如何，这有助于多种辩证法的产生，无论其具有怎样的规模或意义，而且正是这种多样性使辩证法不能断言将生成由某种一元的场域理论（field theory）或“万有理论”（theory of everything）主宰的宇宙定理。牛顿的定理在爱因斯坦的宇宙中只是一个局部系统，它是一组特性，只对我们每天能够感知到的世界中的人类尺度有效，却与两个并生的无限性（帕斯卡尔）无关，它们将这一尺度限定在某一端（微观世界和宏观世界），以同样的方法可以发现，物理学与此类似。在这一点上，先前占据制高点的辩证法则被降低为宇宙某个角落中的局部定理，在一个可能根本不是辩证的世界中的这里或那里得到认同的一组规律，但完全是一个偶然，是一种虚拟性，或者说，是混沌理论（chaos theory），即便不是某种根本无法整体化和非理论化的真体（noumenon）。[11] 事实上，（在黑格尔那里）当辩证法断言相对于常识或知性（理解）自己更具普遍意义上的优越性之时，后者被假定为我们的日常生活在一个由客体及延伸物组成的物质世界中的局部定理，辩证法本身是在做这类的归纳工作。

不过，局部辩证法或众多辩证法之类的概念可以从容应对这种形而上学的羞辱，而且可以提出一个与上节的哲学统一体之各种复杂性截然不同的概念性问题。因为我们现在想做的是抽象出一种思维形式，它一定不能有内容，这样才能保证它在我们刚刚假定的多种局部辩证法中始终站得住脚；而且在各种不同的材料中，从经济到审美，从政治到精神分析，甚或自然科学材料中都保持一种可识别的、被认可的形态。但是，我们希望这一形式与恩格斯的三定理内容没有任何关系，甚至不要黑格尔的逻辑“瞬间”；的确，我们希望这个抽象范式尽量摆脱哲学或意识形态的前提条件，尽管我们最终还是要处理对它的承认如何最终导致对马克思主义的全心投入这个问题。对这样一个虚空形式的认同毫无疑问将在黑格尔的基础上逐步加强，即使它无须再与没有任何结果的起点纠缠，后者不得不在其最初与同一和存在的斗争中摸索这个起点。

因为现在似乎有可能从黑格尔的逻辑阶段中抽象出更加虚空的机制，它的形式性足以保证它适用于大量不同的材料和学科、社会以及意识形态方面的内容。事实上，那正是结构主义凭借二元对立所获得的结果[12]，此刻，或许可以庆祝这个突破的实现了，借助这一突破，结构主义者自己对此还一无所知，我认为，辩证思想可以在我们这个时代对其自身进行彻底的改造。诚然，二元对立产生的似乎更加纯粹的形式主义有其特殊内容；它在语音学中获得的语言学起源似乎已经表明，它与语义学有一个基本距离，而且因此与它即刻“被应用”其上的观念性也存在这样的距离。同时，马林诺夫斯基的交换和莫斯（Mauss）的礼物中的人类学源头尽管在不明确的情况下被用于各种政治和心理学目的，但它们仍然保持了对这一事实进行外推的表象：在它们外部发展起来的形形色色的结构主义意识形态现在可以被删除了。

即使意义的最初产生——它就是索绪尔的“无正项差异”这个不同凡响的表述所造成的负担[13]——也可以很容易地转换成关于意识形态生成的问题，而且确实可以转换成社会建构主义（social constructivism）本身。同时，在现代哲学潮流全面反抗古老的亚里士多德常识的斗争中：尤其反对将对事物的看法和概念作为正面实体，作为自立自主的物质，反对认为它们有自己的特质或属性（accidents）以及自己单独的定义，仅仅是后来才插入各种关系和更大的网络及结构当中，在这场斗争中，二元对立原则成为一种基本武器。但是在以过程为导向的（process-oriented）思想中，首先出现的是关系；而在二元对立原则看来，概念是以彼此为参照进行界定的，它们是按群出现的，其中二元的一对只是最简单、最基本的形式。

诚然，在黑格尔那里，这是一个历史性的发现，即在哲学发展的基础上被标准化，而且是作为一个实践发生的，其时，我们从简单的外化思想（“知性”）转向更加内部的复杂思索。在那一点上，同一通过与它所不是的东西区分开来而开始显现。因此，它不仅表示否定性最完满的建构功能若隐若现地进入视野当中，而且表示差异的出现，这个差异莫名其妙地与同一性不可分割，而它本来是与同一性不同的：“这个差异遇到的并不是**其他**他者而是**它自己的**他者……这个他者**自己的**他者。”[14] 但这个现在已经绝对辩证的过程在二元对立本身内部露出端倪。（同时，马克思在《资本论》第一卷的著名的开篇一章中对商品形式的分析在诸多二元对立中提供了一个文本演习，它同时也是对它们的解构和批判：是一次关于这个等式和对等必然具备的不对称性的展示，现在被揭示为不同一性的“客观表象”。）

在这一点上，一股历史形式的洪流喷涌而出：善与恶的辩证法，同时也是主体与客体的辩证法；富与贫的辩证法，同时也是男人与女人或黑人与白人的辩证法；左与右的辩证法，同时也是诗歌与散文、高雅文化与大众文化、科学与意识形态、唯物主义与理想主义、和谐与对位（counterpoint）、色彩与线条、自我与他者等的辩证法，实际上，从历史的各个开端到其久远的未来一直如此，如果它有一个辩证法的话（但我们不要省略了未来与过去的对应）。我们可以想出几种办法来处理这么多讨厌的、经验主义的对立。例如，它们都可以折回去消融在一个大的、最初的二元对立当中：某些女性主义哲学家所谓的性别对立，尼采哲学研究家眼中的权力对立，等等。我自己禁不住要把这一生成角色派给伦理意义上的二元对立（善与恶）；可是，同样没有必要以这种方式来概括社会阶层，无论在历史变迁中其机制发挥了怎样的基础作用。

同时，我们必须注意到这样一个命题，它在第一批结构主义发现之后获得了快速的发展，即二元对立是所有意识形态的典型形式，因此，不仅没有被作为所有意义的基础结构得到赞赏，反而受到追查，作为所有伪意识和社会及政治错误的基本机制被清除。不过，持这种观点的方法论结果是，较之其对于各种结构主义意识形态而言，二元对立变得更为重要，而且鼓励与二元对立进行对抗，成为哲学和理论研究的优先对象；而这就是我们目前保证意见一致所需要的一切。

但是，我们现在必须开始催生因这个简单形式而成为可能的种种对立，因为它并非总是将自己表现为某种二元论性，即使众多形而上的二元论（诸如上面列举的某些意识形态上的对立）确实不是这种二元对立的内在真理，似乎也是它的稳固形式。不过双重对立假定平等或对等是存在的，将黑格尔的最小辩证法（minimal dialectic）变成了同一性力量之间永恒的交替更迭，最终不可能对这些力量做出判决：以这样一种方式不停地相互转换，与摩尼教的情形相似，光明的力量与黑暗的力量无法区分，或善与恶无法区分。这类虚构二元论的基本问题——它们隐秘的概念弱点，甚至辩证性弱点，可以说——在于每个项或力量都完全是正面的，而且其本身是绝对自主的这样一种隐含意义。然而，无论如何，每一个都是另一个的对立面，很难弄清楚如果是那样的话，否定性部分可能来自何方，每一个项都需要否定性，目的是自己在一开始也是一个对立面。

形形色色具有显著特征的对立很明显将会得到认同，但这要看最初对立中的每一项拥有何种程度的自主性。的确，即使是形而上学二元论的死胡同也可能到头来催生出比我们最初的怀疑态度更具生产性的发展；而半打多的其他对立形态也提供了明显不同的发展路线，沿着这些路线，某个给定的辩证法可能为我们带来根本无法预测的或一成不变的结果。在接下来的例子和说明中，我们唯一的规则就是严格避免陈旧的对正题/反题/合题的伪黑格尔式戏仿；而我们唯一的预设就是假定任何对立都可能是某种辩证法本身的起点。

i

我们或许就是从纯粹的形而上学二元论或摩尼教无可避免地堕落为传统的对立开始的，在这一对立中，一个项总是比另一个项更有缺陷，或者换言之，在这一对立中，第二个项显示出某种本质性或丰富性，它无法被归于它所谓的对立面。古阿拉伯语法中有太阳词语（sun-words）和月亮词语（moon-words）；似乎是这样一种情形，月亮词语是它的他者的对立面，而那个他者因其自身的自主性不是任何事物的对立面。那么，这似乎就造成了一种特殊的对立，在这种对立中，只有一种真实的对立面存在：它分担了**恶**的不幸命运，恶曾经一度在最初的虚构二元论中放射出自己绝对的光辉（或黑暗，视具体情况而定）；但现在它被贬低为自己的他者的一个单纯反映。

新形式无论如何都将是一个不对称的形式，在其中，我们可以确定一个中心和一个边缘，一个基本项和一个非基本项。在此，我们显然可以瞥见种族主义和仇外主义、性别主义和种族中心主义、法律和犯罪等事物的基本结构。可能是萨特第一个公开谴责了所有这类对立中固有的结构性压迫，他在他的《圣热内》等著作中确认了大量次种压迫；但福柯随后的分析将这些症状一般化、通俗化了，这些症状可能贯穿于传统意识形态二元对立的每一个部分，从形而上学的二元对立，如善与恶，或主体与客体，一直到似乎更常见的二元对立，如南北，上下，艺术与科学，或第一世界和第三世界。种族和性别范畴是今天最常引发意识形态怀疑这个警报系统的范畴；不过，它们好像也在种族与性别对立更具哲学意义的形式方面回归于阶级（或彼此移位）。同时，左与右的现象学对立提醒我们，这种不对称对立的难以根除是由于人体在生物学上的中心性，由于人体的空间经验在存在意义上的独特性。[15]

同时，出现了一个极为不同的哲学难题，即我们已经清楚阐释过的这些例子实际上根本不是真正的二元对立，因为从属项原则上可以归在主导项名下，这样就至少为我们一直批判的伪黑格尔的综合提供了一次戏仿。所以，**奴隶**不是**主人**的对立面，相反，与他相伴而生的是所谓的奴隶制或统治这个更大系统中一个同样不可或缺的因素：只有当个体存在被重新引入，这两个“方面”才能成为独立项。这种重新引入是一种政治干预，而且只有这个时候，这种不对称的对立才会出现在意识形态当中，这一点已经有所提及。那么，它的“解决之道”似乎取决于对这两个词语的删除，或者换言之，在于消除这种对立：例如，马克思向我们揭示消除阶级斗争的唯一途径是去除社会阶级这个重要范畴（以及产生这一范畴的价值体系）时所发生的正是这一经典情形。然而，不仅是晚近社会主义历史上众所周知的“无产阶级专政”，还有种族、性别、民族这些领域中同化主义者和分裂主义者之间没完没了的政治争论，它们都提醒我们，这类“解决之道”都远非仅仅是意识形态问题这么简单。

这些不对称的二元论也引发了否定和否定性的话题——一个在对辩证法的当代哲学批判中至关重要的问题。萨特对主体和他者的分析仍然是辩证的；而福柯将这两个概念都归在“权力”的名下，这似乎造成了权力没有对立面（或它就是其自身的对立面）这样一种局面。我相信这个表面上的僵局至少可以通过这样一个意见得到化解，即这种特殊的对立将被理解为至少两个二元系统的重叠：一个纯粹逻辑上的对立（换言之，在其中我们只和两个等量有关），它上面已经叠置了一个关于基本与非基本或中心与边缘对立的完全不同的形式。在这里，“否定”在于最初的等量之间的区别，而它的意识形态投资——统治本身的关键内容——起自一种方式，以此方式，第二个对立对第一个进行重新诠释。随后，否定的力量从后者转移到了前者。

不过，消除诸如此类的对立在某些情境中并非总是称心如意，在这些情境中，莫名其妙地，具有生产性且需要保存的恰恰是这种不对称本身。我们或许仍然认为这些受到抑制的不对称对立是辩证的，尽管它们静止不动，因为它们导致一种困惑的出现，这种困惑在分裂与合并，在否定的分析工作和综合的诱惑之间交替出现。

在美学领域，这样一种恒久的不对称二元论可以在，例如，在柯勒律治关于想象与幻想之间的对立中觅到其踪迹。这两种功能肯定可以从历史的角度或按年代顺序进行解读，在这种情况下，“幻想”代表了18世纪修辞的修饰功能，而“想象”则成为顺应潮流取代了18世纪修辞之浪漫主义力量的名称，这种力量是新生的、有机的、自然的。这一解读强调方式和**自然**力量之间的反差，方式指的是幻想如何通过机制和细节，通过“固定物和确定物”发挥作用，柯勒律治如是说；而自然力量则在某种想象中或全面的“创造行动”中得到表现，它的作用是“实现理想化或整体化”。[16] 在这一层面上，这个区别很像是一份隐晦的浪漫派宣言，它用起落不平的新古典主义情感来对抗华兹华斯的崇高。而且正是对这两种模式的鉴别同时也使它们对某些历史时期而言，尤其是对启蒙时代的文化逻辑而言具有更大的普遍性，作为年轻一代的浪漫派本身如此批评启蒙时代。在此，不仅一个项使另一个项相形见绌，而且某种伦理的甚至政治的二元也做出了自己坚定的选择，断然拒绝旧的社会体制的诗学，转而青睐于新的和原现代主义（proto-modernist）的模式。

不顾幻想与 18 世纪联想理论之间以及想象与客观理想主义更具德国意味的传统之间明显的密切联系，柯勒律治本人也在思想模式方面夸大他的对立面，似乎对想象的呼唤就是在唤醒（或重新唤醒）一种全新的诗性力量，这种力量截然不同于围绕着幻想那些预先给定的“抗拒”进行机械混合，后者不要求任何的创造性。

很显然，这是一个被想象的视角所框定的解释，突出了幻想的弊端；甚至不如康德关于美与崇高之间的区别来得公正，它与这一区别隐约有些关系。不过，只要考虑到新批评对这种以幻想为导向的现象，例如俏皮话和隽语，所采取的反浪漫派立场，就足以使我们明白这种特殊的偏见可以在另外一个对应的方向上得到纠正。

即便如此，如果将这两种力量理解为对应于心灵的功能——想象对应于较大形式的结构框架，如情节；幻想对应于作品的技巧及其独有的细节——那么，不仅它们之间的比率会一直发挥作用并决定阅读固有的各种浏览过程的幅度或终点；而且具体的文本本身现在也可以被看成类似于这两个轴的独特的或独一无二的“合成”。但这几乎没有为这一“矛盾”产生任何永久性的解决之道，或许使某些体裁模式固定下来。尽管它的基础在于某些恰如其分的形而上裂隙——统一性与多样性之间，或崇高与美之间，形而上的绝对本身与它在物理时间与空间的经验性对应物之间——还是很难弄清楚如何用非辩证或反辩证的方式达到这一对立。

相反，我常常坚持的一种有关的文学二元论却具有这一功能，它可以扩大不可通约物之间的裂隙，将它们的对立展现为某种不一致事物。很显然，“不可通约”一词本身所隐含的正是这种危机感，即借由翻译以及对抗此举的绝对不可能性实现统一的企图。[17] 这样一来，结果可能就与我们在上文中详细叙述过的静态或停止的辩证法很相近，在这种辩证法当中，似乎没有第三个项将其自身置于否定性对立的统一体之上；只有存在本身的裂缝似乎能让这种统一化进程暂时中止。

也许可以用小说中情节与风格的不可通约性作为这种辩证法的一个例证，无论是宏观层面的叙事，还是微观层面的语言，两者都不能简化为对方。像在早期小说中一样，不可通约性不是那么显眼，在讲故事的过程中，似乎主要是语言忍受着不可通约性；或相反，在现代主义时期，叙事功能因为语言和风格的凸显而变得黯然失色。但是，当这两个层面具有同等分量的时候（或者，像发生在狄更斯身上的情况一样，一种现代主义的感受力重新发现这位现实主义小说家的风格本身就是一种价值），实际的批评便面临一个难以超越的困境。这并不是说批评家和读者不能在实践中为这一不可能解决的、难以超越的难题发明一种解决之道：的确，那正是批评的职责所在，而且这些"解决之道"有所不同，从假设风格和叙事之间存在同源关系到探察出它们如何以细致入微或烦琐炫耀的方式彼此冲突、相互贬低。但是，这些"解决之道"假设作品是一个绝对的有机整体，实际上，它们预先设定了这个基本困境的存在，所以将其自身从所有的理论性或哲学性解决之道中分离出去，因为它们已经遇到过两个彼此分离的实体，这两个实体只有以某种附加方式或通过机械的同源性才能重新统一起来。

因此，与这种辩证法能表明这个世界本身存在某种本体论裂缝或鸿沟，或者换言之，**存在**本身当中有不可通约的事物不一样，它不是二元的。于是，这种对立的功能与探测不同，它不是辩证地认定两种似乎有明显区别的存在项实际上是相同的，在探测过程中，常识假设，在一个不存在任何问题的真实世界中存在一个由连续现象组成的持续场，一个有奇怪的裂缝或多种场域的持续场，这个场中有不同的法则和动力原理（与引力和电磁的情况相同）。

研究这种本体论不连续性的方法在所有的学科中都可以找到。将物理学中的波和粒子这类太过普通的例子搁置一旁，重要的是找出社会阐释在历史与社会学之间——或实际上是社会学与心理学（见下文）之间——或事件与结构、历时与共时之间无法化解的张力，因为这类方法论上的敌意将其自身以多种方式表现出来，并且产生多种结果。

不过，拉康的心理分析的三界说理论会即刻变得更具戏剧性，并且对辩证法充满启示，三界说理论一开始纯粹是一种不加掩饰的二元论，只是缓慢地进入一个包括多个中心的三界（triad）（拉康在其波罗米昂［Borromean］环形图案中做了生动的表现），最终分崩离析或在后者的内部压力下四处飘散。众所周知，拉康的三界被界定为**想象界**、**象征界**、**实在界**；但正如齐泽克经常委婉地指出的那样，将拉康的思想置于其历史进化当中来理解并不比将它们理解为一个静态的系统更少误导性。[18] 读过第一次研讨会文稿的读者的确愿意强调最初将**想象界**理论化为心理现实中一个半自主性区域，他们只是想直接了解它如何受到质疑，如何被以**象征界**之名进行的批判重新定位。然而，**想象界**在我们当下的语境中是一个不错的起点，因为它正是二元论得以兴盛的重要元素：所谓的镜像阶段本身将**想象界**置于自我与他者这样一个二元对立的位置，始终深深地将它植根于这种可视状态。其后对**象征界**的发现——尽管是三者之谜（如《厄尔玛的梦》［*Irma's Dream*］和后来的《失窃的信》［*Purloined Letter*］中的寓言）[19]，并且令人联想到当时占主导地位的结构主义语言学意识形态——并非像它表示各区域中的一次转向和一个全新的动力那样在很大程度上仅仅相当于增加了一个第三界。

但是，那种动力会辩证性地继续扮演自己的角色，因为它强有力的形式依然是由于**想象界**和**象征界**这两个不对称区域之间的交叉，或换言之，由于后者对前者的“批判”（或对前者的过分强调）。在那种张力消失之后，在**象征界**所取得的理论性胜利威胁将成为对语言的结构主义哲学更加正统的庆祝之后，拉康仍在抵抗；就在此时，他的第三个概念，神秘的**真实界**，出现了，它是不能同化为语言的事物。在一个很模糊的地平线上，那个更古老的二元论走到了尽头，这个新阶段本身提供了一个探索领域，它从第十一届研讨班开始将取代另外两界，它的重点在于强调驱动力与部分客体（part-objects），强调“征兆”（sinthome）和性别，强调纽结（knots）（后者之后代表了某种对三界系统的一个遥远的、讽喻性的记忆，拉康借此开始了他奇异的理论旅程）。

我们在此不必进一步追寻拉康的历险（我们似乎已经提到过四话语理论［the theory of the four discourses］，它是对拉康作为一名不可通约物和非连续性方面的思想家所具备的鉴赏力做出的另一种诠释[20]）；可以明确地说，这一轨迹已经为辩证法本身开始了一项新的使命。现在，我们大概可以斗胆推测，当思想接近不可通约性的困境时，类似辩证法的事物总是会开始出现，无论它表现为何种形式；而且此后，辩证法似乎是朝向一个新的、不为人所熟悉的平面的思想转变，试图处理各种独特的、自主的现实（realities）这一事实，这些现实似乎彼此没有任何联系。

但这种特殊的对立（以及与它相似的其他对立）很显然不能仅仅通过将其认定为统一体便可以得到“解决”：的确，它很有可能根本无法解决，而只能以不同的方式被接近，它仍然是辩证的，但它显示的是辩证法的另一副面孔，完全不同于刚才描述过的那张面孔。的确，辩证法（“关于……的辩证法”）的这两个变体也可以被看作二元可能性的两个极端：一方面是对立面的相互认同，另一方面是它们最有可能彼此分离，同时又在各自内部保持着某种微弱的联系，从而可能同时谈论它们，将它们说成是首先加入一种对立当中。

不可通约性这一论点因此主张，这种形式的辩证法假设这一特殊二元论的两端由截然不同的法则和动力学所控制，每一端都不能用于或控制对立一端。这里我们必须再次援引上文中已经提示过的方法论警告，它从黑格尔的“差异”与“分歧”范畴的明显不同中推断出这些结果。这两个显著差异可能实际上会被说成是以萨特（他之后还有波特尔·奥尔曼）提出的内部否定和外部否定之间的两个明显区别为先决条件。[21] 换言之，如果这一二元对立的两个构成项之间的关系分解成两个截然不同的项之间一个单纯的外部否定，这一对立就变成静止不动的各种事物，它们各不相同，而且没有任何特殊关系。

很清楚，（内部）辩证法的构想着重强调这两种现象之间的关系，因此避免了异质的多样性难题，只是它会遇到第二种危险，即差异之可能性会在尚未成熟的认同中消失得无影无踪。在不可通约事物的辩证法这种情况中，问题却恰好相反：巨大的差异当然在不可通约性的概念中得到极大的强调，但却有这样一个风险，即由此形成反差的这两个现象可能渐渐离开对方，融入丰富的静态多样性当中。在此于是必须求助于强大的理性来假设不可通约的事物之间可能存在任何一种关系，这就是说，两者之间某种形式的内部否定必须理论化（它也意味着如果外部否定可以相对简单地加以界定，内部否定则要采取令人眼花缭乱的多种辩证形式）。

德里达提出了非辩证法或反辩证法的暂时态（temporalization）——通过不可比性或通过外部否定对内部否定的限制而形

成这种对辩证法的阻碍——或换言之，辩证法意义上不能同化的事物重新合并成为某种新的、被扩充了的辩证法：

> 最后，我们谈论过的所有事物都归结为一个关于“第三者”的问题。这第三个项可以理解为中介物，它允许综合、调和、介入；在这种情况下，既非这一方又非那一方允许这一方和那一方进行综合。但是，这一功能并不限于其在黑格尔的辩证法中所采用的形式，非此非彼和既此既彼的第三项的确也可以解释为其绝对的异质性抗拒所有的整合、参与和体系，因此指定了一个场所，在那里，系统不封闭。同时，也是在这一场所，系统由其自身构成，而且这一构成受到异质事物的威胁，也受到虚构的威胁，它也不再听命于真理。这里尤其令我感兴趣的是它既参与又不参与。[22]

不过，恰恰是一种既封闭又开放，既参与又不参与状态的形成颇具启发性。因为我们同样有理由争辩说，相反地，辩证法是这样一种时刻，系统确定自己的结构是封闭的——或者换言之，它将自己重新认定为一种哲学（因此必然是一个封闭的系统）——它同时也重新开放自我，一切从头开始。

作为哲学或系统，辩证法——“传统意义上的辩证法，通过否定等工作实现了总体化、调和化和重新分配的辩证法”——是封闭的，它通过绝对的对立或不可还原性和异质性得到彰显，这些都存在于辩证法的外部而且不会被它同化。但这种超越常规的性质或不可同化性本身就是一种辩证法——处于“非辩证（non-dialectizable）和辩证（dialectizable）之间”——它可能强化了这一过程的动力学并且使得在它之后出现一种新的、被扩大了的辩证法成为可能，辩证的暂时性之钟再一次开始滴答作响。[23]

对德里达这个深刻见解的阐释或许也可以为解构与辩证法之间的各种差异提供新的理解，同时，它（作为一种结果）再次确定了它们之间的家族关系，也就是说，首先允许这种差异被表现出来并且可以察觉得到的亲缘关系。

因为辩证法似乎像幻灯片一样不时地迅速移走，在这个过程中，解构以令人应接不暇的方式向前移动，如同吉加·维尔托夫（Dziga Vertov）的电影一般。我做这两种比较的目的在于记住它们的否定或批评含义，它标志着一切思维都不可避免地走向衰弱。

辩证法继续发挥作用是因为它置身于某种特殊思想之外——也就是说，关于某个问题的概念性解决办法（问题的范围可能从客体到主体，从伦理或政治到哲学，从实用主义到认识论，到艺术和科学，等等，等等）——旨在表明，所谓的结论实际上掩盖了不稳定的绝对对立的各种运行。将先前的“结论”瞬间（moment of“conclusion”）历史化并且使一种新的、辩证的“解决办法”成为可能的悖论、对抗（antimonies）以及最终的矛盾在某种意义上都将这最后的“解决办法”重新并入“哲学”或“系统”当中，并且表现为一种新的——更确切地说是辩证的——独立的结论。

到目前为止，辩证法与解构交相呼应：两者都试图理解“思想”或概念性“立场”或“解释”在结构上的不连贯，这些都是它们的批判对象。但是在辩证法止步的地方，它在等待新的“辩证”解决办法自己凝固并且成为辩证法可以再次被“应用”（就像它出自那种新形成的系统一样）的思想或意识形态；解构则向前猛冲，不断破坏它刚刚抨击过的不连贯，并且表明那种看似具有分析性的结果本身就是一种新的、随后将被解体的不连贯，是一个新的“矛盾”。因此，解构是一种虚无主义（见对保罗·德·

曼的攻击）的判断，如同福柯意义上的疯癫（*elle ne compose pas*）即它没有产生结果，没有实在的结果，仅仅是吞噬掉了它自己的尾巴，因此在这个过程中吞噬掉了它自己。所以，被吞噬、被破坏的结果之一当然就是辩证法本身，它停步的时间太长了，而且变成了另外一种独立的意识形态，不过是解构的另一个对象。

ii

我们的下一个逻辑可能性将重点衡量这第一个可能性，因为它将一种二元对立带到我们面前，这种二元对立的两个项都可以认为是否定的，是一种否定现象，而且与虚构二元论及不可通约物等所具有的完全肯定的力量形成反差，在这个意义上，这一二元对立不能被看作不对称的，也不能承担中心或主导的角色。这不是将边缘项重新纳入整体的问题，也不是将其并入肯定项或中心项，在该项中，它曾经是缝隙或裂痕，而是在它的对立面，这个迄今为止的肯定项，暴露出一个同样的缝隙。的确，肯定性和否定性的语言（和对立）在此屈从于逻辑和形而上学的巨大压力，以至于要在一个没有任何肯定性事物供否定性否定的情况下，似乎很难保持否定的存在资格。但是，这或许正是最初索绪尔关于一个“无正项”的单纯关系这一悖论所表达的悖论，其中，认同或意义都由纯粹的差异来定义。

在这一点上，坚持这一对立的诊断功能似乎尤为适宜，这组对立的辩证法出现在马克思理论中的不同地方，但直到列宁之前，关于它的争论尚未完全展开。因为在这第一组例子中，“对立面的统一”将对争论的目标进行划分，对那些对手的政治策略进行划分，列宁认为这些策略遭到了严重的玷污而且没有任何实际效果。尽管如此，《怎么办?》（1902）中的论点依然振聋发聩而又自相矛盾。因为在该书中，列宁将经济主义和恐怖主义背靠背同时抛出，而且在某种程度上发动了一次有力的批判，将渐进主义的社会民主主义（以及以工会为基础的工人主义）和极左分子的“国会权力以外的”活动也包括在内；他所谓的“服从自发性”构成了这两者的特征：

> 乍一看，我们的主张似乎有些自相矛盾，因为两者之间的差异看起来如此巨大：一方强调“单调的日常斗争”，而另一方则呼吁个体做出最具自我牺牲意义的斗争。但这不是一个悖论。经济学家和恐怖分子都对自发性的不同极端俯首帖耳：经济学家听命于“单纯的和简单的”劳动运动这一自发性，而恐怖分子则顺从于知识分子激情澎湃的愤怒这一自发性，两者都是要么不能将革命斗争与劳动运动结合起来，要么没有机会这么做。[24]

应该说这一争论不应该理解为是对任何一方观点的驳斥：列宁并没有贬低工厂问题或组织工会的意义，就像他拒绝学生和知识分子在其过激行动中的英雄主义一样（他自己的哥哥，这一点以后还会再提起，因为策划暗杀沙皇亚历山大三世被处决）。但是正是因为这两种社会动力学都被外推为一种政治和政治策略，他在此斥责其为糟糕对立面的联合。我们可以将这个辩证过程看作对两种截然不同的症状做出的诊断，它们合起来成为一个单独的动机，即“自发性”；或者，根据亚里士多德的方法，我们可以将这两个政治裂痕或背离看作两个极端，如果坚持那个黄金均值，在此即是列宁的政党概念（团结知识分子和工人阶级），它们是可以避免的。诚然，前者更接近于古老的命题—反命题这个综合模式所假设的综合时刻，而亚里士多德式的方法仍然是陈旧的，一成不变的。这些分析当中更具严肃的辩证意义的依然是一个

“悖论性”命题，即遭到抨击的这两种立场在某种意义上是“一回事”。但这不仅是各对立面的联合，而且是否定项的联合。

我们可以观察同样的局部辩证法在路易斯·阿尔都塞对现代社会主义历史的分析中的另一个版本。阿尔都塞也聚焦于左派历史中表面上的严酷对立，即社会主义者和共产主义者之间的对立，这一对立在不同时刻都采取了社会民主和斯大林主义（或者用意识形态的术语，人本主义和教条主义[25]）之间表面上不相容这一形式。这两个极端，以列宁为例，他将它们背靠背地说成是同一个硬币无法接受的两面，这样说的基础是它们都受到渐进主义（或沃尔特·本雅明所谓的进步）意识形态的浸润。社会民主主义在其第一次世界大战前的全盛期相信在其政党的选举力量的基础上可以由资本主义逐渐地、和平地过渡到社会主义；后来又相信可能在资本主义内部实行一种渐进的改革，资本主义可能转变为福利国家，后者或多或少等同于社会主义。斯大林同时相信，通过重工业化，可以实现一种持续的进步，在这个过程中，可以逐步到达社会主义。在阿尔都塞看来，这两种立场以及它们鼓吹的政治在政治层面和精神层面上都是有害的，因为它们共有一个巨大的缺陷，它们都漏掉了阶级斗争。尽管他似乎对这个概念充满惶惑，我们还是可以说，正是阶级斗争恢复了对历史的辩证解读，因为它必然通过断裂和不连续，而非通过过程中连贯的（或“同质的”）暂时性或不可避免性不断前行。所以，我们可以在此谈论一种关于糟糕对立面的辩证法，它没有像在某种积极的策略中那样得到明显的纠正，列宁在《怎么办?》中将这种策略进行了理论化，但是它在阿尔都塞的分析中或许可以被确定为毛主义的预兆。

然而，现在应该对这种辩证法给出一种文学的或文化的解释了，它反对各种意识形态和实践（或至少各种政治规划和纲领），因此它已经是一种片面的超结构解释。的确，乔治·卢卡奇对现代主义的分析（在文学上）也把错误的意识形态信仰与实践的失败（坏书或蹩脚艺术的生产）联系在一起。[26] 有意思的是，现代主义被认为有其自身内在的辩证法并且采取了两种表面上正相对立的形式，即自然主义和“象征主义”（*symbolisme*）。这两种文学运动的历史同期性使得这一分析具有引人注目的多元性，而同一性则又一次表现出令人震惊且具有辩证性的效果。卢卡奇想要将自然主义污蔑为一种机械美学，在这一美学中，描写和不加处理的材料受到青睐，它们被说成是客观性和现实（他甚至将文献材料和道斯·帕索斯的拼贴作品也包括在这一范畴之内）。[27] 值得加一句，这种诊断的政治功能在于它对斯大林主义的社会主义现实主义进行了遮遮掩掩的攻击，与呼吁西方激进作家在类似文学人民阵线的事物中（因此为苏维埃压制“实验”提供了一种托词）吸收“伟大的资本主义传统”是异曲同工。

那么“象征主义”（及其后来形形色色的现代主义诗学化身）是如何被同化为这个判断的呢（同时将确实的证据，如马拉美对左拉的崇敬，连同后者作品中更为明显的象征和诗意时刻搁在一边）？对“象征主义”的分析的确将自然主义反对的东西说得非常清楚：因为一般来说，“象征主义”的程序导致的结果是使得似乎毫无生气的对象具有了各种层层叠加的“象征”意义。一个无意义的客体世界在此被假设出来，它要求补充主观意义，这样才能构成合适的艺术材料。但是，卢卡奇强烈反对的与其说是象征主义的起点，还不如说是它的主观主义，即外部世界的经验在某种程度上是死的和无意义的，是无生命的和迟钝的，没有任何属于它自己的内部动力。

但是，确实恰恰是因为假设对外部世界有同样的意识形态，自然主义才有了它的文学原创性：拥抱这个包含无生命外延的世界，用唯一可能的方式再现它，这种方式即描述和机械列举的相加过程。然而，对自然主义分析的这次更新现在为我们提供了一把钥匙去打开这一诊断的第三个概念，去了解卢卡奇发现这两种美学运动都有所缺陷所依据的标准。这一点的确在这位哲学家最重要的一篇文章“Erzählen oder Beschreiben?”（《叙事抑或描写?》[28]）的标题中表达出来——而且对叙事的推重使我们又回到现实主义，无论好坏，卢卡奇的名字都和它难解难分。“伟大的现实主义者”选择叙事（而非描写），这是因为他们自然地将外部世界看成历史进程，看成一个充满各种趋势的世界，这些趋势这样来解决自身的问题，即假定存在的客体本身永远不可能按照课本上描写这个词的意义而被“描写”，因为它从来就不是静止的，永远不会坐在那里等着有人为它画像：它已经是一个隐含的叙事，因而在其内部具有一种叙事的意义，不需要来自外部的主观命令或象征主义的变形来赋予它意义。外部世界，不管多么丑陋或令人沮丧，永远都不可能是无生气的或无意义的，除非因为它已经被历史性地制造出来，已经在历史的生产中获得了自己的意义。的确，如果这样看，卢卡奇或许可以辩证地说成是认同了他的对手布莱希特，对布莱希特而言，所谓间离效果的功能就是要说明被认为是自然的（因此也是不可避免的或永恒的）事物实际上是人类行动的结果（因此也可以被其他的人所改变）。两种美学思想的前提都是人类行动和人类生产的叙事性。

无论如何，在卢卡奇那里，我们看到那场古老的争论在审美层面上重现，一方反对机械唯物主义，另一方反对理想主义。这些争论的辩证特征不在于两个阵线的斗争，两个阵线的斗争是许多概念争论的特点，而在于糟糕的对立面借以达到认同的方式，它们通过一个独特的潜在缺陷或它们共有的一个意识形态错误相互认同。因此，在某个所谓的综合时刻，两个明显不同、彼此不调和的现象在某种程度上被统一起来，这一时刻先于它们的分裂而存在，而非在分裂之后和成功地战胜分裂之后才出现。但是，同样错误的是，认为这种局部辩证法假设有某种统一的最初时刻，它后来分裂为两个截然不同且看上去对立的结果（而且因此充满怀旧心态地假设有一个更早的统一体，我们被鼓励回到这个统一体）：因为在此有争议的是否定性对立面的统一，而非肯定性对立面的统一，而且它们的重新认同并未给我们提供任何新的、积极的价值，而只是提供了一个被扩大了的目标以进行更高、更全面的批判。

iii

但是，正是在这一点上，我们必须重新面对伪黑格尔式三段论并再一次更加急切地发问，是否列宁和卢卡奇不是通过所谓的对第三项进行综合而“解决”了他们的问题。在列宁那里，众所周知，是革命政党的建立克服了工会活动的集体性瘫痪以及无政府主义“行为”中个人的徒劳无功。而对卢卡奇而言，他的“现实主义”原则着意要打败机械唯物主义和极端的孤芳自赏与唯我论，自然主义凭借机械唯物主义获得其对象，象征主义或现代主义凭借极端的孤芳自赏和唯我论沉溺于它的主观性，难道这一点不是一直非常明显吗？现实主义似乎吸收了这些病态的畸形当中的积极因素并且将它们合成为一种新的艺术；就如同知识分子和工人在列宁的政党形式内部发现了一种更具生产性的合并与综合。这种常见论述的问题是它们遗漏了黑格尔著名的“否定的劳动”，也就是说，它们跳过了所谓综合本身所做的功以及它的过程，由此我们根据两位理论家诊断出的较早阶段实现了“进步”。

证据是在这两种情况中，差距被单纯的意志力掩盖了：卢卡奇要求他的作家们采用马克思式的立场皈依批判现实主义，而列宁，正如人们都知道的那样，则依靠他强大的论证和辩论力量，双方都不承认更深层次的意识形态根源是个人主体（individual subject）——作家或激进分子——通过弗洛伊德的无意识中心沉入或消散在历史现实本身多种多样的相互关系当中。

我想说，这个过程是一种中和化（neutralization）[29]，而且它将仅仅是通过一种否定工作作用于否定本身——我们是否真的想将其认定为著名的"否定之否定"？——从而生产出新的形式。对于列宁的诊断，我将以古巴革命为例，我把它看作一个更清晰的小规模但或许是更成功的中和化过程。

在古巴革命这个例子中，会有一个空间上或地理上的"实验室"让我们直接见证这一过程（借助德布雷［Debray］的《革命中的革命？》［*Revolution in the Revolution*？］[30] 一书中的理论化）。的确，革命的**中心**——与外界隔绝的山区营地，在那里发动了游击战争，也是在那里，真正的革命政党被缔造出来——将作为一个空间，在这个空间里，知识分子和工人——在列宁看来，他们是革命政党的两个基本组成部分——将丢掉他们的社会决定论，在新的革命意义上真正地不属于任何阶级。知识分子在肉体上从专门的学术工作中，从象牙塔和单纯智力劳动的意识形态诱惑中脱离出来；参加了马埃斯特拉山区（Sierra Maestra）的伟大运动后，以前的工厂工人和农民将摆脱工厂的异化、劳动的分工、对工作地的附属关系、对资方或监工满怀敬意的臣属感、职业性的服从习惯或泰勒主义之类的习惯。在这两个事例中，一种强有力的中和化将列宁在其计划书中做出诊断的每一件事都化为灰烬；我们可以说，否定本身已经将所有的个体，不是还原为它们作为商品和劳动力（如卢卡奇在其《历史与阶级意识》［*History and Class Consciousness*］中所证明的那样）的最基本性质，而是准确地将其还原为一种基本的力量，它们是否定和革命性拒绝，是能动力（agency），是一种反抗的纯粹形式，在反抗中它们是平等的，人们可以期待从反抗中出现新的革命形式。

至于艺术，跟随卢卡奇，沿着一条在反法西斯时代（或者后来在当时的社会主义国家）未曾引导至他所呼吁的审美实现的道路似乎也不会有什么特别的回报；因此我将中和化在艺术中的表现限制在现代主义本身内部的一条独特轨迹上。或许也可以论证，从形式的视角，现代主义本身就是辩证的，因为它被迫假设存在其自身的形式对立面并且通过虚构和差异对这些对立面加以引导。尽管如此，在对传统的拆解当中，我们依然称现代主义因此创造出一种实实在在的辩证审美程序，某些艺术家较之其他人已经更敏锐地理解了这个过程的辩证性，辩证审美程序这个名称似乎不算是贬义，尽管它似乎更乐于强调历史进程在这一发展中的作用，而非强调艺术家的意识和动机。问题不在于皮特·蒙德里安（Piet Mondrian）——这些辩证艺术家中的佼佼者——是否是黑格尔主义者（无论“是”这个动词在这一语境中意味着什么），或他的作品是否充分地阐明了这种哲学的辩证法（它们是的！）——而在于一个客观时刻，在此时刻，抽象化进程已经足以揭示出辩证对立在发挥作用，而且是以动态的，而非静态的方式在发挥作用。

蒙德里安意识到[31] 立体主义在通向抽象化的中途停了下来，它保持了形象、雕刻对象的完整无损和中心地位，它的作用依然是再现和模仿，不管它有多少层脸，有多少维度。他决心要消解甚至这个形象本身，他始终都知道形象概念或经验依赖于一种基本的二元对立，形象与基础（figure and ground）的二元对立：所以不仅必须要去除形象，而且还必须要去除理解这一形象所依据的基础，或者换言之，空间本身——作为一种三维幻觉仍然存在于绘画框架内的一个基础，一种感知虚构或幻境。同时，蒙德里安意识到不仅通过去除范围，而且通过让这个对立本身失去作用，他才能涤除形象的中心性，也才能废除空间本身这个背景以及它所存在的平面。

实际上，众所周知，美学争论已经成为绘画史的特征，这些争论不可避免地围绕着二元对立展开（线条与色彩的对立只是它们中最著名的对立）；在面临这种两者择其一的情况时，几种截然不同的立场或选择在逻辑上是可能的，这一点将会非常清楚。你可以为一个或另一个选择一个立场，然后发明一种实践，它的美学理论扬此抑彼：安格尔（Ingres）或大卫对德拉克洛瓦（Delacroix）！不过，你也可以发明一种风格，在这种风格中，两者被给予同样的重视并且在某种程度上是和谐的：这大概是伪黑格尔三元组中著名的"合"吧。但是，你最终还可以试着通过中和它们的张力来摧毁这种对立：这也许就是蒙德里安采用彩色直线条试图要做的事情。

但是，甚至在那之前，我们就遇到了纵向与横向之间的对立，我们不一定意识到这一点：因为观摩挂在墙上的画的人是纵向的，而且是纵向来读画的，即使——像蒙德里安的画中那样——当画布本身试图逃离那些坐标系从而存在于一个纵向和横向不再构成一组有意义的对立的世界里，也是如此。当杰克逊·波洛克（Jackson Pollock）（蒙德里安本人是最先欣赏他早期天才制作的人之一）将画布铺在地上，围着它转时，他便确切地完成了蒙德里安想要实现的这种两维坐标系的中和化。

伊夫-阿兰·波埃斯（Yve-Alain Bois）仔细研究了蒙德里安作品中大量存在的这种对立，他的基本原则——"所有的关系都被一个重要的关系所控制；那就是极端对立面之间的关系"[32]——既是深刻的黑格尔哲学，也是结构主义的"早于字母"（*avant la lettre*）。蒙德里安所有的解决办法旨在摆脱绘画表面任何可能的光学中心，不让眼睛在休息时可能在任何单独的地方或元素停留片刻，重新建立一种特征等级，事实上就是把某种过程重新变成空间中的一个客体。

的确，我们可以考虑舍恩伯格（Schoenberg）发明的十二音调体系，该体系的目的非常明确，为了预先阻止相当于音乐中的中心性和等级的音调卷土重来。其中心思想是如果你将任何一个音调置于其他音调之上，无论多么短暂，在一个围绕着该音调的局域内，就开始再次形成一个音调中心：由此便有了在这一行中其他所有的音被用过之前不许重复该音阶上任何单音的禁令。这种对中心性的恐惧是否在哲学王国里有其对应物是我们在这一讨论中稍后将要考虑的问题。

但这个故事（如波埃斯所讲述的那样）有一个不同寻常的曲折结尾：蒙德里安在他追求真正抽象的过程中已经检验了好几个体系（而我迫不及待地要补充的是他的想法不仅深深地受到黑格尔的激发，而且还从通神论和唯心论的意识形态魅力中获得鼓舞，得到验证）。不过，到最后——这是一种宿命，波埃斯用巴尔扎克的《无名杰作》（*le Chef-d'oeuvre inconnu*）中那个画家弗伦费尔（Frenhofer）的最终命运作比——他明白，如果一个人成功地中和了这些基本的对立，他便以和谐及一种静态的平衡收场，所有的对立都已消失（马列维奇［Malevich］在那副至上主义的《黑色方形》［*Black Square*］中所遵循的道路）。除非你不断使某种对立和张力保持鲜活状态，你便没有在审美意义上成功地中和这种对立：最初在审美意义上解决矛盾的重要悖论。所以在他的最后一幅油画《胜利的布吉·沃吉》（*Victory Boogie Woogie*）中，画家反复涂画这幅不同寻常的已经完成了的作品，将他本人的解决办法一个个地抹掉，就是因为它们已经成了解决办法从而使这个过程中止，所以在他去世时留下的是这幅未完成的油画，成为说明辩证法之贪得无厌特性的悲剧遗留物，它在这幅画中的结局是毁灭其自身。

在这一语境中做些补充是很有意思的，即对蒙德里安而言，垂直线——这个世界，外在的人类生活——在本质上是悲剧的[33]，而这种抽象的、无维度、无空间的绘画所承担的使命就是摧毁以其他事物之名存在的这种悲剧。但是，那种摧毁现在似乎将悲剧内化在它自己内部永不停息的过程中。这一悖论的确会在该讨论的最后部分向我们提出真正的乌托邦问题。

iv

不过，甚至辩证法也是辩证的，我们在呈现这种二元对立，而且首先是呈现它所暗含的关系时无法回避一个基本难题。二元的内容也可能是矛盾，这个概念在某种程度上由于是以形式主义的模式（但我们还会回到这一点上来）加以呈现而遭到贬低。但是，另一个通常与辩证法连在一起的相关概念的缺席在某种程度上更令人吃惊：这就是现在将要出现的“中介”（mediation）一词（或概念）的失灵。

中介不仅是一个“黑箱”，一种状态穿过其间，经过它神秘的变形后成为一种极为不同的状态。它也为关系本身命名，将关系说成二元对立中最内在的纽带，能够表示认同或差异，或同时表示两者。它还是一种其自身能够被改变为一种暂时关系的逻辑关系。同时，作为一个项，它显然出自一个与结构主义语言学概念不同的哲学家族，这提出了一些疑问，它的德语含义和潜在特征（无疑是一种神学性质）是否能够恰好适合法国—斯拉夫的派生用法；是否“中介”本身就不需要中介；是否我们在此尚未遭遇时间与空间的另一种张力。

因为有一点从来未曾搞清楚，即是否“中介”指定了本来要被解释的东西或其自身就是这种解释。它是否消除了对第三个项的需要，或者如黑格尔有时似乎暗示的那样，将自己作为第三项，由此产生两个极端或对立，将自己作为那个变为二的一？但是（我们将回到本文第三部分的难题），中介这个概念的历史——它已经拥有历史和过去，它本身就是历史的这一事实——注定在对它进行分析后会产生不满，它的原子不可避免地要被现代逻辑所分解，现代逻辑想要发现更小、更基本的组成部分（同样的情况也适用于否定，就像德勒兹的研究所证明的一样[34]）。

即便如此，我们在这里还是接近了一种现象，它与这个事件本身一样是终极的、神秘的，如同时间的变化。当然要求助于恩格斯关于量的辩证法，而且要指明最后的羽毛或尘埃改变一切的那个时刻：尽管如此，变化还是没有得到解释，甚至没有被理解，它仅仅是被命名，被观察。纯粹的关系也是一样；当两个现象并置在一起，在哪一点上它们不再是分离的两个项，而是在所谓的并列这个重要的整体中统一起来？在哪一点上差异开始相互关联，而且在这个名目下，我们可以否认不可通约物之间的并置是一种对立的权利？

因为我们要再次处理的正是现代科学与哲学的不可通约物，那些核物理和拉康的精神分析中的不可通约物。不可通约这个概念处于关于差异的当代哲学的最中心[35]；我们需要知道，正统辩证法是否强大到足以将这种关于极端差异的断言改变为一种新型关系；是否思想辩证到足以伸展、扩大以包括不可思考的事物（黑格尔对康德的古老回答，即设定一个边界或一种限制，它已经超越并且与边界或限制合为一体）。而且我们需要知道，是否这是一个我们在某种程度上可以自己做出的决定，以什么样的名义可能做出这样一个决定。

这种二元对立，很显然，它同时是一个空间概念或范畴，当然可以要求它接受一种暂时的形式和形状。由于某种原因，它也是一个水平面的概念，我们现在或许可以提出它可能具有垂直性。正统辩证法对现代判断力而言似乎缺少（让我们首先将它限定在审美层面）某种非比寻常的悖论性东西，即它的否定性。如果一个哲学体系或方法完全是围绕着否定因素和否定式建构起来的，而且将后者的赞歌作为赞颂神性的天使合唱而不断颂唱，你怎么可以指责它缺乏否定性？尽管如此，认为辩证法以某种特殊方式一遍又一遍地试图将否定因素变为一种肯定性（我以为这正是德勒兹在《差异与重复》［*Difference and Repetition*］中攻击否定时背负的负担），这种看法不一定就是绝对非辩证的。如果是这样的话，它就是一个严重的问题，的确需要一个答案。

这种异议本身就是一个深刻的历史问题：而且重要的不仅是（甚至不是）它涉及参照不在场，或者对立来反驳对否定性的误用。诚然，自然（或存在）就像一个鸡蛋一样完满，其中没有任何不在场，也没有任何对立；如果自然甚至不包括否定因素这种东西，它怎么可能是辩证的呢？这正是康德很久以前的论点，萨特就在昨天也是这个论点。[36]

但在我看来，当下的各种反辩证论点与肯定性有关，就像与它的对立面（如果那就是否定的话）有关一样，而且反映出一种模糊的感觉，即辩证的否定概念也使得肯定性变得太过肯定，并且使得现实或存在成为一个巨大的元素，它既在那里，又不在那里，在其中没有程度或等级。换言之，它没有记下那些有质量的潮汐或涌流，古老的心理学将它们描绘为水平面上的水滴，一个对于肯定性本身的消长盈缺或许仍然过于主观的描绘。据称，一个扩大的现实概念肯定会解释这些波动（在这种情况下，“肯定的”和“经验的”等术语可能被限制在那种现实的各种特殊表象模式上，与任何这类事情都不相同）。

要理解辩证法也需要扩展，让一种古老的辩证法与现实的某些新层面或等级交锋就足够了。从一个方向，大量的虚拟性理论反映出一个日益增长的信息世界及其技术，至少使一种黑格尔传统面对某些明明白白的需求，对超越了那些可能性或概率范畴的新逻辑范畴的需求。从现实的另一个层面，一个影像社会（image society）所具有的特殊的、新的创造性提出了甚至拉康的**想象界**概念也不能解决的问题并在其外围倾向于由它们本身来替代一种传统的现实，似乎离开后者，它们也能应对自如。但这种拟象（simulacrum）怎么能说是否定的呢？而且摄影那些似乎非理论的时间性以什么方式——在摄影中，过去依然是现在，即使已经逝去很久——为辩证法提供抓手呢？

的确，关于时间，尤其是当代的时间悖论似乎遇到了“目的论”，辩证法总是为它伤透脑筋：它就是弗洛伊德的“仇恨”（*Nachträglichkeit*）[37]，在这一概念中，“总是已经（always already）”，一种结果成为其自身的原因。与古代诡辩论中那些怀疑性悖论大为不同，这一个似乎不仅要表达一个永恒的现在，而且要产生感觉到时间变成空间本身这种结果时的震撼。但是在这个例子中——空间对时间——辩证法大概仍然有话要说，就如同在另外一种可能性中也是如此，即这一悖论用因果性概念来削弱因果性本身。但是，无论如何，这种时间悖论在辩证法的文献当中几乎没有引起注意，除了在阿尔都塞关于革命的时间性的分析当中。

的确，值得思考的是，在何种程度上，海德格尔全方位地将表现问题化已经影响了现代辩证思想；然而，表现问题确实标志着与传统哲学最重要的裂痕，而且包含了所有多元哲学现代主义流派的源头（换种方式说，即使不是紧随其后的各种后现代主义流派的源头）。很多这类问题和悖论在《资本论》的分析中，在它的因果关系和时间性、它的表现模式和去现实化中已经有了具体的表述；但是，在后来的马克思主义哲学中，它们并没有被主题化。尤其在关于客观表面的悖论中，我们将会看到，黑格尔本人并非完全不了解这种现实，但只有他死后发展起来的社会系统才使得它们对我们比对他而言更显得不可避免。

v

那么，我再回到辩证法中关于平面与纵向的辩证法，它在关于内在性的原理中得到了最显著的发展。成功会转变为失败吗？换言之，作为对立面的一种顺时的——一种平面的——顺序；或者说失败已经与生俱来地、内在地铭刻在那里吗？对立面是否要遵循其自身对立面的顺序以催生我们一直在考虑的各种辩证图式；或者存在及其否定是否已经可以共存，已经可以以这样一种方式相互叠加，仿佛是纵向的关系？这些足以使我们认真思考带有强烈辩证意味的肯定性，因为它可能在我们的咄咄逼视下转变为否定性。如果是这样的话，它是否并不单纯地是另外一种格式塔转换，或者它是否相当于存在本身内部某些更深层的对立统一？

出人意料的是，关于这种辩证本体论最富戏剧性的阐述会在一本文学著作中找到，对它的全面分析将留到我们的最后一章，这里只关注它的结论。但是，这部作品本身是西方经典当中最著名的著作之一，有关其文学品质的争论，只有为了宣传西欧的希腊—罗马/基督教“传统”（与 T. S. 艾略特之流的保守分子有关的原政治［proto-political］“价值”）而挪用的那些同样品质的著作可以与之相媲美。的确，几代现代人对维吉尔的丁尼生式诗歌中那种史诗氛围所表现出的相对冷漠早已因为维吉尔诗歌的经典地位而受到谴责，它不能容忍轻浮（你会想起庞德关于海员的那个笑话，他，指那首壮丽诗篇当中的主角艾尼阿斯，惊呼道，“他是个英雄吗？比格布，我以为他是位神父”）。

现在，大卫·昆德（David Quint）对《埃涅伊德》（*Aene-*

id)[38] 的解读改变了这一切，它细致入微地回顾了这一史诗中的章节如何有针对性地复制了《奥德赛》（在寻找罗马的过程中）和《伊利亚特》（在征服意大利部落的过程中）的相关部分，他的解读表明，这类重叠（overtracing）不应作为档案美学（archival aestheticism）或单纯的文学典故被弃置一旁，相反，它们构成了一种有决定意义的政治观点，在新生帝国那样一种历史条件下，而且奥古斯都本人的确就俯身在诗人的肩头，这本身就是一种超乎寻常的勇敢。荷马史诗确实"被叠加了一种连续过程，包括一人分饰两角（doubling）和超载，在这一过程中，《伊利亚特》中的胜利者同时也是《奥德赛》中的失败者，而艾尼阿斯则被用来同时扮演这两个角色。胜利与受挫的并生性（simultaneity）也使得对情节突变的那种单纯的顺序性理解变得复杂起来；因为如果是在特洛伊人漫长的航行这一层面上，特洛伊的战败反过来又转变为意大利人成功安顿下来的基础，这一结果最终依照天意就成为罗马本身，特洛伊人打败相邻部落的胜利以一种诡异的方式重复了他们在获胜的希腊人手中所遭遇的命运……否定转变为肯定成为一种矛盾重重的并生性，由否定变为肯定，如同我们让这些经历在历史的空间中循环"[39]。

因此，《埃涅伊德》的出现不仅是作为史诗用美妙的旋律得意地赞颂最后一个伟大的"世界强国"所获得的胜利以及这个帝国在其"历史终结"中的巨大荣耀，它还掺杂了维吉尔的"事物的眼泪"这种恰如其分的忧伤；同时，通过一种精确的双重效果和拟象本身，透过它那必胜主义诗行的表面，也隐约显出对帝国本身的苦涩的批评，显出对后者的残忍和屠杀的隐晦谴责，以及对即将来临的惩罚的预警。

所以，维吉尔似乎是要提供一个典型事例，不是为了说明辩证的含混，而是为了详细阐述辩证法在这里是如何发挥作用的，对对立统一的认同使得我们能够读出皇帝威严的目光下所传递出的颠覆性含义，当然是在维吉尔的诗行那哀婉的音律中。现在，突然间这首诗似乎在告诉它的读者："你们这些罗马的胜利者，永远不要忘记你们也是悲惨的失败者和被打败的流亡者，还有你们的城市和国家所遭受的损失！"似乎在罗马的胜利中，一位品德高尚的美国作家有勇气在公众的耳畔低语："帝国和商业两处的美国勇士和征服者，永远不要忘记你们也是来自一个你们更愿意逃离而不是改造的古老专制王国的懦弱移民！"[40]

的确，在历史上，否定和肯定似乎总是要命地表现为成功与失败、胜利与落败这样的形式，好像这些范畴大大超越了迷信，即所谓黑格尔的本体论幻觉，它们仅仅提供了一些方式，依照此等方式，生物性的人类个体可以想象他们整体的命运归宿。那么这些对立面的辩证统一既是一种社会责难，也是一种政治教训。它提醒我们，首先，"成功"对于凡人而言从来就不可能真正实现，同时，历史进程不是经由成功，而是经由失败向前推进；而且如果我们的眼睛经过训练，能看到这一点，我们就能发现，在关于我们集体存在的记录上，到处都有这种辩证法在发挥作用。[41]

在这个特殊的卷宗里，我所选择的另外一个也是最后一个文献是托马斯·弗里德曼（Thomas Friedman）对于全球化奇迹所做的广受欢迎但过于乐观的赞颂，尤其是他对于印度在这次新分配中的命运所做的精确的辩证叙事。弗里德曼在反思全球化中，某种基本的力量是如何发挥作用的，处于其商业成功顶峰的信息技术产业突然于2000年3月10日在所谓网络（dot-com）泡沫的破灭中以可悲的结局收场。的确，股票市场的崩盘可能在今天是一种更合理的战败范式，因为似乎没有谁能赢得或输掉战争。无论如何，纳斯达克指数的暴跌在其身后留下了大量未被利用的膨胀，尤其是宏伟的光导纤维系统，它被设计用来使其投资者“在无限膨胀的数字世界中获得无限财富”。[42]

失败与成功的辩证同一性在此打通了美国（它可以等同于全球化）和印度（它在这种情况下扮演了廉价外包的次级空间这一角色）之间的关系。我们可能已经探察到早期的诸辩证逆转在这个历史性当下背后幽灵般地在场：一方面，从英国的殖民（否定）历史继承下来的英语语言（肯定）；另一方面，尼赫鲁的决定，他“倾向于前苏联的、社会主义的经济”（否定），从而资助大量苏联模式的科学技术机构（肯定）。尽管如此，尼赫鲁的系统，据一位他本国的消息人士称，“造就了高质量的人民，而且是通过数量。但他们中的许多人都像卷心菜一样烂在印度的码头上。只有相对极少数的人能够登上轮船离开”（*WiF*，105），就是说，来美国工作。

突然，在一次经典的辩证逆转中，“光纤技术的过剩……意味着［印度人］和他们的美国客户一起用上了那种实际上是免费的电缆”（*WiF*，104），我们都知道其带来的神奇结果——班加罗尔的发展，美国商业的外包被调配、发送到这个次大陆上各个不为人知的地方，印度一下子跃入全球化本身（以及现代资本主义）的最中心。

弗里德曼关于此事的结论不出所料地带有反讽意味：

> 印度不仅从网络（dot-com）泡沫中获益，它甚至从它的破灭中获益更多！那实在是个讽刺。那场泡沫铺就了联系印度和世界的电缆，而泡沫的破灭则使得对这一电缆的使用实际是免费的，而且还让更大量的美国公司希望通过这一光纤电缆将知识工程外包给印度。（*WiF*，110）

因为反讽是这场交换中某一方观察这次辩证逆转的方式，在这次逆转中，它与其对手调换了位置——战败的反讽，胜利的反讽：反讽在这个意义上是一种未完成的辩证法，是一种其唯一对立面是非反讽的、被事物的经验状态惊得目瞪口呆的催眠术，无矛盾（non-contradiction）法则这种固执的信念——反对所有的可能性——规定了否定与肯定、失败与成功是两种截然不同的天命，它们被现实本身相互分开，而且将保持那种方式！

vi

那么，平面和纵向的对立之间这个显著差异有没有可能将我们重新导引回到历史与社会学、事件与结构、最后是时间与空间之间那古老的“不可通约性”？这个问题不太可能是一个关于对象本质的问题，因为事件产生结构，历史发展必然以对抗或张力的形式显现当时的社会特征。在此，我们的主线一直是对对立关系特点的探寻——它是如此紧密，甚至可以卷成一个统一体，又是如此疏远，可以将其分割成两个截然不同的地域或领域，分割成两个不同的对象。在另一处我们将会看到黑格尔的塑型限定（formulation）（被毛泽东接受）在这一切中所发挥的作用：一分为二。[43] 无论如何，显而易见的是，它们之间，即内部关系与外部关系之间、统一性与不可通约性之间、同一性与差异之间，那含义模糊的无主之地必须被命名为矛盾，条件是这些结果中不会有哪一个变得僵化，不会变成永恒的或具体的；同样清楚的是，如果矛盾是我们赋予这一问题的名称，那它将会一直把我们推向否定而非认同的方向。事实上，强调“矛盾”一词是要发现一个绝好的机会，从而把梯子踢开，并且抹掉在此为我们提供了一个起点的结构主义的最后痕迹。因为结构主义的视角总是以二律背反的形式来理解矛盾：一条逻辑的死胡同，在其中思想处于瘫痪状态，既不能前移，也不能后退，思想或现实都遇到一种绝对的结构限制。在实践或理论困境的根源部位对这些二律背反的去蔽(deconcealment)可以成为意识形态分析的有力工具(就像在解构中一样),但是,不应将其混同于让二律背反本身动起来这一更具动态性和生产性的行为,也就是说,揭示出它在现实中已经是某个矛盾的形式:因为正是揭开了二律背反即矛盾这层面纱才构成了真正意义上的辩证思维。

不过,如果是那样的话,矛盾是什么呢?它不是阻挠并推延运动的事物,而是运动发生于其中的事物,正如马克思在一段明白易懂的话中所说的(他讨论的是商品的结构):

> 商品的发展并没有扬弃这些矛盾,而是创造这些矛盾能在其中运动的形式。一般说来,这就是实际矛盾赖以得到解决的方法。例如,一个物体不断落向另一个物体而又不断离开这一物体,这是一个矛盾。椭圆便是这个矛盾借以实现解决的运动形式之一。[44]

然而,我们现在必须通过另一种重复来理解我们的各种纵向对立,并且重演另一种对立,它是传统的马克思宝库中最受争议但却是不可避免的一种对立,恩格斯列举的矛盾中一直未提及这一对立,而且在马克思的全部文集当中也的确只说了一次:我指的是基础与上层建筑之间的"对立",如果它是一种对立的话。不过,说实在的,它是一种什么样的对立呢?在他提出的他甚感满意的公式中,难道不雅明没有告诉我们"上层建筑**表达**基础"这是否是一个他在这里能够"表达"的矛盾?[45] 当教堂的神父发布圣谕说,上层建筑**反映**基础,难道还有比这更清楚的吗?难道我们在这一点上不是简单地又回到一种熟悉的不对称对立吗?在这种对立中,我们见到一个主导概念和一个次级概念。试着在此做一次辩证逆转，并且主张，相反地，基础反映上层建筑，这样做可能会很刺激：这是雅克·阿塔里（Jacques Attali）在《噪音》（*Bruits*）中悍然提出的观点，他声称一个时代的音乐预示了下一个即将来临的时代的经济体系。[46] 不过，关于这场学术争论，它在长达 150 年的时间里无所建树，耗尽了大部分参与争论者的精力，具有重大意义的问题仍然悬而未决。的确，马克思主义似乎可能与它一起屹立不倒或同它一道轰然倒塌，因为一种文化在其间完全独立于经济的系统将预示着大部分马克思主义流派的终结，而一种在其间文化与经济彼此混作一团的系统则代表了一种福柯式的反乌托邦，即便它甚至不是部落组织或“野性思维”（*pensée sauvage*）之前的某种真正的古代生活。

在基础与上层建筑之间，关于对立，应该注意的第一个独特性是它已经出现在基础本身的内部。这就是生产力与生产关系之间的差别，在一种给定的生产技术同对其做出表达、反映，或与其相一致的劳动过程之间的区别这一意义上，已经对此做过解释。借用一种拉康式的方法，似乎因为将上层建筑铭刻在基础之上而生成的这个分数因为在其分母上包含另一个分数，即某人因为书写凌驾于各种力量之上的关系而得到的更早或更原始的分数，从而使自己获得了成倍的增长。但是，你不能很果断地提出这种数学的解决办法，在这一方法中，不管怎样，第二个分母会辩证地被提升为分子，因此便留给我们一个完全接受了基础影响的上层建筑，即使没有因它而增加（马克思主义在文化上的敌人们一直指责的它的文化即存在这个概念）。

我想指出，在这个分数的另一半有类似但不对称的发展，即分子或上层建筑位置上的发展：其中后者发现自己繁衍为各种各样的层面，它们彼此或多或少都是同源的（“艺术、意识形态、法律、宗教等等”[47]）。这似乎不仅将国家、国家权力、政治重新溶解为其他上层结构（因为它们当然不能归属于基础）中间另外一个附带现象性质的（epiphenomenal）“上层建筑”，对立的力量/关系之间的功能关系在此已经为各种各样彼此平行（和/或同源）的文化层面让开了道路，但它们彼此绝对不是特殊的工作关系。那么，在这一阶段，黑格尔派可能会指出，我们在这里正在处理的是关系与平行性之间的一种对立，甚或是对立和重复之间的对立：它似乎相当于我们将二分化阶级（dichotomous classes）的思想，在马克思的概念中是阶级斗争，与资产阶级社会学中的社会阶层思想并置时所得到的结果。[48] 但这些概念在意识形态意义上彼此截然不同，实际上，它们也属于不同的概念系统；而我们在此遇到的这些对立都是同一个概念或系统的一部分，并且构成了一个独特的理论分数中两个相互分离却又关联的方面。因此，这个问题是辩证法的，而非意识形态的：而且它的确提醒我们，辩证法的使命是在一种单独的思想统一体内掌握两种明显不同的动力学、两种截然不同的法则系统，或几乎可以说是两种截然不同的科学规律。但是，我们已经将那个“单独的思想”命名为矛盾，而且尚不清楚我们在这里详细阐述的基础—上层建筑的明显差别事实上就是一种矛盾：我们尚未找到一条道路能通向它可以被认定为一个矛盾的那一点，在那一点上，张力和否定因素相互分隔，就如同它们相互联系，相互联系就如同它们相互分隔。

我们还是回到分母，即生产力与生产关系之间的“第一组”对立。从一个视角，这一对立似乎要再现身体与精神之间古老的意识形态或形而上学对立，由此坚决地将力/关系差别解释为本质上属于唯物主义的运算方式。（这是在《资本论》第一章被那个更为公开的对立所强化了的一次解释诱惑，在这一章中，使用价值的特性被特别描述为物质的，而商品的交换价值——“客观表象”——众所周知被描述为精神的，具有形而上学的或神学的意味。）生产力因此成了物质技术，也就是机器的状态、工具、原材料（由于某种专门技术的发展，可以获取原材料本身）等等。关系的概念似乎显得更加含混不清，而它最初似乎要将我们的注意力引向工具与原材料之间的关系，只有在那种情况下，才能揭示出其自身就是具体的劳动过程本身，工具如何使用，工人如何需要各居其位以尽量利用这一特殊的生产阶段。（例如，马克思坚持认为资本主义的发展当中出现了一个重要的历史性变化，即从“加工”到“工业”的变化，在加工过程中，各种工具延伸并提高了人类劳动，在工业中，人类劳动围绕着机器本身进行组织，并且为机器服务。）

然而，关于对立的这两个概念——物质技术和主观能动性——表现了两种明显不同的视角——技术决定主义的视角和主观决定主义的视角——两个显然都不能令人满意。考虑到对机器和所谓不变资本的描述在《资本论》中所发挥的广泛作用，很难不产生马克思是一位技术决定论者的印象（尽管他反复强调价值产生于人的劳动，而非机器）。的确，值得注意的是，在《资本论》中，“革命”一词几乎用来专门描述技术的变化。另一方面，对劳动过程本身之中心地位的强调有鼓励某种唯意志论之虞，根据这一理论，对工场进行民主重组和引进自我管理，这些本身就足以改变这个系统。

这些视角中的每一个——它们可能遭到批评和攻击，被认为是唯物主义（当然是“糟糕的”唯物主义，机械唯物主义）和理想主义，也被认为是决定论和唯意志论——都显然可以自成一种意识形态。马克思的对立现在做的不仅仅是将一个统一的现象（一个一）放在两个明显不同的领域进行分析；它还要求每一个视角对相对的视角进行去魅（demystify），而且要求它行使意识形态批评的职能，对于概念化本身而言，意识形态批评是一种内在的活动。所以，认为幻想力/关系差别只在某种唯物主义批评和重新打磨（regrounding）的方向上运作是错误的，在此方向上，我们被训练以简单粗暴的方式反对不同生产方式的物质历史：坚持强调关系的确阻止了一种我们已经有所指涉的某种纯粹意义上的技术决定主义幻想，并且迫使我们将机器巨大的、无法穿透的物质性重新消解为其作为人类活动的现实（引入新的机器作为对付工人力量或经济危机的办法，技术本身的重要发明，它作为剥削或削减冗余人员的特殊方式所包含的人的意义）。

因此，这第一组对立不仅使对生产本身的两种截然不同的解读或表现变得清晰可见：它在某种情境中假设它们都是对另外一方无法替代的修正，在此情境中，它们都不是某个不对称对立中的基本项，该情境因此要求有一种持续的往复式辩证运动，它绝对不可以僵化为某种静态的社会学模式。这一假设的确为卡尔·科尔施（Karl Korsch）那引人注目的观察提供了新解，科尔施认为，马克思主义使用了两种明显不同的符码——生产、价值和商品化的符码与能动性或阶级斗争的符码——这提供了可以交互使用但最终同样令人满意的办法来描述其对象。[49] 换言之，生产结构可以被翻译成或转换成阶级斗争的语言，反之亦然。我们现在可以为这一假设添加一个必备条件，即这两种符码必须相互挑剔，必须在一种不停息的交替中被反复系统地翻译成对方，这样就突出了每一个符码自己不能完全表达的含义。

我要论证，恰恰是当基础或基础结构（这是它的内在真理）的内部动力在一个分析或表述的特殊时刻与社会总体性隔离开来时，它便被转移到各种所谓的上层建筑上，并且似乎处于一种模糊不清的与它平行的位置。按照这一形式，新的、更大的对立很显然复制了心灵/身体、精神/物质之类的对立，一种更大的集体和社会意义上的、更全面范围内的对立。然而，我们已经看到，基础不会被看作一种纯粹意义上的唯物主义现象：它与任何一个特殊的上层建筑之间的关系也不仅仅会被揭示为对尚存争议的上层建筑的理想主义幻觉进行唯物主义修正，如我们在呼唤哲学或艺术的基础，或法律的基础，或似乎是自主的国家结构的基础时那样。这无疑是对基础/上层建筑之间的关系的一种标准解读，那么这种解读本身就是能够解释对马克思主义还原论，对庸俗唯物主义的历史性对自发性历史以及尚存争议的上层建筑结构的敌意何以会有那些绝望的谴责。

确切地说，这里提出的是被转移到上层建筑的基础或基础结构在一种特殊的分析或表述中与社会总体性隔离开时所具有的内在的自我修正动力。于是，那一上层建筑不仅具有了处于“生产力”层面时的特征，而且还具有了基础与“生产关系”层面的互动这一特征，它便不得不将自身重构为一种动力过程，将自己塑造为一种半物质的客体，然后，它立刻被解具体化（dereify），成为一整套复杂的人类活动，这些活动接着通过一套相互联系的、可能永远没有终止的自我构建和解构将自己重新打磨成各种物质过程。

关于这一过程，我将只给出一个单独的例子，参照的是阿尔都塞广为人知的意识形态理论，很显然，它研究的领域在马克思主义传统中已经被当作上层建筑。[50] 但这篇文章的两个部分——第一部分是关于国家机构的意识形态——教会、家庭、学校等等——以及附加的对“质询”（interpellation）的补记——从未在它们分离的过程中受到充分的审视（或许在形式上类似于康德对他那个更加正式的关于美的理论进行补充说明时爆发出了崇高理论）。事实上，阿尔都塞的机构和主体性这两个理论非常精确地复制了我们已经展示过的力/关系差别这一往返运动。“机构”

(Institutions)——所谓的组织(apparatuses)——类似于作为某种上层建筑的意识形态的基础或基础结构;而前者——意识形态主体性的半拉康式结构——是一种文化的或上层建筑的形式,这一形式“表达”那一基础,又回到本雅明的解释,并且表述它们的社会、关系、存在性现实中的那些物质机构。

在结论中有两点需要加以强调,首先是不可能有静态的结构或社会学理论或基础与上层建筑模式。每一种分析都是临时的,有时间性的;它起于一个具体的事件或文本,相当于一个解释行为,而非一种结构理论。因此,不可能有上层建筑理论,所以,提出异议是不起作用的,例如,国家是或不是一种上层建筑,它尚不足以同诸如哲学和艺术等等的意识形态上层建筑区分开来。

的确,本着我们在本章所遵循的“表现”(*Darstellung*)精神,我们可能对基础和上层建筑本身的命名方式提出一种新的、笨拙的修正。因为似乎是理论本身,无论作为批评的对象还是宣传的对象,在这里仍然是用定冠词进行概念化的。它总是以 *the* base and superstructure 的形式出现,被讨论的总是 the base, the superstructure:现在提出我们相反地是在引出一种不确定的关系似乎是恰当的:*a* base and superstructure,或者实际上是很多的基础和上层建筑,这要视环境和条件而定。而且事实上,此刻甚至可以更进一步来观察,我们先前的二元对立现在已经调整为诸多的效果:甚至,如果没什么不妥的话,我们可能禁不住将一个给定的现象说成“基础—和—上层建筑的”(不过,见第三节,下文)。

vii

我们也可以将这类逆转说成是某个给定现象的效价(valences)发生了变化,在这种情况下,价值和功能在一个改变了的语境或系统中的转变似乎构成了其效价的变化，从否定的到肯定的，或者正相反，就像事情可能发生的那样。很显然，对马克思而言，资本主义的很多特征——劳动分工（“合作”），公司向垄断的方向扩充——包含了某种现象，你或许认为它的特征是否定的，但它也可能是肯定的。它们现在在这一系统中是剥削的场所，但在系统的革命性变化中，它们就变得有肯定意义：因此，劳动分工阻碍了个体的发展，使得他们在自己的专业化方向上变成畸形（或者在去技能［deskilling］的过程中，取消劳动分工并不能扭转这一状况，而是使它变得更糟）；不过，在它的各种合作形式中，这一趋势用一个功能性集体取代了个体，而且可能成为新的社会主动性和新的社会组织的源头。在很大程度上，同样可以说，工厂系统本身（而且，对列宁而言，垄断——以大银行为例——不是一种罪恶，而是可能向由民众和集体控制经济迈出的新的一步）也差不多如此。

我们或许也可以将效价中的变化看作某种形式的势差，如一个给定的数量翻一番或被提到更高的权力上时的情形那样：总之，这是马克思的辩证法中固有的目的论：事情不会向后退（至少按照它们自己的内在逻辑；它们无疑会衰败或四分五裂，不再是它们先前的样子）——不断提高的复杂性和生产性在发挥作用，这一点不可能被彻底改变。另一方面，否定的势差——沿用黑格尔的虚数这个例子——并不是一种事物崩塌的前景，而正是想象的空间，因此是未来的空间，在我们看来就是乌托邦的空间，它尚未实现，尽管是一种概念化了的可能性。最后，正是在这一意义上，改变一个给定现象的效价可能是一种幻想行为，它使这种乌托邦幻想有所突破，就如同我自己将沃尔玛解读为一种乌托邦现象一样。[51] 这并不意味着沃尔玛具有肯定意义，或者会生发任何具有进步意义的事情，也不会有任何新的系统：不过，暂时将它理解为肯定的或进步的就是在其他事物的方向上打开了现在这个系统。

3. 它是辩证的！

尽管举了所有这些例子，的确，关于用非辩证方式呈现辩证法，似乎可能还是会弄巧成拙。我们已经证明，作为一个系统，实际上是作为一种哲学的辩证法概念——连同关于哲学本身的思想——是非辩证的。方法是一种工具性的、非辩证的思想，即使对此有过相同的警告，但对二元对立的找寻变成了一种定义，对立实践在不知不觉中成了方法的某种变体（无论多么新奇，多么具有结构主义特征），这样的可能性似乎差不多是致命的。如果是那样的话，保持鲜活的形式性并从内容和语境的杂质当中抽象出辩证法这种努力本身就是个错误，可能只有"方法"会在这种努力中重新出现。

同时，堆积事例的行为也从这种实践的另一方面对自己进行指责：因为例子确切地说就是糟糕的偶然性，偶然性则是对本章第一节批判过的不准确法则概念的补充。例子都是没有规律的特殊情况，内部空虚，不可能产生可以称之为法则的抽象概念；尽管返回到这个似乎杂乱无章的场所——政治、美学、大企业、历史，等等——并证明所有这些林林总总的内容如何仅仅表述了一种基本的对立，例如，它的多种模式中的主体对客体，这样做可能很有趣——它或许揭示了某种事物的起点的缺陷和片面性，这一事物到头来不是一种形式，而是一种经过伪装的主题，即**对立**。

偶然性事实上在那个曾经风行一时的文学—批评黑格尔主义中，即具体的普遍原则（the concrete universal）中呼唤自己的对立面（黑格尔喜欢称之为“事物本身”的东西，即“die Sache selbst”，我们在本书另一部分将会看到）：但这不是一个你决意要去的地方。或许，如果马克思主义等同于理论与实践的统一，关于辩证法，需要说的话是一样的，即它永远是对其自身的解释或例证；对它的运用就已经是对它自身的展示；正如萨特所言，如果你不那么说它，不那么称呼它，你就不是在辩证地思维：所有这一切都在表明当你努力应付辩证的现实时，你的目的就是说明辩证法是什么东西。

这意味着我们下一步不仅要取代这个名词，无论它是单数或复数，还是确切的和不确切的以及带形容词的，而且我们也需要关注另外一种类型的“例子”：关注在有人说“它是辩证的”时发生的精神事件，说这话是指责你在面对一种特别荒谬的解释或事件转折时所表现出的困惑。这不仅是在批评为粗暴的常识和褊狭的常规逻辑担忧的人；它也是在提出一种令人震惊的新视角，由此来重新思考尚存争议的新奇，使我们思想的常规习惯变得陌生化，使我们不仅突然意识到我们自己的非辩证愚钝，也意识到现实的不可思议。

我将指出（在这里以及本书接下来的章节里），在这样一些时刻，古老的常识性经验思想被颠覆了——非矛盾法则——就是黑格尔所谓的知性（或理解），也是马克思所谓的具体化。但现在，我们着意要捕捉的是辩证法的蔓延，而不是它的结构：某种本质的不安或否定，在我们似乎被一种二律背反俘获并麻痹的时刻，它们固定在了我们的思维上——因为，正如我们在上面看到的，二律背反和辩证之间的关系在现阶段是一个关键问题，在这一阶段，二律背反已经替代了矛盾，表达的是难解性（intractability）而不是能量和建构（或实际上是不可通约性而不是关系）。

在诸如此类的时刻发生的事情——至少是在辩证法出人意料

地突然推出自己时，当“它是辩证的”突然掠过我们的脑海时——是问题本身变成了解决办法，是那个让我们像冰河中的轮船一样动弹不得的对立面本身也变成了我们的思考对象；如此这般困于一种无法解决的二元对立当中，实际上已经被重新推回到辩证法本身的各种基本起源，这是一次可喜的回归，它正是进步本身所需要的重要条件。

我们因此必须将我们的视角从发送方转移到接收方，并且从其对读者或听众的效果震撼当中接近“辩证法”以体会它的创造性力量。在此，我们仍然需要收集一些例证；但这次，这些例证的偶然性会与我们自己的各种发现的偶然性成正比，而不是与世界本身的本体论条件成正比；而且它们的不连续性确保我们不会受到系统和方法等的不利影响。尽管如此，当代世界已经造就了哲学史上两位最卓越的辩证家，这似乎并不全是偶然：考察他们两位通过那些经常让我们兴奋不已的文字而产生的辩证效果是唯一合适的事。的确，如果我们仍然专注于各种对立，我们可能希望将这两位实践者理论化——一位是 T. W. 阿多诺，另一位是斯拉沃热·齐泽克——他们分别是悲剧缪斯和戏剧缪斯的追随者。但正如我们先前对反讽或悖论的诱惑发出了警告一样，在此，我们需要警惕一种类似的范畴错误，即认为它们的效果和诸多悖论是一回事。

我因此将用米歇尔·福柯在假想福柯主义中一句关于悖论的话作为这一讨论的开场白。假设我们观察到[52] 启蒙思想的某种延伸可以在自然界本身被发现，尤其是今天对动物特别强烈的关心：这种关心已经超越了素食运动这个历史计划，而且现在已经被表述为动物法概念，如果想到动物自古以来在人类手中遭受的苦难——一种丝毫不逊色于人类彼此之间所施加的苦难，这当然是一种会受到欢迎的理想。

但是现在，我们突然被要求重复福柯关于“毛细血管权力”(capillary power) 的经典论述：在现代，权力以这种方式通过福柯所谓的生物权力效果经过身体来改善和扩展其网络：以至于施加在身体上的古老暴虐随着资本主义时代的开始被改造成为比以往更加微妙的知识和统治形式，渗透到从未被开发过的肉体和自然生命领域。

这是个噩梦般的（或反乌托邦的）景象，它会一下子突然改变我们对动物权利运动本身所怀有的敬意：因为我们突然明白了一个事实，即“权利”是人的概念，到现在，通过将其统治延伸至未被殖民化、未被理论化的自然和动物世界，我们正在准备干预非人类生命，准备用人的生物权力盗用自然，这是这个星球迄今为止所知道的最具吞噬力量的东西。“动物权利”因此成了生物权力对地球实行独裁统治的先锋；迄今为止，专门的哲学细节，例如某个既定的病毒是否应该因为人类的干预而使其彻底灭绝这个问题现在有了一个完全不同和更加邪恶的解释。

这个假想例子与福柯反启蒙的立场是一致的，尤其是在他论述药物、疯癫以及惩罚的著作里，19 世纪早期的资产阶级改革时期——传统历史以一场病人和囚犯待遇上的人道主义革命的形式来叙述这种改革——被隐晦地嘲笑和讥讽为一种拥有微妙的权力与控制力的帝国主义，著名的“圆形监狱”就是其缩影，一个监视无处不在，完整的知识与完整的权力密不可分的王国。

的确，在上文已经观察到福柯对这些转变所做的强有力的再阐释完全是非辩证的，读者对于生物权力这个重要概念的困惑——是否定的还是肯定的？是一个统治的核心还是一个新的反抗源？——在很大程度上归因于一个事实，即在福柯的思想中，这个概念缺乏一个对立面。

这样的批评在我看来是正确的，然而，我们现在必须声明，它完全用错了地方。现在这个问题与思想转变无可回避地联系在一起而且可以说是署上了福柯的大名，关键不在于它是非辩证的或反辩证的，而在于它是过于辩证了，或者说得更清楚一些，它是一种不在意名称和权力，并且因为过剩的辩证精力使自己发生短路的辩证法。因为在典型的福柯式叙事中，被省略的正是从否定到肯定的过渡，这恰恰是辩证法的特征，或换言之，即对立统一。福柯将启蒙积极的限价（positive valorization）归因于他那些被哄骗的资产阶级读者并将其定位为一个错误，偏执狂和阴谋的新叙事将要改正这个错误，然而从辩证的角度看，这两种叙事都是正确的，也同样都有错误——我们发现阿多诺的“否定”思维运用的正是这种双重视域，不要将其具体化为某种特殊的辩证法或许更好，就像用“否定的辩证法”作他那本最著名的著作的标题，但同样关键的是让其从与福柯的短路一样具有误寻性的第一印象中解脱出来，正如上文已经有所交代的那样，它被称为悖论。

因为，毫无疑问，在阿多诺用音乐形式组织的开头和结尾——开端和最终的生机盎然——他的思想倾向于容纳这一悖论在文学和语言学上的“简单形式”。因此，《审美理论》（确切地说是一份草稿，在他死后出版）是这样开始的：“不言自明的是，与艺术有关的任何事情都不再是不言自明的了”[53]：一个威胁要破坏一项审美写作计划的句子，甚至在它未开始之前。或者它也许只是表明哲学上关于开始的永久难题：没有什么可以被预先假设，甚至有假设这种想法也不行。我们在一种危险的情况下被留在一个可能什么都不能说的地方（阿多诺由此对贝克特着了魔）。

或者看一下《否定的辩证法》那更为著名的开头：“哲学，曾经似乎过时了，还继续存在，这是因为它错过了它实现的时刻。”[54] 在这里，毫无疑问，这个悖论本身在其内部包含了另外一个悖论，即马克思关于哲学实现其自身的警告，或者换言之，不仅要理解世界，还要不断地改造世界。尽管如此，这个被废弃的悖论仍然在这部快速交响乐的开头部分闪烁着微光：以一种比其自身长寿的形式继续存在，一种不再真实的真实性，一种已经成为过去的现在。

在这两种情况中，被控告的正是这一学科本身，即思维或意识领域，它已经历史性地进化为一个完全自主的文化领域，之后，它自身突然遭到质询。这一悖论的形式的确隐匿了我们先前已经讨论过的对立嬉戏，而且正是内部对照赋予这个单一词语两个相反的含义——在这些例子中是“艺术”或“哲学”——有其令人吃惊的、超乎寻常的效果。

进一步的讨论会将这种并生性扩展到对象本身所拥有的两个明显不同且互不兼容的领地。因此，在《审美理论》中，阿多诺继续在著名的艺术自由上盘桓稍许（他或许也选择了众多其他形式的起点），我们称这种艺术为现代主义。然而，一瞬间，这种自由——脱离了常规、传统、视角、形象化以及表现本身——转而变为它的对立面：“这个挣脱了羁绊的过程以它［这一过程］是为了这些范畴才被启动的名义摧毁了那些范畴。更多的东西被不断拉进这个新禁忌的旋涡”（*AT*，1）。审美自由的胜利在一个辩证逆转中成为更加严苛的禁令的开始，带来了不合理的负担；因此，迄今为止，我们用艺术这个单一的词所指称的看似统一的事物到头来是一个辩证的空间，在其中，对立统一体——自由和禁忌——以那种最混乱、最具毁灭性的方式将各自消耗殆尽，威胁要把任何常识或统一的关于艺术的日常概念一并废除。（实际上，我要说，这种预言式的诊断提出若干年后，正是这样一种爆炸性的非统一化［disunification］为我们常在后现代性名下称之为艺术的东西创造了所需要的条件。）

尽管如此，这仍然还是一个诊断，阿多诺提供了一个解释：但这个解释是一个外部的解释；它立于这个对立统一体之外，而且的确处于所有艺术之外。他这样回答现代主义的自由这个问题："艺术中的绝对自由，总是限定在某个特殊情况下，与整体永恒存在的不自由相矛盾"（*AT*，1）。在一个不自由的社会里，换言之，艺术本身是不可能真正自由的：到这一点为止，这似乎是一个社会学的分析。但社会的不自由似乎暗示着特殊性与普遍性之间的矛盾以及总体性的不可能实现（"整体，"阿多诺在另外一个地方讲了这句著名的话，"是不真实的"[55]）。所以，如果这个解释是一个社会性解释，在任何低级的意义上，它都很难算是一个因果性解释，而是一个非常间接性的解释。不过，无论如何，它是对不成熟综合发出的警告，是对统一体幻觉（的确也是对伪黑格尔式三元组的第三个项高调提出的统一）发出的警告。

我现在想要用来自阿多诺的最后一个例子来阐释这一过程，它这回不是一"艺术"或"哲学"这样的单独术语开头，它们先前被认为是统一的，可到头来它们自己就是一种辩证对立的结果。因此，这个新的阐释将以那种对立本身开始，被理解为两个应该统一却不可能统一的领域，即"社会学与心理学"领域（这篇文章的标题）。我们在此遇到了人类历史书上一种最古老、最原始的对立，即主体与客体、心灵与身体、个体与社会、自我与他者的对立的现代学科形式——这种看似不可通约的组合或合并所产生的序列与哲学流派本身一样种类繁多，每一个都承认我们必须处理一种已经统一的现象，其统一性还不能被人类心灵以任何可信的方式掌握。

试图统一社会学和心理学的努力（最著名的是塔尔科特·帕森斯［Talcott Parsons］）是另一个看起来充满希望的起点，如果不是对本问题的统一场论而言，至少对某种关于这些原因的论述而言，它或许是不可能的。而且在某种意义上，那一论述确切地说是阿多诺提供给我们的，不过是以先行拒绝整个计划的形式给出的：

> 但是，出自自然科学的概念性统一这一理想不能不加区别地运用于这样一个社会，它的统一性在于它不能被统一。社会学与心理学，因为它们是各自独立地发挥作用，常常会不由自主地将劳动的智力分工投射到它们的研究对象上。社会与精神的相互分隔是一种错误的意识；它在概念上使得活生生的主体与客观性之间的分裂成为永恒，客观性控制主体同时又出自主体。但是，这种错误意识的基础不能通过一个简单的方法论上的声明而被去除。人不能识别存在于社会中的自我，也不能识别存在于他们当中的社会，因为他们彼此隔绝，也与总体性相隔绝。他们的已经被具体化的社会关系在他们看来必然是一种“自在”（in itself）。各自独立的学科投射在现实上的东西仅仅是对现实中所发生事情的回放。错误的意识同样是真实的：内在的和外在的生活被割裂开。只有通过对它们之间差异的表述，而不是通过寻找概念，它们的关系才能得到充分的表达。完整的真理与片面同在，不是复数性的综合：一种新的心理学，它背对社会，只是异质性地专注于个体及其古老的遗传，它说得更多的是社会处于一种倒霉的状态，而不是试图通过其“完整的方法”，或者通过它对社会“因素”的包含而加入已经不再存在的“综合大学”（*universitas literarum*）行列中来。[56]

更多的悖论：但这次是关于资本主义本身的悖论，它在人类历史上所具有的结构特殊性在于一个事实，即它是一个通过个体性和分隔状态或原子化，而不是通过团体联合的传统模式组织起来的群体。

那么，这两个正在被讨论的学科的结果是什么呢？它们的重要区别——“社会与精神的相互分割”——“是错误的意识；它在概念上使得活生生的主体与客观性之间的分裂成为永恒，客观性控制主体同时又出自主体。”那么，为什么不用一个新的跨学科计划（就像我们有时对这些解决办法的称呼）来克服这种分隔呢？“这种错误意识的基础不能通过一个简单的方法论上的声明而消除。”换言之，矛盾不能通过接受一种思想（就是早先提到的理论与实践相统一原则）而得到解决或被消除。

不过，现在我们明白了阿多诺的辩证法最令人吃惊的特征，它似乎已经达到揭开错误意识的面纱并对其进行批判的地步。远不是这样：“完整的真理与片面同在”，他告诉我们，“错误的意识同样是真实的：内心的和外部的生活被割裂开。”真理在于坚持这个谬误，守信于这个矛盾。但这一公式并不像它应该的那样可靠：因为在这些情况下，阿多诺削弱了这个问题的一种立场，仅仅是为了突然回转过来削弱其替代者，因此除了不能对任何事物做出结论这个不可能性之外，我们什么也没有得到。

很显然，他有意称之为否定的辩证法的事物，一个永远不会达到综合的否定运动，一种否定因素，它不停地削弱所有可能出现的肯定因素，直到它只拥有自己的摧毁性能量从而唯我独尊。它是一个过程，与对黑格尔本人也十分重要的古代怀疑主义有着醒目的家族相似性，其中关键的运作——所谓的均势——包括“使关于某个问题的两个同样强有力的命题或论证处于对立状态，这个问题出现并由此在它的两个方面都产生一种合理的均衡”[57]。或者，我们可以补充说，在否定因素和颠覆这两个替代物之间产生了均衡。至于古代的怀疑主义者，这一辩证过程有意要对我们的现实感本身和那一现实先前的真相有所举动。

的确，阿多诺自己将这一运动的特点描述为“中介”，是在对我们上面已经展现过的这一概念的有关问题提供一种全新解释的精彩段落中：

> 康德的对立极（antithetical poles）——形式与内容、自然与精神、理论与实践、自由与必然性、真体（nomenon）与现象——因为反射已经充分地弥漫开来以至于这些测定量（determinations）中没有一个可以成为最终的测定量。每一个，为了被思考，的确也是为了存在下去，都需要从自身产生出那个另一时刻，康德将这另一时刻置于它的对立面。中介因此在黑格尔那里从来就不是——自克尔恺郭尔（Kierkegaard）以来，对它有过大量致命的误解——两极之间的一个中点；相反，中介出现在两极本身内部：这是黑格尔最根本的特征，它和其他任何中庸的或中间的立场无法兼容。传统哲学希望获得的本体论基础最终不是截然不同的思想各自为营相互抵消，而是每一个思想都需要其对立面，所有它们的关系放在一起就是过程本身。[58]

现在，或许我们可以抓住辩证效果的本质了——的确就是辩证的震撼——更为明了的是，当我们随着这个过程被引到一个批评和否定的立场，然后，在我们还不准备表示我们的绝对信任的第二个时刻，它又被粗暴地废除了，现在，获得了一个经验，即这种立场一般来说在语言和概念的层面上是不可靠的。诚然，这一经验应该是意识形态学说教给我们的，但后者似乎仍然要许诺一个真理（“科学”）、一个最终的修正、一个解决问题的时刻或者知识，对此，阿多诺在他的明确的否定辩证法中几乎没有留出立锥之地。

尽管如此，后者没有将我们留在后现代相对主义的中心，这个中心对所有“古老学派”的信徒而言异常恐怖。否定的辩证法似乎仍然保留着某种类似于**绝对**的东西，在黑格尔版的辩证法中，甚至在马克思的“绝对历史主义”中都是重要的部分。但是可能有一个绝对吗？——甚或一个真理，或一个指涉物——它既不是语言的也不是概念的。对此，齐泽克版的辩证法有话要说。

诚然，我们在这里也是以对指摘那种愚蠢的老套观念开始，据此，黑格尔依照一种陈腐刻板的三段式完成了从正题经反题到合题的过程。但这是完全错误的，因为在黑格尔那里，没有真正的综合，而且辩证活动要用一种完全不同的方式来理解（要举出各式各样的例证）。尽管如此……那个愚蠢的第一印象并非一无是处，在黑格尔的辩证法中有一个三段式运动，而且事实上我刚才已经有所论述：愚蠢的第一印象是表象；是以某种潜在的现实或“实质”之名做出的巧妙修正；可是最后，归根到底，是对这一表象现实的回归。总之，表象才是“真实的”。

这些可能与“流行文化”有什么关系吗？我们以好莱坞的一部作品为例，比如弗里茨·兰（Fritz Lang）的《绿窗艳影》（*Woman in the Window*）（1944）。（呵，或许弗里茨现在属于高雅文化而不是大众文化了，不过……）爱德华·G·罗宾逊（Edward G. Robison）是一个温文尔雅的教授，一天晚上，他离开自己宁静的俱乐部后便卷入一场亡命的恋爱与谋杀的圈套中。我们以为是在看一部惊悚片。最后，他又躲到他的俱乐部，在筋疲力尽中沉入梦乡，然后醒来：这完全是一场梦。通过弗里茨屈从于廉价的好莱坞式大团圆结局（庄子毕竟不是蝴蝶），这部电影为我们做了解释。可是在现实中——就是说在真正的表象中——爱德华·G·罗宾逊“不是一个平静、善良、体面的资产阶级教授，梦想自己是一名杀手，相反地，是一名杀手梦见自己在日常生活中是一名平静、善良、体面的资产阶级教授”。所以说，好莱坞的审查制度在某种意义上并非是清教徒式的、极端保守的，并非是用来压抑生活中淫秽的、下流的、反社会的、暴力的阴暗面的中产阶级机制，它其实是揭露这一阴暗面的技术。字面上的第一种形式是真实的——我们一开始当作现实的那个梦，而非从梦中醒来才是真实的。[59]

我们或许可以从其他范畴中举出几个例子。因此，在某些公共场合，齐泽克因为轻率地谈论希区柯克而受到指责，当时波斯尼亚人，尤其是萨拉热窝的波斯尼亚人正在遭受攻击和种族灭绝的苦难。他的确经常分析西方在将波斯尼亚人看成这场冲突的牺牲品时所表现出的兴趣（因为如果他们不是牺牲品，他们的性质立刻会变成恐怖分子，在一场经典的辩证逆转中）。这里的第三种立场是一种暗示，它提醒我们，波斯尼亚人对我们来说不是他者，而是和我们一样的人；它提醒我们，令人震惊的是在那场攻击中，他们和我们一样继续过着平常的日子，等等。[60] 这样，我们就与往常一样从日常生活的第一个影像（和平时期美国人是在听一场演讲），到对战争中牺牲者的被“他者化”（othered）和被夸大的表现，又回到那第一个表现，它现在与往常一样，在日常生活一个更大的影像中包含了战时的城市及其人口本身。诚然，这次的回归表层，回归愚蠢的第一印象，有关于在第二时刻，即解释时刻，出现的错误这一新知识附带其中；但是，仍然再次确认了起点的真实性。

另一个例子——它可能与斯大林的大清洗审判一样恐怖，或者与勃列日涅夫或后铁托共产主义在最后的几年里一样温和——是这个党自我辩白的三合一运动（three-fold movement）。在第一层运动中，党断言很多老布尔什维克，革命最初的领袖，实际上是叛徒和纳粹的间谍。西方，于是——因为这些辩证转变大多采取了主体地位相互交换的形式——将这些声明解释为刻意的谎言和编造的假话，并且质问，怎么可能有人相信如此正直的人会背叛他们自己发动的革命，而极有可能的是，斯大林本人在进行绝对的欺骗。西方的解释当然是正确的；但同时也是错误的——第三种立场——因为首先没有人相信这种背叛；他们只是假装这样做，“旨在维持（**主人**或**领袖**的无限威力和知识）这一表象——以避免领袖的无能暴露在整个世界面前”[61]。“维持表象”，齐泽克这样命名这一过程，而且的确，它的哲学内容绝对引发了黑格尔的表象主体性概念：表象不是主观的或武断的，也不会被某种潜在的本质所取代，或者至少本质必须在表象本身当中去寻找。驯顺的主体没有臣服于无所不能的极权主义**他者**，而是为这个庞大的**他者**感到难过，他于是假装承认他的权力，由此使这权力得到确认。

齐泽克的解释连篇累牍，似乎陶醉在这些悖论当中：但那本身只是某种“愚蠢的第一印象”（他最喜欢的词语之一）。事实上，这一悖论性的效果意在破坏具有独创性的第二时刻，独创性指的是解释（在你看来它是那样的，但实际上正在发生的是这样的……）：悖论是第二序列的；看似悖论的东西实际上只是回归到第一印象本身而已。

或者我们应该说：这不是一个悖论，这是乖谬背理。的确，辩证法就是那种根深蒂固的、令人愤怒的乖谬背理，由此，现实的常识经验主义观点受到驳斥和诋毁：但它是与它自己对那一现实的附加解释一起被诋毁的，在我们明白这些解释本身也绝对是那“第一印象”的一部分之前，它们看起来比常识经验主义现实本身更有独创性，也更巧妙。这就是为什么辩证法属于理论而不是哲学：后者总是因为幻想某种万无一失、自给自足、独立存在的系统，一套自成其原因的概念而显得焦虑不安。这种海市蜃楼就是哲学的一个后像，在这个世界上，哲学是一种制度，在当前状态下，在一个堕落的“本原”（what is）王国里，是与其他所有事物搅在一起的职业。另一方面，理论则没有既定的利益，因为它从来不认为自己是一个绝对的系统，不认为自己是一种非意识形态的表述，不认为自己拥有“真理”；的确，它本身在当下的语言存在中一直是同谋，它唯一一项永远不会结束、永远不能完成的任务和责任就是侵蚀哲学的基础，使各种各样确定无疑的表述和命题分崩离析。我们已经用另外的方式对此有过说明，我们坚持认为，最好将以马克思和弗洛伊德的名字为标志的后哲学思想的两大体系描述为理论与实践的统一体，也就是说，它们当中的实践成分总是打断“理论的统一体”而且阻止它聚合起来成为某种令人满意的哲学系统。

尽管如此，如果我们上面列举过的那些解释手段的内容确实不是哲学性的，它们的理论性又是什么呢？我们首先要找到一个绝对不属于任何派别的人物，他以某种方式，以尚待定义的方式负责齐泽克的所有工作。拉康晚年的一部研讨会文集确实取了一个谜一般的名字，叫《知者迷失》（*Les non-dupes errent*）：它的可笑之处在于这个怪诞的命题（“不施诈术的都是错误的”）与拉康这本书中那个最古老的公式，即“父亲之名”，亦可说俄狄浦斯情结，是同音异义，“Les non-dupes errent”与“le nom du pèke”发音相似。不过，后来的这个变体与此无关，而是与欺骗的结构有关。的确，每个人都知道，真理本身就是最好的伪装，当间谍告诉他的熟人们，“我在生活中是干什么的？嗨，我是个间谍！”——一个毫无例外地引起哄堂大笑的真理。真理的独特性，即在欺骗和谎言中最充分地表达自身，在分析中发挥着至关重要的作用，人或许期待如此。而且也正如人或许期待的那样，正是在伟大的非哲学家或反哲学家黑格尔那里，我们发现错误之必然性的辩证法以及他所谓的表象与本质，即对表象（齐泽克的著作《视差之见》[*The Parallax View*] 中的深层主体之一）之客观性的最彻底肯定得到了最详尽的展开。的确，另外一位现代伟大的辩证主义者阿多诺喜欢说，黑格尔在任何地方都不如在他那本雷鸣般震撼的《逻辑学》中断言“本质一定看得见！”时更贴近他的同代英雄贝多芬。

但是，如果本质今天呈现出来，它是通过客观表象那迷人的面纱做到的，它撩人的“错误”甚至在遭到认知的驱逐之后依然保持着它的力量。对较为古老的辩证法而言，驱逐意识形态不仅是要导向真理，还要导向变化（马克思关于费尔巴哈的最后一篇文章）。在这个意义上，启蒙信赖教育和劝导，相信去魅和正确分析，这些在整个现代时期依然毫发未损。阿多诺为避免一切肯定性所做的决绝努力，他本能地觉得所有的肯定性始终都是意识形态的，他接受一种坚决的否定均势，是对我们的历史局面做出了预言式的、但不令人满意的回应，如果将齐泽克的著名标题改为《他们知道自己在做什么（但他们还是做了）》，可能会更好地描述出这一情境的特征。这个情境是一个王国，已经很有助益地被称作愤世嫉俗理性，它呼唤重新发明一种辩证法作为重塑政治本身（而且，再清楚不过了，重塑马克思主义）的重要部分：从另一个角度看，阿多诺和齐泽克的解决办法之间的差异可以被描述为现代主义的反叙事（贝克特!）与具有多重叙事中心（像在较典型的后现代文学作品中那样）的一种非具象游戏（non-figurative）游戏之间的差别。

这似乎还不够，还必须提一下最后一个困境，它涉及辩证法与乌托邦之间的关系。因为我们一直在这里运用的关于错误与矫正的语言在其内部一直保留着一个像海市蜃楼一样的乌托邦预设

(一个客观的海市蜃楼，如果我们转回到前面的那个讨论)，至于它似乎预示了一个没有任何错误的条件、一种真实的生活，它绝对是阿尔都塞在其关于意识形态将会在所有的社会中存在，无论这个社会有多么“完美”这个论点中所批驳的乌托邦幻觉。

但是，表面上，似乎没有什么可以比辩证法更加乌托邦，辩证法在晚期资本主义世界里对我们的日常意识提出控诉并且计划用一种改造过的主体性取代这一意识，对这种主体性而言，世界是一个建构的过程，其中没有具体的或形而上的“基础”，古老的、稳定的本质和本质主义也已经从中消失殆尽。

不过，通过我们的描述，肯定清晰可见的是，就它具有批评性而言，辩证法同时也是只能被称作反应性思想的事物，即它的活动有赖于一种预先存在的思想模式的规范性(normativity)，它需要对其做出反应：或者用一个曾经非常流行的理论表述，在知性本身方面、在对一个由客体组成的物质世界进行外化思维方面，它是瘫痪的，它自己的修正与颠覆、否定与批判活动也是如此。

但是从一种乌托邦的视角看，这意味着如果辩证法成功了，它也就这样消失了。如果辩证思维曾经完全取代了非辩证思维并且在其位置上站稳了脚跟，如果每个人渐渐地都辩证地思维，那么对于所有的意图和目的而言，辩证法将不复存在，某种不同的事物、某种尚未被确定的事物、某种迄今为止尚不知其名的乌托邦意识将取而代之。

用一种通常的方式说，显而易见的是，黑格尔从未期望知性——有物质对象和同一性的日常贸易——会消失：它会与我们自己的身体一道永远不间断地存在下去而且与任何在辩证意义上所取得的更高级意识或觉悟不离不弃。至于马克思，更可能发生的情况是，随着商品形式的消失，物化意识预计会消失；可是，正如阿尔都塞试图提醒我们的那样，意识形态——作为生物个体本能的认知图式——不管未来社会被想象成何等模样，都会一直存在。理论也不能期望在今天的思想市场上排挤掉多种形式的物化思维以及已经被命名和被商品化的思想与产品，而只能通过开展持久的地方游击战来抗衡它们的霸权地位。

尽管如此，由于这种或那种后现代主义对后现代相对主义，对指涉物的地位的特殊焦虑以及对表现，的确还有对“真理”的全面怀疑在此横插进来，使这成为一个不太令人满意的解决办法。尤其是马克思主义形式的知识以及马克思的代码本身所拥有的地位，无论是实在的还是不稳定的，似乎都要在这种情境中分担各种更传统哲学的命运，在跟随它们一道成为选择对象和纯粹的个人意识形态选择（属于自由市场变体）时发现它自己特殊的辩证法。我们已经认为是辩证主义者创造的均势概念批判就变得很难全盘（*tout court*）与解构区分开来了。

的确，对于一种较古老的现代主义而言，不可表现的事物仍然是一种有待征服和控制，有待表述和塑造，有待表达和揭示或揭露的对象，这需要发明全新的语言，开发迄今为止尚不存在的理论工具和表现工具，无情地放弃古老的传统以及它们的习惯和术语，放弃对创新和“新奇”（*Novum*）之能力的信赖，它们至少可以渐渐地接近**绝对**，即便不能给它任何确定的和普遍的约束性影响。葛兰西的“绝对历史主义”对我们尚不能理论化，更不用说想象的未来做了很大程度的预示。

但是，在经历了反复的失败和获得了一种清醒的信念之后，对于所谓新鲜事物、发明创造、实验、确定性和真理的性质，无论是新的还是老的，后现代似乎已经心甘情愿地放弃了所有努力。甚至“绝对的相对主义”似乎也仅仅提供了一种绝对怀疑主义的翻新形式，而不是将这个圆形拉成了正方形。

就是在这种情况下，齐泽克提出了自己的临时性解决办法，从《视差之见》这个书名可窥一斑，它认为有这样一种可能性，即不附带任何语言或哲学表述的本体论信念：那么，定位“真理”可能就类似于一种症候性操作，听命于弗洛伊德的原始欲望，这种欲望先于所有表现，先于转换成形象代码的一切翻译。那么，视差的公式就可以比作确定一个星球体的过程，它超出了我们已有的定位仪器的能力，尽管我们可以用假设的形式估算出它的存在：对于解构精神和普通的后现代相对主义来说，这样来确认没有任何形式的内容很显然非常陌生。

但是，马克思本人的做法也是值得考察的，他表面上对谴责他人的错误或提出他自己不言而喻的解决办法从未感到勉强。不过，那些解决办法都使辩证的这一点也变得清晰可见。我们把产生自整体与部分（或多种系统循环）的辩证法的悖论搁置一旁：就像计件工资的情况一样，它“有这样一种趋势，如果让个体的工资高于平均值，就要降低这个平均值本身”（*Cap*，697）。更确切地说，是现代化本身的更深层悖论需要被翻译成矛盾的辩证语言。所以，你可能认为农业现代化——抽干沼泽地，收回非生产性地域用于农业——会被认为是一种积极的发展，一般来说对社会是一桩益事（愚蠢的第一印象）：“但调查却得出了完全相反的结论：‘把冬天是沼地夏天是贫瘠草地的土地变成肥沃的谷物耕地，这是消灭疟疾的原因，但也就是这个原因造成了非常高的婴儿死亡率。’”（*Cap*，521－522）[62] 至于一般意义上的现代机器，它在历史上无法匹敌的生产率带来的是：

> 现代工业史上引人注目的现象，机器废除了所有道德和自然对工作日长度的限制……［结果是］最强大的工具旨在降低劳动时间这一经济悖论经受了一次辩证逆转并成为百试不爽、随心所欲的手段，使资本为稳定其价格而将工人及其

家庭的全部时间都变成了劳动时间。(*Cap*，532)

但是，这是一个辩证的“悖论”，在这个悖论中，庸俗左派（普鲁东、魏特林等）提出的新解释与深陷在自己“愚蠢的第一印象”中为这种新改良大唱赞歌的资产阶级经济学家的顽固不化一样充满谬误。我们此刻就在《资本论》论点的最中心，也在矛盾的最中心，这一矛盾是一个处于生产率与价值形式之间的系统的核心。该辩证法造成的第一个灾难当然是以道德化或伦理的方式接近这一问题（它是批判资本主义剥削的左派评论家提出的，而且也隐含在资产阶级经济学家对它带给人类利益的赞颂中）。马克思经常会将这些“错误”部分地归因于对“历史因素”的忽略(*Cap*，493)；但他也会指出一些幻想，经验主义者认为，这些幻想是压迫的结果，是总体性造成的，总体性亦即构成资本主义整体的价值流通的庞大体系。他还一次又一次地拒绝努力去构想一种动力学，即将价值作为一条法则的劳动理论。“这样一种自我毁灭的矛盾无论如何不被说成是或用公式表述为一条法则”(*Cap*，676)——这一主张切中了所有表现和所有哲学系统的心脏。

不过，处于这类悖论之核心部分的基本困境，的确也是马克思的辩证法（甚至不是恩格斯那个马克思的辩证法）的基本困境，就是我们已经有所指涉的客观表象这一现象。马克思称其为*Erscheinungsformen*或“表象的形式”，翻译似乎是要极力贬低或淡化这个由表象构成的严重问题。所以，马克思说，“资本一般的和必然的趋势必须同它们的表象形式区分开来”(*Cap*，433)。这似乎是一个非常温和的认识论警告，而且后面确实有一些话谈到知识与科学：“我们只有掌握了资本的内在本质，才能科学地分析竞争，就好像只有熟悉天体表面运动的人才能理解它们的实际运动一样，它们不是凭感觉就可以认识的”（*Cap*，433）。我们此刻显然又回到了关于外表表象和内部法则的话语中，然而，马克思的辩证法的目的却完全是要削弱这种对立。

看一下这段话：“在‘劳动价值’这个表达中，价值的概念不仅被彻底消灭，而且被颠倒了，以至于它变成了自己的反面。它和地球的价值一样是一个虚构的表达。不过，这些虚构表达却是从劳动关系本身中产生的。它们适用于基本关系的表象形式这个范畴。在它们的表面，事物常常以一种颠倒的方式展现出来，这一点在所有的科学当中，除了政治经济学之外，都非常熟悉”（*Cap*，677）。应该补充的是，倒置这个形象（马克思和恩格斯经常回到倒置，尤其是在关于意识形态是一个暗箱的讨论中）出自黑格尔关于“颠倒的世界”的讨论，对此，尚不清楚的是，后者是对正在讨论的这个形象的一次哲学性挪用，还是恰恰相反，是对它的一种批判和解构。

同样的一切在这里也是真实的，而且有意义的是，在这一点上（在相关的脚注中），马克思回想起他自己猛烈地批判过普鲁东对资本主义罪恶的“比喻”分析，在资本主义对劳动的剥削中，“他只看到了语法省略。所以，整个存在的社会……从此以后就建立在一种诗意的许可上，一种形象化的表达上”[63]。在这一点上，辩证法与一种基于比喻运用的解构分道扬镳，而且实际上也谴责后者是幻象，它的产生是因为没有掌握客观表象的辩证“悖论”（值得回想一下，钱本身就是这种客观表象最基本的形式之一）：

> 对于所有的表象形式及其隐匿不见的基础都真实正确的东西对于“劳动的价值和价格”或“工资”这一表象形式也同样真实正确，与表现于其中的基本关系，即劳动力的价值

> 和价格，形成对照。表象的这些形式被直接地、即时地复制为当下寻常的思维模式；基本关系一定首先是由科学发现的。古典政治经济学大概是无意中发现了事物的真正状态，却并未有意识地将其公式化。只要它还有一层资产阶级的表皮，它就不会这么做。(*Cap*，682)

这一“悖论”事实上本身就构成了辩证法，或者至少可以被看作一种特殊的形势和困境，由此首先产生了发明辩证法这样一个事物的需要。我们可以这样来生动地说明这个问题：一个关于错误的社会或错误的现实的正确思想可能是正确的吗？或者它就必然是错误的吗，即使它是精确的？或者我们是否在这种真理与谬误的对立中遇到另一种二元对立，而辩证法（及其对立统一体）的责任就是战胜并超越这一对立？

我们或许也可以将这一困境说成是矛盾：如果一个概念准确地表明了一个矛盾的现实，难道它自己不是必然地充满矛盾吗？无论如何，不管因为什么原因，《资本论》的目的就是要列举并形象地说明资本主义及其价值法则本身充满了深刻的矛盾；它们的现实是一套错误的表象，但是，这些表象是真实的，是客观的，而且不会仅仅因为分析（当然也不会因为激烈的谴责）就被消除。我们不能够将它们的结构翻译成“法则”，它们都仍然只是经验性的观察，只对这个周期中的这个或那个时刻有效，而且它们自身会因为周期运作中不可避免的危机和失败变得失去效用。诚然，我们可以呼唤存在主义的维度，并且论证说，我们关于某个资本主义世界的鲜活的经验（不管它自己的真理是什么类型的）仍然与那个世界的潜在结构或功能性保持着极大的不同，就像结果不同于原因。而且在某种意义上，尽管马克思缺乏存在主义全部的现代概念，但这却是他的修辞手段趋向的地方，如

《资本论》中那个最著名的“桥段”(bridge-passage) 之一：

> 因此，让我们与金钱的主人和劳动力的主人一道离开这个嘈杂的地区，在这里，所有的事情都发生在表面，都发生在众目睽睽之下，跟随他们进入一个隐蔽的生产场所，在它的入口处挂了一个牌子，写着“非因生意事务者莫入”。(*Cap*，279—280)

在其他地方，他更具哲学性地重复了表象与本质之间古老的黑格尔式的辩证对立（例如将价格王国同价值王国区分开来）。但即便是黑格尔式的对立在某种程度上也具有误导性，它意味着你可以用本质取代表象，就像你可以用真理取代错误，或者它意味着你可以下到，按照马克思的说法，那个生产发生于其间的真正的地下王国（瓦格纳的尼伯龙根形象和他们在地底下的那个叮叮当当的熔铁炉；或者威尔斯［Wells］笔下食肉的莫洛克族）。

但是，客观表象这个重要概念告诫我们，对矛盾的任何一种有倾向性的解决办法，倾向于本质或表象、真理或错误，都等于是在废除含糊不清的现实本身。要将这些对立统一于一处，可以说，要消灭两者的自主性，趋就于你必然要保存的一种纯粹张力，辩证法是一个必备条件。在这一点上，恐怕我们甚至将辩证法的主观效应也丢在了身后，却转而思考它在今天的相关性：因为不是马克思对资本主义“本质”的描述发生了变化（也不是一般意义上黑格尔关于“反映决定论”的描述），而绝对是全球资本主义世界的“客观表象”发生了变化，这一表象似乎离马克思的维多利亚时期或形成中的现代主义时期的表面生活非常遥远。

4. 走向一种空间的辩证

亨利·勒菲弗尔（Henry Lefebvre）在他那本具有开创意义的著作《空间的生产》（*The Production of Space*）快结束的时候呼吁沿着空间线条对辩证法进行一次重新建构。[64] 如果我们将后现代性理论也算在内（他自己并没有接受），因为这一理论，现代时期所占据的统治地位基本上成了暂时的，他这个建议的分量便更大了。由一个暂时的重力中心向空间中心转移不仅要牵扯到我们此刻这个描述的种种特征会发生改变，而且还可能要让这种思想模式以及既具有黑格尔性质，又具有马克思性质的命题做好准备，以应对全球化和本质上具有空间性的经济与政治在一个当代情境中所产生的更大效果。

后现代性的许多特征在它的结构（我们已经将其标示为晚期或第三阶段资本主义）内部支持突出空间的意义。生产的移位不仅意味着服务业在发达国家占据优势地位——也就是说，围绕着消费和后续广告与影像社会的发展进行的一次再结构，或者换言之，商品化的出现成为一个基本的社会和政治问题。总之，全球化意味着空间与空间距离（spatial distance）在生产本身内部的联合，无论是在外包方面，或消费国家与生产国家的不均衡发展方面，还是在劳动移民以及失业、饥馑、难以形容的暴力这些黑洞等方面，当下这个世界的整个表面突然间堕落了。金融资本在今天的统治也是一种空间现象，因为它的独创性是由于压缩了传送过程比较传统的时间性，同时意味着各种新的空间上的同步性。国家自主性相形见绌，形形色色的国际商品，从食品到文化，在原先有国家界限的范围内无所不在，这些都也属于同样的情况。这种无所不在已经被描述为一张相互支撑的网络，没有一个国家空间可以逃脱这个网络，在这个网络中，再也没有一个人是自给自足的：但是这一形式在原先有国家界限的范围内所产生的这个新型空间的性质尚有待理论化，除了某些个别的症状，如恐怖主义（而且已经主要被错误地概括为民族国家的消失）。同时，全球化催生出来的新型文化生产也常常被提及，却没有注意到它们在整个世界体系本身中的功能。

无论它可能到什么程度，以上枚举尚未论证，对这个新的全球性历史情境，必然要有一种辩证的方法。但是，总体性的节奏、总体性效果的在场与不在场的节奏可能都足以传达出辩证法的相关性。我们今天见证着一场互惠影响的游戏，这些影响远远超越了那个中心打个喷嚏，周边就感冒的古老悖论：因为现在常常可以发现这种关系本身已经被颠倒了，中心的风暴是由消费和富足在外围地区形成的缕缕轻风引发的。被说了一遍又一遍的全球与地方的辩证法无疑只是一种辩证法（a dialectic），即使很少见用那些术语对它进行严肃分析，它们涉及总体性与一组经验主义细节之间的相互关系。今天，显然不会从很多积极的方面来考虑全球资本主义；而众多毁灭性的政治策略和谋算也证明，从常识和经验事实方面去了解它是愚蠢的，即使人们承认这类事实的多样性需要某种较之个人理性更加复杂的东西（一般在这种情况下会求助于计算机）。在这方面，常常被等同于结构主义的序列图式已经获得了更大的成功，这恰恰因为它们是辩证的，但它们本身却对此一无所知。最后，宗教作为一种广泛的政治现象令人震惊的复兴显然揭示出另一个非辩证的盲点；因为求诸宗教在绝大多数情况下是一种方法，用来指明我们一开始凭定义不能理解的事物：即某种经验主义思想无法明白的终极“原因”或实质，但它作为一种关系的或过程的现象有着漫长的辩证历史。

你不会着手总结或展示一种尚不存在的思维模式，而我最后也只能在几个对我而言似乎很重要的问题上对这一思维模式的建构方式做一概述。诚然，对传统的辩证修辞提出质询——比如黑格尔始终坚持的比喻，回到它本身以及将内在的东西外在化这种比喻——以获得它们的空间内容，这无疑很有意义；很多这类比喻在马克思那里也能找到（交错配列［chiasmus］），在后来的辩证主义者那里也能找到。但是，那种空间性恐怕仍然要被理解成一种代码，而不能成为证明空间之本体论优先性的形而上证据。

的确，在黑格尔和马克思两人那里都会发现关于"表现"或表现模式的讨论，在此基础上，或许可能组织一种可以取代时间性的更有利的论据。前者在《逻辑学》中注意到，而且确实是以他自己的历史编纂实践为依托，"那些时刻的结果是［概念的］一种更加确定的形式，在**理式**（Idea）的科学发展过程中，它们作为概念的决定因素出现在它之前，但不是作为它短暂的发展过程中的样式先于它出现。"[65] 马克思关于同样这个差别的看法在下面的警告中得到延续："让经济范畴按照它们在历史上定好的顺序一个接一个地鱼贯而入，这可能是不合理的，是错误的。"[66] 对辩证法呈现方式的这类观察是一个有力的证据，反对将他们二人著作中的一系列范畴主题翻译成叙事性的时间版。

但是，他们还是没有解决这个问题；而按照我提出的语言，时间或空间在这个或那个历史时空中，或在一个空间—时间的连续体中被看作一个"主导因素"，该语言的意图显然不是建议一个范围以某种方式取代另一个范围，而是要传递一个事实，即它们的比例发生了改变，或换言之，在它们"表象形式"的结构中发生了某种转换。

对任何一种新型空间辩证法之合法性的证明能站稳脚跟还是倒地而亡，这不仅要看它与当代的全球化环境或后现代性之间的关联，而且还要看黑格尔和马克思的辩证法中那些较为古老的时间范畴是否已经成功地被翻译成新的空间表达形式以及被翻译到何种程度。换言之，空间矛盾是什么？否定性或否定的空间对等物是什么？黑格尔的“反映决定论”如何适应一种空间的、最终是全球的图式？在全球空间旋转这一意义上，从某种意义上讲，可能更容易理解马克思关于生产与经销、实现与再生产、流通与流量的同步时间性这些复杂情况；的确，这些或许是众多资产阶级经济学在浑然不觉中一直试图要研究的东西。

我会将自己限制在一个具体的问题上，这个问题在我看来是任何这类翻译过程中最关键的问题；它就是反思或自我意识在这一新系统中的作用。传统哲学（同时还有我在别处[67] 试图说明的现代主义意识形态和“现代”）的脚手架大部分是建筑在真理的对等物和一种自反性上，在这一自反性中，意识与其本身及其对象是一回事。就算自柏拉图以降的哲学经典都不赞成自我与世界那闪电般一瞬而过的同步性：它仍然一直是各种不同世界观的基石，我们的系统就是以这些世界观为基础的，而这体现在所有的层面上，不仅仅是作为一个理由来证明现代（或有自我意识，或自反性）的人拥有其他所有人都没有的特权。但我们在这里必须坚持一点，即意识与自我意识之间没有区别，而且要在那一基础上重新建构一种新的平等。

我相信，这是做得到的，只要坚持自我意识或反思的意识形态与它们的时间性主题之间的关系：它是一个独特的瞬间，或者是将时间压缩成一种绝对（absolute）的时刻，自我意识概念的基本缺陷会得到理解；任何赞成空间辩证法的有效建议会发现，其本身必须提供一个空间上的说法来说明传统上被误认为是自我意识并且已经证实了它的独特性以及它在时间上拥有基本特权的事物。这是一个可能以不同方式实施的计划：例如，坚持同一性公式本身的空间性。众所周知，黑格尔将自我意识表示为我＝**我**(I＝I)，而这个公式在马克思最初的价值分析中所扮演的角色也同样广为人知。我们必须让自己习惯于认为这些对等只是时间性运作，在这些运作中，某个特殊的空间场被另一个扩大了的空间场侵吞或霸占。是空间赋予这类运作以内容，而从前是时间在鼓励那些同步性的幻觉：换言之，空间是差异的源泉，而时间是同一的起源。如果可以论证，事实上，这种方法只是使时间重新成为我所说的对等活动的本质，那么，我要回答说，它同样使空间成为时间的隐秘真相，时间自己基本的内部运行是同步性的错误。但必须铭记在心的是，这些都不是本体论的命题，而只是表现性命题。

然而，这类命题在哲学意义上将自己消耗殆尽，我希望提议一种更容易理解的观点，即将先前称为自我意识的那些二维事物看作一种准空间扩充模式：为那种古老的非自反性的**我**或寻常意识补充另外的东西，这使得我们能将先前那个非自反性的自我理解为它本身在一个更大的范围内就是一个客体。寻常意识领域的扩大本身便产生了我们称之为自我或身份感的东西；而且这种运作在结构上类似于一种方法，两个截然不同的空间客体就是按照这种方法通过感知过程（我称之为“差异发生联系”）确定了相互之间的关系。如果我们在这个空间扩张之同源结构的清单上，空间扩张隐含于资本主义的各种运作当中，再加入对后者的一个更加详细的列举，从市场占领到帝国主义的空间扩张和现在的全球化，我们或许可以大致了解即将获得的优势——在哲学、美学以及经济政治等层面上——这些优势来自于用一种空间辩证法替代古老的时间辩证法。[68]

【注释】

［1］Jean-Paul Sartre，*Search for a Method*，New York：Knopf，1963，xxxiv. Hazel E. Barnes 将 "indépassable" 译为 "我们不能超越的"。see "Question de méthode"，*Critique de la raison dialectique*，Paris：Gallimard，1985，14. 后面对 *Critique de la raison dialectique* 的参考均标注为 *CRD*。

［2］Perry Anderson 在他那本颇具影响力的著作中对这一趋势进行了命名并使其具体化，见 *Considerations on Western Marxism*，London：New Left Books，1976。不过，John Bellamy Foster 在他那部具有开创性的著作（*Marx's Ecology*：*Materialism and Nature*，New York：Monthly Review Press，2000）中，从辩证的角度对西方马克思主义在自然和自然科学领域所遵行的维柯式不可知论进行了猛烈的批判，该书支持伊壁鸠鲁流派的唯物主义。

［3］George Berkeley，*A Treatise Concerning the Principles of Human Knowledge*，in *The Works of George Berkeley*，eds. A. A. Luce and T. E. Jessop，London：Thomas Nelson，1949，27—33，42，72—74.

［4］Jacques Lacan，*Le séminaire*，*Livre XVII*：*L'envers de la psychanalyse*，Paris：Seuil，1991.

［5］Sartre，"La connaissance dialectique est en fait connaissance de la dialectique，" in *CRD*，139—140.

［6］James Weinstein，*Ambiguous Legacy*：*The Left in American Politics*，New York：New Viewpoints，1974.

［7］Friedrich Engels，*The Dialectics of Nature*，New York：International Publishers，1940，chapter 2.

［8］见 Bertell Ollman 关于各种"范畴"的论述，从这些范畴方面，辩证法都呈现出来："对卢卡奇，它是发挥了这一作用的总体性概念，对毛，它是'矛盾'；对雷亚·杜纳耶夫斯卡娅，它是'否定之否定'；对司各特·梅克尔，它是'本质'；对《异化》的奥尔曼，它是'内部关系'，等等。" *Dialectical Investigation*，New York：Routledge，1993，26—27.

［9］G. W. F. Hegel，"Force and Understanding，" in *Phenomenology of Spirit*, trans. A. V. Mill, Oxford: Oxford University Press, 1977. 后面对该书的参考，均标注为 *PoS*。

［10］Andre Jolles, "Kasus," in *Einfache Formen*, Tübingen: Niemeyer, 1982, 171—199.

［11］典型的例子是牛顿的法则是爱因斯坦更广阔的宇宙中的一个局部特征。See Ilya Prigogine and Isabelle Stengers, *Order Out of Chaos*: *Man's New Dialogue with Nature*, New York: Bantam, 1984, chapters 1 and 2.

［12］See Gilles Deleuze, "A quoi reconnaît-on le structuralisme?" in *L'île déserte et autres textes*, Paris: Minuit, 2002, 238—269; and François Dosse, *Histoire du structuralisme*, Paris: LGF, 1995. 但在他的第一本书中，黑格尔就谈到 *Entzweiung*（英译为"dichotomy"或"bifurcation"）："Dichotomy（两分，分裂）是哲学的源头……生命通过建立各种对立，最终得以形成，只有通过从其最深刻的分裂重建其自身，总体性才可能达到其活力的最高点。而**理性**对立于知识分子赋予两分的绝对稳定性；如果绝对的对立本身起源于**理性**，则更是如此。" *The Difference between Fichte's and Schelling's System of Philosophy*, Albany: State University of New York Press, 1977, 89, 91. 关于结构主义之创立者的二元论思想的精妙论述，见 Jean-Jacques Nattiez, *Lévi-Strauss musicien*, Arles Paris: Actes Sud, 2008。对二元对立的认识论价值的另一种不同辩护，见 Michael McKeon 的辩证经典之作 *Origins of the Novel*, Baltimore: Johns Hopkins University Press, 1987, xiii—xv（亦见他对列维-施特劳斯的评述，4—8）。

［13］Ferdinand de Saussure, *Cours de linguistique générale*, Lausanne Paris: Payot, 1916, 166.

［14］G. W. F. Hegel, *Hegel's Logic*: *Part One of the Encyclopaedia of the Philosophical Sciences*, trans. William Wallace, Oxford: Clarendon Press, 1975［1830］, 1972.

［15］See Rodney Needham, *Right and Left*, Chicago: University of Chicago Press, 1974.

［16］Samuel Taylor Coleridge, *Biographia Literaria*, London: J. M.

Dent and Company，1906，145—146.

［17］在 Niels Bohr 的互补论中得到最确定的证实。See Arkady Plotnitsky，*Complementarity*：*Anti-Epistemology after Bohr and Derrida*，Durham，NC：Duke University Press，1994.

［18］Slavoj Žižerk，*The Sublime Object of Ideology*，London：Verso，1989，73—75.

［19］Sigmund Freud，*The Interpretation of Dreams* in *The Standard Edition of the Complete Psychological Works of Sigmund Freud*，Vol. 4，London：Hogarth Press，1958，chapter 2. See also Jacques Lacan，*Le séminaire*，*Livre II*，Paris：Seuil，1978，chapters 13—14. 有关对此的一系列解析所做的全面讨论，弗洛伊德第一个梦境分析的目的，见 Mladen Dolar 的文章，收于 *Maska*，第 16 卷，第 1—2 期，2001 年冬，58—65。

［20］Lacan，*Le séminaire*，*Livre XVII*，99—135.

［21］Sartre，"Critique de L'expérience critique，" in *CRD*，159—180. Bertell Ollman，*Alienation*：*Marx's Conception of Man in Capitalist Society*，New York：Cambridge University Press，1976.

［22］Jacques Derrida and Maurizio Ferraris，*A Taste for the Secret*，Cambridge：Polity，2001，5.

［23］Ibid.，33.

［24］V. I. Lenin，*Essential Works of Lenin*，ed. Henry M. Christman，New York：Bantam，1966，109.

［25］Louis Althusser，*Réponse à John Lewis*，Paris：Maspero，1973，85—88.

［26］Georg Lukács，*Realism in Our Time*：*Literature and the Class Struggle*，New York：Harper and Row，1971.

［27］但现在要参考 Barbara Foley 关于 Dos Passos 的讨论，见她那部出类拔萃的著作 *Telling the Truth*：*The Theory and Practice of Documentary Fiction*，Ithaca：Cornell University Press，1986。

［28］Georg Lukács，"Narrate or Describe?" in *Writer and Critic and*

Other Essays, ed. and trans. Artahur D. Kahn, New York: Grosset and Dunlap, 1970, 110—148.

［29］更全面的讨论，参见我的 *Archaeologies of the Future*, London: Verso, 2005, 170—181。

［30］Régis Debray, *Revolution in the Revolution?*, Harmondsworth, England: Penguin, 1967.

［31］在这里以及在下文中，我运用了 Yve-Alain Bois 的精彩读解，见 *Painting as Model*, Cambridge, MA: MIT Press, 1991, 以及关于 Mondrian 的章节，见 *Art since 1900: Modernism, Antimodernism, Postmodernism*, New York: Thames and Hudson, 2004。

［32］Piet Mondrian, *The New Art—The New Life: The Collected Writing of Piet Mondrian*, eds. Harry Holtzman and Martin S. James, Boston: Twayne Publishers, 1986, 30. 蒙德里安的理论公式中的进化被描述为一个渐次实现的过程，他最初关于平衡或和谐的语言需要用更具否定意义的"消除形式"（160），"中和的平衡"（214）予以补充，即使不是完全代替。我在 *Archaeologies of the Future* 第一部分第 11 章试图加以理论化的正是综合与中和之间的这种差异，关于该书，见注释 29。

［33］Bois, *Painting as Model*, 181.

［34］Gilles Deleuze, *Différence et Répétition*, Paris: PUF, 1968.

［35］见注释 19；以及 Jean-François Lyotard, *Le différend*, Paris: Minuit, 1983。

［36］关于此，参见，例如康德关于负量（negative quantity）的文章（"Versuch, den Begriff der negativen Grössen in die Weltweisheit einzuführen"［1763］）以及萨特的 *L'Être et le néant*（Paris: Gallimard, 1943, vi, 30—34）。人们可能注意到，要排除辩证解异化的需要，首先要避免被异化的术语；这实际上是当代对辩证法的各种批判的更深层动机之一。但这件事不像说的这么容易，它提出了极为艰巨的写作难题，这些难题最好的解决办法或许是术语的繁殖，而非压制。Brian Massumi 的 *Parables for the Virtual: Movement, Affect, Sensation*（Durham, NC: Duke University Press, 2002）

是这方面少有的成就之一，它以每个新词被另一个更新的词所否定和替换的速度为依据。他为这一过程提供了如下合理的理由（在对变化之表现的一次讨论中）："坚持关系有其同关系术语脱开的一个本体论地位，这似乎很荒谬。但是，正如吉尔·德勒兹的著作再三强调的，它实际上是将变化概念化为否定、偏离、分裂或颠覆之外的任何东西不可或缺的一个步骤。关于某种关系的术语一般情况下被认为是先于它们的相互关联，是先已构成的。这回避了变化问题，因为一切都预先给定了。相互关联只是实现了已经作为可能性包含在先在术语中的外部配置。你可以重新摆放家具，甚至将它挪到一个新的位置，但你所有的仍然是那件旧家具，假设关系中的术语具有优先权是被描述为经验性方法的共有特点。接受预先给定的术语，从暗含定位的形式中得出其置换系统，在术语的给定状态之前将那个系统投射到形而上的点上，并且将这一投射发展成为一种衍生的先在映射——这些步骤对现象学、结构主义以及所有后现代主义方法的共有特征，只不过表现为不同的方式。它们反投影一块已经构成的模板来解释它的构成，因此便建起了一个逻辑的时间—错乱，一个恶性的阐释循环。错乱是什么，还是变化"（70）。

［37］See Jean Laplanche and J. B. Pontalis，"Après-coup，" in *Vocabulaire de la psychanalyse*，Paris：PUF，1971，33－36.

［38］David Quint，*Epic and Empire*，Princeton：Princeton University Press，1993.

［39］我在此提前引用了我自己的观点，见下文，560。

［40］这实际上是马克思对卡贝（Cabet）的伊加利亚（Icaria）（Etienne Cabet 写的乌托邦著作 *Voyage to Icaria*。——译者注）做出的回应，谴责潜在革命者的移民："如果那些为了更美好的未来而斗争的正直的人们离开了，他们将要离开的是对蒙昧者和盗贼完全开放的地区……兄弟们，留在欧洲的前线。在这里工作和斗争，因为只有欧洲才有共产的全部元素。这种社会要么在这里建立，要么无处可以建立。"引自 Louis Martin，*Utopics：A Spatial Play*，Atlantic Highlands，NJ：Humanities Press International，1984，273－279。

［41］尽管它不是文体问题，我还是要感谢 Steven Helmling 在我自己的

著作中发现了这类主题．见他那本有趣的著作 *The Success and Failure of Fredric Jameson*，Albany：SUNY Press，2001。

［42］Thomas L. Friedman，*The World is Flat*：*A Brief History of the Twenty-first Century*，New York：Farrar，Straus and Giroux，2005，103. 后面对该书的参考均标注为 *WiF*。

［43］See below，196；and *PoS*；Mao Zedong，"A Dialectical Approach to Inner-Party Unity，" *Selected Works of Mao Zedong*，vol. 5，Peking：Foreign Language Press，1977，514－516；Guy Debord，*Society of the Spectacle*，Detroit：Black and Red，1983，chapter 3；Alain Badiou，*Théorie du sujet*，Paris：Seuil，1982，61－62，131，228－229.

［44］Karl Marx，*Capital*，Vol. 1，trans. Ben Fowkes，London：Penguin，1976，198. 后面对该书的参考均标注为 *Cap*。

［45］Walter Benjamin，*The Arcades Project*，trans. Howard Eiland and Kevin McLaughlin，Cambridge，MA：Belknap Press，1999，460.

［46］See Jacques Attali，*Bruits*：*essai sur léconomie politique de la musique*，Paris：PUF，1977.

［47］"道德、宗教、形而上学以及意识形态的所有其他内容和与这一切相对应的意识形式，因此都不再保有独立的假象；它们没有历史，没有发展……"等等，Marx and Engels，*The German Ideology*，Moscow：Progress Publishers，1964，42。

［48］关于这两种视角的有趣争论，见 Ralf Dahrendorf，*Class and Class Conflict in Industrial Society*，Palo Alto，CA：Stanford University Press，1959。

［49］Karl Korsch，*Karl Marx*，New York：Humanities Press International，1963.

［50］Louis Althusser，"Ideology and Ideological State Apparatuses，" in *Lenin and Philosophy*，trans. Ben Brewster，New York：Monthly Review Press，1971.

［51］"Utopia as Replication，" below，chapter 16.

[52] 这个例子，我要感谢 Laura Hudson 一篇关于动物法的论文，宣读于 2007 年夏天的马克思主义文学会大会。

[53] T. W. Adorno，*Aesthetic Theory*，trans. Robert Hullot-Kentor，Minneapolis：University of Minnesota Press，1997，1. 后面对该书的参考均标注为 *AT*。

[54] T. W. Adorno，*Negative Dialectics*，trans. E. B. Ashton，New York：Continuum，1973，3.

[55] T. W. Adorno，*Minima Moralia*，trans. E. F. N. Jephcott，London：New Left Books，1974，50.

[56] T. W. Adorno，"Sociology and Psychology，" *New Left Review* Vol. 1，Num. 46，November-December 1967，and Vol. 1，Num. 47，January-February 1968，69—70.

[57] Michael N. Forster，*Hegel and Skepticism*，Cambridge，MA：Harvard University Press，1980，10.

[58] T. W. Adorno，*Drei Studien zu Hegel*，Frankfurt：Suhrkamp，1997，257.

[59] Slavoj Žižek，*Looking Awry*，Cambridge，MA：MIT Press，1991，16—17.

[60] Slavoj Žižek，*The Metastases of Enjoyment*，London：Verso，1994，1—2.

[61] Slavoj Žižek，*The Plague of Fantasies*，London：Verso，1997，158.

[62] 引自 1864 年公众健康报告。

[63] Karl Marx，*The Poverty of Philosophy*，New York：International Publishers，1963，54.

[64] Henri Lefebvre，*La production de l'espace*，Paris：Anthropos，1974，382.

[65] G. W. F. Hegel，*Elements of the Philosophy of Right*，ed. Allen W. Wood，trans. Hugh Barr Nisbet，Cambridge：Cambridge University Press，1991，61.

［66］被引用于 Christopher J. Arthur，*The New Dialectic and Marx's 'Capital'*，Leiden：Brill，2004，4。

［67］See *A Singular Modernity：Essay on the Ontology of the Present*，London：Verso，2002.

［68］整个第一章是对全书的一个介绍，在这个意义上，现在最好是对后者做一预告。关于黑格尔的几章旨在为他的真实性提供一个不同的证据，他的真实性比有人提出（或拒绝）的更胜一筹。这些章节中的第二章以及后面的几章，从辩证法的角度考察了几部当代哲学经典（我希望以后对黑格尔也能做类似的事），而且为今天重新燃起的对卢卡奇和萨特的兴趣提供充分的理由。接下来的一系列简短讨论旨在澄清马克思主义传统中的不同主题，从文化革命到意识形态的概念；紧接着的是一系列政治讨论，它们记录了我个人对某些话题的看法，从苏联解体到全球化，尽管如此，也希图展示辩证法与实际政治的相关性。在长长的最后一部分，讨论了利科关于历史与叙事的重要研究，我对这一研究中缺失的辩证法和马克思主义的某些范畴做了补充，离开这些范畴，**历史**在今天几乎无法被体验。诚然，《效价》这本书有点像一部没有王子的《哈姆雷特》，因为它缺少关于马克思及其辩证法的中心章节，原来是希望有的。因此，两本作为补充的书，分别是对黑格尔的《现象学》和马克思的《资本论》（第一卷）加以评注，会完成这一计划。同时，如果没有其他人的帮助，这项计划中那些意想不到的困难几乎无法面对，他们当中，我在此能够充满感激地列出姓名的只有塞巴斯蒂安·布珍（Sebastian Budgen）、马克·马丁（Mark Martin）、高普·巴拉克里斯石南（Gopal Balakrishnan）、菲利浦·瓦格纳（Philip Wegner）以及卢卡·阿森朱克（Luka Arsenjuk）。

（俞嘉　译）

The Prison-House of Language: A Critical Account of Structuralism and Russian Formalism by Fredric Jameson

图书在版编目(CIP)数据

语言的牢笼/（美）弗雷德里克·詹姆逊著；王逢振主编；钱佼汝，朱刚译. —北京：中国人民大学出版社，2018.5
（詹姆逊作品系列）
ISBN 978-7-300-25516-3

Ⅰ.①语… Ⅱ.①弗…②王…③钱…④朱… Ⅲ.①结构主义学派-文学评论 Ⅳ.①I109.9

中国版本图书馆 CIP 数据核字（2018）第 026101 号

詹姆逊作品系列
王逢振 主编
语言的牢笼
[美] 弗雷德里克·詹姆逊（Fredric Jameson） 著
钱佼汝 朱刚 译
Yuyan de Laolong

出版发行	中国人民大学出版社		
社　　址	北京中关村大街31号	**邮政编码**	100080
电　　话	010－62511242（总编室）		010－62511770（质管部）
	010－82501766（邮购部）		010－62514148（门市部）
	010－62515195（发行公司）		010－62515275（盗版举报）
网　　址	http://www.crup.com.cn		
	http://www.ttrnet.com（人大教研网）		
经　　销	新华书店		
印　　刷	涿州市星河印刷有限公司		
规　　格	150 mm×228 mm 16 开本	**版　　次**	2018 年 5 月第 1 版
印　　张	20.5 插页 2	**印　　次**	2018 年 5 月第 1 次印刷
字　　数	239 000	**定　　价**	68.00 元